INDY 500 Indy 500, the Complete Record of 101 Races 1911–2017

インディ500
全101レース大会の記録
1911-2017

1911–2017

INDY 500

Indy 500, the Complete Record of 101 Races

林信次
Shinji Hayashi

MIKI PRESS
三樹書房

【記述例】

《Pos.》決勝順位
アメリカのレースは基本的に決勝レースに出走したすべての車に、最下位まで順位が付く。ヨーロッパや日本では完走車に限られるので、リタイアすると(完走義務周回数を満たしていないと)順位は付かない状態で公表されるのとは異なる。「ns」と記されている者は決勝レースに出走していないことを表わす。Did Not Startの略。予選通過はしたのに怪我や故障で決勝出走を断念したり、予選不通過(Did Not Qualify＝DNQ)などが含まれる。本書では予選に臨んだ者はできるだけ記載するように努めたが、公式結果には通常DNQ者は記載されないため、資料も少なく、現状では完全なデータとは言い切れないので、その点に注意。予選以前の練習走行のみで断念した者やエントリーのみで実際に走行しなかった者は記載していない。

《No.》カーナンバー
各車に付けられている競技番号。アメリカではチームごとに(ドライバーではなく)長年にわたって同一ナンバーを用いることが多い。

《Driver》ドライバー
初期のレースではレース途中でのドライバー交代(リリーフ)が多数あったが、公式結果にはリリーフ・ドライバーは記載されず(本書では偶数ページ上方に別記載)、あくまでスタート時のドライバーの戦績とされる。ただし1924年と41年のウィナーのみ、リリーフ・ドライバーの活躍ぶりが評価され２名連名となる。スペルに関しては、ファミリー・ネーム(姓)を先に表記することが近年は多くなってきているので、それに倣う。表記ではvをbと区別する「ヴ」、zをsと区別する「ヅ」も本書では用いる。同じスペルでも国籍によって読み方が違う例があるが、その人物の母国語の発音を尊重する。chiは英語読みでは「チ」だが、イタリア語では「キ」、フランス語では「シ」となる例が多い。例えばフランス人のJean-Pierreのようにハイフンが付く名前は「ジャン・ピエール」と表記するのが自動車雑誌では過去50年以上慣例となっているので、文芸誌や小説等に見られる「ジャン＝ピエール」のようなダブルハイフンは本書では用いない。同様の名前ながら南米人に多い元々ハイフンが付いていないもの(例。Juan Manuel Fangio、Juan Pablo Montoya)は、フアン・マヌエル・ファンジオのように「・」(ナカグロ、ナカテン)を用いる。

《Nat.》国籍
ドライバーの国籍略号は以下のとおり。A＝オーストリア、AUS＝オーストラリア、B＝ベルギー、BR＝ブラジル、CDN＝カナダ、CH＝スイス、COL＝コロンビア、CS＝チェコ、D＝ドイツ、E＝スペイン、F＝フランス、GB＝イギリス、I＝イタリア、IRL＝アイルランド、J＝日本、MC＝モナコ、MEX＝メキシコ、NL＝オランダ、NZ＝ニュージーランド、RA＝アルゼンティン、RCH＝チリ、RUS＝ロシア、S＝スウェーデン、SF＝フィンランド、UAE＝アラブ首長国連邦、USA＝アメリカ合衆国、YV＝ヴェネヅエラ、ZA＝南アフリカ。現役引退後にアメリカ国籍を取得したような例もあるが、基本的に現役当時の国籍とする。オリンピックのIOC方式表記(３文字で表わす)に従う表記法が近年増えつつあるが、モータースポーツ界で長く慣例となってきたものの方が好ましいので本書ではこちらを用いる。

《Car Name》車名
アメリカではスポンサー名を冠した車名が昔から一般的。ヨーロッパや日本では基本的にシャシー・メーカー名を優先しつつエンジン名と併記するのが慣例であるのとは異なる。本書では、車名が長くてスペース内に記載できないものは欄外に記してある。

《Chassis》シャシー
シャシー・メーカー、シャシー・コンストラクター名を表わす。同一コンストラクターながらタイプ名を記して区別した方が良いと思われる場合にはタイプ名も付記する。1950年代のカーティス・クラフト社のように名前が長い場合はKKと略してある。かつては個人が手造りした一品製作車や、他車をコピーして参戦するような例も多く、現在のコンストラクター的括りでは難しい存在も少なくない。前述のようにアメリカでは車名を優先する慣例があるため、エントリー・リストにシャシー名が記載されない場合も多く、特にDNQ車両のシャシー名は現在に至るまで不明であることが多い。

《Drive》駆動方式
エンジン搭載位置と駆動輪を表わす。F/RWD＝フロント・エンジンで後輪駆動、F/FWD＝フロント・エンジンで前輪駆動、F/４WD＝フロント・エンジンで４輪駆動、R/RWD＝リア・エンジン(コクピット背後にミドシップとする)で後輪駆動、R/4WD＝ミドシップで４輪駆動。それ以外に、前後にエンジンを搭載した例、コクピット側面に搭載した例、６輪等もあるが、いずれもそれぞれ特記する。

《Engine》エンジン
初期の車はシャシーもエンジンも同一メーカーのものが多かったが、間もなく別々となっていったため、別項目とする。2006～11年にかけては他社の参入がなくホンダのワンメイクだった。

《Cyl.》気筒
ピストンエンジンの気筒数。L＝直列、V＝V型。1960年代に参戦したプラット＆ホイットニーはガスタービン・エンジンなので気筒欄は空白。

《Dis.》エンジン排気量
Displacementの略。アメリカではc.i.(キュービック・インチ＝立方インチ)単位で表記されるので16.387(2.54cmの３乗)を掛けて換算し、端数を四捨五入する。4.5とあれば約4500ccの意。数字にsが付記されているものは機械式スーパーチャージャーが付いているエンジン、tが付記されているものはターボ式スーパーチャージャー(＝ターボチャージャー)が付いているエンジンを表わす。dはディーゼル・エンジン。

《Laps》周回数
初年度1911年は計時システムの混乱により周回遅れ車の消化周回数が不明のまま現在に至る(「N/A」とはnot availableの略)。1924年と30年と34年は決勝順位と周回数の関係に少なからず矛盾が見られるが、本書ではアメリカのレースの公式結果(いわゆるBox Score)を尊重してそのまま掲載する。

《Time》所要タイムまたはリタイア原因
ごく初期は秒までの計測だったが、技術の進歩により、1919年には100分の１秒、1980年代後半には1000分の１秒、2001年からは１万分の１秒まで計測可能となっている。ただし、Box Scoreには優勝車のタイムと２位との差のみが記載される習慣が昔からあり、３位以下の完走車の所要タイムは公表されず不明であることが多い。インディ500に限っては公表される場合もあるので本書にも可能な限り記載するが、資料によっては数字が不統一なこともあるため、あくまで参考程度に。チェッカードフラッグを受けたが所要タイムが不明の場合は、本書では「走行中」と表記してある。そして、昔(1960年代半ばまで)は優勝車がフィニッシュした後もしばらくの間レースが継続された。これは、基本的に走行中の各車が(たとえ周回遅れになっていたとしても)200周走破するのを優先させたための措置。リタイア原因にはアメリカ独特の言い回しのものも多々あるが、一部そのままとしつつも、分かりやすく書き換えたものもある。「DNQ」とは予選不通過の意。

《Speed》決勝レースの平均時速
完走車についてはその平均時速がマイル(mph)で発表される。日本やヨーロッパ大陸でお馴染みのキロ(km/h)に換算するためには、FIA(国際自動車連盟)公認値の1.60934を掛ければ良い。本書では優勝者の平均時速km/h表示は、各レース大会を紹介する見開きの偶数ページ下の優勝車写真のキャプションにも記載する。

《Prize Money》獲得賞金額
アメリカのプロレースの結果表にはこれが必ず記載される。第１回大会優勝者は１万4250ドルだったものが第101回大会優勝者(佐藤琢磨)は245万8129ドルを獲得。実に200倍以上になった。１ドル110円で換算すると約２億7040万円という計算になる。

《Speed》予選スピード
長い間、予選(クォリファイ)は決勝レースの２週間前の週末(土日)と１週間前の週末(土日)に、一台ずつの連続４周タイムアタックによって競われた。タイムではなくスピード(mph)で表示するのがアメリカ流。最初の週末をポール・デイと呼び(ポールポジション＝予選１位、およびグリッド上位が決定)、翌週をバンプ・デイと呼ぶ(どんなに速く走ってもポール・デイ通過各車の後方グリッドに整列することとなる。グリッド33台分が埋まった後は、34台目以降が好タイムを記録するごとに、遅い者から一台ずつ落ちていき、これをbump outされるという。弾き出された者は予選時間内であれば再アタックが可能(一台につきアタック回数が決められているので、事故に遭ったりした時はカーナンバーの異なる車両に乗り換えて再アタックする方法もある)。また、ポール・デイのタイムだと予選通過が危ういと事前に思うような場合はそのタイムやアタック走行そのものをキャンセルする手法もあるが、その分バンプ・デイでのリスクが高まることとなる。2010年以降はレース１週間前の週末２日間が予選となる。

《Qfy.》予選順位≒グリッド順位
必ずしも「予選スピード」の速い順と「予選順位≒グリッド順位」がイコールではないということに要注意。当初５列あるいは４列縦隊だったスターティング・グリッドは1921年以降３列縦隊のローリング・スタートとなり(イン側＝左側が上位)、それが現在も続いている。1980年代以降、世界中の主要レースは２列縦隊グリッドが多い中で、これは珍しい。

＊　＊

以上の他にも、チーム／エントラント(アメリカではオーナーと表現することが多い)、タイヤ・メーカー、カラーリング、ルーキーか否か、といった項目も入れたかったが、スペースには限りがあるため割愛せざるをえなかった。

はじめに

インディ500で佐藤琢磨が優勝！

2017年５月28日は日本のモータースポーツ史に残る歴史的な一日となった。アメリカ随一のカー・レースであり、ル・マン24時間やＦ１モナコ・グランプリとともに「世界三大レース」と謳われる《インディアナポリス500マイル》で、遂に日本人が勝った。1911年以来、毎年アメリカの戦没者追悼記念日に催される大会は、実に通算100回の歴史と伝統を持つ。2017年はその第101回だった。現存するレースの中では世界で最も由緒ある一戦と言って間違いない。

アメリカ北東部、五大湖の南に隣接したインディアナ州(区分けとしては合衆国中西部)、その首都インディアナポリスが舞台。毎年５月になると、街はインディ500一色に染まる。一周2.5マイル(4.023km)の楕円形というよりは長方形に近いオーバル・コース。それを左回りで200周、計500マイル(804.67km)もの長丁場を、ドライバー交代もせず、途中燃料補給のピットストップを繰り返しながら、３時間余りで走り切る。もしコース上で事故が発生すると追い抜き不可のイエロー・コーションとなり、減速走行を余儀なくされるが、その処理が終われば戦闘再開、出走33台は一周平均350km/hの超高速で接近しながら抜きつ抜かれつ、駆け引きの応酬。優勝平均スピードは250～300km/h前後。2017年の場合は、チェッカードフラッグが舞った時、優勝と２位の差は僅か0.2011秒にすぎなかった。

優勝した佐藤琢磨が手にした賞金246万ドル、邦貨２億7000万円余。たった0.2秒差で２位に甘んじたエリオ・カストロネヴェスは77万ドル(8470万円)。勝者たることが如何に重要か。しかもインディのビクトリーレーンで表彰されるのは優勝者だけだから、他のレースのように２～３位の者が一緒に表彰台に立つことはない。

レース決勝当日、世界中から押し寄せる観客数は30万とも40万とも言われ、一スポーツイベントの観客動員数としては世界一だとか。そして、ここで勝つことは、自動車レース一戦に勝ったということに留まらない。一夜にしてアメリカの英雄となる。ホワイトハウスに招待され大統領から祝福された者も少なくない。

すべてが桁外れの一戦なのだ。だから我々はもっとインディ500のことを知ろう。知ったかぶりの主観を廃し、まずはファクツ(史実)を中心にして。

目　次

6　第1回　1911年　優勝：レイ・ハロウン
8　第2回　1912年　優勝：ジョー・ドウソン
10　第3回　1913年　優勝：ジュル・グー
12　第4回　1914年　優勝：ルネ・トーマ
14　第5回　1915年　優勝：ラルフ・デパルマ
16　第6回　1916年　優勝：ダリオ・レスタ
18　第7回　1919年　優勝：ハウディ・ウィルコクス
20　第8回　1920年　優勝：ガストン・シヴォレー
22　第9回　1921年　優勝：トミー・ミルトン
24　第10回　1922年　優勝：ジミー・マーフィー
26　第11回　1923年　優勝：トミー・ミルトン
28　第12回　1924年　優勝：L. L. コラム／ジョー・ボイヤー
30　第13回　1925年　優勝：ピーター・デパオロ
32　第14回　1926年　優勝：フランク・ロックハート
34　第15回　1927年　優勝：ジョージ・サウダーズ
36　第16回　1928年　優勝：ルイス・メイヤー
38　第17回　1929年　優勝：レイ・キーチ
40　第18回　1930年　優勝：ビリー・アーノルド
42　第19回　1931年　優勝：ルイス・シュナイダー
44　第20回　1932年　優勝：フレッド・フレーム
46　第21回　1933年　優勝：ルイス・メイヤー
48　第22回　1934年　優勝：ビル・カミングズ
50　第23回　1935年　優勝：ケリー・ペティロ
52　第24回　1936年　優勝：ルイス・メイヤー
54　第25回　1937年　優勝：ウィルバー・ショウ
56　第26回　1938年　優勝：フロイド・ロバーツ
58　第27回　1939年　優勝：ウィルバー・ショウ
60　第28回　1940年　優勝：ウィルバー・ショウ
62　第29回　1941年　優勝：フロイド・デイヴィズ／マウリ・ローズ
64　第30回　1946年　優勝：ジョージ・ロブソン
66　第31回　1947年　優勝：マウリ・ローズ
68　第32回　1948年　優勝：マウリ・ローズ
70　第33回　1949年　優勝：ビル・ホランド
72　第34回　1950年　優勝：ジョニー・パーソンズ
74　第35回　1951年　優勝：リー・ワラード
76　第36回　1952年　優勝：トロイ・ラットマン
78　第37回　1953年　優勝：ビル・ヴコヴィッチ
80　第38回　1954年　優勝：ビル・ヴコヴィッチ
82　第39回　1955年　優勝：ボブ・スウェイカート
84　第40回　1956年　優勝：パット・フレハーティ
86　第41回　1957年　優勝：サム・ハンクス
88　第42回　1958年　優勝：ジミー・ブライアン
90　第43回　1959年　優勝：ロジャー・ウォード
92　第44回　1960年　優勝：ジム・ラスマン
94　第45回　1961年　優勝：A. J. フォイト
96　第46回　1962年　優勝：ロジャー・ウォード
98　第47回　1963年　優勝：パーネリ・ジョーンズ
100　第48回　1964年　優勝：A. J. フォイト
102　第49回　1965年　優勝：ジム・クラーク
104　第50回　1966年　優勝：グレアム・ヒル
106　第51回　1967年　優勝：A. J. フォイト
108　第52回　1968年　優勝：ボビー・アンサー
110　第53回　1969年　優勝：マリオ・アンドレッティ
112　第54回　1970年　優勝：アル・アンサー

インディアナポリス・モーター・スピードウェイを創設した4名は、右から、ジェイムズ・アリソン、カール・フィッシャー、フランク・ホイーラー、アーサー・ニュービー。そして左端はヘンリー・フォード

114 第55回 1971年 優勝：アル・アンサー
116 第56回 1972年 優勝：マーク・ダナヒュー
118 第57回 1973年 優勝：ゴードン・ジョンコック
120 第58回 1974年 優勝：ジョニー・ラザフォード
122 第59回 1975年 優勝：ボビー・アンサー
124 第60回 1976年 優勝：ジョニー・ラザフォード
126 第61回 1977年 優勝：A. J. フォイト
128 第62回 1978年 優勝：アル・アンサー
130 第63回 1979年 優勝：リック・メアーズ
132 第64回 1980年 優勝：ジョニー・ラザフォード
134 第65回 1981年 優勝：ボビー・アンサー
136 第66回 1982年 優勝：ゴードン・ジョンコック
138 第67回 1983年 優勝：トム・スニーヴァ
140 第68回 1984年 優勝：リック・メアーズ
142 第69回 1985年 優勝：ダニー・サリヴァン
144 第70回 1986年 優勝：ボビー・レイハル
146 第71回 1987年 優勝：アル・アンサー
148 第72回 1988年 優勝：リック・メアーズ
150 第73回 1989年 優勝：エマーソン・フィッティパルディ
152 第74回 1990年 優勝：アリー・ルイェンダイク
154 第75回 1991年 優勝：リック・メアーズ
156 第76回 1992年 優勝：アル・アンサーJr.
158 第77回 1993年 優勝：エマーソン・フィッティパルディ
160 第78回 1994年 優勝：アル・アンサーJr.
162 第79回 1995年 優勝：ジャック・ヴィルヌーヴ
164 第80回 1996年 優勝：バディ・ラヅィア
166 第81回 1997年 優勝：アリー・ルイェンダイク
168 第82回 1998年 優勝：エディー・チーヴァー
170 第83回 1999年 優勝：ケニー・ブラック
172 第84回 2000年 優勝：フアン・パブロ・モントーヤ
174 第85回 2001年 優勝：エリオ・カストロネヴェス
176 第86回 2002年 優勝：エリオ・カストロネヴェス
178 第87回 2003年 優勝：ジル・ド・フェラン
180 第88回 2004年 優勝：バディ・ライス
182 第89回 2005年 優勝：ダン・フェルドン
184 第90回 2006年 優勝：サム・ホーニッシュJr.
186 第91回 2007年 優勝：ダリオ・フランキッティ
188 第92回 2008年 優勝：スコット・ディクソン
190 第93回 2009年 優勝：エリオ・カストロネヴェス
192 第94回 2010年 優勝：ダリオ・フランキッティ
194 第95回 2011年 優勝：ダン・フェルドン
196 第96回 2012年 優勝：ダリオ・フランキッティ
198 第97回 2013年 優勝：トニー・カナーン
200 第98回 2014年 優勝：ライアン・ハンター－レイ
202 第99回 2015年 優勝：フアン・パブロ・モントーヤ
204 第100回 2016年 優勝：アレクサンダー・ロッシ
206 第101回 2017年 優勝：佐藤琢磨

208 アメリカン・オートレーシング概史
224 世界レース年表
228 歴代シリーズ年間ランキング
234 1911-2017年 インディ500出走全ドライバー一覧
240 インディ500関連の死亡事故

2017年優勝者・佐藤琢磨と巨大なボーグ - ウォーナー・トロフィー。歴代優勝者の顔が描かれている

1911 第1回

開催日／天候……1911年5月30日／曇り
車両規定……9832cc(600ci)以下
参加／決勝出走……46台／40台
優勝スピード……74.602mph(120.060km/h)。2位に1′43″差
賞金総額……$30.150
ポールシッター……エントリー順
最速ラップ……発表されず
ルーキー賞……未制定(40人)
リード・チェンジ……12回／7人。1－4＝エイトケン、5－9＝ウィシャート、10－13＝ベルチャー、14－19＝ブルース-ブラウン、20－23＝デパルマ、24－72＝ブルース-ブラウン、73－76＝エイトケン、77－102＝ブルース-ブラウン、103－137＝ハロウン、138－142＝マルフォード、143－176＝ハロウン、177－181＝マルフォード、182－200＝ハロウン
リリーフ……No.32 Cyrus Patschke、No.11 Dave Murphy、No.31 Cyrus Patschke、No.12 Walter Jones、No.15 Jim Coffey、No.30 Eddie Rickenbacker、No.37 E. H. Sherwood→Howard Frey、No.41 Rupert Jeffkins、No.38 Frank Goode、No.18 Ed Parker、No.6 Jap Clemons、No.26 Robert Evans、No.23 Mel Marquette、No.42 Johnny Jenkins、No.1 Elmer Ray

記念すべき初の大会には参加46台が集った。予選はなく(1/4マイルを75mph以上走行が条件)、スタートは参加受付順。8万人が見守る中、5台ずつ整列したグリッドからスタート。レース前半はデイヴィド・ブルース-ブラウンがリードしたが、半ばにトップに立ったレイ・ハロウンが栄えある初代ウィナーとなった。マーモン社のエンジニアでもある彼は、他車すべてがライディングメカニックとの二人乗りの中、自身で考案したバックミラーを装着して後方確認を自ら行ない(自動車にバックミラーを装着した最初)、一人乗りの軽量さでタイヤをセーブしつつ、ライバル車よりもピットストップ回数を減らした。ただし規則でレース途中でのドライバー交代(リリーフ)が許されたので、途中サイラス・パチュケに30周余りリリーフを仰いだ後、再度コクピットに戻ってチェッカーを受け、引退を表明した。

記念すべき第1回大会のスタート。排気ガスによる白煙たなびく中、ゴールは7時間近く先だ

レイ・ハロウン(マーモン・ワスプ)　120.060km/h　オーナー：Nordyke & Marmon Co.　ファイアストン・タイヤ

第 1 回●1911年 5 月30日○200周＝500マイル(804.670km)

Pos.	No	Driver	Driver	Nat.	Car Name	Chassis	Drive	Engine	Cyl.	Dis.	Laps	Time	Speed	Prize Money	Speed	Qfy.
1	32	R. ハロウン	Harroun, Ray	USA	Marmon Wasp	マーモン	F/RWD	マーモン	L6	7.3	200	6:42′08″	74.602	14,250	—	28
2	33	R. マルフォード	Mulford, Ralph	USA	Lozier	ロヅィア	F/RWD	ロヅィア	L4	8.9	200	6:43′51″	74.285	5,200	—	29
3	28	D. ブルース-ブラウン	Bruce-Brown, David	USA	Fiat	フィアット	F/RWD	フィアット	L4	9.7	200	6:52′29″	72.730	3,250	—	25
4	11	S. ウィシャート	Wishart, Spencer	USA	Mercedes	メルセデス	F/RWD	メルセデス	L4	9.6	200	6:52′57″	72.648	2,350	—	11
5	31	J. ドウソン	Dawson, Joe	USA	Marmon	マーモン	F/RWD	マーモン	L4	7.3	200	6:54′34″	72.365	1,500	—	27
6	2	R. デパルマ	DePalma, Ralph	USA	Simplex	シンプレクス	F/RWD	シンプレクス	L4	9.8	200	7:02′02″	71.084	1,000	—	2
7	20	C. マーツ	Merz, Charlie	USA	National	ナショナル	F/RWD	ナショナル	L4	7.2	200	7:06′20″	70.367	800	—	18
8	12	W. H. J. ターナー	Turner, W. H. Jack	USA	Amplex	アンプレクス	F/RWD	アンプレクス	L4	7.3	200	7:15′56″	68.818	700	—	12
9	15	F. ベルチャー	Belcher, Fred	USA	Knox	ノクス	F/RWD	ノクス	L6	7.1	200	7:17′09″	68.626	600	—	13
10	25	H. コーブ	Cobe, Harry	USA	Jackson	ジャクソン	F/RWD	ジャクソン	L4	9.2	200	7:21′50″	67.899	500	—	22
11	10	G. アンダーソン	Anderson, Gil	USA	Stutz	スタッツ	F/RWD	ウィスコンシン	L4	6.4	200	7:22′55″	67.730	0	—	10
12	36	H. ヒューズ	Hughes, Hughie	GB	Mercer	マーサー	F/RWD	マーサー	L4	4.9	200	7:23′32″	67.630	0	—	32
13	30	L. フレイヤー	Frayer, Lee	USA	Firestone-Columbus	ファイアストン-コロンバス	F/RWD	ファイアストン-コロンバス	L4	7.1	N/A	走行中		0	—	26
14	21	H. ウィルコクス	Wilcox, Howdy	USA	National	ナショナル	F/RWD	ナショナル	L4	9.7	N/A	走行中		0	—	19
15	37	C. ビゲロウ	Bigelow, Charles	USA	Mercer	マーサー	F/RWD	マーサー	L4	4.9	N/A	走行中		0	—	33
16	3	H. エンディコット	Endicott, Harry	USA	Inter-State	インターステート	F/RWD	インターステート	L4	6.4	N/A	走行中		0	—	3
17	41	H. ホール	Hall, Howard	USA	Velie	ヴェリー	F/RWD	ヴェリー	L4	5.5	N/A	走行中		0	—	36
18	46	B. ニッパー	Knipper, Billy	USA	Benz	ベンツ	F/RWD	ベンツ	L4	7.3	N/A	走行中		0	—	40
19	45	B. バーマン	Burman, Bob	USA	Benz	ベンツ	F/RWD	ベンツ	L4	8.5	N/A	走行中		0	—	39
20	38	R. ベアズレイ	Beardsley, Ralph	USA	Simplex	シンプレクス	F/RWD	シンプレクス	L4	9.8	N/A	走行中		0	—	34
21	18	E. ハーン	Hearne, Eddie	USA	Fiat	フィアット	F/RWD	フィアット	L4	8.0	N/A	走行中		0	—	16
22	6	F. フォクス	Fox, Frank	USA	Pope-Hartford	ポープ-ハートフォード	F/RWD	ポープ-ハートフォード	L4	6.4	N/A	走行中		0	—	6
23	27	E. デラニー	Delaney, Ernest	USA	Cutting	カッティング	F/RWD	カッティング	L4	6.4	N/A	走行中		0	—	24
24	26	J. タワー	Tower, Jack	USA	Jackson	ジャクソン	F/RWD	ジャクソン	L4	7.1	N/A	走行中		0	—	23
25	23	M. マーケット	Marquette, Mel	USA	McFarlan	マクファーラン	F/RWD	マクファーラン	L6	6.2	N/A	走行中		0	—	20
26	42	B. エンディコット	Endicott, Bill	USA	Cole	コール	F/RWD	コール	L4	7.7	N/A	走行中		0	—	37
27	4	J. エイトケン	Aitken, Johnny	USA	National	ナショナル	F/RWD	ナショナル	L4	9.7	125	コンロッド		0	—	4
28	9	W. ジョーンズ	Jones, Will	USA	Case	ケース	F/RWD	ウィスコンシン	L4	4.7	122	ステアリング		0	—	9
29	1	L. ストラング	Strang, Lewis	USA	Case	ケース	F/RWD	ウィスコンシン	L4	4.7	108	ステアリング		0	—	1
30	7	H. ナイト	Knight, Harry	USA	Westcott	ウェストコット	F/RWD	ウェストコット	L6	6.9	90	アクシデント		0	—	7
31	8	J. ジャガーズバーガー	Jagersberger, Joe	USA	Case	ケース	F/RWD	ウィスコンシン	L4	4.7	87	アクシデント		0	—	8
32	35	H. リトル	Lytle, Herbert	USA	Apperson	アパーソン	F/RWD	アパーソン	L4	8.9	82	アクシデント		0	—	31
33	19	H. グラント	Grant, Harry	USA	Alco	アルコ	F/RWD	アルコ	L6	9.5	51	ベアリング		0	—	17
34	17	C. ベイスル	Basle, Charles	USA	Buick	ビュイック	F/RWD	ビュイック	L4	9.7	46	メカニカル		0	—	15
35	5	L. ディスブロウ	Disbrow, Louis	USA	Pope-Hartford	ポープ-ハートフォード	F/RWD	ポープ-ハートフォード	L4	6.4	45	アクシデント		0	—	5
36	16	A. シヴォレー	Chevrolet, Arthur	USA	Buick	ビュイック	F/RWD	ビュイック	L4	9.7	30	電気系統		0	—	14
37	39	C. ブラッグ	Bragg, Caleb	USA	Fiat	フィアット	F/RWD	フィアット	L4	8.0	23	メカニカル		0	—	35
38	24	F. エリス	Ellis, Fred	USA	Jackson	ジャクソン	F/RWD	ジャクソン	L4	5.8	22	火災ダメージ		0	—	21
39	34	T. テツラフ	Tetzlaff, Teddy	USA	Lozier	ロヅィア	F/RWD	ロヅィア	L4	8.9	20	アクシデント		0	—	30
40	44	A. グライナー	Greiner, Arthur	USA	Amplex	アンプレクス	F/RWD	アンプレクス	L4	7.3	12	アクシデント		0	—	38
ns	40	R. ジェフキンズ	Jeffkins, Rupert	AUS	Velie		F/RWD	ヴェリー			—	DNQ		—	75mph以下	—
ns	43	L. エドモンズ	Edmonds, Louis		Cole		F/RWD	コール			—	DNQ		—	75mph以下	—

1912 第2回

開催日／天候……1912年5月30日／晴れ
車両規定……9832cc以下。2人乗り
参加／決勝出走……29台／24台
優勝スピード……78.719mph(126.686km/h)。2位に10′23″差
賞金総額……$47,900
ポールシッター……エントリー順
最速ラップ……発表されず
ルーキー賞……未制定(7人)
リード・チェンジ……2回／3人。1－2＝テツラフ、3－198＝デパルマ、199－200＝ドウソン
リリーフ……No.8 Don Herr、No.3 Caleb Bragg、No.28 Billy Knipper、No.18 Harry Endicott、No.2 Billy Knipper、No.14 Charles Arnold、No.22 George Ainslee、No.9 Bill Rader、No.17 W. H. Farr、No.5 Neil Whalen、No.6 Neil Whalen

前年のたった一回の開催でインディ500は海外からも注目を集める一戦となった。一周75mph以上が参加条件。イタリア生まれアメリカ育ちのラルフ・デパルマは3周目にトップに立つと圧倒的スピードで後続車を引き離していく。しかし残り2周というところでコンロッドがクランクケースを貫き、デパルマのメルセデスはストップ。しかし諦めきれないデパルマとライディングメカニックはマシーンから降りると重いマシーンを必死に押し始めた。この時点で5周差をつけられていた2位ジョー・ドウソン(ナショナル)が同周回へと持ち込み、200周レースのうち最後の2周のみリードして逆転優勝、出走24台を制して2万ドルを獲得した。なおドウソンはレース中約40周にわたってドン・ハーのリリーフを仰いだ。前年のハロウンの例を考慮してこの年からライディングメカニックの同乗が義務付けられた。

優勝目前で止まってしまった巨大なメルセデスを必死に押すデパルマと同乗メカ

ジョー・ドウソン(ナショナル)　126.686km/h　オーナー：National Motor Vehicle Co.　ミシュラン・タイヤ

第２回●1912年５月30日○200周＝500マイル（804.670km）

Pos.	No	Driver	Driver	Nat.	Car Name	Chassis	Drive	Engine	Cyl.	Dis.	Laps	Time	Speed	Prize Money	Speed	Qfy.
1	8	J. ドウソン	Dawson, Joe	USA	National	ナショナル	F/RWD	ナショナル	L4	8.0	200	6:21′06″	78.719	20,000	86.13	7
2	3	T. テツラフ	Tetzlaff, Teddy	USA	Fiat	フィアット	F/RWD	フィアット	L4	9.7	200	6:31′29″	76.632	10,000	84.24	3
3	21	H. ヒューズ	Hughes, Hughie	GB	Mercer	マーサー	F/RWD	マーサー	L4	4.9	200	6:33′09″	76.307	5,000	81.81	17
4	28	C. マーツ	Merz, Charlie	USA	Stutz	スタッツ	F/RWD	ウィスコンシン	L4	6.4	200	6:34′40″	76.014	3,000	78.88	22
5	18	B. エンディコット	Endicott, Bill	USA	Schacht	シャクト	F/RWD	ウィスコンシン	L4	6.4	200	6:46′28″	73.807	2,500	80.57	15
6	2	L. ヴェンゲル	Zengel, Len	USA	Stutz	スタッツ	F/RWD	ウィスコンシン	L4	6.4	200	6:50′28″	73.088	2,000	78.85	2
7	14	J. ジェンキンズ	Jenkins, Johnny	USA	White	ホワイト	F/RWD	ホワイト	L6	8.0	200	6:52′38″	72.704	1,500	80.82	11
8	22	J. ホラン	Horan, Joe	USA	Lozier	ロヅィア	F/RWD	ロヅィア	L4	8.9	200	6:59′38″	71.491	1,400	80.48	18
9	9	H. ウィルコクス	Wilcox, Howdy	USA	National	ナショナル	F/RWD	ナショナル	L4	9.7	200	7:11′30″	69.525	1,300	87.20	8
10	19	R. マルフォード	Mulford, Ralph	USA	Knox	ノクス	F/RWD	ノクス	L6	9.8	200	8:53′00″	56.285	1,200	87.88	16
11	4	R. デパルマ	DePalma, Ralph	USA	Mercedes	メルセデス	F/RWD	メルセデス	L4	9.6	198	ピストン		0	86.02	4
12	15	B. バーマン	Burman, Bob	USA	Cutting	カッティング	F/RWD	カッティング	L4	9.8	156	アクシデント		0	84.11	12
13	12	B. ディングレイ	Dingley, Bert	USA	Simplex	シンプレクス	F/RWD	シンプレクス	L4	9.8	116	コンロッド		0	80.77	10
14	25	J. マトソン	Matson, Joe	USA	Lozier	ロヅィア	F/RWD	ロヅィア	L4	8.9	107	クランクシャフト		0	79.90	21
15	7	S. ウィシャート	Wishart, Spencer	USA	Mercedes	メルセデス	F/RWD	メルセデス	L4	9.6	82	冷却ライン		0	83.95	6
16	1	G. アンダーソン	Anderson, Gil	USA	Stutz	スタッツ	F/RWD	ウィスコンシン	L4	6.4	79	アクシデント		0	80.93	1
17	17	B. リーソー	Liesaw, Billy	USA	Marquette-Buick	マーケット	F/RWD	ビュイック	L4	9.7	72	キャブ／火災		0	77.51	14
18	5	L. ディスブロウ	Disbrow, Louis	USA	Case	ケース	F/RWD	ケース	L6	7.4	67	デフ・ピン		0	76.54	24
19	23	M. マーケット	Marquette, Mel	USA	McFarlan	マクファーラン	F/RWD	マクファーラン	L6	7.0	63	アクシデント／ホイール		0	78.08	19
20	6	E. ハーン	Hearne, Eddie	USA	Case	ケース	F/RWD	ケース	L6	7.4	54	クランクシャフト		0	81.85	5
21	16	L. フレイヤー	Frayer, Lee	USA	Firestone-Columbus	ファイアストン-コロンバス	F/RWD	ファイアストン-コロンバス	L4	5.7	44	ベアリング		0	77.30	13
22	29	D. ブルース-ブラウン	Bruce-Brown, David	USA	National	ナショナル	F/RWD	ナショナル	L4	9.7	24	バルブ		0	88.45	23
23	10	H. ナイト	Knight, Harry	USA	Lexington	レキシントン	F/RWD	レキシントン	L6	6.9	7	エンジン		0	75.92	9
24	24	L. オームズビー	Ormsby, Len	USA	Opel	オペル	F/RWD	オペル	L4	7.4	5	コンロッド		0	84.09	20
ns	27	A. ロマイン	Romine, Albert	USA	Continental						—	DNQ		—	74.227	—
ns	27	J. ヒル	Hill, Jimmy		Continental						—	DNQ		—	68.182	—
ns	31	L. オルドフィールド	Oldfield, Lee	USA	Mason						—	DNQ		—	75mph以下	—

1913 第3回

開催日／天候 1913年5月30日／晴れ
車両規定 7374cc(450ci)以下。2人乗り
参加／決勝出走 31台／27台
優勝スピード 75.933mph(122.202km/h)。2位に13′08″40差
賞金総額 $51,495
ポールシッター くじ引き
最速ラップ 発表されず
ルーキー賞 未制定(10人)

リード・チェンジ 8回／5人。1＝ブラッグ、2－3＝エヴァンズ、4－14＝グー、15－55＝バーマン、56－95＝グー、96－102＝アンダーソン、103－124＝グー、125－135＝アンダーソン、136－200＝グー
リリーフ No.22 Ralph DePalma、No.2 Earl Cooper、No.12 Frank Fox、No.31 I. J. Kilpatrick、No.35 Lee Oldfield、No.25 Tom Alley、No.4 Hughie Hughes、No.3 Earl Cooper、No.5 Lee Oldfield、No.17 Lee Oldfield、No.19 Ralph DePalma、No.10 Harry Grant、No.32 Eddie Hearne、No.1 Ed Madden

予選では2周平均75mph以上の走行が課せられ、スタート順はくじ引きにより4－4－4グリッドに整列。初出場のフランス人ジュル・グーがDOHC4バルブ4気筒のプジョー160馬力を駆って4周目にトップに立つと、暑さの中、優位にレースを進め、優勝した。外国人(アメリカ国籍以外)としては初の優勝となる。進歩的だったプジョーはこの後のインディカーに多大な影響を与える。レース後の新聞を賑わせたのは、優勝したグーとライディングメカニックが、レース中6回のピットストップのたびに喉を潤すべくシャンパンをがぶ飲みし、「酔っ払い運転で勝った」という記事だった。2位との差が13分余という、優勝マージン最大記録として101回に至っても残っている。3位マーツはフィニッシュ寸前にエンジンから出火するが、同乗メカがスタッツのフードに覆い被さり消火しながらの走行だった。

日本の五重の塔を思わせる計時タワー「パゴダ」。1956年までブリックヤードの象徴的存在であった

ジュル・グー(プジョー) 122.202km/h オーナー：Peugeot ファイアストン

第3回●1913年5月30日○200周＝500マイル（804.670km）

Pos.	No	Driver	Driver	Nat.	Car Name	Chassis	Drive	Engine	Cyl.	Dis.	Laps	Time	Speed	Prize Money	Speed	Qfy.
1	16	J. グー	Goux, Jules	F	Peugeot	プジョー	F/RWD	プジョー	L4	7.3	200	6:35′05″00	75.933	21,165	86.03	7
2	22	S. ウィシャート	Wishart, Spencer	USA	Mercer	マーサー	F/RWD	マーサー	L4	4.9	200	6:48′13″40	73.489	10,165	81.99	19
3	2	C. マーツ	Merz, Charlie	USA	Stutz	スタッツ	F/RWD	ウィスコンシン	L4	6.6	200	6:48′49″25	73.382	5,165	84.46	16
4	9	A. グヨー	Guyot, Albert	F	Sunbeam	サンビーム	F/RWD	サンビーム	L6	6.0	200	7:02′58″95	70.925	3,500	80.75	2
5	23	T. ピレット	Pilette, Theodore	B	Mercedes-Knight	メルセデス	F/RWD	ナイト	L4	4.1	200	7:20′13″00	68.148	3,000	75.52	13
6	12	H. ウィルコクス	Wilcox, Howdy	USA	Gray Fox	ポープ-ハートフォード	F/RWD	ポープ-ハートフォード	L4	6.4	200	7:23′26″55	67.653	2,200	81.46	20
7	29	R. マルフォード	Mulford, Ralph	USA	Mercedes	メルセデス	F/RWD	メルセデス	L4	7.4	200	7:28′05″50	66.951	1,800	80.79	22
8	31	L. ディスブロウ	Disbrow, Louis	USA	Case	ケース	F/RWD	ケース	L4	7.4	200	7:29′09″00	66.793	1,600	82.76	23
9	35	W. ハウプト	Haupt, Willie	USA	Mason	デューゼンバーグ	F/RWD	デューゼンバーグ	L4	5.7	200	7:52′35″10	63.481	1,500	80.72	15
10	25	G. クラーク	Clark, George	USA	Tulsa	タルサ	F/RWD	ウィスコンシン	L4	5.6	200	7:56′14″25	62.994	1,400	75.91	27
11	4	B. バーマン	Burman, Bob	USA	Keeton	キートン	F/RWD	ウィスコンシン	L4	7.4	N/A	走行中		0	84.17	21
12	3	G.アンダーソン	Anderson, Gil	USA	Stutz	スタッツ	F/RWD	ウィスコンシン	L4	6.6	187	カムシャフト		0	82.63	14
13	5	R. エヴァンズ	Evans, Robert	USA	Mason	デューゼンバーグ	F/RWD	デューゼンバーグ	L4	5.7	158	クラッチ		0	82.01	4
14	17	B. リーソー	Liesaw, Billy	USA	Anel	ビュイック	F/RWD	ビュイック	L4	5.2	148	コンロッド		0	78.02	3
15	19	C. ブラッグ	Bragg, Caleb	USA	Mercer	マーサー	F/RWD	マーサー	L4	6.9	128	ポンプ・シャフト		0	87.34	1
16	10	B. ニッパー	Knipper, Billy	USA	Henderson	ニッパー	F/RWD	デューゼンバーグ	L4	5.7	125	クラッチ		0	80.26	11
17	27	T. テツラフ	Tetzlaff, Teddy	USA	Isotta-Fraschini	イソッタ	F/RWD	イソッタ	L4	7.3	118	ドライブ・チェーン		0	81.30	8
18	32	J. ニクレント	Nikrent, Joe	USA	Case	ケース	F/RWD	ケース	L4	7.4	67	ベアリング		0	78.89	24
19	6	J. タワー	Tower, Jack	USA	Mason	デューゼンバーグ	F/RWD	デューゼンバーグ	L4	5.7	51	アクシデント		0	88.23	25
20	28	V. トルッコ	Trucco, Vincenzo	I	Isotta-Fraschini	イソッタ	F/RWD	イソッタ	L4	7.3	39	燃料タンク		0	81.94	18
21	1	H. エンディコット	Endicott, Harry	USA	Nyberg	ナイバーグ	F/RWD	ナイバーグ	L6	6.2	23	ドライブシャフト		0	76.35	10
22	15	P. ヅカレッリ	Zuccarelli, Paul	I	Peugeot	プジョー	F/RWD	プジョー	L4	7.3	18	ベアリング		0	85.83	26
23	21	R. デパルマ	DePalma, Ralph	USA	Mercer	マーサー	F/RWD	マーサー	L4	5.6	15	ベアリング		0	76.30	12
24	26	H. グラント	Grant, Harry	USA	Isotta-Fraschini	イソッタ	F/RWD	イソッタ	L4	7.3	14	燃料タンク		0	75.96	6
25	18	J. ジェンキンズ	Jenkins, Johnny	USA	Schacht	シャクト	F/RWD	シャクト	L4	4.9	13	クランクシャフト		0	82.84	17
26	8	D. ハー	Herr, Don	USA	Stutz	スタッツ	F/RWD	ウィスコンシン	L4	6.6	7	クラッチシャフト		0	82.84	5
27	33	B. エンディコット	Endicott, Bill	USA	Case	ケース	F/RWD	ケース	L6	7.3	1	ドライブシャフト		0	85.70	9

1914 第4回

開催日／天候……1914年5月30日／曇り
車両規定……7374cc以下。2人乗り
参加／決勝出走……46台／30台
優勝スピード……82.474mph(132.729km/h)。2位に6′39″差
賞金総額……$70,625
ポールシッター……くじ引き
最速ラップ……発表されず

ルーキー賞……未制定(16人)
リード・チェンジ……10回／7人。1＝ウィルコクス、2－4＝クリステンズ、5＝グー、6＝クリステンズ、7＝ブラッグ、8－12＝クリステンズ、13－29＝トーマ、30－66＝デュレイ、67－75＝グヨー、76－115＝デュレイ、116－200＝トーマ
リリーフ……No.3 Gil Anderson、No.5 C. L. Rogers、No.25 Jack LeCain、No.31 Bob Burman、No.2 Bill Rader、No.21 Eddie Pullen、No.4 D. W. Helmick、No.13 Lee Oldfield

フランス勢の覇権はこの年も続き、レース上位4車はフランス車によって占められた。非力だが軽量なドラージュに乗ったルネ・トーマが優勝平均時速を82.474mphにまで上げる。1周目10位からの追い上げだった。2位にも僅か3リッターのプジョーを駆るアーサー・デュレイが入る。予選でも、ジョルジュ・ボワロ(プジョー)が100mphまであと一歩と迫る99.86mphという最速記録をマークし、前年までの88.45mphを一気に引き上げる。ただしグリッドはこの年もくじ引きにより決定。10万人の観客が見守る中、20世紀初頭アメリカで最も有名なレーサー、バーニー・オルドフィールドが5位フィニッシュ。11年覇者レイ・ハロウンはマクスウェル・モーター社のエンジニアとなり、自チーム用に独自のキャブレターを開発、燃料にケロシン(灯油)を用いてビリー・カールソンが9位完走を果たす。

エディー・リッケンバッカー。第一次世界大戦時の撃墜王は、後にインディのコースオーナーに

ルネ・トーマ(ドラージュ)　132.729km/h　オーナー：L. Delage Co.　パーマー・コード

第4回●1914年5月30日○200周＝500マイル（804.670km）

Pos.	No	Driver	Driver	Nat.	Car Name	Chassis	Drive	Engine	Cyl.	Dis.	Laps	Time	Speed	Prize Money	Speed	Qfy.
1	16	R. トーマ	Thomas, Rene	F	Delage	ドラージュ	F/RWD	ドラージュ	L4	6.2	200	6:03′45″	82.474	39,750	94.54	15
2	14	A. デュレイ	Duray, Arthur	F	Peugeot	プジョー	F/RWD	プジョー	L4	3.0	200	6:10′24″	80.994	10,450	90.00	10
3	10	A. グヨー	Guyot, Albert	F	Delage	ドラージュ	F/RWD	ドラージュ	L4	6.2	200	6:14′01″	80.210	5,425	89.15	11
4	6	J. グー	Goux, Jules	F	Peugeot	プジョー	F/RWD	プジョー	L4	5.7	200	6:17′24″	79.491	3,500	98.13	19
5	3	B. オルドフィールド	Oldfield, Barney	USA	Stutz	スタッツ	F/RWD	スタッツ	L4	7.1	200	6:23′51″	78.156	3,000	87.25	30
6	9	J. クリスチャンズ	Christiaens, Josef	B	Excelsior	エクセルシャー	F/RWD	エクセルシャー	L6	7.3	200	6:27′24″	77.439	2,200	91.21	7
7	27	H. グラント	Grant, Harry	USA	Sunbeam	サンビーム	F/RWD	サンビーム	L6	4.5	200	6:36′22″	75.687	1,800	86.46	26
8	5	C. キーン	Keene, Charles	USA	Beaver Bullet	キーン	F/RWD	ウィスコンシン	L4	7.4	200	6:40′57″	74.822	1,600	86.87	27
9	25	B. カールソン	Carlson, Billy	USA	Maxwell	マクスウェル	F/RWD	マクスウェル	L4	7.3	200	7:02′42″	70.972	1,500	93.36	5
10	42	E. リッケンバッカー	Rickenbacker, Eddie	USA	Duesenberg	デューゼンバーグ	F/RWD	デューゼンバーグ	L4	5.9	200	7:03′34″	70.827	1,400	88.14	23
11	23	R. マルフォード	Mulford, Ralph	USA	Mercedes	メルセデス	F/RWD	プジョー	L4	7.3	200	7:11′20″	69.550	0	88.21	6
12	43	W. ハウプト	Haupt, Willie	USA	Duesenberg	デューゼンバーグ	F/RWD	デューゼンバーグ	L4	5.9	200	7:29′58″	66.660	0	89.39	28
13	31	B. ニッパー	Knipper, Billy	USA	Keeton	キートン	F/RWD	ウィスコンシン	L4	7.4	200	7:36′42″	65.790	0	89.57	12
14	7	G. ボワロ	Boillot, Georges	F	Peugeot	プジョー	F/RWD	プジョー	L4	5.7	148	フレーム		0	99.86	29
15	34	E. フリードリッヒ	Friedrich, Ernest	D	Bugatti	ブガッティ	F/RWD	ブガッティ	L4	6.4	134	ドライブ・ピニオン		0	87.73	18
16	1	L. ディスブロウ	Disbrow, Louis	USA	Burman	バーマン	F/RWD	ウィスコンシン	L4	7.4	128	コンロッド		0	86.79	24
17	19	S. ウィシャート	Wishart, Spencer	USA	Mercer	マーサー	F/RWD	マーサー	L4	7.3	122	カムシャフト		0	92.69	25
18	2	E. クーパー	Cooper, Earl	USA	Stutz	スタッツ	F/RWD	スタッツ	L4	5.6	118	ホイール		0	88.02	14
19	21	C. ブラッグ	Bragg, Caleb	USA	Mercer	マーサー	F/RWD	マーサー	L4	7.3	117	カムシャフト		0	92.97	9
20	15	A. クライン	Klein, Art	USA	King	キング	F/RWD	ウィスコンシン	L4	7.4	87	バルブ		0	86.87	8
21	38	W. チャンドラー	Chandler, William	USA	Braender Bulldog	マルフォード	F/RWD	デューゼンバーグ	L4	7.4	69	コンロッド		0	87.54	4
22	4	H. ウィルコクス	Wilcox, Howdy	USA	Gray Fox	フォクス	F/RWD	ポープ-ハートフォード	L4	7.1	67	バルブ		0	90.76	3
23	13	G. メイソン	Mason, George	USA	Mason	デューゼンバーグ	F/RWD	デューゼンバーグ	L4	4.3	66	ピストン		0	87.10	13
24	17	B. バーマン	Burman, Bob	USA	Burman	バーマン	F/RWD	ウィスコンシン	L4	7.4	47	コンロッド		0	90.41	22
25	26	J. ドウソン	Dawson, Joe	USA	Marmon	マーモン	F/RWD	マーモン	L4	7.3	44	アクシデント		0	93.55	17
26	24	G. アンダーソン	Anderson, Gil	USA	Stutz	スタッツ	F/RWD	スタッツ	L4	6.8	42	シリンダー・ボルト		0	90.49	16
27	49	R. ジルフーレイ	Gilhooley, Ray	USA	Isotta-Fraschini	イソッタ	F/RWD	イソッタ	L4	6.1	41	アクシデント		0	84.20	20
28	8	T. テツラフ	Tetzlaff, Teddy	USA	Maxwell	マクスウェル	F/RWD	マクスウェル	L4	7.3	38	ロッカーアーム		0	96.36	2
29	12	J. シャサーニュ	Chassagne, Jean	F	Sunbeam	サンビーム	F/RWD	サンビーム	L6	4.5	20	アクシデント		0	88.31	1
30	48	S. F. ブロック	Brock, S.F.	USA	Ray	マーサー	F/RWD	ウィスコンシン	L4	7.4	5	カムシャフト		0	87.83	21
ns	18	R. デパルマ	DePalma, Ralph	USA	Mercedes						—	撤退		—	88.132	—
ns	22	E. パレン	Pullen, Eddie	USA	Mercer						—	撤退		—	84.587	—
ns	39	M. ロバーツ	Roberts, Mortimer	USA	Pope Bullet						—	DNQ		—	76.930	—

1915 第5回

開催日／天候……1915年５月31日／29日予定が雨のため延期。曇り
車両規定……4916cc(300ci)以下。２人乗り
参加／決勝出走……41台／24台
優勝スピード……89.840mph(144.583km/h)。２位に３′29″43差
賞金総額……$54,300
ポールシッター……H. ウィルコクス　98.900mph(159.164km/h)　1′31″00
最速ラップ……発表されず
ルーキー賞……未制定(13人)
リード・チェンジ……６回／４人。１＝レスタ、２－６＝ウィルコクス、７－32＝アンダーソン、33－61＝レスタ、62－127＝デパルマ、128－134＝レスタ、135－200＝デパルマ
リリーフ……No.5 Johnny Aitken、No.4 Johnny Aitken、No.19 Hughie Hughes、No.14 Carl Limberg、No.22 Willie Chandler、No.9 Willie Chandler

ヨーロッパでは第一次世界大戦が勃発し、レース活動が中断されただけでなく、何人かのレーサーは戦場で命を失った。よってヨーロッパ車の参加も減少。インディでは予選＝クォリファイングの速さによってスタート順位が決まるシステムが初めて行なわれ(80mph以上で走行のこと)、ハウディ・ウィルコクス(スタッツ)がポールを獲得した。同一メーカーからは３台以内の参戦とされた。雨のため２日延期された決勝レースは、12年に惜敗したラルフ・デパルマが主導権を握ったが、レース終盤に至って再度エンジン・トラブルに見舞われる。しかし今度はスピードを落とし３気筒となったマシーンをなだめながら、追いすがるイギリス人ダリオ・レスタ(生まれはともにイタリア)を振り切って勝った。彼は137周目にタイヤ・ブローに見舞われるまで優勢だった。優勝タイムがこの年初めて６時間を切った。

デパルマ遂に勝つ。吊り橋の上からチェッカードフラッグを振っている

ラルフ・デパルマ(メルセデス)　144.583km/h　オーナー：E. C. Patterson　グッドリッチ

第５回●1915年５月31日○200周＝500マイル(804.670km)

Pos.	No	Driver	Driver	Nat.	Car Name	Chassis	Drive	Engine	Cyl.	Dis.	Laps	Time	Speed	Prize Money	Speed	Qfy.
1	2	R. デパルマ	DePalma, Ralph	USA	Mercedes	メルセデス	F/RWD	メルセデス	L4	4.5	200	5:33′55″51	89.840	22,600	98.58	2
2	3	D. レスタ	Resta, Dario	GB	Peugeot	プジョー	F/RWD	プジョー	L4	4.5	200	5:37′24″94	88.911	10,900	98.47	3
3	5	G. アンダーソン	Anderson, Gil	USA	Stutz	スタッツ	F/RWD	スタッツ	L4	4.9	200	5:42′27″58	87.602	5,600	95.14	5
4	4	E. クーパー	Cooper, Earl	USA	Stutz	スタッツ	F/RWD	スタッツ	L4	4.9	200	5:46′19″36	86.624	3,700	96.77	4
5	15	E. オドネル	O'Donnell, Eddie	USA	Duesenberg	デューゼンバーグ	F/RWD	デューゼンバーグ	L4	4.9	200	6:08′13″27	81.473	3,000	88.93	11
6	8	B. バーマン	Burman, Bob	USA	Peugeot	プジョー	F/RWD	プジョー	L4	4.9	200	6:13′19″61	80.359	2,200	92.40	7
7	1	H. ウィルコクス	Wilcox, Howdy	USA	Stutz	スタッツ	F/RWD	スタッツ	L4	4.9	200	6:14′19″73	80.143	1,800	98.90	1
8	10	T. アレイ	Alley, Tom	USA	Duesenberg	デューゼンバーグ	F/RWD	デューゼンバーグ	L4	4.9	200	6:15′08″01	79.972	1,600	90.00	9
9	19	B. カールソン	Carlson, Billy	USA	Maxwell	マクスウェル	F/RWD	マクスウェル	L4	4.9	200	6:19′55″90	78.962	1,500	84.11	16
10	7	N. ヴァン・ラールト	Van Raalte, Noel	GB	Sunbeam	サンビーム	F/RWD	サンビーム	L6	4.4	200	6:35′23″43	75.874	1,400	86.87	14
11	28	W. ハウプト	Haupt, Willie	USA	Emden	エムデン	F/RWD	エムデン	L4	4.9	200	7:03′30″	70.750	0	80.36	24
12	14	H. グラント	Grant, Harry	USA	Sunbeam	サンビーム	F/RWD	サンビーム	L4	4.6	184	オイル・パン		0	89.29	10
13	21	T. オア	Orr, Tom	USA	Maxwell	マクスウェル	F/RWD	マクスウェル	L4	4.9	168	ベアリング		0	83.55	17
14	6	J. ポルポラート	Porporato, Jean	F	Sunbeam	サンビーム	F/RWD	サンビーム	L4	4.4	164	ピストン		0	94.74	6
15	18	J. クーパー	Cooper, Joe	USA	Sebring	デューゼンバーグ	F/RWD	デューゼンバーグ	L4	4.9	154	アクシデント		0	85.55	15
16	22	R. マルフォード	Mulford, Ralph	USA	Duesenberg	デューゼンバーグ	F/RWD	デューゼンバーグ	L4	4.9	124	コンロッド		0	82.72	18
17	12	G. C. バブコック	Babcock, George C.	USA	Peugeot	プジョー	F/RWD	プジョー	L4	3.1	117	シリンダー		0	89.46	12
18	9	A. クライン	Klein, Art	USA	Kleinart	デューゼンバーグ	F/RWD	デューゼンバーグ	L4	4.9	111	失格		0	90.45	8
19	23	E. リッケンバッカー	Rickenbacker, Eddie	USA	Maxwell	マクスウェル	F/RWD	マクスウェル	L4	4.9	103	コンロッド		0	81.97	19
20	27	L. シヴォレー	Chevrolet, Louis	USA	Cornelian	コーネリアン	F/RWD	スターリング	L4	1.7	76	バルブ		0	81.01	23
21	17	J. デパルマ	DePalma, John	USA	Delage	ドラージュ	F/RWD	ドラージュ	L4	4.9	41	フライホイール		0	87.04	13
22	24	J. A. マイズ	Mais, John A.	USA	Mais	マーサー	F/RWD	マーサー	L4	4.9	23	コースアウト		0	81.97	20
23	26	Ge. ヒル	Hill, George	USA	Bugatti	ブガッティ	F/RWD	ブガッティ	L4	4.9	20	冷却ポンプ		0	81.52	22
24	25	C. C. コクス	Cox, Charles C.	USA	Cino-Purcell	チーノ	F/RWD	マーサー	L4	4.9	12	タイミングギア		0	81.52	21
ns		J. ルケイン	LeCain, Jack	USA	Peugeot		F/RWD				—	撤退		—	89.463	—
ns	31	C. リンドバーグ	Limberg, Carl	USA	Sunbeam		F/RWD				—	撤退		—	86.124	—
ns	20	G. ラックステル	Ruckstell, Glover	USA	Mercer		F/RWD				—	DNQ		—	83.799	—
ns	41	J. ヒル	Hill, Jimmy		Bals		F/RWD				—	DNQ		—	79.3	—
ns		E. デヴォア	DeVore, Earl	USA	F.R.P.		F/RWD				—	DNQ		—	79.156	—
ns	24	W. ハウプト	Haupt, Willie	USA	Bergdoll		F/RWD				—	DNQ		—	76.078	—

1916 第6回

開催日／天候……1916年５月30日／晴れ
車両規定……4916cc以下。２人乗り
参加／決勝出走……30台／21台
優勝スピード……84.001mph（135.186km/h）。２位に1′57F57差
賞金総額……$30,000
ポールシッター……J. エイトケン　96.690mph（155.607km/h）　1′33″08
最速ラップ……発表されず
ルーキー賞……未制定（８人）
リード・チェンジ……２回／３人。1－9＝リッケンバッカー、10－17＝エイトケン、18－120＝レスタ
リリーフ……No.4 Eddie Rickenbacker、No.29 Gil Anderson、No.24 Frank Elliott、No.21 Jack LeCain

スタート前に全員が並んで記念撮影。４列縦隊グリッドのポールポジションNo.18はプジョー

第一次世界大戦により、燃料とタイヤを節約する配慮から、300マイルに短縮されて催された。ヨーロッパ諸国からの参戦はほとんどなく、出走台数はインディ史上最少の21台に。１列目スタートのエディー・リッケンバッカー（スティール・ヘルメットを初装着）は９周にわたってリードするがステアリング故障により脱落。このレースの後、間もなく彼は戦線に赴き、全米一の撃墜王となる（そして後にインディアナポリスのコース・オーナーに）。前年２位に甘んじたダリオ・レスタが同じ車で優勝。彼のピットインは一回のみ。ルイとアーサーのシヴォレー兄弟は自製フロンテナク（SOHCエンジン、アルミ・ボディ）で12位と18位。一方“スター”ラルフ・デパルマは5000ドルのスターティングマネーを要求した結果、受け入れられず欠場。そして1917〜18年は戦争のためインディ500は開催されず。

ダリオ・レスタ（プジョー）　135.186km/h　オーナー：Peugeot Auto Racing Co.　グッドリッチ

第 6 回●1916年 5 月30日○120周＝300マイル（482.802km）

Pos.	No	Driver	Driver	Nat.	Car Name	Chassis	Drive	Engine	Cyl.	Dis.	Laps	Time	Speed	Prize Money	Speed	Qfy.
1	17	D. レスタ	Resta, Dario	GB	Peugeot	プジョー	F/RWD	プジョー	L4	4.5	120	3：34′17″	84.001	12,000	94.40	4
2	1	W. ダレン	D'Alene, Wilbur	USA	Duesenberg	デューゼンバーグ	F/RWD	デューゼンバーグ	L4	4.9	120	3：36′15″	83.237	6,000	90.87	10
3	10	R. マルフォード	Mulford, Ralph	USA	Peugeot	プジョー	F/RWD	プジョー	L4	4.5	120	3：37′56″	82.594	3,000	91.09	20
4	14	J. クリスチャンズ	Christiaens, Josef	B	Sunbeam	サンビーム	F/RWD	サンビーム	L6	4.9	120	3：46′36″	79.435	2,000	86.08	14
5	15	B. オルドフィールド	Oldfield, Barney	USA	Delage	ドラージュ	F/RWD	ドラージュ	L4	4.5	120	3：47′19″	79.185	1,700	94.33	5
6	4	P. ヘンダーソン	Henderson, Pete	USA	Maxwell	マクスウェル	F/RWD	マクスウェル	L4	4.9	120	3：49′56″	78.284	1,400	91.33	9
7	29	H. ウィルコクス	Wilcox, Howdy	USA	Premier	プレミア	F/RWD	プレミア	L4	4.5	120	3：54′31″	76.754	1,200	93.81	6
8	26	A. ジョンソン	Johnson, Art	USA	Crawford	クロフォード	F/RWD	デューゼンバーグ	L4	4.9	120	4：01′54″	74.411	1,000	83.69	17
9	24	W. チャンドラー	Chandler, William	USA	Crawford	クロフォード	F/RWD	デューゼンバーグ	L4	4.9	120	4：02′43″	74.161	900	84.84	15
10	9	O. ハイブ	Haibe, Ora	USA	Osteweg	オステウィグ	F/RWD	ウィスコンシン	L4	4.9	120	4：03′19″	74.043	800	87.08	13
11	12	T. アレイ	Alley, Tom	USA	Ogren	デューゼンバーグ	F/RWD	デューゼンバーグ	L4	4.9	120	4：04′47″	73.550	0	82.04	19
12	8	L. シヴォレー	Chevrolet, Louis	USA	Frontenac	フロンテナク	F/RWD	フロンテナク	L4	4.9	82	コンロッド		0	87.69	21
13	28	G. アンダーソン	Anderson, Gil	USA	Premier	プレミア	F/RWD	プレミア	L4	4.5	75	オイル・ライン		0	95.94	3
14	25	D. ルイス	Lewis, Dave	USA	Crawford	クロフォード	F/RWD	デューゼンバーグ	L4	4.9	71	燃料タンク		0	83.12	18
15	18	J. エイトケン	Aitken, Johnny	USA	Peugeot	プジョー	F/RWD	プジョー	L4	4.5	69	バルブ		0	96.69	1
16	21	J. デヴィニュ	DeVigne, Jules	F	Delage	ドラージュ	F/RWD	ドラージュ	L4	4.5	61	アクシデント		0	87.17	12
17	27	T. ルーニー	Rooney, Tom	USA	Premier	プレミア	F/RWD	プレミア	L4	4.5	48	アクシデント		0	93.39	7
18	7	A. シヴォレー	Chevrolet, Arthur	USA	Frontenac	フロンテナク	F/RWD	フロンテナク	L4	4.9	35	マグネトー		0	87.74	11
19	19	C. マーツ	Merz, Charlie	USA	Peugeot	プジョー	F/RWD	プジョー	L4	4.5	25	ルビリケーション		0	93.33	8
20	5	E. リッケンバッカー	Rickenbacker, Eddie	USA	Maxwell	マクスウェル	F/RWD	マクスウェル	L4	4.9	9	ステアリング		0	96.44	2
21	23	A. フランキ	Franchi, Aldo	USA	Peusun	ブジョー	F/RWD	サンビーム	L4	4.9	9	エンジン		0	84.12	16
ns	6	L. シヴォレー	Chevrolet, Louis	USA	Frontenac		F/RWD	フロンテナク			—	シリンダー		—	87.69	—
ns		E. オドネル	O'Donnell, Eddie	USA	Duesenberg		F/RWD				—	ブレーキ・ドラム		—	86.71	—
ns	22	J. ルケイン	LeCain, Jack	USA	Delage		F/RWD	ドラージュ			—	クランクシャフト		—	82.48	—
ns	8	G. シヴォレー	Chevrolet, Gaston	USA	Frontenac		F/RWD				—	DNQ		—	73.85	—
ns		R. デルノ	Delno, Robert	USA	Richards		F/RWD				—	撤退		—		—

1919 第7回

開催日／天候……1919年5月31日／晴れ
車両規定……4916cc以下。2人乗り
参加／決勝出走……42台／33台
優勝スピード……88.050mph(141.702km/h)。2位に3′46″差
賞金総額……$50,000
ポールシッター……R. トーマ　104.780mph(168.627km/h)　1′25″89
最速ラップ……発表されず
ルーキー賞……未制定(19人)
リード・チェンジ……3回／3人。1－65＝デパルマ、66－74＝L.シヴォレー、75－102＝デパルマ、103－200＝ウィルコクス
リリーフ……No.7 Joe Boyer、No.41 Louis Chevrolet、No.8 Reeves Dutton、No.23 E. Rawlings、No.33 Jean Chassagne

大戦は1918年11月11日に終結し、インディは3年ぶりに再開され、12万もの観客が詰め掛けた。そして、いくつもの「初」が生まれた。後に恒例となる出走33台がひとつ。1914年優勝者ルネ・トーマ(バロー8気筒)が予選で初の100mph越えとなる104.780mphを記録、しかし決勝ではトラブルで後退。予選初日にクォリファイされた者がグリッド上位に整列するシステムも初年度。そして過去7年間で初となるアメリカ人ウィナー、ハウディ・ウィルコクスの勝利。優勝車プジョーは戦前のもので、その所有者はスピードウェイ自身だった。インディアナ州出身のウィルコクスが勝つと、地元楽隊が州歌「Back Home Again in Indiana」を演奏し始め、会場は大いに盛り上がった。そしてこれ以降、インディのセレモニーの際に、同曲が演奏されるきっかけとなる。別々の事故で3人が亡くなった。

バーニー・オルドフィールド。アメリカ初期レース史を彩る大物は葉巻をくわえた姿も様になる

ハウディ・ウィルコクス(プジョー)　141.702km/h　オーナー：Indianapolis Speedway Team Co.　グッドイヤー

第7回●1919年5月31日○200周＝500マイル(804.670km)

Pos.	No	Driver	Driver	Nat.	Car Name	Chassis	Drive	Engine	Cyl.	Dis.	Laps	Time	Speed	Prize Money	Speed	Qfy.
1	3	H. ウィルコクス	Wilcox, Howdy	USA	Peugeot	プジョー	F/RWD	プジョー	L4	4.5	200	5：40′42″87	88.050	20,000	100.01	2
2	14	E. ハーン	Hearne, Eddie	USA	Durant	スタッツ	F/RWD	スタッツ	L4	4.9	200	5：44′29″04	87.087	10,000	94.50	8
3	6	J. グー	Goux, Jules	F	Peugeot	プジョー	F/RWD	プレミア	L4	4.5	200	5：49′06″18	85.935	5,000	95.00	22
4	32	A. グヨー	Guyot, Albert	F	Ballot	バロー	F/RWD	バロー	L8	4.9	200	5：55′16″27	84.443	3,500	98.30	3
5	26	T. アレイ	Alley, Tom	USA	Bender	ベンダー	F/RWD	ベンダー	L4	4.7	200	6：05′03″92	82.177	3,000	92.20	28
6	4	R. デパルマ	DePalma, Ralph	USA	Packard	パッカード	F/RWD	パッカード	V12	4.9	200	6：10′10″64	81.042	2,200	98.20	4
7	7	L. シヴォレー	Chevrolet, Louis	USA	Frontenac	フロンテナク	F/RWD	フロンテナク	L4	4.9	200	6：10′10″92	81.041	1,800	103.10	12
8	27	I. ヴェイル	Vail, Ira	USA	Hudson	ハドソン	F/RWD	ハドソン	L6	4.7	200	6：12′42″00	80.494	1,600	94.10	10
9	21	D. ヒッキー	Hickey, Denny	USA	Stickle	ホスキンズ	F/RWD	ハドソン	L6	4.7	200	6：13′57″24	80.224	1,500	92.50	27
10	41	G. シヴォレー	Chevrolet, Gaston	USA	Frontenac	フロンテナク	F/RWD	フロンテナク	L4	4.9	200	6：17′21″79	79.499	1,400	100.40	16
11	31	R. トーマ	Thomas, Rene	F	Ballot	バロー	F/RWD	バロー	L8	4.9	200	6：21′10″92	78.750	0	104.78	1
12	8	E. クーパー	Cooper, Earl	USA	Stutz	スタッツ	F/RWD	スタッツ	L4	4.9	200	6：21′35″05	78.600	0	94.25	9
13	23	E. T. シャノン	Shannon, Elmer T.	USA	Shannon	シャノン	F/RWD	デューゼンバーグ	L4	4.9	200	6：30′50″75	76.950	0	91.70	29
14	17	O. ハイブ	Haibe, Ora	USA	Hudson	ハドソン	F/RWD	ハドソン	L6	4.7	200	6：34′28″09	65.740	0	92.80	26
15	37	A. ボワロ	Boillot, Andre	F	Baby Peugeot	プジョー	F/RWD	プジョー	L4	4.5	195	アクシデント		0	89.50	32
16	48	R. ハワード	Howard, Ray	USA	Peugeot	プジョー	F/RWD	プジョー	L4	4.5	130	油圧低下		0	95.00	21
17	22	W. ダレン	D'Alene, Wilbur	USA	Duesenberg	デューゼンバーグ	F/RWD	デューゼンバーグ	L4	4.9	120	アクスル		0	94.20	23
18	15	L. ルコック	LeCocq, Louis	USA	Roamer	デューゼンバーグ	F/RWD	デューゼンバーグ	L4	4.9	96	アクシデント		0	92.90	25
19	29	A. クライン	Klein, Art	USA	Peugeot	プジョー	F/RWD	プジョー	L4	4.5	70	オイル・ライン		0	94.90	7
20	19	C. カークパトリック	Kirkpatrick, Chas.	USA	Detroit	メルセデス(コピー)	F/RWD	メルセデス(コピー)	L4	4.5	69	コンロッド		0	90.00	11
21	33	P. バブロー	Bablot, Paul	F	Ballot	バロー	F/RWD	バロー	L8	4.9	63	アクシデント		0	94.90	6
22	10	E. オドネル	O'Donnell, Eddie	USA	Duesenberg	デューゼンバーグ	F/RWD	デューゼンバーグ	L4	4.9	60	ピストン		0	97.30	5
23	12	K. ヒトケ	Hitke, Kurt	USA	Roamer	デューゼンバーグ	F/RWD	デューゼンバーグ	L4	4.9	56	ロッド・ベアリング		0	93.50	24
24	1	C. デュラント	Durant, Cliff	USA	Chevrolet	スタッツ	F/RWD	スタッツ	L4	4.9	54	ステアリング		0	96.50	20
25	9	T. ミルトン	Milton, Tommy	USA	Duesenberg	デューゼンバーグ	F/RWD	デューゼンバーグ	L4	4.9	50	コンロッド		0	89.90	31
26	34	L. ワグナー	Wagner, Louis	F	Ballot	バロー	F/RWD	バロー	L8	4.9	44	ホイール		0	101.70	13
27	18	A. サーマン	Thurman, Arthur	USA	Thurman	デューゼンバーグ	F/RWD	デューゼンバーグ	L4	4.9	44	アクシデント		0	98.00	18
28	43	O. トフト	Toft, Omar	USA	Toft/Darco	ミラー	F/RWD	ミラー	L4	4.7	44	コンロッド		0	91.50	30
29	2	R. マルフォード	Mulford, Ralph	USA	Frontenac	フロンテナク	F/RWD	フロンテナク	L4	4.9	37	ドライブシャフト		0	100.50	15
30	36	J. J. マッコイ	McCoy, J. J.	USA	McCoy	マッコイ	F/RWD		L4	4.8	36	オイル・ライン		0	86.50	33
31	39	J. ボイヤー	Boyer, Joe	USA	Frontenac	フロンテナク	F/RWD	フロンテナク	L4	4.9	30	リア・アクスル		0	100.90	14
32	5	W. W. ブラウン	Brown, W. W.	USA	Richards	ブラウン	F/RWD	ハドソン-ブレット	L6	4.7	14	コンロッド		0	99.80	17
33	28	R. サーレズ	Sarles, Roscoe	USA	Oldfield	ミラー	F/RWD	ミラー	L4	4.7	8	ロッカーアーム		0	97.70	19
ns	24	J. M. レイノルズ	Reynolds, Jim M.	USA	Hudson Super-six		F/RWD	ハドソン			—	DNQ		—	83.5	—
ns	35	A. コテイ	Cotey, Al	USA	Ogren		F/RWD	デューゼンバーグ			—	DNQ		—	82.9	—

1920 第8回

開催日／天候……1920年５月31日／曇り
車両規定……3000cc(183ci)以下。２人乗り
参加／決勝出走……32台／23台
優勝スピード……88.618mph(142.616km/h)。２位に6′16″6差
賞金総額……$70,500
ポールシッター……R. デパルマ　99.150mph(159.566km/h)　6′03″08＝４周合計
最速ラップ……発表されず
ルーキー賞……未制定(４人)

リード・チェンジ……10回／６人。1－11＝ボイヤー、12＝クライン、13＝シャサーニュ、14－37＝ボイヤー、38－42＝デパルマ、43－62＝ボイヤー、63－69＝トーマ、70－107＝ボイヤー、108－112＝トーマ、113－186＝デパルマ、187－200＝G. シヴォレー
リリーフ……No.28 Art Klein→Harry Thicksten、No.15 Tom Alley、No.32 Riley Brett、No.6 Ira Vail、No.9 Aldo Franchi、No.34 Wade Morton、No.7 Roscoe Sarles、No.3 Salvatore Barbarino

スピードダウンを目指して排気量を３リッターに制限、奇しくもヨーロッパのGPカー規定と同一になる。レース序盤はジョー・ボイヤーがリード。しかしレースは今回もラルフ・デパルマ(バロー)が主導権を握り、１周目のパンク後退から猛追を見せ、２勝目に向けて快走を続けたが、残り13周というところでエンジンから出火。ライディングメカニックであり甥のピーター・デパオロと消火に当たった。これによりガストン・シヴォレー(フロンテナク)がデパルマを抜いて500を制した。アメリカ車の優勝は８年ぶり。しかし彼はシーズン最終戦ビヴァリーヒルズ・ボードトラックで事故死してしまう(インディ・ウィナーがレース事故で他界するのはこれが初)。予選で従来の１周タイムではなく連続４周(10マイル)計測のクォリファイ方式が始まった。そしてラップリーダーに賞金が出るようになる。

デューゼンバーグ兄弟が製作するレーサーはミラーと並び1920年代インディ黄金時代を築いた

ガストン・シヴォレー(モンローSpl.)　142.616km/h　オーナー：William Small Co.　ファイアストン

第８回●1920年５月31日○200周＝500マイル(804.670km)

Pos.	No	Driver	Driver	Nat.	Car Name	Chassis	Drive	Engine	Cyl.	Dis.	Laps	Time	Speed	Prize Money	Speed	Qfy.
1	4	G. シヴォレー	Chevrolet, Gaston	USA	Monroe	フロンテナク	F/RWD	フロンテナク	L4	3.0	200	5:38′32″00	88.618	21,800	91.55	6
2	25	R. トーマ	Thomas, Rene	F	Ballot	バロー	F/RWD	バロー	L8	3.0	200	5:44′51″60	86.992	10,700	93.95	18
3	10	T. ミルトン	Milton, Tommy	USA	Duesenberg	デューゼンバーグ	F/RWD	デューゼンバーグ	L8	3.0	200	5:45′02″48	86.946	5,000	90.20	11
4	12	J. マーフィー	Murphy, Jimmy	USA	Duesenberg	デューゼンバーグ	F/RWD	デューゼンバーグ	L8	3.0	200	5:52′31″35	85.101	3,500	88.70	15
5	2	R. デパルマ	DePalma, Ralph	USA	Ballot	バロー	F/RWD	バロー	L8	3.0	200	6:05′19″15	82.120	11,300	99.15	1
6	31	E. ハーン	Hearne, Eddie	USA	Duesenberg	デューゼンバーグ	F/RWD	デューゼンバーグ	L8	3.0	200	6:10′21″55	81.002	2,200	88.05	9
7	26	J. シャサーニュ	Chassagne, Jean	F	Ballot	バロー	F/RWD	バロー	L8	3.0	200	6:15′16″65	79.941	1,900	95.45	4
8	28	J. トーマス	Thomas, Joe	USA	Monroe	フロンテナク	F/RWD	フロンテナク	L4	3.0	200	6:21′41″55	78.597	1,600	92.80	19
9	33	R. マルフォード	Mulford, Ralph	USA	Mulford	マルフォード	F/RWD	デューゼンバーグ	L8	3.0	200	7:17′14″25	68.613	1,500	—	23
10	15	P. ヘンダーソン	Henderson, Pete	USA	Revere	デューゼンバーグ	F/RWD	デューゼンバーグ	L4	3.0	200	7:23′53″95	67.583	1,400	81.15	17
11	32	J. ボリング	Boling, John	USA	Richards	ブレット	F/RWD	ブレット	L6	2.9	199	走行中		0	81.85	14
12	6	J. ボイヤー	Boyer, Joe	USA	Frontenac	フロンテナク	F/RWD	フロンテナク	L4	3.0	192	アクシデント		9,500	96.90	2
13	9	R. ハワード	Howard, Ray	USA	Peugeot	プジョー	F/RWD	プジョー	L4	3.0	150	カムシャフト		0	84.60	10
14	29	E. オドネル	O'Donnell, Eddie	USA	Duesenberg	デューゼンバーグ	F/RWD	デューゼンバーグ	L8	3.0	149	オイルライン		0	88.20	12
15	16	J. グー	Goux, Jules	F	Peugeot	プジョー	F/RWD	プジョー	L4	3.0	148	エンジン		0	84.30	21
16	34	W. ハウプト	Haupt, Willie	USA	Meteor	デューゼンバーグ	F/RWD	デューゼンバーグ	L8	3.0	146	コンロッド		0	85.48	13
17	7	B. ヒル	Hill, Bennett	USA	Frontenac	フロンテナク	F/RWD	フロンテナク	L4	3.0	115	アクシデント		0	90.55	8
18	3	L. シヴォレー	Chevrolet, Louis	USA	Monroe	フロンテナク	F/RWD	フロンテナク	L4	3.0	94	ステアリング		0	96.30	3
19	18	H. ウィルコクス	Wilcox, Howdy	USA	Peugeot	プジョー	F/RWD	プジョー	L4	3.0	65	エンジン		0	88.82	20
20	5	R. サーレズ	Sarles, Roscoe	USA	Monroe	フロンテナク	F/RWD	フロンテナク	L4	3.0	58	アクシデント		0	90.75	7
21	8	A. クライン	Klein, Art	USA	Frontenac	フロンテナク	F/RWD	フロンテナク	L4	3.0	40	アクシデント		100	92.70	5
22	19	J. ポルポラート	Porporato, Jean	F	Gregoire	グレゴワール	F/RWD	グレゴワール	L4	3.0	23	メカニカル		0	79.98	22
23	17	A. ボワロ	Boillot, Andre	F	Peugeot	プジョー	F/RWD	プジョー	L4	3.0	16	エンジン		0	85.40	16

1921 第9回

開催日／天候……1921年５月30日／晴れ
車両規定……3000cc以下。２人乗り
参加／決勝出走……25台／23台
優勝スピード……89.621mph（144.231km/h）。２位に3′49″38差
賞金総額……$65,300
ポールシッター……R. デパルマ　100.750mph（162.141km/h）　5′57″34＝４周合計
最速ラップ……発表されず
ルーキー賞……未制定（６人）
リード・チェンジ……５回／４人。１＝デパルマ、２＝ボイヤー、3－5＝デパルマ、６＝サーレズ、7－110＝デパルマ、111－200＝ミルトン
リリーフ……No.23 Andy Burt→Jules Ellingboe、No.5 Jimmy Murphy、No.9 Joe Boyer→Eddie Miller、No.21 Jerry Wonderlich、No.24 Eddie Pullen、No.17 Harry Thicksten

レース前半をリードしたのはラルフ・デパルマ（バロー）だったが、２位を３周も引き離していた113周目にコンロッドがエンジンを突き破りリタイア。しかし彼の通算トップ周回数612周はこの後60年間破られぬ記録となる。代わってリーダーへと浮上したのは、予選ではトラブルに見舞われて出走23台中20位スタートにすぎなかったトミー・ミルトンで、前年秋に事故死したガストン・シヴォレーに代わってフロンテナクのシートに収まり、２位を２周離した状態で勝利。彼は生まれつき片目が見えないハンディを抱えていたが、それを克服しての活躍。フロンテナクとしては前年の４気筒に対して今回は８気筒DOHCで、これがインディ史上最初の８気筒車の優勝となる。フィールド全体でも15台が８気筒車に占められた。デューゼンバーグがトップ10内に４台入り、アメリカ車の復権も目立った。

“スター”ラルフ・デパルマ。ルーツはイタリア。後にアンドレッティ家が同様の立場で活躍する

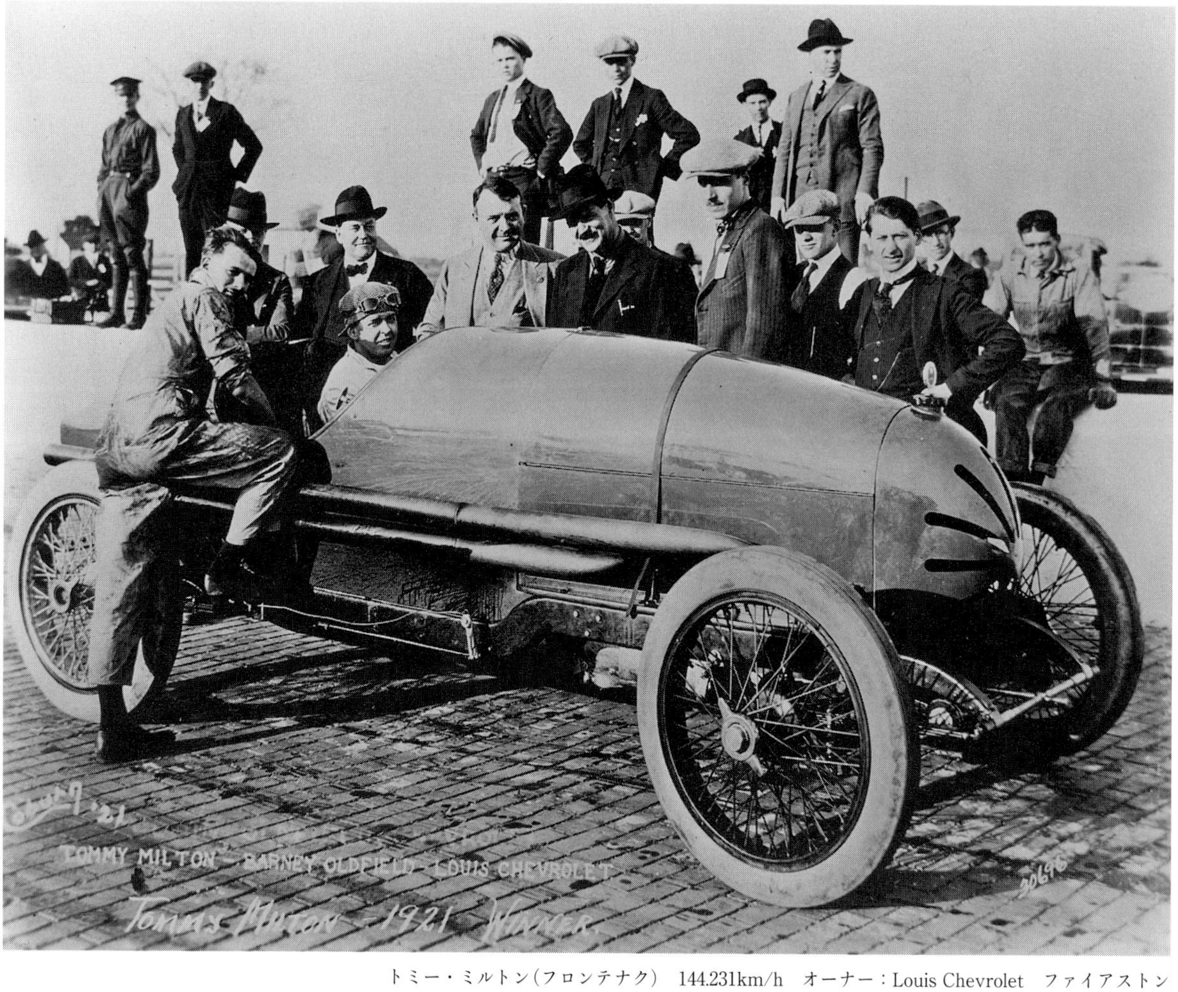

トミー・ミルトン（フロンテナク）　144.231km/h　オーナー：Louis Chevrolet　ファイアストン

第 9 回●1921年 5 月30日○200周＝500マイル（804.670km）

Pos.	No	Driver	Driver	Nat.	Car Name	Chassis	Drive	Engine	Cyl.	Dis.	Laps	Time	Speed	Prize Money	Speed	Qfy.
1	2	T. ミルトン	Milton, Tommy	USA	Frontenac	フロンテナク	F/RWD	フロンテナク	L8	3.0	200	5:34′44″65	89.621	26,200	93.05	20
2	6	R. サーレズ	Sarles, Roscoe	USA	Duesenberg Straight 8	デューゼンバーグ	F/RWD	デューゼンバーグ	L8	3.0	200	5:38′34″03	88.608	10,100	98.35	2
3	23	P. フォード	Ford, Percy	USA	Chicago Frontenac	フロンテナク	F/RWD	フロンテナク	L4	3.0	200	5:52′15″30	85.025	5,000	87.00	8
4	5	E. ミラー	Miller, Eddie	USA	Duesenberg Straight 8	デューゼンバーグ	F/RWD	デューゼンバーグ	L8	3.0	200	5:54′24″98	84.646	3,500	83.85	9
5	16	O. ハイブ	Haibe, Ora	USA	Sunbeam	サンビーム	F/RWD	サンビーム	L8	3.0	200	5:57′45″83	84.277	3,000	93.50	13
6	9	A. グヨー	Guyot, Albert	F	Duesenberg Straight 8	デューゼンバーグ	F/RWD	デューゼンバーグ	L8	3.0	200	6:01′17″07	83.035	2,000	87.78	14
7	3	I. ヴェイル	Vail, Ira	USA	Leach	リーチ	F/RWD	ミラー	L8	3.0	200	6:14′17″47	80.152	1,800	82.35	10
8	21	B. ヒル	Hill, Bennett	USA	Duesenberg Straight 8	デューゼンバーグ	F/RWD	デューゼンバーグ	L8	3.0	200	6:19′06″74	79.132	1,600	87.75	15
9	8	R. マルフォード	Mulford, Ralph	USA	Frontenac	フロンテナク	F/RWD	フロンテナク	L8	3.0	177	6:20′08″64	69.87	1,500	91.70	21
10	15	R. トーマ	Thomas, Rene	F	Sunbeam	サンビーム	F/RWD	サンビーム	L8	3.0	144	冷却ホース		0	83.75	17
11	27	T. アレイ	Alley, Tom	USA	Frontenac	フロンテナク	F/RWD	フロンテナク	L4	3.0	133	コンロッド		0	80.50	18
12	4	R. デパルマ	DePalma, Ralph	USA	Ballot	バロー	F/RWD	バロー	L8	2.9	112	コンロッド		10,600	100.75	1
13	1	E. ハーン	Hearne, Eddie	USA	Revere	デューゼンバーグ	F/RWD	デューゼンバーグ	L8	3.0	111	オイルライン		0	96.18	4
14	24	J. マーフィー	Murphy, Jimmy	USA	Duesenberg Straight 8	デューゼンバーグ	F/RWD	デューゼンバーグ	L8	3.0	107	アクシデント		0	93.60	19
15	17	R. J. ブレット	Brett, Riley J.	USA	Junior	ブレット	F/RWD	ブレット	L6	2.9	91	アクシデント		0	87.70	16
16	28	C. W. ヴァン・ランスト	Van Ranst, C. W.	USA	Frontenac	フロンテナク	F/RWD	フロンテナク	L4	3.0	87	冷却ホース		0	88.35	23
17	7	J. ボイヤー	Boyer, Joe	USA	Duesenberg Straight 8	デューゼンバーグ	F/RWD	デューゼンバーグ	L8	3.0	74	リア・アクスル		0	96.65	3
18	19	J. シャサーニュ	Chassagne, Jean	F	Peugeot	プジョー	F/RWD	プジョー	L4	3.0	65	フード失う		0	91.00	6
19	22	J. エリングボー	Ellingboe, Jules	USA	Frontenac	フロンテナク	F/RWD	フロンテナク	L4	3.0	49	ステアリング		0	95.40	5
20	14	A. ボワロ	Boillot, Andre	F	Talbot-Darracq	サンビーム	F/RWD	サンビーム	L8	3.0	41	ベアリング		0	97.60	11
21	18	L. フォンテーヌ	Fontaine, Louis	USA	Junior	ブレット	F/RWD	ブレット	L6	2.9	33	アクシデント		0	88.30	7
22	25	J. トーマス	Thomas, Joe	USA	Duesenberg Straight 8	デューゼンバーグ	F/RWD	デューゼンバーグ	L8	3.0	24	ステアリング		0	96.25	22
23	10	H. ウィルコクス	Wilcox, Howdy	USA	Peugeot	プジョー	F/RWD	プジョー	L4	2.9	22	コンロッド		0	96.00	12

1922 第10回

開催日／天候……1922年５月30日／晴れ
車両規定……3000cc以下。２人乗り
参加／決勝出走……32台／27台
優勝スピード……94.484mph(152.057km/h)。２位に3′13″60差
賞金総額……$58,075
ポールシッター……J. マーフィー　100.500mph(161.739km/h)　5′58″24＝４周合計
最速ラップ……発表されず
ルーキー賞……未制定(11人)
リード・チェンジ……５回／４人。1－74＝マーフィー、75－76＝デュレイ、77－83＝ハーツ、84－86＝デパオロ、87－121＝ハーツ、122－200＝マーフィー
リリーフ……No.31 Jules Ellingboe、No.24 Jules Ellingboe、No.21 Phil Shafer、No.1 Dave Koetzla、No.10 Wade Morton→Peter DePaolo、No34 Dave Lewis、No.9 Art Klein、No.19 Homer Ormsby

前年フランスGPでデューゼンバーグを駆って勝利したジミー・マーフィーは初の「ヨーロッパのGPレースにおいてアメリカ車で優勝したアメリカ人」という栄誉を得たが、インディでも念願のポールポジションを奪ったばかりか500マイル走行後の優勝を遂げ(途中154周をリード)、インディ500での「ポール・トゥ・ウィン」を達成した最初の男ともなった。そのシャシーはデューゼンバーグだが、エンジンはミラー８気筒という「マーフィーSpl.」。マーフィーは以前トミー・ミルトンのライディングメカニックをしていたが、レーサーに転向、両者の師弟関係は1920年の速度記録挑戦の確執で崩れ、以後は強烈なライバル関係となっていく。３リッター・エンジン最後の年である今大会、９台のデュージー、９台のフロンテナク(含むモンロー)、２台のフロンティ‐フォード(T型フォード・ベース)が多数派であった。

３‐３‐３グリッドに並んだ様子を上空から撮影。上方がターン１。

ジミー・マーフィー(マーフィーSpl.)　152.057km/h　オーナー：Jimmy Murphy　ファイアストン

第10回●1922年5月30日○200周＝500マイル（804.670km）

Pos.	No	Driver	Driver	Nat.	Car Name	Chassis	Drive	Engine	Cyl.	Dis.	Laps	Time	Speed	Prize Money	Speed	Qfy.
1	35	J. マーフィー	Murphy, Jimmy	USA	Murphy	デューゼンバーグ	F/RWD	ミラー	L8	3.0	200	5 : 17′ 30″79	94.484	28,075	100.50	1
2	12	H. ハーツ	Hartz, Harry	USA	Duesenberg Straight 8	デューゼンバーグ	F/RWD	デューゼンバーグ	L8	3.0	200	5 : 20′ 44″39	93.534	10,000	99.97	2
3	15	E. ハーン	Hearne, Eddie	USA	Ballot	バロー	F/RWD	バロー	L8	3.0	200	5 : 22′ 26″06	93.042	5,000	95.60	23
4	17	R. デパルマ	DePalma, Ralph	USA	Duesenberg Straight 8	デューゼンバーグ	F/RWD	デューゼンバーグ	L8	3.0	200	5 : 31′ 04″65	90.613	3,500	99.55	3
5	31	O. ハイブ	Haibe, Ora	USA	Duesenberg Straight 8	デューゼンバーグ	F/RWD	デューゼンバーグ	L8	2.9	200	5 : 31′ 13″45	90.573	3,000	92.90	14
6	24	J. ワンダーリック	Wonderlich, Jerry	USA	Duesenberg Straight 8	デューゼンバーグ	F/RWD	デューゼンバーグ	L8	3.0	200	5 : 37′ 52″84	88.789	2,200	97.76	7
7	21	I. P. フェターマン	Fetterman, I. P.	USA	Duesenberg Straight 8	デューゼンバーグ	F/RWD	デューゼンバーグ	L8	3.0	200	5 : 40′ 55″54	87.996	1,800	93.28	13
8	1	I. ヴェイル	Vail, Ira	USA	Disteel Duesenberg	デューゼンバーグ	F/RWD	デューゼンバーグ	L8	3.0	200	5 : 48′ 19″16	86.128	1,600	96.75	9
9	26	T. アレイ	Alley, Tom	USA	Monroe	フロンテナク	F/RWD	フロンテナク	L4	3.0	200	5 : 55′ 53″46	84.295	1,500	94.05	12
10	10	J. トーマス	Thomas, Joe	USA	Duesenberg Straight 8	デューゼンバーグ	F/RWD	デューゼンバーグ	L8	3.0	200	6 : 03′ 24″23	82.553	1,400	88.80	17
11	3	C. ベイカー	Baker, Cannonball	USA	Frontenac	フロンテナク	F/RWD	フロンテナク	L4	3.0	200	6 : 18′ 28″40	79.250	0	89.60	16
12	34	C. デュラント	Durant, Cliff	USA	Durant	ミラー	F/RWD	ミラー	L8	3.0	200	6 : 25′ 33″92	77.750	0	95.85	11
13	22	W. ダグラス-ホークス	Douglas Hawkes, Wallace	GB	Bentley	ベントレー	F/RWD	ベントレー	L4	3.0	200	6 : 40′ 25″55	74.950	0	81.90	19
14	18	J. カートナー	Curtner, Jack	USA	Fronty-Ford	フォードT	F/RWD	フロンティ-フォード	L4	3.0	165	走行中		0	DNQ	27
15	25	W. ダレン	D'Alene, Wilbur	USA	Monroe	フロンテナク	F/RWD	フロンテナク	L4	3.0	160	走行中		0	87.80	18
16	9	F. エリオット	Elliott, Frank	USA	Leach	ミラー	F/RWD	ミラー	L8	3.0	195	リア・アクスル		0	97.75	8
17	27	L. L. コラム	Corum, Lora L.	USA	Monroe	フロンテナク	F/RWD	フロンテナク	L4	3.0	169	エンジン		0	89.65	15
18	19	C. グレン・ハワード	Glenn Howard, Charles	USA	Fronty-Ford	フォードT	F/RWD	フロンティ-フォード	L4	3.0	163	エンジン		0	83.90	21
19	5	R. マルフォード	Mulford, Ralph	USA	Frontenac	フロンテナク	F/RWD	フロンテナク	L4	3.0	161	コンロッド		0	99.20	5
20	7	P. デパオロ	DePaolo, Peter	USA	Frontenac	フロンテナク	F/RWD	フロンテナク	L8	3.0	110	アクシデント		0	96.20	10
21	6	A. クライン	Klein, Art	USA	Frontenac	フロンテナク	F/RWD	フロンテナク	L4	3.0	105	コンロッド		0	87.15	25
22	4	L. デュレイ	Duray, Leon	USA	Frontenac	フロンテナク	F/RWD	フロンテナク	L4	3.0	94	アクスル		0	99.25	4
23	2	R. サーレズ	Sarles, Roscoe	USA	Frontenac	フロンテナク	F/RWD	フロンテナク	L4	3.0	88	コンロッド		0	98.00	6
24	8	T. ミルトン	Milton, Tommy	USA	Leach	ミルトン	F/RWD	ミラー	L8	3.0	44	燃料タンク		0	94.40	24
25	14	J. グー	Goux, Jules	F	Ballot	バロー	F/RWD	バロー	L8	3.0	25	アクスル		0	96.95	22
26	23	J. エリングボー	Ellingboe, Jules	USA	Duesenberg Straight 8	デューゼンバーグ	F/RWD	デューゼンバーグ	L8	3.0	25	アクシデント		0	95.50	20
27	16	H. ウィルコクス	Wilcox, Howdy	USA	Peugeot	プジョー	F/RWD	プジョー	L8	2.9	7	バルブスプリング		0	86.10	26

1923 第11回

開催日／天候……1923年５月30日／晴れ
車両規定……2000cc（122ci）以下
参加／決勝出走……35台／24台
優勝スピード……90.954mph（146.376km/h）。２位に3′15″73差
賞金総額……$63,200
ポールシッター……T. ミルトン　108.170mph（174.082km/h）　5′32″81＝４周合計
最速ラップ……発表されず
ルーキー賞……未制定（10人）
リード・チェンジ……28回／６人。1－2＝マーフィー、３＝ミルトン、４＝マーフィー、５＝ミルトン、６＝マーフィー、7－15＝ミルトン、16－20＝マーフィー、21－25＝ミルトン、26＝ウィルコクス、27＝ミルトン、28＝ウィルコクス、29＝マーフィー、30－37＝ミルトン、38＝マーフィー、39－40＝ウィルコクス、41－43＝ミルトン、44－48＝ウィルコクス、49－52＝ミルトン、53＝ウィルコクス、54－62＝ミルトン、63＝デュラント、64＝ミルトン、65－66＝デュラント、67－73＝ミルトン、74＝デュラント、75－103＝ミルトン、104－109＝ハーツ、110－150＝ウィルコクス（ミルトンのリリーフ）、151－200＝ミルトン
リリーフ……No.1 Howdy Wilcox、No.6 Earl Cooper、No.31 Dave Lewis、No.8 Eddie Hearne、No.15 Karl Sailer、No.34 Phil Shafer→Ora Haibe→Jerry Wonderlich、No.16 Max Sailer、No.4 Ernie Ansterberg→Joe Boyer、No.2 Ernie Ansterberg、No.26 Lou Wilson、No.35 Martin de Alzaga、No.29 Tom Alley

２リッターへと排気量縮小。しかしエチルガソリン採用でスピードは落ちず。ライディングメカニックの同乗はもはや義務ではなくなった。スーパーチャージャー付きのメルセデスが３台、ブガッティが５台登場。６人により28回もトップ交代となる中、ミラーに乗るトミー・ミルトンが1921年に次いで勝ち、インディ500で２勝目を挙げた最初の男となる。ただし彼は103周目から151周目まで、手に出来たブリスター（豆）の手当てをする間、僚友ハウディ・ウィルコクスにリリーフを頼んだ。ウィルコクスは自身の車がリタイアした後、ピットで待機していたもので、あくまでリリーフ。ミラー車としては初優勝となる。デュージーは苦戦し、１台のみ決勝進出。クリフ・デュラント（GMの創設者ウィリアム・デュラントの息子）のチームからは大量８台が参戦したが、ミルトンはそれらをすべて負かした。

フランスの名車ブガッティが４台体制でワークス参戦。コクピット周りが独特の形状

トミー・ミルトン（H.C.S. Spl.）　146.376km/h　オーナー：H.C.S.Motor Co.　ファイアストン

第11回●1923年5月30日○200周＝500マイル(804.670km)

Pos.	No	Driver	Driver	Nat.	Car Name	Chassis	Drive	Engine	Cyl.	Dis.	Laps	Time	Speed	Prize Money	Speed	Qfy.
1	1	T. ミルトン	Milton, Tommy	USA	H.C.S.	ミラー	F/RWD	ミラー	L8	2.0	200	5:29′50″17	90.954	28,700	108.17	1
2	7	H. ハーツ	Hartz, Harry	USA	Durant	ミラー	F/RWD	ミラー	L8	2.0	200	5:33′05″90	90.063	10,100	103.70	2
3	5	J. マーフィー	Murphy, Jimmy	USA	Durant	ミラー	F/RWD	ミラー	L8	2.0	200	5:40′36″54	88.078	7,000	104.05	9
4	6	E. ハーン	Hearne, Eddie	USA	Durant	ミラー	F/RWD	ミラー	L8	2.0	200	5:46′14″23	86.646	3,500	97.30	14
5	23	L. L. コラム	Corum, Lora L.	USA	Barber-Warnock Ford	フォードT	F/RWD	フロンティ-フォード	L4	2.0	200	6:03′16″81	82.851	3,000	86.65	7
6	31	F. エリオット	Elliott, Frank	USA	Durant	ミラー	F/RWD	ミラー	L8	2.0	200	6:04′52″87	82.219	2,200	93.25	16
7	8	C. デュラント	Durant, Cliff	USA	Durant	ミラー	F/RWD	ミラー	L8	2.0	200	6:05′06″30	82.170	2,200	102.65	10
8	15	M. ザイラー	Sailer, Max	D	Mercedes	メルセデス	F/RWD	メルセデス	L4	2.0s	200	6:11′49″60	80.683	1,600	90.55	20
9	19	P. デシストリア	de Cystria, Prince	F	Bugatti	ブガッティ T29/30	F/RWD	ブガッティ	L8	2.0	200	6:26′24″78	77.637	1,500	88.90	22
10	34	P. シェイファー	Shafer, Phil	USA	Duesenberg	デューゼンバーグ	F/RWD	デューゼンバーグ	L8	2.0	200	6:40′04″98	74.984	1,400	88.00	24
11	16	C. ヴェルナー	Werner, Christian	D	Mercedes	メルセデス	F/RWD	メルセデス	L4	2.0s	200	6:41′50″51	74.650	0	95.20	15
12	18	P. デ・ヴィスカヤ	de Viscaya, Pierre	F	Bugatti	ブガッティ T29/30	F/RWD	ブガッティ	L8	2.0	166	コンロッド		0	90.30	6
13	28	L. デュレイ	Duray, Leon	USA	Durant	ミラー	F/RWD	ミラー	L8	2.0	136	コンロッド		0	89.90	21
14	4	D. レスタ	Resta, Dario	GB	Packard	パッカード	F/RWD	パッカード	L6	2.0	87	ガスケット／デフ		0	98.02	3
15	2	R. デパルマ	DePalma, Ralph	USA	Packard	パッカード	F/RWD	パッカード	L6	2.0	69	ガスケット		0	100.42	11
16	26	H. フェングラー	Fengler, Harlan	USA	Durant	ミラー	F/RWD	ミラー	L8	2.0	69	燃料タンク		0	90.75	19
17	25	H. ウィルコクス	Wilcox, Howdy	USA	H.C.S.	ミラー	F/RWD	ミラー	L8	2.0	60	クラッチ		2,000	81.00	8
18	3	J. ボイヤー	Boyer, Joe	USA	Packard	パッカード	F/RWD	パッカード	L6	2.0	59	デフ		0	98.80	13
19	35	B. ヒル	Hill, Bennett	USA	Miller	ミラー	F/RWD	ミラー	L8	2.0	41	クランクシャフト		0	91.20	18
20	27	L. ツボロフスキー	Zborowski, Count Louis	F	Bugatti	ブガッティ T29/30	F/RWD	ブガッティ	L8	2.0	41	コンロッド		0	91.80	5
21	29	E. クーパー	Cooper, Earl	USA	Durant	ミラー	F/RWD	ミラー	L8	2.0	21	アクシデント		0	99.40	12
22	22	R. リガンティ	Riganti, Raul	RA	Bugatti	ブガッティ T29/30	F/RWD	ブガッティ	L8	2.0	19	燃料ライン		0	95.30	23
23	14	C. ラウテンシュラガー	Lautenschlager, Christian	D	Mercedes	メルセデス	F/RWD	メルセデス	L4	2.0s	14	アクシデント		0	93.20	17
24	21	M. デ・アルヅァガ	de Alzaga, Martin	F	Bugatti	ブガッティ	F/RWD	ブガッティ	L8	2.0	6	コンロッド		0	92.90	4

1924 第12回

開催日／天候……1924年5月30日／晴れ
車両規定……2000cc以下。1人乗り
参加／決勝出走……32台／22台
優勝スピード……98.234mph(158.092km/h)。2位に1′23″57差
賞金総額……$66,550
ポールシッター……J. マーフィー　108.037mph(173.868km/h)　5′33″22＝4周合計
最速ラップ……発表されず

ルーキー賞……未制定(7人)
リード・チェンジ……7回／4人。1＝ボイヤー、2－41＝マーフィー、42＝クーパー、43＝マーフィー、44－105＝クーパー、106－120＝マーフィー、121－176＝クーパー、177－200＝ボイヤー(コラムのリリーフ)
リリーフ……No.15 Joe Boyer、No.14 Wade Morton、No.6 C. W. van Ranst、No.7 Wade Morton、No.16 Phil Shafer→Eddie Hearne、No.31 Elmer Dempsey、No.9 Ernie Ansterberg→Fred Comer→Lora L. Corum→Thane Houser

デューゼンバーグはスーパーチャージャー装着により復調。一方ミラーは非過給のまま。当時はリリーフ・ドライバーの役割が大きかったが、優勝者として名を連ねることはなかった。しかしこの年、初めて共同ウィナーが生まれる。レース半ば、4位でピットインしたL. L. コラムは、すでに自車を失っていた僚友ジョー・ボイヤーと交代。ボイヤーは177周目にはトップに立ち、そのままフィニッシュまで走り切った。オフィシャルは誰を優勝者とするか協議した結果、コラムとボイヤーの両者をウィナーとした。デューゼンバーグとしては初優勝。シーズン後半9月上旬に3人のインディ・ウィナーが立て続けに事故死する事態に。ボイヤーはアルトゥーナのボードトラックで、ダリオ・レスタはイギリスのブルックランズで、ジミー・マーフィーはシラキュースのダートトラックで、それぞれ事故に遭った。

天才設計家ハリー・ミラー。コンパクトで芸術品のようなレーシングカーを生み出した

ローラ・コラム／ジョー・ボイヤー＝枠内(デューゼンバーグ)　158.092km/h　オーナー：Duesenberg Bros.　ファイアストン

第12回●1924年５月30日○200周＝500マイル（804.670km）

Pos.	No	Driver	Driver	Nat.	Car Name	Chassis	Drive	Engine	Cyl.	Dis.	Laps	Time	Speed	Prize Money	Speed	Qfy.
1	15	L. L. コラム／J. ボイヤー	Corum, Lora L./Boyer, Joe	USA	Duesenberg	デューゼンバーグ	F/RWD	デューゼンバーグ	L8	2.0s	200	5：05′23″51	98.234	20,000	93.333	21
2	8	E. クーパー	Cooper, Earl	USA	Studebaker	ミラー	F/RWD	ミラー	L8	2.0	200	5：06′47″18	97.788	13,700	103.900	6
3	2	J. マーフィー	Murphy, Jimmy	USA	Miller	ミラー	F/RWD	ミラー	L8	2.0	200	5：08′25″39	97.269	7,800	108.037	1
4	4	H. ハーツ	Hartz, Harry	USA	Durant	ミラー	F/RWD	ミラー	L8	2.0	200	5：10′44″39	96.544	3,500	107.130	2
5	3	B. ヒル	Hill, Bennett	USA	Miller	ミラー	F/RWD	ミラー	L8	2.0	200	5：11′00″07	96.463	3,000	104.840	5
6	12	P. デパオロ	DePaolo, Peter	USA	Duesenberg	デューゼンバーグ	F/RWD	デューゼンバーグ	L8	2.0	200	5：18′08″55	94.297	2,200	99.280	13
7	14	F. コマー	Comer, Fred	USA	Durant	ミラー	F/RWD	ミラー	L8	2.0	200	5：21′06″91	93.424	1,800	92.880	16
8	6	I. ヴェイル	Vail, Ira	USA	Vail	ミラー	F/RWD	ミラー	L8	2.0	200	5：24′30″07	92.450	1,600	96.400	15
9	32	A. ムール	Mourre, Antoine	F	Mourre	ミラー	F/RWD	ミラー	L8	2.0	200	5：26′55″62	91.764	1,500	99.490	9
10	19	B. マクドノー	McDonough, Bob	USA	Miller	ミラー	F/RWD	ミラー	L8	2.0	200	5：31′26″73	90.513	1,400	91.550	18
11	18	J. エリングボー	Ellingboe, Jules	USA	Miller	ミラー	F/RWD	ミラー	L8	2.0	200	5：31′35″59	90.570	1,049	102.600	7
12	7	J. ワンダーリック	Wonderlich, Jerry	USA	Durant	ミラー	F/RWD	ミラー	L8	2.0	200	5：50′56″82	85.480	1,049	99.360	11
13	16	C. デュラント	Durant, Cliff	USA	Durant	ミラー	F/RWD	ミラー	L8	2.0	198	燃料切れ		1,038	101.610	8
14	26	B. ハント	Hunt, Bill	USA	Barber-Warnock Ford	フォードT	F/RWD	フロンティ-フォード	L4	2.0	190	走行中		996	85.040	19
15	31	O. ハイブ	Haibe, Ora	USA	Schmidt	メルセデス	F/RWD	メルセデス	L4	2.0s	181	走行中		949	92.810	17
16	28	A. E. モス	Moss, Alfred E.	GB	Barber-Warnock Ford	フォードT	F/RWD	フロンティ-フォード	L4	2.0	176	走行中		923	85.270	20
17	27	F. ハーダー	Harder, Fred	USA	Barber-Warnock Ford	フォードT	F/RWD	フロンティ-フォード	L4	2.0	175	走行中		917	82.770	22
18	9	J. ボイヤー	Boyer, Joe	USA	Duesenberg	デューゼンバーグ	F/RWD	デューゼンバーグ	L8	2.0s	176	アクシデント		973	104.840	4
19	1	E. ハーン	Hearne, Eddie	USA	Durant	ミラー	F/RWD	ミラー	L8	2.0	150	燃料タンク		787	99.230	14
20	21	F. エリオット	Elliott, Frank	USA	Miller	ミラー	F/RWD	ミラー	L8	2.0	150	燃料タンク		787	99.310	12
21	5	T. ミルトン	Milton, Tommy	USA	Miller	ミラー	F/RWD	ミラー	L8	2.0	110	燃料タンク		577	105.200	3
22	10	E. アンスターバーグ	Ansterberg, Ernie	USA	Duesenberg	デューゼンバーグ	F/RWD	デューゼンバーグ	L8	2.0s	1	アクシデント		5	99.400	10
ns	17	F. H. ウェルズ	Wells, F. H.	USA	Wells Hornet		F/RWD				--	予選でアクシデント		—		—

• 決勝順位と消化周回数とで矛盾する箇所があるが（17～18位）、公式Box Scoresに準ずる

1925 第13回

開催日／天候……1925年5月30日／晴れ・曇り
車両規定……2000cc以下。1人乗り
参加／決勝出走……34台／22台
優勝スピード……101.127mph(162.748km/h)。2位に53″69差
賞金総額……$88,751
ポールシッター……L. デュレイ　113.196mph(182.171km/h)　5′18″03＝4周合計
最速ラップ……発表されず
ルーキー賞……未制定(8人)

リード・チェンジ……9回／6人。1－54＝デパオロ、55－67＝シェイファー、68－85＝デパオロ、86－88＝ハーツ、89－104＝デパオロ、105－107＝ルイス、108－122＝ヘプバーン、123－126＝クーパー、127－173＝ルイス、174－200＝デパオロ
リリーフ……No.12 Norman Batten、No.1 Bennett Hill、No.9 Wade Morton、No.28 Fred Comer、No.8 Lora L. Corum、No.35 Norman Batten、No.22 Antoine Mourre、No.5 Wade Morton、No.27 Ora Haibe、No.24 Glen Schultz、No.14 Bennett Hill、No.23 Antoine Mourre→Jimmy Gleason、No.3 Ray Cariens→Jules Ellingboe→Jerry Wonderlich、No.29 Alfred E. Moss、No.7 Fred Harder

ラジオ実況の生放送がこの年から始まった。かつてのスター選手ラルフ・デパルマの甥であるピーター・デパオロが初めて平均時速100mph超のスピードで勝ち、同時に初めて5時間を切るタイムで優勝することになった。デパオロは以前ライディングメカニックをしていた頃にトップを走ったことがあり(1920年と21年)、1922年にドライバーに転向し、今度は自らステアリングを操ってのトップ快走、レース途中での手によるブリスター手当の際、ノーマン・バッテンにリリーフを任せた。初登場の前輪駆動ミラー(本来、故ジミー・マーフィー用)を駆ったデイヴ・ルイスが2位。数台がスーパーチャージャーを装着したが、過給の有無にかかわらず排気量規定は同一。ファイアストン製の低圧“バルーン”タイヤが初登場し、この後長く主流となっていく。名物だった計時塔パゴダがレース翌日に焼失した。

故マーフィーが計画していた前輪駆動ミラーは緒戦で2位。ドライバーの低い着座位置に注目

ピーター・デパオロ(デューゼンバーグ)　162.748km/h　オーナー：Duesenberg Bros.　ファイアストン

第13回●1925年5月30日○200周＝500マイル(804.670km)

Pos.	No	Driver	Driver	Nat.	Car Name	Chassis	Drive	Engine	Cyl.	Dis.	Laps	Time	Speed	Prize Money	Speed	Qfy.
1	12	P. デパオロ	DePaolo, Peter	USA	Duesenberg	デューゼンバーグ	F/RWD	デューゼンバーグ	L8	2.0s	200	4:56′39″46	101.127	36,150	113.083	2
2	1	D. ルイス	Lewis, Dave	USA	Junior 8	ミラー	F/FWD	ミラー	L8	2.0s	200	4:57′33″15	100.823	15,000	109.061	5
3	9	P. シェイファー	Shafer, Phil	USA	Duesenberg	デューゼンバーグ	F/RWD	デューゼンバーグ	L8	2.0s	200	4:59′26″79	100.185	8,750	103.523	22
4	6	H. ハーツ	Hartz, Harry	USA	Miller	ミラー	F/RWD	ミラー	L8	2.0s	200	5:03′21″59	98.892	4,300	112.433	3
5	4	T. ミルトン	Milton, Tommy	USA	Miller	ミラー	F/RWD	ミラー	L8	2.0s	200	5:08′25″72	97.267	3,500	104.366	11
6	28	L. デュレイ	Duray, Leon	USA	Miller	ミラー	F/RWD	ミラー	L8	2.0s	200	5:09′34″01	96.910	2,200	113.196	1
7	8	R. デパルマ	DePalma, Ralph	USA	Miller	ミラー	F/RWD	ミラー	L8	2.0s	200	5:09′46″06	96.847	1,800	108.607	18
8	35	P. クライス	Kreis, Peter	USA	Duesenberg	デューゼンバーグ	F/RWD	デューゼンバーグ	L8	2.0s	200	5:11′26″86	96.324	2,250	106.338	9
9	15	Dr. W. E. シャトゥク	Shattuc, Dr. W. E.	USA	Miller	ミラー	F/RWD	ミラー	L8	2.0s	200	5:13′20″48	95.742	1,500	102.070	14
10	22	P. ボルディーノ	Bordino, Pietro	I	Fiat	フィアット	F/RWD	フィアット	L8	2.0s	200	5:16′37″97	94.747	1,400	107.661	8
11	5	F. コマー	Comer, Fred	USA	Miller	ミラー	F/RWD	ミラー	L8	2.0s	200	5:20′15″60	93.670	1,096	104.296	12
12	27	F. エリオット	Elliott, Frank	USA	Miller	ミラー	F/RWD	ミラー	L8	2.0s	200	5:25′15″70	92.230	1,037	104.910	10
13	24	E. デヴォア	DeVore, Earl	USA	Miller	ミラー	F/RWD	ミラー	L8	2.0s	198	走行中		981	97.799	15
14	14	B. マクドノー	McDonough, Bob	USA	Miller	ミラー	F/RWD	ミラー	L8	2.0s	187	トラス・ロッド		929	101.931	20
15	23	W. モートン	Morton, Wade	USA	Duesenberg	デューゼンバーグ	F/RWD	デューゼンバーグ	L8	2.0s	156	アクシデント		880	95.821	16
16	17	R. ヘプバーン	Hepburn, Ralph	USA	Miller	ミラー	F/RWD	ミラー	L8	2.0	143	燃料タンク		2,334	108.489	6
17	2	E. クーパー	Cooper, Earl	USA	Junior 8	ミラー	F/RWD	ミラー	L8	2.0	127	アクシデント		1,191	110.487	4
18	3	B. ヒル	Hill, Bennett	USA	Miller	ミラー	F/RWD	ミラー	L8	2.0s	69	リア・スプリング		750	104.167	13
19	29	H. ジョーンズ	Jones, Herbert	USA	Jones & Whitaker	ミラー	F/RWD	ミラー	L8	2.0	68	アクシデント		729	89.401	17
20	19	I. ヴェイル	Vail, Ira	USA	R.J.	ミラー	F/RWD	ミラー	L8	2.0	61	コンロッド		692	104.785	19
21	7	M. C. ジョーンズ	Jones, M. C.	USA	Skelly	フォードT	F/RWD	フロンティーフォード	L4	2.0	32	ミッション		657	88.478	21
22	10	J. エリングボー	Ellingboe, Jules	USA	Miller	ミラー	F/RWD	ミラー	L8	2.0	24	ステアリング		625	107.832	7
ns	21	B. ヒル	Hill, Bennett	USA	Miller		F/FWD	ミラー	L8		—	ハンドリング/撤退		—	105.708	—
ns	16	L. L. コラム	Corum, Lora L.	USA	Miller		F/RWD	ミラー	L8		—	アクシデント		—	103.535	—

1926 第14回

開催日／天候……1926年5月31日／曇り→雨。短縮終了
車両規定……1500cc(91.5ci)以下。1人乗り
参加／決勝出走……39台／28台
優勝スピード……95.904mph(154.342km/h)。2位に2周と35″54差
賞金総額……$88,101
ポールシッター……E. クーパー　111.735mph(179.820km/h)　5′22″19＝4周合計
最速ラップ……発表されず

ルーキー賞……未制定(12人)
リード・チェンジ……6回／4人。1－15＝シェイファー、16－21＝ルイス、22＝シェイファー、23－59＝ルイス、60－100＝ロックハート、101－106＝ハーツ、107－160＝ロックハート
リリーフ……No.8 Wade Morton、No.6 Leon Duray、No.19 Bob McDonough、No.4 Fred Lecklider、No.16 Jules Ellingboe、No.27 Ernest Eldridge、No.1 Earl Cooper、No.9 Eddie Hearne、No.26 Hershell McKee

前輪駆動ミラーのフロント部アップ。カバーを外すとギアボックスの複雑な取り回しが見える

1.5リッター初年度は、ある意味、大番狂わせの一戦だった。オハイオ生まれで西海岸ダートトラックのスターだったフランク・ロックハート23歳は、誰かのリリーフ・ドライバーを務められればという思いでインディを訪れていたが、予選数日前にピーター・クライスが肺炎にかかって欠場となったことで急遽その代走としてミラー搭乗の機会を掴んだ。最初の予選アタックでは新記録となる115mphをマークするもタイヤが4周持たず、最後のアタックでぎりぎり予選通過を果たした。そして迎えた決勝は、突然の大雨により72周目と400マイル消化時に二度中断。そこでレースは終了とされ(短縮終了はインディ初)、その時点で他車を2周引き離していたロックハートが勝者と判定された。全く無名の新人が突如スターとなるシンデレラ物語。ハリー・ハーツは3度目の2位。デュージー(デューゼンバーグ)は2台のみ。

フランク・ロックハート(ミラー)　154.342km/h　オーナー：Peter Kreis　ファイアストン

第14回●1926年 5 月31日○160周＝400マイル(643.736km)

Pos.	No	Driver	Driver	Nat.	Car Name	Chassis	Drive	Engine	Cyl.	Dis.	Laps	Time	Speed	Prize Money	Speed	Qfy.
1	15	F. ロックハート	Lockhart, Frank	USA	Miller	ミラー	F/RWD	ミラー	L8	1.5s	160	4:10′14″95	95.904	35,600	95.780	20
2	3	H. ハーツ	Hartz, Harry	USA	Miller	ミラー	F/RWD	ミラー	L8	1.5s	158	4:10′50″49	94.481	13,900	109.542	2
3	36	C. ウッドバリー	Woodbury, Cliff	USA	Boyle	ミラー	F/RWD	ミラー	L8	1.5s	158	4:11′46″55	94.131	6,700	105.109	14
4	8	F. コマー	Comer, Fred	USA	Miller	ミラー	F/RWD	ミラー	L8	1.5s	155	4:11′49″99	92.323	4,000	100.612	13
5	12	P. デパオロ	DePaolo, Peter	USA	Duesenberg	デューゼンバーグ	F/RWD	デューゼンバーグ	L8	1.5s	153	4:10′41″90	91.544	3,500	96.709	27
6	6	F. エリオット	Elliott, Frank	USA	Miller	ミラー	F/RWD	ミラー	L8	1.5s	152	4:10′46″64	90.917	2,200	105.873	8
7	14	N. バッテン	Batten, Norman	USA	Miller	ミラー	F/RWD	ミラー	L8	1.5s	151	4:10′53″91	90.275	1,800	101.428	16
8	19	R. ヘプバーン	Hepburn, Ralph	USA	Miller	ミラー	F/RWD	ミラー	L8	1.5s	151	4:11′59″68	89.882	1,600	102.517	15
9	18	J. ダフ	Duff, John	GB	Elcar	ミラー	F/RWD	ミラー	L8	1.5s	147	4:11′51″19	87.551	1,500	95.546	28
10	4	P. シェイファー	Shafer, Phil	USA	Miller	ミラー	F/RWD	ミラー	L8	1.5s	146	4:11′26″66	87.096	3,000	106.647	5
11	31	T. グロッタ	Gulotta, Tony	USA	Miller	ミラー	F/RWD	ミラー	L8	1.5s	142	走行中		615	102.789	12
12	16	B. ヒル	Hill, Bennett	USA	Miller	ミラー	F/RWD	ミラー	L8	1.5s	136	走行中		607	105.876	7
13	33	T. ハウザー	Houser, Thane	USA	Abell	ミラー	F/RWD	ミラー	L8	1.5s	102	走行中		600	93.672	21
14	27	W. ダグラス-ホークス	Douglas Hawkes, Wallace	GB	Eldridge	エルドリッジ	F/RWD	アンツァーニ	L4	1.5s	92	カムシャフト		593	94.977	17
15	1	D. ルイス	Lewis, Dave	USA	Front Drive Miller	ミラー	F/FWD	ミラー	L8	1.5s	92	バルブ		4,886	107.009	4
16	5	E. クーパー	Cooper, Earl	USA	Front Drive Miller	ミラー	F/FWD	ミラー	L8	1.5s	74	ミッション		579	111.735	1
17	9	C. デュラント	Durant, Cliff	USA	Locomobile Junior 8	フェングラー	F/RWD	ロコモビル	L8	1.5s	61	燃料タンク		572	104.855	11
18	29	B. ジョーンズ	Jones, Ben	USA	Duesenberg Two-Cycle	デューゼンバーグ	F/RWD	デューゼンバーグ	L8	1.5s	54	アクシデント		565	92.142	18
19	26	E. A. D. エルドリッジ	Eldridge, E. A. D.	GB	Eldridge	エルドリッジ	F/RWD	アンツァーニ	L4	1.5s	46	タイロッド		558	89.777	23
20	23	L. L. コラム	Corum, Lora L.	USA	Schmidt	シュミット	F/RWD	アーガイル	L6	1.5s	45	ショックアブソーバー		551	88.849	24
21	24	S. ネミッシュ	Nemish, Steve	USA	Schmidt	シュミット	F/RWD	アーガイル	L6	1.5s	42	ミッション		544	92.937	22
22	7	J. エリングボー	Ellingboe, Jules	USA	Miller	ミラー	F/RWD	ミラー	L8	1.5s	39	スーパーチャージャー		538	106.376	6
23	10	L. デュレイ	Duray, Leon	USA	Locomobile Junior 8	フェングラー	F/RWD	ロコモビル	L8	1.5s	33	アクスル		531	109.186	3
24	17	F. レックライダー	Lecklider, Fred	USA	Nickel Plate	ミラー	F/RWD	ミラー	L8	1.5s	25	コンロッド		525	100.398	26
25	28	J. マッカーヴァー	McCarver, Jack	USA	Hamlin Front Drive	フォードT	F/RWD	フロンティ-フォード	L4	1.5s	24	コンロッド		519	86.418	25
26	34	B. マクダゴール	McDougall, Bon	USA	Miller	ミラー	F/RWD	ミラー	L8	1.5s	19	バルブ		512	105.180	9
27	22	Dr. W. E. シャトゥク	Shattuc, Dr. W. E.	USA	Miller	ミラー	F/RWD	ミラー	L8	1.5s	16	バルブ		506	104.977	10
28	39	A. グヨー	Guyot, Albert	F	Guyot	シュミット	F/RWD	アーガイル	L6	1.5s	9	ステアリング		500	88.580	19
ns	37	D. ケイン	Cain, Dan	USA	K&M			K&M		1.5s	—	DNQ		—	70.358	—

1927 第15回

開催日／天候 1927年5月31日／曇り
車両規定 1500cc以下。1人乗り
参加／決勝出走 41台／33台
優勝スピード 97.545mph(156.983km/h)。2位に12′02″87差
賞金総額 $90,350
ポールシッター F. ロックハート 120.100mph(193.282km/h) 4′59″75＝4周合計
最速ラップ 発表されず
ルーキー賞 未制定(13人)
リード・チェンジ 4回／4人。1－81＝ロックハート、82－90＝バウマン、91－119＝ロックハート、120－149＝デパオロ(マクドノーのリリーフ)、150－200＝サウダーズ
リリーフ No.10 Zeke Meyer、No.27 Peter DePaolo、No.29 Lou Meyer、No.21 Steve Nemish、No.14 Peter DePaolo、No.16 Harry Hartz→Leon Duray→Ira Vail、No.6 Leon Duray→C. W. van Ranst→Ralph Hepburn、No.25 Wesley Crawford、No.5 Fred Frame、No.31 George Fernic→George Abell、No.42 Don Orstrander、No.24 Babe Stapp、No.41 Ralph Holmes→Freddy Winnai、No.44 Jack Petticord→Fred Lecklider、No.43 Lora L. Corum→Dutch Bauman、No.9 Bennett Hill→Harry Hartz、No.15 Ralph Hepburn、No.35 Eddie Burbach、No.23 Henry Kohlert

一躍本命にのし上がったフランク・ロックハートは予選で120mph超の新記録でポールポジション(PP)を奪取する。レースでは1919年以来となるフルグリッド33台が実現するが、その全車がいまやスーパーチャージャーを備え、100mph以上という予選通過基準を全員が悠々とクリアした。レースはロックハートがトップを快走するが121周目にエンジンが壊れ、ダートトラック・スターのジョージ・サウダーズが残り51周というところでリードを奪って、前年に続いてのルーキー優勝となる。2位との差は12分以上に達した。デューゼンバーグが多数のミラーを破るのはここ4年間で3度目。また今大会の数ヵ月後に、元インディ・ドライバーという以上に第一次世界大戦時の撃墜王として有名なエディー・リッケンバッカーがインディアナポリス・モータースピードウェイを購入、新オーナーの座に就いた。

炎上しながら疾走する車をピット外れまで必死に誘導するバッテンに、観客席は大騒ぎ

ジョージ・サウダーズ(デューゼンバーグ) 156.983km/h オーナー：William S. White ファイアストン

第15回●1927年5月31日○200周＝500マイル(804.670km)

Pos.	No	Driver	Driver	Nat.	Car Name	Chassis	Drive	Engine	Cyl.	Dis.	Laps	Time	Speed	Prize Money	Speed	Qfy.
1	32	G. サウダーズ	Souders, George	USA	Duesenberg	デューゼンバーグ	F/RWD	デューゼンバーグ	L8	1.5s	200	5：07′33″08	97.545	30,650	111.551	22
2	10	E. デヴォア	DeVore, Earl	USA	Miller	ミラー	F/RWD	ミラー	L8	1.5s	200	5：19′35″95	93.868	12,800	107.497	15
3	27	T. グロッタ	Gulotta, Tony	USA	Miller	ミラー	F/RWD	ミラー	L8	1.5s	200	5：22′05″08	93.139	6,000	107.765	27
4	29	W. ショウ	Shaw, Wilbur	USA	Jynx	ミラー	F/RWD	ミラー	L8	1.5s	200	5：22′12″05	93.110	4,000	104.465	19
5	21	D. エヴァンズ	Evans, Dave	USA	Duesenberg	デューゼンバーグ	F/RWD	デューゼンバーグ	L8	1.5s	200	5：30′27″11	90.782	3,500	107.360	28
6	14	B. マクドノー	McDonough, Bob	USA	Cooper	クーパー	F/FWD	ミラー	L8	1.5s	200	5：31′49″34	90.410	5,200	113.175	7
7	16	E. ハーン	Hearne, Eddie	USA	Miller	ミラー	F/RWD	ミラー	L8	1.5s	200	5：33′05″74	90.064	1,800	105.115	18
8	6	T. ミルトン	Milton, Tommy	USA	Detroit	デトロイト	F/FWD	ミラー	L8	1.5s	200	5：52′36″21	85.081	1,600	108.758	25
9	25	C. バージェル	Bergere, Cliff	USA	Miller	ミラー	F/RWD	ミラー	L8	1.5s	200	6：15′20″07	79.929	1,500	108.820	14
10	5	F. エリオット	Elliott, Frank	USA	Junior 8	ミラー	F/FWD	ミラー	L8	1.5s	200	6：23′25″69	78.242	1,400	109.682	13
11	31	F. フレーム	Frame, Fred	USA	Miller	ミラー	F/RWD	ミラー	L8	1.5s	199	走行中		750	106.859	33
12	42	J. ヒル	Hill, Jim	USA	Nickel Plate	ミラー	F/RWD	ミラー	L8	1.5s	197	走行中		600	107.392	32
13	24	B. ショアフ	Shoaff, Benny	USA	Perfect Circle Duesenberg	デューゼンバーグ	F/RWD	デューゼンバーグ	L8	1.5s	198	ドライブ・ギア		550	110.152	31
14	41	W. モートン	Morton, Wade	USA	Thompson Valve	デューゼンバーグ	F/RWD	デューゼンバーグ	L8	1.5s	152	アクシデント		500	108.075	26
15	44	A. メルチャー	Melcher, Al	USA	Miller	ミラー	F/RWD	ミラー	L8	1.5s	144	スーパーチャージャー		490	102.918	20
16	43	L. シュナイダー	Schneider, Louis	USA	Miller	ミラー	F/RWD	ミラー	L8	1.5s	137	タイミング・ギア		480	109.910	23
17	9	P. クライス	Kreis, Peter	USA	Cooper	クーパー	F/FWD	ミラー	L8	1.5s	123	フロント・アクスル		470	109.900	12
18	2	F. ロックハート	Lockhart, Frank	USA	Perfect Circle Miller	ミラー	F/RWD	ミラー	L8	1.5s	120	コンロッド		11,460	120.100	1
19	15	C. ウッドバリー	Woodbury, Cliff	USA	Boyle Valve	ミラー	F/RWD	ミラー	L8	1.5s	108	スーパーチャージャー		450	113.200	6
20	26	D. バウマン	Baumann, Dutch	USA	Miller	ミラー	F/RWD	ミラー	L8	1.5s	90	ピニオン・シャフト		1,340	106.078	17
21	35	A. コテイ	Cotey, Al	USA	Elcar	ミラー	F/RWD	ミラー	L8	1.5s	87	Uジョイント		430	106.295	29
22	17	Dr. W. E. シャトゥク	Shattuc, Dr. W. E.	USA	Miller	ミラー	F/RWD	ミラー	L8	1.5s	83	バルブ		420	107.060	16
23	23	F. レックライダー	Lecklider, Fred	USA	Elgin Piston Pin	ミラー	F/RWD	ミラー	L8	1.5s	49	アクシデント		410	105.729	30
24	19	R. ヘプバーン	Hepburn, Ralph	USA	Boyle Valve	ミラー	F/RWD	ミラー	L8	1.5s	39	燃料タンク		400	114.209	5
25	1	H. ハーツ	Hartz, Harry	USA	Erskine Miller	ミラー	F/FWD	ミラー	L8	1.5s	38	クランクシャフト		390	116.739	4
26	3	P. デパオロ	DePaolo, Peter	USA	Perfect Circle Miller	ミラー	F/FWD	ミラー	L8	1.5s	31	スーパーチャージャー		380	119.510	2
27	12	L. デュレイ	Duray, Leon	USA	Miller Front Drive	ミラー	F/FWD	ミラー	L8	1.5s	26	燃料タンク		370	118.788	3
28	4	B. ヒル	Hill, Bennett	USA	Cooper	ミラー	F/FWD	ミラー	L8	1.5s	26	シャックル・ボルト		360	112.013	9
29	18	J. エリングボー	Ellingboe, Jules	USA	Cooper	ミラー	F/FWD	ミラー	L8	1.5s	25	アクシデント		350	113.239	21
30	8	N. バッテン	Batten, Norman	USA	Miller	フェングラー	F/RWD	ミラー	L8	1.5s	24	火災		340	111.940	10
31	38	B. スタップ	Stapp, Babe	USA	Duesenberg	デューゼンバーグ	F/RWD	デューゼンバーグ	L8	1.5s	24	Uジョイント		330	109.555	24
32	22	J. ペティコード	Petticord, Jack	USA	Boyle Valve	ミラー	F/RWD	ミラー	L8	1.5s	22	スーパーチャージャー		320	109.920	11
33	7	D. ルイス	Lewis, Dave	USA	Miller Front Drive	ミラー	F/FWD	ミラー	L8	1.5s	21	フロント・アクスル		310	112.275	8
ns	28	L. L. コラム	Corum, LoraL.	USA	Duesenberg	デューゼンバーグ	F/RWD	デューゼンバーグ	L8	1.5s	——	DNQ		——	94.694	——

1928 第16回

開催日／天候 .... 1928年5月30日／晴れ
車両規定 .... 1500cc以下。1人乗り
参加／決勝出走 .... 36台／29台
優勝スピード .... 99.482mph(160.100km/h)。2位に43″89差
賞金総額 $89,700
ポールシッター .... L. デュレイ　122.391mph(196.969km/h)　4′54″14＝4周合計
最速ラップ .... 発表されず
ルーキー賞 .... 未制定(12人)
リード・チェンジ .... 9回／7人。1－54＝デュレイ、55－57＝スタップ、58－62＝デュレイ、63－78＝サウダーズ、79－82＝グリーソン、83－96＝スタップ、97－135＝グリーソン、136－148＝スノウバーガー、149－181＝グロッタ、182－200＝メイヤー
リリーフ .... No.28 Louis Schneider、No.15 Wilbur Shaw、No.22 Zeke Meyer、No.7 Ralph Hepburn、No.43 Bill Spence、No.27 Ralph Hepburn→Benny Shoaff、No.25 Cliff Woodbury、No.8 Dutch Bauman、No.24 Lou Wilson、No.29 Shorty Cantlon→Doc Shattuc、No.23 Wesley Crawford、No.39 Russ Snowberger、No.5 Bob McDonough、No.6 Cy Marshall、No.4 Cliff Bergere、No.26 Jack Petticord、No.41 Harry Nichols

初期のピットは「野ざらし」状態だった。コースとピットを隔てるウォールも存在しない

レースは、1926年覇者フランク・ロックハートがフロリダ州デイトナビーチの砂浜で陸上スピード世界記録に挑戦中に事故死した1ヵ月後の開催。1925年覇者ピーター・デパオロは予選で負傷して欠場。レース前半62周はレオン・デュレイが席巻。4時間半の激闘後、残り20周というところで予期せぬ展開となる。ほんの数秒差でトップを争うトニー・グロッタ(ミラー)とジミー・グリーソン(デューゼンバーグ)に不運が見舞う。まずグロッタの燃料ラインが壊れてストップ。続いてグリーソンがラジエターへの水補給のため195周目にピットインした際、メカニックが滑って転び、手にした冷却水がホット・エンジンを直撃、エンジン・ブロックにヒビが入り、グリーソンの勝機も絶たれたのだった。こうして勝利の女神は、182周目に首位に立っていたダート出身の若いルイス・メイヤー(ミラー)に微笑んだ。

ルイス・メイヤー(ミラー)　160.100km/h　オーナー：Alden Sampson II　ファイアストン

第16回●1928年 5 月30日○200周＝500マイル(804.670km)

Pos.	No	Driver	Driver	Nat.	Car Name	Chassis	Drive	Engine	Cyl.	Dis.	Laps	Time	Speed	Prize Money	Speed	Qfy.
1	14	L. メイヤー	Meyer, Louis	USA	Miller	ミラー	F/RWD	ミラー	L8	1.5s	200	5:01′33″75	99.482	28,250	111.352	13
2	28	L. ムーア	Moore, Lou	USA	Miller	ミラー	F/RWD	ミラー	L8	1.5s	200	5:02′17″64	99.241	13,650	113.826	8
3	3	G. サウダーズ	Souders, George	USA	State Auto Insurance	ミラー	F/RWD	ミラー	L8	1.5s	200	5:06′01″04	98.034	8,400	111.444	12
4	15	R. キーチ	Keech, Ray	USA	Simplex Piston Ring	ミラー	F/RWD	ミラー	L8	1.5s	200	5:21′28″45	93.320	4,300	113.421	10
5	22	N. バッテン	Batten, Norman	USA	Miller	フェングラー	F/RWD	ミラー	L8	1.5s	200	5:21′47″51	93.228	3,200	106.585	15
6	7	B. スタップ	Stapp, Babe	USA	Miller	ミラー	F/FWD	ミラー	L8	1.5s	200	5:23′50″40	92.638	3,900	116.887	5
7	43	B. アーノルド	Arnold, Billy	USA	Boyle Valve	ミラー	F/RWD	ミラー	L8	1.5s	200	5:29′16″09	91.111	1,800	111.926	20
8	27	F. フレーム	Frame, Fred	USA	State Auto Insurance	デューゼンバーグ	F/RWD	デューゼンバーグ	L8	1.5s	200	5:33′02″38	90.079	1,600	107.501	14
9	25	F. コマー	Comer, Fred	USA	Boyle Valve	ミラー	F/FWD	ミラー	L8	1.5s	200	5:37′29″89	88.889	1,500	113.690	9
10	8	T. グロッタ	Gulotta, Tony	USA	Stutz Blackhawk	ミラー	F/RWD	ミラー	L8	1.5s	200	5:37′30″11	88.888	1,600	117.031	4
11	24	L. シュナイダー	Schneider, Louis	USA	Armacost Miller	ミラー	F/RWD	ミラー	L8	1.5s	200	走行中	87.964	652	114.036	7
12	12	D. エヴァンズ	Evans, Dave	USA	Boyle Valve	ミラー	F/RWD	ミラー	L8	1.5s	200	走行中	87.401	638	108.264	23
13	29	H. コーラート	Kohlert, Henry	USA	Elgin Piston Pin	ミラー	F/RWD	ミラー	L8	1.5s	180	走行中		625	93.545	28
14	23	D. リッツ	Litz, Deacon	USA	Miller	ミラー	F/RWD	ミラー	L8	1.5s	161	走行中		610	106.213	17
15	39	J. グリーソン	Gleason, Jimmy	USA	Duesenberg	デューゼンバーグ	F/RWD	デューゼンバーグ	L8	1.5s	195	マグネトー		6,196	111.708	21
16	5	C. デュラント	Durant, Cliff	USA	Durant	デトロイト	F/FWD	ミラー	L8	1.5s	175	スーパーチャージャー		583	99.990	18
17	33	J. セイモア	Seymour, Johnny	USA	Marmon	クーパー	F/FWD	ミラー	L8	1.5s	170	スーパーチャージャー		568	111.673	11
18	6	E. デヴォア	DeVore, Earl	USA	Chromolite	ミラー	F/RWD	ミラー	L8	1.5s	161	アクシデント		555	109.810	24
19	4	L. デュレイ	Duray, Leon	USA	Miller	ミラー	F/FWD	ミラー	L8	1.5s	133	オーバーヒート		6,441	122.391	1
20	38	S. ロス	Ross, Sam	USA	Aranem	ミラー	F/FWD	ミラー	L8	1.5s	132	タイミング・ギア		526	106.572	16
21	26	I. ホール	Hall, Ira	USA	Duesenberg	デューゼンバーグ	F/RWD	デューゼンバーグ	L8	1.5s	115	アクシデント		512	96.886	27
22	32	P. クライス	Kreis, Peter	USA	Marmon	クーパー	F/FWD	ミラー	L8	1.5s	73	ロッド・ベアリング		499	112.906	19
23	10	C. ウッドバリー	Woodbury, Cliff	USA	Boyle Valve	ミラー	F/FWD	ミラー	L8	1.5s	55	タイミング・ギア		484	120.418	2
24	16	R. ヘプバーン	Hepburn, Ralph	USA	Miller	ミラー	F/FWD	ミラー	L8	1.5s	48	タイミング・ギア		470	116.354	6
25	1	W. ショウ	Shaw, Wilbur	USA	Flying Cloud	ミラー	F/FWD	ミラー	L8	1.5s	42	タイミング・ギア		456	100.956	29
26	18	B. ショアフ	Shoaff, Benny	USA	Duesenberg	デューゼンバーグ	F/RWD	デューゼンバーグ	L8	1.5s	35	アクシデント		442	102.409	26
27	41	C. W. ベルト	Belt, Clarence W.	USA	Green	グリーン	F/RWD	グリーン	V8	1.5s	32	バルブ		428	96.026	25
28	21	C. バージェル	Bergere, Cliff	USA	Miller	ミラー	F/FWD	ミラー	L8	1.5s	6	スーパーチャージャー		415	119.956	3
29	34	R. スノウバーガー	Snowberger, Russ	USA	Marmon	クーパー	F/FWD	ミラー	L8	1.5s	4	スーパーチャージャー		400	111.618	22
ns	35	B. マー	Marr, Buddy	USA	B. W. Cooke			ミラー	L8	1.5s	—	DNQ		—	109.685	—
ns	19	D. バウマン	Baumann, Dutch	USA	A. S. Kirkby			デューゼンバーグ	L8	1.5s	—	アクシデント		—	106.226	—
ns	17	L. L. コラム	Corum, Lora L.	USA	Duesenberg	デューゼンバーグ	F/RWD	デューゼンバーグ	L8	1.5s	—	アクシデント		—	96.172	—

1929 第17回

開催日／天候……1929年５月30日／晴れ
車両規定……1500cc以下。１人乗り
参加／決勝出走……44台／33台
優勝スピード……97.585mph(157.047km/h)。２位に6′23″79差
賞金総額……$94,950
ポールシッター……C. ウッドバリー 120.599mph(194.085km/h) 4′58″51＝４周合計
最速ラップ……発表されず
ルーキー賞……未制定(14人)
リード・チェンジ……９回／６人。1－7＝デュレイ、8－56＝リッツ、57－60＝ムーア、61＝メイヤー、62－79＝ムーア、80－94＝メイヤー、95－105＝フレーム、106－108＝キーチ、109－157＝メイヤー、158－200＝キーチ
リリーフ……No.53 Thane Houser→Ernie Triplett、No.42 Lora L. Corum→Roscoe Ford、No.48 Chet Gardner、No.9 Cliff Woodbury→Fred Roberts、No.25 Peter Kreis、No.34 Johnny Seymour、No.17 Cliff Woodbury→Russ Snowberger、No.3 Barney Kloepfer、No.36 Bill Albertson、No.49 Ted Simpson→Zeke Meyer→Dave Evans、No.5 Cliff Woodbury、No.31 Jack Buxton→Bert Karnatz、No.21 Ralph Hepburn、No.29 Jimmy Rossi

グリッド１列目は前輪駆動車が独占。ルイス・メイヤーが連勝しそうだったが、最後のピットストップの際、車をストールさせて貴重な７分をロスしてしまう。その隙にレイ・キーチがミラー(本来、故フランク・ロックハート自身が改良して乗る予定だったもの)に乗って勝った。しかしそのキーチは２週間後のアルトゥーナで事故死してしまう。新たなるコースオーナーとなったリッケンバッカーの決定により、スピードウェイは急激に変貌を遂げ始めた。まずコースに敷き詰められた320万個の煉瓦がアスファルトやコンクリートによって覆われ始めた。さらにコース脇にウォールやフェンスが追加され、ドライバーや観客にとって安全性向上が図られた。それでもレース序盤ターン３で死亡事故が発生する。MGMの無声映画『Speedway』がここで収録されたのもこの年だ。

モナコ出身のGPスター、シロンは母国の第１回GPを蹴ってインディに初挑戦、７位完走

レイ・キーチ(シンプレクス・ピストンリングSpl.) 157.047km/h オーナー：M. A. Yagle ファイアストン

第17回●1929年 5 月30日○200周＝500マイル(804.670km)

Pos.	No	Driver	Driver	Nat.	Car Name	Chassis	Drive	Engine	Cyl.	Dis.	Laps	Time	Speed	Prize Money	Speed	Qfy.
1	2	R. キーチ	Keech, Ray	USA	Simplex Piston Ring	ミラー	F/RWD	ミラー	L8	1.5s	200	5:07′25″42	97.585	31,950	114.905	6
2	1	L. メイヤー	Meyer, Louis	USA	Miller	ミラー	F/RWD	ミラー	L8	1.5s	200	5:13′49″21	95.596	20,400	114.704	8
3	53	J. グリーソン	Gleason, Jimmy	USA	Duesenberg	デューゼンバーグ	F/RWD	デューゼンバーグ	L8	1.5s	200	5:20′10″46	93.699	7,250	110.345	23
4	43	C. マーチェス	Marchese, Carl	USA	Marchese	ミラー	F/RWD	ミラー	L8	1.5s	200	5:20′42″95	93.541	4,350	108.440	25
5	42	F. ウィナイ	Winnai, Freddy	USA	Duesenberg	デューゼンバーグ	F/RWD	デューゼンバーグ	L8	1.5s	200	5:37′52″05	88.792	3,600	113.892	21
6	48	S. ガードナー	Gardner, Speed	USA	Chromolite	ミラー	F/RWD	ミラー	L8	1.5s	200	5:39′24″27	88.390	2,200	105.985	28
7	6	L. シロン	Chiron, Louis	MC	Delage	ドラージュ	F/RWD	ドラージュ	L8	1.5s	200	5:41′57″85	88.728	1,800	107.351	14
8	9	B. アーノルド	Arnold, Billy	USA	Boyle Valve	ミラー	F/RWD	ミラー	L8	1.5s	200	5:57′31″77	83.909	1,600	114.752	7
9	25	C. バージェル	Bergere, Cliff	USA	Armacost Miller	ミラー	F/FWD	ミラー	L8	1.5s	200	6:11′44″00	80.703	1,500	103.687	32
10	34	F. フレーム	Frame, Fred	USA	Cooper	クーパー	F/FWD	ミラー	L8	1.5s	193	走行中		2,500	111.328	22
11	28	F. ブリスコ	Brisko, Frank	USA	Burbach	ミラー	F/RWD	ミラー	L8	1.5s	180	走行中		468	105.857	29
12	17	P. シェイファー	Shafer, Phil	USA	Miller	ミラー	F/FWD	ミラー	L8	1.5s	150	走行中		465	111.628	18
13	3	L. ムーア	Moore, Lou	USA	Majestic Miller	ミラー	F/RWD	ミラー	L8	1.5s	198	コンロッド		2,662	110.677	13
14	36	F. ファーマー	Farmer, Frank	USA	Miller	ミラー	F/RWD	ミラー	L8	1.5s	140	スーパーチャージャー		459	107.972	26
15	49	W. クロフォード	Crawford, Wesley	USA	Miller	フェングラー	F/RWD	ミラー	L8	1.5s	127	キャブレター		456	108.607	24
16	4	P. クライス	Kreis, Peter	USA	Detroit	デトロイト	F/FWD	ミラー	L8	1.5s	91	エンジン		453	112.528	17
17	23	T. グロッタ	Gulotta, Tony	USA	Packard Cable	ミラー	F/RWD	ミラー	L8	1.5s	91	スーパーチャージャー		450	112.146	11
18	5	B. マクドノー	McDonough, Bob	USA	Miller Front Drive	ミラー	F/FWD	ミラー	L8	1.5s	74	オイルタンク		447	111.614	19
19	46	B. リンドー	Lindau, Bill	USA	Pittsburgh Miller	ミラー	F/RWD	ミラー	L8	1.4s	70	バルブ		444	102.509	33
20	31	H. シャーチ	Schurch, Herman	USA	Armacost Miller	ミラー	F/RWD	ミラー	L8	1.5s	70	燃料タンク		441	107.477	27
21	38	J. セイモア	Seymour, Johnny	USA	Cooper	クーパー	F/FWD	ミラー	L8	1.5s	65	リア・アクスル		438	114.307	16
22	21	L. デュレイ	Duray, Leon	USA	Packard Cable	ミラー	F/FWD	ミラー	L8	1.5s	65	キャブレター		1,135	119.087	2
23	29	R. デッカー	Decker, Rick	USA	Miller	ミラー	F/RWD	ミラー	L8	1.5s	61	燃料ライン		432	105.288	30
24	26	D. リッツ	Litz, Deacon	USA	Rusco Durac	ミラー	F/RWD	ミラー	L8	1.5s	56	コンロッド		5,329	114.526	9
25	27	B. カーナッツ	Karnatz, Bert	USA	Richards Bros.	ミラー	F/FWD	ミラー	L8	1.5s	50	燃料もれ		426	104.749	31
26	47	E. トリプレット	Triplett, Ernie	USA	Buckeye Duesenberg	デューゼンバーグ	F/RWD	デューゼンバーグ	L8	1.5s	48	コンロッド		423	114.789	20
27	12	R. スノウバーガー	Snowberger, Russ	USA	Cooper	クーパー	F/FWD	ミラー	L8	1.5s	45	スーパーチャージャー		420	113.622	10
28	32	B. スタップ	Stapp, Babe	USA	Spindler Miller	デューゼンバーグ	F/RWD	ミラー	L8	1.5s	40	リア・エンド		417	115.618	4
29	35	J. モリソー	Moriceau, Jules	F	Thompson Products	アミルカー	F/RWD	アミルカー	L6	1.3s	30	アクシデント		414	105.609	15
30	37	P. デパオロ	DePaolo, Peter	USA	Boyle Valve	ミラー	F/FWD	ミラー	L8	1.5s	25	ステアリング		411	115.093	5
31	18	R. ヘプバーン	Hepburn, Ralph	USA	Packard Cable	ミラー	F/FWD	ミラー	L8	1.5s	14	ミッション		407	116.543	3
32	10	B. スペンス	Spence, Bill	USA	Duesenberg	デューゼンバーグ	F/RWD	デューゼンバーグ	L8	1.5s	9	アクシデント		403	111.649	12
33	8	C. ウッドバリー	Woodbury, Cliff	USA	Boyle Valve	ミラー	F/FWD	ミラー	L8	1.5s	3	アクシデント		400	120.599	1
ns	44	P. パーディー	Pardee, Phil	USA	Miller			ミラー	L8	1.5s	—	アクシデント		—	111.211	—
ns	54	F. スウェイガート	Sweigert, Frank	USA	W. M. Yahr			デューゼンバーグ	L8	1.5s	—	DNQ		—	99.585	—
ns	45	S. グレコ	Greco, Sam	USA	Miller			ミラー	L8	1.5s	—	DNQ		—	88.849	—

1930 第18回

開催日／天候……1930年５月30日／晴れ
車両規定……市販エンジン6000cc(366ci)以下。２人乗り
参加／決勝出走……42台／38台
優勝スピード……100.448mph(161.655km/h)。２位に７′17″36差
賞金総額……$98,250
ポールシッター……B. アーノルド　113.268mph(182.287km/h)　5′17″83＝４周合計
最速ラップ……発表されず
ルーキー賞……未制定(19人)
リード・チェンジ……１回／２人。1－2＝メイヤー、3－200＝アーノルド
リリーフ……No.16 Herman Schurch、No.6 Freddy Winnai、No.25 Stubby Stubblefield→Fred Lecklider、No.41 Paul Bost、No.35 Johnny Kreiger、No.34 Ted Chamberlain→Speed Gardner、No.29 Rick Decker、No.5 Fred Roberts、No.26 Jimmy Rossi

口の悪い人間が“ジャンク・フォーミュラ”と呼ぶ時代の到来。精巧で高価なスーパーチャージャー車は禁止され(２サイクル車はOK)、廉価で大排気量(６リッターまで)の市販セミストック・エンジン(２バルブのみ)中心とされ、ライディングメカニックが復活。グリッドが拡大され、38台が決勝進出。サンプソン16気筒、スチュードベイカー８気筒なども登場した。ルイス・メイヤーは２機のミラー直８を１本クランクシャフトで繋げた3.3リッターの16気筒車でスタートから２周リード。膝の怪我が癒えないハリー・ハーツに代わって急遽参戦することになった23歳のビリー・アーノルド(８気筒ミラー)が予選から別格の速さを見せて優勝。リーダー交代は３周目の一回のみ。２位は７分も後方。その圧倒ぶりは1912年のラルフ・デパルマ(196周リード)をも上回る。前輪駆動車にとっても初優勝。

規則改変で勢力分布一変。メイヤーのサンプソンは何と16気筒エンジンを搭載し４位

ビリー・アーノルド(ミラー‐ハーツSpl.)　161.655km/h　オーナー：Harry Hartz　ファイアストン

第18回●1930年 5 月30日○200周＝500マイル(804.670km)

Pos.	No	Driver	Driver	Nat.	Car Name	Chassis	Drive	Engine	Cyl.	Dis.	Laps	Time	Speed	Prize Money	Speed	Qfy.
1	4	B. アーノルド	Arnold, Billy	USA	Miller-Hartz	サマーズ	F/FWD	ミラー	L8	2.5	200	4:58′39″72	100.448	50,300	113.263	1
2	16	S. キャントロン	Cantlon, Shorty	USA	Miller Schofield	スティーヴンズ	F/RWD	ミラー	L4	3.0	200	5:05′57″18	98.054	13,950	109.810	3
3	23	L. シュナイダー	Schneider, Louis	USA	Bowes Seal Fast	スティーヴンズ	F/RWD	ミラー	L8	2.0	200	5:10′04″21	96.752	7,050	106.107	4
4	1	L. メイヤー	Meyer, Louis	USA	Sampson	スティーヴンズ	F/RWD	ミラー	16	3.3	200	5:14′57″07	95.253	4,450	111.290	2
5	6	B. カミングズ	Cummings, Bill	USA	Duesenberg	スティーヴンズ	F/RWD	デューゼンバーグ	L8	4.0	200	5:20′35″11	93.579	3,500	106.173	22
6	24	D. エヴァンズ	Evans, Dave	USA	Jones & Maley	スティーヴンズ	F/FWD	ミラー	L8	2.3	200	5:24′04″50	92.571	2,700	97.342	33
7	15	P. シェイファー	Shafer, Phil	USA	Coleman Front Drive	コールマン	F/FWD	ミラー	L4	3.0	200	5:29′57″37	90.921	1,800	102.279	8
8	22	R. スノウバーガー	Snowberger, Russ	USA	Russell "8"	スノウバーガー	F/RWD	スチュードベイカー	L8	5.5	200	5:36′26″96	89.166	1,600	104.577	7
9	25	L. アレン	Allen, Leslie	USA	Allen Miller Products	ミラー	F/RWD	ミラー	L4	3.0	200	5:49′51″51	85.749	1,500	101.919	9
10	27	L. L. コラム	Corum, Lora. L.	USA	Jones Stutz	スタッツ	F/RWD	スタッツ	L8	5.3	200	5:51′32″09	85.340	1,400	94.130	17
11	38	C. バートン	Burton, Claude	USA	V8	オークランド	F/RWD	オークランド	L8	4.1	196	走行中		550	95.087	16
12	42	L. クチノッタ	Cucinotta, Letterio	I	Maserati	マセラーティ T26B	F/RWD	マセラーティ	L8	2.0	185	走行中		510	91.584	30
13	41	C. ミラー	Miller, Chet	USA	Fronty Ford	フォードT	F/RWD	フロンティ-フォード	L4	2.9	160	走行中		480	97.360	15
14	46	H. ブッチャー	Butcher, Harry	USA	Butcher Brothers	ビュイック	F/RWD	ビュイック	L6	5.4	128	走行中		450	87.003	38
15	10	M. キニアリー	Keneally, Mel	USA	MAVY	フィペット	F/RWD	ミラー	L4	2.5	114	バルブ		380	103.327	23
16	21	Z. メイヤー	Meyer, Zeke	USA	Miller	ミラー	F/RWD	ミラー	L8	2.3	115	コンロッド		385	95.357	34
17	17	E. トリプレット	Triplett, Ernie	USA	Guiberson	フィペット	F/RWD	ミラー	L4	3.0	125	ピストン		420	105.618	6
18	35	J. C. マクドナルド	McDonald, J. C.	USA	Romthe	スチュードベイカー	F/RWD	スチュードベイカー	L8	5.5	112	燃料タンク		375	98.953	13
19	28	R. フリー	Free, Roland	USA	Slade	クライスラー	F/RWD	クライスラー	L6	4.4	69	クラッチ		370	89.639	37
20	9	T. グロッタ	Gulotta, Tony	USA	MAVY	フィペット	F/RWD	ミラー	L4	2.5	79	バルブ		365	100.033	20
21	33	F. ファーマー	Farmer, Frank	USA	Betholine Miller	ミラー	F/RWD	ミラー	L8	1.7	69	アクシデント		360	100.615	11
22	44	B. デンヴァー	Denver, Bill	USA	Nardi	デューゼンバーグ	F/RWD	デューゼンバーグ	L8	4.2	41	コンロッド		355	90.650	35
23	34	J. ハフ	Huff, Joe	USA	Gauss Front Drive	クーパー	F/FWD	ミラー	L8	1.6	48	バルブ		350	101.178	26
24	3	W. ショウ	Shaw, Wilbur	USA	Empire State	スミス	F/RWD	ミラー	L8	2.5	54	オイルもれ		345	106.132	25
25	29	J. カッチア	Caccia, Joe	USA	Alberti	デューゼンバーグ	F/RWD	デューゼンバーグ	L8	4.2	43	アクシデント		340	97.606	14
26	36	C. マーシャル	Marshall, Cy	USA	Duesenberg	デューゼンバーグ	F/RWD	デューゼンバーグ	L8	4.3	29	アクシデント		335	100.846	10
27	32	C. モラン	Moran, Charles	USA	DuPont	デュポン	F/RWD	デュポン	L8	5.3	22	アクシデント		330	89.733	19
28	7	J. グリーソン	Gleason, Jimmy	USA	Waverly Oil	ミラー	F/RWD	ミラー	L8	2.0	22	タイミング・ギア		325	93.709	24
29	14	L. ムーア	Moore, Lou	USA	Coleman Front Drive	コールマン	F/FWD	ミラー	L4	3.0	23	アクシデント		320	99.867	12
30	12	D. リッツ	Litz, Deacon	USA	Duesenberg	デューゼンバーグ	F/RWD	デューゼンバーグ	L8	2.5	22	アクシデント		315	105.755	31
31	8	B. スタップ	Stapp, Babe	USA	Duesenberg	デューゼンバーグ	F/RWD	デューゼンバーグ	L8	2.3	18	アクシデント		310	104.950	32
32	39	J. セイモア	Seymour, Johnny	USA	Gauss Front Drive	クーパー	F/FWD	ミラー	L8	1.6	21	アクシデント		305	93.376	18
33	5	P. デパオロ	DePaolo, Peter	USA	Duesenberg	スティーヴンズ	F/RWD	デューゼンバーグ	L8	4.0	19	アクシデント		300	99.956	21
34	45	M. トレクスラー	Trexler, Marion	USA	Trexler	オーバーン	F/RWD	リカミング	L8	4.9	19	アクシデント		295	92.978	29
35	19	S. ガードナー	Gardner, Speed	USA	Miller Front Drive	ミラー	F/FWD	ミラー	L8	2.5	14	ベアリング		290	95.585	27
36	26	B. ボルツァキーニ	Borzachini, Baconin	I	Maserati	マセラーティ V4	F/RWD	マセラーティ	V16	4.0	7	マグネトー		285	95.213	28
37	48	R. デッカー	Decker, Rick	USA	Hoosier Pete	メルセデス	F/RWD	クレモンズ	L4	3.2	8	オイル・タンク		280	92.293	36
38	18	C. ガードナー	Gardner, Chet	USA	Buckeye	デューゼンバーグ	F/RWD	デューゼンバーグ	L8	2.5	1	スピン		275	105.811	5

• 決勝順位と消化周回数とで矛盾する箇所があるが(15～24位、36～37位)、公式Box Scoresに準ずる

1931 第19回

開催日／天候……1931年5月30日／曇り
車両規定……市販エンジン6000cc以下。2人乗り
参加／決勝出走……70台／40台
優勝スピード……96.629mph(155.509km/h)。2位に43″19差
賞金総額……$84,053
ポールシッター……R. スノウバーガー　112.769mph(181.484km/h)　5′19″16＝4周合計
最速ラップ……発表されず

ルーキー賞……未制定(12人)
リード・チェンジ……3回／4人。1－2＝ボスト、3－6＝カミングズ、7－161＝アーノルド、162－200＝シュナイダー
リリーフ……No.19 Peter Kreis、No.21 Lou Meyer、No.33 Wilbur Shaw、No.27 Bryan Saulpaugh、No.44 Lora L. Corum→Herman Schurch、No.72 Bill Denver、No.69 Speed Gardner、No.5 Bill Cummings、No.55 Jimmy Patterson、No.17 Wesley Crawford、No.32 Wilbur Shaw

雨のため2時間遅れての決勝スタート。予選最速のビリー・アーノルドは技術違反が判明し18位スタートを余儀なくされるが、7周目以降連続155周もトップを走り、2位に5周差をつける。しかし2連覇目前の162周目、ターン4でリア・アクスルが壊れてクラッシュ、同乗メカニックともども負傷してしまう。その際に外れた一輪がコース敷地外にいた11歳の少年に当たって亡くなる事態に。一方、フィル・パーディーのリリーフとして走っていた若手ウィルバー・ショウは60周目コース外側に飛び出す事故に遭うも、自身無傷でピットまで歩いて戻り、レース後半には他車のリリーフを務め6位完走。最後の34周をリードした元白バイ隊長のルイス・シュナイダー(ミラー)が勝者となる。インディ史上初のディーゼル・エンジン車を駆ったデイヴ・エヴァンズはノンストップで200周を走り切り13位。

ウォールの外に飛び出すショウは奇跡的に無事で、ピットに戻ると他車のリリーフを再度敢行

ルイス・シュナイダー(ボウズ・シール・ファストSpl.)　155.509km/h　オーナー：B. L. Schneider　ファイアストン

第19回●1931年５月30日○200周＝500マイル(804.670km)

Pos.	No	Driver	Driver	Nat.	Car Name	Chassis	Drive	Engine	Cyl.	Dis.	Laps	Time	Speed	Prize Money	Speed	Qfy.
1	23	L. シュナイダー	Schneider, Louis	USA	Bowes Seal Fast	スティーヴンズ	F/RWD	ミラー	L8	2.5	200	5：10′27″93	96.629	29,500	107.210	13
2	34	F. フレーム	Frame, Fred	USA	Duesenberg	デューゼンバーグ	F/RWD	デューゼンバーグ	L8	2.5	200	5：11′11″12	96.406	12,650	109.273	8
3	19	R. ヘプバーン	Hepburn, Ralph	USA	Harry Miller	ミラー	F/RWD	ミラー	L8	3.8	200	5：18′23″35	94.224	6,350	107.933	10
4	21	M. スティーヴンス	Stevens, Myron	USA	Jadson	スティーヴンズ	F/RWD	ミラー	L8	3.8	200	5：18′40″09	94.142	4,000	107.463	35
5	4	R. スノウバーガー	Snowberger, Russ	USA	Russell "8"	スノウバーガー	F/RWD	スチュードベイカー	L8	5.5	200	5：18′50″70	94.090	3,500	112.796	1
6	33	J. グリーソン	Gleason, Jimmy	USA	Duesenberg	デューゼンバーグ	F/RWD	デューゼンバーグ	L8	4.0	200	5：20′29″76	93.605	2,200	111.400	20
7	25	E. トリプレット	Triplett, Ernie	USA	Buckeye	デューゼンバーグ	F/RWD	デューゼンバーグ	L8	2.5	200	5：22′26″24	93.041	1,800	111.034	5
8	36	S. スタブルフィールド	Stubblefield, Stubby	USA	Jones-Miller	ウィリス-ナイト	F/RWD	ミラー	L4	3.0	200	5：24′35″37	92.424	1,950	108.797	9
9	28	C. バージェル	Bergere, Cliff	USA	Elco Royale	レオ	F/RWD	レオ	L8	5.9	200	5：26′39″62	91.839	1,500	106.781	14
10	27	C. ミラー	Miller, Chet	USA	Marr	ハドソン	F/RWD	ハドソン	L8	3.8	200	5：34′53″75	89.580	1,400	106.185	15
11	44	G. ハウィー	Howie, George	USA	G.N.H.	ダッジ	F/RWD	クライスラー	L8	5.8	200	走行中	87.651	500	102.844	30
12	12	P. シェイファー	Shafer, Phil	USA	Shafer "8"	リグリング	F/RWD	ビュイック	L8	4.4	200	走行中	86.391	470	105.103	23
13	8	D. エヴァンズ	Evans, Dave	USA	Cummins Diesel	デューゼンバーグ	F/RWD	カミンズ	L4	5.9d	200	走行中	86.107	450	96.871	17
14	72	A. アスペン	Aspen, Al	USA	William Alberti	デューゼンバーグ	F/RWD	デューゼンバーグ	L8	4.4	200	走行中	85.764	425	102.509	31
15	59	S. ロス	Ross, Sam	USA	Miller	リグリング	F/RWD	ミラー	L4	2.6	200	走行中	85.139	400	104.642	37
16	69	J. ハフ	Huff, Joe	USA	Goldberg Brothers	クーパー	F/FWD	ミラー	L8	1.6	180	走行中		375	102.386	40
17	5	D. リッツ	Litz, Deacon	USA	Maley	デューゼンバーグ	F/RWD	デューゼンバーグ	L8	2.5	177	アクシデント		365	111.531	4
18	37	T. グロッタ	Gulotta, Tony	USA	Hunt	リグリング	F/RWD	スチュードベイカー	L8	5.5	167	アクシデント		360	111.725	19
19	1	B. アーノルド	Arnold, Billy	USA	Miller-Hartz	サマーズ	F/FWD	ミラー	L8	2.5	161	アクシデント		8,905	116.080	18
20	57	L. ジョンソン	Johnson, Luther	USA	Bill Richards	スチュードベイカー	F/RWD	スチュードベイカー	L8	5.5	156	アクシデント		350	107.652	12
21	55	B. ウィン	Winn, Billy	USA	Hoosier Pete	リグリング	F/RWD	クレモンズ	L8	3.7	138	走行中		343	105.405	36
22	16	F. ブリスコ	Brisko, Frank	USA	Brisko-Atkinson	スティーヴンズ	F/RWD	ミラー	L8	2.5	138	ステアリング		343	106.286	27
23	26	G. ハウスタイン	Haustein, Gene	USA	Fronty-Ford	フォードT	F/RWD	フロンティ-フォード	L4	3.6	117	ホイール外れ		335	108.395	34
24	41	J. ルッソ	Russo, Joe	USA	Russo	リグリング	F/RWD	デューゼンバーグ	L8	4.2	109	オイルもれ		330	104.822	16
25	17	S. ガードナー	Gardner, Speed	USA	Nutmeg State	ミラー	F/FWD	ミラー	L8	2.5	107	フレーム		325	109.820	7
26	14	L. ムーア	Moore, Lou	USA	Boyle Valve	ミラー	F/RWD	ミラー	L8	3.8	103	デフ		320	103.725	38
27	2	S. キャントロン	Cantlon, Shorty	USA	Harry Miller	ミラー	F/RWD	ミラー	16	4.9	88	コンロッド		315	110.372	26
28	3	B. カミングズ	Cummings, Bill	USA	Empire State	クーパー	F/RWD	ミラー	L8	3.5	70	オイルライン		710	112.563	2
29	24	F. ウィナイ	Winnai, Freddy	USA	Bowes Seal Fast	スティーヴンズ	F/RWD	ミラー	L8	2.0	60	アクシデント		303	105.899	28
30	32	P. パーディー	Pardee, Phil	USA	Duesenberg	デューゼンバーグ	F/RWD	デューゼンバーグ	L8	4.0	60	アクシデント		303	107.772	11
31	31	P. ボスト	Bost, Paul	USA	Empire State	リグリング	F/RWD	ミラー	L8	3.5	35	クランクシャフト		495	112.125	3
32	35	F. ファーマー	Farmer, Frank	USA	Jones-Miller	ウィリス-ナイト	F/RWD	ミラー	L4	3.0	32	ベアリング		290	108.303	22
33	58	G. ウィンガーター	Wingerter, George	USA	Wingerter	デューゼンバーグ	F/RWD	デューゼンバーグ	L8	4.4	29	燃料タンク		285	100.139	32
34	7	L. メイヤー	Meyer, Louis	USA	Sampson	スティーヴンズ	F/RWD	ミラー	16	3.3	28	オイルもれ		330	113.953	25
35	39	B. スタップ	Stapp, Babe	USA	Rigling & Henning	リグリング	F/RWD	デューゼンバーグ	L8	4.2	9	オイルもれ		275	110.125	6
36	48	J. ボリング	Boling, John	USA	Grapo Metal	モートン＆ブレット	F/RWD	M&B	L8	3.7	7	コンロッド		270	102.860	24
37	54	L. デュレイ	Duray, Leon	USA	Duray	スティーヴンズ-フィベット	F/RWD	デュレイ	16	3.8s	6	オーバーヒート		263	103.134	29
38	49	H. ブッチャー	Butcher, Harry	USA	Butcher Brothers	ビュイック	F/RWD	ビュイック	L8	4.5	6	アクシデント		263	99.343	33
39	10	H. シャーチ	Schurch, Herman	USA	Hoosier Pete	リグリング	F/RWD	クレモンズ	L8	3.7	5	ミッション		255	102.845	39
40	67	F. クイン	Quinn, Francis	USA	Tucker Tappett	ミラー	F/RWD	フォードA	L4	3.6	3	リア・アクスル		250	111.321	21
ns	22	P. クライス	Kreis, Peter	USA	Coleman Motors			ミラー			—	撤退		—	97.389	—
ns	29	L. L. コラム	Corum, Lora. L.	USA	Stutz Bearcat						—	DNQ		—	97.389	—
ns	68	T. チェンバーレン	Chamberlain, Ted	USA	Miller SL			ミラー			—	DNQ		—	99.182	—
ns	42	B. デンヴァー	Denver, Bill	USA	Brady & Nardi			デューゼンバーグ			—	DNQ		—	96.085	—
ns	45	C. C. リーダー	Reeder, C. C.		Copper			リカミング			—	DNQ		—	98.061	—
ns	46	R. デッカー	Decker, Rick	USA	Miller						—	DNQ		—	98.061	—
ns	45	M. トレクスラー	Trexler, Marion	USA	Copper			リカミング			—	DNQ		—	95.613	—
ns	53	J. トーマス	Thomas, Joe	USA	Finneran			ミラー			—	DNQ		—	91.403	—
ns	38	J. カッチア	Caccia, Joe	USA	Jones & Maley			デューゼンバーグ			—	練習でアクシデント		—		—
ns	6	W. ショウ	Shaw, Wilbur	USA							—	DNQ		—		—
ns	47	F. スパークス	Sparks, Floyd	USA							—	DNQ		—		—
ns	66	B. ブランドフォン	Brandfon, Benny		Duesenberg			デューゼンバーグ	L8	4.3	—	DNQ		—	88.561	—
ns	73	C. スミス	Smith, Carl	USA	C. C. Smith			マーサー	L4	4.9	—	DNQ		—	79.782	—

1932 第20回

開催日／天候……1932年5月30日／晴れ
車両規定……市販エンジン6000cc以下。2人乗り
参加／決勝出走……72台／40台
優勝スピード……104.144mph（167.603km/h）。2位に43″66差
賞金総額……$93,850
ポールシッター……L. ムーア　117.363mph（188.877km/h）　5′06″74＝4周合計
最速ラップ……発表されず

ルーキー賞……未制定（12人）
リード・チェンジ……9回／8人。1＝ムーア、2－58＝アーノルド、59－94＝カレイ、95－108＝トリプレット、109＝ウィルコクスⅡ、110－115＝ホール、116－125＝ショウ、126－134＝フレーム、135－151＝ショウ、152－200＝フレーム
リリーフ……No.35 Ned Meyers、No.2 Jimmy Patterson、No.55 Dusty Fahrnow、No.10 Frank Brisko、No.9 Al Miller、No.1 Bill Cummings、No.14 Joe Bonadeo

前2大会同様、ビリー・アーノルドが序盤から積極的にリードするが、前年と同じく事故で消えた。今回は59周目ターン3のウォールを飛び越えてしまったのだ。そして、レース後間もなく、アーノルドは新婚の夫人との約束を守り、レースからの引退を表明する。勝利は、クリフ・デュラントが辞退したハリー・ハーツ所有の前輪駆動車に乗った代走フレッド・フレームが、グリッド27位と後方スタートながら手中に収めた。2位にはハウディ・ウィルコクスが入ったが、1919年勝者であるハウディ・ウィルコクスとは全くの別人で、血縁関係もない、地元のダートトラック・レーサーだった。同姓同名を区別すべく「ハウディ・ウィルコクスⅡ」と記されることとなる。市販8気筒エンジンを搭載するスチュードベイカーは5台で臨み、1台が3位に食い込んだ。初の4輪駆動車は2台とも前半でリタイア。

スチュードベイカーも市販車ベースの5.5リッター・レーサーを開発、No.22は3位フィニッシュ

フレッド・フレーム（ミラー－ハーツSpl.）　167.603km/h　オーナー：Harry Hartz　ファイアストン

第20回●1932年５月30日○200周＝500マイル(804.670km)

Pos.	No	Driver	Driver	Nat.	Car Name	Chassis	Drive	Engine	Cyl.	Dis.	Laps	Time	Speed	Prize Money	Speed	Qfy.
1	34	F. フレーム	Frame, Fred	USA	Miller-Hartz	ウェッテロス	F/FWD	ミラー	L8	3.0	200	4:48′03″79	104.144	31,050	113.856	27
2	6	H. ウィルコクスⅡ	Wilcox Ⅱ, Howdy	USA	Lion Head	スティーヴンズ	F/RWD	ミラー	L4	3.6	200	4:48′47″45	103.881	12,650	113.468	6
3	22	C. バージェル	Bergere, Cliff	USA	Studebaker	リグリング	F/RWD	スチュードベイカー	L8	5.5	200	4:52′13″24	102.662	7,000	111.503	10
4	61	B. カレイ	Carey, Bob	USA	Meyer	スティーヴンズ	F/RWD	ミラー	L8	4.1	200	4:55′57″90	101.363	6,050	111.070	14
5	4	R. スノウバーガー	Snowberger, Russ	USA	Hupp Comet	スノウバーガー	F/RWD	ハプモビル	L8	5.9	200	4:57′38″72	100.791	3,500	114.326	4
6	37	Z. メイヤー	Meyer, Zeke	USA	Studebaker	リグリング	F/RWD	スチュードベイカー	L8	5.5	200	5:04′38″52	98.476	2,500	110.745	38
7	35	I. ホール	Hall, Ira	USA	Duesenberg	スティーヴンズ	F/RWD	デューゼンバーグ	L8	4.0	200	5:05′28″72	98.207	2,600	114.206	5
8	65	F. ウィナイ	Winnai, Freddy	USA	Foreman Axle Shaft	デューゼンバーグ	F/RWD	デューゼンバーグ	L8	2.5	200	5:07′53″49	97.437	2,200	108.755	35
9	2	B. ウィン	Winn, Billy	USA	Duesenberg	デューゼンバーグ	F/RWD	デューゼンバーグ	L8	2.5	200	5:07′56″43	97.421	2,100	111.801	9
10	55	J. ハフ	Huff, Joe	USA	Highway Truck Parts	クーパー	F/FWD	クーパー	16	3.0	200	5:42′31″25	87.586	2,000	110.402	15
11	33	P. シェイファー	Shafer, Phil	USA	Shafer "8"	リグリング	F/RWD	ビュイック	L8	4.5	197	走行中		725	110.708	26
12	36	K. ペティロ	Petillo, Kelly	USA	Jones-Miller	ミラー	F/RWD	ミラー	L4	3.1	189	走行中		700	104.465	40
13	25	T. グロッタ	Gulotta, Tony	USA	Studebaker	リグリング	F/RWD	スチュードベイカー	L8	5.5	184	走行中		680	108.896	20
14	15	S. スタブルフィールド	Stubblefield, Stubby	USA	Gilmore	アダムズ	F/RWD	ミラー	L4	3.6	178	走行中		660	112.899	25
15	18	P. クライス	Kreis, Peter	USA	Studebaker	リグリング	F/RWD	スチュードベイカー	L8	5.5	178	アクシデント		635	110.270	17
16	46	L. ジョンソン	Johnson, Luther	USA	Studebaker	リグリング	F/RWD	スチュードベイカー	L8	5.5	164	ホイール		620	111.218	11
17	3	W. ショウ	Shaw, Wilbur	USA	Veedol	ミラー	F/RWD	ミラー	L8	3.8	157	リア・アクスル		1,915	114.326	22
18	24	D. リッツ	Litz, Deacon	USA	Bowes Seal Fast	デューゼンバーグ	F/RWD	デューゼンバーグ	L8	2.5	152	コンロッド		610	109.546	19
19	10	B. カミングズ	Cummings, Bill	USA	Bowes Seal Fast	スティーヴンズ	F/RWD	ミラー	L8	2.5	151	クランクシャフト		605	111.204	12
20	57	M. フォクス	Fox, Malcolm	USA	Bill Richards	スチュードベイカー	F/RWD	スチュードベイカー	L8	5.5	132	スプリング		600	111.149	32
21	9	C. ミラー	Miller, Chet	USA	Hudson	ハドソン	F/RWD	ハドソン	L8	4.2	125	エンジン		590	111.053	29
22	7	E. トリプレット	Triplett, Ernie	USA	Floating Power	ミラー	F/RWD	ミラー	L4	3.6	125	クラッチ		1,290	114.935	31
23	1	L. シュナイダー	Schneider, Louis	USA	Bowes Seal Fast	スティーヴンズ	F/RWD	ミラー	L8	2.5	125	フレーム		590	110.681	30
24	41	J. ルッソ	Russo, Joe	USA	Art Rose	リグリング	F/RWD	デューゼンバーグ	L8	4.3	107	コンロッド		580	108.791	21
25	8	L. ムーア	Moore, Lou	USA	Boyle Valve	ミラー	F/RWD	ミラー	L8	4.4	79	タイミング・ギア		575	117.363	1
26	14	J. ガウディーノ	Gaudino, Juan	RA	Golden Seal	クライスラー	F/RWD	クライスラー	L8	5.9	71	クラッチ		570	107.466	36
27	29	A. ミラー	Miller, Al	USA	Hudson	ハドソン	F/RWD	ハドソン	L8	4.2	66	エンジン		565	110.129	18
28	42	D. マッケンヅィー	MacKenzie, Doc	USA	Brady	スチュードベイカー	F/RWD	スチュードベイカー	L8	5.5	65	エンジン		560	108.154	39
29	32	F. ブリスコ	Brisko, Frank	USA	Brisko-Atkinson	スティーヴンズ	F/FWD	ミラー	L8	2.5	61	クラッチ		555	111.149	13
30	72	R. キャンベル	Campbell, Ray	USA	Folly Farm	グレアム	F/RWD	グレアム	L8	4.0	60	クランクシャフト		550	108.969	34
31	5	B. アーノルド	Arnold, Billy	USA	Miller-Hartz	サマーズ	F/RWD	ミラー	L8	2.5	59	アクシデント		3,345	116.290	2
32	27	B. ソールポー	Saulpaugh, Bryan	USA	Harry Miller	ミラー	F/RWD	ミラー	16	5.0	55	オイル・ライン		540	114.369	3
33	16	L. メイヤー	Meyer, Louis	USA	Sampson	スティーヴンズ	F/RWD	ミラー	16	3.6	50	クランクシャフト		535	112.471	7
34	21	A. アスペン	Aspen, Al	USA	Brady & Nardi	デューゼンバーグ	F/RWD	スチュードベイカー	L8	5.6	31	コンロッド		530	108.008	23
35	49	J. クライガー	Kreiger, Johnny	USA	Consumers Petroleum Oil	デューゼンバーグ	F/RWD	デューゼンバーグ	L8	2.3	30	コンロッド		525	109.276	33
36	48	W. クロフォード	Crawford, Wesley	USA	Boyle Valve	ミラー	F/FWD	デューゼンバーグ	L8	2.2	28	クランクシャフト		520	110.396	16
37	17	P. ボスト	Bost, Paul	USA	Empire State	クーパー	F/FWD	ミラー	L8	3.5	18	クランクシャフト		515	111.885	8
38	58	B. マクドノー	McDonough, Bob	USA	Miller Four Wheel Drive	ミラー	F/4WD	ミラー	L8	5.0	7	オイル・ライン		510	113.276	24
39	45	G. シュレーダー	Schrader, Gus	USA	Harry Miller	ミラー	F/4WD	ミラー	L8	5.0	3	アクシデント		505	112.003	28
40	26	A. ゴードン	Gordon, Al	USA	Lion Tamer	ミラー	F/RWD	ミラー	L4	3.6	2	アクシデント		500	111.290	37
ns	47	G. ハウィー	Howie, George	USA	Howie			クライスラー			—	DNQ		—	103.490	—
ns	75	J. パターソン	Patterson, Jim	USA	Duesenberg			デューゼンバーグ	L8		—	DNQ		—	101.246	—

1933 第21回

開催日／天候……1933年5月30日／晴れ
車両規定……市販エンジン6000cc以下、燃料タンク15ガロン以内。2人乗り
参加／決勝出走……63台／42台
優勝スピード……104.162mph(167.632km/h)。2位に6′41″89差
賞金総額……$54,450
ポールシッター……B.カミングズ　118.530mph(190.755km/h)　12′39″80＝10周合計
最速ラップ……発表されず
ルーキー賞……未制定(5人)

リード・チェンジ……7回／4人。1－32＝カミングズ、33－36＝フレーム、37－38＝スタップ、39－50＝フレーム、51－63＝スタップ、64－84＝フレーム、85－129＝スタップ、130－200＝メイヤー
リリーフ……No.4 George Howie→Mauri Rose、No.46 Ralph Hepburn→Sam Palmer、No.6 Sam Palmer、No.49 Harold Shaw、No.14 Juan Gaudino、No.26 Louis Schneider、No.27 Sam Hoffman、No.28 Shorty Cantlon、No.68 Frank Brisko、No.32 Billy Winn、No.5 Frank Brisko、No.65 Terry Curley

大恐慌の後は入場券の値段も賞金額も劇的に下がったが、決勝出走台数はインディ500史上最多記録となる42台がスタート。予選は従来の4周連続走行のタイムではなく10周へと改められた。前年2位のハウディ・ウィルコクスⅡは予選6位で通過したもののドクターストップが掛かり、決勝の出走が認められなかった。糖尿病であることを隠していたのが判明し、彼自身と他選手の安全性を重視しての措置だった。代わって最後尾でマウリ・ローズが出走し、4位まで上昇したがリタイア。序盤戦はPPのビル・カミングズとフレッド・フレームのトップ争い。ステディに上昇してきたルイス・メイヤーがウィルバー・ショウを振り切って1928年以来の自身2勝目を挙げる。この時点で2勝を挙げたのは、トミー・ミルトンに次いで2人目。大会期間中5人が命を失う悲劇の一戦でもあった。

ミラーの次なる新機軸は4輪駆動。FWDトラック社のスポンサードに応えてのもの。1936年4位

ルイス・メイヤー(ティドルSpl.)　167.632km/h　オーナー：Louis Meyer　ファイアストン

第21回●1933年5月30日○200周＝500マイル(804.670km)

Pos.	No	Driver	Driver	Nat.	Car Name	Chassis	Drive	Engine	Cyl.	Dis.	Laps	Time	Speed	Prize Money	Speed	Qfy.
1	36	L. メイヤー	Meyer, Louis	USA	Tydol	ミラー	F/RWD	ミラー	L8	4.2	200	4:48′00″75	104.162	18,000	116.977	6
2	17	W. ショウ	Shaw, Wilbur	USA	Mallory	スティーヴンズ	F/RWD	ミラー	L4	3.6	200	4:54′42″64	101.795	9,100	115.497	23
3	37	L. ムーア	Moore, Lou	USA	Foreman Axle	デューゼンバーグ	F/RWD	ミラー	L4	4.2	200	4:55′16″79	101.599	4,100	117.843	4
4	21	C. ガードナー	Gardner, Chet	USA	Sampson Radio	スティーヴンズ	F/RWD	ミラー	16	3.3	200	4:56′29″71	101.182	2,400	112.319	15
5	8	S. スタブルフィールド	Stubblefield, Stubby	USA	Abels & Fink Auto	リグリング	F/RWD	ビュイック	L8	4.7	200	4:57′43″82	100.762	3,250	114.784	10
6	38	D. エヴァンズ	Evans, Dave	USA	Art Rose	リグリング	F/RWD	スチュードベイカー	L8	4.2	200	4:58′43″82	100.425	1,450	109.448	36
7	34	T. グロッタ	Gulotta, Tony	USA	Studebaker	リグリング	F/RWD	スチュードベイカー	L8	5.5	200	5:02′48″75	99.071	1,300	113.578	12
8	4	R. スノウバーガー	Snowberger, Russ	USA	Russell "8"	スノウバーガー	F/RWD	スチュードベイカー	L8	5.5	200	5:02′59″84	99.011	1,200	110.769	17
9	9	Z. メイヤー	Meyer, Zeke	USA	Studebaker	リグリング	F/RWD	スチュードベイカー	L8	5.5	200	5:05′44″49	98.122	1,150	111.099	16
10	46	L. ジョンソン	Johnson, Luther	USA	Studebaker	リグリング	F/RWD	スチュードベイカー	L8	5.5	200	5:08′22″22	97.393	1,100	110.097	20
11	6	C. バージェル	Bergere, Cliff	USA	Studebaker	リグリング	F/RWD	スチュードベイカー	L8	5.5	200	走行中	97.286	500	115.643	9
12	47	L. L. コラム	Corum, Lora L.	USA	Studebaker	リグリング	F/RWD	スチュードベイカー	L8	5.5	200	走行中	96.458	475	110.465	18
13	49	W. プレンティス	Prentiss, Willard	USA	Jack C.Carr	リグリング	F/RWD	デューゼンバーグ	L8	6.0	200	走行中	93.595	450	107.776	40
14	14	R. リガンティ	Riganti, Raul	RA	Golden Seal	クライスラー	F/RWD	クライスラー	L8	5.0	200	走行中	93.244	425	108.081	27
15	29	G. ハウスタイン	Haustein, Gene	USA	Martz	ハドソン	F/RWD	ハドソン	L8	3.9	197	走行中		380	107.603	28
16	26	D. リッツ	Litz, Deacon	USA	Bowes Seal Fast	ミラー	F/RWD	ミラー	L4	3.6	197	走行中		370	113.138	14
17	18	J. ルッソ	Russo, Joe	USA	Wonder Bread	デューゼンバーグ	F/RWD	デューゼンバーグ	L8	4.5	192	走行中		340	112.531	31
18	51	D. マッケンヅィー	MacKenzie, Doc	USA	Ray Brady	デューゼンバーグ	F/RWD	スチュードベイカー	L8	5.6	192	リア・アクスル		330	108.073	39
19	27	K. ペティロ	Petillo, Kelly	USA	Sacks Bros.	スミス	F/RWD	ミラー	L4	3.5	168	スピン		320	113.037	25
20	28	C. ミラー	Miller, Chet	USA	Marr	ハドソン	F/RWD	ハドソン	L8	4.2	163	コンロッド		305	112.025	32
21	19	A. ミラー	Miller, Al	USA	Marr	ハドソン	F/RWD	ハドソン	L8	4.2	161	コンロッド		295	109.799	24
22	68	B. ヒル	Hill, Bennett	USA	Goldberg Brothers	クーパー	F/FWD	クーパー	16	3.1	158	コンロッド		285	110.264	19
23	45	B. スタップ	Stapp, Babe	USA	Boyle Products	ミラー	F/FWD	ミラー	L4	3.6	156	燃料切れ		1,380	116.626	29
24	32	W. クロフォード	Crawford, Wesley	USA	Boyle Valve	スティーヴンズ	F/FWD	ミラー	L8	2.5	147	アクシデント		275	109.862	26
25	5	B. カミングズ	Cummings, Bill	USA	Boyle Products	ミラー	F/RWD	ミラー	L8	4.4	136	ラジエター		1,065	118.521	1
26	15	L. スパングラー	Spangler, Lester	USA	Miller	ミラー	F/RWD	ミラー	L4	4.2	132	アクシデント		260	116.903	7
27	65	F. ウィナイ	Winnai, Freddy	USA	Kemp	デューゼンバーグ	F/RWD	デューゼンバーグ	L8	2.5	125	エンジン		255	110.018	35
28	57	M. フォクス	Fox, Malcolm	USA	Universal Service Garage	スチュードベイカー	F/RWD	スチュードベイカー	L8	5.5	121	アクシデント		250	112.922	30
29	12	F. フレーム	Frame, Fred	USA	Miller-Hartz	ウェッテロス	F/RWD	ミラー	L8	3.0	85	バルブ		645	117.864	3
30	64	M. ビルマン	Billman, Mark	USA	Kemp-Mannix	デューゼンバーグ	F/RWD	デューゼンバーグ	L8	4.3	79	アクシデント		240	112.410	22
31	53	J. ソーヤー	Sawyer, Johnny	USA	Lencki-Madis	ミラー	F/RWD	ミラー	L4	3.6	77	クラッチ		235	110.590	34
32	2	P. クライス	Kreis, Peter	USA	Frame-Miller	サマーズ	F/RWD	ミラー	L8	2.5	63	Uジョイント		230	114.370	11
33	16	E. トリプレット	Triplett, Ernie	USA	Floating Power	ウェイル	F/RWD	ミラー	L4	3.6	61	ピストン		225	117.685	5
34	25	S. キャントロン	Cantlon, Shorty	USA	Sullivan & O'Brien	スティーヴンズ	F/RWD	ミラー	L4	3.6	50	コンロッド		220	113.384	13
35	3	M. ローズ	Rose, Mauri	USA	Gilmore	スティーヴンズ	F/RWD	ミラー	L8	4.0	48	タイミング・ギア		215	117.649	42
36	58	F. ブリスコ	Brisko, Frank	USA	F.W.D.	ミラー	F/4WD	ミラー	L8	5.0	47	オイル		210	118.388	2
37	10	I. ホール	Hall, Ira	USA	Denny Duesenberg	スティーヴンズ	F/RWD	デューゼンバーグ	L8	4.1	37	ピストン		206	115.739	8
38	23	R. ヘプバーン	Hepburn, Ralph	USA	Highway Truck Parts	クーパー	F/FWD	クーパー	16	5.4	33	コンロッド		205	110.001	41
39	59	R. キャンベル	Campbell, Ray	USA	G & D	ハドソン	F/RWD	ハドソン	L8	4.0	24	オイルもれ		204	108.650	37
40	24	P. ボスト	Bost, Paul	USA	Frame-Miller Duesenberg	デューゼンバーグ	F/RWD	ミラー	L4	3.6	13	オイル・ライン		203	111.330	33
41	61	R. デッカー	Decker, Rick	USA	Miller	ミラー	F/FWD	ミラー	L8	2.7	13	マニフォールド		202	108.280	38
42	22	L. シュナイダー	Schneider, Louis	USA	Edelweiss	スティーヴンズ	F/RWD	ミラー	L8	2.5	0	ストール		200	109.850	21
ns	7	P. シェイファー	Shafer, Phil	USA	Abels & Fink Auto			ビュイック			—	DNQ		—	107.972	—
ns	41	S. パーマー	Palmer, Sam	USA	R&W Cam Co.			デューゼンバーグ	L8		—	DNQ		—	105.998	—
ns	66	D. ウィリアムズ	Williams, Doc	USA	C. O. Warnock			フォード	V8		—	DNQ		—	104.538	—
ns	69	V. リヴィングウッド	Livingood, Virgil	USA	Duesenberg			デューゼンバーグ	L8		—	予選でアクシデント		—		—

1934 第22回

開催日／天候……1934年５月30日／晴れ
車両規定……市販エンジン6000cc以下。燃料45ガロン以内。２人乗り
参加／決勝出走……54台／33台
優勝スピード……104.863mph（168.760km/h）。２位に27″25差
賞金総額……$83,575
ポールシッター……K. ペティロ　119.329mph（192.041km/h）　12′34″22＝10周合計
最速ラップ……発表されず
ルーキー賞……未制定（７人）

リード・チェンジ……８回／４人。1－6＝ペティロ、7－71＝ブリスコ、72－78＝カミングズ、79－109＝ローズ、110－113＝ブリスコ、114－124＝ローズ、125－148＝カミングズ、149－174＝ローズ、175－200＝カミングズ
リリーフ……No.2 Wilbur Shaw、No.12 Babe Stapp、No.36 Zeke Meyer、No.22 Tony Gulotta→Billy Winn、No.32 Rex Mays、No.24 Dany Day、No.5 Dave Evans、No.31 Lou Meyer、No.18 Chet Gardner、No.26 Zeke Meyer、No.15 Billy Winn

10周クォリファイングは２年目。国内全土の燃料供給不足の影響で、各参加者の決勝500マイルでの燃料使用量が45ガロン（170.34リッター）までとされる。燃料制限はインディ史上初めて。出走台数が安全上の理由により、前年の42台から33台に戻された。予選ではケリー・ペティロ（アダムズ・ミラー）が最速ランナーとなるが、決勝では６周リードしたものの11位に沈む。４輪駆動ミラーを駆るフランク・ブリスコがリードを引き継ぐが、その後に後退。燃費競走に勝ったのは、スピードウェイから目と鼻の先の地で生まれ育った“ワイルド・ビル”・カミングズ（ミラー）で、大歓声の中、最初にチェッカードフラッグを受けた。２位マウリ・ローズとの27秒差は、この時点での僅差記録となる。４気筒車の優勝は1920年以来。異なる仕様のカミンズ・ディーゼル車２台はともに完走した。

カミンズ・ディーゼル２サイクル４気筒＋スーパーチャージャー。12位のもう一台は別仕様

ビル・カミングズ（ボイル・プロダクツSpl.）　168.760km/h　オーナー：H. C. Henning　ファイアストン

第22回●1934年 5 月30日○200周＝500マイル(804.670km)

Pos.	No	Driver	Driver	Nat.	Car Name	Chassis	Drive	Engine	Cyl.	Dis.	Laps	Time	Speed	Prize Money	Speed	Qfy.
1	7	B. カミングズ	Cummings, Bill	USA	Boyle Products	ミラー	F/FWD	ミラー	L4	3.6	200	4：46′05″20	104.863	29,725	116.116	10
2	9	M. ローズ	Rose, Mauri	USA	Leon Duray	スティーヴンズ	F/RWD	ミラー	L4	3.6	200	4：46′32″43	104.697	14,350	116.044	4
3	2	L. ムーア	Moore, Lou	USA	Foreman Axle	ミラー	F/RWD	ミラー	L4	4.2	200	4：52′19″63	103.625	6,675	113.442	20
4	12	D. リッツ	Litz, Deacon	USA	Stokely Foods	ミラー	F/RWD	ミラー	L4	3.6	200	4：57′46″27	100.749	4,250	113.731	19
5	16	J. ルッソ	Russo, Joe	USA	Duesenberg	デューゼンバーグ	F/RWD	デューゼンバーグ	L8	4.5	200	5：00′19″21	99.893	3,600	113.115	24
6	36	A. ミラー	Miller, Al	USA	Shafer "8"	リグリング	F/RWD	ビュイック	L8	4.7	200	5：05′18″08	98.264	2,200	113.307	8
7	22	C. バージェル	Bergere, Cliff	USA	Floating Power	ウェイル	F/RWD	ミラー	L4	3.6	200	5：06′41″54	97.818	1,850	115.243	18
8	10	R. スノウバーガー	Snowberger, Russ	USA	Russell "8"	スノウバーガー	F/RWD	スチュードベイカー	L8	5.5	200	5：08′20″05	97.297	1,650	111.428	9
9	32	F. ブリスコ	Brisko, Frank	USA	F.W.D.	ミラー	F/4WD	ミラー	L4	4.2	200	5：09′57″63	96.787	2,850	116.894	3
10	24	H. アーディンガー	Ardinger, Herb	USA	Lucenti	グレアム	F/RWD	グレアム	L8	4.3	200	5：12′42″47	95.936	1,425	111.722	14
11	17	K. ペティロ	Petillo, Kelly	USA	Red Lion	アダムズ	F/RWD	ミラー	L4	4.2	200	走行中	93.432	900	119.329	1
12	5	S. スタブルフィールド	Stubblefield, Stubby	USA	Cummins Diesel	デューゼンバーグ	F/RWD	カミンズ	L4	6.0d	200	走行中	88.566	880	105.921	29
13	49	C. クロフォード	Crawford, Charles	USA	Detroit Gasket & Mfg.	フォード	F/RWD	フォード	V8	3.6	110	ガスケット		790	108.784	28
14	31	R. ヘプバーン	Hepburn, Ralph	USA	Art Rose	ミラー	F/RWD	ミラー	L8	4.2	164	コンロッド		860	114.321	11
15	18	G. バリンジャー	Barringer, George	USA	Boyle Products	ミラー	F/RWD	ミラー	L8	4.4	161	フロント・アクスル		840	113.859	12
16	26	P. シェイファー	Shafer, Phil	USA	Shafer "8"	リグリング	F/RWD	ビュイック	L8	4.8	130	カムシャフト		815	113.816	6
17	8	T. グロッタ	Gulotta, Tony	USA	Schroeder	クーパー	F/FWD	スチュードベイカー	L8	4.1	94	コンロッド		770	113.733	7
18	1	L. メイヤー	Meyer, Louis	USA	Ring Free	スティーヴンズ	F/RWD	ミラー	L4	4.2	92	オイル・タンク		745	112.332	13
19	6	D. エヴァンズ	Evans, Dave	USA	Cummins Diesel	デューゼンバーグ	F/RWD	カミンズ	L4	6.0ds	81	ミッション		720	102.414	22
20	15	S. キャントロン	Cantlon, Shorty	USA	Sullivan & O'Brien	スティーヴンズ	F/RWD	ミラー	L4	3.6	76	クランクシャフト		700	117.875	15
21	4	C. ガードナー	Gardner, Chet	USA	Sampson Radio	スティーヴンズ	F/RWD	ミラー	16	3.3	72	コンロッド		675	114.786	5
22	51	A. ゴードン	Gordon, Al	USA	Abels & Fink	アダムズ	F/RWD	ミラー	L4	3.9	66	アクシデント		650	116.273	17
23	35	R. メイズ	Mays, Rex	USA	Frame Miller-Duesenberg	デューゼンバーグ	F/RWD	ミラー	L4	3.6	53	フロント・アクスル		630	113.639	23
24	42	D. ファーノウ	Fahrnow, Dusty	USA	Superior Trailer	クーパー	F/FWD	クーパー	16	5.4	28	コンロッド		600	113.070	25
25	41	J. ソーヤー	Sawyer, Johnny	USA	Burd Piston Ring	ミラー	F/RWD	レンキ	L4	3.0	27	コンロッド		585	109.808	21
26	33	J. セイモア	Seymour, Johnny	USA	Streamline Miller	アダムズ	F/RWD	ミラー	L4	3.3	22	ピニオン・ギア		560	108.591	33
27	45	R. デッカー	Decker, Rick	USA	Carter Carburetor	ミラー	F/FWD	ミラー	L8	2.8	17	クラッチ		540	110.895	27
28	3	W. ショウ	Shaw, Wilbur	USA	Lion Head	スティーヴンズ	F/RWD	ミラー	L8	4.1	15	オイルもれ		515	117.647	2
29	73	D. マッケンヅィー	MacKenzie, Doc	USA	Cresco	ミカン-カーソン	F/RWD	スチュードベイカー	L8	5.5	15	アクシデント		490	111.933	26
30	29	G. ハウスタイン	Haustein, Gene	USA	Martz	ハドソン	F/RWD	ハドソン	L8	4.2	13	アクシデント		470	109.426	31
31	63	H. マックイン	McQuinn, Harry	USA	DeBaets	リグリング	F/RWD	ミラー	L4	3.6	13	コンロッド		445	111.067	30
32	58	G. ベイリー	Bailey, George	USA	Scott	スノウバーガー	F/RWD	スチュードベイカー	L8	5.9	12	アクシデント		420	111.063	16
33	46	C. ミラー	Miller, Chet	USA	Bohnalite Ford	フォード	F/RWD	フォード	V8	3.6	11	アクシデント		400	109.252	32
ns	59	W. プレンティス	Prentiss, Willard	USA	G&D			ハドソン			—	DNQ		—	107.797	—
ns	52	H. ルイス	Lewis, Harry	USA	Don Hulbert			フォード	V8		—	DNQ		—	101.524	—
ns	54	B. スタップ	Stapp, Babe	USA	Leon Duray			デュレイ			—	DNQ(燃料使いすぎ)		—	109.648	—
ns	72	C. トラミソン	Tramison, Charles	USA	Economy Gas			グレアム			—	DNQ(燃料使いすぎ)		—	104.434	—

• 決勝順位と消化周回数とで矛盾する箇所があるが(13~16位)、公式Box Scoresに準ずる

1935 第23回

開催日／天候 …… 1935年5月30日／晴れ
車両規定 …… 市販エンジン6000cc以下。燃料42.5ガロン以内。2人乗り
参加／決勝出走 …… 59台／33台
優勝スピード …… 106.240mph(170.976km/h)。2位に40″02差
賞金総額 …… $78,925
ポールシッター …… R. メイズ　120.736mph(194.305km/h)　12′25″43＝10周合計
最速ラップ …… 発表されず
ルーキー賞 …… 未制定(8人)
リード・チェンジ …… 6回／4人。1－63＝メイズ、64－67＝スタップ、68－73＝ペティロ、74－99＝メイズ、100－139＝ペティロ、140－144＝ショウ、145－200＝ペティロ
リリーフ …… No.21 Gene Haustein、No.9 Billy Winn、No.16 Johnny Sawyer→Babe Stapp、No.19 Frank Brisko、No.7 Tony Gulotta、No.2 Paul Bost、No.42 George Barringer

燃料使用量はさらに減らされて42.5ガロン(160.86リッター)に。22歳のレックス・メイズが最年少ポール・ウィナーとなる(そのライディングメカニックは日系二世タケオ“チック”ヒラシマ)。予選最速タイムはケリー・ペティロが記録したが、燃料規定を僅かにオーバーしていたため無効となり、再度予選アタックの結果22位スタートに。しかしこれで火が付いたかレースでペティロは猛追撃を展開、序盤63周をリードしたメイズがピットインして遅れると、145周目には首位に立ち、追いすがるウィルバー・ショウを降して勝利を収めた。出走33台中24台がミラーで、上位10車はミラー系エンジン。ミラーのボート(マリン)レース用エンジンから派生したレオ・グーセン設計の新しいオッフェンハウザー(通称オッフィー)が1－2となり、以後「名機」として活躍し始める。ヘルメット着用が義務付けられた。

予選1位のレックス・メイズ、同乗メカは日系二世のチック・ヒラシマ。ヘルメットが義務化に

ケリー・ペティロ(ギルモア・スピードウェイSpl.)　170.976km/h　オーナー：Kelly Petillo　ファイアストン

第23回●1935年 5 月30日○200周＝500マイル(804.670km)

Pos.	No	Driver	Driver	Nat.	Car Name	Chassis	Drive	Engine	Cyl.	Dis.	Laps	Time	Speed	Prize Money	Speed	Qfy.
1	5	K. ペティロ	Petillo, Kelly	USA	Gilmore Speedway	ウェッテロス	F/RWD	オッフィー	L4	4.3	200	4:42′22″71	106.240	30,600	115.095	22
2	14	W. ショウ	Shaw, Wilbur	USA	Pirrung	ショウ	F/FWD	オッフィー	L4	3.6	200	4:43′02″73	105.990	13,500	116.854	20
3	1	B. カミングズ	Cummings, Bill	USA	Boyle Products	ミラー	F/FWD	ミラー	L4	3.6	200	4:46′22″48	104.758	6,650	116.901	5
4	22	F. ロバーツ	Roberts, Floyd	USA	Abels & Fink	ミラー	F/RWD	ミラー	L4	4.2	200	4:50′37″05	103.228	4,000	118.671	3
5	21	R. ヘプバーン	Hepburn, Ralph	USA	Veedol	ミラー	F/RWD	ミラー	L8	4.2	200	4:50′45″73	103.177	3,500	115.156	7
6	9	S. キャントロン	Cantlon, Shorty	USA	Sullivan & O'Brien	スティーヴンズ	F/RWD	ミラー	L4	3.6	200	4:56′37″07	101.140	2,200	118.205	19
7	18	C. ガードナー	Gardner, Chet	USA	Sampson Radio	スティーヴンズ	F/RWD	ミラー	L4	3.6	200	4:56′39″02	101.129	1,800	114.556	9
8	16	D. リッツ	Litz, Deacon	USA	Sha-litz	ミラー	F/RWD	ミラー	L4	3.6	200	4:57′18″22	100.907	1,600	114.488	13
9	8	D. マッケンヴィー	MacKenzie, Doc	USA	Pirrung	リグリング	F/RWD	ミラー	L4	3.6	200	4:58′13″01	100.598	1,500	114.294	15
10	34	C. ミラー	Miller, Chet	USA	Milac Front Drive	サマーズ	F/FWD	ミラー	L8	2.5	200	4:58′35″16	100.474	1,475	113.552	17
11	19	F. フレーム	Frame, Fred	USA	Miller-Hartz	ウェッテロス	F/FWD	ミラー	L8	3.0	200	走行中	100.436	850	114.701	8
12	36	L. メイヤー	Meyer, Louis	USA	Ring Free	スティーヴンズ	F/RWD	ミラー	L4	4.2	200	走行中	100.256	700	117.938	4
13	15	C. バージェル	Bergere, Cliff	USA	Victor Gasket	リグリング	F/RWD	ビュイック	L8	4.7	196	燃料切れ		600	114.162	16
14	62	H. インシンガー	Insinger, Harris	USA	Cresco	ミカン-カーソン	F/RWD	スチュードベイカー	L8	5.5	185	走行中		535	111.729	31
15	4	A. ミラー	Miller, Al	USA	Boyle Products	リグリング	F/RWD	ミラー	L4	4.2	178	マグネトー／エンジン		520	115.303	21
16	43	T. ホーン	Horn, Ted	USA	Ford V-8	ミラー-フォード	F/FWD	フォード	V8	3.6	145	ステアリング		505	113.213	26
17	33	R. メイズ	Mays, Rex	USA	Gilmore	アダムズ	F/RWD	ミラー	L4	4.4	123	スプリング		2,490	120.736	1
18	7	L. ムーア	Moore, Lou	USA	Foreman Axle	ミラー	F/RWD	ミラー	L4	4.2	116	コンロッド		475	114.180	23
19	37	G. コナー	Connor, George	USA	Marks Miller	スティーヴンズ	F/RWD	ミラー	L8	4.0	112	ミッション		460	114.321	14
20	2	M. ローズ	Rose, Mauri	USA	F.W.D.	ミラー	F/4WD	ミラー	L4	4.2	103	メカニカル		445	116.470	10
21	44	T. グロッタ	Gulotta, Tony	USA	Bowes Seal Fast	スティーヴンズ	F/RWD	ミラー	L4	3.6	102	マグネトー		430	115.459	6
22	39	J. スナイダー	Snyder, Jimmy	USA	Blue Prelude	スノウバーガー	F/RWD	スチュードベイカー	L8	5.5	97	スプリング		415	112.249	30
23	41	F. ブリスコ	Brisko, Frank	USA	Art Rose	リグリング	F/FWD	スチュードベイカー	L8	4.1	79	Uジョイント		400	113.307	24
24	42	J. セイモア	Seymour, Johnny	USA	Ford V-8	ミラー-フォード	F/FWD	フォード	V8	3.6	71	グリースもれ		385	112.696	27
25	17	B. スタップ	Stapp, Babe	USA	Marks-Miller	アダムズ	F/RWD	ミラー	L4	4.2	70	ラジエター		470	116.736	12
26	35	G. ベイリー	Bailey, George	USA	Ford V-8	ミラー-フォード	F/FWD	フォード	V8	3.6	65	ステアリング		355	113.432	29
27	3	R. スノウバーガー	Snowberger, Russ	USA	Boyle Products	ミラー	F/RWD	ミラー	L8	4.4	59	排気管		340	114.209	11
28	26	L. トメイ	Tomei, Louis	USA	Burd Piston Ring	ミラー	F/RWD	レンキ	L8	3.6	47	バルブ		325	110.794	32
29	46	B. ソル	Sall, Bob	USA	Ford V-8	ミラー-フォード	F/FWD	フォード	V8	3.6	47	ステアリング		310	110.519	33
30	6	A. ゴードン	Gordon, Al	USA	Cocktail Hour Cigarette	ウェイル	F/RWD	ミラー	L4	3.6	17	アクシデント		295	119.481	2
31	27	F. ウィナイ	Winnai, Freddy	USA	Gyro-Duesenberg	デューゼンバーグ	F/RWD	ミラー	L4	3.8	16	コンロッド		280	115.138	28
32	45	C. ウェザリー	Weatherly, Clay	USA	Bowes Seal Fast	スティーヴンズ	F/RWD	ミラー	L4	3.6	9	アクシデント		265	115.902	25
33	66	H. マックイン	McQuinn, Harry	USA	DeBaets	リグリング	F/RWD	ミラー	L4	3.6	4	コンロッド		250	111.111	18
ns	32	D. エヴァンズ	Evans, Dave	USA	Ford V8 Miller		F/FWD	フォード	V8		—	DNQ		—	109.937	—
ns	53	J. スナイダー	Snyder, Jimmy	USA	Superior Trailer		F/FWD	クーパー			—	DNQ		—	109.138	—
ns	53	D. ファーノウ	Fahrnow, Dusty	USA	Superior Trailer		F/FWD	クーパー			—	DNQ		—	109.138	—
ns	56	E. アンドレス	Andres, Emil	USA	Cresco			ミラー			—	DNQ		—	109.074	—
ns	51	H. マッキー	McKee, Hershel	USA	Frigenor			グレアム			—	DNQ		—	106.638	—
ns	51	R. ペインター	Painter, Roy		Frigenor			グレアム			—	DNQ		—	106.638	—
ns	58	O. スネル	Snell, Overton	USA	Snell Bros.			フォード	V8		—	DNQ		—	99.669	—

1936 第24回

開催日／天候……1936年５月30日／晴れ
車両規定……排気量制限なし。燃料37.5ガロン以内。２人乗り
参加／決勝出走……50台／33台
優勝スピード……109.069mph(175.529km/h)。２位に2′17″15差
賞金総額……$81,831
ポールシッター……R.メイズ　119.644mph(192.548km/h)　12′32″23＝10周合計
最速ラップ……発表されず
ルーキー賞……未制定(４人)
リード・チェンジ……６回／５人。1－12＝メイズ、13－31＝スタップ、32－82＝ショウ、83－88＝スタップ、89－130＝メイヤー、131－146＝ホーン、147－200＝メイヤー
リリーフ……No.10 Kelly Petillo、No.32 Cliff Bergere、No.19 Jimmy Snyder、No.42 Tony Gulotta→Herb Ardinger、No.15 Louis Tomei

アウト側ウォールの傾斜角度が是正され、コース上の荒れが目立つ部分はアスファルト舗装、イン側のウォールは撤去された。そしてルーキー・テスト初実施。レックス・メイズが２年連続PPで、12周リードするもスロットル故障で脱落。レース前半はウィルバー・ショウとベイブ・スタップの争い。そしてルイス・メイヤーが後方28位スタートながら史上初となる３勝目を挙げ、新たに設けられた巨大なボーグ‐ウォーナー・トロフィーをビクトリーレーンで受け取り、公式ペースカーのキーをも渡されることになる(勝者への賞典として)。また暑かった当日、彼はビクトリーレーンで喉を潤すべく、子供の頃から愛飲しているミルクのボトルを要求しガブ飲みしたが、その様を見た地元酪農協会が、戦後勝者に対してミルクを飲ませる習慣を築く。後に伝統となる出来事がいくつも詰まった年だった。

優勝者への巨大なボーグ‐ウォーナー・トロフィー授与もこの年が最初。メイヤー(中央)の手に

ルイス・メイヤー(リング・フリーSpl.)　175.529km/h　オーナー：Louis Meyer　ファイアストン

第24回●1936年5月30日○200周＝500マイル(804.670km)

Pos.	No	Driver	Driver	Nat.	Car Name	Chassis	Drive	Engine	Cyl.	Dis.	Laps	Time	Speed	Prize Money	Speed	Qfy.
1	8	L. メイヤー	Meyer, Louis	USA	Ring Free	スティーヴンズ	F/RWD	ミラー	L4	4.2	200	4:35′03″39	109.069	31,300	114.171	28
2	22	T. ホーン	Horn, Ted	USA	Miller-Hartz	ウェッテロス	F/RWD	ミラー	L8	3.0	200	4:37′20″54	108.170	13,775	116.564	11
3	10	D. マッケンヅィー	MacKenzie, Doc	USA	Gilmore Speedway	ウェッテロス	F/RWD	オッフィー	L4	4.3	200	4:39′10″36	107.460	6,900	116.961	4
4	36	M. ローズ	Rose, Mauri	USA	F.W.D.	ミラー	F/4WD	ミラー	L4	4.2	200	4:39′39″85	107.272	4,000	113.890	30
5	18	C. ミラー	Miller, Chet	USA	Boyle Products	サマーズ	F/FWD	ミラー	L4	3.5	200	4:40′35″17	106.919	3,653	117.675	3
6	41	R. ピクスレイ	Pixley, Ray	USA	Fink Auto	ミラー	F/RWD	ミラー	L4	3.4	200	4:45′01″58	105.253	2,328	116.703	25
7	3	W. ショウ	Shaw, Wilbur	USA	Gilmore	ショウ	F/RWD	オッフィー	L4	4.2	200	4:47′49″00	104.233	3,650	117.503	9
8	17	G. バリンジャー	Barringer, George	USA	Kennedy Tank	リグリング	F/RWD	オッフィー	L4	4.2	200	4:52′18″65	102.630	1,650	112.700	14
9	53	Z. メイヤー	Meyer, Zeke	USA	Boyle Products	クーパー	F/FWD	スチュードベイカー	L8	4.1	200	4:56′03″57	101.331	1,550	111.476	32
10	38	G. コナー	Connor, George	USA	Marks Miller	アダムズ	F/RWD	ミラー	L4	4.2	200	5:03′14″49	98.931	1,425	116.269	5
11	35	F. ウィナイ	Winnai, Freddy	USA	Midwest Red Lion	スティーヴンズ	F/RWD	オッフィー	L4	4.2	199	走行中		850	116.221	12
12	9	R. ヘプバーン	Hepburn, Ralph	USA	Art Rose	ミラー	F/RWD	オッフィー	L4	4.2	195	走行中		700	112.673	24
13	28	H. マックイン	McQuinn, Harry	USA	Sampson Radio	スティーヴンズ	F/RWD	ミラー	L4	4.0	196	燃料切れ		600	114.118	27
14	7	S. キャントロン	Cantlon, Shorty	USA	Hamilton-Harris	ウェイル	F/RWD	ミラー	L4	4.0	194	燃料切れ		535	116.912	10
15	33	R. メイズ	Mays, Rex	USA	Gilmore	アダムズ	F/RWD	スパークス	L4	3.9	192	燃料切れ		920	119.644	1
16	54	D. ウィリアムズ	Williams, Doc	USA	Superior Trailer	クーパー	F/FWD	ミラー	L4	4.0	192	燃料切れ		505	112.837	23
17	32	L. ムーア	Moore, Lou	USA	Burd Piston Ring	ミラー	F/RWD	オッフィー	L4	4.2	185	燃料切れ		490	113.996	29
18	19	E. アンドレス	Andres, Emil	USA	Carew	フィペット	F/RWD	クレイガー	L4	3.5	184	走行中		475	111.455	33
19	4	F. ロバーツ	Roberts, Floyd	USA	Burd Piston Ring	スティーヴンズ	F/RWD	オッフィー	L4	4.2	183	燃料切れ		460	112.403	15
20	14	F. ブリスコ	Brisko, Frank	USA	Elgin Piston Pin	ミラー	F/RWD	ブリスコ	L4	4.2	180	燃料切れ		445	114.213	20
21	12	A. ミラー	Miller, Al	USA	Boyle Products	スミス	F/RWD	ミラー	L4	4.2	119	アクシデント		430	116.138	17
22	42	C. バージェル	Bergere, Cliff	USA	Bowes Seal Fast	スティーヴンズ	F/RWD	ミラー	L4	3.6	116	エンジン・サポート		415	113.377	7
23	15	D. リッツ	Litz, Deacon	USA	Litz	ミラー	F/RWD	ミラー	L4	3.6	108	クランクシャフト		400	115.997	26
24	21	B. スタップ	Stapp, Babe	USA	Pirrung	ショウ	F/FWD	オッフィー	L4	4.2	89	クランクシャフト		1,585	118.945	2
25	5	B. ウィン	Winn, Billy	USA	Harry A. Miller	ミラー	F/RWD	ミラー	L4	4.2	78	クランクシャフト		370	114.648	19
26	52	F. マクガーク	McGurk, Frank	USA	Abels Auto Ford	アダムズ	F/RWD	クレイガー	L4	3.5	51	クランクシャフト		355	113.102	22
27	27	L. トメイ	Tomei, Louis	USA	Wheeler's	ウェッテロス	F/RWD	ミラー	L4	3.5	44	エンジン・サポート		340	111.078	8
28	44	H. アーディンガー	Ardinger, Herb	USA	Bowes Seal Fast	スティーヴンズ	F/RWD	ミラー	L4	3.6	38	ミッション		325	115.082	6
29	6	C. ガードナー	Gardner, Chet	USA	Gardner	デューゼンバーグ	F/RWD	オッフィー	L4	4.2	38	クラッチ		310	116.000	18
30	43	J. スナイダー	Snyder, Jimmy	USA	Belanger Miller	スティーヴンズ	F/RWD	ミラー	L8	4.1	21	オイルもれ		295	111.291	16
31	47	J. セイモア	Seymour, Johnny	USA	Sullivan & O'Brien	スティーヴンズ	F/RWD	ミラー	L4	4.0	13	クラッチ		280	113.169	21
32	46	F. フレーム	Frame, Fred	USA	Burd Piston Ring	ミラー	F/RWD	ミラー	L4	4.2	4	ピストン		265	112.877	31
33	2	B. カミングズ	Cummings, Bill	USA	Boyle Products	ミラー	F/FWD	オッフィー	L4	4.2	0	クラッチ		250	115.939	13
ns	26	A. パトナム	Putnam, Al	USA	Shafer			ビュイック			—	DNQ		—	110.485	—
ns	29	H. バンクス	Banks, Henry	USA	DePalma-Miller			ミラー			—	DNQ		—	110.277	—
ns	34	R. ペインター	Painter, Roy		American Twist Drill			スチュードベイカー			—	DNQ		—	109.867	—
ns	24	O. スネル	Snell, Overton	USA	Snell Bros.			ミラー			—	DNQ		—	109.561	—

1937 第25回

開催日／天候……1937年５月31日／晴れ
車両規定……排気量制限なし。市販燃料義務付け。２人乗り
参加／決勝出走……54台／33台
優勝スピード……113.580mph(182.789km/h)。２位に2″16差
賞金総額……$92,133
ポールシッター……B. カミングズ　123.343mph(198.501km/h)　12′09″67＝10周合計
最速ラップ……発表されず
ルーキー賞……未制定(７人)

リード・チェンジ……６回／5人。1－2＝アーディンガー、3－26＝スナイダー、27－74＝ショウ、75－83＝ヘプバーン、84－129＝ショウ、130－163＝スワンソン(ヘプバーンのリリーフ)、164－200＝ショウ
リリーフ……No.8 Bob Swanson、No.45 George Barringer、No.16 Chet Miller、No.28 Fred Frame、No.38 Rex Mays→Jimmy Snyder、No.31 Billy Winn、No.23 Al Putnam→Henry Banks→Ken Fowler、No.35 Harry McQuinn、No.34 Rex Mays、No.42 Emil Andres→Mauri Rose、No.54 Jimmy Snyder、No.12 Johnny Seymour、No.15 Fred Frame

燃料量制限が解除されるが、４サイクルの過給もOKとなり、スピードが上がる。ジミー・スナイダーがスパークス６気筒車で最速ながら19位スタート(ヒラシマ同乗)、３周目までにトップに立つも、27周目にミッション故障。初のミドシップ・エンジン車が登場したが、予選アタックには至らなかった。決勝レースは33度を記録する暑さの中、ウィルバー・ショウが自作のマシーンで初優勝。彼は２分のリードを築いていた180周目に油圧低下に気付いてペースを落とし、ライディングメカニックに後続車の迫り具合を報告するよう伝えた。２位ラルフ・ヘプバーンは好機到来と猛チャージを掛けるが、両車が遂に並走状態となった時、ショウはヘプバーンに笑顔で手を振って一瞬加速、「ショウに余力あり」と勘違いしたヘプバーンは再アタックを諦めた。2.16秒差の僅差優勝記録は1982年まで45年間も破られず。

初のミドシップ車(リー・オルドフィールド)は予選前に敗退。手前側がV16を搭載するリア部分

ウィルバー・ショウ(ショウ - ギルモアSpl.)　182.789km/h　オーナー：W. Wilbur Shaw　ファイアストン

第25回●1937年5月31日○200周＝500マイル(804.670km)

Pos.	No	Driver	Driver	Nat.	Car Name	Chassis	Drive	Engine	Cyl.	Dis.	Laps	Time	Speed	Prize Money	Speed	Qfy.
1	6	W. ショウ	Shaw, Wilbur	USA	Shaw-Gilmore	ショウ	F/RWD	オッフィー	L4	4.2	200	4：24′07″80	113.580	35,075	122.791	2
2	8	R. ヘプバーン	Hepburn, Ralph	USA	Hamilton-Harris	スティーヴンズ	F/RWD	オッフィー	L4	4.2	200	4：24′09″96	113.565	15,937	118.809	6
3	3	T. ホーン	Horn, Ted	USA	Miller-Hartz	ウェッテロス	F/FWD	ミラー	L8	3.0s	200	4：24′28″87	113.434	7,087	118.608	32
4	2	L. メイヤー	Meyer, Louis	USA	Boyle	ミラー	F/RWD	ミラー	L8	4.4	200	4：30′55″70	110.730	4,275	119.619	5
5	45	C. バージェル	Bergere, Cliff	USA	Midwest Red Lion	スティーヴンズ	F/RWD	オッフィー	L4	4.2	200	4：35′23″60	108.935	3,725	117.546	16
6	16	B. カミングズ	Cummings, Bill	USA	Boyle	ミラー	F/FWD	オッフィー	L4	4.2	200	4：40′03″03	107.124	3,187	123.455	1
7	28	B. デヴォア	DeVore, Billy	USA	Miller	スティーヴンズ	F/RWD	ミラー	L4	4.2	200	4：40′23″17	106.995	1,962	120.192	14
8	38	T. グロッタ	Gulotta, Tony	USA	Burd Piston Ring	リグリング	F/RWD	オッフィー	L4	4.2	200	4：45′40″42	105.015	1,787	118.788	7
9	17	G. コナー	Connor, George	USA	Marks Miller	アダムズ	F/RWD	ミラー	L4	4.3	200	4：48′56″00	103.830	1,862	120.240	12
10	53	L. トメイ	Tomei, Louis	USA	Sobonite Plastics	リグリング	F/RWD	スチュードベイカー	L8	5.5	200	4：54′37″33	101.825	1,487	116.437	18
11	31	C. ガードナー	Gardner, Chet	USA	Burd Piston Ring	デューゼンバーグ	F/RWD	オッフィー	L4	4.2	199	走行中		912	117.342	9
12	23	R. ハウスホルダー	Householder, Ronney	USA	Topping	ヴィリオーニ	F/RWD	ミラー	L4	3.8	194	走行中		737	116.464	10
13	62	F. ロバーツ	Roberts, Floyd	USA	Thorne	ミラー	F/RWD	ミラー	L4	4.4	194	走行中		600	116.996	17
14	35	D. リッツ	Litz, Deacon	USA	Motorola Auto Radio	ミラー	F/RWD	ミラー	L4	3.6	191	オイル切れ		535	116.372	11
15	32	F. デイヴィズ	Davis, Floyd	USA	Thorne	スノウバーガー	F/RWD	ミラー	L4	4.2	190	アクシデント		520	118.942	24
16	34	S. キャントロン	Cantlon, Shorty	USA	Bowes Seal Fast	ウェイル	F/RWD	ミラー	L4	3.7	182	走行中		505	118.555	25
17	42	A. ミラー	Miller, Al	USA	Thorne	スノウバーガー	F/RWD	ミラー	L4	4.2	170	キャブレター		490	118.518	26
18	1	M. ローズ	Rose, Mauri	USA	Burd Piston Ring	ミラー	F/RWD	オッフィー	L4	4.4	127	オイル・ライン		475	118.540	8
19	41	K. ファウラー	Fowler, Ken	USA	Lucky Teeter	ウェッテロス	F/RWD	マクドウェル	L4	3.8	116	失格		460	117.421	29
20	25	K. ペティロ	Petillo, Kelly	USA	Petillo	ウェッテロス	F/RWD	オッフィー	L4	5.2	109	オイル切れ		1,445	124.129	20
21	43	G. ベイリー	Bailey, George	USA	Duray-Sims	スティーヴンズ	F/RWD	ミラー	L4	3.6s	107	クラッチ		430	117.497	28
22	54	H. アーディンガー	Ardinger, Herb	USA	Chicago Raw Hide Oil Seal	ウェルク	F/RWD	オッフィー	L4	4.2s	106	コンロッド		915	121.983	3
23	24	F. ブリスコ	Brisko, Frank	USA	Elgin Piston Pin	スティーヴンズ	F/FWD	ブリスコ	L6	5.7	105	油圧低下		400	118.213	15
24	44	F. ウェーン	Wearne, Frank	USA	Duray	スティーヴンズ	F/RWD	ミラー	L4	3.6s	99	キャブレター		385	118.220	33
25	26	T. ウィルマン	Willman, Tony	USA	F.W.D.	ミラー	F/4WD	ミラー	L4	4.2	95	コンロッド		370	118.242	27
26	10	B. ウィン	Winn, Billy	USA	Harry A. Miller	ミラー	F/RWD	ミラー	L4	4.2	85	オイル・ライン		605	119.922	4
27	12	R. スノウバーガー	Snowberger, Russ	USA	R.S.	スノウバーガー	F/FWD	パッカード	L8	4.6s	66	クラッチ		340	117.354	30
28	33	B. スワンソン	Swanson, Bob	USA	Fink Auto	アダムズ	F/RWD	スパークス	L4	4.4	52	キャブレター		825	121.920	21
29	47	H. マックイン	McQuinn, Harry	USA	Sullivan & O'Brien	スティーヴンズ	F/RWD	ミラー	L4	4.0s	47	ピストン		560	121.822	22
30	7	C. ミラー	Miller, Chet	USA	Boyle	サマーズ	F/FWD	ミラー	L8	2.5	36	イグニッション		295	119.213	13
31	15	B. スタップ	Stapp, Babe	USA	Topping	マセラーティ V8RI	F/RWD	マセラーティ	L8	4.8	36	クラッチ		280	117.226	31
32	5	J. スナイダー	Snyder, Jimmy	USA	Sparks	アダムズ	F/RWD	スパークス	L6	5.5s	27	ミッション		3,165	125.287	19
33	14	R. メイズ	Mays, Rex	USA	Bowes Seal Fast	アルファロメオ8C35	F/RWD	アルファロメオ	L8	3.8s	24	オーバーヒート		500	119.968	23
ns	46	E. アンドレス	Andres, Emil	USA	Kennedy Tank & Mfg.			ビュイック	L8	4.8	──	J. ソーンに売却、撤退		──	116.243	──
ns	22	J. ソーン	Thorne, Joel	USA	Thorne Engineering			オッフィー	L4	3.6	──	DNQ		──	115.607	──

1938 第26回

開催日／天候……1938年5月30日／曇り
車両規定……非過給4500cc(274.59ci)／過給3000cc(183.06ci)以下。1人乗り
参加／決勝出走……49台／33台
優勝スピード……117.200mph(188.615km/h)。2位に3′35″27差
賞金総額……$91,075
ポールシッター……F. ロバーツ　125.681mph(202.263km/h)　11′56″10＝10周合計
最速ラップ……発表されず
ルーキー賞……未制定(4人)
リード・チェンジ……6回／3人。1－14＝メイズ、15－31＝スナイダー、32－33＝メイズ、34－74＝スナイダー、75－110＝ロバーツ、111－144＝スナイダー、145－200＝ロバーツ
リリーフ……No.54 Russ Snowberger→Cliff Bergere、No.45 Tony Wilman、No.16 Billy Winn、No.17 Kelly Petillo

イタリアのGPスター、タヅィオ・ヌヴォラーリもインディ初訪問、覇者ロバーツと記念撮影

2人乗りの義務は解かれ、1人乗りに戻る。非過給4.5リッター＆過給3リッターはヨーロッパのGP規定と同一。ストックブロック・エンジン車は減少傾向に。序盤はレックス・メイズがリードするも45周で過給機が壊れ、ジミー・スナイダーとロニー・ハウスホルダーも消え、カリフォルニア出身のスプリントカー・ドライバー、フロイド・ロバーツはレース中唯一のピットストップ(燃料補給とタイヤ交換)を105周目に消化してトップに立ち、勝った。ライバル車はピットストップ回数が2回以上あった。ロバーツは、終盤チェット・ミラーをかわした2位ウィルバー・ショウを3分35秒も引き離しての勝利だった。平均時速117.200mphはこの後10年間も破られなかった。レース前半、エミル・アンドレスがクラッシュした際、外れたタイヤがインフィールドにいた観客を死亡させる惨事があった。

フロイド・ロバーツ(バード・ピストンリングSpl.)　188.615km/h　オーナー：Lou Moore　ファイアストン

第26回●1938年5月30日○200周＝500マイル（804.670km）

Pos.	No	Driver	Driver	Nat.	Car Name	Chassis	Drive	Engine	Cyl.	Dis.	Laps	Time	Speed	Prize Money	Speed	Qfy.
1	23	F. ロバーツ	Roberts, Floyd	USA	Burd Piston Ring	ウェッテロス	F/RWD	ミラー	L4	4.4	200	4：15′58″40	117.200	32,075	125.681	1
2	1	W. ショウ	Shaw, Wilbur	USA	Shaw	ショウ	F/RWD	オッフィー	L4	4.2	200	4：19′33″67	115.580	14,425	120.987	7
3	3	C. ミラー	Miller, Chet	USA	I.B.E.W.	サマーズ	F/FWD	オッフィー	L4	4.2	200	4：20′59″51	114.946	7,350	121.898	5
4	2	T. ホーン	Horn, Ted	USA	Miller-Hartz	ウェッテロス	F/FWD	ミラー	L8	3.0s	200	4：27′22″39	112.203	4,600	121.327	6
5	38	C. ガードナー	Gardner, Chet	USA	Burd Piston Ring	リグリング	F/RWD	オッフィー	L4	4.2	200	4：31′57″48	110.311	4,100	120.435	18
6	54	H. アーディンガー	Ardinger, Herb	USA	Offenhauser	ミラー－フォード	F/FWD	オッフィー	L4	4.2	199	4：31′45″15	109.843	2,625	119.022	14
7	45	H. マックイン	McQuinn, Harry	USA	Marchese	マーチェス	F/RWD	ミラー	L8	2.5	197	4：31′51″80	108.694	2,175	119.492	25
8	58	B. デヴォア	DeVore, Billy	USA	P.R.&W.	スティーヴンズ	F/RWD	オッフィー	L4	4.2	185	4：31′49″00	102.080	1,925	116.339	30
9	22	J. ソーン	Thorne, Joel	USA	Thorne Engineering	ショウ	F/FWD	オッフィー	L4	4.2	185	4：32′02″05	102.009	1,775	119.155	13
10	29	F. ウェーン	Wearne, Frank	USA	Indiana Fur	アダムズ	F/RWD	オッフィー	L4	4.4	181	4：32′44″82	99.543	1,650	121.405	17
11	43	D. ネイロン	Nalon, Duke	USA	Kohlert-Miller	フェングラー	F/RWD	ミラー	L8	2.5	178	走行中		1,025	113.828	33
12	12	G. ベイリー	Bailey, George	USA	Leon Duray Barbasol	ウェイル	F/RWD	デュレイ	L4	3.0s	166	クラッチ		825	116.393	29
13	27	M. ローズ	Rose, Mauri	USA	I.B.E.W.	マセラーティ 8CM	F/RWD	マセラーティ	L6	1.5s	165	スーパーチャージャー		650	119.796	9
14	16	R. ハウスホルダー	Householder, Ronney	USA	Thorne-Sparks	アダムズ	F/RWD	スパークス	L6	2.9s	154	スーパーチャージャー		695	125.769	10
15	6	J. スナイダー	Snyder, Jimmy	USA	Sparks-Thorne	アダムズ	F/RWD	スパークス	L6	2.9s	150	スーパーチャージャー		3,390	123.506	15
16	5	L. メイヤー	Meyer, Louis	USA	Bowes Seal Fast	スティーヴンズ	F/RWD	ウィンフィールド	L8	2.9s	149	オイル・ポンプ		635	120.525	12
17	17	T. グロッタ	Gulotta, Tony	USA	Hamilton-Harris	スティーヴンズ	F/RWD	オッフィー	L4	4.2	130	コンロッド		680	122.499	4
18	55	A. ミラー	Miller, Al	USA	Domont's Pepsi-Cola	ミラー	F/RWD	ミラー	L4	4.2	125	クラッチ		625	119.420	22
19	15	G. コナー	Connor, George	USA	Marks-Miller	アダムズ	F/RWD	ミラー	L4	4.4	119	エンジン		620	120.326	19
20	9	C. バージェル	Bergere, Cliff	USA	Kraft's Real Rye	スティーヴンズ	F/RWD	ミラー	L8	2.5s	111	ピストン		615	114.464	32
21	33	H. バンクス	Banks, Henry	USA	Detroit Sporting World	ミラー	F/RWD	ヴェルカー	V12	4.5	109	ロッド・ベアリング		610	116.279	31
22	35	K. ペティロ	Petillo, Kelly	USA	Petillo	ウェッテロス	F/RWD	オッフィー	L4	4.4	100	カムシャフト		955	119.827	21
23	21	L. トメイ	Tomei, Louis	USA	P.O.B. Perfect Seal	ミラー	F/RWD	ミラー	L4	4.2	88	コンロッド		625	121.599	24
24	7	B. カミングズ	Cummings, Bill	USA	I.B.E.W.	ミラー	F/FWD	ミラー	L8	4.4	72	ラジエター		620	122.393	16
25	14	R. スノウバーガー	Snowberger, Russ	USA	D-X	スノウバーガー	F/FWD	ミラー	L4	4.2	56	コンロッド		640	124.027	2
26	34	B. スタップ	Stapp, Babe	USA	McCoy Auto Service	ウェイル	F/RWD	ミラー	L4	3.7	54	バルブ		585	120.595	8
27	10	T. ウィルマン	Willman, Tony	USA	Belanger	スティーヴンズ	F/RWD	ミラー	L8	4.0	47	バルブ		580	118.458	26
28	8	R. メイズ	Mays, Rex	USA	Alfa-Romeo	アルファロメオ 8C35	F/RWD	アルファロメオ	L8	3.0s	45	スーパーチャージャー		1,125	122.845	3
29	42	E. アンドレス	Andres, Emil	USA	Elgin Piston Pin	アダムズ	F/RWD	ブリスコ	L6	4.5	45	アクシデント		620	117.126	28
30	37	I. ホール	Hall, Ira	USA	Greenfield Super Service	ノウィアク	F/RWD	スチュードベイカー	L8	4.1	44	アクシデント		565	118.255	27
31	26	F. ブリスコ	Brisko, Frank	USA	Shur-Stop Mech. Brake Equalizer	スティーヴンズ	F/FWD	ブリスコ	L6	4.4	39	オイル・ライン		585	121.921	11
32	36	A. パトナム	Putnam, Al	USA	Troy Tydol	スティーヴンズ	F/RWD	ミラー	L4	3.6	15	クランクシャフト		555	116.791	23
33	47	S. キャントロン	Cantlon, Shorty	USA	Kamm's	スティーヴンズ	F/RWD	ミラー	L4	s	13	スーパーチャージャー		550	120.906	20
ns	31	C. クロフォード	Crawford, Charles	USA	Shafer Buick 8		F/RWD	ビュイック	L8	4.2	—	DNQ		—	112.762	—

1939 第27回

開催日／天候……1939年5月30日／晴れ
車両規定……非過給4500cc／過給3000cc以下
参加／決勝出走……49台／33台
優勝スピード……115.035mph(185.130km/h)。2位に1′48″22差
賞金総額……$87,100
ポールシッター……J. スナイダー　130.138mph(209.436km/h)　4′36″63＝4周合計
最速ラップ……発表されず

ルーキー賞……未制定(1人)
リード・チェンジ……8回／5人。1－36＝スナイダー、37－69＝ショウ、70－73＝メイヤー、74＝メイズ、75－103＝スナイダー、104－130＝メイヤー、131－134＝ホーン、135－182＝メイヤー、183－200＝ショウ
リリーフ……No.26 Henry Banks、No.62 Harry McQuinn、No.58 Mel Hansen、No.9 Frank Brisko→Mel Hansen、No.38 Al Putnam→Frank Brisko→George Robson、No.25 Bob Swanson

予選は再び4周連続走行に戻る。前年の覇者フロイド・ロバーツは、107周目ターン2で他車がクラッシュしたのを避けようとしてコースを飛び出し、頭部に致命傷を負って即死してしまう。彼はこのレース後に引退するつもりでいた。半時間のコーションの後に再開されたレースでは、ジミー・スナイダー、ウィルバー・ショウ、ルイス・メイヤーのトップ争いとなる。メイヤーが4勝目を挙げそうだったが、残り16周でショウに抜かれ、198周目のバックストレッチでスピンしクラッシュ、コクピットから投げ出されつつ無傷で済むも、レース後に引退を表明する。優勝はイタリア製GPカーのマセラーティを駆って51周リードしたウィルバー・ショウの手に。外国車の勝利は1919年以来20年ぶりとなる。ジョージ・ベイリーはインディ500史上初めてミドシップ車で予選通過した男として名を残した。

ミラーの最新ミドシップ4輪駆動車はガルフ社との共同意欲作。戦後タッカー社がサポート

ウィルバー・ショウ(ボイルSpl.)　185.130km/h　オーナー：Boyle Racing Headquarters　ファイアストン

第27回●1939年５月30日○200周＝500マイル(804.670km)

Pos.	No	Driver	Driver	Nat.	Car Name	Chassis	Drive	Engine	Cyl.	Dis.	Laps	Time	Speed	Prize Money	Speed	Qfy.
1	2	W. ショウ	Shaw, Wilbur	USA	Boyle	マセラーティ 8 CTF	F/RWD	マセラーティ	L8	3.0s	200	4:20′47″39	115.035	27,375	128.977	3
2	10	J. スナイダー	Snyder, Jimmy	USA	Thorne Engineering	アダムズ	F/RWD	スパークス	L6	3.0s	200	4:22′35″61	114.245	16,100	130.138	1
3	54	C. バージェル	Bergere, Cliff	USA	Offenhauser	ミラー-フォード	F/FWD	オッフィー	L4	4.4	200	4:23′51″40	113.698	7,400	123.835	10
4	4	T. ホーン	Horn, Ted	USA	Boyle	ミラー	F/FWD	ミラー	L8	4.4	200	4:28′08″82	111.879	4,750	127.723	4
5	31	B. スタップ	Stapp, Babe	USA	Alfa Romeo	アルファロメオ 8 C35	F/RWD	アルファロメオ	L8	3.0s	200	4:29′42″68	111.230	4,225	125.000	16
6	41	G. バリンジャー	Barringer, George	USA	Bill White	ウェイル	F/RWD	オッフィー	L4	3.7	200	4:30′12″60	111.025	2,800	120.935	15
7	8	J. ソーン	Thorne, Joel	USA	Thorne Engineering	アダムズ	F/RWD	スパークス	L6	4.5	200	4:31′42″04	110.416	2,150	122.177	20
8	16	M. ローズ	Rose, Mauri	USA	Wheeler's	ショウ	F/RWD	オッフィー	L4	4.2	200	4:33′51″80	109.544	2,150	124.896	8
9	14	F. ウェーン	Wearne, Frank	USA	Burd Piston Ring	ウェッテロス	F/RWD	オッフィー	L4	4.4	200	4:38′16″65	107.806	1,800	125.074	17
10	26	B. デヴォア	DeVore, Billy	USA	Leon Duray-Barbasol	ウェイル	F/RWD	デュレイ	L4	3.0s	200	4:47′43″37	104.267	1,600	116.527	33
11	62	T. グロッタ	Gulotta, Tony	USA	Burd Piston Ring	スティーヴンズ	F/RWD	オッフィー	L4	4.2	200	走行中	103.938	1,000	121.749	27
12	45	L. メイヤー	Meyer, Louis	USA	Bowes Seal Fast	スティーヴンズ	F/RWD	ウィンフィールド	L8	2.9s	197	アクシデント		3,200	130.067	2
13	18	G. コナー	Connor, George	USA	Marks	アダムズ	F/RWD	オッフィー	L4	4.2	195	ストール		650	123.208	12
14	51	T. ウィルマン	Willman, Tony	USA	Burd Piston Ring	レンキ	F/RWD	レンキ	L6	4.4	188	燃料ポンプ		620	122.771	26
15	58	L. トメイ	Tomei, Louis	USA	Alfa-Romeo	アルファロメオ P3	F/RWD	アルファロメオ	L8	4.3	186	走行中		590	118.426	30
16	15	R. メイズ	Mays, Rex	USA	Thorne Engineering	アダムズ	F/RWD	スパークス	L6	3.0s	145	リング		685	126.413	19
17	9	H. アーディンガー	Ardinger, Herb	USA	Miller-Hartz	ウェッテロス	F/FWD	ミラー	L8	3.0s	141	クラッチ		680	124.125	9
18	35	K. ペティロ	Petillo, Kelly	USA	Kay Jewelers	ウェッテロス	F/RWD	オッフィー	L4	4.4	141	ピストン		600	123.660	24
19	49	M. ハンセン	Hansen, Mel	USA	Joel Thorne, Inc.	ショウ	F/FWD	オッフィー	L4	4.4	113	アクシデント		595	121.683	14
20	38	H. マックイン	McQuinn, Harry	USA	Elgin Piston Pin	ブラム	F/RWD	ブリスコ	L6	4.4	110	イグニッション		590	117.287	32
21	3	C. ミラー	Miller, Chet	USA	Boyle	サマーズ	F/FWD	ミラー	L4	4.2	109	アクシデント		635	126.318	5
22	25	R. ヘプバーン	Hepburn, Ralph	USA	Hamilton-Harris	スティーヴンズ	F/RWD	オッフィー	L4	4.4	107	アクシデント		605	122.204	13
23	1	F. ロバーツ	Roberts, Floyd	USA	Burd Piston Ring	ウェッテロス	F/RWD	オッフィー	L4	4.4	106	アクシデント		650	128.968	23
24	37	I. ホール	Hall, Ira	USA	Greenfield Super Service	ノウィアク	F/RWD	スチュードベイカー	L8	4.4	89	ガスケット		570	121.188	18
25	21	R. スノウバーガー	Snowberger, Russ	USA	D-X	スノウバーガー	F/FWD	ミラー	L4	4.2	50	ラジエター		590	123.199	25
26	17	G. ベイリー	Bailey, George	USA	Miller	ミラー	R/4WD	ミラー	L6	3.0s	47	バルブ		610	125.821	6
27	56	F. デイヴィズ	Davis, Floyd	USA	W.B.W.	ミラー	F/RWD	オッフィー	L4	4.2	43	ショックアブソーバー		555	119.375	29
28	42	A. ミラー	Miller, Al	USA	Kennedy Tank	アダムズ	F/RWD	オッフィー	L4	4.4	41	アクセルペダル		575	123.233	28
29	29	F. ブリスコ	Brisko, Frank	USA	National Seal	スティーヴンズ	F/FWD	ブリスコ	L6	4.5	38	エアポンプ		570	123.351	11
30	44	E. アンドレス	Andres, Emil	USA	Chicago Flash	スティーヴンズ	F/RWD	オッフィー	L4	4.2	22	プラグ		540	121.212	21
31	32	B. スワンソン	Swanson, Bob	USA	S.M.I.	スティーヴンズ	F/RWD	サンプソン	16	3.0s	19	リア・アクスル		510	129.431	22
32	47	S. キャントロン	Cantlon, Shorty	USA	Automotive Service	スティーヴンズ	F/RWD	オッフィー	L4	4.3	15	ベアリング		605	125.567	7
33	53	D. リッツ	Litz, Deacon	USA	Maserati	マセラーティ	F/RWD	マセラーティ	L8	3.0s	7	バルブ		525	117.979	31
ns	28	G. ロブソン	Robson, George	USA	Deacon Litz	マセラーティ	F/RWD	マセラーティ	V8	4.4	―	DNQ		―	116.305	―

1940 第28回

開催日／天候……1940年５月30日／曇り
車両規定……非過給4500cc／過給3000cc以下
参加／決勝出走……49台／33台
優勝スピード……114.277mph(183.911km/h)。コーション下で終了
賞金総額……$85,529
ポールシッター……R. メイズ　127.850mph(205.754km/h)　4′41″58＝４周合計
最速ラップ……発表されず
ルーキー賞……未制定(６人)
リード・チェンジ……４回／３人。1－33＝メイズ、34－73＝ショウ、74－99＝メイズ、100－104＝ローズ、105－200＝ショウ
リリーフ……No.49 Rene Dreyfus、No.34 Henry Banks、No.14 George Connor、No.61 Lou Webb→George Connor、No.24 Tony Wilman

ヨーロッパでは戦争が拡大し、インディ500も中止の危機が迫る中での開催。舗装化は進み、フロント・ストレートのみが煉瓦敷きのまま。練習でジョージ・ベイリーが事故死し、ミドシップ・ミラーは撤退。ウィルバー・ショウとマセラーティのコンビが２連覇を達成、同一選手の連覇は初の快挙となる。彼の４年間の戦績は優勝・２位・優勝・優勝と素晴らしいものだが、今回はレース半ば過ぎに降り始めた雨のため50周ほどコーション下での走行が続いた後の短縮終了だった。ポール・スタートのレックス・メイズ(前半リード)と３位スタートのマウリ・ローズがこれに続いて終了となったが、予選上位３者が決勝でも上位３位までを占める形となった。コーションが続き、メイズとローズにとってはフラストレーションが溜まる展開となる。ショウはルイス・メイヤーに次ぐ２人目の３勝達成者となった。

３本指で自身３勝目を表わすショウ。オーナーのマイク・ボイルはシカゴ・ギャングの大物とか

ウィルバー・ショウ(ボイルSpl.)　183.911km/h　オーナー：Boyle Racing Headquarters　ファイアストン

第28回●1940年 5 月30日○200周＝500マイル(804.670km)

Pos.	No	Driver	Driver	Nat.	Car Name	Chassis	Drive	Engine	Cyl.	Dis.	Laps	Time	Speed	Prize Money	Speed	Qfy.
1	1	W. ショウ	Shaw, Wilbur	USA	Boyle	マセラーティ 8CTF	F/RWD	マセラーティ	L8	2.9s	200	4：22′31″17	114.277	30,725	127.065	2
2	33	R. メイズ	Mays, Rex	USA	Bowes Seal Fast	スティーヴンズ	F/RWD	ウィンフィールド	L8	3.0s	200	4：23′45″31	113.742	15,950	127.850	1
3	7	M. ローズ	Rose, Mauri	USA	Elgin Piston Pin	ウェッテロス	F/RWD	オッフィー	L4	4.4	200	4：24′08″96	113.572	6,688	125.624	3
4	3	T. ホーン	Horn, Ted	USA	Boyle	ミラー	F/FWD	ミラー	L8	4.4	199	走行中		4,575	125.545	4
5	8	J. ソーン	Thorne, Joel	USA	Thorne Donnelly	アダムズ	F/RWD	スパークス	L6	4.4	197	走行中		3,850	122.434	10
6	32	B. スワンソン	Swanson, Bob	USA	Sampson	スティーヴンズ	F/RWD	サンプソン	16	3.0s	196	走行中		2,463	124.882	20
7	9	F. ウェーン	Wearne, Frank	USA	Boyle	スティーヴンズ	F/RWD	オッフィー	L4	4.2	195	走行中		2,038	123.216	7
8	31	M. ハンセン	Hansen, Mel	USA	Hartz	ウェッテロス	F/FWD	ミラー	L8	3.0s	194	走行中		1,813	124.753	5
9	16	F. ブリスコ	Brisko, Frank	USA	Elgin Piston Pin	スティーヴンズ	F/FWD	ブリスコ	L6	4.4	193	走行中		1,863	122.716	8
10	49	R. ルベグー	LeBegue, Rene	F	Lucy O'Reilly Schell	マセラーティ 8CTF	F/RWD	マセラーティ	L8	3.0s	192	走行中		1,488	118.981	31
11	41	H. マックイン	McQuinn, Harry	USA	Hollywood Pay Day	アルファロメオ 8C35	F/RWD	アルファロメオ	L8	3.0s	192	走行中		938	122.486	15
12	25	E. アンドレス	Andres, Emil	USA	Belanger-Folz	スティーヴンズ	F/RWD	オッフィー	L4	4.2	192	走行中		788	122.963	22
13	28	S. ハンクス	Hanks, Sam	USA	Duray	ウェイル	F/RWD	デュレイ	L4	3.0s	192	走行中		650	123.064	14
14	6	G. バリンジャー	Barringer, George	USA	Hollywood Pay Day	ウェイル	F/RWD	オッフィー	L4	4.2	191	走行中		620	121.889	16
15	42	J. チトウッド	Chitwood, Joie	USA	Kennedy Tank	アダムズ	F/RWD	オッフィー	L4	4.4	190	走行中		615	121.757	26
16	26	L. トメイ	Tomei, Louis	USA	Falstaff	ミラー	F/RWD	オッフィー	L4	4.4	190	エグゾースト・パイプ		610	119.980	18
17	34	C. ミラー	Miller, Chet	USA	Alfa Romeo	アルファロメオ308	F/RWD	アルファロメオ	L8	3.0s	189	走行中		605	121.392	27
18	14	B. デヴォア	DeVore, Billy	USA	Bill Holabird	ショウ	F/RWD	オッフィー	L4	4.2	181	走行中		600	122.197	32
19	44	A. パトナム	Putnam, Al	USA	Refinoil Motor Oil	アダムズ	F/RWD	オッフィー	L4	4.2	179	走行中		595	120.818	28
20	61	F. デイヴィズ	Davis, Floyd	USA	Lencki	レンキ	F/RWD	レンキ	L4	4.2	157	走行中		590	120.797	33
21	35	K. ペティロ	Petillo, Kelly	USA	Indiana Fur	ウェッテロス	F/RWD	オッフィー	L4	4.4	128	メイン・ベアリング		660	125.331	13
22	21	D. ネイロン	Nalon, Duke	USA	Marks	シルンズ	F/RWD	オッフィー	L4	4.2	120	コンロッド		580	121.790	25
23	17	G. ロブソン	Robson, George	USA	Keller	ミラー-フォード	F/FWD	オッフィー	L4	4.2	67	ショック・アブソーバー		575	122.562	23
24	24	B. スタップ	Stapp, Babe	USA	Surber	スティーヴンズ	F/RWD	オッフィー	L4	4.3	64	オイル・ライン		595	123.367	12
25	36	D. ウィリアムズ	Williams, Doc	USA	Quillen Bros. Refrigerator	クーパー	F/FWD	ミラー	L4	4.2	61	オイル・ライン		590	122.963	19
26	10	G. コナー	Connor, George	USA	Lencki	レンキ	F/RWD	レンキ	L6	4.3	52	コンロッド		610	124.585	17
27	5	C. バージェル	Bergere, Cliff	USA	Noc-Out Hose Clamp	ウェッテロス	F/RWD	オッフィー	L4	4.4	51	オイル・ライン		605	123.673	6
28	38	P. ルッソ	Russo, Paul	USA	Elgin Piston Pin	ブラム	F/RWD	ブリスコ	L6	4.4	48	オイルもれ		550	120.809	29
29	54	R. ヘプバーン	Hepburn, Ralph	USA	Bowes Seal Fast	ミラー-フォード	F/FWD	オッフィー	L4	4.4	47	ステアリング		595	123.860	21
30	58	A. ミラー	Miller, Al	USA	Alfa Romeo	アルファロメオP3	F/RWD	アルファロメオ	L8	2.9s	41	クラッチ		540	120.288	30
31	19	R. スノウバーガー	Snowberger, Russ	USA	Snowberger	スノウバーガー	F/FWD	ミラー	L4	4.2	38	冷却ポンプ		535	121.564	11
32	27	T. ヒナーシッツ	Hinnershitz, Tommy	USA	Marks	アダムズ	F/RWD	オッフィー	L4	4.4	32	クランクシャフト		530	122.614	9
33	29	R. リガンティ	Riganti, Raul	RA	Maserati	マセラーティ 8CL	F/RWD	マセラーティ	L8	3.0s	24	アクシデント		500	121.827	24
ns	45	T. ウィルマン	Willman, Tony	USA	Leader Card		F/RWD	ミラー	L8	s	—	DNQ		—	118.914	
ns	22	R. ドレフュス	Dreyfus, Rene	F	Lucy O'Reilly Schell	マセラーティ 8CTF	F/RWD	マセラーティ	L8	2.9s	—	DNQ		—	118.831	—
ns	12	L. デュラント	Durant, Louis	USA	Schoof		F/RWD	オッフィー	L4	4.2	—	DNQ		—	117.218	—

1941 第29回

開催日／天候 ………… 1941年5月30日／曇り
車両規定 ………… 非過給4500cc／過給3000cc以下
参加／決勝出走 …… 42台／31台
優勝スピード ……… 115.117mph(185.262km/h)。2位に1′29″95差
賞金総額 ………… $89,229
ポールシッター …… M. ローズ　128.691mph(207.108km/h)　4′39″74＝4周合計
最速ラップ ………… 発表されず
ルーキー賞 ………… 未制定(2人)
リード・チェンジ … 4回／5人。1－38＝メイズ、39－44＝ローズ、45－151＝ショウ、
152－161＝バージェル、162－200＝ローズ(デイヴィズのリリーフ)
リリーフ ………… No.16 Mauri Rose、No.15 Kelly Petillo、No.45 Louis Durant、
No.27 George Robson、No.55 Louis Durant、No.26 Mel Hansen

決勝日朝にガレージ・エリアで火災が発生。2時間遅れで開始されたレース序盤はマウリ・ローズ、レックス・メイズ、ウィルバー・ショウの争い。ショウは前人未踏の4勝目(3連勝)を成し遂げるかに見えたが、152周目に突然ホイールが外れてクラッシュ、ショウ自身も背中を負傷し引退することに。事故後の調査で、外れた車輪には「use last」とチョークで書かれてあったことが判明した。練習走行中のバランス・チェックにより最後まで使わないつもりでいたが、消火作業の水でチョークの文字が消え、誤って装着されてしまっていたのだ。ルー・ムーア監督の指示で72周目に14位走行フロイド・デイヴィスから交代したマウリ・ローズが、そのままビクトリーレーンへとウェッテロスを導くが、その歓喜の輪の中にコ・ドライバーであるデイヴィズの姿はなかった。ノーヴァイV8車が初登場4位。

ガレージ火災で無残にも焼け落ちたミドシップ・ミラー。中央が乗る予定だったバリンジャー

フロイド・デイヴィズ／マウリ・ローズ＝枠内(ノックアウト・ホースクランプSpl.)　185.262km/h　オーナー：Lou Moore, Inc.　ファイアストン

第29回●1941年5月30日○200周＝500マイル（804.670km）

Pos.	No	Driver	Driver	Nat.	Car Name	Chassis	Drive	Engine	Cyl.	Dis.	Laps	Time	Speed	Prize Money	Speed	Qfy.
1	16	F. ディヴィズ／M. ローズ	Davis, Floyd/Rose, Mauri	USA/USA	Noc-Out Hose Clamp	ウェッテロス	F/RWD	オッフィー	L4	4.4	200	4：20′36″24	115.117	29,200	121.106	17
2	1	R. メイズ	Mays, Rex	USA	Bowes Seal Fast	スティーヴンズ	F/RWD	ウィンフィールド	L8	3.0s	200	4：22′06″19	114.459	14,850	128.301	2
3	4	T. ホーン	Horn, Ted	USA	T.E.C.	アダムズ	F/RWD	スパークス	L6	3.0s	200	4：23′28″39	113.864	6,863	124.297	28
4	54	R. ヘプバーン	Hepburn, Ralph	USA	Bowes Seal Fast	ミラー-フォード	F/RWD	ノーヴァイ	V8	3.0s	200	4：24′00″79	113.631	4,575	120.653	10
5	34	C. バージェル	Bergere, Cliff	USA	Noc-Out Hose Clamp	ウェッテロス	F/RWD	オッフィー	L4	4.4	200	4：24′15″10	113.528	4,375	123.890	7
6	41	C. ミラー	Miller, Chet	USA	Boyle	ミラー	F/FWD	ミラー	L8	4.4	200	4：28′02″75	111.921	2,438	121.540	9
7	15	H. マックイン	McQuinn, Harry	USA	Ziffrin	アルファロメオ 8C35	F/RWD	アルファロメオ	L8	3.0s	200	4：28′20″96	111.795	2,063	125.449	4
8	7	F. ウェーン	Wearne, Frank	USA	Bill Holabird	ショウ	F/RWD	オッフィー	L4	4.2	200	4：30′42″92	110.818	1,788	123.890	6
9	45	P. ルッソ	Russo, Paul	USA	Leader Card	マーチェス	F/RWD	ミラー	L8	2.2s	200	4：44′00″88	105.628	1,738	125.217	18
10	27	T. ヒナーシッツ	Hinnershitz, Tommy	USA	Marks	アダムズ	F/RWD	オッフィー	L4	4.4	200	4：45′18″05	105.152	1,538	121.021	20
11	53	L. トメイ	Tomei, Louis	USA	H-3	ミラー-フォード	F/FWD	オッフィー	L4	4.2	200	走行中	104.926	938	121.074	24
12	55	A. パトナム	Putnam, Al	USA	Schoof	ウェッテロス	F/RWD	オッフィー	L4	4.2	200	走行中	101.381	763	121.951	31
13	26	O. フィリップス	Phillips, Overton	USA	Phillips	ブガッティ	F/RWD	ミラー	L8	4.4	187	走行中		625	116.298	26
14	25	J. チトウッド	Chitwood, Joie	USA	Blue Crown Spark Plug	レンキ	F/RWD	レンキ	L6	4.3	177	走行中		620	120.329	27
15	17	D. ネイロン	Nalon, Duke	USA	Elgin Piston Pin	マセラーティ 8CTF	F/RWD	マセラーティ	L8	3.0s	173	走行中		640	122.951	30
16	14	G. コナー	Connor, George	USA	Boyle	スティーヴンズ	F/RWD	オッフィー	L4	4.2	167	ミッション		660	123.984	13
17	47	E. セイラー	Saylor, Everett	USA	Mark Bowles	ウェイル	F/RWD	オッフィー	L4	4.2	155	アクシデント		605	119.860	12
18	2	W. ショウ	Shaw, Wilbur	USA	Boyle	マセラーティ 8CTF	F/RWD	マセラーティ	L8	3.0s	151	アクシデント		5,875	127.836	3
19	23	B. デヴォア	DeVore, Billy	USA	Hollywood PayDay Candy	スティーヴンズ	F/RWD	オッフィー	L4	4.5	121	コンロッド		595	121.770	8
20	62	T. ウィルマン	Willman, Tony	USA	Lyons	スティーヴンズ	F/RWD	オッフィー	L4	4.2	117	コンロッド		615	123.920	25
21	42	R. スノウバーガー	Snowberger, Russ	USA	Hussey's Sportsman Club	スノウバーガー	F/RWD	オッフィー	L4	4.2	107	冷却ポンプ		585	120.104	11
22	32	D. リッツ	Litz, Deacon	USA	Sampson 16	スティーヴンズ	F/RWD	サンプソン	16	3.0s	89	オイル		555	123.440	29
23	8	F. ブリスコ	Brisko, Frank	USA	Zollner Piston	スティーヴンズ	F/FWD	ブリスコ	L6	4.4	70	バルブスプリング		600	123.381	22
24	36	D. ウィリアムズ	Williams, Doc	USA	Indiana Fur	クーパー	F/FWD	オッフィー	L4	4.2	68	ラジエター		620	124.014	5
25	10	G. ロブソン	Robson, George	USA	Gilmore Red Lion	ウェイル	F/RWD	デュレイ	L4	3.0s	66	オイルもれ		565	121.576	16
26	3	M. ローズ	Rose, Mauri	USA	Elgin Piston Pin	マセラーティ 8CTF	F/RWD	マセラーティ	L8	3.0s	60	プラグ		1,035	128.691	1
27	22	K. ペティロ	Petillo, Kelly	USA	Air Liner Sandwich Shop	ウェッテロス	F/RWD	オッフィー	L4	4.4	48	コンロッド		605	124.417	19
28	12	A. ミラー	Miller, Al	USA	Miller	ミラー	R/4WD	ミラー	L6	3.0s	22	ミッション		575	123.478	14
29	9	M. ハンセン	Hansen, Mel	USA	Fageol	ミラー-フォード	F/FWD	オッフィー	L4	4.4	11	コンロッド		595	124.599	21
30	19	E. アンドレス	Andres, Emil	USA	Kennedy Tank	レンキ	F/RWD	レンキ	L6	4.3	4	アクシデント		540	122.266	15
31	5	J. ソーン	Thorne, Joel	USA	Thorne Engineering	アダムズ	F/RWD	スパークス	L6	4.4	4	アクシデント		535	121.163	23
32	35	G. バリンジャー	Barringer, George	USA	Miller	ミラー	R/4WD	ミラー	L6	3.0s	—	ガレージ火災		530	122.299	—
33	28	S. ハンクス	Hanks, Sam	USA	Tom Joyce 7-Up	KK	F/RWD	オッフィー	L4	4.4	—	レース前にアクシデント		525	118.211	—
ns	44	L. デュラント	Durant, Louis	USA	J&S Spl.			マーキュリー			—	DNQ		—	116.152	—
ns	21	R. ルベグー	LeBegue, Rene	F	Talbot			タルボ			—	DNQ		—	115.603	—

1946 第30回

開催日／天候……1946年5月30日／晴れ
車両規定……非過給4500cc／過給3000cc以下
参加／決勝出走……58台／33台
優勝スピード……114.820mph（184.784km/h）。2位に44″04差
賞金総額……$115,679
ポールシッター……C. バージェル　126.471mph（203.535km/h）　4′44″65＝4周合計
最速ラップ……発表されず
ルーキー賞……未制定（10人）
リード・チェンジ……7回／6人。1－8＝ローズ、9－11＝メイズ、12－55＝ヘプバーン、56－68＝G. ロブソン、69－70＝バージェル、71－87＝G. ロブソン、88－92＝ジャクソン、93－200＝G. ロブソン
リリーフ……No.24 Sam Hanks、No.25 Duke Nalon、No.14 Jimmy Wilburn、No.12 George Connor、No.3 Rex Mays、No.5 Louis Tomei

オッフィー4気筒を前後に一基ずつ搭載した珍車ファジェオルはルッソのドライブで予選2位

第二次世界大戦による5年間の中断を挟んで復活。荒廃したその土地はインディアナ州の実業家トニー・ハルマンが新オーナーとなったことで救われ、ウィルバー・ショウが新たにジェネラル・マネジャーに任命された。PPを奪ったクリフ・バージェルは49歳の最年長記録。ポール・ルッソが駆って予選2位となったファジェオルは1.5リッター・ミジェット用オッフィーを前後に1基ずつ搭載した珍車。そしてレースはバージェル→レックス・メイズ→マウリ・ローズ→ラルフ・ヘプバーン（ノーヴァイ）がトップに立っては脱落するパターン。勝ったのは富裕なジョエル・ソーン・エンジニアリングのアダムズ-スパークス・エンジン車に乗ったジョージ・ロブソンだった。一大会賞金総額が10万ドルを突破した。1930年代のドイツ人GPスターのルドルフ・カラチオラは練習中に事故に遭い、重傷を負う。

ジョージ・ロブソン（ソーン・エンジニアリングSpl.）　184.784km/h　オーナー：Thorne Engineering Corp.　ファイアストン

第30回●1946年 5 月30日○200周＝500マイル(804.670km)

Pos.	No	Driver	Driver	Nat.	Car Name	Chassis	Drive	Engine	Cyl.	Dis.	Laps	Time	Speed	Prize Money	Speed	Qfy.
1	16	G. ロブソン	Robson, George	USA	Thorne Engineering	アダムズ	F/RWD	スパークス	L6	3.0s	200	4：21′26″70	114.820	42,350	125.541	15
2	61	J. ジャクソン	Jackson, Jimmy	USA	Jackson	ミラー	F/FWD	オッフィー	L4	4.2	200	4：22′00″74	114.498	13,838	120.257	5
3	29	T. ホーン	Horn, Ted	USA	Boyle Maserati	マセラーティ 8CTF	F/RWD	マセラーティ	L8	3.0s	200	4：33′19″60	109.759	7,988	123.980	7
4	18	E. アンドレス	Andres, Emil	USA	Elgin Piston Pin	マセラーティ 8CTF	F/RWD	マセラーティ	L8	3.0s	200	4：35′28″65	108.902	5,425	121.139	11
5	24	J. チトウッド	Chitwood, Joie	USA	Noc-Out Hose Clamp	ウェッテロス	F/RWD	オッフィー	L4	4.4	200	4：36′45″30	108.399	4,375	119.816	12
6	33	L. デュラント	Durant, Louis	USA	Marion Engineering	アルファロメオ308	F/RWD	アルファロメオ	L8	3.0s	200	4：45′30″88	105.073	3,238	118.973	6
7	52	L. ヴィッロレージ	Villoresi, Luigi	I	Maserati	マセラーティ 8CL	F/RWD	マセラーティ	L8	3.0s	200	4：57′40″23	100.783	2,375	121.249	28
8	7	F. ウェーン	Wearne, Frank	USA	Wolfe Motors Co., Tulsa	ショウ	F/RWD	オッフィー	L4	4.4	197	4：58′05″00	99.271	2,438	121.233	29
9	39	B. シェフラー	Sheffler, Bill	USA	Jack Maurer	プロム	F/RWD	オッフィー	L4	4.2	138	走行中		2,114	120.611	25
10	17	B. デヴォア	DeVore, Billy	USA	Schoof	ウェッテロス	F/RWD	オッフィー	L4	4.2	167	スロットル		1,888	119.876	31
11	41	M. ハンセン	Hansen, Mel	USA	Ross Page	KK	F/RWD	デュレイ	L4	3.0s	143	クランクシャフト		1,700	121.431	27
12	25	R. スノウバーガー	Snowberger, Russ	USA	Jim Hussey's Sportsman's Club	マセラーティ 8CTF	F/RWD	マセラーティ	L8	3.0s	134	デフ		1,675	121.593	10
13	14	H. マックイン	McQuinn, Harry	USA	Mobilgas	アダムズ	F/RWD	スパークス	L6	3.0s	124	オイル切れ		1,600	124.499	18
14	2	R. ヘプバーン	Hepburn, Ralph	USA	Novi Governor	KK	F/FWD	ノーヴァイ	V8	3.0s	121	ストール		7,025	133.944	19
15	12	A. パトナム	Putnam, Al	USA	L.G.S. Spring Clutch	スティーヴンズ	F/RWD	オッフィー	L4	4.2	120	マグネトー		1,250	116.283	13
16	3	C. バージェル	Bergere, Cliff	USA	Noc-Out Hose Clamp	ウェッテロス	F/RWD	オッフィー	L4	4.4	82	オイル切れ		1,625	126.471	1
17	45	D. ディンズモア	Dinsmore, Duke	USA	Johnston	アダムズ	F/RWD	オッフィー	L4	4.2	82	コンロッド		1,075	123.279	8
18	5	C. ミラー	Miller, Chet	USA	Miller	クーパー	F/FWD	オッフィー	L4	4.2	64	オイルライン		1,000	124.649	17
19	63	J. ウィルバーン	Wilburn, Jimmy	USA	Mobiloil	アルファロメオ 8C35	F/RWD	アルファロメオ	L8	3.0s	52	エンジン		1,000	125.113	16
20	42	T. ベッテンハウゼン	Bettenhausen, Tony	USA	Bristow-McManus	ウェッテロス	F/FWD	ミラー	L8	3.0s	47	コンロッド		925	123.094	26
21	59	D. クラディス	Kladis, Danny	USA	Grancor V8	ミラー-フォード	F/FWD	フォード	V8	4.5	46	トウ、失格		875	118.890	33
22	54	D. ネイロン	Nalon, Duke	USA	Maserati	マセラーティ	F/RWD	マセラーティ	L4	1.5s	45	Uジョイント		825	119.682	32
23	8	M. ローズ	Rose, Mauri	USA	Blue Crown Spark Plug	レンキ	F/RWD	レンキ	L6	4.3	40	アクシデント		1,675	124.065	9
24	38	G. コナー	Connor, George	USA	Walsh	KK	F/RWD	オッフィー	L4	4.4	38	ピストン		800	120.006	30
25	48	H. ロブソン	Robson, Hal	USA	Phillips Miller	ブガッティ	F/RWD	ミラー	L8	4.4	37	コンロッド		775	121.466	23
26	15	L. トメイ	Tomei, Louis	USA	Boxar Tool	スティーヴンズ	F/FWD	ブリスコ	L6	4.4	34	オイルライン		750	119.193	22
27	31	H. バンクス	Banks, Henry	USA	Automobile Shippers	スノウバーガー	F/FWD	オッフィー	L4	4.2	32	ピニオンシャフト		725	120.220	21
28	64	S. キャントロン	Cantlon, Shorty	USA	H-3	ミラー-フォード	F/FWD	オッフィー	L4	4.2	28	クラッチ		725	122.432	20
29	26	G. バリンジャー	Barringer, George	USA	Tucker Torpedo	ミラー	R/4WD	ミラー	L6	3.0s	27	ギア		675	120.628	24
30	1	R. メイズ	Mays, Rex	USA	Bowes Seal Fast	スティーヴンズ	F/RWD	ウィンフィールド	L8	3.0s	26	マニフォールド		1,025	128.861	14
31	32	S. ハンクス	Hanks, Sam	USA	Spike Jones	スティーヴンズ	F/RWD	サンプソン	16	3.0s	18	オイルライン		675	124.762	3
32	47	H. コール	Cole, Hal	USA	Don Lee	アルファロメオ P3	F/RWD	アルファロメオ	L8	2.9s	16	燃料タンク		600	120.728	4
33	10	P. ルッソ	Russo, Paul	USA	Fageol Twin Coach	ファジェオル	F&R/4WD	オッフィー 2 機	L4×2	3.0s	16	アクシデント		650	126.183	2
ns	27	T. ベッテンハウゼン	Bettenhausen, Tony	USA	Marchese			ミラー		s	—	クランクシャフト／撤退		—	121.860	—
ns	37	B. ラッシュ	Rush, Buddy		Army Recruiting			スチュードベイカー			—	DNQ		—	116.268	—
ns	62	C. ヴァン・アッカー	Van Acker, Charles	USA	Singer			ヴェルカー			—	DNQ		—	115.666	—

1947 第31回

開催日／天候……1947年５月30日／晴れ
車両規定……非過給4500cc／過給3000cc以下
参加／決勝出走……51台／30台
優勝スピード……116.338mph(187.227km/h)。２位に32″12差
賞金総額……$137,425
ポールシッター……T. ホーン　126.564mph(203.685km/h)　4′44″44＝４周合計
最速ラップ……発表されず
ルーキー賞……未制定(７人)
リード・チェンジ……４回／３人。1－23＝バージェル、24－59＝ホランド、60－85＝ローズ、86－192＝ホランド、193－200＝ローズ
リリーフ……No.54 Cliff Bergere、No.10 Billy DeVore、No.3 George Connor、No.31 Louis Tomei

選手たちによる新しいグループ、ASPAR(the American Society of Professional Auto Racing)が、スピードウェイから支払われる賞金額が少ないとして抗議する事態が発生した。これによってスターティング・ラインアップの決定が大きく遅れ、最終的には出走30台にとどまった。1939～40年優勝マセラーティを駆るテッド・ホーンがPP。ルー・ムーア・チームのブルークラウンSpl.(前輪駆動ダイト・シャシー)時代の始まりとなり、マウリ・ローズがインディ２勝目を挙げるが、その過程はすでに有名な物語となっている。ローズのチームメイトであり新人のビル・ホランドは終盤トップを快走中、ピットからEZY(easy、気楽に行け)とのサインを受け、自身ペースダウンし、後方から迫ってきたローズが193周目に抜いていくのに手を振って応えた。彼はローズが１周遅れだと勘違いしていたのだ。

スタート直後、マセラーティを抜いて“ブルークラウンSpl.”前輪駆動ダイトがリードを奪う

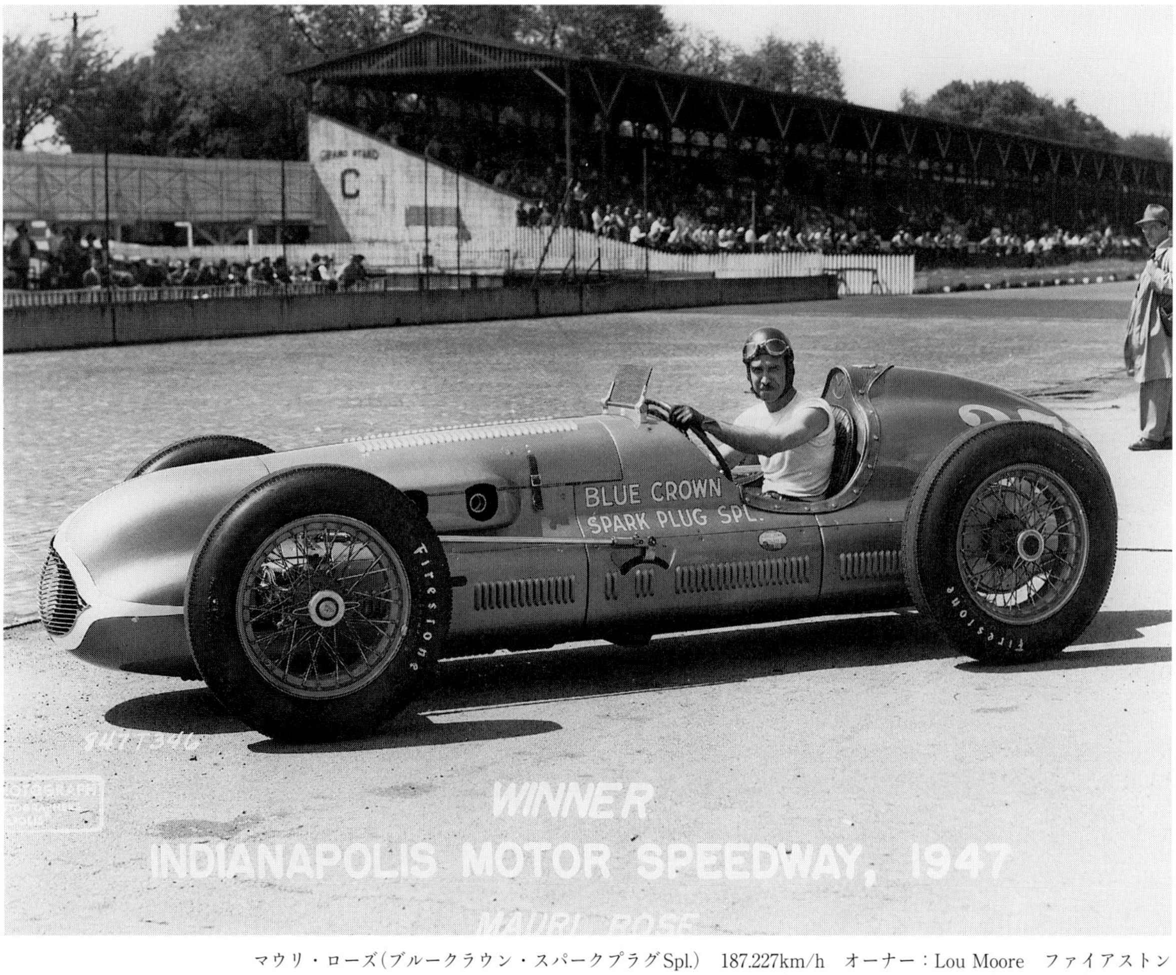

マウリ・ローズ(ブルークラウン・スパークプラグSpl.)　187.227km/h　オーナー：Lou Moore　ファイアストン

第31回●1947年 5 月30日○200周＝500マイル(804.670km)

Pos.	No	Driver	Driver	Nat.	Car Name	Chassis	Drive	Engine	Cyl.	Dis.	Laps	Time	Speed	Prize Money	Speed	Qfy.
1	27	M. ローズ	Rose, Mauri	USA	Blue Crown Spark Plug	ダイト	F/FWD	オッフィー	L4	4.4	200	4:17′52″17	116.338	35,125	124.040	3
2	16	B. ホランド	Holland, Bill	USA	Blue Crown Spark Plug	ダイト	F/FWD	オッフィー	L4	4.4	200	4:18′24″29	116.097	31,300	128.756	8
3	1	T. ホーン	Horn, Ted	USA	Bennett Brothers	マセラーティ 8CTF	F/RWD	マセラーティ	L8	2.9s	200	4:20′52″55	114.997	10,115	126.564	1
4	54	H. アーディンガー	Ardinger, Herb	USA	Novi Governor Mobil	KK	F/FWD	ノーヴァイ	V8	3.0s	200	4:24′32″52	113.404	6,825	120.733	4
5	7	J. ジャクソン	Jackson, Jimmy	USA	Jim Hussey	ミラー	F/FWD	オッフィー	L4	4.2	200	4:25′52″65	112.834	5,675	122.266	10
6	9	R. メイズ	Mays, Rex	USA	Bowes Seal Fast	KK	F/RWD	ウィンフィールド	L8	3.0s	200	4:30′08″05	111.056	4,000	124.412	20
7	33	W. ブラウン	Brown, Walt	USA	Permafuse	アルファロメオ308	F/RWD	アルファロメオ	L8	3.0s	200	4:54′51″47	101.744	3,700	118.355	14
8	34	C. マーシャル	Marshall, Cy	USA	Tattersfield	アルファロメオ 8C35	F/RWD	アルファロメオ	L8	3.0s	197	4:56′22″07		2,850	115.644	28
9	41	F. アガベイシャン	Agabashian, Fred	USA	Ross Page	KK	F/RWD	デュレイ	L8	3.0s	191	走行中		2,905	121.478	23
10	10	D. ディンズモア	Dinsmore, Duke	USA	Schoof	ウェッテロス	F/RWD	オッフィー	L4	4.4	167	走行中		2,310	119.840	27
11	58	L. アンダーソン	Anderson, Les	USA	Kennedy Tank	マセラーティ	F/RWD	オッフィー	L4	4.4	131	走行中		2,480	118.425	7
12	59	P. ロムセヴィッチ	Romcevich, Pete	USA	Camco Motors Ford	ミラー-フォード	F/FWD	フォード	V8	4.2	167	オイルライン		2,360	117.218	17
13	3	E. アンドレス	Andres, Emil	USA	Preston Tucker Partners	レンキ	F/RWD	レンキ	L6	4.3	149	オイルライン		1,740	116.781	30
14	31	F. ウェーン	Wearne, Frank	USA	Superior Industries	ミラー	F/RWD	オッフィー	L4	4.3	128	スピン		2,020	117.716	15
15	47	K. ファウラー	Fowler, Ken	USA	Don Lee Alfa Romeo	アルファロメオP3	F/RWD	アルファロメオ	L8	2.9s	119	アクスル		2,050	123.423	9
16	46	D. ネイロン	Nalon, Duke	USA	Don Lee Mercedes	メルセデスベンツ W154	F/RWD	メルセデスベンツ	V12	3.0s	119	ピストン		1,945	128.082	18
17	28	R. フリー	Free, Roland	USA	Bristow-McManus	ウェッテロス	F/FWD	ミラー	L8	3.0s	86	コンロッド		1,450	119.526	12
18	29	T. ベッテンハウゼン	Bettenhausen, Tony	USA	Belanger	スティーヴンズ	F/RWD	オッフィー	L4	4.2	79	ギア・トレイン		1,130	120.980	25
19	25	R. スノウバーガー	Snowberger, Russ	USA	Federal Engineering	マセラーティ 8CTF	F/RWD	マセラーティ	L8	3.0s	73	オイルポンプ		1,500	121.331	6
20	52	H. ロブソン	Robson, Hal	USA	Palmer	アダムズ	F/RWD	オッフィー	L4	4.2	67	Uジョイント		1,595	122.096	16
21	18	C. バージェル	Bergere, Cliff	USA	Novi Governor Mobil	KK	F/FWD	ノーヴァイ	V8	3.0s	63	ピストン		3,815	124.957	2
22	8	J. チトウッド	Chitwood, Joie	USA	Peters	ウェッテロス	F/RWD	オッフィー	L4	4.4	50	ギア		1,135	123.157	22
23	24	S. キャントロン	Cantlon, Shorty	USA	Automobile Shippers	スノウバーガー	F/FWD	ミラー	16	4.5	40	アクシデント		1,505	121.462	5
24	43	H. バンクス	Banks, Henry	USA	Federal Engineering	ミラー-フォード	F/FWD	オッフィー	L4	4.2	36	オイルもれ		1,250	120.923	26
25	66	A. ミラー	Miller, Al	USA	Preston Tucker	ミラー	R/4WD	ミラー	L6	3.0s	33	マグネトー		1,370	124.848	19
26	14	G. コナー	Connor, George	USA	Walsh	KK	F/RWD	オッフィー	L4	4.2	32	燃料タンク		1,465	124.874	13
27	38	M. ハンセン	Hansen, Mel	USA	Flavell-Duffy	アダムズ	F/RWD	スパークス	L6	3.0s	31	プッシュ、失格		860	117.298	29
28	15	P. ルッソ	Russo, Paul	USA	Wolfe Motors, Tulsa	ショウ	F/RWD	オッフィー	L4	4.4	25	アクシデント		1,080	123.967	21
29	44	C. ヴァン・アッカー	Van Acker, Charles	USA	Preston Tucker Partners	スティーヴンズ	F/RWD	レンキ	L4	4.3	24	アクシデント		800	121.049	24
30	53	M. ファンクハウザー	Fankhouser, Milt	USA	Jack Maurer's	スティーヴンズ	F/RWD	オッフィー	L4	4.5	15	ストール		1,070	119.932	11
ns	57	D. クラディス	Kladis, Danny	USA	Camco Motors			マーキュリー			—	DNQ		—	112.591	—
ns		F. ブリスコ	Brisko, Frank	USA	Boxar Tool						—	DNQ		—	110.732	—

• 決勝順位と消化周回数とで矛盾する箇所があるが(11～13位)、公式Box Scoresに準ずる

1948 第32回

開催日／天候……1948年５月31日／晴れ
車両規定……非過給4500cc／過給3000cc以下
参加／決勝出走……80台／33台
優勝スピード……119.814mph(192.821km/h)。２位に1′24″07差
賞金総額……$170,675
ポールシッター……R. メイズ　130.577mph(210.143km/h)　4′35″70＝４周合計
最速ラップ……発表されず
ルーキー賞……未制定(９人)
リード・チェンジ……６回／４人。1－17＝メイズ、18－72＝ホーン、73－91＝メイズ、92－100＝ネイロン、101－123＝ローズ、124－142＝ホーン、143－200＝ローズ
リリーフ……No.33 Louis Durant、No.55 Paul Russo→Johnny Shackleford、No.31 Ken Fowler→Louis Tomei

パワフルなノーヴァイV８エンジン車は、ラルフ・ヘプバーンが予選で事故死、デューク・ネイロンは別の一台に乗り込み、その予選スピードはPP４度目のレックス・メイズ以上だったが、グリッドは11位。彼はレースでも独特の排気音を轟かせて３位フィニッシュ、ノーヴァイ車としての最高位を得る。しかしそれ以上の結果を残せた可能性もあった。予定の燃料補給は102周目に実行されたが、その際に満タンにすることができず、余計なピットストップをもう一回する羽目となったからだ。レースはマウリ・ローズとビル・ホランドのチームメイトが前年に続いて１−２フィニッシュした。今回はチームオーダーも勘違いもなく、ローズが終盤57周をリードし、３人目の３勝ドライバーとなる。75周リードしたテッド・ホーンは４位、９大会連続４位以上となるが、同年10月デュクォーインで事故死した。

６輪車“パット・クランシーSpl.”は12位完走。カーティス・クラフト2000がベース

マウリ・ローズ(ブルークラウン・スパークプラグSpl.)　192.821km/h　オーナー：Lou Moore　ファイアストン

第32回●1948年５月31日○200周＝500マイル（804.670km）

Pos.	No	Driver	Driver	Nat.	Car Name	Chassis	Drive	Engine	Cyl.	Dis.	Laps	Time	Speed	Prize Money	Speed	Qfy.
1	3	M. ローズ	Rose, Mauri	USA	Blue Crown Spark Plug	ダイト	F/FWD	オッフィー	L4	4.5	200	4:10′23″33	119.814	42,800	129.129	3
2	2	B. ホランド	Holland, Bill	USA	Blue Crown Spark Plug	ダイト	F/FWD	オッフィー	L4	4.4	200	4:11′47″40	119.147	19,100	129.515	2
3	54	D. ネイロン	Nalon, Duke	USA	Novi Grooved Piston	KK	F/FWD	ノーヴァイ	V8	3.0s	200	4:14′09″78	118.034	15,675	131.603	11
4	1	T. ホーン	Horn, Ted	USA	Bennett Brothers	マセラーティ 8CTF	F/RWD	マセラーティ	L8	2.9s	200	4:14′30″47	117.844	16,175	126.565	5
5	35	M. ヘリングズ	Hellings, Mack	USA	Don Lee	KK2000	F/RWD	オッフィー	L4	4.4	200	4:24′38″52	113.361	7,675	127.968	21
6	63	H. コール	Cole, Hal	USA	City of Tacoma	KK2000	F/RWD	オッフィー	L4	4.0	200	4:28′50″86	111.587	5,425	124.391	14
7	91	L. ワラード	Wallard, Lee	USA	Iddings	メイヤー	F/RWD	オッフィー	L4	3.8	200	4:34′47″00	109.177	5,040	128.420	28
8	33	J. マウロ	Mauro, Johnny	USA	Phil Kraft Alfa Romeo	アルファロメオ308	F/RWD	アルファロメオ	L8	3.0s	198	走行中		4,115	121.790	27
9	7	T. ヒナーシッツ	Hinnershitz, Tommy	USA	Kurtis-Kraft	KK	F/RWD	オッフィー	L4	4.4	198	走行中		4,270	125.122	23
10	61	J. ジャクソン	Jackson, Jimmy	USA	Howard Keck	ダイト	F/FWD	オッフィー	L4	4.4	193	スピンドル		4,120	127.510	4
11	4	C. ヴァン・アッカー	Van Acker, Charles	USA	City of South Bend	スティーヴンズ	F/RWD	オッフィー	L4	4.4	192	走行中		3,120	125.440	12
12	19	B. デヴォア	DeVore, Billy	USA	Pat Clancy	KK	F/6輪RWD	オッフィー	L4	4.4	190	走行中		2,930	123.967	20
13	98	J. マンツ	Mantz, Johnny	USA	Agajanian	KK2000	F/RWD	オッフィー	L4	4.4	185	走行中		2,230	122.791	8
14	6	T. ベッテンハウゼン	Bettenhausen, Tony	USA	Belanger Motors	スティーヴンズ	F/RWD	オッフィー	L4	4.4	167	クラッチ		2,560	126.396	22
15	64	H. ロブソン	Robson, Hal	USA	Palmer Contruction	アダムズ	F/RWD	オッフィー	L4	4.0	164	バルブ		1,990	122.796	18
16	36	B. キャントレル	Cantrell, Bill	USA	Fageol Twin Coach	スティーヴンズ	F/RWD	ファジェオル	L6	4.5	161	ステアリング		1,870	123.733	7
17	55	J. チトウッド	Chitwood, Joie	USA	Nyquist	ショウ	F/RWD	オッフィー	L4	4.4	138	燃料タンク		2,375	124.619	10
18	53	B. シェフラー	Sheffler, Bill	USA	Jack Maurer	プロム	F/RWD	オッフィー	L4	4.4	132	プラグ		1,830	124.529	24
19	5	R. メイズ	Mays, Rex	USA	Bowes Seal Fast	KK	F/RWD	ウィンフィールド	L8	3.0s	129	燃料タンク		5,775	130.577	1
20	31	C. ミラー	Miller, Chet	USA	Don Lee Mercedes	メルセデスベンツ W154	F/RWD	メルセデスベンツ	V12	3.0s	108	オイル		2,210	127.249	19
21	52	J. マグラス	McGrath, Jack	USA	Sheffler Offy	プロム	F/RWD	オッフィー	L4	4.2	70	ストール		1,865	124.580	13
22	16	D. カーター	Carter, Duane	USA	Belanger Motors	ウェッテロス	F/RWD	オッフィー	L4	4.4	59	ホイール外れ/アクシデント		1,960	126.015	29
23	26	F. アガベイシャン	Agabashian, Fred	USA	Ross Page	KK	F/RWD	デュレイ	L4	3.0s	58	オイルライン		1,580	122.737	32
24	34	L. アンダーソン	Anderson, Les	USA	Kennedy Tank	KK	F/RWD	オッフィー	L4	4.4	58	ギア		1,550	122.337	9
25	17	M. ハンセン	Hansen, Mel	USA	Schafer Gear Works	アダムズ	F/RWD	スパークス	L4	2.9	42	遅すぎ、失格		1,420	122.117	33
26	76	S. ハンクス	Hanks, Sam	USA	Flavell	アダムズ	F/RWD	スパークス	L6	3.0s	34	クラッチ		1,490	124.266	15
27	51	S. ウェッブ	Webb, Spider	USA	Fowle Brothers	プロム	F/RWD	オッフィー	L4	4.4	27	オイルライン		1,685	125.545	30
28	9	G. コナー	Connor, George	USA	Bennett Brothers	スティーヴンズ	F/RWD	ミラー	L8	4.4	24	ドライブシャフト		1,330	123.018	17
29	74	D. ウィリアムズ	Williams, Doc	USA	Clarke Motors	クーパー	F/FWD	オッフィー	L4	4.2	19	クラッチ/イグニッション		1,300	124.151	6
30	86	M. サレイ	Salay, Mike	USA	Terman Marine Supply	ウェッテロス	F/RWD	オッフィー	L4	4.2	13	ストール		1,470	123.393	31
31	8	E. アンドレス	Andres, Emil	USA	Tuffy's Offy	KK2000	F/RWD	オッフィー	L4	4.4	11	ステアリング		1,340	123.550	16
32	25	P. ルッソ	Russo, Paul	USA	Federal Engineering	マセラーティ 8CTF	F/RWD	マセラーティ	L8	2.9s	7	オイルもれ		1,310	122.595	25
33	65	H. マックイン	McQuinn, Harry	USA	Frank Lynch Motors	マセラーティ 8CTF	F/RWD	マセラーティ	L8	3.0s	1	スーパーチャージャー		1,180	122.154	26
ns	48	J. シャックルフォード	Shackleford, Johnny	USA	Johnston			オッフィー	L4		—	DNQ		—	121.745	—
ns	32	M. フォーア	Fohr, Myron	USA	Marchese			オッフィー	L4		—	DNQ		—	121.531	—
ns	72	S. ウェッブ	Webb, Spider	USA	Anderson Offy			オッフィー	L4		—	DNQ		—	121.421	—
ns	41	K. ファウラー	Fowler, Ken	USA	Don Lee Alfa Romeo	アルファロメオ P3	F/RWD	アルファロメオ	L8	2.9s	—	DNQ		—	120.446	—
ns	29	L. デュラント	Durant, Louis	USA	Automobiles Shippers			ミラー			—	DNQ		—	117.666	—
ns	39	A. グラナテリ	Granatelli, Andy	USA	Grancor V8			マーキュリー			—	予選４周目ストップ		—		—

1949 第33回

開催日／天候 ……… 1949年5月30日／晴れ
車両規定 ……… 非過給4500cc／過給3000cc以下
参加／決勝出走 ……… 65台／33台
優勝スピード ……… 121.327mph(195.256km/h)。2位に3′11″00差
賞金総額 ……… $178,550
ポールシッター ……… D. ネイロン　132.939mph(213.944km/h)　4′30″80＝4周合計
最速ラップ ……… 発表されず
ルーキー賞 ……… 未制定(11人)
リード・チェンジ ……… 3回／4人。1－23＝ネイロン、24－35＝メイズ、36－54＝ワラード、55－200＝ホランド
リリーフ ……… No.9 Walt Brown、No.38 Mel Hansen

3年連続でルー・ムーア陣営のマウリ・ローズとビル・ホランドによるトップ争いであったが、今度こそホランドが勝利を収めた。193周目ローズはトラブルによりストップ、2位を失った。そしてレース後、再度指示を守らなかったローズはクビとなる。しかしファンの関心は別のところにあった。デューク・ネイロンがレックス・メイズを僅差で抑えてポールを奪い、これでノーヴァイが1－2からのスタート。しかしレースでは二人ともその座を守れなかった。ネイロンは24周目にリア・アクスルが折れ、ターン3の外側ウォールに激突、猛火に包まれる事態に。ネイロンは大火傷を負った。メイズもその25周後にはエンジン・トラブルでリタイアとなる(6ヵ月後にデルマーで事故死)。ルーキーのジョニー・パーソンズがカーティスを駆って2位となった。インディ500がテレビ中継された最初の大会でもある。

ノーヴァイを駆るネイロンが首位快走中にクラッシュして炎上、辛うじて擦り抜けるホランド

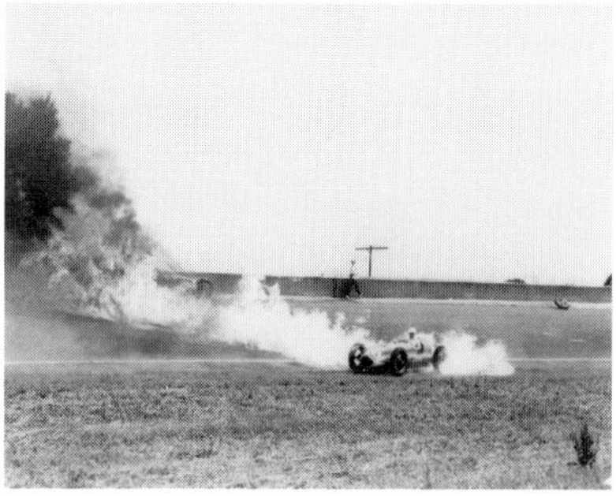

ビル・ホランド(ブルークラウン・スパークプラグSpl.)　195.256km/h　オーナー：Lou Moore　ファイアストン

第33回●1949年5月30日○200周＝500マイル(804.670km)

Pos.	No	Driver	Driver	Nat.	Car Name	Chassis	Drive	Engine	Cyl.	Dis.	Laps	Time	Speed	Prize Money	Speed	Qfy.
1	7	B. ホランド	Holland, Bill	USA	Blue Crown Spark Plug	ダイト	F/FWD	オッフィー	L4	4.4	200	4:07′15″97	121.327	51,575	128.673	4
2	12	J. パーソンズ	Parsons, Johnnie	USA	Kurtis-Kraft	KK	F/RWD	オッフィー	L4	4.4	200	4:10′26″97	119.785	18,250	132.900	12
3	22	G. コナー	Connor, George	USA	Blue Crown Spark Plug	レソヴスキー	F/RWD	オッフィー	L4	4.4	200	4:10′50″78	119.595	11,675	128.228	6
4	2	M. フォーア	Fohr, Myron	USA	Marchese	マーチェス	F/RWD	オッフィー	L4	4.4	200	4:12′32″65	118.791	8,575	129.776	13
5	77	J. チトウッド	Chitwood, Joie	USA	Wolfe	KK2000	F/RWD	オッフィー	L4	4.4	200	4:12′36″97	118.757	6,950	126.863	16
6	61	J. ジャクソン	Jackson, Jimmy	USA	Howard Keck	ダイト	F/FWD	オッフィー	L4	4.4	200	4:14′31″00	117.870	5,625	128.023	7
7	98	J. マンツ	Mantz, Johnny	USA	Agajanian	KK2000	F/RWD	オッフィー	L4	4.4	200	4:16′06″01	117.142	4,690	127.786	9
8	19	P. ルッソ	Russo, Paul	USA	Tuffy's Offy	シルンズ	F/RWD	オッフィー	L4	4.4	200	4:28′11″28	111.862	4,940	129.487	19
9	9	E. アンドレス	Andres, Emil	USA	Tuffy's Offy	シルンズ	F/RWD	オッフィー	L4	4.4	197	走行中		4,420	126.042	32
10	71	N. ハウザー	Houser, Norm	USA	Troy Oil Co.	ラングレイ	F/RWD	オッフィー	L4	4.0	181	走行中		4,075	127.756	24
11	68	J. ラスマン	Rathmann, Jim	USA	Pioneer Auto Repair	ウェッテロス	F/RWD	オッフィー	L4	4.4	175	走行中		3,195	126.516	21
12	64	T. ラットマン	Ruttman, Troy	USA	Carter	ウェッテロス	F/RWD	オッフィー	L4	4.4	151	走行中		3,150	125.945	18
13	3	M. ローズ	Rose, Mauri	USA	Blue Crown Spark Plug	ダイト	F/FWD	オッフィー	L4	4.4	192	マグネトー		2,695	127.759	10
14	17	D. カーター	Carter, Duane	USA	Belanger Motors	スティーヴンズ	F/RWD	オッフィー	L4	4.4	182	ステアリング		2,610	128.233	5
15	29	D. ディンズモア	Dinsmore, Duke	USA	Norm Olson	オルソン	F/RWD	オッフィー	L4	4.4	174	ラジアスロッド		2,565	127.750	15
16	8	M. ヘリングズ	Hellings, Mack	USA	Don Lee	KK2000	F/RWD	オッフィー	L4	4.4	172	バルブ		2,570	128.260	14
17	4	B. シェフラー	Sheffler, Bill	USA	Sheffler	ブロム	F/RWD	オッフィー	L4	4.4	160	コンロッド		2,175	128.521	22
18	32	J. マクドウェル	McDowell, Johnny	USA	Iddings	メイヤー	F/RWD	オッフィー	L4	3.8	142	マグネトー		2,005	126.139	28
19	14	H. コール	Cole, Hal	USA	Grancor	KK2000	F/RWD	オッフィー	L4	3.6	117	ベアリング		1,975	127.168	11
20	38	G. フォンダー	Fonder, George	USA	Ray Brady	アダムズ	F/RWD	スパークス	L6	3.0s	116	バルブ		1,945	127.289	25
21	74	B. キャントレル	Cantrell, Bill	USA	Kennedy Tank	KK	F/RWD	オッフィー	L4	4.5	95	ドライブシャフト		2,315	127.191	30
22	57	J. ホームズ	Holmes, Jackie	USA	Pat Clancy	KK	F/6輪RWD	オッフィー	L4	4.4	65	ドライブシャフト		2,410	128.087	17
23	6	L. ワラード	Wallard, Lee	USA	IRC Maserati	マセラーティ 8CTF	F/RWD	マセラーティ	L8	3.0s	55	ギア		4,405	128.912	20
24	69	B. レヴレット	Levrett, Bayliss	USA	Wynn's Oil	KK2000	F/RWD	オッフィー	L4	4.4	52	プラグ		2,375	129.236	29
25	5	R. メイズ	Mays, Rex	USA	Novi Mobil	KK	F/FWD	ノーヴァイ	V8	3.0s	48	エンジン		3,470	129.552	2
26	33	J. マグラス	McGrath, Jack	USA	City of Tacoma	KK2000	F/RWD	オッフィー	L4	4.0	39	オイル・ポンプ		2,115	128.884	3
27	15	F. アガベイシャン	Agabashian, Fred	USA	IRC Maserati	マセラーティ 8CL	F/RWD	マセラーティ	L8	3.0s	38	オーバーヒート		2,035	127.007	31
28	52	M. アユロ	Ayulo, Manuel	USA	Sheffler	ブロム	F/RWD	オッフィー	L4	4.2	24	コンロッド		1,805	125.799	33
29	54	D. ネイロン	Nalon, Duke	USA	Novi Mobil	KK	F/FWD	ノーヴァイ	V8	3.0s	23	リア・アクスル/アクシデント		5,650	132.939	1
30	18	S. ハンクス	Hanks, Sam	USA	Love Machine & Tool	KK2000	F/RWD	オッフィー	L4	4.4	20	オイルもれ		1,645	127.809	23
31	10	C. ヴァン・アッカー	Van Acker, Charles	USA	Redmer	スティーヴンズ	F/RWD	オッフィー	L4	4.4	10	アクシデント		1,615	126.524	27
32	26	G. リンチ	Lynch, George	USA	Automobile Shippers	ラッシー	F/RWD	オッフィー	L4	4.4	1	アクシデント		1,585	127.823	8
33	37	S. ウェッブ	Webb, Spider	USA	Grancor	ブロム	F/RWD	オッフィー	L4	4.4	0	ミッション		1,555	127.002	26
ns	34	R. プラット	Pratt, Ralph	USA	Belanger Motors		F/RWD	オッフィー	L4		—	DNQ		—	125.764	—
ns	46	T. ベッテンハウゼン	Bettenhausen, Tony	USA	Flavell		F/RWD	スパークス			—	DNQ		—	125.764	—
ns	65	D. ウィリアムズ	Williams, Doc	USA	Tom Sarafoff		F/RWD	オッフィー	L4		—	DNQ		—	125.161	—
ns	16	T. ベッテンハウゼン	Bettenhausen, Tony	USA	Mauro Alfa Romeo	アルファロメオ308	F/RWD	アルファロメオ	L8		—	DNQ		—	125.156	—
ns	36	B. キャントレル	Cantrell, Bill	USA	Fageol's Twin Coach	ファジェオル	F&R/4WD	オッフィー2機	L4×2		—	DNQ		—	125.022	—
ns	21	H. バンクス	Banks, Henry	USA	Federal Engineering Detroit		F/RWD	オッフィー	L4		—	DNQ		—	124.939	—
ns	42	L. トメイ	Tomei, Louis	USA	Worline		F/FWD	オッフィー	L4		—	DNQ		—	120.846	—
ns	43	P. フレハーティ	Flaherty, Pat	USA	Grancor V8			マーキュリー			—	DNQ		—	120.846	—
ns	73	M. アユロ	Ayulo, Manuel	USA	Karl Hall		F/RWD	オッフィー	L4		—	DNQ		—	120.490	—
ns	35	H. バンクス	Banks, Henry	USA	Federal Engineering Detroit	マセラーティ 8CTF	F/RWD	マセラーティ	L8		—	DNQ		—	94.867	—

1950 第34回

開催日／天候　1950年５月30日／晴れ→雨で短縮終了
車両規定　非過給4500cc／過給3000cc以下
参加／決勝出走　68台／33台
優勝スピード　124.022mph(199.594km/h)。コーション下で終了
賞金総額　$200,207
ポールシッター　W. フォークナー 134.343mph(216.204km/h) 4′27″97＝４周合計
最速ラップ　発表されず
ルーキー賞　未制定(９人)
リード・チェンジ　６回／３人。1－9＝ローズ、10－32＝パーソンズ、33＝ローズ、34－104＝パーソンズ、105－109＝ローズ、110－117＝ホランド、118－138＝パーソンズ
リリーフ　No.17 Tony Bettenhausen、No.12 Fred Agabashian、No.24 Bill Cantrell

突然の大雨により短縮終了。実はレース前、ジョニー・パーソンズ(カーティス)のエンジン・ブロックに小さなクラックが入っていることが見つかった。500マイル完走は無理と読んだチームは、ラップ賞金狙いで敢えて先行策を採り、より強力なダイト・オッフィーを駆るマウリ・ローズとビル・ホランドを相手にトップ争いを展開、118周目には首位を奪う。そこへ突然の豪雨、そのままレース終了。ひびの入ったエンジンは345マイルの激走に耐えた。２位ホランドのインディでの４回の結果は、優勝１回と２位３回という堂々たるものとなる。予選ではダートカーを駆るルーキーのウォルト・フォークナーが134.343mphという新記録でポールを奪う。この年の５月、会場で話題をさらったのは俳優クラーク・ゲーブルの存在だった。映画『To Please a Lady』撮影のため滞在し続けたからだ。

大物映画俳優のクラーク・ゲーブルもレース好き、撮影の合間にインディカーに乗ってみた

ジョニー・パーソンズ(ウィンズ・フリクションプルーフィングSpl.)　199.594km/h　オーナー：Kurtis-Kraft, Inc.　ファイアストン

第34回●1950年５月30日○138周＝345マイル(555.222km)

Pos.	No	Driver	Driver	Nat.	Car Name	Chassis	Drive	Engine	Cyl.	Dis.	Laps	Time	Speed	Prize Money	Speed	Qfy.
1	1	J. パーソンズ	Parsons, Johnnie	USA	Wynn's Friction Proofing	KK	F/RWD	オッフィー	L4	4.4	138	2:46′55″97	124.002	57,459	132.044	5
2	3	B. ホランド	Holland, Bill	USA	Blue Crown Spark Plug	ダイト	F/FWD	オッフィー	L4	4.4	137	2:47′33″97	122.638	21,899	130.482	10
3	31	M. ローズ	Rose, Mauri	USA	Howard Keck	ダイト	F/FWD	オッフィー	L4	4.4	137	2:48′44″96	121.778	15,269	132.319	3
4	54	C. グリーン	Green, Cecil	USA	John Zink	KK3000	F/RWD	オッフィー	L4	4.4	137	2:48′45″97	121.766	10,964	132.910	12
5	17	J. チトウッド	Chitwood, Joie	USA	Wolfe	KK2000	F/RWD	オッフィー	L4	4.4	136	2:47′32″99	121.755	8,789	130.757	9
6	8	L. ワラード	Wallard, Lee	USA	Blue Crown Spark Plug	ムーア	F/RWD	オッフィー	L4	4.4	136	2:48′34″97	121.009	6,864	132.436	23
7	98	W. フォークナー	Faulkner, Walt	USA	Grant Piston Ring	KK2000	F/RWD	オッフィー	L4	4.4	135	2:47′13″55	121.094	7,664	134.343	1
8	5	G. コナー	Connor, George	USA	Blue Crown Spark Plug	レソヴスキー	F/RWD	オッフィー	L4	4.4	135	2:47′14″19	121.086	5,039	132.163	4
9	7	P. ルッソ	Russo, Paul	USA	Russo-Nichels	ニチェルズ	F/RWD	オッフィー	L4	4.4	135	2:48′48″32	119.961	4,989	130.790	19
10	59	P. フレハーティ	Flaherty, Pat	USA	Granatelli-Sabourin	KK3000	F/RWD	オッフィー	L4	4.4	135	2:48′49″02	119.952	4,639	129.608	11
11	2	M. フォーア	Fohr, Myron	USA	Bardahl	マーチェス	F/RWD	オッフィー	L4	4.4	133	走行中		3,734	131.714	16
12	18	D. カーター	Carter, Duane	USA	Belanger Motors	スティーヴンズ	F/RWD	オッフィー	L4	2.9s	133	走行中		3,464	131.666	13
13	15	M. ヘリングズ	Hellings, Mack	USA	Tuffy's Offy	シルンズ	F/RWD	オッフィー	L4	4.4	132	走行中		2,979	130.687	26
14	49	J. マグラス	McGrath, Jack	USA	Hinkle	KK3000	F/RWD	オッフィー	L4	4.4	131	スピン		2,799	131.868	6
15	55	T. ラットマン	Ruttman, Troy	USA	Bowes Seal Fast	レソヴスキー	F/RWD	オッフィー	L4	4.4	130	走行中		2,979	131.912	24
16	75	G. ハートレイ	Hartley, Gene	USA	Troy Oil	ラングレイ	F/RWD	オッフィー	L4	4.4	128	走行中		2,509	129.213	31
17	22	J. デイヴィーズ	Davies, Jimmy	USA	Pat Clancy	エウィング	F/RWD	オッフィー	L4	4.4	128	走行中		2,339	130.402	27
18	62	J. マクドウェル	McDowell, Johnny	USA	Pete Wales	KK2000	F/RWD	オッフィー	L4	3.9	128	走行中		2,769	129.692	33
19	4	W. ブラウン	Brown, Walt	USA	Tuffy's Offy	シルンズ	F/RWD	オッフィー	L4	4.4	127	走行中		2,339	130.454	20
20	21	S. ウェッブ	Webb, Spider	USA	Fadely-Anderson	マセラーティ 8CTF	F/RWD	オッフィー	L4	4.4	126	走行中		2,509	129.748	14
21	81	J. ホイト	Hoyt, Jerry	USA	Morris	KK2000	F/RWD	オッフィー	L4	4.4	125	走行中		2,379	129.520	15
22	27	W. エイダー	Ader, Walt	USA	Sampson	レー	F/RWD	オッフィー	L4	2.9s	123	走行中		2,149	129.940	29
23	77	J. ホームズ	Holmes, Jackie	USA	Norm Olson	オルソン	F/RWD	オッフィー	L4	4.4	123	スピン		2,119	129.697	30
24	76	J. ラスマン	Rathmann, Jim	USA	Pioneer Auto Repair	ウェッテロス	F/RWD	オッフィー	L4	4.4	122	走行中		2,089	129.959	28
25	12	H. バンクス	Banks, Henry	USA	I.R.C.	マセラーティ 8CL	F/RWD	オッフィー	L4	3.0s	112	走行中		2,059	129.646	21
26	67	B. シンドラー	Schindler, Bill	USA	Automobile Shippers	ラッシー	F/RWD	オッフィー	L4	4.4	111	Uジョイント		2,604	132.690	22
27	24	B. レヴレット	Levrett, Bayliss	USA	Palmer	アダムズ	F/RWD	オッフィー	L4	4.4	108	油圧低下		2,424	131.181	17
28	28	F. アガベイシャン	Agabashian, Fred	USA	Wynn's Friction Proofing	KK3000	F/RWD	オッフィー	L4	2.9s	64	オイル・ライン		2,444	132.792	2
29	61	J. ジャクソン	Jackson, Jimmy	USA	Cummins Diesel	KK	F/RWD	カミンズ	L6	6.6s	52	スーパーチャージャー		1,939	129.208	32
30	23	S. ハンクス	Hanks, Sam	USA	Merz Engineering	KK2000	F/RWD	オッフィー	L4	4.4	42	油圧低下		2,134	131.593	25
31	14	T. ベッテンハウゼン	Bettenhausen, Tony	USA	Blue Crown Spark Plug	ダイト	F/FWD	オッフィー	L4	4.4	30	ホイール・ベアリング		1,879	130.947	8
32	45	D. ラスマン	Rathmann, Dick	USA	City of Glendale	ワトソン	F/RWD	オッフィー	L4	4.3	25	ストール		2,149	130.928	18
33	69	D. ディンズモア	Dinsmore, Duke	USA	Brown Motor Co.	KK2000	F/RWD	オッフィー	L4	4.4	10	オイルもれ		1,844	131.066	7
ns	66	C. グリフィス	Griffith, Cliff	USA	Tom Sarafoff	ミラー	F/RWD	オッフィー	L4	4.4	—	DNQ		—	129.014	—
ns	26	G. フォンダー	Fonder, George	USA	Ray Brady	ダイト		スパークス	L6	3.0s	—	DNQ		—	127.918	—
ns	63	J. ジェイムズ	James, Joe	USA	Esmerelda	KK2000	F/RWD	オッフィー	L4	4.4	—	DNQ		—	127.438	—
ns	82	J. ジェイムズ	James, Joe	USA	Bob Estes Lincoln-Mercury	ウェイデル		マーキュリー	8	4.4	—	DNQ		—	124.176	—
ns	79	C. レイトン	Leighton, Chuck	USA	Cantarano	ウェイン		シヴォレー	6	4.4	—	DNQ		—	121.065	—
ns	85	M. アユロ	Ayulo, Manuel	USA	Coast Grain	マセラーティ	F/RWD	オッフィー	L4	4.4	—	DNQ		—	120.000	—

1951 第35回

開催日／天候……1951年5月30日／晴れ
車両規定……非過給4500cc／過給3000cc以下
参加／決勝出走……72台／33台
優勝スピード……126.244mph(203.170km/h)。2位に1′47″26差
賞金総額……$207,396
ポールシッター……D. ネイロン　136.498mph(219.672km/h)　4′23″74＝4周合計
最速ラップ……L. ワラード　133.809mph(215.344km/h)　1′07″26　23周目
ルーキー賞……未制定(12人)
リード・チェンジ……9回／4人。1－2＝ワラード、3－4＝マグラス、5－6＝ワラード、7－15＝マグラス、16－26＝ワラード、27＝グリーン、28－51＝ワラード、52－76＝デイヴィーズ、77－80＝グリーン、81－200＝ワラード
リリーフ……No.9 Manuel Ayulo

必ずしも最速の車やベスト・ドライバーが勝つとは限らないのがインディの難しいところ。この年がその好例だ。レース中の事故は1件しかなかったが(マウリ・ローズ引退)、完走車はたった8台だけだった。各車次々とメカニカル・トラブルの犠牲となったのだ。東海岸のスプリントカー・レーサー、40歳のリー・ワラードがダート用の小柄なカーティス・オッフィーを駆り、ジャック・マグラスとの接戦の後に優勝、彼の車もまた、後輪のショック・マウントと排気管が壊れ、最後の12周はブレーキが利かない状態での走行だった。それでも所要時間4時間を切った最初の男となる(1週間後、レディングでのスプリントカーで大火傷)。1949年の火災事故後デューク・ネイロンが再度ノーヴァイV8を駆ってカムバック、ポールを奪ってみせた。2台のノーヴァイV8以外は全車オッフィー4気筒を搭載。

公開ドライバーズミーティングはグリッド順に整列。1列目右からネイロン、ワラード、マグラス

リー・ワラード(ベランジャー・モーターズSpl.)　203.170km/h　オーナー：Murrell Belanger　ファイアストン

第35回●1951年５月30日○200周＝500マイル(804.670km)

Pos.	No	Driver	Driver	Nat.	Car Name	Chassis	Drive	Engine	Cyl.	Dis.	Laps	Time	Speed	Prize Money	Speed	Qfy.
1	99	L. ワラード	Wallard, Lee	USA	Belanger Motors	KK	F/RWD	オッフィー	L4	3.9	200	3:57′38″05	126.244	63,612	135.039	2
2	83	M. ナツァラク	Nazaruk, Mike	USA	Jim Robbins	KK	F/RWD	オッフィー	L4	4.4	200	3:59′25″31	125.302	21,362	132.183	7
3	9	J. マグラス	McGrath, Jack	USA	Hinkle	KK3000	F/RWD	オッフィー	L4	4.4	200	4:00′29″42	124.745	14,962	134.303	3
4	57	A. リンデン	Linden, Andy	USA	Leitenberger	シルンズ-シャーマン	F/RWD	オッフィー	L4	4.4	200	4:02′18″06	123.812	10,012	132.226	31
5	52	B. ボール	Ball, Bobby	USA	Blakely Oil	シュレーダー	F/RWD	オッフィー	L4	4.4	200	4:02′30″27	123.709	8,612	134.098	29
6	1	H. バンクス	Banks, Henry	USA	Blue Crown Spark Plug	ムーア	F/RWD	オッフィー	L4	4.4	200	4:03′18″02	123.304	6,962	133.899	17
7	68	C. フォーバーグ	Forberg, Carl	USA	Automobile Shippers	KK3000	F/RWD	オッフィー	L4	4.4	193	走行中		5,862	132.890	24
8	27	D. カーター	Carter, Duane	USA	Mobilgas	ダイト	F/FWD	オッフィー	L4	4.5	180	走行中		5,162	133.749	4
9	5	T. ベッテンハウゼン	Bettenhausen, Tony	USA	Mobiloil	ダイト	F/FWD	オッフィー	L4	4.4	178	スピン		4,662	131.950	9
10	18	D. ネイロン	Nalon, Duke	USA	Novi Purelube	KK	F/FWD	ノーヴァイ	V8	3.0s	151	ストール		5,062	136.498	1
11	69	G. フォース	Force, Gene	USA	Brown Motor Co.	KK2000	F/RWD	オッフィー	L4	4.4	142	油圧低下		3,182	133.102	22
12	25	S. ハンクス	Hanks, Sam	USA	Schmidt	KK3000	F/RWD	オッフィー	L4	4.4	135	スピン		3,412	132.998	12
13	10	B. シンドラー	Schindler, Bill	USA	Chapman	KK2000	F/RWD	オッフィー	L4	4.4	129	コンロッド		3,142	134.033	16
14	16	M. ローズ	Rose, Mauri	USA	Pennzoil	ダイト	F/FWD	オッフィー	L4	4.4	126	アクシデント		3,022	133.422	5
15	2	W. フォークナー	Faulkner, Walt	USA	Agajanian Grant Piston Ring	クヅマ	F/RWD	オッフィー	L4	4.4	123	クランクシャフト		4,552	136.872	14
16	76	J. デイヴィーズ	Davies, Jimmy	USA	Parks	シルンズ-ポール	F/RWD	オッフィー	L4	4.4	110	リアエンド・ギア		5,482	133.516	27
17	59	F. アガベイシャン	Agabashian, Fred	USA	Granatell-Bardahl	KK3000	F/RWD	オッフィー	L4	4.4	109	クラッチ		2,862	135.029	11
18	73	C. スカーボロー	Scarborough, Carl	USA	McNamara	KK2000	F/RWD	オッフィー	L4	4.4	100	アクスル		2,642	135.614	15
19	71	B. マッケイ	Mackey, Bill	USA	Karl Hall	スティーヴンズ	F/RWD	オッフィー	L4	4.4	97	クラッチ		2,212	131.473	33
20	8	C. スティーヴンソン	Stevenson, Chuck	USA	Bardahl	マーチェス	F/RWD	オッフィー	L4	4.4	93	火災		2,182	133.764	19
21	3	J. パーソンズ	Parsons, Johnnie	USA	Wynn's Friction Proofing	KK3000	F/RWD	オッフィー	L4	4.4	87	マグネトー		2,252	132.154	8
22	4	C. グリーン	Green, Cecil	USA	John Zink	KK3000	F/RWD	オッフィー	L4	4.4	80	コンロッド		2,622	131.892	10
23	98	T. ラットマン	Ruttman, Troy	USA	Agajanian Featherweight	KK2000	F/RWD	オッフィー	L4	4.4	78	ベアリング		2,092	132.314	6
24	6	D. ディンズモア	Dinsmore, Duke	USA	Brown Motor Co.	シュレーダー	F/RWD	オッフィー	L4	4.4	73	オーバーヒート		2,162	131.974	32
25	32	C. ミラー	Miller, Chet	USA	Novi Purelube	KK	F/FWD	ノーヴァイ	V8	3.0s	56	イグニッション		2,532	135.798	28
26	44	W. ブラウン	Brown, Walt	USA	Federal Engineering	KK3000	F/RWD	オッフィー	L4	4.4	55	マグネトー		2,302	131.907	13
27	48	R. ウォード	Ward, Rodger	USA	Deck Manufacturing Co.	ブロム	F/RWD	オッフィー	L4	4.4	34	オイルライン		2,472	134.867	25
28	23	C. グリフィス	Griffith, Cliff	USA	Morris	KK2000	F/RWD	オッフィー	L4	4.4	30	アクスル		2,042	133.839	18
29	81	B. ヴコヴィッチ	Vukovich, Bill	USA	Central Excavating	トレヴィス	F/RWD	オッフィー	L4	4.4	29	オイルタンク		1,912	133.725	20
30	22	G. コナー	Connor, George	USA	Blue Crown Spark Plug	レソヴスキー	F/RWD	オッフィー	L4	4.4	29	Uジョイント		1,882	133.353	21
31	19	M. ヘリングズ	Hellings, Mack	USA	Tuffanelli-Derrico	ダイト	F/FWD	オッフィー	L4	4.4	18	ピストン		1,852	132.925	23
32	12	J. マクドウェル	McDowell, Johnny	USA	W&J	マセラーティ 8CTF	F/RWD	オッフィー	L4	3.0s	15	燃料タンク		2,222	132.475	26
33	26	J. ジェイムズ	James, Joe	USA	Bob Estes Lincoln-Mercury	ワトソン	F/RWD	オッフィー	L4	4.4	8	ドライブシャフト		2,092	134.098	30
ns	37	B. スウェイカート	Sweikert, Bob	USA	Marion Engineering	KK2000	F/RWD	オッフィー	L4		—	DNQ		—	131.224	—
ns	31	M. アユロ	Ayulo, Manuel	USA	Coast Grain	レソヴスキー	F/RWD	オッフィー	L4		—	DNQ		—	131.128	—
ns	64	F. アーミ	Armi, Frank	USA	Bardahl/Page	KK	F/RWD	デュレイ	4	3.0s	—	DNQ		—	130.842	—
ns	24	J. ホームズ	Holmes, Jackie	USA	Palmer	アダムズ		オッフィー	L4		—	DNQ		—	129.259	—
ns	46	B. レヴレット	Levrett, Bayliss	USA	Hunt Magneto/Safety Seal	シルンズ	F/RWD	オッフィー	L4		—	DNQ		—	128.329	—
ns	53	G. フォンダー	Fonder, George	USA	Hancok Dome	シュレーダー	F/RWD	オッフィー	L4		—	DNQ		—	128.242	—
ns	14	J. ホイト	Hoyt, Jerry	USA	Pat Clancy	エウィング		オッフィー	L4		—	DNQ		—	127.700	—
ns	72	J. ブライアン	Bryan, Jimmy	USA	Viking Trailer	レソヴスキー	F/RWD	オッフィー	L4		—	DNQ		—	124.176	—
ns	7	P. ルッソ	Russo, Paul	USA	Kennedy Tank	ルッソ／Nich		オッフィー	L4		—	DNQ		—	121.914	—
ns	67	G. レイド	Reid, Gordon		Johnson-Herbert	シルンズ		シヴォレー	6		—	DNQ		—	118.234	—

1952 第36回

開催日／天候……1952年5月30日／晴れ
車両規定……非過給4500cc／過給3000cc以下
参加／決勝出走……71台／33台
優勝スピード……128.922mph（207.479km/h）。2位に4′02″36差
賞金総額……$230,094
ポールシッター……F. アガベイシャン　138.010mph（222.105km/h）　4′20″85＝4周合計
最速ラップ……B. ヴコヴィッチ　135.135mph（217.478km/h）　1′06″60　8周目
ルーキー賞……アート・クロス（8人中）
リード・チェンジ……8回／3人。1－6＝マグラス、7－11＝ヴコヴィッチ、12＝ラットマン、13－61＝ヴコヴィッチ、62－82＝ラットマン、83－134＝ヴコヴィッチ、135－147＝ラットマン、148－191＝ヴコヴィッチ、192－200＝ラットマン
リリーフ……なし

“ロードスター”時代が幕開けした。ハワード・ケックのチームから出場した、エンジンを37度右に傾けて低座席としたロードスター（カーティス‐クラフト500A）に乗ったビル・ヴコヴィッチが150周にわたってレースをリードした。しかし勝利目前だった残り8周でステアリングピンが壊れてストップ、勝利をJ. C. アガジャニアン・チームのクヅマを駆るトロイ・ラットマンに手渡してしまう。巨漢ラットマンは22歳80日の最年少優勝記録保持者に。イタリアのフェラーリがインディに初出場、1952～53年世界王者となるアルベルト・アスカーリがV12エンジン車で参戦した。しかし彼のレースは41周目、右後輪のワイヤーホイールが壊れたことで終わった。予選ではカミンズ・ディーゼル＋過給（初のターボチャージャー）がポールシッター。初出場ドライバーを対象とするルーキー賞がこの年から始まった。

予選1位はカミンズ・ディーゼル＋過給機をカーティス・シャシーに搭載。アガベイシャンが駆る

トロイ・ラットマン（アガジャニアンSpl.）　207.479km/h　オーナー：J. C. Agajanian　ファイアストン

第36回●1952年 5 月30日○200周＝500マイル(804.670km)

Pos.	No	Driver	Driver	Nat.	Car Name	Chassis	Drive	Engine	Cyl.	Dis.	Laps	Time	Speed	Prize Money	Speed	Qfy.
1	98	T. ラットマン	Ruttman, Troy	USA	Agajanian	クヅマ	F/RWD	オッフィー	L4	4.3	200	3:52′41″88	128.922	61,743	135.364	7
2	59	J. ラスマン	Rathmann, Jim	USA	Grancor-Wynn's Oil	KK3000	F/RWD	オッフィー	L4	4.4	200	3:56′44″24	126.723	24,368	136.343	10
3	18	S. ハンクス	Hanks, Sam	USA	Bardahl	KK3000	F/RWD	オッフィー	L4	4.3	200	3:58′53″48	125.580	14,768	135.736	5
4	1	D. カーター	Carter, Duane	USA	Belanger Motors	レソヴスキー	F/RWD	オッフィー	L4	4.3	200	3:59′30″21	125.259	11,818	135.522	6
5	33	A. クロス	Cross, Art	USA	Bowes Seal Fast	KK4000	F/RWD	オッフィー	L4	4.4	200	4:01′22″08	124.292	9,718	134.288	20
6	77	J. ブライアン	Bryan, Jimmy	USA	Schmidt	KK3000	F/RWD	オッフィー	L4	4.4	200	4:02′06″23	123.914	7,468	134.142	21
7	37	J. リース	Reece, Jimmy	USA	John Zink	KK4000	F/RWD	オッフィー	L4	4.4	200	4:03′17″15	123.312	6,368	133.993	23
8	54	G. コナー	Connor, George	USA	Federal Engineering	KK3000	F/RWD	オッフィー	L4	4.4	200	4:04′42″50	122.595	6,118	135.609	14
9	22	C. グリフィス	Griffith, Cliff	USA	Tom Sarafoff	KK2000	F/RWD	オッフィー	L4	4.3	200	4:05′05″65	122.402	5,768	136.617	9
10	5	J. パーソンズ	Parsons, Johnnie	USA	Jim Robbins	KK	F/RWD	オッフィー	L4	4.4	200	4:06′19″71	121.789	5,518	135.328	31
11	4	J. マグラス	McGrath, Jack	USA	Hinkle	KK3000	F/RWD	オッフィー	L4	4.4	200	4:07′03″62	121.428	4,263	136.663	3
12	29	J. リグズビー	Rigsby, Jim	USA	Bob Estes	ワトソン	F/RWD	オッフィー	L4	4.4	200	4:08′46″95	120.587	3,193	133.904	26
13	14	J. ジェイムズ	James, Joe	USA	Bardahl	KK4000	F/RWD	オッフィー	L4	4.3	200	4:09′37″47	120.180	2,923	134.953	16
14	7	B. シンドラー	Schindler, Bill	USA	Chapman	スティーヴンズ	F/RWD	オッフィー	L4	4.4	200	4:11′30″51	119.280	2,903	134.988	15
15	65	G. フォンダー	Fonder, George	USA	Leitenberger	シルンズ-シャーマン	F/RWD	オッフィー	L4	4.4	197	4:11′07″44	117.671	2,683	135.947	13
16	81	E. ジョンソン	Johnson, Eddie	USA	Central Excavating	トレヴィス	F/RWD	オッフィー	L4	4.4	193	4:11′23″31	115.160	2,663	133.973	24
17	26	B. ヴコヴィッチ	Vukovich, Bill	USA	Fuel Injection	KK500A	F/RWD	オッフィー	L4	4.4	191	ステアリング		18,693	138.212	8
18	16	C. スティーヴンソン	Stevenson, Chuck	USA	Springfield Welding/Clay Smith	KK4000	F/RWD	オッフィー	L4	4.3	187	4:11′42″91	111.435	2,623	136.142	11
19	2	H. バンクス	Banks, Henry	USA	Blue Crown Spark Plug	レソヴスキー	F/RWD	オッフィー	L4	4.3	184	4:11′11″83	109.874	2,693	135.962	12
20	8	M. アユロ	Ayulo, Manuel	USA	Coast Grain Co.	レソヴスキー	F/RWD	オッフィー	L4	4.4	184	4:12′17″42	109.398	2,763	135.982	28
21	31	J. マクドウェル	McDowell, Johnny	USA	McDowell	KK	F/RWD	オッフィー	L4	4.3	182	3:58′56″00	114.258	2,333	133.939	33
22	48	S. ウェッブ	Webb, Spider	USA	Granatelli Racing Enterprises	ブロム	F/RWD	オッフィー	L4	4.4	162	オイルもれ		2,603	135.952	29
23	34	R. ウォード	Ward, Rodger	USA	Federal Engineering	KK4000	F/RWD	オッフィー	L4	4.4	130	油圧低下		2,273	134.139	22
24	27	T. ベッテンハウゼン	Bettenhausen, Tony	USA	Blue Crown Spark Plug	ダイト	F/FWD	オッフィー	L4	4.4	93	スターター		2,443	135.384	30
25	36	D. ネイロン	Nalon, Duke	USA	Novi Pure Oil	KK	F/FWD	ノーヴァイ	V8	3.0s	84	スーパーチャージャー		2,413	136.188	4
26	73	B. スウェイカート	Sweikert, Bob	USA	McNamara	KK2000	F/RWD	オッフィー	L4	4.3	77	デフ		2,183	134.983	32
27	28	F. アガベイシャン	Agabashian, Fred	USA	Cummins Diesel	KK	F/RWD	カミンズ	L6	6.6dt	71	ターボチャージャー		2,653	138.010	1
28	67	G. ハートレイ	Hartley, Gene	USA	Mel-Rae	KK4000	F/RWD	オッフィー	L4	4.4	65	エグゾースト・パイプ		2,123	134.343	18
29	93	B. スコット	Scott, Bob	USA	Morris	KK2000	F/RWD	オッフィー	L4	4.4	49	ドライブシャフト		2,093	133.953	25
30	21	C. ミラー	Miller, Chet	USA	Novi Pure Oil	KK	F/FWD	ノーヴァイ	V8	3.0s	41	スーパーチャージャー		3,663	139.034	27
31	12	A. アスカーリ	Ascari, Alberto	I	Ferrari	フェラーリ375	F/RWD	フェラーリ	V12	4.4	40	ハブ/アクシデント		1,983	134.308	19
32	55	B. ボール	Ball, Bobby	USA	Ansted Rotary	スティーヴンズ	F/RWD	オッフィー	L4	4.4	34	ギア・ケース		2,003	134.725	17
33	9	A. リンデン	Linden, Andy	USA	Miracle Power	KK4000	F/RWD	オッフィー	L4	3.0s	20	オイルもれ		2,273	137.002	2
ns	66	M. ナザァラク	Nazaruk, Mike	USA	John Zink	KK3000	F/RWD	オッフィー	L4	4.4	—	DNQ		—	133.844	—
ns	61	J. ジャクソン	Jackson, Jimmy	USA	Automobile Shippers	KK3000	F/RWD	オッフィー	L4	4.4	—	DNQ		—	133.824	—
ns	96	G. フォース	Force, Gene	USA	Brown Motor Co.	シュレーダー	F/RWD	オッフィー	L4	4.4	—	DNQ		—	133.789	—
ns	88	G. ティチェナー	Tichenor, George	USA	Peter Schmidt	KK4000	F/RWD	オッフィー	L4	4.4	—	DNQ		—	133.427	—
ns	51	S. ウェッブ	Webb, Spider	USA	Blue Crown Spark Plug	ダイト	F/FWD	オッフィー	L4	4.4	—	DNQ		—	132.660	—
ns	52	B. スウェイカート	Sweikert, Bob	USA	Pat Clancy	エウィング	F/RWD	オッフィー	L4	4.4	—	DNQ		—	132.553	—

1953 第37回

開催日／天候 …… 1953年5月30日／晴れ
車両規定 …… 非過給4500cc／過給3000cc以下
参加／決勝出走 …… 82台／33台
優勝スピード …… 127.740mph(205.577km/h)。2位に3′30″87差
賞金総額 …… $246,301
ポールシッター …… B. ヴコヴィッチ 138.392mph(222.720km/h) 4′20″13＝4周合計
最速ラップ …… B. ヴコヴィッチ 135.870mph(218.661km/h) 1′06″24 27周目
ルーキー賞 …… ジミー・デイウォルト(6人中)
リード・チェンジ …… 4回／4人。1－48＝ヴコヴィッチ、49＝アガベイシャン、50＝J. ラスマン、51－53＝ハンクス、54－200＝ヴコヴィッチ
リリーフ …… No.3 Duane Carter、No.59 Paul Russo、No.2 Eddie Johnson、No.98 Chuck Stevenson→Gene Hartley、No.73 Bob Scott、No.49 Jim Rathmann、No.92 Andy Linden→Duke Dinsmore、No.23 Johnny Mantz、No.62 Johnny Thomson→Jackie Holmes、No.55 Andy Linden→Chuck Stevenson

気温33度、路面は54度以上、しかも全車フロント・エンジンゆえ各ドライバーは熱気に耐えながらの必死の走行となる。耐えられずにリリーフ・ドライバーに交代する選手が続出し、カール・スカーボロー37歳もその一人だったが、マシーンから降りるやその場に崩れ落ち、レース当日中に病院で熱中症のため亡くなった。前年150周をリードしながらも勝てなかったビル・ヴコヴィッチ(KK500A)が、ポール・スタートから全200周中195周をリードして勝利に導いた。彼はリリーフ交代を断り、まさに独走で500マイルを走り切って喝采を浴びた。上位はカーティス - クラフト・シャシーが独占した。この年からはインディアナポリス・モーター・スピードウェイ・ラジオ・ネットワークが始まり、レース前のセレモニーから優勝者インタビューまで逐一聞けるようになった。

チェッカーを受ける優勝ヴコヴィッチの“ロードスター”と周回遅れの“ダートカー”

ビル・ヴコヴィッチ(フューエルインジェクションSpl.) 205.577km/h オーナー：Howard Keck Co. ファイアストン

第37回●1953年 5 月30日○200周＝500マイル（804.670km）

Pos.	No	Driver	Driver	Nat.	Car Name	Chassis	Drive	Engine	Cyl.	Dis.	Laps	Time	Speed	Prize Money	Speed	Qfy.
1	14	B. ヴコヴィッチ	Vukovich, Bill	USA	Fuel Injection	KK500A	F/RWD	オッフィー	L4	4.4	200	3:53′01″69	128.740	89,497	138.392	1
2	16	A. クロス	Cross, Art	USA	Springfield Welding/Clay Smith	KK4000	F/RWD	オッフィー	L4	4.3	200	3:56′32″56	126.827	27,297	137.710	12
3	3	S. ハンクス	Hanks, Sam	USA	Bardahl	KK4000	F/RWD	オッフィー	L4	4.4	200	3:57′13″24	126.465	16,422	137.531	9
4	59	F. アガベイシャン	Agabashian, Fred	USA	Grancor-Elgin Piston Pin	KK500B	F/RWD	オッフィー	L4	4.4	200	3:57′40″91	126.219	12,947	137.546	2
5	5	J. マグラス	McGrath, Jack	USA	Hinkle	KK4000	F/RWD	オッフィー	L4	4.4	200	4:00′51″33	124.556	10,622	136.602	3
6	48	J. デイウォルト	Daywalt, Jimmy	USA	Sumar	KK3000	F/RWD	オッフィー	L4	4.4	200	4:01′11″88	124.379	8,197	135.747	21
7	2	J. ラスマン	Rathmann, Jim	USA	Travelon Trailer	KK500B	F/RWD	オッフィー	L4	4.4	200	4:01′47″65	124.072	6,847	135.666	25
8	12	E. マッコイ	McCoy, Ernie	USA	Chapman	スティーヴンズ	F/RWD	オッフィー	L4	4.4	200	4:03′06″23	123.404	5,947	135.926	20
9	98	T. ベッテンハウゼン	Bettenhausen, Tony	USA	Agajanian	クヅマ	F/RWD	オッフィー	L4	4.3	196	4:00′05″49	122.453	5,647	136.024	6
10	53	J. デイヴィーズ	Davies, Jimmy	USA	Pat Clancy	KK500B	F/RWD	オッフィー	L4	4.3	193	4:02′51″81	119.203	5,547	135.262	32
11	9	D. ネイロン	Nalon, Duke	USA	Novi Governor	KK	F/FWD	ノーヴァイ	V8	3.0s	191	4:00′08″71	119.303	3,317	135.461	26
12	73	C. スカーボロー	Scarborough, Carl	USA	McNamara	KK2000	F/RWD	オッフィー	L4	4.4	190	4:02′53″71	117.335	3,147	135.936	19
13	88	M. アユロ	Ayulo, Manuel	USA	Schmidt	クヅマ	F/RWD	オッフィー	L4	4.4	184	コンロッド		3,177	136.384	4
14	8	J. ブライアン	Bryan, Jimmy	USA	Blakely Oil	シュレーダー	F/RWD	オッフィー	L4	4.4	183	4:03′01″72	112.950	3,057	135.506	31
15	49	B. ホランド	Holland, Bill	USA	Crawford	KK500B	F/RWD	オッフィー	L4	4.4	177	カム・ギア		3,237	137.868	28
16	92	R. ウォード	Ward, Rodger	USA	M. A. Walker Electric	KK	F/RWD	オッフィー	L4	4.4	177	ストール		2,917	137.468	10
17	23	W. フォークナー	Faulkner, Walt	USA	Automobile Shippers	KK500A	F/RWD	オッフィー	L4	4.4	176	4:02′38″54	108.802	2,497	137.117	14
18	22	M. ティーグ	Teague, Marshall	USA	Hart Fullerton	KK4000	F/RWD	オッフィー	L4	4.4	169	オイルもれ		2,377	135.721	22
19	62	S. ウェッブ	Webb, Spider	USA	Lubri-Loy	KK3000	F/RWD	オッフィー	L4	4.4	166	オイルもれ		2,347	136.168	18
20	51	B. スウェイカート	Sweikert, Bob	USA	Dean Van Lines	クヅマ	F/RWD	オッフィー	L4	4.4	151	ラジアスロッド		2,717	136.872	29
21	83	M. ナザラク	Nazaruk, Mike	USA	Kalamazoo	ターナー	F/RWD	オッフィー	L4	4.4	146	ストール		2,287	135.706	23
22	77	P. フレハーティ	Flaherty, Pat	USA	Schmidt	KK3000	F/RWD	オッフィー	L4	4.4	115	アクシデント		2,257	135.668	24
23	55	J. ホイト	Hoyt, Jerry	USA	John Zink	KK4000	F/RWD	オッフィー	L4	4.4	107	コクピット内暑すぎ		2,227	135.731	7
24	4	D. カーター	Carter, Duane	USA	Miracle Power	レソヴスキー	F/RWD	オッフィー	L4	4.4	94	イグニッション		2,197	135.267	27
25	7	P. ルッソ	Russo, Paul	USA	Federal Engineering	KK3000	F/RWD	オッフィー	L4	4.4	89	マグネトー		2,167	136.219	17
26	21	J. パーソンズ	Parsons, Johnnie	USA	Belond Equa-Flow	KK500B	F/RWD	オッフィー	L4	4.4	86	カムシャフト		2,637	137.667	8
27	38	D. フリーランド	Freeland, Don	USA	Bob Estes	ワトソン	F/RWD	オッフィー	L4	4.4	76	アクシデント		2,107	136.867	15
28	41	G. ハートレイ	Hartley, Gene	USA	Federal Engineering	KK4000	F/RWD	オッフィー	L4	4.4	53	アクシデント		2,077	137.263	13
29	97	C. スティーヴンソン	Stevenson, Chuck	USA	Agajanian	クヅマ	F/RWD	オッフィー	L4	4.4	42	燃料もれ		2,047	136.560	16
30	99	C. ナイデイ	Niday, Cal	USA	Miracle Power	KK	F/RWD	オッフィー	L4	4.3	30	マグネトー		2,317	136.096	30
31	29	B. スコット	Scott, Bob	USA	Belond Equa-Flow	ブロム	F/RWD	オッフィー	L4	4.4	14	オイルもれ		2,187	137.431	11
32	56	J. トムソン	Thomson, Johnny	USA	Dr. Sabourin	デルロイ-アレン	F/RWD	オッフィー	L4	4.4	6	イグニッション		1,907	135.262	33
33	32	A. リンデン	Linden, Andy	USA	Cop-Sil-Loy	スティーヴンズ	F/RWD	オッフィー	L4	4.4	3	アクシデント		2,127	136.060	5
ns	26	E. ジョンソン	Johnson, Eddie	USA	City of Detroit	KK4000	F/RWD	オッフィー	L4		—	DNQ		—	135.237	—
ns	78	C. ナイデイ	Niday, Cal	USA	Storey-Ricketts	KK4000	F/RWD	オッフィー	L4		—	DNQ		—	134.927	—
ns	85	J. トラン	Tolan, Johnnie	USA	Blakely Oil	KK4000	F/RWD	オッフィー	L4		—	DNQ		—	134.852	—
ns	36	P. ゴーチャー	Goecher, Potsy	USA	Sid Street Motor Co.	パンクラッツ	F/RWD	オッフィー	L4		—	DNQ		—	134.620	—
ns	61	B. ホランド	Holland, Bill	USA	Slick Racers, Inc.	KK3000	F/RWD	オッフィー	L4		—	DNQ		—	134.439	—
ns	74	P. オコーナー	O'Connor, Pat	USA	Brown Motor Co.	シュレーダー	F/RWD	オッフィー	L4		—	DNQ		—	134.363	—
ns	64	P. オコーナー	O'Connor, Pat	USA	Engle-Stanko	KK4000	F/RWD	オッフィー	L4		—	DNQ		—	133.571	—
ns	31	L. ダンカン	Duncan, Len	USA	Caccia Motors	シュレーダー	F/RWD	オッフィー	L4		—	DNQ		—	133.487	—
ns	76	G. フォンダー	Fonder, George	USA	Leitenberger	シルンズ/シャーマン	F/RWD	オッフィー	L4		—	DNQ		—	133.457	—
ns	69	J. バーツダ	Barzda, Joe	USA	California Speed & Sport Shop	マセラーティ 8CTF	F/RWD	マセラーティ	L8	3.0s	—	DNQ		—	121.918	—

1954 第38回

開催日／天候……1954年５月31日／晴れ
車両規定……非過給4500cc／過給3000cc以下
参加／決勝出走……65台／33台
優勝スピード……130.840mph(210.566km/h)。２位に1′09″99差
賞金総額……$268,680
ポールシッター……J. マグラス　141.033mph(226.970km/h)　4′15″26＝４周合計
最速ラップ……J. マグラス　140.537mph(226.172km/h)　1′04″04　29周目
ルーキー賞……ラリー・クロケット(６人中)
リード・チェンジ……12回／６人。1－44＝マグラス、45－50＝デイウォルト、51－54＝クロス、55＝デイウォルト、56－59＝クロス、60＝デイウォルト、61＝ヴコヴィッチ、62＝ハンクス、63－88＝ブライアン、89－91＝マグラス、92－129＝ヴコヴィッチ、130－149＝ブライアン、150－200＝ヴコヴィッチ
リリーフ……No.34 Duane Carter、No.5 Jerry Hoyt、No.45 Johnnie Parsons→Sam Hanks→Andy Linden→Jimmy Davies、No.98 Walt Faulkner、No.16 Jimmy Jackson→Marshall Teague→Tony Bettenhausen、No.27 Bob Scott、No.71 George Fonder、No.1 Jimmy Davies→Jim Rathmann、No.12 Eddie Johnson、No.31 Marshall Teague、No.43 Andy Linden→Bill Homeir、No.74 Bob Scott、No.38 Pat Flaherty、No.65 Danny Kladis、No.33 George Fonder

この年も猛暑となる。序盤はPPのジャック・マグラスとジミー・ブライアンの争い。連勝を目指す本命ビル・ヴコヴィッチは予選でトラブルに見舞われ７列目19位からの後方スタートとなるが、決勝ではぐんぐん順位を上げ、61周目にはトップに立つ。レース終盤51周はトップを走り、ブライアンとのファイトを退け、ハワード・ケック陣営KK500Aロードスターの連覇を達成した。インディ500連覇はウィルバー・ショウとマウリ・ローズに次ぐ３人目となる。そのショウは運営の要職に在ったこの年の秋、プライベート機の墜落により52歳の誕生日前日に他界してしまう。一台だけエントリーしていたノーヴァイ・エンジンが予選落ちした結果、決勝出走全車33台が同一エンジン(オッフェンハウザー製)というインディ500史上初の事態となった。11位の車は５人交代でようやく走り切った。

レースを終えて疲れ切った様子の優勝者ヴコヴィッチ。４時間500マイル全開走行は過酷そのもの

ビル・ヴコヴィッチ(フューエルインジェクションSpl.)　210.566km/h　オーナー：Howard Keck Co.　ファイアストン

第38回●1954年 5 月31日○200周＝500マイル（804.670km）

Pos.	No	Driver	Driver	Nat.	Car Name	Chassis	Drive	Engine	Cyl.	Dis.	Laps	Time	Speed	Prize Money	Speed	Qfy.
1	14	B. ヴコヴィッチ	Vukovich, Bill	USA	Fuel Injection	KK500A	F/RWD	オッフィー	L4	4.4	200	3：49′17″27	130.840	74,935	138.478	19
2	9	J. ブライアン	Bryan, Jimmy	USA	Dean Van Lines	クヅマ	F/RWD	オッフィー	L4	4.5	200	3：50′27″26	130.178	35,885	139.665	3
3	2	J. マグラス	McGrath, Jack	USA	Hinkle	KK500C	F/RWD	オッフィー	L4	4.4	200	3：50′36″97	130.086	27,410	141.033	1
4	34	T. ラットマン	Ruttman, Troy	USA	Automobile Shippers	KK500A	F/RWD	オッフィー	L4	4.4	200	3：52′09″90	129.218	12,710	137.736	11
5	73	M. ナヅァラク	Nazaruk, Mike	USA	McNamara	KK500C	F/RWD	オッフィー	L4	4.4	200	3：52′41″85	128.923	10,935	139.589	14
6	77	F. アガベイシャン	Agabashian, Fred	USA	Merz Engineering	KK500C	F/RWD	オッフィー	L4	4.4	200	3：53′04″83	128.711	8,035	137.746	24
7	7	D. フリーランド	Freeland, Don	USA	Bob Estes	フィリップス	F/RWD	オッフィー	L4	4.4	200	3：53′30″65	128.474	6,885	138.339	6
8	5	P. ルッソ	Russo, Paul	USA	Ansted Rotary	KK500A	F/RWD	オッフィー	L4	4.4	200	3：54′18″39	128.037	6,260	137.678	32
9	28	L. クロケット	Crockett, Larry	USA	Federal Engineering	KK3000	F/RWD	オッフィー	L4	4.4	200	3：56′24″56	126.899	6,985	139.557	25
10	24	C. ナイデイ	Niday, Cal	USA	Jim Robbins	スティーヴンズ	F/RWD	オッフィー	L4	4.4	200	3：56′24″93	126.895	6,310	139.828	13
11	45	A. クロス	Cross, Art	USA	Bardahl	KK4000	F/RWD	オッフィー	L4	4.4	200	3：57′39″42	126.232	5,255	138.675	27
12	98	C. スティーヴンソン	Stevenson, Chuck	USA	Agajanian	クヅマ	F/RWD	オッフィー	L4	4.4	199	3：57′51″54	125.495	3,710	138.776	5
13	88	M. アユロ	Ayulo, Manuel	USA	Schmidt	KK500C	F/RWD	オッフィー	L4	4.4	197	3：58′05″31	124.114	3,465	138.164	22
14	17	B. スウェイカート	Sweikert, Bob	USA	Lutes	KK4000	F/RWD	オッフィー	L4	4.4	197	3：58′43″89	123.779	3,345	138.206	9
15	16	D. カーター	Carter, Duane	USA	Automobile Shippers	KK4000	F/RWD	オッフィー	L4	4.4	196	3：57′43″79	123.670	3,225	138.238	8
16	32	E. マッコイ	McCoy, Ernie	USA	Crawford	KK500B	F/RWD	オッフィー	L4	4.4	194	3：57′41″77	122.425	3,105	138.419	20
17	25	J. リース	Reece, Jimmy	USA	Malloy	パンクラッツ	F/RWD	オッフィー	L4	4.3	194	3：59′47″73	121.353	2,985	138.312	7
18	27	E. エリジアン	Elisian, Ed	USA	Chapman	スティーヴンズ	F/RWD	オッフィー	L4	4.4	193	オーバーヒート		2,865	137.794	31
19	71	F. アーミ	Armi, Frank	USA	Martin Brothers	シルンズ	F/RWD	オッフィー	L4	4.4	193	3：58′30″03	121.383	2,835	137.673	33
20	1	S. ハンクス	Hanks, Sam	USA	Bardahl	KK4000	F/RWD	オッフィー	L4	4.4	191	スピン		2,955	137.994	10
21	35	P. オコーナー	O'Connor, Pat	USA	Hopkins	KK500C	F/RWD	オッフィー	L4	4.4	181	スピン		3,275	138.084	12
22	12	R. ウォード	Ward, Rodger	USA	Dr. Sabourin	アレン	F/RWD	オッフィー	L4	4.4	172	ストール		2,945	139.297	16
23	31	G. ハートレイ	Hartley, Gene	USA	John Zink	KK4000	F/RWD	オッフィー	L4	4.4	168	クラッチ		2,815	139.061	17
24	43	J. トムソン	Thomson, Johnny	USA	Chapman	ニチェルズ	F/RWD	オッフィー	L4	4.4	165	ストール		2,885	138.787	4
25	74	A. リンデン	Linden, Andy	USA	Brown Motor Co.	シュレーダー	F/RWD	オッフィー	L4	4.4	165	トーションバー		3,655	137.820	23
26	99	J. ホイト	Hoyt, Jerry	USA	Belanger Motors	KK	F/RWD	オッフィー	L4	4.4	130	エンジン		2,625	137.825	30
27	19	J. デイウォルト	Daywalt, Jimmy	USA	Sumar	KK500C	F/RWD	オッフィー	L4	4.4	111	アクシデント		4,445	139.789	2
28	38	J. ラスマン	Rathmann, Jim	USA	Bardahl	KK500C	F/RWD	オッフィー	L4	4.4	110	アクシデント		2,765	138.228	28
29	10	T. ベッテンハウゼン	Bettenhausen, Tony	USA	Mel Wiggers	KK500C	F/RWD	オッフィー	L4	4.4	105	ベアリング		2,535	138.275	21
30	65	S. ウェッブ	Webb, Spider	USA	Advance Muffler	プロム	F/RWD	オッフィー	L4	4.4	104	燃料ポンプ		2,605	137.979	29
31	33	L. ダンカン	Duncan, Len	USA	Brady	シュレーダー	F/RWD	オッフィー	L4	4.4	101	ブレーキ		2,875	139.217	26
32	15	J. パーソンズ	Parsons, Johnnie	USA	Belond Equa-Flow Exhaust	KK500C	F/RWD	オッフィー	L4	4.4	79	エンジン		2,745	139.578	15
33	51	B. ホメイア	Homeir, Bill	USA	Jones & Maley	KK500C	F/RWD	オッフィー	L4	4.4	74	アクシデント		2,415	138.948	18
ns	83	E. ジョンソン	Johnson, Eddie	USA	McNamara	ターナー	F/RWD	オッフィー	L4	4.4	—	DNQ		—	137.599	—
ns	53	J. デイヴィーズ	Davies, Jimmy	USA	Pat Clancy	KK500B	F/RWD	オッフィー	L4	4.4	—	DNQ		—	137.583	—
ns	3	M. ティーグ	Teague, Marshall	USA	Hart Fullerton	KK4000	F/RWD	オッフィー	L4	4.4	—	DNQ		—	137.552	—
ns	21	B. スコット	Scott, Bob	USA	Travelon Trailer	KK500B	F/RWD	オッフィー	L4	4.4	—	DNQ		—	137.504	—
ns	6	A. クロス	Cross, Art	USA	Springfield Welding/Clay Smith	KK4000	F/RWD	オッフィー	L4	4.4	—	DNQ		—	137.362	—
ns	49	D. オークス	Oakes, Danny	USA	Micro-Nut	KK4000	F/RWD	オッフィー	L4	4.4	—	DNQ		—	137.237	—
ns	59	J. ラスマン	Rathmann, Jim	USA	Grancor-Elgin Piston Pin	KK500B	F/RWD	オッフィー	L4	4.4	—	DNQ		—	137.132	—
ns	62	D. ディンズモア	Dinsmore, Duke	USA	Commercial Motor Freight	エウィング	F/RWD	オッフィー	L4	4.4	—	DNQ		—	137.096	—
ns	44	W. フォークナー	Faulkner, Walt	USA	Pete Schmidt	クヅマ	F/RWD	オッフィー	L4	4.4	—	DNQ		—	137.065	—
ns	68	E. エリジアン	Elisian, Ed	USA	Peter Wales Trucking	KK4000	F/RWD	オッフィー	L4	4.4	—	DNQ		—	136.581	—
ns	8	D. ネイロン	Nalon, Duke	USA	Novi Governor	KK	F/FWD	ノーヴァイ	V8	3.0s	—	DNQ		—	136.395	—

1955 第39回

開催日／天候……1955年５月30日／曇り
車両規定……非過給4500cc／過給3000cc以下
参加／決勝出走……58台／33台
優勝スピード……128.209mph(206.332km/h)。２位に2′43″98差
賞金総額……$269,962
ポールシッター……J. ホイト　140.045mph(225.380km/h)　4′17″06＝４周合計
最速ラップ……B. ヴコヴィッチ　141.354mph(227.487km/h)　1′03″67　27周目
ルーキー賞……アル・ハーマン(８人中)
リード・チェンジ……12回／６人。1－3＝マグラス、4－14＝ヴコヴィッチ、15＝マグラス、16－24＝ヴコヴィッチ、25－26＝マグラス、27－56＝ヴコヴィッチ、57＝ブライアン、58＝スウェイカート、59－88＝ブライアン、89－132＝スウェイカート、133－156＝クロス、157－159＝フリーランド、160－200＝スウェイカート
リリーフ……No.10 Paul Russo、No.77 Bill Homeier

トニー・ハルマンが初のスタートコール。すべての目はビル・ヴコヴィッチが前人未踏のインディ３連覇を成し遂げられるかに注がれた。実際、彼とトップを争っていたジャック・マグラスが54周でマグネトー故障にて脱落した後は、ヴコヴィッチの勝利は確実視されたが、57周目バックストレッチでロジャー・ウォード、アル・ケラー、ジョニー・ボイドらの多重事故が発生し、コースが塞がれた状態の場面に現われたヴコヴィッチ車は、事故車に乗り上げ、ウォールの外側に飛び出し、縦回転した後に裏返しとなって落下、炎に包まれ、王者は４年間で485周リードしながら36歳で世を去った。サーキット全体が静まり返る中、その後トップ争いをしていたアート・クロスとドン・フリーランドは終盤にともにリタイア、ボブ・スウェイカートが勝つが、彼も翌年６月、セイラムで事故死することになる。

まるでスポーツカーのようなサマー・スペシャル。決勝ではボディを剝いだ武骨な外観で９位

ボブ・スウェイカート(ジョン・ヅィンクSpl.)　206.332km/h　オーナー：John Zink Co.　ファイアストン

第39回●1955年 5 月30日○200周＝500マイル(804.670km)

Pos.	No	Driver	Driver	Nat.	Car Name	Chassis	Drive	Engine	Cyl.	Dis.	Laps	Time	Speed	Prize Money	Speed	Qfy.
1	6	B. スウェイカート	Sweikert, Bob	USA	John Zink	KK500D	F/RWD	オッフィー	L4	4.4	200	3:53′59″53	128.209	76,139	139.996	14
2	10	T. ベッテンハウゼン	Bettenhausen, Tony	USA	Chapman	KK500C	F/RWD	オッフィー	L4	4.4	200	3:56′43″11	126.733	30,089	139.985	2
3	15	J. デイヴィーズ	Davies, Jimmy	USA	Bardahl	KK500B	F/RWD	オッフィー	L4	4.4	200	3:57′31″89	126.299	16,989	140.272	10
4	44	J. トムソン	Thomson, Johnny	USA	Schmidt	クヅマ	F/RWD	オッフィー	L4	4.4	200	3:57′38″44	126.241	12,889	134.113	33
5	77	W. フォークナー	Faulkner, Walt	USA	Merz Engineering	KK500C	F/RWD	オッフィー	L4	4.4	200	3:59′16″66	125.377	10,764	139.762	7
6	19	A. リンデン	Linden, Andy	USA	Massaglia	KK4000	F/RWD	オッフィー	L4	4.4	200	3:59′57″47	125.022	8,514	139.098	8
7	71	A. ハーマン	Herman, Al	USA	Martin Bros.	シルンズ	F/RWD	オッフィー	L4	4.4	200	4:00′23″81	124.794	7,564	139.811	16
8	29	P. オコーナー	O'Connor, Pat	USA	Ansted Rotary	KK500D	F/RWD	オッフィー	L4	4.4	200	4:00′41″09	124.644	6,414	139.195	19
9	48	J. デイウォルト	Daywalt, Jimmy	USA	Sumar	KK	F/RWD	オッフィー	L4	4.4	200	4:01′09″39	124.401	6,414	139.416	17
10	89	P. フレハーティ	Flaherty, Pat	USA	Dunn Engineering	KK500B	F/RWD	オッフィー	L4	4.5	200	4:01′46″05	124.086	6,114	140.149	12
11	98	D. カーター	Carter, Duane	USA	Agajanian	クヅマ	F/RWD	オッフィー	L4	4.4	197	4:02′00″16	122.106	3,884	139.330	18
12	41	C. ウェイアント	Weyant, Chuck	USA	Federal Engineering	KK3000	F/RWD	オッフィー	L4	4.4	196	4:00′54″63	122.037	3,614	138.063	25
13	83	E. ジョンソン	Johnson, Eddie	USA	McNamara	トレヴィス	F/RWD	オッフィー	L4	4.4	196	4:01′11″08	121.898	3,344	134.449	32
14	33	J. ラスマン	Rathmann, Jim	USA	Belond Miracle Power	エパーリー	F/RWD	オッフィー	L4	4.4	191	4:02′01″90	118.373	3,324	138.707	20
15	12	D. フリーランド	Freeland, Don	USA	Bob Estes	フィリップス	F/RWD	オッフィー	L4	4.4	178	ミッション		4,054	139.866	21
16	22	C. ナイデイ	Niday, Cal	USA	D-A Lubicants	KK500B	F/RWD	オッフィー	L4	4.4	170	アクシデント		3,484	140.302	9
17	99	A. クロス	Cross, Art	USA	Belanger Motors	KK500D	F/RWD	オッフィー	L4	4.4	168	コンロッド		6,664	138.750	24
18	81	S. テンプルマン	Templeman, Shorty	USA	Central Excavating	トレヴィス	F/RWD	オッフィー	L4	4.4	142	ミッション		2,744	135.014	31
19	8	S. ハンクス	Hanks, Sam	USA	Jones & Maley	KK500C	F/RWD	オッフィー	L4	4.4	134	ミッション		2,914	140.187	6
20	31	K. アンドリューズ	Andrews, Keith	USA	McDaniel	シュレーダー	F/RWD	オッフィー	L4	4.4	120	イグニッション		2,684	136.049	28
21	16	J. パーソンズ	Parsons, Johnnie	USA	Trio Brass	KK500D	F/RWD	オッフィー	L4	4.4	119	マグネトー		2,654	136.809	27
22	37	E. ルッソ	Russo, Eddie	USA	Dr. Sabourin	アレン	F/RWD	オッフィー	L4	4.4	112	イグニッション		2,724	140.116	13
23	49	R. クロフォード	Crawford, Ray	USA	Crawford	KK500B	F/RWD	オッフィー	L4	4.4	111	バルブ		2,894	139.206	23
24	1	J. ブライアン	Bryan, Jimmy	USA	Dean Van Lines	クヅマ	F/RWD	オッフィー	L4	4.4	90	燃料ポンプ		7,514	140.160	11
25	4	B. ヴコヴィッチ	Vukovich, Bill	USA	Hopkins	KK500C	F/RWD	オッフィー	L4	4.4	56	アクシデント		10,884	141.071	5
26	3	J. マグラス	McGrath, Jack	USA	Hinkle	KK500C	F/RWD	オッフィー	L4	4.4	54	マグネトー		6,354	142.580	3
27	42	A. ケラー	Keller, Al	USA	Sam Taylor Offy	KK2000	F/RWD	オッフィー	L4	4.4	54	アクシデント		2,874	139.551	22
28	27	R. ウォード	Ward, Rodger	USA	Aristo Blue	クヅマ	F/RWD	オッフィー	L4	4.4	53	アクシデント		2,444	135.049	30
29	39	J. ボイド	Boyd, Johnny	USA	Sumar	KK500C	F/RWD	オッフィー	L4	4.4	53	アクシデント		2,414	136.981	26
30	68	E. エリジアン	Elisian, Ed	USA	Westwood Gauge & Tool	KK4000	F/RWD	オッフィー	L4	4.4	53	アクシデント		2,734	135.333	29
31	23	J. ホイト	Hoyt, Jerry	USA	Jim Robbins	スティーヴンズ	F/RWD	オッフィー	L4	4.4	40	オイルもれ		2,854	140.045	1
32	14	F. アガベイシャン	Agabashian, Fred	USA	Federal Engineering	KK500D	F/RWD	オッフィー	L4	4.4	39	スピン		2,724	141.933	4
33	5	J. リース	Reece, Jimmy	USA	Malloy	パンクラッツ	F/RWD	オッフィー	L4	4.4	10	コンロッド／スピン		2,294	139.991	15
ns	24	L. ダンカン	Duncan, Len	USA	Ray Brady	KK4000	F/RWD	オッフィー	L4		—	DNQ		—	133.245	—
ns	69	E. マッコイ	McCoy, Ernie	USA	La Villa	テンプルトン	F/RWD	オッフィー	L4		—	DNQ		—	133.038	—
ns	76	J. ケイ	Kay, Johnny	USA	Leitenberger	シルンズ／シャーマン	F/RWD	オッフィー	L4		—	DNQ		—	132.193	—
ns	61	R. クラー	Klar, Russ	USA	Ray Brady	シュレーダー	F/RWD	オッフィー	L4		—	DNQ		—	131.301	—

1956 第40回

開催日／天候……1956年５月30日／曇り
車両規定……非過給4500cc／過給3000cc以下
参加／決勝出走……59台／33台
優勝スピード……128.490mph(206.784km/h)。２位に20″46差
賞金総額……$281,952
ポールシッター……P. フレハーティ　145.596mph(234.313km/h)　4′07″26＝４周合計
最速ラップ……P. ルッソ　141.416mph(227.586km/h)　1′02″32　19周目
ルーキー賞……ボブ・ヴェイス(５人中)
リード・チェンジ……10回／６人。1－3＝J. ラスマン、4－10＝オコーナー、11－21＝P. ルッソ、22－40＝オコーナー、41＝フレハーティ、42－44＝オコーナー、45＝フレハーティ、46－55＝オコーナー、56－71＝パーソンズ、72－75＝フリーランド、76－200＝フレハーティ
リリーフ……No.10 Eddie Russo

前年の事故後、コース改修が進められ、メイン・ストレート以外がアスファルト舗装とされた。ポールシッターのパット・フレハーティは従来の記録を３mph上回る145.596mphを記録。そしてレースも彼が制する。A. J. ワトソン製のマシーンが初めてカーティス‐クラフトの牙城を崩すこととなった。２年ぶり復帰のノーヴァイV８は後輪駆動カーティスに載せられ、ポール・ルッソのドライブで序盤リードするが、耐えかねた右後輪バーストでスピン→クラッシュ。赤髪のフレハーティはグリーンのシャムロックをあしらったヘルメットを被り(アイルランド系である証)、白い袖なしTシャツを着、ライトブルーのスラックスを履いていた。彼は耐火ユニフォームを着用しない最後のウィナーとなった。耐火ユニフォーム着用選手はすでに増加中。ビクトリーレーンでの勝者のミルク飲みはこの年から恒例となる。

ノーヴァイV８の大パワーに耐えられず、タイヤ破裂で激しくスピンする首位ルッソ

パット・フレハーティ(ジョン・ヴィンクSpl.)　206.784km/h　オーナー：John Zink Co.　ファイアストン

第40回●1956年 5 月30日○200周＝500マイル(804.670km)

Pos.	No	Driver	Driver	Nat.	Car Name	Chassis	Drive	Engine	Cyl.	Dis.	Laps	Time	Speed	Prize Money	Speed	Qfy.
1	8	P. フレハーティ	Flaherty, Pat	USA	John Zink	ワトソン	F/RWD	オッフィー	L4	4.4	200	3:53′28″84	128.490	93,819	145.596	1
2	4	S. ハンクス	Hanks, Sam	USA	Jones & Maley	KK500C	F/RWD	オッフィー	L4	4.4	200	3:53′49″30	128.303	32,919	142.051	13
3	16	D. フリーランド	Freeland, Don	USA	Bob Estes	フィリップス	F/RWD	オッフィー	L4	4.4	200	3:54′59″07	127.668	20,419	141.699	26
4	98	J. パーソンズ	Parsons, Johnnie	USA	Agajanian	クヅマ	F/RWD	オッフィー	L4	4.4	200	3:56′54″48	126.631	15,769	144.144	6
5	73	D. ラスマン	Rathmann, Dick	USA	McNamara	KK500C	F/RWD	オッフィー	L4	4.4	200	3:57′50″65	126.133	10,744	144.471	4
6	1	B. スウェイカート	Sweikert, Bob	USA	D-A Lubricant	クヅマ	F/RWD	オッフィー	L4	4.4	200	3:59′03″83	125.489	7,594	143.033	10
7	14	B. ヴェイス	Veith, Bob	USA	Federal Engineering	KK500E	F/RWD	オッフィー	L4	4.4	200	3:59′54″50	125.408	7,494	142.535	23
8	19	R. ウォード	Ward, Rodger	USA	Filter Queen	KK500C	F/RWD	オッフィー	L4	4.4	200	4:00′01″15	124.990	6,294	141.171	15
9	26	J. リース	Reece, Jimmy	USA	Massaglia Hotels	レソヴスキー	F/RWD	オッフィー	L4	4.4	200	4:00′07″11	124.938	6,044	142.885	21
10	27	C. グリフィス	Griffith, Cliff	USA	Jim Robbins	スティーヴンズ	F/RWD	オッフィー	L4	4.4	199	4:01′45″48	123.471	6,194	141.471	30
11	82	G. ハートレイ	Hartley, Gene	USA	Central Excavating	KK500C	F/RWD	オッフィー	L4	4.4	196	走行中	122.961	3,714	142.846	22
12	42	F. アガベイシャン	Agabashian, Fred	USA	Federal Engineering	KK500D	F/RWD	オッフィー	L4	4.4	196	走行中	122.507	3,644	144.069	7
13	57	B. クリスティー	Christie, Bob	USA	Helse	KK500C	F/RWD	オッフィー	L4	4.4	196	走行中	122.317	3,374	142.236	25
14	55	A. ケラー	Keller, Al	USA	Sam Traylor	KK4000	F/RWD	オッフィー	L4	4.4	195	走行中	121.895	3,254	141.193	28
15	81	E. ジョンソン	Johnson, Eddie	USA	Central Excavating	クヅマ	F/RWD	オッフィー	L4	4.4	195	走行中	121.456	3,434	139.093	32
16	41	B. ギャレット	Garrett, Billy	USA	Greenman-Casale	クヅマ	F/RWD	オッフィー	L4	4.3	194	走行中	120.085	3,014	140.559	29
17	64	D. ディンズモア	Dinsmore, Duke	USA	Shannon's	KK500A	F/RWD	オッフィー	L4	4.4	191	走行中	118.941	3,094	138.530	33
18	7	P. オコーナー	O'Connor, Pat	USA	Ansted Rotary	KK500D	F/RWD	オッフィー	L4	4.4	187	走行中		8,924	144.980	3
19	2	J. ブライアン	Bryan, Jimmy	USA	Dean Van Lines	クヅマ	F/RWD	オッフィー	L4	4.4	185	走行中		3,144	143.741	19
20	24	J. ラスマン	Rathmann, Jim	USA	Hopkins	KK500C	F/RWD	オッフィー	L4	4.4	175	オイル		3,564	145.120	2
21	34	J. トラン	Tolan, Johnnie	USA	Trio Brass Foundry	KK500D	F/RWD	オッフィー	L4	4.4	173	走行中		3,084	140.061	31
22	99	T. ベッテンハウゼン	Bettenhausen, Tony	USA	Belanger Motors	KK500D	F/RWD	オッフィー	L4	4.4	160	アクシデント		2,754	144.602	5
23	10	E. エリジアン	Elisian, Ed	USA	Hoyt Machine	KK500C	F/RWD	オッフィー	L4	4.4	160	ストール		2,624	141.382	14
24	48	J. デイウォルト	Daywalt, Jimmy	USA	Sumar	KK500C	F/RWD	オッフィー	L4	4.4	134	アクシデント		2,594	140.977	16
25	54	J. ターナー	Turner, Jack	USA	Travelon Trailor	KK500B	F/RWD	オッフィー	L4	4.4	131	エンジン		2,564	142.394	24
26	89	K. アンドリューズ	Andrews, Keith	USA	Dunn Engineering	KK500B	F/RWD	オッフィー	L4	4.4	94	スピン		2,804	142.976	20
27	5	A. リンデン	Linden, Andy	USA	Chapman	KK500C	F/RWD	オッフィー	L4	4.4	90	オイルもれ		2,534	143.056	9
28	12	A. ハーマン	Herman, Al	USA	Bardahl	KK500B	F/RWD	オッフィー	L4	4.4	74	アクシデント		2,474	141.610	27
29	49	R. クロフォード	Crawford, Ray	USA	Crawford	KK500B	F/RWD	オッフィー	L4	4.4	49	アクシデント		2,444	140.884	17
30	15	J. ボイド	Boyd, Johnny	USA	Bowes Seal Fast	KK500G	F/RWD	オッフィー	L4	4.4	35	エンジン		2,414	142.337	12
31	53	T. ラットマン	Ruttman, Troy	USA	John Zink	KK500D	F/RWD	オッフィー	L4	4.4	22	スピン		2,384	142.484	11
32	88	J. トムソン	Thomson, Johnny	USA	Schmidt	クヅマ	F/RWD	オッフィー	L4	4.4	22	スピン		2,854	145.549	18
33	29	P. ルッソ	Russo, Paul	USA	Novi Vespa	KK	F/RWD	ノーヴァイ	V8	3.0s	21	アクシデント		3,974	143.546	8
ns	58	E. ザックス	Sachs, Eddie	USA	Ray Brady	シュレーダー	F/RWD	オッフィー	L4		——	DNQ		——	137.373	——

1957 第41回

開催日／天候 …… 1957年５月30日／晴れ
車両規定 …… 非過給4200cc（256.284ci）／過給2800cc（170.856ci）以下
参加／決勝出走 …… 54台／33台
優勝スピード …… 135.601mph（218.228km/h）。２位に21″40差
賞金総額 …… $299,252
ポールシッター …… P. オコーナー　143.948mph（231.661km/h）　4′10″09＝４周合計
最速ラップ …… J. ラスマン　143.426mph（230.821km/h）　1′02″75　127周目
ルーキー賞 …… ドン・エドマンズ（５人中）
リード・チェンジ …… ９回／６人。1－4＝オコーナー、5－6＝ラットマン、7－9＝オコーナー、10－11＝ラットマン、12－35＝P. ルッソ、36－48＝ハンクス、49－53＝トムソン、54－110＝ハンクス、111－134＝J. ラスマン、135－200＝ハンクス

パゴダに代わる新しいコントロール・タワーに加えて、ピットレーンとコースが分離されたことで、ホームストレッチの様子は一新された。バックストレッチ上に架かっていた橋も撤去された。レースは、オッフィー・エンジンを右に72度横倒しにして重心を下げたジョージ・サリー発案の革新的レイダウン車を駆り、インディ挑戦13回目のベテラン42歳サム・ハンクスが136周もトップを走って勝つという意外な展開となった。そして彼はビクトリーレーンで引退を表明、これは1911年のレイ・ハロウン以来の出来事となる。サリーはもともと売るつもりでこのマシーンを製作していたが、誰もこの車を購入しようとはせず、仕方なく自らカーオーナーとなって参戦、旧友ハンクスに乗ってもらったのだった。優勝賞金は10万ドルを突破した。1950年Ｆ１王者ジュゼッペ・ファリーナは僚友の事故死により撤退。

ポールシッターのパット・オコーナー。翌年、本命視される中で事故死してしまう

サム・ハンクス（ベロンド・エグゾーストSpl.）　218.228km/h　オーナー：George Salih　ファイアストン

第41回●1957年5月30日○200周＝500マイル(804.670km)

Pos.	No	Driver	Driver	Nat.	Car Name	Chassis	Drive	Engine	Cyl.	Dis.	Laps	Time	Speed	Prize Money	Speed	Qfy.
1	9	S. ハンクス	Hanks, Sam	USA	Belond Exhaust	サリー	F/RWD	オッフィー	L4	4.1	200	3:41′14″25	135.601	103,844	142.812	13
2	26	J. ラスマン	Rathmann, Jim	USA	Chiropractic	エパーリー	F/RWD	オッフィー	L4	4.2	200	3:41′35″75	135.382	38,494	139.806	32
3	1	J. ブライアン	Bryan, Jimmy	USA	Dean Van Lines	クヅマ	F/RWD	オッフィー	L4	4.1	200	3:43′28″25	134.246	21,794	141.188	15
4	54	P. ルッソ	Russo, Paul	USA	Novi Auto Air Conditioner	KK	F/RWD	ノーヴァイ	V8	2.8t	200	3:44′11″10	133.818	19,369	144.817	10
5	73	A. リンデン	Linden, Andy	USA	McNamara/Veedol	KK500G	F/RWD	オッフィー	L4	4.2	200	3:44′28″55	133.645	11,094	143.244	12
6	6	J. ボイド	Boyd, Johnny	USA	Bowes Seal Fast	KK500G	F/RWD	オッフィー	L4	4.1	200	3:45′49″55	132.846	8,194	142.102	5
7	48	M. ティーグ	Teague, Marshall	USA	Sumar	KK500C	F/RWD	オッフィー	L4	4.2	200	3:45′59″85	132.745	6,819	140.329	28
8	12	P. オコーナー	O'Connor, Pat	USA	Sumar	KK500G	F/RWD	オッフィー	L4	4.2	200	3:46′47″35	132.281	8,619	143.948	1
9	7	B. ヴェイス	Veith, Bob	USA	Bob Estes	フィリップス	F/RWD	オッフィー	L4	4.2	200	3:47′31″35	131.855	5,969	141.016	16
10	22	G. ハートレイ	Hartley, Gene	USA	Massaglia Hotels	レソヴスキー	F/RWD	オッフィー	L4	4.1	200	3:48′24″40	131.345	5,844	141.271	14
11	19	J. ターナー	Turner, Jack	USA	Bardahl	KK500G	F/RWD	オッフィー	L4	4.1	200	3:49′10″30	130.906	3,639	140.367	19
12	10	J. トムソン	Thomson, Johnny	USA	D-A Lubricant	クヅマ	F/RWD	オッフィー	L4	4.1	199	3:49′50″66	129.871	5,069	143.529	11
13	95	B. クリスティー	Christie, Bob	USA	Jones & Maley	KK500C	F/RWD	オッフィー	L4	4.1	197	3:48′46″39	129.167	3,299	139.779	33
14	82	C. ウェイアント	Weyant, Chuck	USA	Central Excavating	KK500C	F/RWD	オッフィー	L4	4.1	196	3:49′32″86	128.078	3,429	141.105	25
15	27	T. ベッテンハウゼン	Bettenhausen, Tony	USA	Novi Auto Air Conditioner	KK	F/RWD	ノーヴァイ	V8	2.8t	195	3:50′47″78	126.735	4,059	142.439	22
16	18	J. パーソンズ	Parsons, Johnnie	USA	Sumar	KK500G	F/RWD	オッフィー	L4	4.2	195	3:51′38″36	126.274	2,989	140.784	17
17	3	D. フリーランド	Freeland, Don	USA	Ansted Rotary	KK500D	F/RWD	オッフィー	L4	4.1	192	3:49′00″13	125.763	2,869	139.649	21
18	5	J. リース	Reece, Jimmy	USA	Hoyt Machine	KK500C	F/RWD	オッフィー	L4	4.2	182	スロットル		2,749	142.006	6
19	92	D. エドマンズ	Edmunds, Don	USA	McKay	KK500G	F/RWD	オッフィー	L4	4.1	170	スピン		3,169	140.449	27
20	28	J. トラン	Tolan, Johnnie	USA	Greenman-Casale	クヅマ	F/RWD	オッフィー	L4	4.1	138	クラッチ		2,639	139.844	31
21	89	A. ハーマン	Herman, Al	USA	Dunn Engineering	ダン	F/RWD	オッフィー	L4	4.1	111	アクシデント		2,659	140.007	30
22	14	F. アガベイシャン	Agabashian, Fred	USA	Bowes Seal Fast	KK500G	F/RWD	オッフィー	L4	4.1	107	燃料もれ		2,879	142.557	4
23	88	E. ザックス	Sachs, Eddie	USA	Schmidt	クヅマ	F/RWD	オッフィー	L4	4.1	105	燃料ポンプ		3,299	143.872	2
24	77	M. マジル	Magill, Mike	USA	Dayton Steel Foundry	KK500G	F/RWD	オッフィー	L4	4.1	101	アクシデント		2,519	140.411	18
25	43	E. ジョンソン	Johnson, Eddie	USA	Chapman	KK500G	F/RWD	オッフィー	L4	4.1	93	ホイール・ベアリング		2,489	140.171	20
26	31	B. チーズバーグ	Cheesbourg, Bill	USA	Schildmeier Seal Line	KK500G	F/RWD	オッフィー	L4	4.1	81	燃料もれ		3,209	141.565	23
27	16	A. ケラー	Keller, Al	USA	Bardahl	KK500G	F/RWD	オッフィー	L4	4.1	75	アクシデント		2,429	141.398	8
28	57	J. デイウォルト	Daywalt, Jimmy	USA	Helse	KK500C	F/RWD	オッフィー	L4	4.1	53	アクシデント		2,449	140.203	29
29	83	E. エリジアン	Elisian, Ed	USA	McNamara	KK500C	F/RWD	オッフィー	L4	4.2	51	タイミング・ギア		2,369	141.777	7
30	8	R. ウォード	Ward, Rodger	USA	Wolcott Fuel Injection	レソヴスキー	F/RWD	オッフィー	L4	2.7s	27	スーパーチャージャー		2,889	141.321	24
31	52	T. ラットマン	Ruttman, Troy	USA	John Zink	ワトソン	F/RWD	オッフィー	L4	4.1	13	ピストン		3,459	142.772	3
32	55	E. ルッソ	Russo, Eddie	USA	Sclavi & Amos	KK500C	F/RWD	オッフィー	L4	4.1	—	アクシデント		2,404	140.862	26
33	23	E. ジョージ	George, Elmer	USA	Travelon Trailer	KK500B	F/RWD	オッフィー	L4	4.1	—	アクシデント		2,249	140.729	9
ns	18	D. ラスマン	Rathmann, Dick	USA	Sumar	KK500G	F/RWD	オッフィー	L4	4.2	—	パーソンズに交代		—	140.784	—
ns	33	B. ギャレット	Garrett, Billy	USA	Federal Engineering, Detroit	KK500E	F/RWD	オッフィー	L4	4.1	—	DNQ		—	139.546	—
ns	4	G. エイミック	Amick, George	USA	Federal Engineering, Detroit	スノウバーガー	F/RWD	オッフィー	L4	4.1	—	DNQ		—	139.443	—
ns	42	D. ウィルソン	Wilson, Dempsey	USA	Martin Brothers	Curtis	F/RWD	オッフィー	L4	4.1	—	DNQ		—	139.109	—
ns	35	C. ウェイアント	Weyant, Chuck	USA	Jim Robbins	KK500G	F/RWD	オッフィー	L4	4.2	—	DNQ		—	139.104	—
ns	49	R. クロフォード	Crawford, Ray	USA	Meguiar's Mirror Glaze	KK500G	F/RWD	オッフィー	L4	4.1	—	DNQ		—	139.093	—
ns	25	J. ラーソン	Larson, Jud	USA	John Zink	ワトソン	F/RWD	オッフィー	L4	4.1	—	DNQ		—	139.061	—
ns	98	J. パーソンズ	Parsons, Johnnie	USA	Agajanian	クヅマ	F/RWD	オッフィー	L4	4.2	—	DNQ		—	138.975	—
ns	45	B. チーズバーグ	Cheesbourg, Bill	USA	Las Vegas Club	KK500G	F/RWD	オッフィー	L4	4.1	—	DNQ		—	138.878	—
ns	32	J. デイヴィーズ	Davies, Jimmy	USA	Trio Brass Foundry	KK500D	F/RWD	オッフィー	L4	4.1	—	DNQ		—	138.462	—
ns	67	D. エドマンズ	Edmunds, Don	USA	Braund Plywood	KK500C	F/RWD	オッフィー	L4	4.1	—	DNQ		—	136.400	—
ns	72	D.クラディス	Kladis, Danny	USA	Morgan Engineering	メルセデスベンツW154	F/RWD	メルセデスベンツ	V12	3.0s	—	DNQ		—	124.412	—

1958 第42回

開催日／天候 …… 1958年５月30日／晴れ
車両規定 …… 非過給4200cc／過給2800cc以下
参加／決勝出走 …… 56台／33台
優勝スピード …… 133.791mph（215.315km/h）。２位に27″65差
賞金総額 …… $304,717
ポールシッター …… D. ラスマン　145.974mph（234.922km/h）　4′06″62＝４周合計
最速ラップ …… T. ベッテンハウゼン　144.300mph（232.228km/h）　1′02″37　55周目
ルーキー賞 …… ジョージ・エイミック（８人中）
リード・チェンジ …… 17回／５人。1－18＝ブライアン、19－20＝ベッテンハウゼン、21＝ザックス、22－25＝ベッテンハウゼン、26＝ブライアン、27－30＝エイミック、31＝ブライアン、32－34＝エイミック、35＝ベッテンハウゼン、36－46＝エイミック、47－48＝ブライアン、49＝ベッテンハウゼン、50－52＝ブライアン、53－65＝ベッテンハウゼン、66－104＝ブライアン、105－107＝ベッテンハウゼン、108－125＝ボイド、126－200＝ブライアン

１周目のターン３で、ポールシッターのディック・ラスマンから首位を奪おうとしたエド・エリジャンがスピンしたことで、多重事故が発生した。連鎖反応で15台が巻き込まれ、パット・オコーナーがコース上で横転して亡くなった。シリーズ王者歴３度のジミー・ブライアンがジョージ・サリー作の“レイダウン・オッフィー”を駆り、トニー・ベッテンハウゼンとの接戦を制し、同車にとっては２年連続の優勝となった。ブライアンはハンクス引退によって空いたシートに収まった形だが、そのブライアン移籍によって空いたシートには23歳の新人が就いた。その男の名前をA. J. フォイトという。世界チャンピオン５度のアルゼンティン人フアン・マヌエル・ファンジオが140mphで数周走ったが、クォリファイには臨まなかった。２位に食い込んだジョージ・エイミックは翌1959年デイトナで事故死する。

スタート直後の多重事故。コース外に吹き飛ぶ車（ジェリー・アンサー）もあった

ジミー・ブライアン（ベロンドA.P. Spl.）　215.315km/h　オーナー：George Salih　ファイアストン

第42回●1958年 5 月30日○200周＝500マイル(804.670km)

Pos.	No	Driver	Driver	Nat.	Car Name	Chassis	Drive	Engine	Cyl.	Dis.	Laps	Time	Speed	Prize Money	Speed	Qfy.
1	1	J. ブライアン	Bryan, Jimmy	USA	Belond A. P.	サリー	F/RWD	オッフィー	L4	4.1	200	3：44′13″80	133.791	105,574	144.185	7
2	99	G. エイミック	Amick, George	USA	Demler	エパーリー	F/RWD	オッフィー	L4	4.2	200	3：44′41″45	133.517	38,874	142.710	25
3	9	J. ボイド	Boyd, Johnny	USA	Bowes Seal Fast	KK500G	F/RWD	オッフィー	L4	4.1	200	3：45′23″75	133.099	24,999	144.023	8
4	33	T. ベッテンハウゼン	Bettenhausen, Tony	USA	Jones & Maley	エパーリー	F/RWD	オッフィー	L4	4.1	200	3：45′45″60	132.855	17,199	143.919	9
5	2	J. ラスマン	Rathmann, Jim	USA	Leader Card 500 Roadster	エパーリー	F/RWD	オッフィー	L4	4.1	200	3：45′49″45	132.847	11,399	143.147	20
6	16	J. リース	Reece, Jimmy	USA	John Zink	ワトソン	F/RWD	オッフィー	L4	4.1	200	3：46′30″75	132.443	8,699	145.513	3
7	26	D. フリーランド	Freeland, Don	USA	Bob Estes	フィリップス	F/RWD	オッフィー	L4	4.1	200	3：46′34″85	132.403	6,999	143.033	13
8	44	J. ラーソン	Larson, Jud	USA	John Zink	ワトソン	F/RWD	オッフィー	L4	4.1	200	3：49′47″85	130.550	7,049	143.512	19
9	61	E. ジョンソン	Johnson, Eddie	USA	Bryant Heating & Cooling	KK500G	F/RWD	オッフィー	L4	4.1	200	3：50′29″58	130.156	5,999	142.670	26
10	54	B. チーズバーグ	Cheesbourg, Bill	USA	Novi Auto Air Conditioner	KK	F/RWD	ノーヴァイ	V8	2.8s	200	3：52′17″35	129.149	6,399	142.546	33
11	52	A. ケラー	Keller, Al	USA	Bardahl	KK500G 2	F/RWD	オッフィー	L4	4.1	200	3：53′29″00	128.498	3,919	142.931	21
12	45	J. パーソンズ	Parsons, Johnnie	USA	Gerhardt	KK500G	F/RWD	オッフィー	L4	4.1	200	3：53′54″60	128.254	3,599	144.683	6
13	19	J. トラン	Tolan, Johnnie	USA	Greenman-Casale	クヅマ	F/RWD	オッフィー	L4	4.1	200	3：54′06″00	128.150	3,329	142.309	30
14	65	B. クリスティー	Christie, Bob	USA	Federal Engineering	KK500E	F/RWD	オッフィー	L4	4.1	189	スピン		4,209	142.253	17
15	59	D. ウィルソン	Wilson, Dempsey	USA	Sorenson	クヅマ	F/RWD	オッフィー	L4	4.1	151	ピット火災		4,089	134.272	32
16	29	A. J. フォイト	Foyt, A. J.	USA	Dean Van Lines	クヅマ	F/RWD	オッフィー	L4	4.1	148	スピン		2,969	143.130	12
17	77	M. マジル	Magill, Mike	USA	Dayton Steel Foundry	KK500G	F/RWD	オッフィー	L4	4.2	136	走行中		2,849	142.276	31
18	15	P. ルッソ	Russo, Paul	USA	Novi Auto Air Conditioner	KK	F/RWD	ノーヴァイ	V8	2.8s	122	スロットル		2,779	142.959	14
19	83	S. テンプルマン	Templeman, Shorty	USA	McNamara	KK500C	F/RWD	オッフィー	L4	4.2	116	ブレーキ		2,699	142.817	23
20	8	R. ウォード	Ward, Rodger	USA	Wolcott Fuel Injection	レソヴスキー	F/RWD	オッフィー	L4	4.1	93	マグネトー		2,719	143.266	11
21	43	B. ギャレット	Garrett, Billy	USA	Chapman	KK500G	F/RWD	オッフィー	L4	4.1	80	カム・ギア		2,639	142.778	15
22	88	E. ザックス	Sachs, Eddie	USA	Schmidt	クヅマ	F/RWD	オッフィー	L4	4.2	68	ミッション		3,759	144.660	18
23	7	J. トムソン	Thomson, Johnny	USA	D-A Lubricant	KK	F/RWD	オッフィー	L4	4.1	52	ステアリング		2,754	142.908	22
24	89	C. ウェイアント	Weyant, Chuck	USA	Dunn Engineering	ダン	F/RWD	オッフィー	L4	4.1	38	アクシデント		2,549	142.608	29
25	25	J. ターナー	Turner, Jack	USA	Massaglia Hotels	レソヴスキー	F/RWD	オッフィー	L4	4.1	21	燃料ポンプ		2,569	143.438	10
26	14	B. ヴェイス	Veith, Bob	USA	Bowes Seal Fast	KK500G	F/RWD	オッフィー	L4	4.1	1	アクシデント		2,789	144.881	4
27	97	D. ラスマン	Rathmann, Dick	USA	McNamara	ワトソン	F/RWD	オッフィー	L4	4.2	0	アクシデント		6,259	145.974	1
28	5	E. エリジアン	Elisian, Ed	USA	John Zink	ワトソン	F/RWD	オッフィー	L4	4.1	0	アクシデント		3,179	145.926	2
29	4	P. オコーナー	O'Connor, Pat	USA	Sumar	KK500G	F/RWD	オッフィー	L4	4.2	0	アクシデント		2,574	144.823	5
30	31	P. ゴールドスミス	Goldsmith, Paul	USA	City of Daytona Beach	KK500G	F/RWD	オッフィー	L4	4.2	0	アクシデント		2,369	142.744	16
31	92	J. アンサー	Unser, Jerry	USA	McKay	KK500G	F/RWD	オッフィー	L4	4.1	0	アクシデント		2,339	142.755	24
32	68	L. サットン	Sutton, Len	USA	Jim Robbins	KK500G	F/RWD	オッフィー	L4	4.2	0	アクシデント		2,309	142.653	27
33	57	A. ビッシュ	Bisch, Art	USA	Helse	クヅマ	F/RWD	オッフィー	L4	4.1	0	アクシデント		2,279	142.631	28
ns	24	G. ハートレイ	Hartley, Gene	USA	Hoyt Machine	KK500C	F/RWD	オッフィー	L4		―	DNQ		―	142.231	―
ns	56	F. アガベイシャン	Agabashian, Fred	USA	City of Memphis,Tennessee	KK500G	F/RWD	オッフィー	L4		―	DNQ		500	142.135	―
ns	71	D. ウィルソン	Wilson, Dempsey	USA	Hall-Mar	Curtis	F/RWD	オッフィー	L4		―	DNQ		―	142.029	―
ns	49	R. クロフォード	Crawford, Ray	USA	Meguiar Mirror Glaze	KK500G	F/RWD	オッフィー	L4		―	DNQ		―	141.688	―
ns	17	A. ビッシュ	Bisch, Art	USA	Ansted Rotary	KK500D	F/RWD	オッフィー	L4		―	DNQ		―	141.376	―
ns	75	F. アガベイシャン	Agabashian, Fred	USA	D.A Lubricant	クヅマ	F/RWD	オッフィー	L4		―	DNQ		―	141.011	―
ns	10	R. イーストン	Easton, Rex	USA	Hoover Motor Express	KK500G	F/RWD	オッフィー	L4		―	DNQ		―	140.972	―

1959 第43回

開催日／天候……1959年5月30日／曇り
車両規定……非過給4200cc／過給2800cc以下
参加／決勝出走……61台／33台
優勝スピード……135.857mph(218.640km/h)。2位に23″27差
賞金総額……$337,600
ポールシッター……J. トムソン　145.908mph(234.816km/h)　4′06″73＝4周合計
最速ラップ……J. トムソン　145.419mph(234.029km/h)　1′01″89　64周目
ルーキー賞……ボビー・グリム(5人中)
リード・チェンジ……12回／4人。1－4＝トムソン、5－12＝ウォード、13＝J. ラスマン、14－16＝ウォード、17－30＝J. ラスマン、31＝フレハーティ、32－33＝J. ラスマン、34－40＝フレハーティ、41－42＝J. ラスマン、43－45＝フレハーティ、46－48＝ウォード、49－84＝トムソン、85－200＝ウォード

前年のパット・オコーナーの事故死によって参加車両にはドライバー背後のロールバー装着が義務付けられたが、ジェリー・アンサーの命を救うことはできなかった。彼は一年前の多重事故の際には、外壁を飛び越えてコースの外に落下したが、その時は肩の脱臼だけで助かった。しかし今回は耐火スーツを着ていなかったためにクラッシュ時に酷い火傷を負い、それが原因で2週間後に亡くなったのだ。これにより翌年以降、耐火スーツの着用も義務付けされることとなる。A. J. ワトソン製新型ロードスターで臨むリーダーカード・レーサーズから参戦したロジャー・ウォードが、ジム・ラスマン(3度目の2位)を降して優勝するが、両者の争いは翌年の激闘の前哨戦となるものだった。パット・フレハーティとジョニー・トムソンを交えた4人のトップ争いは163周まで続き、終始スリリングな展開だった。

グリッド1列目のロードスター3台。右から予選1位トムソン、ザックス、ラスマン

ロジャー・ウォード(リーダーカード500ロードスター)　218.640km/h　オーナー：Leader Cards, Inc.　ファイアストン

第43回●1959年 5 月30日○200周＝500マイル(804.670km)

Pos.	No	Driver	Driver	Nat.	Car Name	Chassis	Drive	Engine	Cyl.	Dis.	Laps	Time	Speed	Prize Money	Speed	Qfy.
1	5	R. ウォード	Ward, Rodger	USA	Leader Card 500 Roadster	ワトソン	F/RWD	オッフィー	L4	4.1	200	3:40′49″20	135.857	106,850	144.035	6
2	16	J. ラスマン	Rathmann, Jim	USA	Simoniz	ワトソン	F/RWD	オッフィー	L4	4.1	200	3:41′12″47	135.619	39,800	144.433	3
3	3	J. トムソン	Thomson, Johnny	USA	Racing Associates	レソヴスキー	F/RWD	オッフィー	L4	4.1	200	3:41′39″85	135.340	32,375	145.908	1
4	1	T. ベッテンハウゼン	Bettenhausen, Tony	USA	Hoover Motor Express	エパーリー	F/RWD	オッフィー	L4	4.1	200	3:42′36″25	134.768	15,475	142.721	15
5	99	P. ゴールドスミス	Goldsmith, Paul	USA	Demler	エパーリー	F/RWD	オッフィー	L4	4.2	200	3:42′55″60	134.573	11,975	142.670	16
6	33	J. ボイド	Boyd, Johnny	USA	Bowes Seal Fast	エパーリー	F/RWD	オッフィー	L4	4.1	200	3:44′06″23	133.867	8,475	142.812	11
7	37	D. カーター	Carter, Duane	USA	Smokey's Reverse Torque	KK	F/RWD	オッフィー	L4	4.1	200	3:44′59″15	133.342	7,275	142.795	12
8	19	E. ジョンソン	Johnson, Eddie	USA	Bryant Heating & Cooling	KK500G	F/RWD	オッフィー	L4	4.1	200	3:44′59″69	133.336	6,625	144.000	8
9	45	P. ルッソ	Russo, Paul	USA	Bardahl	KK500G	F/RWD	オッフィー	L4	4.1	200	3:45′00″24	133.331	6,325	142.383	27
10	10	A. J. フォイト	Foyt, A. J.	USA	Dean Van Lines	クヅマ	F/RWD	オッフィー	L4	4.1	200	3:45′03″65	133.297	6,575	142.648	17
11	88	G. ハートレイ	Hartley, Gene	USA	Drewry's	クヅマ	F/RWD	オッフィー	L4	4.2	200	3:46′31″64	132.434	4,795	143.575	9
12	74	B. ヴェイス	Veith, Bob	USA	John Zink Heater	ムーア	F/RWD	オッフィー	L4	4.1	200	3:46′58″91	132.169	4,675	144.023	7
13	89	A. ハーマン	Herman, Al	USA	Dunn Engineering	ダン	F/RWD	オッフィー	L4	4.1	200	3:47′29″57	131.872	4,455	141.939	23
14	66	J. デイウォルト	Daywalt, Jimmy	USA	Federal Engineering	KK500E	F/RWD	オッフィー	L4	4.1	200	3:47′30″72	131.861	5,335	144.683	13
15	71	C. アーノルド	Arnold, Chuck	USA	Hall-Mar	Curtis	F/RWD	オッフィー	L4	4.2	200	3:49′09″05	130.918	4,165	142.118	21
16	58	J. マクウィゼイ	McWithey, Jim	USA	Ray Brady	KK500C	F/RWD	オッフィー	L4	4.1	200	3:52′30″93	129.024	4,045	141.215	33
17	44	E. ザックス	Sachs, Eddie	USA	Schmidt	クヅマ	F/RWD	オッフィー	L4	4.1	182	ギアタワーベルト		4,675	145.425	2
18	57	A. ケラー	Keller, Al	USA	Helse	クヅマ	F/RWD	オッフィー	L4	4.1	163	ピストン		3,980	142.057	28
19	64	P. フレハーティ	Flaherty, Pat	USA	John Zink Heater	ワトソン	F/RWD	オッフィー	L4	4.1	162	アクシデント		5,725	142.399	18
20	73	D. ラスマン	Rathmann, Dick	USA	McNamara Chiropractic	ワトソン	F/RWD	オッフィー	L4	4.2	150	ピットで火災		4,045	144.248	4
21	53	B. チーズバーグ	Cheesbourg, Bill	USA	Greenman-Casale	クヅマ	F/RWD	オッフィー	L4	4.1	147	マグネトー		3,765	141.788	30
22	15	D. フリーランド	Freeland, Don	USA	Jim Robbins	KK500G	F/RWD	オッフィー	L4	4.2	136	マグネトー		4,485	143.056	25
23	49	R. クロフォード	Crawford, Ray	USA	Meguiar's Mirror Glaze	エルダー	F/RWD	オッフィー	L4	4.2	115	アクシデント		3,655	141.348	32
24	9	D. ブランソン	Branson, Don	USA	Bob Estes	フィリップス	F/RWD	オッフィー	L4	4.1	112	トーションバー		3,625	143.312	10
25	65	B. クリスティー	Christie, Bob	USA	Federal Engineering	KK500D	F/RWD	オッフィー	L4	4.1	109	ロッド		4,595	143.244	24
26	48	B. グリム	Grim, Bobby	USA	Sumar	KK500G	F/RWD	オッフィー	L4	4.2	85	マグネトー		4,190	144.225	5
27	24	J. ターナー	Turner, Jack	USA	Travelon Trailer	クリステンセン	F/RWD	オッフィー	L4	4.1	47	燃料タンク		4,335	143.478	14
28	47	C. ウェイアント	Weyant, Chuck	USA	McKay	KK500J	F/RWD	オッフィー	L4	4.1	45	アクシデント		3,505	141.950	29
29	7	J. ラーソン	Larson, Jud	USA	Bowes Seal Fast	KK500J	F/RWD	オッフィー	L4	4.1	45	アクシデント		3,650	142.298	19
30	77	M. マジル	Magill, Mike	USA	Dayton Steel Foundry	KK500G	F/RWD	オッフィー	L4	4.2	45	アクシデント		3,445	141.482	31
31	87	R. エイミック	Amick, Red	USA	Wheeler-Foutch	KK500C	F/RWD	オッフィー	L4	4.2	45	アクシデント		3,915	142.925	26
32	8	L. サットン	Sutton, Len	USA	Wolcott Memorial	レソヴスキー	F/RWD	オッフィー	L4	2.8s	34	アクシデント		3,385	142.107	22
33	6	J. ブライアン	Bryan, Jimmy	USA	Belond A. P. Muffler	サリー	F/RWD	オッフィー	L4	4.1	1	クラッチ／カム		3,405	142.118	20
ns	39	R. イーストン	Easton, Rex	USA	Massaglia Hotels	レソヴスキー	F/RWD	オッフィー	L4		—	DNQ		—	139.438	—
ns	76	S. テンプルマン	Templeman, Shorty	USA	Braund Plywood	エパーリー	F/RWD	オッフィー	L4		—	DNQ		—	139.023	—
ns	12	R. リグオリ	Liguori, Ralph	USA	Eldorado Italia	マセラーティ420M/58	F/RWD	マセラーティ	V8	4.2	—	DNQ		—	136.395	—
ns	98	E. ルッソ	Russo, Eddie	USA	Agajanian	クヅマ	F/RWD	オッフィー	L4		—	DNQ		—	135.685	—
ns	62	B. ホメイア	Homeir, Bill	USA	Rusco Battery Cable	KK500G	F/RWD	オッフィー	L4		—	DNQ		—	130.928	—

1960 第44回

開催日／天候	1960年５月30日／曇り
車両規定	非過給4200cc／過給2800cc以下
参加／決勝出走	66台／33台
優勝スピード	138.767mph（223.323km/h）。２位に12″67差
賞金総額	$368,650
ポールシッター	E. ザックス　146.592mph（235.916km/h）　4′05″58＝４周合計
最速ラップ	J. ラスマン　146.128mph（235.170km/h）　1′01″59　４周目
ルーキー賞	ジム・ハーチュビス（４人中）
リード・チェンジ	29回／５人。１＝ウォード、2－3＝ザックス、4－18＝ウォード、19－24＝ラットマン、25－37＝J. ラスマン、38－41＝ウォード、42－51＝ザックス、52－56＝ラットマン、57－61＝ザックス、62－69＝J. ラスマン、70－72＝ザックス、73－74＝J. ラスマン、75＝ザックス、76－85＝J. ラスマン、86－95＝トムソン、96－122＝J. ラスマン、123－127＝ウォード、128－141＝J. ラスマン、142－146＝ウォード、147＝J. ラスマン、148－151＝ウォード、152－162＝J. ラスマン、163－169＝ウォード、170＝J. ラスマン、171－177＝ウォード、178－182＝J. ラスマン、183－189＝ウォード、190－193＝J. ラスマン、194－196＝ウォード、197－200＝J. ラスマン

接戦という点では、従来見られなかったほどの激しさがあった。ジョニー・トムソン、ジム・ラスマン、トロイ・ラットマン、ロジャー・ウォード、エディー・ザックスらによりレース中の29回ものリード・チェンジは2012年まで破られずに残る。レース終盤は前年の１～２位同士の争いとなるが、残り４周というところでウォードの右前タイヤが限界に達しスローダウン、これによりラスマンが念願の勝利を掴んだ。彼の左前輪もコードが見えていた。また、予選バンプ・デイで150mphの壁を破りそうな149.056mph（他車より２mphも速い）という新記録をマークしたルーキー　ジム・ハーチュビスの登場（決勝５位まで上がるもエンジン・トラブル）と、ターン３に設けられた私設観客席足場の決勝当日崩壊によって２名が亡くなることで、記憶される大会となった。グリッド１列目は３台ともワトソンが占めた。

インディのパドックは“ガソリン・アレイ”と呼ばれ、1970年代初頭まで女人禁制だった

ジム・ラスマン（ケン‐ポールSpl.）　223.323km/h　オーナー：Ken-Paul, Inc.　ファイアストン

第44回●1960年5月30日○200周＝500マイル（804.670km）

Pos.	No	Driver	Driver	Nat.	Car Name	Chassis	Drive	Engine	Cyl.	Dis.	Laps	Time	Speed	Prize Money	Speed	Qfy.
1	4	J. ラスマン	Rathmann, Jim	USA	Ken-Paul	ワトソン	F/RWD	オッフィー	L4	4.1	200	3:36′11″36	138.767	110,000	146.371	2
2	1	R. ウォード	Ward, Rodger	USA	Leader Card 500 Roadster	ワトソン	F/RWD	オッフィー	L4	4.1	200	3:36′24″03	138.631	48,025	142.560	3
3	99	P. ゴールドスミス	Goldsmith, Paul	USA	Demler	エパーリー	F/RWD	オッフィー	L4	4.2	200	3:39′18″58	136.792	24,350	142.783	26
4	7	D. ブランソン	Branson, Don	USA	Bob Estes	フィリップス	F/RWD	オッフィー	L4	4.1	200	3:39′19″28	136.785	15,475	144.753	8
5	3	J. トムソン	Thomson, Johnny	USA	Adams Quarter Horse Farm	レソヴスキー	F/RWD	オッフィー	L4	4.1	200	3:39′22″65	136.750	15,100	146.443	17
6	22	E. ジョンソン	Johnson, Eddie	USA	Jim Robbins	トレヴィス	F/RWD	オッフィー	L4	4.1	200	3:40′21″88	136.137	9,200	145.003	7
7	98	L. ルビー	Ruby, Lloyd	USA	Agajanian	ワトソン	F/RWD	オッフィー	L4	4.1	200	3:40′36″88	135.983	7,900	144.208	12
8	44	B. ヴェイス	Veith, Bob	USA	Schmidt	メスコウスキー	F/RWD	オッフィー	L4	4.1	200	3:41′28″78	135.452	7,850	143.363	25
9	18	B. ティンゲルスタッド	Tingelstad, Bud	USA	Jim Robbins	トレヴィス	F/RWD	オッフィー	L4	4.1	200	3:44′21″17	133.717	6,900	142.354	28
10	38	B. クリスティー	Christie, Bob	USA	Federal Engineering	KK500D	F/RWD	オッフィー	L4	4.2	200	3:44′51″54	133.416	6,700	143.638	14
11	27	R. エイミック	Amick, Red	USA	King O'Lawn	サリー	F/RWD	オッフィー	L4	4.1	200	3:47′21″93	131.946	5,520	143.084	22
12	17	D. カーター	Carter, Duane	USA	Thompson Industries	クヅマ	F/RWD	オッフィー	L4	4.1	200	3:47′28″53	131.882	5,450	142.631	27
13	39	B. ホメイア	Homeir, Bill	USA	Ridgewood Builders	クヅマ	F/RWD	オッフィー	L4	4.1	200	3:48′22″00	131.367	4,980	141.248	31
14	48	G. ハートレイ	Hartley, Gene	USA	Sumar	KK500G	F/RWD	オッフィー	L4	4.1	196	走行中		5,710	143.896	24
15	65	C. スティーヴンソン	Stevenson, Chuck	USA	Leader Card 500 Roadster	ワトソン	F/RWD	オッフィー	L4	4.1	196	走行中		4,740	144.665	9
16	14	B. グリム	Grim, Bobby	USA	Bill Forbes	メスコウスキー	F/RWD	オッフィー	L4	4.1	194	走行中		4,920	143.158	21
17	26	S. テンプルマン	Templeman, Shorty	USA	Federal Engineering	KK500E	F/RWD	オッフィー	L4	4.2	191	走行中		5,100	143.856	19
18	56	J. ハーチュビス	Hurtubise, Jim	USA	Travelon Trailer	クリステンセン	F/RWD	オッフィー	L4	4.1	185	コンロッド		8,880	149.056	23
19	10	J. ブライアン	Bryan, Jimmy	USA	Metal-Cal	サリー	F/RWD	オッフィー	L4	4.1	152	燃料ポンプ		4,400	144.532	10
20	28	T. ラットマン	Ruttman, Troy	USA	John Zink Heater	ワトソン	F/RWD	オッフィー	L4	4.1	134	ギア		6,220	145.366	6
21	6	E. ザックス	Sachs, Eddie	USA	Dean Van Lines	エウィング	F/RWD	オッフィー	L4	4.1	132	マグネトー		9,390	146.592	1
22	73	D. フリーランド	Freeland, Don	USA	Ross-Babcock Traveler	KK	F/RWD	オッフィー	L4	4.1	129	マグネトー		4,310	144.352	11
23	2	T. ベッテンハウゼン	Bettenhausen, Tony	USA	Dowgard	ワトソン	F/RWD	オッフィー	L4	4.1	125	コンロッド		5,080	145.214	18
24	32	W. ウェイラー	Weiler, Wayne	USA	Ansted Rotary	クヅマ	F/RWD	オッフィー	L4	4.1	103	アクシデント		4,200	143.512	15
25	5	A. J. フォイト	Foyt, A. J.	USA	Bowes Seal Fast	KK	F/RWD	オッフィー	L4	4.1	90	クラッチ		4,220	143.466	16
26	46	E. ルッソ	Russo, Eddie	USA	Go-Kart	KK500G	F/RWD	オッフィー	L4	4.2	84	アクシデント		4,140	142.203	29
27	8	J. ボイド	Boyd, Johnny	USA	Bowes Seal Fast	エパーリー	F/RWD	オッフィー	L4	4.1	77	ピストン		4,160	143.770	13
28	37	G. フォース	Force, Gene	USA	McKay	KK500J	F/RWD	オッフィー	L4	4.2	74	ブレーキ		4,480	143.472	20
29	16	J. マクウィゼイ	McWithey, Jim	USA	Hoover Motor Express	エパーリー	F/RWD	オッフィー	L4	4.1	60	ブレーキ		4,100	140.378	32
30	9	L. サットン	Sutton, Len	USA	S-R Racing Enterprises	ワトソン	F/RWD	オッフィー	L4	4.1	47	ピストンリング		4,320	145.443	5
31	97	D. ラスマン	Rathmann, Dick	USA	Jim Robbins	ワトソン	F/RWD	オッフィー	L4	4.2	42	ブレーキ・ライン		4,440	145.543	4
32	76	A. ハーマン	Herman, Al	USA	Joe Hunt Magneto	エウィング	F/RWD	オッフィー	L4	4.1	34	クラッチ		4,010	141.838	30
33	23	D. ウィルソン	Wilson, Dempsey	USA	Bryant Heating & Cooling	KK500G	F/RWD	オッフィー	L4	4.1	11	マグネトー		4,380	143.215	33
ns	89	C. ロディー	Rodee, Chuck	USA	Dunn Engineering		F/RWD	オッフィー	L4		—	DNQ		—	140.100	—
ns	35	A. ケラー	Keller, Al	USA	Mckay		F/RWD	オッフィー	L4		—	DNQ		—	138.264	—
ns	41	E. ローズ	Rose, Ebb	USA	Ellen Zink		F/RWD	オッフィー	L4		—	DNQ		—	138.153	—
ns	69	C. ハルス	Hulse, Chuck	USA	Sorenson		F/RWD	オッフィー	L4		—	DNQ		—	137.174	—

1961 第45回

開催日／天候……1961年５月30日／晴れ
車両規定……非過給4200cc／過給2800cc以下
参加／決勝出走……69台／33台
優勝スピード……139.130mph(223.907km/h)。２位に8″28差
賞金総額……$397,910
ポールシッター……E. ザックス　147.481mph(237.347km/h)　4′04″10＝４周合計
最速ラップ……T. ラットマン　147.589mph(237.521km/h)　1′00″98　91周目
ルーキー賞……パーネリ・ジョーンズ＆ボビー・マーシュマン(８人中)
リード・チェンジ……20回／７人。1－35＝ハーチュビス、36－41＝J. ラスマン、42－44＝ジョーンズ、45－51＝ザックス、52－75＝ジョーンズ、76－83＝フォイト、84－88＝ラットマン、89＝フォイト、90－94＝ラットマン、95－124＝フォイト、125－137＝ザックス、138＝フォイト、139－141＝ザックス、142－146＝フォイト、147－151＝ザックス、152－160＝フォイト、161－167＝ウォード、168－169＝ザックス、170－183＝フォイト、184－197＝ザックス、198－200＝フォイト

優勝争いは残り16周というところから動き始めた。初優勝に向けて快走するA. J. フォイトが想定外の燃料補給のためピットに駆け込んできた。前回のピットストップの際、燃料ホースの不具合できちんと補給されていなかったのだ。これによりエディー・ザックスが首位に。25秒差で逃げるザックスと追うフォイト。しかしザックスの右後ろタイヤが音を上げ、197周目にピットストップ。これによりフォイトの逆転初優勝がなった。車はフロイド・トレヴィスがワトソンをコピーしたもの。またＦ１技術によるミドシップ・エンジン車の登場があった。1959／60年Ｆ１世界王者のジャック・ブラバムがドライブするその英国製クーパーT54・クライマックス2.8リッターは非力ながらもコーナーで速く９位でフィニッシュする。トップを走ったパーネリ・ジョーンズとボビー・マーシュマンがルーキー賞を分け合った。

Ｆ１王者ジャック・ブラバムが小型軽量のミドシップ・クーパーで初挑戦。革命の序章

A. J. フォイト(ボウズ・シール・ファストSpl.)　223.907km/h　オーナー：Bignotti-Bowers Racing Associates　ファイアストン

第45回●1961年5月30日○200周＝500マイル(804.670km)

Pos.	No	Driver	Driver	Nat.	Car Name	Chassis	Drive	Engine	Cyl.	Dis.	Laps	Time	Speed	Prize Money	Speed	Qfy.
1	1	A. J. フォイト	Foyt, A. J.	USA	Bowes Seal Fast	トレヴィス	F/RWD	オッフィー	L4	4.1	200	3:35′37″49	139.130	117,975	145.903	7
2	12	E. ザックス	Sachs, Eddie	USA	Dean Van Lines	エウィング	F/RWD	オッフィー	L4	4.1	200	3:35′45″77	139.041	53,400	147.481	1
3	2	R. ウォード	Ward, Rodger	USA	Del Webb's Sun City	ワトソン	F/RWD	オッフィー	L4	4.1	200	3:36′32″68	138.539	26,500	146.187	4
4	7	S. テンプルマン	Templeman, Shorty	USA	Bill Forbes Racing Team	メスコウスキー	F/RWD	オッフィー	L4	4.1	200	3:39′10″84	136.873	16,025	144.341	18
5	19	A. ケラー	Keller, Al	USA	Konstant Hot	フィリップス	F/RWD	オッフィー	L4	4.1	200	3:40′31″94	136.034	13,725	146.157	26
6	18	C. スティーヴンソン	Stevenson, Chuck	USA	Metal-Cal	エパーリー	F/RWD	オッフィー	L4	4.1	200	3:41′00″45	135.742	9,875	145.191	28
7	31	B. マーシュマン	Marshman, Bobby	USA	Hoover Motor Express	エパーリー	F/RWD	オッフィー	L4	4.1	200	3:41′20″77	135.534	9,550	144.293	33
8	5	L. ルビー	Ruby, Lloyd	USA	Autolite Dealer's Assn.	エパーリー	F/RWD	オッフィー	L4	4.2	200	3:42′27″14	134.860	8,750	146.909	25
9	17	J. ブラバム	Brabham, Jack	AUS	Kimberly Cooper-Climax	クーパー T54	R/RWD	クライマックス	L4	2.8	200	3:43′41″22	134.116	7,250	145.144	13
10	34	N. ホール	Hall, Norm	USA	Federal Engineering	KK500E	F/RWD	オッフィー	L4	4.2	200	3:43′42″39	134.104	8,250	144.555	32
11	28	G. ハートレイ	Hartley, Gene	USA	John Chalik	トレヴィス	F/RWD	オッフィー	L4	4.1	198	3:44′20″61	132.376	5,820	144.817	15
12	98	P. ジョーンズ	Jones, Parnelli	USA	Agajanian Willard Battery	ワトソン	F/RWD	オッフィー	L4	4.1	192	3:47′00″37	127.845	10,350	146.080	5
13	97	D. ラスマン	Rathmann, Dick	USA	Jim Robbins	ワトソン	F/RWD	オッフィー	L4	4.1	164	燃料ポンプ		5,580	146.033	6
14	10	P. ゴールドスミス	Goldsmith, Paul	USA	Racing Associates	レソヴスキー	F/RWD	オッフィー	L4	4.1	160	コンロッド		5,210	144.741	17
15	15	W. ウェイラー	Weiler, Wayne	USA	Hopkins Coral Harbour	ワトソン	F/RWD	オッフィー	L4	4.1	147	ホイールベアリング		5,040	145.349	12
16	35	D. ウィルソン	Wilson, Dempsey	USA	Lysle Greenman	クヅマ	F/RWD	オッフィー	L4	4.1	145	燃料ポンプ		4,920	144.202	31
17	32	B. クリスティー	Christie, Bob	USA	North Electric	KK	F/RWD	オッフィー	L4	4.1	132	ピストン		4,850	144.782	16
18	33	E. ジョンソン	Johnson, Eddie	USA	Jim Robbins	クヅマ	F/RWD	オッフィー	L4	4.1	127	アクシデント		4,730	145.843	10
19	8	L. サットン	Sutton, Len	USA	Bryant Heating & Cooling	ワトソン	F/RWD	オッフィー	L4	4.1	110	クラッチ		4,650	145.897	8
20	52	T. ラットマン	Ruttman, Troy	USA	John Zink Trackburner	ワトソン	F/RWD	オッフィー	L4	4.1	105	クラッチ		6,970	144.799	22
21	41	J. ボイド	Boyd, Johnny	USA	Leader Card 500 Roadster	ワトソン	F/RWD	オッフィー	L4	4.1	105	クラッチ		4,650	144.092	20
22	99	J. ハーチュビス	Hurtubise, Jim	USA	Delmar	エパーリー	F/RWD	オッフィー	L4	4.2	102	ピストン		10,410	146.306	3
23	86	E. ローズ	Rose, Ebb	USA	Meyer Speedway	ポーター	F/RWD	オッフィー	L4	4.1	93	コンロッド		4,530	144.338	19
24	26	C. グリフィス	Griffith, Cliff	USA	McCullough Engineering	エルダー	F/RWD	オッフィー	L4	4.1	55	ピストン		4,750	145.038	30
25	45	J. ターナー	Turner, Jack	USA	Bardahl	KK	F/RWD	オッフィー	L4	4.1	52	アクシデント		5,720	144.904	21
26	73	A. J. シェファード	Shepherd, A. J.	USA	Travelon Trailer	クリステンセン	F/RWD	オッフィー	L4	4.1	51	アクシデント		4,440	144.954	14
27	22	R. マクラスキー	McCluskey, Roger	USA	Racing Associates	ムーア	F/RWD	オッフィー	L4	4.1	51	アクシデント		4,710	145.068	29
28	14	B. チーズバーグ	Cheesbourg, Bill	USA	Dean Van Lines	クヅマ	F/RWD	オッフィー	L4	4.1	50	アクシデント		4,430	145.873	9
29	83	D. デイヴィズ	Davis, Don	USA	Dark-Kart by Rupp	トレヴィス	F/RWD	オッフィー	L4	4.1	49	アクシデント		4,950	145.349	27
30	4	J. ラスマン	Rathmann, Jim	USA	Simoniz	ワトソン	F/RWD	オッフィー	L4	4.1	48	マグネトー		5,270	145.413	11
31	55	J. デイウォルト	Daywalt, Jimmy	USA	Schulz Fueling Equipment	KK500G	F/RWD	オッフィー	L4	4.1	27	ブレーキ		4,890	144.219	23
32	16	B. グリム	Grim, Bobby	USA	Thompson Industries	ワトソン	F/RWD	オッフィー	L4	4.1	26	ピストン		4,660	144.029	24
33	3	D. ブランソン	Branson, Don	USA	Hoover Motor Express	エパーリー	F/RWD	オッフィー	L4	4.1	2	バルブ		5,080	146.843	2
ns	21	P. ルッソ	Russo, Paul	USA	Bryant Heating & Cooling		F/RWD	オッフィー	L4		—	DNQ		—	143.983	—
ns	6	B. クレバーグ	Cleberg, Bob	USA	Bell Lines Trucking		F/RWD	オッフィー	L4		—	DNQ		—	143.672	—
ns	23	B. ヴェイス	Veith, Bob	USA	Bardahl		F/RWD	オッフィー	L4		—	DNQ		—	143.581	—
ns	79	B. ブルックス	Brooks, Bert	CDN	Hall-Mar		F/RWD	オッフィー	L4		—	DNQ		—	143.415	—
ns	25	B. ヴェイス	Veith, Bob	USA	Shaler-Rislone		F/RWD	オッフィー	L4		—	DNQ		—	143.062	—
ns	92	N. ホール	Hall, Norm	USA	Cancannon Car Co. Flying		F/RWD	オッフィー	L4		—	DNQ		—	141.861	—
ns	47	D. フリーランド	Freeland, Don	USA	Joe Hunt Magneto		F/RWD	オッフィー	L4		—	DNQ		—	141.476	—

1962 第46回

開催日／天候……1962年５月30日／晴れ
車両規定……非過給4200cc／過給2800cc以下
参加／決勝出走……65台／33台
優勝スピード……140.293mph（225.779km/h）。２位に11″52差
賞金総額……$425,652
ポールシッター……P. ジョーンズ　150.370mph（241.996km/h）　3′59″41＝４周合計
最速ラップ……P. ジョーンズ　148.295mph（238.657km/h）　1′01″00　56周目
ルーキー賞……ジム・マクエリース（５人中）
リード・チェンジ……６回／５人。1－59＝ジョーンズ、60－61＝フォイト、62－64＝マクラスキー、65－125＝ジョーンズ、126－160＝ウォード、161－169＝サットン、170－200＝ウォード
リリーフ……No.21 A. J. Foyt→Paul Russo、No.88 Bill Cheesbourg

スタート＆フィニッシュ・ライン地点の煉瓦敷き以外はすべて舗装が完了し、予選で150mphの壁（一周１分）はワトソン・オッフィーを駆ったパーネリ・ジョーンズによって破られた。４周平均150.370mph（最速周は150.729mph）。しかし彼はレース前半を完全に制圧しながらもブレーキ・トラブルに見舞われたため、ノーブレーキ走行を余儀なくされ、７位に終わる。リーダーカード陣営のロジャー・ウォードが２勝目を挙げ、追走するロジャー・マクラスキーがスピン脱落後、２位にもチームメイトのレン・サットンが入った。同一チームの１－２フィニッシュは1947&48年以来。ウォードの最近４年間の結果は優勝・２位・３位・優勝ということになる。アメリカ人Ｆ１スターのダン・ガーニーがミッキー・トンプソン陣営のビュイック市販ベースのアルミＶ８搭載、唯一のミッドシップ車でインディ初挑戦。

トンプソン車の前で若きダン・ガーニーとロジャー・ペンスキー（左）が未来を語る⁉

ロジャー・ウォード（リーダーカード500ロードスター）　225.779km/h　オーナー：Leader Cards, Inc.　ファイアストン

第46回●1962年 5 月30日○200周＝500マイル（804.670km）

Pos.	No	Driver	Driver	Nat.	Car Name	Chassis	Drive	Engine	Cyl.	Dis.	Laps	Time	Speed	Prize Money	Speed	Qfy.
1	3	R. ウォード	Ward, Rodger	USA	Leader Card 500 Roadster	ワトソン	F/RWD	オッフィー	L4	4.1	200	3：33′50″33	140.293	125,015	149.371	2
2	7	L. サットン	Sutton, Len	USA	Leader Card 500 Roadster	ワトソン	F/RWD	オッフィー	L4	4.1	200	3：34′01″85	140.167	44,566	149.328	4
3	2	E. ザックス	Sachs, Eddie	USA	Dean-Autolite	エウィング	F/RWD	オッフィー	L4	4.1	200	3：34′10″26	140.075	26,591	146.431	27
4	27	D. デイヴィズ	Davis, Don	USA	J. H. Rose Truck Line	レソヴスキー	F/RWD	オッフィー	L4	4.1	200	3：34′38″46	139.768	16,716	147.209	12
5	54	B. マーシュマン	Marshman, Bobby	USA	Bryant Heating & Cooling	エパーリー	F/RWD	オッフィー	L4	4.1	200	3：36′09″27	138.790	14,316	149.347	3
6	15	J. マクエリース	McElreath, Jim	USA	Schulz Fueling Equipment	KK500G	F/RWD	オッフィー	L4	4.1	200	3：36′22″02	138.653	10,366	149.025	7
7	98	P. ジョーンズ	Jones, Parnelli	USA	Agajanian Willard Battery	ワトソン	F/RWD	オッフィー	L4	4.1	200	3：36′33″18	138.534	32,966	150.370	1
8	12	L. ルビー	Ruby, Lloyd	USA	Thompson Industries	ワトソン	F/RWD	オッフィー	L4	4.1	200	3：37′06″33	138.182	8,541	146.520	24
9	44	J. ラスマン	Rathmann, Jim	USA	Simoniz Vista	ワトソン	F/RWD	オッフィー	L4	4.1	200	3：39′07″05	136.913	8,041	146.610	23
10	38	J. ボイド	Boyd, Johnny	USA	Metal-Cal	エパーリー	F/RWD	オッフィー	L4	4.1	200	3：39′37″19	136.600	8,841	147.047	28
11	4	S. テンプルマン	Templeman, Shorty	USA	Bill Forbes Racing Team	ワトソン	F/RWD	オッフィー	L4	4.1	200	3：40′50″46	135.844	6,461	149.050	6
12	14	D. ブランソン	Branson, Don	USA	Mid-Continent Securities	エパーリー	F/RWD	オッフィー	L4	4.1	200	3：40′51″23	135.836	6,041	147.312	11
13	91	J. ハーチュビス	Hurtubise, Jim	USA	Jim Robbins	ワトソン	F/RWD	オッフィー	L4	4.1	200	3：41′08″94	135.655	6,621	146.963	29
14	86	E. ローズ	Rose, Ebb	USA	J. H. Rose Truck Line	ポーター	F/RWD	オッフィー	L4	4.1	200	3：43′52″70	134.001	6,001	146.336	32
15	5	B. ティンゲルスタッド	Tingelstad, Bud	USA	Konstant Hot	フィリップス	F/RWD	オッフィー	L4	4.1	200	3：45′16″55	133.170	5,631	147.753	10
16	17	R. マクラスキー	McCluskey, Roger	USA	Bell Lines Trucking	ワトソン	F/RWD	オッフィー	L4	4.1	168	スピン		5,911	147.759	9
17	21	E. ジョージ	George, Elmer	USA	Sarkes Tarzian	レソヴスキー	F/RWD	オッフィー	L4	4.1	146	エンジン		5,341	146.092	17
18	26	T. ラットマン	Ruttman, Troy	USA	Jim Robbins	クヅマ	F/RWD	オッフィー	L4	4.1	140	ピストン		5,871	146.765	30
19	18	B. グリム	Grim, Bobby	USA	Morcroft	トレヴィス	F/RWD	オッフィー	L4	4.1	96	オイルもれ		5,191	146.604	15
20	34	D. ガーニー	Gurney, Dan	USA	Thompson Harvey Aluminum	トンプソン	R/RWD	ビュイック	V8	4.2	92	リアエンド・ギア		5,161	147.886	8
21	19	C. ハルス	Hulse, Chuck	USA	Federal Engineering	KK500E	F/RWD	オッフィー	L4	4.1	91	燃料ポンプ		5,531	146.377	16
22	79	J. デイウォルト	Daywalt, Jimmy	USA	City of Albany, N.Y.	KK	F/RWD	オッフィー	L4	4.1	74	ミッション		5,351	146.318	33
23	1	A. J. フォイト	Foyt, A. J.	USA	Bowes Seal Fast	トレヴィス	F/RWD	オッフィー	L4	4.1	69	ホイール		5,721	149.074	5
24	9	D. ラスマン	Rathmann, Dick	USA	Chapman	ワトソン	F/RWD	オッフィー	L4	4.1	51	マグネトー		5,091	147.161	13
25	32	E. ジョンソン	Johnson, Eddie	USA	Polyaire Foam	トレヴィス	F/RWD	オッフィー	L4	4.1	38	マグネトー		6,261	146.592	18
26	53	P. ゴールドスミス	Goldsmith, Paul	USA	American Rubber & Plastics	エパーリー	F/RWD	オッフィー	L4	4.1	26	マグネトー		5,031	146.437	26
27	88	G. ハートレイ	Hartley, Gene	USA	Drewry's	ワトソン	F/RWD	オッフィー	L4	4.1	23	ステアリング		6,201	146.969	20
28	62	P. ルッソ	Russo, Paul	USA	Denver-Chicago Trucking	ワトソン	F/RWD	オッフィー	L4	4.1	20	ピストン		4,921	146.687	14
29	45	J. ターナー	Turner, Jack	USA	Bardahl	KK	F/RWD	オッフィー	L4	4.1	17	アクシデント		5,141	146.496	25
30	29	B. クリスティー	Christie, Bob	USA	North Electric	KK	F/RWD	オッフィー	L4	4.1	17	アクシデント		5,311	146.341	31
31	83	A. クロウ	Crowe, Allen	USA	S-R Racing Enterprises	ワトソン	F/RWD	オッフィー	L4	4.1	17	アクシデント		5,431	146.831	22
32	67	C. ロディー	Rodee, Chuck	USA	Travelon Trailer	クリステンセン	F/RWD	オッフィー	L4	4.1	17	アクシデント		5,601	146.969	21
33	96	B. ヴェイス	Veith, Bob	USA	Meguiar's Mirror Glaze	エルダー	F/RWD	オッフィー	L4	4.1	12	ピストン		5,871	146.157	19
ns	31	D. ウィルソン	Wilson, Dempsey	USA	Lysle Greenman		F/RWD	オッフィー	L4	4.1	—	DNQ		—	146.086	—
ns	28	R. デューマン	Duman, Ronnie	USA	Stearly Motor Freight		F/RWD	オッフィー	L4	4.1	—	DNQ		—	145.908	—
ns	72	D. カーター	Carter, Duane	USA	John Zink Trackburner	ワトソン	F/RWD	オッフィー	L4	4.1	—	DNQ		—	145.867	—
ns	36	D. フリーランド	Freeland, Don	USA	Hart Fullerton		F/RWD	オッフィー	L4	4.1	—	DNQ		—	145.366	—
ns	23	C. アーノルド	Arnold, Chuck	USA	Turtle Drilling		F/RWD	オッフィー	L4	4.1	—	DNQ		—	145.366	—
ns	22	B. ジャコビ	Jacobi, Bruce	USA	Froehde Mobil Homes		F/RWD	オッフィー	L4	4.1	—	DNQ		—	144.939	—

1963 第47回

開催日／天候……1963年５月30日／晴れ
車両規定……非過給4200cc／過給2800cc以下
参加／決勝出走……66台／33台
優勝スピード……143.137mph(230.356km/h)。２位に33″84差
賞金総額……$492,631
ポールシッター……P. ジョーンズ　151.153mph(243.257km/h)　3′58″17＝４周合計
最速ラップ……P. ジョーンズ　151.541mph(243.881km/h)　59″39　114周目
ルーキー賞……ジム・クラーク(５人中)
リード・チェンジ……４回／４人。１＝ハーチュビス、2－63＝ジョーンズ、64－67＝マクラスキー、68－95＝クラーク、96－200＝ジョーンズ

注目の３台。右からロータス、ワトソン、トンプソン(後方はミッキー・トンプソン)

過去２回のインディ500では力走及ばず不運続きだったパーネリ・ジョーンズが、J. C. アガジャニアンの待つビクトリーレーンに到着した。レース途中、リードする彼の車からオイルもれが確認され、黒旗提示かと思われた時、不思議なことにオイルもれは止まった。インディ・ルーキーでありＦ１GPスターのスコットランド人ジム・クラークがミドシップのロータス29・フォード(フェアレーン用Ｖ８、OHV)に乗って初登場２位フィニッシュ、A. J. フォイトとロジャー・ウォードを３～４位に従えての２位に誰もが瞠目した。当然クラークがルーキー賞を獲得。もう一台のロータスに乗ったダン・ガーニーも６位。“リア・エンジン革命”近し。ミッキー・トンプソンはシヴォレー・アルミブロックをミドシップとした12インチ径タイヤ車で参戦するも、Ｆ１スターのグレアム・ヒルは試走しただけで辞退。

パーネリ・ジョーンズ(アガジャニアン・ウィラード・バッテリーSpl.)　230.356km/h　オーナー：J. C. Agajanian　ファイアストン

第47回●1963年5月30日○200周＝500マイル(804.670km)

Pos.	No	Driver	Driver	Nat.	Car Name	Chassis	Drive	Engine	Cyl.	Dis.	Laps	Time	Speed	Prize Money	Speed	Qfy.
1	98	P. ジョーンズ	Jones, Parnelli	USA	Agajanian Willard Battery	ワトソン	F/RWD	オッフィー	L4	4.1	200	3：29′35″40	143.137	148,513	151.153	1
2	92	J. クラーク	Clark, Jim	GB	Lotus powered by Ford	ロータス29	R/RWD	フォード	V8	4.2	200	3：30′09″24	142.752	56,238	149.750	5
3	2	A. J. フォイト	Foyt, A. J.	USA	Sheraton-Thompson	トレヴィス	F/RWD	オッフィー	L4	4.1	200	3：30′57″34	142.210	32,614	150.615	8
4	1	R. ウォード	Ward, Rodger	USA	Kaiser Aluminum	ワトソン	F/RWD	オッフィー	L4	4.1	200	3：32′37″80	141.090	21,288	149.800	4
5	4	D. ブランソン	Branson, Don	USA	Leader Card 500 Roadster	ワトソン	F/RWD	オッフィー	L4	4.1	200	3：32′58″11	140.866	18,588	150.188	3
6	8	J. マクエリース	McElreath, Jim	USA	Bill Forbes Racing Team	ワトソン	F/RWD	オッフィー	L4	4.1	200	3：32′58″43	140.862	14,888	149.744	6
7	93	D. ガーニー	Gurney, Dan	USA	Lotus powered by Ford	ロータス29	R/RWD	フォード	V8	4.2	200	3：34′10″61	140.071	18,063	149.019	12
8	10	C. ハルス	Hulse, Chuck	USA	Dean Van Lines	エウィング	R/RWD	オッフィー	L4	4.1	200	3：34′11″26	140.064	12,163	149.340	11
9	84	A. ミラー	Miller(Krulak), Al	USA	Thompson Harvey Aluminum	トンプソン	R/RWD	シヴォレー	V8	4.2	200	3：35′00″98	139.524	12,513	149.613	31
10	22	D. ラスマン	Rathmann, Dick	USA	Chapman	ワトソン	F/RWD	オッフィー	L4	4.1	200	3：36′04″09	138.845	10,463	149.130	17
11	29	D. ウィルソン	Wilson, Dempsey	USA	Vita Fresh Orange Juice	クヅマ	F/RWD	オッフィー	L4	4.1	200	3：36′29″48	138.574	8,300	147.832	30
12	17	T. ラットマン	Ruttman, Troy	USA	Robbins Autocrat Seat Belt	クヅマ	F/RWD	オッフィー	L4	4.1	200	3：37′00″48	138.244	8,450	148.374	33
13	65	B. クリスティー	Christie, Bob	USA	Travelon Trailer	クリステンセン	F/RWD	オッフィー	L4	4.1	200	3：40′25″18	136.104	7,900	149.1238	18
14	32	E. ローズ	Rose, Ebb	USA	Sheraton-Thompson	ワトソン	F/RWD	オッフィー	L4	4.1	200	3：46′40″63	132.347	7,550	148.545	32
15	14	R. マクラスキー	McCluskey, Roger	USA	Konstant Hot	ワトソン	F/RWD	オッフィー	L4	4.1	198	スピン		7,100	148.680	14
16	5	B. マーシュマン	Marshman, Bobby	USA	Econo-Car Rental	エパーリー	F/RWD	オッフィー	L4	4.1	196	リアエンド		6,300	149.458	7
17	9	E. ザックス	Sachs, Eddie	USA	Bryant Heating & Cooling	ワトソン	F/RWD	オッフィー	L4	4.1	181	ホイール外れ		7,100	149.570	10
18	99	P. ゴールドスミス	Goldsmith, Paul	USA	Demler	ワトソン	F/RWD	オッフィー	L4	4.1	149	クランクシャフト		7,350	150.163	9
19	52	L. ルビー	Ruby, Lloyd	USA	John Zink Trackburner	ワトソン	F/RWD	オッフィー	L4	4.1	126	アクシデント		6,350	149.1232	19
20	88	E. ジョンソン	Johnson, Eddie	USA	Drewry's	ワトソン	F/RWD	オッフィー	L4	4.1	112	アクシデント		6,300	148.509	21
21	45	C. スティーヴンソン	Stevenson, Chuck	USA	Bardahl	ワトソン	F/RWD	オッフィー	L4	4.1	110	バルブ		5,700	148.386	22
22	56	J. ハーチュビス	Hurtubise, Jim	USA	Hotel Tropicana, Las Vegas	KK500K	F/RWD	ノーヴァイ	V8	2.7s	102	オイルもれ		7,400	150.257	2
23	83	D. カーター	Carter, Duane	USA	Thompson Harvey Aluminum	トンプソン	R/RWD	シヴォレー	V8	4.2	100	ロッド		5,700	148.002	15
24	16	J. ラスマン	Rathmann, Jim	USA	Hopkins Coral Harbour	ワトソン	F/RWD	オッフィー	L4	4.1	99	マグネトー		5,650	147.838	29
25	26	B. グリム	Grim, Bobby	USA	Morcroft	トレヴィス	F/RWD	オッフィー	L4	4.1	79	オイルもれ		5,900	148.717	20
26	86	B. ヴェイス	Veith, Bob	USA	Sheraton-Thompson	ポーター	F/RWD	オッフィー	L4	4.1	74	バルブ		5,600	148.289	24
27	35	A. クロウ	Crowe, Allen	USA	Gabriel Shocker	トレヴィス	F/RWD	オッフィー	L4	4.1	47	ホイール外れ		5,700	148.877	13
28	54	B. ティンゲルスタッド	Tingelstad, Bud	USA	Hoover, Inc.	エパーリー	F/RWD	オッフィー	L4	4.1	46	アクシデント		5,500	148.227	25
29	37	J. ラザフォード	Rutherford, Johnny	USA	US Equipment Co.	ワトソン	F/RWD	オッフィー	L4	4.1	43	ミッション		5,400	148.063	26
30	21	E. ジョージ	George, Elmer	USA	Sarkes Tarzian	レソヴスキー	F/RWD	オッフィー	L4	4.1	21	ハンドリング		5,350	147.893	28
31	75	A. マロン	Malone, Art	USA	STP	KK500F	F/RWD	ノーヴァイ	V8	2.7s	18	クラッチ		5,150	148.343	23
32	23	J. ボイド	Boyd, Johnny	USA	Bowes Seal Fast	エパーリー	F/RWD	オッフィー	L4	4.1	12	オイルもれ		5,300	148.038	27
33	6	B. アンサー	Unser, Bobby	USA	Hotel Tropicana, Las Vegas	KK500K	F/RWD	ノーヴァイ	V8	2.7s	2	アクシデント		6,250	149.421	16
ns	47	L. サットン	Sutton, Len	USA	Crawford		F/RWD	オッフィー	L4		—	DNQ		—	147.620	—
ns	3	R. リグオリ	Liguori, Ralph	USA	Shultz Refueling Equipment		F/RWD	オッフィー	L4		—	DNQ		—	147.620	—
ns	81	M. グレゴリー	Gregory, Masten	USA	Harvey Aluminum	トンプソン	R/RWD	シヴォレー	V8		—	DNQ		—	147.517	—
ns	7	L. サットン	Sutton, Len	USA	Leader Card Autolite	ワトソン	F/RWD	オッフィー	L4		—	DNQ		—	147.372	—
ns	46	E. ローズ	Rose, Ebb	USA	Racing Associates	ワトソン	F/RWD	オッフィー	L4		—	DNQ		—	147.293	—
ns	38	C. ロディー	Rodee, Chuck	USA	Konstant Hot		F/RWD	オッフィー	L4		—	DNQ		—	147.197	—
ns	48	P. ロドリゲス	Rodriguez, Pedro	MEX	BMC Cooper Aston Martin		R/RWD	アストンマーティン	L6	4.2	—	DNQ		—	146.687	—

1964 第48回

開催日／天候……1964年5月30日／曇り
車両規定……非過給4200cc／過給2800cc以下
参加／決勝出走……61台／33台
優勝スピード……147.350mph(237.136km/h)。2位に1′24″35差
賞金総額……$505,575
ポールシッター……J. クラーク　158.828mph(255.608km/h)　3′46″66＝4周合計
最速ラップ……B. マーシュマン　157.646mph(253.706km/h)　57″09　15周目
ルーキー賞……ジョニー・ホワイト(7人中)
リード・チェンジ……4回／4人。1－6＝クラーク、7－39＝マーシュマン、40－47＝クラーク、48－54＝ジョーンズ、55－200＝フォイト

エディー・ザックスとルーキーのデイヴ・マクドナルドが2周目ターン4の大事故によって焼死した。これによりレースは2時間の赤旗中断となる。天候による中断はこれまでにもあったが、事故による中断はこれが初。スポーツカー・レースで台頭著しいマクドナルドが駆ったミドシップ車は、ミッキー・トンプソンが手掛けたユニークなもの。レース再開後は2台のロータス34・フォードDOHC(ボビー・マーシュマンとジム・クラーク)がリードしたが、いずれもメカニカル・トラブルで脱落。リーダーのパーネリ・ジョーンズは燃料補給後ピットアウトする際に引火、これら混乱の結果、A. J. フォイトが自身2勝目をワトソン・オッフィーを駆って挙げた。これはフロント・エンジン「ロードスター」にとってはインディ500最後の勝利。ファイアストンとグッドイヤーによるタイヤ戦争勃発もあった。

傍らに立つスモーキー・ユニック製作のユニークな“サイドカー”は決勝進出ならず

A. J. フォイト(シェラトン - トンプソンSpl.)　237.136km/h　オーナー：Ansted-Thompson Racing　ファイアストン

第48回●1964年 5 月30日○200周＝500マイル(804.670km)

Pos.	No	Driver	Driver	Nat.	Car Name	Chassis	Drive	Engine	Cyl.	Dis.	Laps	Time	Speed	Prize Money	Speed	Qfy.
1	1	A. J. フォイト	Foyt, A. J.	USA	Sheraton-Thompson	ワトソン	F/RWD	オッフィー	L4	4.1	200	3：23′35″83	147.350	153,650	154.672	5
2	2	R. ウォード	Ward, Rodger	USA	Kaiser Aluminum	ワトソン	R/RWD	フォード	V8	4.2	200	3：25′00″18	146.339	56,925	156.406	3
3	18	L. ルビー	Ruby, Lloyd	USA	Bill Forbes Racing Team	ワトソン	F/RWD	オッフィー	L4	4.1	200	3：27′52″31	144.320	36,650	153.932	7
4	99	J. ホワイト	White, Johnny	USA	Demler	ワトソン	F/RWD	オッフィー	L4	4.1	200	3：29′29″30	143.206	21,200	150.893	21
5	88	J. ボイド	Boyd, Johnny	USA	Vita Fresh Orange Juice	クヅマ	F/RWD	オッフィー	L4	4.1	200	3：30′45″31	142.345	17,625	151.835	13
6	15	B. ティンゲルスタッド	Tingelstad, Bud	USA	Federal Engineering	トレヴィス	F/RWD	オッフィー	L4	4.1	198	走行中		15,425	151.210	19
7	23	D. ラスマン	Rathmann, Dick	USA	Chapman	ワトソン	F/RWD	オッフィー	L4	4.1	197	走行中		13,500	151.860	12
8	4	B. ハーキー	Harkey, Bob	USA	Wally Weir Mobilgas	ワトソン	F/RWD	オッフィー	L4	4.1	197	走行中		12,200	151.573	27
9	68	B. ウェンテ	Wente, Bob	USA	Morcroft-Taylor	トレヴィス	F/RWD	オッフィー	L4	4.1	197	走行中		11,350	149.869	32
10	16	B. グリム	Grim, Bobby	USA	Konstant Hot	KK	F/RWD	オッフィー	L4	4.1	196	走行中		10,000	151.038	20
11	3	A. マロン	Malone, Art	USA	Studebaker-STP	KK500K	F/RWD	ノーヴァイ	V8	2.8s	194	走行中		9,200	151.222	30
12	5	D. ブランソン	Branson, Don	USA	Wynn's Friction Proofing	ワトソン	R/RWD	オッフィー	L4	4.1	187	クラッチ		7,600	152.672	9
13	53	W. ハンスゲン	Hansgen, Walt	USA	MG Liquid Suspension	ハフェイカー	R/RWD	オッフィー	L4	4.1	176	走行中		7,150	152.581	10
14	56	J. ハーチュビス	Hurtubise, Jim	USA	Tombstone Life	ワトソン	F/RWD	オッフィー	L4	4.1	141	油圧低下		6,650	152.542	11
15	66	L. サットン	Sutton, Len	USA	Bryant Heating & Cooling	ヴォルステッド	R/RWD	オッフィー	L4	4.1	140	燃料ポンプ		6,450	153.813	8
16	62	B. チーズバーグ	Cheesbourg, Bill	USA	Arizona Apache Airlines	エパーリー	F/RWD	オッフィー	L4	4.1	131	エンジン		6,400	148.711	33
17	12	D. ガーニー	Gurney, Dan	USA	Lotus powered by Ford	ロータス34	R/RWD	フォード	V8	4.2	110	タイヤ		6,450	154.487	6
18	14	T. ラットマン	Ruttman, Troy	USA	Dayton Steel Wheel	ワトソン	F/RWD	オッフィー	L4	4.1	99	スピン		6,500	151.292	18
19	54	B. ヴェイス	Veith, Bob	USA	MG Liquid Suspension	ハフェイカー	R/RWD	オッフィー	L4	4.1	88	ピストン		6,550	153.381	23
20	52	J. ブラバム	Brabham, Jack	AUS	Zink-Urschel Trackburner	ブラバムBT12	R/RWD	オッフィー	L4	4.1	77	燃料タンク		6,000	152.504	25
21	28	J. マクエリース	McElreath, Jim	USA	Studebaker-STP	KK500K	F/RWD	ノーヴァイ	V8	2.8s	77	エンジン		5,850	152.381	26
22	77	B. マサウザー	Mathouser, Bob	USA	Dayton Disk Brake	ウォルサー	F/RWD	オッフィー	L4	4.1	77	ブレーキ		5,450	151.451	28
23	98	P. ジョーンズ	Jones, Parnelli	USA	Agajanian Bowes Seal Fast	ワトソン	F/RWD	オッフィー	L4	4.1	55	ピット火災		8,200	155.099	4
24	6	J. クラーク	Clark, Jim	GB	Lotus powered by Ford	ロータス34	R/RWD	フォード	V8	4.2	47	サスペンション		12,400	158.828	1
25	51	B. マーシュマン	Marshman, Bobby	USA	Pure Oil Firebird	ロータス29	R/RWD	フォード	V8	4.2	39	オイル・プラグ		12,000	157.857	2
26	84	E. ジョンソン	Johnson, Eddie	USA	Thompson-Sears Allstate	トンプソン	R/RWD	フォード	V8	4.2	6	燃料ポンプ		5,900	152.905	24
27	86	J. ラザフォード	Rutherford, Johnny	USA	Bardahl	ワトソン	F/RWD	オッフィー	L4	4.1	2	アクシデント		5,200	151.400	15
28	95	C. スティーヴンソン	Stevenson, Chuck	USA	Diet Rite Cola	ワトソン	F/RWD	オッフィー	L4	4.1	2	アクシデント		5,200	150.830	29
29	83	D. マクドナルド	MacDonald, Dave	USA	Thompson-Sears Allstate	トンプソン	R/RWD	フォード	V8	4.2	1	アクシデント		5,100	151.464	14
30	25	E. ザックス	Sachs, Eddie	USA	American Red Ball	ハリブランド	R/RWD	フォード	V8	4.2	1	アクシデント		6,300	151.439	17
31	64	R. デューマン	Duman, Ronnie	USA	Clean Wear Service Co.	トレヴィス	F/RWD	オッフィー	L4	4.1	1	アクシデント		5,000	149.744	16
32	9	B. アンサー	Unser, Bobby	USA	Studebaker-STP	ファーガソンP104	F/4WD	ノーヴァイ	V8	4.4s	1	アクシデント		6,750	154.865	22
33	26	N. ホール	Hall, Norm	USA	Hurst Floor Shift	ワトソン	F/RWD	オッフィー	L4	4.1	1	スピン		5,750	150.094	31
ns	21	P. ルッソ	Russo, Paul	USA	Kemerly Chevy & Olds		F/RWD	オッフィー	L4		——	DNQ		——	148.644	——
ns	82	M. グレゴリー	Gregory, Masten	USA	Thompson Sears Allstate	トンプソン	R/RWD	フォード	V8		——	DNQ		——	148.038	——
ns	33	B. クリスティー	Christie, Bob	USA	Robbins Autocrat S. Belt	ワトソン	F/RWD	オッフィー	L4		——	DNQ		——	147.583	——
ns	85	J. ラーソン	Larson, Jud	USA	Kaiser Aluminum	ワトソン	F/RWD	オッフィー	L4		——	DNQ		——	147.432	——
ns	93	A. ミラー	Miller(Krulak), Al	USA	Gerhardt & DeOrian	ワトソン	F/RWD	オッフィー	L4		——	DNQ		——	147.227	——
ns	81	C. ロディー	Rodee, Chuck	USA	Joe Hunt Magneto		F/RWD	オッフィー	L4		——	DNQ		——	146.466	——

1965 第49回

開催日／天候……1965年5月31日／晴れ
車両規定……非過給4200cc／過給2800cc以下
参加／決勝出走……68台／33台
優勝スピード……150.686mph(242.505km/h)。2位に1′59″98差
賞金総額……$627,199
ポールシッター……A. J. フォイト　161.233mph(259.479km/h)　3′43″28＝4周合計
最速ラップ……A. J. フォイト　157.508mph(253.484km/h)　57″14　2周目
ルーキー賞……マリオ・アンドレッティ(11人中)
リード・チェンジ……4回／2人。1＝クラーク、2＝フォイト、3－65＝クラーク、66－74＝フォイト、75－200＝クラーク

前年の惨事の教訓を生かし、安全面での進歩が図られた。ガソリンではなくメタノール燃料の使用と強力なルーキー勢揃いが話題となる中、ジム・クラーク駆るロータス38・フォードが圧勝する。イギリス人ドライバーにとっての初優勝であり、リア(ミドシップ)・エンジン車としても初優勝、米国フォード・エンジンにとっても初優勝となる。彼は200周のうち実に190周の間リードを保った。今やミドシップ車を駆るA. J. フォイトだけがクラーク以外でリードを奪いえた唯一の男となった。クラークと同じくロータスを駆ったパーネリ・ジョーンズが2位となるが、2分もの大差をつけられていた。11人ものルーキーの中では、マリオ・アンドレッティが3位でルーキー賞獲得、ゴードン・ジョンコックが5位(ロードスター最上位)、アル・アンサーが9位に食い込んだ。「ロードスター」は今や6台のみ。

日本製ホンダ・スーパーカブが場内パトロールに供されて活躍

ジム・クラーク(ロータス・パワード・バイ・フォード)　242.505km/h　オーナー：Team Lotus(Overseas), Ltd.　ファイアストン

第49回●1965年 5 月31日○200周＝500マイル（804.670km）

Pos.	No	Driver	Driver	Nat.	Car Name	Chassis	Drive	Engine	Cyl.	Dis.	Laps	Time	Speed	Prize Money	Speed	Qfy.
1	82	J. クラーク	Clark, Jim	GB	Lotus powered by Ford	ロータス38	R/RWD	フォード	V8	4.2	200	3：19′05″34	150.686	166,621	160.729	2
2	98	P. ジョーンズ	Jones, Parnelli	USA	Agajanian Hurst	クヅマ−ロータス34	R/RWD	フォード	V8	4.2	200	3：21′04″32	149.200	64,661	158.625	5
3	12	M. アンドレッティ	Andretti, Mario	USA	Dean Van Lines	ブロウナー−ホーク1	R/RWD	フォード	V8	4.2	200	3：21′10″70	149.121	42,551	158.849	4
4	74	A. ミラー	Miller(Krulak), Al	USA	Jerry Alderman Ford	ロータス29	R/RWD	フォード	V8	4.2	200	3：24′39″89	146.581	26,641	157.805	7
5	76	G. ジョンコック	Johncock, Gordon	USA	Weinberger Homes	ワトソン	F/RWD	オッフィー	L4	4.1	200	3：24′53″62	146.417	21,981	155.012	14
6	81	M. ラップ	Rupp, Mickey	USA	G. C. Murphy	ゲルハルト	R/RWD	オッフィー	L4	4.1	198	3：24′49″49	145.002	18,971	154.839	15
7	83	B. ジョンズ	Johns, Bobby	USA	Lotus powered by Ford	ロータス38	R/RWD	フォード	V8	4.2	197	3：24′31″98	144.475	16,886	155.481	22
8	4	D. ブランソン	Branson, Don	USA	Wynn's	ワトソン	R/RWD	フォード	V8	4.2	197	3：24′32″30	144.472	16,376	155.501	18
9	45	A. アンサー	Unser, Al	USA	Sheraton-Thompson	ローラT80	R/RWD	フォード	V8	4.2	196	3：24′58″49	143.432	14,416	154.440	32
10	23	E. ジョンソン	Johnson, Eddie	USA	Chapman	ワトソン	F/RWD	オッフィー	L4	4.1	195	3：24′32″96	142.997	14,656	153.998	28
11	7	L. ルビー	Ruby, Lloyd	USA	Dupont Golden 7	ハリブランド	R/RWD	フォード	V8	4.2	184	エンジン	145.861	11,846	157.246	9
12	16	L. サットン	Sutton, Len	USA	Bryant Heating & Cooling	ヴォルステッド	R/RWD	フォード	V8	4.2	177	3：24′12″10	130.019	11,586	156.121	12
13	14	J. ボイド	Boyd, Johnny	USA	George R. Bryant & Staff	BRP	R/RWD	フォード	V8	4.2	140	ギアボックス		11,976	155.172	29
14	53	W. ハンスゲン	Hansgen, Walt	USA	MG-Liquid Suspension	ハフェイカー	R/RWD	オッフィー	L4	4.1	117	燃料ライン		10,566	155.662	21
15	1	A. J. フォイト	Foyt, A. J.	USA	Sheraton-Thompson	ロータス34	R/RWD	フォード	V8	4.2	115	ミッション		20,517	161.233	1
16	5	B. ティンゲルスタッド	Tingelstad, Bud	USA	American Red Ball	ローラT80	R/RWD	フォード	V8	4.2	115	アクシデント		9,596	154.672	24
17	66	B. フォスター	Foster, Billy	CDN	Jim Robbins	ヴォルステッド	R/RWD	オッフィー	L4	4.1	85	冷却ライン		9,936	158.416	6
18	18	A. ネッパー	Knepper, Arnie	USA	Konstant Hot	カーティス	F/RWD	オッフィー	L4	4.1	80	エンジン		10,326	154.513	19
19	9	B. アンサー	Unser, Bobby	USA	STP Gas Treatment	ファーガソンP104	F/4WD	ノーヴァイ	V8	2.7s	69	オイルもれ		9,216	157.467	8
20	52	J. マクエリース	McElreath, Jim	USA	Zink-Urschel Trackburner	ブラバムBT12	R/RWD	オッフィー	L4	4.1	66	ギアボックス		8,656	155.878	13
21	94	G. スナイダー	Snider, George	USA	Gerhardt	ゲルハルト	R/RWD	オッフィー	L4	4.1	64	リアエンド		8,696	154.825	16
22	65	R. デューマン	Duman, Ronnie	USA	Travelon Trailer/H&H Bookbinding	ゲルハルト	R/RWD	オッフィー	L4	4.1	62	リアエンド		8,786	154.533	25
23	41	M. グレゴリー	Gregory, Masten	USA	George R. Bryant & Staff	BRP	R/RWD	フォード	V8	4.2	59	オイルロス		9,076	154.540	31
24	54	B. ヴェイス	Veith, Bob	USA	MG-Liquid Suspension	ハフェイカー	R/RWD	オッフィー	L4	4.1	58	ピストン		8,266	156.427	10
25	88	C. スティーヴンソン	Stevenson, Chuck	USA	Vita Fresh Orange Juice	クヅマ	F/RWD	オッフィー	L4	4.1	50	エンジン		8,306	154.725	26
26	17	D. ガーニー	Gurney, Dan	USA	Yamaha	ロータス38	R/RWD	フォード	V8	4.2	42	タイミング・ギア		9,596	158.898	3
27	48	J. グラント	Grant, Jerry	USA	Bardahl/MG Liquid Susp.	ハフェイカー	R/RWD	オッフィー	L4	4.1	30	マグネトー		7,786	154.606	17
28	19	C. ロディー	Rodee, Chuck	USA	Wally Weir's Mobilgas	ハリブランド	R/RWD	オッフィー	L4	4.1	28	リアエンド・ギア		8,726	154.546	30
29	29	J. レオナード	Leonard, Joe	USA	All American Racers	ハリブランド	R/RWD	フォード	V8	4.2	27	オイルもれ		7,816	154.268	27
30	25	R. マクラスキー	McCluskey, Roger	USA	All American Racers	ハリブランド	R/RWD	フォード	V8	4.2	18	クラッチ		8,106	155.186	23
31	24	J. ラザフォード	Rutherford, Johnny	USA	Racing Associates	ハリブランド	R/RWD	フォード	V8	4.2	15	ミッション		7,596	156.291	11
32	47	B. チーズバーグ	Cheesbourg, Bill	USA	WIFE Good Guy	ゲルハルト	R/RWD	オッフィー	L4	4.1	14	マグネトー		7,836	153.774	33
33	59	J. ハーチュビス	Hurtubise, Jim	USA	STP-Tombstone Life	KK500K	F/RWD	ノーヴァイ	V8	2.8s	1	ミッション		8,626	156.863	20
ns	2	R. ウォード	Ward, Rodger	USA	Moog-St. Louis	ワトソン	R/RWD	フォード	V8	4.2	—	DNQ		—	153.623	—
ns	27	M. ケニヨン	Kenyon, Mel	USA	Federal Engineering		F/RWD	オッフィー	L4	4.1	—	DNQ		—	153.597	—
ns	21	B. クリスティー	Christie, Bob	USA	Kemerly Chevy & Olds		F/RWD	オッフィー	L4	4.1	—	DNQ		—	153.472	—
ns	8	N. ホール	Hall, Norm	USA	Pope-Hall	ワトソン	F/RWD	オッフィー	L4	4.1	—	DNQ		—	153.407	—
ns	86	B. グリム	Grim, Bobby	USA	Racing Associates	ワトソン	F/RWD	オッフィー	L4	4.1	—	DNQ		—	153.309	—

1966 第50回

開催日／天候……1966年５月30日／晴れ
車両規定……非過給4200cc／過給2800cc以下
参加／決勝出走……78台／33台
優勝スピード……144.317mph（232.255km/h）。２位に41″13差
賞金総額……$690,809
ポールシッター……M. アンドレッティ　165.899mph（266.988km/h）　3′37″00＝４周合計
最速ラップ……J. クラーク　159.179mph（256.173km/h）　56″54　18周目
ルーキー賞……ジャッキー・スチュワート（７人中）
リード・チェンジ……８回／５人。1－16＝アンドレッティ、17－64＝クラーク、65－75＝ルビー、76－86＝クラーク、87－132＝ルビー、133－139＝クラーク、140－150＝ルビー、151－190＝スチュワート、191－200＝ヒル

ミドシップ車の浸透は早く、フロント・エンジン車はたった１台だけ。スタート直後１周目の多重事故で、A. J. フォイト、ダン・ガーニー（自製イーグル）、スピードウェイ・ルーキーたるストックカーで有名なケイル・ヤーボローらを含む11台が消え去った。マリオ・アンドレッティは新記録のスピード（165.899mph）でPPを奪ったが、レースではバルブ破損によりたった27周で脱落。ロイド・ルビーも終盤になって脱落。トップに立つ者が次々に脱落する展開に。こうしてヨーロッパのルーキー・ペア、ジャッキー・スチュワートとグレアム・ヒルのジョン・ミーカム陣営ローラ・フォード２台が1－2へと浮上、後半40周にわたってリーダーを務めたスチュワートが油圧低下により190周で停止してしまうと（ルーキー賞獲得）、ヒルの優勝が決まった。ジム・クラークは途中大スピンを潜り抜け２位。

スタート直後に発生した多重事故で大混乱。画面左端が優勝したヒル、ぎりぎり擦り抜けた

グレアム・ヒル（アメリカン・レッドボールSpl.）　232.255km/h　オーナー：John Mecom Jr.　ファイアストン

第50回●1966年5月30日○200周＝500マイル(804.670km)

Pos.	No	Driver	Driver	Nat.	Car Name	Chassis	Drive	Engine	Cyl.	Dis.	Laps	Time	Speed	Prize Money	Speed	Qfy.
1	24	G. ヒル	Hill, Graham	GB	American Red Ball	ローラ T90	R/RWD	フォード	V8	4.2	200	2:27′52″53	144.317	156,297	159.243	15
2	19	J. クラーク	Clark, Jim	GB	STP Gas Treatment	ロータス38	R/RWD	フォード	V8	4.2	200	2:28′33″66	143.843	76,992	164.114	2
3	3	J. マクエリース	McElreath, Jim	USA	Zink-Urschel-Slick	ブラバム BT12	R/RWD	フォード	V8	4.2	200	2:28′42″42	143.742	42,586	160.908	7
4	72	G. ジョンコック	Johncock, Gordon	USA	Weinberger Homes	ゲルハルト	R/RWD	フォード	V8	4.2	200	2:29′40″00	143.084	26,381	161.059	6
5	94	M. ケニヨン	Kenyon, Mel	USA	Gerhardt	ゲルハルト	R/RWD	オッフィー	L4	4.1	198	走行中	139.456	21,987	158.555	17
6	43	J. スチュワート	Stewart, Jackie	GB	Bowes Seal Fast	ローラ T90	R/RWD	フォード	V8	4.2	190	油圧低下		25,767	159.972	11
7	54	E. ジョンソン	Johnson, Eddie	USA	Valvoline II	ハフェイカー	R/RWD	オッフィー	L4	4.1	175	ストール		17,615	158.898	29
8	11	B. アンサー	Unser, Bobby	USA	Vita Fresh Orange Juice	ハフェイカー	R/RWD	オッフィー	L4	2.8t	171	走行中	120.795	16,562	159.109	28
9	6	J. レオナード	Leonard, Joe	USA	Yamaha Eagle	イーグル Mk.2	R/RWD	フォード	V8	4.2	170	エンジン		15,822	159.560	20
10	88	J. グラント	Grant, Jerry	USA	Bardahl-Pacesetter Homes	イーグル Mk.2	R/RWD	フォード	V8	4.2	167	走行中	117.069	15,055	160.335	10
11	14	L. ルビー	Ruby, Lloyd	USA	Bardahl Eagle	イーグル Mk.2	R/RWD	フォード	V8	4.2	166	カムスタッド		24,926	162.433	5
12	18	A. アンサー	Unser, Al	USA	STP Oil Treatment	ロータス38	R/RWD	フォード	V8	4.2	161	アクシデント		14,965	162.372	23
13	8	R. マクラスキー	McCluskey, Roger	USA	G.C.Murphy	イーグル Mk.2	R/RWD	フォード	V8	4.2	129	オイル・ライン		13,123	159.271	21
14	98	P. ジョーンズ	Jones, Parnelli	USA	Agajanian's Rev 500	シュライク	R/RWD	オッフィー	L4	2.8s	87	ホイール・ベアリング		13,462	162.484	4
15	26	R. ウォード	Ward, Rodger	USA	Bryant Heating & Cooling	ローラ T90	R/RWD	オッフィー	L4	2.8s	74	ハンドリング		11,857	159.468	13
16	77	C. ウィリアムズ	Williams, Carl	USA	Dayton Steel Wheel	ゲルハルト	R/RWD	フォード	V8	4.2	38	オイル・ライン		12,171	159.645	25
17	56	J. ハーチュビス	Hurtubise, Jim	USA	Gerhardt	ゲルハルト	R/RWD	オッフィー	L4	2.8t	29	オイル・ライン		11,604	159.208	22
18	1	M. アンドレッティ	Andretti, Mario	USA	Dean Van Lines	ブロウナー－ホーク 1	R/RWD	フォード	V8	4.2	27	バルブ		25,121	165.849	1
19	82	G. スナイダー	Snider, George	USA	Sheraton-Thompson	コヨーテ/ロータス	R/RWD	フォード	V8	4.2	22	アクシデント		12,075	162.521	3
20	12	C. ハルス	Hulse, Chuck	USA	Wynn's	ワトソン	R/RWD	フォード	V8	4.2	22	アクシデント		10,463	160.844	8
21	22	B. ティンゲルスタッド	Tingelstad, Bud	USA	Federal Engineering	ゲルハルト	R/RWD	オッフィー	L4	2.8s	16	ラジエター		10,470	159.144	27
22	28	J. ボイド	Boyd, Johnny	USA	Prestone	BRP	R/RWD	フォード	V8	4.2	5	アクシデント		9,896	159.384	14
23	4	D. ブランソン	Branson, Don	USA	Leader Cards Racer	ゲルハルト	R/RWD	フォード	V8	4.2	0	アクシデント		9,791	160.385	9
24	27	B. フォスター	Foster, Billy	CDN	Jim Robbins	ヴォルステッド	R/RWD	フォード	V8	4.2	0	アクシデント		9,554	149.490	12
25	53	G. コングドン	Congdon, Gary	USA	Valvoline	ハフェイカー	R/RWD	オッフィー	L4	4.1	0	アクシデント		9,386	158.688	16
26	2	A. J. フォイト	Foyt, A. J.	USA	Sheraton-Thompson	ロータス38	R/RWD	フォード	V8	4.2	0	アクシデント		10,887	161.355	18
27	31	D. ガーニー	Gurney, Dan	USA	All American Racers	イーグル Mk.2	R/RWD	フォード	V8	4.2	0	アクシデント		9,806	160.499	19
28	66	C. ヤーボロー	Yarborough, Cale	USA	Jim Robbins	ヴォルステッド	R/RWD	フォード	V8	4.2	0	アクシデント		9,794	159.794	24
29	37	A. ネッパー	Knepper, Arnie	USA	Sam Liosi	セシル	R/RWD	フォード	V8	4.2	0	アクシデント		9,301	159.440	26
30	75	A. ミラー	Miller(Krulak), Al	USA	Jerry Alderman Ford	ロータス29	R/RWD	フォード	V8	4.2	0	アクシデント		8,876	158.681	30
31	39	B. グリム	Grim, Bobby	USA	Racing Associates	ワトソン	F/RWD	オッフィー	L4	2.8t	0	アクシデント		8,720	158.367	31
32	34	L. ディクソン	Dickson, Larry	USA	Michner Petroleum	ローラ T90	R/RWD	フォード	V8	4.2	0	アクシデント		9,933	159.144	32
33	96	R. デューマン	Duman, Ronnie	USA	Harrison	アイザート	R/RWD	フォード	V8	4.2	0	アクシデント		9,564	158.646	33
ns	97	D. アトキンズ	Atkins, Dick	USA	Agajanian Rev 500	シュライク	R/RWD	オッフィー	L4	2.8t	—	DNQ		—	158.158	—
ns	44	A. ポラード	Pollard, Art	USA	Hegar & Compton	ヴォルステッド	R/RWD	オッフィー	L4	4.2	—	DNQ		—	157.985	—

1967 第51回

開催日／天候 ………… 1967年5月30&31日／曇り・晴れ。雨で中断、延期
車両規定 ………… 非過給4200cc／過給2800cc以下
参加／決勝出走 ………… 90台／33台
優勝スピード ………… 151.207mph(243.343km/h)。コーション下で終了
賞金総額 ………… $733,135
ポールシッター ………… M. アンドレッティ　168.982mph(271.949km/h)　3′33″04＝4周合計
最速ラップ ………… P. ジョーンズ　164.926mph(265.422km/h)　54″57　6周目
ルーキー賞 ………… デニス・ハルム(5人中)
リード・チェンジ ………… 7回／3人。1－51＝ジョーンズ、52－53＝ガーニー、54－79＝ジョーンズ、80－83＝フォイト、84－130＝ジョーンズ、131－149＝フォイト、150－196＝ジョーンズ、197－200＝フォイト
リリーフ ………… No.26 Lloyd Ruby

雨のため序盤戦で中断、1日延期されて再スタートとなる。レースは革新的な一台、ガスタービン・エンジンを車体左側に備えたSTPパクストン4輪駆動車の独壇場で、パーネリ・ジョーンズが171周にわたってリードするが、残り4周というところでトランスミッションのたった6ドルのベアリングが壊れたために、リタイアに終わる。ジョーンズのドライバーとしてのインディ参戦は結果的にこれが最後となった。ジョーンズ停車後、リーダーの座は、ジョーンズからほぼ一周遅れだったA. J. フォイト(自製コヨーテ・フォード)の手に移る。フォイトは最終ラップ最終コーナーで発生した前方4台の事故をくぐり抜けて、ここ7年間で自身3勝目を挙げた。この事故によりレースは赤旗終了となった。この年F1チャンピオンに就くこととなるニュージーランド人デニス・ハルムは4位でルーキー賞を獲得。

話題のSTPパクストン・ガスタービンカー。エンジンの右側にジョーンズが乗る。STPのロゴだらけのウェアにも注目

A. J. フォイト(シェラトン-トンプソンSpl.)　243.343km/h　オーナー：Ansted-Thompson Racing　グッドイヤー

第51回●1967年 5 月31日○200周＝500マイル(804.670km)

Pos.	No	Driver	Driver	Nat.	Car Name	Chassis	Drive	Engine	Cyl.	Dis.	Laps	Time	Speed	Prize Money	Speed	Qfy.
1	14	A. J. フォイト	Foyt, A. J.	USA	Sheraton-Thompson	コヨーテ	R/RWD	フォード	V8	4.2	200	3：18′24″22	151.207	171,527	166.289	4
2	5	A. アンサー	Unser, Al	USA	Retzloff Chemical	ローラ T90	R/RWD	フォード	V8	4.2	198	3：18′10″55	149.867	67,127	164.594	9
3	4	J. レオナード	Leonard, Joe	USA	Sheraton-Thompson	コヨーテ	R/RWD	フォード	V8	4.2	197	3：18′02″07	149.216	43,177	166.098	5
4	69	D. ハルム	Hulme, Denis	NZ	City of Daytona Beach	イーグル Mk.3	R/RWD	フォード	V8	4.2	197	3：18′11″17	149.102	28,177	163.376	24
5	2	J. マクエリース	McElreath, Jim	USA	John Zink Trackburner	ムーア	R/RWD	フォード	V8	4.2	197	3：18′30″63	148.859	22,957	164.241	11
6	40	P. ジョーンズ	Jones, Parnelli	USA	STP Oil Treatment	グラナテリ	S/4WD	プラット＆ホイットニー	—	—	196	ギアボックス		55,767	166.075	6
7	8	C. ハルス	Hulse, Chuck	USA	Hopkins	ローラ T90	R/RWD	オッフィー	L4	2.8t	195	アクシデント		18,397	162.925	27
8	16	A. ポラード	Pollard, Art	USA	Thermo-King Auto Air Conditioning	ゲルハルト	R/RWD	オッフィー	L4	2.8t	195	3：18′29″03	147.367	16,928	163.897	13
9	6	B. アンサー	Unser, Bobby	USA	Rislone	イーグル Mk.3	R/RWD	フォード	V8	4.2	193	3：18′31″40	145.827	15,773	164.752	8
10	41	C. ウィリアムズ	Williams, Carl	USA	George R. Bryant	BRP	R/RWD	フォード	V8	4.2	189	アクシデント		16,173	163.696	23
11	46	B. ヴェイス	Veith, Bob	USA	Thermo-King Auto Air Conditioning	ゲルハルト	R/RWD	オッフィー	L4	2.8t	189	3：18′10″85	143.051	14,461	162.580	28
12	3	G. ジョンコック	Johncock, Gordon	USA	Gilmore Broadcasting	ゲルハルト	R/RWD	フォード	V8	4.2	188	スピン		15,518	166.559	3
13	39	B. グリム	Grim, Bobby	USA	Racing Associates	ゲルハルト	R/RWD	オッフィー	L4	2.8t	187	アクシデント		13,244	164.084	12
14	10	B. ティンゲルスタッド	Tingelstad, Bud	USA	Federal Engineering	ゲルハルト	R/RWD	フォード	V8	4.2	182	スピン		13,376	163.228	25
15	22	L. ディクソン	Dickson, Larry	USA	Vita Fresh Orange Juice	ロータス	R/RWD	フォード	V8	4.2	180	スピン		12,565	162.543	21
16	15	M. ケニヨン	Kenyon, Mel	USA	Thermo-King Auto Air Conditioning	ゲルハルト	R/RWD	オッフィー	L4	2.8t	177	アクシデント		12,273	163.778	14
17	21	C. ヤーボロー	Yarborough, Cale	USA	Bryant Heating & Cooling	ヴォルステッド	R/RWD	フォード	V8	4.2	176	アクシデント		11,900	162.830	20
18	24	J. スチュワート	Stewart, Jackie	GB	Bowes Seal Fast	ローラ T90	R/RWD	フォード	V8	4.2	168	エンジン		12,796	164.099	29
19	12	R. マクラスキー	McCluskey, Roger	USA	G. C. Murphy	イーグル Mk.3	R/RWD	フォード	V8	4.2	165	エンジン		12,961	165.563	22
20	42	J. グラント	Grant, Jerry	USA	All American Racers	イーグル Mk.3	R/RWD	フォード	V8	4.2	162	リング		11,845	163.808	30
21	74	D. ガーニー	Gurney, Dan	USA	Wagner Lockheed Brake Fluid	イーグル Mk.3	R/RWD	フォード	V8	4.2	160	ピストン		15,498	167.224	2
22	19	A. ネッパー	Knepper, Arnie	USA	M. V. S. Racers	セシル	R/RWD	フォード	V8	4.2	158	エンジン		10,570	162.900	18
23	98	R. デューマン	Duman, Ronnie	USA	Agajanian's Rev 500	シュライク	R/RWD	オッフィー	L4	2.8s	154	燃料		10,261	162.903	17
24	48	J. リント	Rindt, Jochen	A	Wagner Lockheed Brake Fluid	イーグル Mk.3	R/RWD	ウェスレイク	V8	5.0	108	バルブ		10,571	163.051	32
25	45	J. ラザフォード	Rutherford, Johnny	USA	Weinberger Homes	イーグル Mk.3	R/RWD	フォード	V8	4.2	103	アクシデント		10,000	162.859	19
26	26	G. スナイダー	Snider, George	USA	Wagner Lockheed Brake Fluid	マングース	R/RWD	フォード	V8	4.2	99	アクシデント		9,898	164.256	10
27	67	L. R. ヤーブロー	Yarbrough, Lee Roy	USA	Joim Robbins Seat Belt	ヴォルステッド	R/RWD	フォード	V8	4.2	87	アクシデント		10,015	163.066	26
28	32	A. ミラー	Miller(Krulak), Al	USA	Cleaver-Brooks	ゲルハルト	R/RWD	フォード	V8	4.2	74	オイルもれ		9,951	162.602	33
29	53	W. ダレンバック	Dallenbach, Wally	USA	Valvoline	ハフェイカー	R/RWD	オッフィー	L4	2.8t	73	アクシデント		9,406	163.540	15
30	1	M. アンドレッティ	Andretti, Mario	USA	Dean Van Lines	ホーク	R/RWD	フォード	V8	4.2	58	ホイール外れ		21,049	168.982	1
31	31	J. クラーク	Clark, Jim	GB	STP Oil Treatment	ロータス42	R/RWD	フォード	V8	4.2	35	ピストン		9,373	163.213	16
32	81	G. ヒル	Hill, Graham	GB	STP Oil Treatment	ロータス42	R/RWD	フォード	V8	4.2	23	ピストン		9,935	163.317	31
33	25	L. ルビー	Ruby, Lloyd	USA	American Red Ball	マングース	R/RWD	オッフィー	L4	2.8t	3	バルブ		9,666	165.229	7
ns	27	L. ビアンキ	Bianchi, Lucien	B	Joim Robbins Co.		R/RWD	フォード	V8		—	DNQ		—	162.484	—
ns	56	J. ハーチュビス	Hurtubise, Jim	USA	Mallard		F/RWD	オッフィー	L4	t	—	DNQ		—	162.411	—
ns	84	G. コングドン	Congdon, Gary	USA	Sheraton-Thompson		R/RWD	フォード	V8		—	DNQ		—	162.396	—
ns	90	P. ロドリゲス	Rodriguez, Pedro	MEX	Leader Card Racers		R/RWD	フォード	V8		—	DNQ		—	162.352	—
ns	23	R. バックナム	Bucknum, Ronnie	USA	Vita Fresh Orange Juice		R/RWD	フォード	V8		—	DNQ		—	162.243	—
ns	57	B. ハーキー	Harkey, Bob	USA	Kenny Brenn		R/RWD	フォード	V8		—	DNQ		—	162.140	—
ns	29	B. ハート	Hurt, Bob	USA	Rev 500		R/RWD	オッフィー	L4	s	—	DNQ		—	161.261	—

1968 第52回

開催日／天候……1968年５月30日／晴れ
車両規定……非過給4200cc／過給2800cc以下
参加／決勝出走……77台／33台
優勝スピード……152.882mph(246.039km/h)。２位に53″81差
賞金総額……$708,460
ポールシッター……J. レオナード　171.559mph(276.097km/h)　3′29″84＝４周合計
最速ラップ……L. ルビー　168.666mph(271.441km/h)　53″36　94周目
ルーキー賞……ビリー・ヴコヴィッチ(６人中)
リード・チェンジ……８回／３人。1－7＝レオナード、8－56＝B. アンサー、57－89＝ルビー、90－112＝B. アンサー、113－119＝レオナード、120－165＝B. アンサー、166－174＝ルビー、175－191＝レオナード、192－200＝B. アンサー
リリーフ……No.64 Mario Andretti

STPチームのアンディ・グラナテリ代表はガスタービン・エンジンを諦めず、今度は楔(くさび)形ボディが特徴の４輪駆動ロータス56シャシーで挑む。優勝候補と目されていたジム・クラークは４月上旬ドイツのホッケンハイムＦ２戦で事故死してしまい、急遽代走として呼ばれたＦ１ドライバーのマイク・スペンスは初試走で好タイムを記録した直後に事故死するも、元２輪全米王者ジョー・レオナードとグレアム・ヒルが予選１～２位を獲得。レースはレオナードとロイド・ルビーとボビー・アンサーのトップ争いとなる。191周目のイエロー解除時、加速に移った途端、首位レオナード車の燃料シャフトが破損、STPタービンカーは２年連続で目前の勝利を失った。アンサーが駆ったイーグル・オッフィー(ターボチャージャー装着)は、アンサー家にインディ500初優勝をもたらした。２位にはダン・ガーニーが食い込んだ。

レオナードの駆るSTPの楔型ロータス56+ガスタービンは終盤またしてもストップ、勝てず

ボビー・アンサー(リスロンSpl.)　246.039km/h　オーナー：Leader Cards, Inc.　グッドイヤー

第52回●1968年5月30日○200周＝500マイル(804.670km)

Pos.	No	Driver	Driver	Nat.	Car Name	Chassis	Drive	Engine	Cyl.	Dis.	Laps	Time	Speed	Prize Money	Speed	Qfy.
1	3	B. アンサー	Unser, Bobby	USA	Rislone	イーグルMk.4	R/RWD	オッフィー	L4	2.8t	200	3:16′13″76	152.882	175,140	169.507	3
2	48	D. ガーニー	Gurney, Dan	USA	Olsonite	イーグルMk.4	R/RWD	ウェスレイク	V8	5.0	200	3:17′07″57	152.187	65,095	166.512	10
3	15	M. ケニヨン	Kenyon, Mel	USA	City of Lebanon	ゲルハルト	R/RWD	オッフィー	L4	2.8t	200	3:21′02″43	149.224	44,960	165.191	17
4	42	D. ハルム	Hulme, Denis	NZ	Olsonite	イーグルMk.4	R/RWD	フォード	V8	4.2	200	3:21′08″71	149.140	26,625	164.189	20
5	25	L. ルビー	Ruby, Lloyd	USA	Gene White Company	マングース	R/RWD	オッフィー	L4	2.8t	200	3:21′58″83	148.529	30,365	167.613	5
6	59	R. デューマン	Duman, Ronnie	USA	Cleaver-Brooks	ヘイホー-ブラバム	R/RWD	オッフィー	L4	2.8t	200	3:22′23″	148.232	19,205	162.338	26
7	98	B. ヴコヴィッチⅡ	Vukovich, Billy	USA	Wagner Lockheed	シュライク	R/RWD	オッフィー	L4	2.8t	198	走行中		18,520	163.510	23
8	90	M. モズレイ	Mosley, Mike	USA	Zecol-Lubaid	フィンレイ	R/RWD	オッフィー	L4	2.8t	197	走行中		17,490	162.499	27
9	94	S. セッションズ	Sessions, Sam	USA	Valvoline	フィンレイ	R/RWD	オッフィー	L4	2.8t	197	走行中		15,730	162.118	31
10	6	B. グリム	Grim, Bobby	USA	Gene White Company	マングース	R/RWD	オッフィー	L4	2.8t	196	走行中		15,170	162.866	25
11	16	B. ヴェイス	Veith, Bob	USA	Thermo-King Auto Air Conditioning	ゲルハルト	R/RWD	オッフィー	L4	2.8t	196	走行中		14,510	163.495	24
12	60	J. レオナード	Leonard, Joe	USA	STP Oli Treatment	ロータス56	R/4WD	プラット&ホイットニー	—	—	191	燃料シャフト		37,520	171.599	1
13	20	A. ポラード	Pollard, Art	USA	STP Oli Treatment	ロータス56	R/4WD	プラット&ホイットニー	—	—	188	燃料シャフト		12,950	166.297	11
14	82	J. マクエリース	McElreath, Jim	USA	Jim Greer	コヨーテ	R/RWD	フォード	V8	4.2	179	ストール		12,910	165.327	13
15	84	C. ウィリアムズ	Williams, Carl	USA	Sheraton-Thompson	コヨーテ	R/RWD	フォード	V8	4.2	163	アクシデント		14,255	162.323	28
16	10	B. ティンゲルスタッド	Tingelstad, Bud	USA	Federal Engineering	ゲルハルト	R/RWD	フォード	V8	4.2	158	油圧低下		12,670	164.444	18
17	54	W. ダレンバック	Dallenbach, Wally	USA	Valvoline	フィンレイ	R/RWD	オッフィー	L4	2.8t	146	エンジン		11,530	165.548	12
18	18	J. ラザフォード	Rutherford, Johnny	USA	City of Seattle	イーグル	R/RWD	フォード	V8	4.2	125	アクシデント		11,585	163.830	21
19	70	G. ヒル	Hill, Graham	GB	STP Oli Treatment	ロータス56	R/4WD	プラット&ホイットニー	—	—	110	アクシデント		13,810	171.208	2
20	1	A. J. フォイト	Foyt, A. J.	USA	Sheraton-Thompson	コヨーテ	R/RWD	フォード	V8	4.2	86	リアエンド		11,130	166.821	8
21	45	R. バックナム	Bucknum, Ronnie	USA	Weinberger Homes	イーグル	R/RWD	フォード	V8	4.2	76	燃料もれ		10,970	164.211	19
22	27	J. マロイ	Malloy, Jim	USA	Jim Robbins Co.	ヴォルステッド	R/RWD	フォード	V8	4.2	64	リアエンド		10,130	165.032	14
23	78	J. グラント	Grant, Jerry	USA	Bardahl Eagle	イーグル	R/RWD	フォード	V8	2.8t	50	オイルもれ		9,760	164.782	15
24	11	G. ベッテンハウゼン	Bettenhausen, Gary	USA	Thermo-King Auto Air Conditioning	ゲルハルト	R/RWD	オッフィー	L4	2.8t	43	アクシデント		9,860	163.562	22
25	21	A. ネッパー	Knepper, Arnie	USA	Bryant Heating & Cooling	ヴォルステッド	R/RWD	フォード	V8	2.8t	42	アクシデント		9,760	161.900	32
26	24	A. アンサー	Unser, Al	USA	Retzloff Chemical	ローラT150	R/4WD	フォード	V8	2.8t	40	アクシデント		10,120	167.069	6
27	4	G. ジョンコック	Johncock, Gordon	USA	Gilmore Broadcasting	ゲルハルト	R/RWD	オッフィー	L4	2.8t	37	リアエンド		9,480	166.775	9
28	64	L. ディクソン	Dickson, Larry	USA	Overseas National Airways	ホークⅡ	R/RWD	フォード	V8	4.2	24	ピストン		9,160	161.124	33
29	8	R. マクラスキー	McCluskey, Roger	USA	G. C. Murphy	イーグル	R/RWD	オッフィー	L4	2.8t	16	オイル・フィルター		9,460	166.976	7
30	56	J. ハーチュビス	Hurtubise, Jim	USA	Pepsi-Frito Lay	マラード	F/RWD	オッフィー	L4	2.8t	9	ピストン		9,330	162.191	30
31	29	G. スナイダー	Snider, George	USA	Vel's Parnelli Jones	マングース	R/RWD	フォード	V8	4.2	9	オイルもれ		9,470	162.264	29
32	35	J. リント	Rindt, Jochen	A	Repco-Brabham	ブラバムBT25	R/RWD	レプコ	V8	4.2	5	ピストン		9,830	164.144	16
33	2	M. アンドレッティ	Andretti, Mario	USA	Overseas National Airways	ホークⅢ	R/RWD	フォード	V8	2.8t	2	ピストン		9,960	167.691	4
ns	62	B. ウォーカップ	Walkup, Bruce	USA	Cleaver-Brooks		R/RWD	フォード	V8		—	DNQ		—	160.514	—
ns	88	B. ハーキー	Harkey, Bob	USA	Kenny Brenn		R/RWD	フォード	V8		—	DNQ		—	159.915	—
ns	41	G. フォルマー	Follmer, George	USA	George R. Bryant		R/RWD	フォード	V8		—	DNQ		—	158.877	—
ns	31	S. エイツ	Ates, Sonny	USA	Federal Engineering, Detroit		R/RWD	オッフィー	L4		—	DNQ		—	158.221	—
ns	77	B. ピュターボー	Puterbaugh, Bill	USA	Dayton Steel Wheel		R/RWD	フォード	V8		—	DNQ		—	157.301	—
ns	22	B. チーズバーグ	Cheesbourg, Bill	USA	Michner Petroleum		R/RWD	フォード	V8		—	DNQ		—	157.274	—
ns	32	A. ミラー	Miller(Krulak), Al	USA	Wally Weir		R/RWD	フォード	V8		—	DNQ		—	157.109	—
ns	76	J. タイタス	Titus, Jerry	USA	Bardahl Eagle		R/RWD	フォード	V8		—	DNQ		—	154.540	—

1969 第53回

開催日／天候……1969年５月30日／曇り
車両規定……非過給4200cc／過給2650cc（161.703ci）以下、ストックブロック非過給5000cc（305.1ci）以下
参加／決勝出走……87台／33台
優勝スピード……156.867mph（252.452km/h）。２位に1′53″02差
賞金総額……$804,626
ポールシッター……A. J. フォイト　170.568mph（274.502km/h）　3′31″06＝４周合計
最速ラップ……R. マクラスキー　166.512mph（267.974km/h）　54″05　20周目
ルーキー賞……マーク・ダナヒュー（５人中）
リード・チェンジ……７回／４人。1－5＝アンドレッティ、6－51＝フォイト、52－58＝ダレンバック、59－78＝フォイト、79－86＝ルビー、87－102＝アンドレッティ、103－105＝ルビー、106－200＝アンドレッティ

優勝したアンドレッティに抱き付いてキスするグラナテリSTPオーナー

マリオ・アンドレッティが挑戦５回目で遂に勝利をおさめ、これまでノーヴァイやタービン・エンジン車を参戦させては勝利を逃してきていたチーム・オーナーのアンディ・グラナテリに報いた。当初彼らは４輪駆動のロータス64で参戦するはずだったが、練習中172mph走行時にリア・ハブ破損事故でクラッシュ大破、急遽走り慣れたスペアカーの旧型ホークに乗り換えての決勝だった。レース前半はA. J. フォイトとロイド・ルビーが主導権を握ったが、いずれも脱落。ダン・ガーニーは前年に次いでストックブロック・ウェスレイク‐フォード・エンジンの自製イーグルで２位。ロードレースで活躍してきたマーク・ダナヒューが４位スタート・７位フィニッシュで、長年の好敵手ピーター・レヴソン（ブラバム・レプコ）の最後尾スタート・５位フィニッシュを降して、ルーキー賞を獲得する。

マリオ・アンドレッティ（STPオイルトリートメントSpl.）　252.452km/h　オーナー：STP Corporation　ファイアストン

第53回●1969年５月30日○200周＝500マイル（804.670km）

Pos.	No	Driver	Driver	Nat.	Car Name	Chassis	Drive	Engine	Cyl.	Dis.	Laps	Time	Speed	Prize Money	Speed	Qfy.
1	2	M. アンドレッティ	Andretti, Mario	USA	STP Oil Treatment	ホークⅢ	R/RWD	フォード	V8	2.6t	200	3：11′14″71	156.867	206,727	169.851	2
2	48	D. ガーニー	Gurney, Dan	USA	Olsonite	イーグルMk.7	R/RWD	ウェスレイク	V8	5.2	200	3：13′07″74	155.337	67,732	167.341	10
3	1	B. アンサー	Unser, Bobby	USA	Bardahl	ローラT152	R/4WD	オッフィー	L4	2.6t	200	3：14′41″45	154.090	45,647	169.683	3
4	9	M. ケニヨン	Kenyon, Mel	USA	Krohne Grain Transport	ゲルハルト	R/RWD	オッフィー	L4	2.6t	200	3：17′08″32	152.177	30,612	165.426	24
5	92	P. レヴソン	Revson, Peter	USA	Repco-Brabham	ブラバムBT25	R/RWD	レプコ	V8	4.2	197	走行中		25,722	160.851	33
6	44	J. レオナード	Leonard, Joe	USA	City of Daytona Beach	イーグル	R/RWD	フォード	V8	2.6t	193	走行中		21,602	167.240	11
7	66	M. ダナヒュー	Donohue, Mark	USA	Sunoco-Simoniz	ローラT152	R/RWD	オッフィー	L4	2.6t	190	走行中		21,512	168.903	4
8	6	A. J. フォイト	Foyt, A. J.	USA	Sheraton-Thompson	コヨーテ	R/RWD	フォード	V8	2.6t	181	走行中		50,252	170.568	1
9	21	L. ディクソン	Dickson, Larry	USA	Bryant Heating & Cooling	ヴォルステッド	R/RWD	フォード	V8	2.6t	180	走行中		17,426	163.014	31
10	97	B. ジョンズ	Johns, Bobby	USA	Wagner-Lockheed	シュライク	R/RWD	オッフィー	L4	2.6t	171	走行中		19,841	160.901	32
11	10	J. マロイ	Malloy, Jim	USA	Jim Robbins Co.	ヴォルステッド	R/RWD	オッフィー	L4	2.6t	165	走行中		17,358	167.092	13
12	11	S. セッションズ	Sessions, Sam	USA	Valvoline	フィンレイ	R/RWD	オッフィー	L4	2.6t	163	走行中		15,846	165.434	23
13	90	M. モズレイ	Mosley, Mike	USA	Zecol-Lubaid	イーグル	R/RWD	オッフィー	L4	2.6t	162	ピストン		14,755	166.113	22
14	82	R. マクラスキー	McCluskey, Roger	USA	G. C. Murphy	コヨーテ	R/RWD	フォード	V8	2.6t	157	ヘッダー		15,493	168.350	6
15	15	B. ティンゲルスタッド	Tingelstad, Bud	USA	Vel's Parnelli Jones	ローラT150	R/4WD	オッフィー	L4	2.6t	155	エンジン		13,894	166.597	18
16	84	G. スナイダー	Snider, George	USA	Sheraton-Thompson	コヨーテ	R/RWD	フォード	V8	2.6t	152	走行中		14,016	166.914	15
17	59	S. エイツ	Ates, Sonny	USA	Krohne Grain Transport	ヘイホー－ブラバム	R/RWD	オッフィー	L4	2.6t	146	マグネトー		13,609	166.968	14
18	42	D. ハルム	Hulme, Denis	NZ	Olsonite Eagle	イーグル	R/RWD	フォード	V8	2.6t	145	クラッチ		12,823	165.092	25
19	12	G. ジョンコック	Johncock, Gordon	USA	Gilmore Broadcasting	ゲルハルト	R/RWD	オッフィー	L4	2.6t	137	ピストン		13,585	168.626	5
20	4	L. ルビー	Ruby, Lloyd	USA	Wynn's Spitfire	マングース	R/RWD	オッフィー	L4	2.6t	105	燃料ホース		13,864	166.428	20
21	22	W. ダレンバック	Dallenbach, Wally	USA	Sprite	イーグル	R/RWD	オッフィー	L4	2.6t	82	クラッチ		12,991	166.497	19
22	29	A. ネッパー	Knepper, Arnie	USA	M.V.S.	セシル	R/RWD	フォード	V8	2.6t	82	アクシデント		12,189	166.220	21
23	67	L. R. ヤーブロー	Yarbrough, Lee Roy	USA	Jim Robbins Co.	ヴォルステッド	R/RWD	フォード	V8	2.6t	65	ヘッダー		12,258	168.075	8
24	95	J. ブラバム	Brabham, Jack	AUS	Repco-Brabham	ブラバムBT25	R/RWD	レプコ	V8	4.2	58	イグニッション		11,725	163.875	29
25	57	C. ウィリアムズ	Williams, Carl	USA	STP Gas Treatment	ゲルハルト	R/RWD	オッフィー	L4		50	クラッチ		11,809	163.265	30
26	8	G. ベッテンハウゼン	Bettenhausen, Gary	USA	Thermo King Auto Air Conditioner	ゲルハルト	R/RWD	オッフィー	L4	2.6t	35	ピストン		11,541	167.777	9
27	62	G. フォルマー	Follmer, George	USA	Retzloff Chemical	ギルバート	R/RWD	フォード	V8	2.6t	26	エンジン		11,994	164.286	27
28	38	J. マクエリース	McElreath, Jim	USA	Jack Adams Airplanes	ホークⅡ	R/RWD	オッフィー	L4	2.6t	24	エンジン火災		11,768	168.224	7
29	36	J. ラザフォード	Rutherford, Johnny	USA	Patrick Petroleum	イーグル	R/RWD	オッフィー	L4	2.6t	24	オイル・タンク		10,963	166.628	17
30	45	R. バックナム	Bucknum, Ronnie	USA	Weinberger Homes	イーグル	R/RWD	オッフィー	L4	2.6t	16	ピストン		10,929	166.636	16
31	40	A. ポラード	Pollard, Art	USA	STP Oil Treatment	ロータス56	R/4WD	オッフィー	L4	2.6t	7	ドライブライン		10,816	167.123	12
32	98	B. ヴコヴィッチⅡ	Vukovich, Billy	USA	Wagner, Lockheed	マングース	R/RWD	オッフィー	L4	2.6t	1	コンロッド		11,974	165.843	26
33	16	B. ウォーカップ	Walkup, Bruce	USA	Thermo-King Auto Air Conditioner	ゲルハルト	R/RWD	オッフィー	L4	2.6t	0	ミッション		11,353	163.942	28
ns	26	R. ミュザー	Muther, Rick	USA	Bulldog Stables		R/RWD	オッフィー	L4		—	DNQ		—	158.744	—
ns	72	A. ミラー	Miller(Krulak), Al	USA	Jack Adams Airplanes			アリソン	—	—	—	DNQ		—	156.440	—

1970 第54回

開催日／天候……1970年5月30日／曇り
車両規定……非過給4200cc／過給2650cc以下、ストックブロック非過給5000cc以下
参加／決勝出走……84台／33台
優勝スピード……155.749mph(250.653km/h)。2位に32″19差
賞金総額……$991,887+$8,115
ポールシッター……A. アンサー　170.221mph(273.943km/h)　3′31″49＝4周合計
最速ラップ……J. レオナード　167.785mph(270.023km/h)　53″64　50周目
ルーキー賞……ドニー・アリソン(4人中)
リード・チェンジ……8回／5人。1－48＝A. アンサー、49＝フォイト、50－51＝ルビー、52＝ダナヒュー、53＝ブラバム、54－100＝A. アンサー、101＝フォイト、102－105＝ダナヒュー、106－200＝A. アンサー
リリーフ……No.23 Roger McCluskey

雨でスタートが遅れた一戦はPJコルト・フォードを駆ったアル・アンサーが圧勝した。ヴェル・ミレティッチ／パーネリ・ジョーンズのチームからの参戦で、アル・アンサーは190周にわたってリード、史上初めて兄弟でインディ500を制する(1968年の兄ボビーに続いて)という偉業を達成した。アルにとっては、前年、コースのインフィールドをバイクで走行中に転倒して脚を骨折して大舞台を欠場せざるを得なかった雪辱を果たした形でもある。賞金総額が100万ドルを突破。レース序盤は、25位スタートのロイド・ルビーが50周までにトップに立つという猛追撃に沸いたが、いつも不運な彼はミッション・トラブルでまたしてもリタイア。ストックカー・ドライバーのドニー・アリソンが4位フィニッシュでルーキー賞獲得。F1コンストラクターのマクラーレン製マシーンM15がインディカー初参戦。

多才なガーニーは自作イーグルで3位。この年限りで現役引退し、コンストラクターに専念

アル・アンサー(ジョニー・ライトニング500)　250.653km/h　オーナー：Vel's Parnelli Jones Ford　ファイアストン

第54回●1970年5月30日○200周＝500マイル（804.670km）

Pos.	No	Driver	Driver	Nat.	Car Name	Chassis	Drive	Engine	Cyl.	Dis.	Laps	Time	Speed	Prize Money	Speed	Qfy.
1	2	A. アンサー	Unser, Al	USA	Johnny Lightning 500	PJコルト70	R/RWD	フォード	V8	2.6t	200	3：12′37″04	155.749	271,698	170.221	1
2	66	M. ダナヒュー	Donohue, Mark	USA	Sunoco	ローラT153	R/RWD	フォード	V8	2.6t	200	3：13′09″23	155.317	86,427	169.911	5
3	48	D. ガーニー	Gurney, Dan	USA	Olsonite Eagle	イーグル70	R/RWD	オッフィー	L4	2.6t	200	3：15′49″25	153.201	58,977	166.860	11
4	83	D. アリソン	Allison, Donnie	USA	Greer	イーグル70	R/RWD	フォード	V8	2.6t	200	3：16′21″86	152.777	36,002	165.662	23
5	14	J. マクエリース	McElreath, Jim	USA	Sheraton-Thompson	コヨーテ	R/RWD	フォード	V8	2.6t	200	3：17′07″95	152.182	32,577	166.821	33
6	1	M. アンドレッティ	Andretti, Mario	USA	STP Oil Treatment	マクナマラT500	R/RWD	フォード	V8	2.6t	199	3：18′08″44	150.492	28,202	168.209	8
7	89	J. グラント	Grant, Jerry	USA	Nelson Iron Works	イーグル70	R/RWD	オッフィー	L4	2.6t	198	3：18′08″44	149.894	26,977	165.983	29
8	38	R. ミュザー	Muther, Rick	USA	The Tony Express	ホークII	R/RWD	オッフィー	L4	2.6t	197	3：18′10″30	149.113	25,302	165.654	15
9	75	C. ウィリアムズ	Williams, Carl	USA	McLaren	マクラーレンM15	R/RWD	オッフィー	L4	2.6t	197	3：18′13″50	149.073	22,352	166.590	19
10	7	A. J. フォイト	Foyt, A. J.	USA	Sheraton-Thompson	コヨーテ	R/RWD	フォード	V8	2.6t	195	3：14′20″50	150.508	24,902	170.004	3
11	3	B. アンサー	Unser, Bobby	USA	Wagner-Lockheed	イーグル70	R/RWD	フォード	V8	2.6t	192	3：18′04″20	145.403	20,552	168.508	7
12	67	S. セッションズ	Sessions, Sam	USA	Jim Robbins Co.	イーグル70	R/RWD	フォード	V8	2.6t	190	3：18′29″90	143.578	19,752	165.373	32
13	32	J. ブラバム	Brabham, Jack	AUS	Gilmore Broadcasting-Brabham	ブラバムBT32	R/RWD	オッフィー	L4	2.6t	175	ピストン		20,227	166.397	26
14	44	D. サイモン	Simon, Dick	USA	Bryant Heating & Cooling	ヴォルステッド	R/RWD	フォード	V8	2.6t	168	3：17′39″95	127.488	18,427	165.548	31
15	19	R. バックナム	Bucknum, Ronnie	USA	M.V.S.	モリス	R/RWD	フォード	V8	2.6t	162	アクシデント		18,602	166.136	27
16	23	M. ケニヨン	Kenyon, Mel	USA	Sprite	コヨーテ	R/RWD	オッフィー	L4	2.6t	160	アクシデント		17,552	165.906	22
17	22	W. ダレンバック	Dallenbach, Wally	USA	Sprite	イーグル	R/RWD	フォード	V8	2.6t	143	コイル		17,077	165.601	24
18	18	J. ラザフォード	Rutherford, Johnny	USA	Patrick Petroleum	イーグル70	R/RWD	オッフィー	L4	2.6t	135	ヘッダー		18,327	170.213	2
19	27	L. R. ヤーブロー	Yarbrough, Lee Roy	USA	Jim Robbins Co.	イーグル70	R/RWD	フォード	V8	2.6t	107	ターボ・ギア		16,302	166.559	13
20	84	G. スナイダー	Snider, George	USA	Greer	コヨーテ	R/RWD	フォード	V8	2.6t	105	サスペンション		16,002	167.660	10
21	9	M. モズレイ	Mosley, Mike	USA	G. C. Murphy	ワトソン	R/RWD	オッフィー	L4	2.6t	96	ラジエター		15,627	166.651	12
22	73	P. レヴソン	Revson, Peter	USA	McLaren	マクラーレンM15	R/RWD	オッフィー	L4	2.6t	87	マグネトー		16,627	167.942	16
23	58	B. ヴコヴィッチII	Vukovich, Billy	USA	Sugaripe Prune	ブラバムBT25	R/RWD	オッフィー	L4	2.6t	78	クラッチ		15,252	165.753	30
24	15	J. レオナード	Leonard, Joe	USA	Johnny Lightning 500	PJコルト70	R/RWD	フォード	V8	2.6t	73	スイッチ		15,452	166.898	18
25	11	R. マクラスキー	McCluskey, Roger	USA	Quickick	スコーピオン	R/RWD	フォード	V8	2.6t	62	サスペンション		15,727	169.213	4
26	16	G. ベッテンハウゼン	Bettenhausen, Gary	USA	Thermo King Auto Air Conditioner	ゲルハルト	R/RWD	オッフィー	L4	2.6t	55	バルブ		14,677	166.451	20
27	25	L. ルビー	Ruby, Lloyd	USA	Daniels Cablevision	マングース	R/RWD	オッフィー	L4	2.6t	54	ドライブ・ギア		17,252	168.895	25
28	5	G. ジョンコック	Johncock, Gordon	USA	Gilmore Broadcasting	ゲルハルト	R/RWD	フォード	V8	2.6t	45	ピストン		14,902	167.015	17
29	97	B. ウォーカップ	Walkup, Bruce	USA	Wynn's Spit-Fire	マングース	R/RWD	オッフィー	L4	2.6t	44	タイミング・ギア		13,927	166.459	14
30	10	A. ポラード	Pollard, Art	USA	Art Pollard Car Wash Systems	キングフィッシュ	R/RWD	オッフィー	L4	2.6t	28	ピストン		14,427	168.595	6
31	20	G. フォルマー	Follmer, George	USA	STP Oil Treatment	ホークIII	R/RWD	フォード	V8	2.6t	18	ガスケット		14,002	166.052	21
32	93	G. ウェルド	Weld, Greg	USA	Art Pollard Car Wash Systems	ゲルハルト	R/RWD	オッフィー	L4	2.6t	12	ピストン		14,102	166.121	28
33	31	J. マロイ	Malloy, Jim	USA	Stearns Mfg. Transi-Trend	ゲルハルト	R/RWD	オッフィー	L4	2.6t	0	アクシデント		13,677	167.895	9
ns	53	A. ネッパー	Knepper, Arnie	USA	Caves Buick		R/RWD	オッフィー	L4	2.6t	—	DNQ		—	165.320	—
ns	77	K. バートレット	Bartlett, Kevin	AUS	George Walther's Tyrone		R/RWD	フォード	V8	2.6t	—	DNQ		—	165.259	—
ns	36	T. アダモウィッツ	Adamowicz, Tony	USA	Patrick Petroleum		R/RWD	オッフィー	L4	2.6t	—	DNQ		—	164.820	—
ns	94	B. ウォレン	Warren, Bentley	USA	Vatis Enterprises		R/RWD	オッフィー	L4	2.6t	—	DNQ		—	164.805	—
ns	92	S. クリシロフ	Krisiloff, Steve	USA	V.T.M. Finishing Corp.		R/RWD	フォード	V8	4.2	—	DNQ		—	162.448	—
ns	8	C. パイレッティ	Pairetti, Carlos	RA	Canal 9 Buenos Aires		R/RWD	オッフィー	L4	2.6t	—	DNQ		—	159.	—
ns	8	L. ディクソン	Dickson, Larry	USA	Canal 9 Buenos Aires		R/RWD	オッフィー	L4	2.6t	—	DNQ		—	158.489	—
ns	99	D. ツィマーマン	Zimmerman, Denny	USA	Joe Hunt Magneto	ゲルハルト	R/RWD	オッフィー	L4	2.6t	—	DNQ		—	158.892	—
ns	99	L. クンツマン	Kunzman, Lee	USA	Joe Hunt Magneto	モリス	R/RWD	フォード	V8	2.6t	—	DNQ		—	158.912	—
ns	54	J. シロイス	Sirois, Jigger	USA	City of Memphis	グレン・ブライアント		プラット＆ホイットニー	—	—	—	DNQ		—	157.487	—

1971 第55回

開催日／天候……1971年5月29日／晴れ
車両規定……非過給4200cc／過給2650cc以下、ストックブロック非過給5878cc(358.7ci)以下
参加／決勝出走……77台／33台
優勝スピード……157.735mph(253.849km/h)。2位に22″48差
賞金総額……$1,000,490
ポールシッター……P. レヴソン　178.696mph(287.583km/h)　3′21″46＝4周合計
最速ラップ……M. ダナヒュー　174.961mph(281.572km/h)　51″44　66周目

ルーキー賞……デニー・ツィマーマン(4人中)
リード・チェンジ……13回／5人。1－50＝ダナヒュー、51－52＝レオナード、53－64＝B.アンサー、65－66＝ダナヒュー、67－72＝A.アンサー、73－82＝レオナード、83－87＝A. アンサー、88－94＝レオナード、95－98＝A. アンサー、99－101＝ルビー、102－110＝B. アンサー、111－115＝A. アンサー、116－117＝レオナード、118－200＝A. アンサー
ペナルティ……No.44はJ. マーラーにより27位でクォリファイ、サイモンに交代して最後尾スタート

エアロダイナミクスの改善により各車のスピードも大幅アップとなる。それでもアル・アンサーが駆るPJコルトの強さは不変だった。プラクティスではマーク・ダナヒューの駆る楔形のマクラーレンM16が他車より6mphも速いタイムを出すが、そのセットアップ情報を得た同じマシーンのピーター・レヴソンがクォリファイでは新記録でポールを奪った。レース前半はダナヒューがリードし、アンサーは前年ほどのラップリードを奪ったわけではなかったが(それでも103周)、チェッカーを受けた時にはレヴソンの20秒以上前にいた。連覇達成は4人目となる。スタート時、ペースカーが停止しきれず、ターン1寄りに設けられていたカメラマン席に突っ込み、多数の負傷者が出た。これまで女人禁制だったパドック・ガレージ「ガソリンアレイ」に初めて女性の立ち入りが許された。

マクラーレンM16のスタイル(楔型ボディ＋サイドラジエター)がトレンドセッターとなっていく

アル・アンサー(ジョニー・ライトニングSpl.)　253.849km/h　オーナー：Vel's Parnelli Jones Ford　ファイアストン

第55回●1971年5月29日○200周＝500マイル(804.670km)

Pos.	No	Driver	Driver	Nat.	Car Name	Chassis	Drive	Engine	Cyl.	Dis.	Laps	Time	Speed	Prize Money	Speed	Qfy.
1	1	A. アンサー	Unser, Al	USA	Johnny Lightning	PJコルト	R/RWD	フォード	V8	2.6t	200	3:10′11″56	157.735	238,454	174.522	5
2	86	P. レヴソン	Revson, Peter	USA	McLaren	マクラーレンM16	R/RWD	オッフィー	L4	2.6t	200	3:10′34″44	157.419	103,198	178.696	1
3	9	A. J. フォイト	Foyt, A. J.	USA	ITT Thompson	コヨーテ	R/RWD	フォード	V8	2.6t	200	3:12′13″37	156.069	64,753	174.317	6
4	42	J. マロイ	Malloy, Jim	USA	Olsonite Eagle	イーグル	R/RWD	オッフィー	L4	2.6t	200	3:14′04″65	154.577	38,669	171.838	10
5	32	B. ヴコヴィッチII	Vukovich, Billy	USA	Sugaripe Prune	ブラバムBT32	R/RWD	オッフィー	L4	2.6t	200	3:14′05″77	154.563	32,447	171.674	11
6	84	D. アリソン	Allison, Donnie	USA	Purolator	コヨーテ	R/RWD	フォード	V8	2.6t	199	走行中		30,093	171.903	20
7	58	B. ティンゲルスタッド	Tingelstad, Bud	USA	Sugaripe Prune	ブラバムBT32	R/RWD	オッフィー	L4	2.6t	198	走行中		28,206	170.156	17
8	43	D. ツィマーマン	Zimmerman, Denny	USA	Fiore Racing	ヴォルステッド	R/RWD	オッフィー	L4	2.6t	189	走行中		27,658	169.755	28
9	6	R. マクラスキー	McCluskey, Roger	USA	Sprite	クヅマ	R/RWD	フォード	V8	2.6t	188	走行中		22,980	171.241	22
10	16	G. ベッテンハウゼン	Bettenhausen, Gary	USA	Thermo King	ゲルハルト	R/RWD	オッフィー	L4	2.6t	178	走行中		24,419	171.233	13
11	12	L. ルビー	Ruby, Lloyd	USA	Utah Stars	マングース	R/RWD	フォード	V8	2.6t	174	ギア		21,866	173.821	7
12	2	B. アンサー	Unser, Bobby	USA	Olsonite Eagle	イーグル70A	R/RWD	オッフィー	L4	2.6t	164	アクシデント		24,842	175.816	3
13	4	M. モズレイ	Mosley, Mike	USA	G. C. Murphy	イーグル-ワトソン	R/RWD	フォード	V8	2.6t	159	アクシデント		20,345	169.579	19
14	44	D. サイモン	Simon, Dick	USA	TraveLodge Sleeper	ヴォルステッド	R/RWD	フォード	V8	2.6t	151	走行中		18,870	170.164	33
15	41	G. フォルマー	Follmer, George	USA	Grant King Racers	キングフィッシュ	R/RWD	オッフィー	L4	2.6t	147	ピストン		18,281	169.205	29
16	21	C. ヤーボロー	Yarborough, Cale	USA	Gene White Firestone	マングース	R/RWD	フォード	V8	2.6t	140	オイルもれ		17,370	170.156	14
17	85	D. ハルム	Hulme, Denis	NZ	McLaren	マクラーレンM16	R/RWD	オッフィー	L4	2.6t	137	バルブ		17,887	174.910	4
18	18	J. ラザフォード	Rutherford, Johnny	USA	Patrick Petroleum	イーグル	R/RWD	オッフィー	L4	2.6t	128	走行中		16,682	171.151	24
19	15	J. レオナード	Leonard, Joe	USA	Samsonite	PJコルト	R/RWD	フォード	V8	2.6t	123	燃料ポンプ		19,906	172.761	8
20	68	D. ホッブズ	Hobbs, David	GB	Penske Products	ローラT	R/RWD	フォード	V8	2.6t	107	ギアボックス		16,009	169.571	16
21	38	R. ミュザー	Muther, Rick	USA	Arkansas Aviation	ホークII	R/RWD	オッフィー	L4	2.6t	85	アクシデント		16,190	169.972	18
22	99	B. ハーキー	Harkey, Bob	USA	Joe Hunt Magneto	ゲルハルト	R/RWD	オッフィー	L4	2.6t	77	リアエンド		15,399	169.197	32
23	95	B. ウォレン	Warren, Bentley	USA	Classic Wax	イーグル	R/RWD	オッフィー	L4	2.6t	76	ギアボックス		14,486	169.627	15
24	22	W. ダレンバック	Dallenbach, Wally	USA	Sprite	クヅマ	R/RWD	オッフィー	L4	2.6t	69	バルブ		14,602	171.160	23
25	66	M. ダナヒュー	Donohue, Mark	USA	Sunoco	マクラーレンM16	R/RWD	オッフィー	L4	2.6t	66	ミッション		26,697	177.087	2
26	64	A. ポラード	Pollard, Art	USA	Gilmore Broadcasting	スコーピオン	R/RWD	フォード	V8	2.6t	45	バルブ		14,770	169.500	31
27	98	S. セッションズ	Sessions, Sam	USA	Wynn's Kwik-Kool	ローラ	R/RWD	フォード	V8	2.6t	43	エンジン		13,721	170.358	25
28	45	L. ディクソン	Dickson, Larry	USA	Grant King Racers	キングフィッシュ	R/RWD	オッフィー	L4	2.6t	33	エンジン		13,600	170.285	26
29	7	G. ジョンコック	Johncock, Gordon	USA	Norris Industries	マクラーレンM16	R/RWD	フォード	V8	2.6t	11	アクシデント		13,458	171.388	12
30	5	M. アンドレッティ	Andretti, Mario	USA	STP Oil Treatment	マクナマラ	R/RWD	フォード	V8	2.6t	11	アクシデント		13,245	172.612	9
31	20	S. クリシロフ	Krisiloff, Steve	USA	STP Gas Treatment	マクナマラ	R/RWD	フォード	V8	2.6t	10	オイルもれ		13,260	169.835	27
32	23	M. ケニヨン	Kenyon, Mel	USA	Sprite	クヅマ	R/RWD	フォード	V8	2.6t	10	アクシデント		14,153	170.205	30
33	80	G. スナイダー	Snider, George	USA	G. C. Murphy	イーグル	R/RWD	オッフィー	L4	2.6t	6	ストール		13,974	171.600	21
ns	46	J. マクエリース	McElreath, Jim	USA	Thermo King Auto Air Cond.						—	DNQ		—	169.165	—
ns	77	C. ウィリアムズ	Williams, Carl	USA	Dayton Steel Foundry		R/RWD	フォード	V8		—	DNQ		—	168.783?	—
ns	78	S. ポージー	Posey, Sam	USA	Farrell's Ice Cream Parlor Restaurant		R/RWD	オッフィー	L4		—	DNQ		—	168.775	—
ns	78	J. グラント	Grant, Jerry	USA			R/RWD	オッフィー	L4		—	DNQ		—	168.776	—
ns	92	J. グラント	Grant, Jerry	USA	Norris Industries		R/RWD	フォード	V8		—	DNQ		—	168.492	—
ns	28	B. シンプソン	Simpson, Bill	USA	Wynn's Kwik Kool		R/RWD	オッフィー	L4		—	DNQ		—	168.271	—
ns	56	J. ハーチュビス	Hurtubise, Jim	USA	Miller High Life			オッフィー	L4		—	予選でアクシデント		—	—	—

1972 第56回

開催日／天候……1972年５月27日／晴れ
車両規定……非過給4500cc／過給2650cc以下、ストックブロック非過給5878cc以下
参加／決勝出走……81台／33台
優勝スピード……162.962mph(262.261km/h)。２位に3′10″55差
賞金総額……$1,008,334
ポールシッター……B. アンサー　195.940mph(315.334km/h)　3′03″73＝４周合計
最速ラップ……M. ダナヒュー　187.539mph(301.814km/h)　47″99　150周目

ルーキー賞……マイク・ヒス(８人中)
リード・チェンジ……７回／５人。1－30＝B. アンサー、31－53＝ベッテンハウゼン、54－56＝モズレイ、57－161＝ベッテンハウゼン、162－165＝グラント、166－175＝ベッテンハウゼン、176－187＝グラント、188－200＝ダナヒュー
ペナルティ……N.40はA. ポラードにより10位でクォリファイ、その負傷後、ダレンバックに交代して最後尾スタート。No.48グラントは12周ペナルティ

各車にリア・ウイングが生えてダウンフォースが増したことと、800馬力以上の新型ターボ・エンジン、タイヤの進歩等により、ポールシッターのボビー・アンサーの４周平均時速は一挙に195.940mphにまで上がった。しかし彼の決勝レースはわずか30周で終わる。これでトップに立ったペンスキー・チームのゲイリー・ベッテンハウゼンが138周もリードするがイグニッション・トラブルで涙を呑み、次にトップを引き継いだジェリー・グラント(イーグル)が残り12周で燃料補給の際に誤って隣のチームメイトのタンクから補給を受けてペナルティを採られた結果、マーク・ダナヒュー(マクラーレン・オッフィー)が、チーム・オーナーのロジャー・ペンスキーに初のインディ500勝利をもたらすことになった。この年から従来のフォード・エンジンがフォイト名義で参戦するようになる。

ハーチュビスは依然としてフロントエンジン車で奮戦、予選通過ならず。その心意気に拍手

マーク・ダナヒュー(スノコ・マクラーレン)　262.261km/h　オーナー：Roger Penske Enterprises　グッドイヤー

第56回●1972年 5 月27日○200周＝500マイル（804.670km）

Pos.	No	Driver	Driver	Nat.	Car Name	Chassis	Drive	Engine	Cyl.	Dis.	Laps	Time	Speed	Prize Money	Speed	Qfy.
1	66	M. ダナヒュー	Donohue, Mark	USA	Sunoco McLaren	マクラーレン M16B	R/RWD	オッフィー	L4	2.6t	200	3：04′05″54	162.962	218,763	191.408	3
2	4	A. アンサー	Unser, Al	USA	Viceroy	パーネリ VPJ1	R/RWD	オッフィー	L4	2.6t	200	3：07′16″49	160.192	95,258	183.617	19
3	1	J. レオナード	Leonard, Joe	USA	Samsonite	パーネリ VPJ1	R/RWD	オッフィー	L4	2.6t	200	3：08′17″51	159.327	58,793	185.223	6
4	52	S. セッションズ	Sessions, Sam	USA	Gene White Firestone	ローラ T270	R/RWD	フォード	V8	2.6t	200	3：09′22″88	158.411	39,583	180.415	24
5	34	S. ポージー	Posey, Sam	USA	Norris Eagle	イーグル72	R/RWD	オッフィー	L4	2.6t	198	走行中		37,411	184.379	7
6	5	L. ルビー	Ruby, Lloyd	USA	Wynn's	アトランタ	R/RWD	フォイト	V8	2.6t	196	走行中		29,557	181.415	11
7	60	M. ヒス	Hiss, Mike	USA	STP Pylon Windshield Wiper Blade	イーグル72	R/RWD	オッフィー	L4	2.6t	196	走行中		30,814	179.015	25
8	9	M. アンドレッティ	Andretti, Mario	USA	Viceroy	パーネリ VPJ1	R/RWD	オッフィー	L4	2.6t	194	燃料切れ		24,822	187.617	5
9	11	J. カルサーズ	Caruthers, Jimmy	USA	U.S. Armed Forces/Steed	スコーピオン	R/RWD	フォイト	V8	2.6t	194	走行中		23,094	178.909	31
10	21	C. ヤーボロー	Yarborough, Cale	USA	Bill Daniels GOP	アトランタ	R/RWD	フォイト	V8	2.6t	193	走行中		22,133	178.864	32
11	84	G. スナイダー	Snider, George	USA	ITT-Thompson	コヨーテ	R/RWD	フォイト	V8	2.6t	190	走行中		23,080	181.855	21
12	48	J. グラント	Grant, Jerry	USA	Mystery Eagle	イーグル72	R/RWD	オッフィー	L4	2.6t	188	燃料補給違反		24,156	189.294	15
13	44	D. サイモン	Simon, Dick	USA	TraveLodge Sleeper	ローラ T270	R/RWD	フォイト	V8	2.6t	186	走行中		19,759	180.424	23
14	7	G. ベッテンハウゼン	Bettenhausen, Gary	USA	Sunoco McLaren	マクラーレン M16B	R/RWD	オッフィー	L4	2.6t	182	イグニッション		41,284	188.877	4
15	40	W. ダレンバック	Dallenbach, Wally	USA	STP Oil Treatment	ローラ T270	R/RWD	フォイト	V8	2.6t	182	走行中		19,645	181.626	33
16	89	J. マーティン	Martin, John	USA	Unsponsored	ブラバム	R/RWD	オッフィー	L4	2.6t	161	燃料もれ		18,084	179.614	14
17	37	L. クンヅマン	Kunzman, Lee	USA	Caves Buick Company	ゲルハルト	R/RWD	オッフィー	L4	2.6t	131	タイヤ／スピン		17,901	179.265	30
18	23	M. ケニヨン	Kenyon, Mel	USA	Gilmore Racing	コヨーテ	R/RWD	フォード	V8	2.6t	126	インジェクター		17,146	181.388	12
19	17	D. ツィマーマン	Zimmerman, Denny	USA	Bryant Heating & Cooling	マクラーレン M15	R/RWD	オッフィー	L4	2.6t	116	ディストリビューター		17,320	180.027	28
20	24	G. ジョンコック	Johncock, Gordon	USA	Gulf McLaren	マクラーレン M16B	R/RWD	オッフィー	L4	2.6t	113	排気バルブ		17,823	188.511	26
21	15	S. クリシロフ	Krisiloff, Steve	USA	Lloyd's Ayr-Way	キングフィッシュ	R/RWD	オッフィー	L4	2.6t	102	ターボチャージャー		15,954	181.433	10
22	31	J. マーラー	Mahler, John	USA	Harbor Fuel Oil	マクラーレン	R/RWD	オッフィー	L4	2.6t	99	ピストン		16,013	179.497	29
23	56	J. ハーチュビス	Hurtubise, Jim	USA	Miller High Lite	コヨーテ	R/RWD	フォイト	V8	2.6t	94	コースオフ／失格		15,350	181.050	13
24	14	R. マクラスキー	McCluskey, Roger	USA	American Marine Underwriters	アンタレス	R/RWD	オッフィー	L4	2.6t	92	バルブ		15,016	182.676	20
25	2	A. J. フォイト	Foyt, A. J.	USA	ITT Thompson	コヨーテ	R/RWD	フォイト	V8	2.6t	60	エンジン		15,611	188.996	17
26	98	M. モズレイ	Mosley, Mike	USA	Vivitar	イーグル68	R/RWD	オッフィー	L4	2.6t	56	アクシデント		15,984	189.145	16
27	18	J. ラザフォード	Rutherford, Johnny	USA	Patrick Petroleum	ブラバム	R/RWD	オッフィー	L4	2.6t	55	コンロッド		14,535	183.234	8
28	3	B. ヴコヴィッチⅡ	Vukovich, Billy	USA	Sugaripe Prune	イーグル	R/RWD	オッフィー	L4	2.6t	54	リアエンド		14,364	184.814	18
29	95	C. ウィリアムズ	Williams, Carl	USA	City of Terre Haute	イーグル	R/RWD	オッフィー	L4	2.6t	52	オイルクーラー		14,022	180.469	22
30	6	B. アンサー	Unser, Bobby	USA	Olsonite Eagle	イーグル72	R/RWD	オッフィー	L4	2.6t	31	ローター		30,830	195.940	1
31	12	P. レヴソン	Revson, Peter	USA	Gulf McLaren	マクラーレン M16B	R/RWD	オッフィー	L4	2.6t	23	ギアボックス		15,924	192.885	2
32	42	S. サヴェージ	Savage, Swede	USA	Michner Industries	イーグル	R/RWD	オッフィー	L4	2.6t	5	コンロッド		13,767	181.726	9
33	33	S. ウォルサー	Walther, Salt	USA	Dayton Disc Brakes	PJ コルト	R/RWD	フォイト	V8	2.6t	0	マグネトー		14,538	180.542	27
ns	90	A. ネッパー	Knepper, Arnie	USA	C.H.E.K. Racing		R/RWD	オッフィー	L4		—	DNQ		—	engine	—

1973 第57回

開催日／天候……1973年5月28&30日／曇り。雨で中断、短縮終了
車両規定……非過給4500cc／過給2650cc以下、ストックブロック非過給5878cc以下
参加／決勝出走……83台／33台
優勝スピード……159.036mph(255.943km/h)。コーション下で終了
賞金総額……$1,005,081
ポールシッター……J. ラザフォード 198.413mph(319.314km/h) 3′01″44＝4周合計
最速ラップ……R. マクラスキー 186.916mph(300.811km/h) 48″15 55周目
ルーキー賞……グレアム・マクレー(3人中)
リード・チェンジ……4回／4人。1－39＝B. アンサー、40－42＝ジョンコック、43－54＝サヴェージ、55－72＝A. アンサー、73－133＝ジョンコック

この年は祟られた大会となった。プラクティス中にはアート・ポラードが事故死し、雨模様で開始が遅れた決勝はそのスタート直後に11台が巻き込まれる多重事故が発生、観客12名が負傷し、裏返しで滑走したソルト・ウォルサーは重傷を負う。当初月曜予定のレースは観客席がガラガラの水曜にようやく再開された。しかしトップ争いを演じていた新鋭スウィード・サヴェージは59周目ターン4出口でイン側ウォールに激突、燃料補給直後とあって爆発炎上し、1ヵ月後に死亡する事態となる。その事故の際、ひとりのピット・クルーが事故現場に駆け付けようとピットロードに出たところ、逆走してきた消防車に撥ねられて即死。続行されたレースは133周でまたも雨のため中断・終了となった。優勝はサヴェージの僚友ゴードン・ジョンコックのイーグル・オッフィー。33台中19台がイーグル製シャシー。

悲劇の大会、ジョンコックはチームメイトの不運に心を痛めつつ初勝利を挙げる

ゴードン・ジョンコック(STPダブル・オイルフィルターSpl.) 255.943km/h オーナー：Patrick Racing Team グッドイヤー

第57回●1973年5月28&30日○133周＝332.5マイル(535.106km)

Pos.	No	Driver	Driver	Nat.	Car Name	Chassis	Drive	Engine	Cyl.	Dis.	Laps	Time	Speed	Prize Money	Speed	Qfy.
1	20	G. ジョンコック	Johncock, Gordon	USA	STP Double Oil Filter	イーグル73	R/RWD	オッフィー	L4	2.6t	133	2:05′26″59	159.036	236,023	192.555	11
2	2	B. ヴコヴィッチII	Vukovich, Billy	USA	Sugaripe Prune	イーグル73	R/RWD	オッフィー	L4	2.6t	133	2:06′51″50	157.262	97,513	191.103	16
3	3	R. マクラスキー	McCluskey, Roger	USA	Lindsey Hopkins Buick	マクラーレンM16B	R/RWD	オッフィー	L4	2.6t	131	2:05′58″28	155.988	60,753	191.928	14
4	19	M. ケニヨン	Kenyon, Mel	USA	Atlanta Falcons	イーグル73	R/RWD	フォイト	V8	2.6t	131	2:07′01″13	154.701	34,488	190.225	19
5	5	G. ベッテンハウゼン	Bettenhausen, Gary	USA	Sunoco DX	マクラーレンM16C	R/RWD	オッフィー	L4	2.6t	130	2:05′51″65	154.933	37,966	195.599	5
6	24	S. クリシロフ	Krisiloff, Steve	USA	Elliott-Norton Spirit	キングフィッシュ	R/RWD	オッフィー	L4	2.6t	129	2:06′52″39	152.515	30,862	194.932	7
7	16	L. クンヅマン	Kunzman, Lee	USA	Ayr-Way/Lloyd's	イーグル73	R/RWD	オッフィー	L4	2.6t	127	2:05′40″88	151.574	26,350	193.092	25
8	89	J. マーティン	Martin, John	USA	Unsponsored	マクラーレンM16B	R/RWD	オッフィー	L4	2.6t	124	2:07′04″21	146.376	25,377	194.384	24
9	7	J. ラザフォード	Rutherford, Johnny	USA	Gulf McLaren	マクラーレンM16C	R/RWD	オッフィー	L4	2.6t	124	2:07′23″49	146.007	29,904	198.413	1
10	98	M. モズレイ	Mosley, Mike	USA	Lodestar	イーグル68	R/RWD	オッフィー	L4	2.6t	120	コンロッド		23,675	189.753	21
11	73	D. ホッブズ	Hobbs, David	GB	Carling Black Label	イーグル73	R/RWD	オッフィー	L4	2.6t	107	走行中		20,935	189.454	22
12	84	G. スナイダー	Snider, George	USA	Gilmore Racing	コヨーテ	R/RWD	フォイト	V8	2.6t	101	ギアボックス		21,511	190.355	30
13	8	B. アンサー	Unser, Bobby	USA	Olsonite	イーグル73	R/RWD	オッフィー	L4	2.6t	100	コンロッド		30,264	198.183	2
14	44	D. サイモン	Simon, Dick	USA	TraveLodge	イーグル	R/RWD	フォイト	V8	2.6t	100	ピストン		19,489	191.276	27
15	66	M. ダナヒュー	Donohue, Mark	USA	Sunoco DX	イーグル	R/RWD	オッフィー	L4	2.6t	92	ピストン		19,950	197.412	3
16	60	G. マクレー	McRae, Graham	NZ	STP Gas Treatment	イーグル	R/RWD	オッフィー	L4	2.6t	91	ヘッダー		19,039	192.031	13
17	6	M. ヒス	Hiss, Mike	USA	Thermo-King	イーグル	R/RWD	オッフィー	L4	2.6t	91	バルブ		18,156	191.939	26
18	1	J. レオナード	Leonard, Joe	USA	Samsonite	パーネリ	R/RWD	オッフィー	L4	2.6t	91	ハブ		17,301	189.954	29
19	48	J. グラント	Grant, Jerry	USA	Olsonite	イーグル	R/RWD	オッフィー	L4	2.6t	77	コンロッド		16,675	190.235	18
20	4	A. アンサー	Unser, Al	USA	Viceroy	パーネリ	R/RWD	オッフィー	L4	2.6t	75	ピストン		20,628	194.879	8
21	21	J. カルサーズ	Caruthers, Jimmy	USA	Cobre	イーグル	R/RWD	オッフィー	L4	2.6t	73	サスペンション		16,009	194.217	9
22	40	S. サヴェージ	Savage, Swede	USA	STP Oil Treatment	イーグル	R/RWD	オッフィー	L4	2.6t	57	アクシデント		19,368	196.582	4
23	35	J. マクエリース	McElreath, Jim	USA	Norris	イーグル	R/RWD	オッフィー	L4	2.6t	54	コンロッド		15,655	188.640	33
24	62	W. ダレンバック	Dallenbach, Wally	USA	Olsonite	イーグル73	R/RWD	オッフィー	L4	2.6t	48	コンロッド		14,971	190.194	20
25	14	A. J. フォイト	Foyt, A. J.	USA	Gilmore Racing	コヨーテ	R/RWD	フォイト	V8	2.6t	37	コンロッド		14,716	188.927	23
26	30	J. カール	Karl, Jerry	USA	Oriente Express	イーグル	R/RWD	シヴォレー	V8	3.4t	22	走行中		17,689	190.799	28
27	18	L. ルビー	Ruby, Lloyd	USA	Commander Motor Homes	イーグル	R/RWD	オッフィー	L4	2.6t	21	ピストン		14,290	191.622	15
28	9	S. セッションズ	Sessions, Sam	USA	M.V.S.	イーグル	R/RWD	フォイト	V8	2.6t	17	オイルもれ		14,719	188.986	32
29	28	B. ハーキー	Harkey, Bob	USA	Bryant Heating & Cooling	ケニヨン-イーグル	R/RWD	フォイト	V8	2.6t	12	エンジン		14,777	189.733	31
30	11	M. アンドレッティ	Andretti, Mario	USA	Viceroy	パーネリ	R/RWD	オッフィー	L4	2.6t	4	ピストン		14,564	195.059	6
31	15	P. レヴソン	Revson, Peter	USA	Gulf McLaren	マクラーレンM16C	R/RWD	オッフィー	L4	2.6t	3	アクシデント		13,779	192.606	10
32	12	B. アリソン	Allison, Bobby	USA	Sunoco DX	マクラーレンM16C	R/RWD	オッフィー	L4	2.6t	1	コンロッド		13,722	192.308	12
33	77	S. ウォルサー	Walther, Salt	USA	Dayton-Walther	マクラーレンM16B	R/RWD	オッフィー	L4	2.6t	0	アクシデント		13,963	190.739	17
ns	34	S. ポージー	Posey, Sam	USA	Norris Eagle	イーグル	R/RWD	オッフィー	L4	2.6t	—	DNQ		—	187.921	—
ns	27	T. ビゲロウ	Bigelow, Tom	USA	Bryant Heating & Cooling	ヴォルステッド	R/RWD	オッフィー	L4	2.6t	—	DNQ		—	186.809	—
ns	56	J. ハーチュビス	Hurtubise, Jim	USA	Miller High Life	ローラ	R/RWD	フォイト	V8	2.6t	—	DNQ		—	184.237	—

1974 第58回

開催日／天候……1974年５月26日／曇り→晴れ
車両規定……非過給4500cc／過給2650cc以下、ストックブロック非過給5878cc以下
参加／決勝出走……68台／33台
優勝スピード……158.589mph(255.224km/h)。２位に22″32差
賞金総額……$1,014,877
ポールシッター……A. J. フォイト　191.632mph(308.401km/h)　3′07″86＝４周合計
最速ラップ……W. ダレンバック　191.408mph(308.041km/h)　47″02　２周目
ルーキー賞……パンチョ・カーター(７人中)
リード・チェンジ……12回／４人。1－2＝ダレンバック、3－24＝フォイト、25－26＝B. アンサー、27－49＝フォイト、50－52＝B. アンサー、53－64＝フォイト、65－125＝ラザフォード、126－135＝フォイト、136－137＝ラザフォード、138－140＝フォイト、141－175＝ラザフォード、176＝B. アンサー、177－200＝ラザフォード、

1973年末に発生したオイルショックのせいでスケジュールが大幅短縮。また、過去２年の急激な高速化と事故多発を憂慮して、スピードダウンと安全化も図られた。決勝の日曜日開催は初めてとなる。過去10大会すべてリタイアのジョニー・ラザフォードが駆るマクラーレン・オッフィーが予選２週目の通過だったため、２番目の速さながら25位グリッドとなるが、追い上げて優勝(11周で３位、21周で２位、65周でトップ)、これは1936年のルイス・メイヤー以来の後方スタート勝者ということになる。A. J. フォイトのコヨーテ・フォイトはポール・スタートから前半142周のうち70周をリードする快走を見せるもリタイアに終わった。２位ボビー・アンサーに続いて、ビリー・ヴコヴィッチ(1953～54年の覇者の息子)が前年２位に次いで３位となるが、自身で優勝を記すまでには至らなかった。

ルーキー勢揃い。左からスニーヴァ、カーターら。右端パーソンズはカーターと異父兄弟

ジョニー・ラザフォード(マクラーレン)　255.224km/h　オーナー：McLaren Cars, Ltd.　グッドイヤー

第58回●1974年 5 月26日○200周＝500マイル（804.670km）

Pos.	No	Driver	Driver	Nat.	Car Name	Chassis	Drive	Engine	Cyl.	Dis.	Laps	Time	Speed	Prize Money	Speed	Qfy
1	3	J. ラザフォード	Rutherford, Johnny	USA	McLaren	マクラーレン M16C/D	R/RWD	オッフィー	L4	2.6t	200	3：09′10″06	158.589	245,032	190.446	25
2	48	B. アンサー	Unser, Bobby	USA	Olsonite Eagle	イーグル74	R/RWD	オッフィー	L4	2.6t	200	3：09′32″39	158.278	99,504	185.176	7
3	4	B. ヴコヴィッチ II	Vukovich, Billy	USA	Sugaripe Prune	イーグル74	R/RWD	オッフィー	L4	2.6t	199	走行中		63,811	182.500	16
4	20	G. ジョンコック	Johncock, Gordon	USA	STP Double Oil Filter	イーグル74	R/RWD	オッフィー	L4	2.6t	198	走行中		37,079	186.287	4
5	73	D. ホッブズ	Hobbs, David	GB	Carlin Black Label	マクラーレン M16C/D	R/RWD	オッフィー	L4	2.6t	196	走行中		32,074	184.833	9
6	45	J. マクエリース	McElreath, Jim	USA	Thermo King	イーグル74	R/RWD	オッフィー	L4	2.6t	194	走行中		27,970	177.279	30
7	11	P. カーター	Carter, Pancho	USA	Cobre Firestone	イーグル74	R/RWD	オッフィー	L4	2.6t	191	走行中		27,758	180.605	21
8	79	B. ハーキー	Harkey, Bob	USA	Peru Circus	コヨーテ	R/RWD	フォイト	V8	2.6t	189	走行中		23,985	176.687	31
9	9	L. ルビー	Ruby, Lloyd	USA	Unlimited Racing	イーグル74	R/RWD	オッフィー	L4	2.6t	187	燃料切れ		23,182	181.699	18
10	55	J. グラント	Grant, Jerry	USA	Cobre Firestone	イーグル74	R/RWD	オッフィー	L4	2.6t	175	走行中		22,016	181.781	17
11	89	J. マーティン	Martin, John	USA	Sea Snack Shrimp Cocktail	マクラーレン M16B/C	R/RWD	オッフィー	L4	2.6t	169	走行中		21,393	180.406	22
12	27	T. ビゲロウ	Bigelow, Tom	USA	Bryant Heating & Cooling	ヴォルステッド	R/RWD	オッフィー	L4	2.6t	166	走行中		20,769	180.144	23
13	18	B. シンプソン	Simpson, Bill	USA	American Kids Racer	イーグル	R/RWD	オッフィー	L4	2.6t	163	ギア		19,922	181.041	20
14	68	M. ヒス	Hiss, Mike	USA	Norton Spirit	マクラーレン M16C/D	R/RWD	オッフィー	L4	2.6t	158	走行中		21,697	187.490	3
15	14	A. J. フォイト	Foyt, A. J.	USA	Gilmore Racing Team	コヨーテ	R/RWD	フォイト	V8	2.6t	142	ターボ		38,674	191.632	1
16	1	R. マクラスキー	McCluskey, Roger	USA	English Leather	ライレー	R/RWD	オッフィー	L4	2.6t	141	ギアボックス		19,097	181.005	27
17	77	S. ウォルサー	Walther, Salt	USA	Dayton-Walther	マクラーレン M16C	R/RWD	オッフィー	L4	2.6t	141	ピストン		18,197	183.927	14
18	15	A. アンサー	Unser, Al	USA	Viceroy	イーグル	R/RWD	オッフィー	L4	2.6t	131	ギア		17,492	183.889	26
19	42	J. カール	Karl, Jerry	USA	Ayr-Way/Lloyd's	イーグル	R/RWD	オッフィー	L4	2.6t	115	アクシデント		17,333	181.452	19
20	24	T. スニーヴァ	Sneva, Tom	USA	Raymond Companies	キングフィッシュ	R/RWD	オッフィー	L4	2.6t	94	リアエンド・ギア		19,136	185.149	8
21	51	J. オパーマン	Opperman, Jan	USA	Viceroy Parnelli	パーネリ	R/RWD	オッフィー	L4	2.6t	85	スピン		15,617	176.186	32
22	60	S. クリシロフ	Krisiloff, Steve	USA	STP Gas Treatment	イーグル	R/RWD	オッフィー	L4	2.6t	72	クラッチ		16,026	182.519	15
23	21	J. カルサーズ	Caruthers, Jimmy	USA	Cobre Firestone	イーグル	R/RWD	オッフィー	L4	2.6t	64	ギアボックス		16,063	184.049	12
24	59	L. キャノン	Cannon, Larry	USA	American Financial Corp.	イーグル	R/RWD	オッフィー	L4	2.6t	49	エンジン		15,429	173.963	33
25	56	J. ハーチュビス	Hurtubise, Jim	USA	Miller High Life	マクラーレン M16B	R/RWD	オッフィー	L4	2.6t	31	ピストン		15,324	180.288	28
26	94	J. パーソンズ Jr.	Parsons, Johnny	USA	Vatis	フィンレイ	R/RWD	オッフィー	L4	2.6t	18	エンジン		14,497	180.252	29
27	61	R. ミュザー	Muther, Rick	USA	Eisenhour/Brayton	コヨーテ	R/RWD	フォイト	V8	2.6t	11	ピストン		14,748	179.991	24
28	82	G. スナイダー	Snider, George	USA	Gilmore Racing Team	アトランタ	R/RWD	フォイト	V8	2.6t	7	バルブ		14,027	189.993	13
29	98	M. モズレイ	Mosley, Mike	USA	Lordstar	イーグル	R/RWD	オッフィー	L4	2.6t	6	エンジン		16,435	185.319	6
30	40	W. ダレンバック	Dallenbach, Wally	USA	STP Oil Treatment	イーグル	R/RWD	オッフィー	L4	2.6t	3	ピストン		16,222	189.683	2
31	5	M. アンドレッティ	Andretti, Mario	USA	Viceroy	イーグル	R/RWD	オッフィー	L4	2.6t	2	ピストン		15,587	186.027	5
32	8	G. ベッテンハウゼン	Bettenhausen, Gary	USA	Score	マクラーレン M16C	R/RWD	オッフィー	L4	2.6t	2	バルブ		14,230	184.492	11
33	44	D. サイモン	Simon, Dick	USA	TraveLodge	イーグル	R/RWD	フォイト	V8	2.6t	1	バルブ		14,551	184.502	10
ns	31	D. ツィマーマン	Zimmerman, Denny	USA	M.V.S.		R/RWD	フォイト	V8	2.6t	—	DNQ		—	173.569	—
ns	25	J. シロイス	Sirois, Jigger	USA	Adams Automotive		R/RWD	オッフィー	L4	2.6t	—	DNQ		—	173.360	—

1975 第59回

開催日／天候……1975年５月25日／曇り。雨で短縮終了
車両規定……非過給4500cc／過給2650cc以下、ストックブロック非過給5878cc以下
参加／決勝出走……61台／33台
優勝スピード……149.213mph(240.134km/h)。コーション下で終了
賞金総額……$996,112
ポールシッター……A. J. フォイト　193.976mph(312.173km/h)　3′05″59＝４周合計
最速ラップ……G. ジョンコック　187.110mph(301.124km/h)　48″10　２周目
ルーキー賞……ビル・ピュターボー(４人中)
リード・チェンジ……14回／６人。1－8＝ジョンコック、9－21＝フォイト、22－23＝ラザフォード、24＝アリソン、25－58＝フォイト、59－69＝ダレンバック、70＝フォイト、71－94＝ダレンバック、95－96＝フォイト、97－120＝ダレンバック、121－123＝フォイト、124＝B. アンサー、125－161＝ダレンバック、162－164＝ラザフォード、165－174＝B. アンサー

グリッド１列目を占めたのは、いずれも異なるシャシーとエンジンを操る３人の優勝経験者。96周のラップリードを奪い圧倒的なリードを築いた未勝利のウォリー・ダレンバックは162周目にピストン焼き付きに見舞われた。ジョニー・ラザフォードがリーダーの座を引き継ぐが、ピットストップの間にボビー・アンサーがトップを奪った。このタイミングが勝敗を分けた。というのも、この後、雨が降り始め、174周完了時にレース赤旗終了となった時、大勢がスピンする中、アンサーのイーグル・オッフィーが首位を保っていたからだ。アンサー兄にとっては２勝目。このレースはまたトム・スニーヴァの凄まじい事故でも記憶される。DGS(ドレイク・グーセン・スパークス)エンジンはオッフェンハウザー派生の新型８気筒。ファイアストン・タイヤの撤退により全車グッドイヤーを履くこととなった。

突然の豪雨でコースは水浸し。B. アンサーがビクトリーレーンまでゆっくりマシーンを運ぶ

ボビー・アンサー(ジョーゲンセン・イーグル)　240.134km/h　オーナー：All American Racers　グッドイヤー

第59回●1975年5月25日○174周＝435マイル（700.063km）

Pos.	No	Driver	Driver	Nat.	Car Name	Chassis	Drive	Engine	Cyl.	Dis.	Laps	Time	Speed	Prize Money	Speed	Qfy.
1	48	B. アンサー	Unser, Bobby	USA	Jorgensen Eagle	イーグル74	R/RWD	オッフィー	L4	2.6t	174	2:54′55″08	149.213	214,032	191.073	3
2	2	J. ラザフォード	Rutherford, Johnny	USA	Gatorade	マクラーレンM16E	R/RWD	オッフィー	L4	2.6t	174	2:55′59″10	148.308	97,886	185.998	7
3	14	A. J. フォイト	Foyt, A. J.	USA	Gilmore Racing Team	コヨーテ	R/RWD	フォイト	V8	2.6t	174	2:56′43″70	147.684	74,677	193.976	1
4	11	P. カーター	Carter, Pancho	USA	Cobre Tire	イーグル	R/RWD	オッフィー	L4	2.6t	169	2:56′08″55	143.918	33,424	183.449	18
5	15	R. マクラスキー	McCluskey, Roger	USA	Silver Floss	ライレー	R/RWD	オッフィー	L4	2.6t	167	2:55′01″75	143.119	31,002	183.964	22
6	6	B. ヴコヴィッチII	Vukovich, Billy	USA	Cobre Tire	イーグル	R/RWD	オッフィー	L4	2.6t	166	2:55′00″75	142.276	28,473	185.845	8
7	83	B. ピュターボー	Puterbaugh, Bill	USA	McNamara-D.I.A.	イーグル	R/RWD	オッフィー	L4	2.6t	165	2:55′58″29	140.648	28,786	185.833	15
8	97	G. スナイダー	Snider, George	USA	Leader Card Lodestar	イーグル	R/RWD	オッフィー	L4	2.6t	165	2:56′00″94	140.612	24,688	182.918	24
9	40	W. ダレンバック	Dallenbach, Wally	USA	Sinmast Wildcat	ワイルドキャット	R/RWD	DGS	L4	2.6t	162	ピストン		42,712	190.648	21
10	33	B. ハーキー	Harkey, Bob	USA	Dayton-Walther	マクラーレンM16C	R/RWD	オッフィー	L4	2.6t	162	2:56′09″47	137.944	22,899	183.786	23
11	98	S. クリシロフ	Krisiloff, Steve	USA	Leader Card Lodestar	イーグル	R/RWD	オッフィー	L4	2.6t	162	走行中		22,796	182.408	29
12	19	S. キンザー	Kinser, Sheldon	USA	Spirit of Indiana	キングフィッシュ	R/RWD	オッフィー	L4	2.6t	161	走行中		20,772	182.389	26
13	30	J. カール	Karl, Jerry	USA	Jose Johnson	イーグル	R/RWD	シヴォレー	V8	3.4t	161	走行中		19,975	182.537	20
14	78	J. カルサーズ	Caruthers, Jimmy	USA	Alex Foods	イーグル	R/RWD	オッフィー	L4	2.6t	161	走行中		19,350	185.615	10
15	45	G. ベッテンハウゼン	Bettenhausen, Gary	USA	Thermo King	イーグル	R/RWD	オッフィー	L4	2.6t	158	アクシデント		19,811	182.611	19
16	4	A. アンサー	Unser, Al	USA	Viceroy	イーグル	R/RWD	オッフィー	L4	2.6t	157	コンロッド		18,300	185.452	11
17	36	S. セッションズ	Sessions, Sam	USA	Commander Motor Homes	イーグル	R/RWD	オッフィー	L4	2.6t	155	エンジン		18,117	182.750	25
18	17	T. ビゲロウ	Bigelow, Tom	USA	Bryant Heating & Cooling	ヴォルステッド	R/RWD	オッフィー	L4	2.6t	151	マグネトー		18,162	181.864	33
19	93	J. パーソンズ Jr.	Parsons, Johnny	USA	Ayr-Way WNAP Buzzard	イーグル	R/RWD	オッフィー	L4	2.6t	140	ミッション		16,936	184.521	12
20	73	J. グラント	Grant, Jerry	USA	Spirit of Orange County	イーグル	R/RWD	オッフィー	L4	2.6t	137	ピストン		16,539	184.266	14
21	44	D. サイモン	Simon, Dick	USA	Bruce Cogle Ford	イーグル	R/RWD	フォイト	V8	2.6t	133	走行中		17,070	181.892	30
22	68	T. スニーヴァ	Sneva, Tom	USA	Norton Spirit	マクラーレンM16C/D	R/RWD	オッフィー	L4	2.6t	125	アクシデント		17,829	190.094	4
23	24	B. ウォレン	Warren, Bentley	USA	THE BOTTOMHALF	キングフィッシュ	R/RWD	オッフィー	L4	2.6t	120	走行中		15,516	183.589	17
24	58	E. ラスマッセン	Rasmussen, Eldon	CDN	Anacomp-Wild Rose	ラスカー	R/RWD	フォイト	V8	2.6t	119	燃料バルブ		16,432	181.910	32
25	16	B. アリソン	Allison, Bobby	USA	CAM2 Motor Oil	マクラーレンM16C/D	R/RWD	オッフィー	L4	2.6t	112	ギアボックス		14,827	184.398	13
26	12	M. モズレイ	Mosley, Mike	USA	Sugaripe Prune	イーグル	R/RWD	オッフィー	L4	2.6t	94	エンジン		16,550	187.822	5
27	89	J. マーティン	Martin, John	USA	Unsponsored	マクラーレンM16B/C	R/RWD	オッフィー	L4	2.6t	61	ラジエター		14,551	183.655	16
28	21	M. アンドレッティ	Andretti, Mario	USA	Viceroy	イーグル	R/RWD	オッフィー	L4	2.6t	49	アクシデント		15,880	186.480	27
29	94	M. ヒス	Hiss, Mike	USA	Ayr-Way WNAP Buzzard	フィンレイ	R/RWD	オッフィー	L4	2.6t	39	アクシデント		14,538	181.754	31
30	63	L. マッコイ	McCoy, Larry	USA	Shurfine Foods	ラスカー	R/RWD	オッフィー	L4	2.6t	24	ピストン		14,925	182.760	28
31	20	G. ジョンコック	Johncock, Gordon	USA	Sinmast Wildcat	ワイルドキャット	R/RWD	DGS	L4	2.6t	11	イグニッション		18,120	191.552	2
32	7	L. ルビー	Ruby, Lloyd	USA	Allied Polymer	マクラーレンM16E	R/RWD	オッフィー	L4	2.6t	7	ピストン		15,583	186.984	6
33	77	S. ウォルサー	Walther, Salt	USA	Dayton-Walther	マクラーレンM16C	R/RWD	オッフィー	L4	2.6t	2	イグニッション		14,954	185.701	9
ns	46	R. ミュザー	Muther, Rick	USA	Thermo King.		R/RWD	オッフィー	L4	2.6t	—	DNQ		—	181.726	—
ns	86	A. ロクアスト	Loquasto, Al	USA	Frostie Root Beer	マクラーレン	R/RWD	オッフィー	L4	2.6t	—	DNQ		—	180.723	—
ns	55	L. クンツマン	Kunzman, Lee	USA	Cobre Tire		R/RWD	オッフィー	L4	2.6t	—	DNQ		—	180.469	—

1976 第60回

開催日／天候　1976年5月30日／曇り。雨で短縮終了
車両規定　非過給4500cc／過給2650cc以下、ストックブロック非過給5878cc以下
参加／決勝出走　71台／33台
優勝スピード　148.725mph（239.349km/h）。コーション下で終了
賞金総額　$1,032,767
ポールシッター　J. ラザフォード　188.957mph（304.096km/h）　3′10″52＝4周合計
最速ラップ　A. J. フォイト　189.404mph（304.815km/h）　48″38　2周目
ルーキー賞　ヴァーン・シュパン（4人中）
リード・チェンジ　8回／6人。1－3＝ラザフォード、4－13＝フォイト、14－16＝カーター、17－19＝ダレンバック、20－37＝ジョンコック、38＝スニーヴァ、39－60＝ラザフォード、61－79＝フォイト、80－102＝ラザフォード
コーション　6回／21周

後の大統領ロナルド・レーガン（左）も観戦に訪れた。コースオーナーのトニー・ハルマンと

ジョニー・ラザフォードのマクラーレン・オッフィーがここ3年間でインディ2勝目を挙げたが、主役はむしろ不順な天候だった。豪雨がブリックヤードを襲った時、各ドライバーは102周を完了しただけだった。2時間20分後に各車整列し直して再開されそうな状況となった時、再び大雨が。レース半分の距離を消化していたため競技は“成立”とされ、500史上、最も短い一戦ということになる。決勝上位10位までのうち6名は過去のウィナーたちで、2位はラザフォードと競り合っていたA. J. フォイト、3位はゴードン・ジョンコックだった。F1で有名なコスワースDFVエンジンをベースにインディカー用ターボとしたDFXが初登場して7位。オッフィー4気筒エンジンにとっては今回が最後の勝利となる。女性ドライバーのジャネット・ガスリーはインディ初登場となったが、予選通過ならず。

ジョニー・ラザフォード（ハイゲインSpl.）　239.349km/h　オーナー：Team McLaren, Ltd.　グッドイヤー

第60回●1976年 5 月30日○102周＝255マイル(410.382km)

Pos.	No	Driver	Driver	Nat.	Car Name	Chassis	Drive	Engine	Cyl.	Dis.	Laps	Time	Speed	Prize Money	Speed	Qfy.
1	2	J. ラザフォード	Rutherford, Johnny	USA	Hy-Gain	マクラーレンM16E	R/RWD	オッフィー	L4	2.6t	102	1 : 42′ 52″48	148.725	255,321	188.957	1
2	14	A. J. フォイト	Foyt, A. J.	USA	Gilmore Racing Team	コヨーテ	R/RWD	フォイト	V8	2.6t	102	1 : 43′ 07″84	148.355	103,097	185.261	5
3	20	G. ジョンコック	Johncock, Gordon	USA	Sinmast	ワイルドキャット	R/RWD	DGS	L4	2.6t	102	1 : 44′ 37″43	146.238	67,676	188.531	2
4	40	W. ダレンバック	Dallenbach, Wally	USA	Sinmast	ワイルドキャット	R/RWD	DGS	L4	2.6t	101	1 : 42′ 57″13	147.156	38,050	184.455	7
5	48	P. カーター	Carter, Pancho	USA	Jorgensen	イーグル74	R/RWD	オッフィー	L4	2.6t	101	1 : 42′ 58″06	147.134	33,778	184.824	6
6	68	T. スニーヴァ	Sneva, Tom	USA	Norton Spirit	マクラーレンM16C/D	R/RWD	オッフィー	L4	2.6t	101	1 : 43′ 10″84	146.830	30,960	186.355	3
7	21	A. アンサー	Unser, Al	USA	American Racing	パーネリVPJ 6 B	R/RWD	コスワースDFX	V8	2.6t	101	1 : 44′ 04″08	145.578	27,442	186.258	4
8	6	M. アンドレッティ	Andretti, Mario	USA	CAM 2 Motor Oil	マクラーレンM16C/D	R/RWD	オッフィー	L4	2.6t	101	1 : 44′ 44″04	144.652	28,331	189.404	19
9	77	S. ウォルサー	Walther, Salt	USA	Dayton-Walther	マクラーレンM16C/D	R/RWD	オッフィー	L4	2.6t	100	1 : 43′ 48″73	144.492	23,728	182.797	22
10	3	B. アンサー	Unser, Bobby	USA	Cobre Tire	イーグル	R/RWD	オッフィー	L4	2.6t	100	1 : 43′ 59″80	144.235	23,992	187.520	12
11	51	L. ルビー	Ruby, Lloyd	USA	Fairco Drugs	イーグル	R/RWD	オッフィー	L4	2.6t	100	1 : 44′ 18″81	143.797	23,039	186.480	30
12	93	J. パーソンズ Jr.	Parsons, Johnny	USA	Ayr-Way/WIRE	イーグル	R/RWD	オッフィー	L4	2.6t	98	1 : 42′ 53″94	142.859	21,215	182.843	14
13	23	G. スナイダー	Snider, George	USA	Hubler Chevrolet	イーグル	R/RWD	オッフィー	L4	2.6t	98	1 : 43′ 05″99	142.580	20,718	181.141	27
14	24	T. ビゲロウ	Bigelow, Tom	USA	Leader Card Racers	イーグル	R/RWD	オッフィー	L4	2.6t	98	1 : 43′ 42″42	141.745	20,193	181.965	32
15	12	M. モズレイ	Mosley, Mike	USA	Sugaripe Prune	イーグル	R/RWD	オッフィー	L4	2.6t	98	1 : 44′ 35″46	140.547	20,954	187.888	11
16	8	J. オパーマン	Opperman, Jan	USA	Routh Meat Packing	イーグル	R/RWD	オッフィー	L4	2.6t	97	1 : 42′ 39″05	141.743	18,943	181.717	33
17	69	L. キャノン	Cannon, Larry	USA	American Financial Corp.	イーグル	R/RWD	オッフィー	L4	2.6t	97	1 : 44′ 01″89	139.861	18,060	181.388	10
18	9	V. シュパン	Schuppan, Vern	AUS	Jorgensen	イーグル	R/RWD	オッフィー	L4	2.6t	97	1 : 44′ 03″11	139.834	18,605	182.011	17
19	97	S. キンザー	Kinser, Sheldon	USA	The Bottom Half	ドラゴン	R/RWD	オッフィー	L4	2.6t	97	1 : 44′ 26″35	139.316	17,179	181.114	29
20	96	B. ハーキー	Harkey, Bob	USA	Dave McIntire Chevy/Ford Centers	キングフィッシュ	R/RWD	オッフィー	L4	2.6t	97	1 : 44′ 30″44	139.225	16,782	181.141	28
21	98	J. マーティン	Martin, John	USA	Genessee Beer	ドラゴン	R/RWD	オッフィー	L4	2.6t	96	1 : 43′ 23″02	139.287	17,213	182.417	15
22	83	B. ピュターボー	Puterbaugh, Bill	USA	McNamara Moror Express	イーグル	R/RWD	オッフィー	L4	2.6t	96	1 : 43′ 39″03	138.928	16,072	182.002	18
23	28	Bi. スコット	Scott, Billy	USA	Spirit of Public Enterprise	イーグル	R/RWD	オッフィー	L4	2.6t	96	1 : 44′ 28″20	137.839	17,859	183.383	21
24	92	S. クリシロフ	Krisiloff, Steve	USA	1st National City Travelers Checks	イーグル	R/RWD	オッフィー	L4	2.6t	95	1 : 43′ 40″14	137.457	15,775	182.131	23
25	86	A. ロクアスト	Loquasto, Al	USA	Frostie Root Beer	マクラーレンM16B	R/RWD	オッフィー	L4	2.6t	95	1 : 43′ 43″79	137.376	15,420	182.002	24
26	63	L. マッコイ	McCoy, Larry	USA	Schurfine Foods	ラスカー	R/RWD	オッフィー	L4	2.6t	91	1 : 43′ 00″41	132.515	14,993	181.388	26
27	73	J. グラント	Grant, Jerry	USA	California/Oklahoma	イーグル	R/RWD	AMC	V8	3.4t	91	1 : 43′ 09″44	132.322	15,594	183.617	20
28	45	G. ベッテンハウゼン	Bettenhausen, Gary	USA	Thermo-King	イーグル	R/RWD	オッフィー	L4	2.6t	52	ウエストゲート		15,623	181.791	8
29	33	D. ホッブズ	Hobbs, David	GB	Dayton-Walther	マクラーレンM16	R/RWD	オッフィー	L4	2.6t	10	水もれ		15,281	183.580	31
30	7	R. マクラスキー	McCluskey, Roger	USA	Hopkins	ライトニング	R/RWD	オッフィー	L4	2.6t	8	アクシデント		15,468	186.500	13
31	5	B. ヴコヴィッチII	Vukovich, Billy	USA	Alex Foods	イーグル	R/RWD	オッフィー	L4	2.6t	2	ロッド		15,283	181.433	9
32	17	D. サイモン	Simon, Dick	USA	Bryant Heating & Cooling	ヴォルステッド	R/RWD	オッフィー	L4	2.6t	1	ロッド		15,926	182.343	16
33	19	S. ゲルハウゼン	Gelhausen, Spike	USA	Spirit of Indiana	マクラーレンM16B	R/RWD	オッフィー	L4	2.6t	0	油圧低下		14,197	181.717	25
ns	58	E. ラスマッセン	Rasmussen, Eldon	CDN	Anacomp		R/RWD	フォード	V8	2.6t	—	DNQ		—	180.650	—
ns	38	B. シンプソン	Simpson, Bill	USA	Nikon		R/RWD	オッフィー	L4	2.6t	—	DNQ		—	180.406	—
ns	78	B. オリヴェロ	Olivero, Bobby	USA	Alex Foods		R/RWD	オッフィー	L4	2.6t	—	DNQ		—	180.288	—
ns	42	J. オパーマン	Opperman, Jan	USA	Spirit of Truth		R/RWD	オッフィー	L4	2.6t	—	DNQ		—	180.045	—
ns	29	T. ビゲロウ	Bigelow, Tom	USA	Leader Card Racer		R/RWD	オッフィー	L4	2.6t	—	DNQ		—	179.991	—
ns	76	J. マクエリース	McElreath, Jim	USA	Webster Offy		R/RWD	オッフィー	L4	2.6t	—	DNQ		—	179.122	—

1977 第61回

開催日／天候……1977年５月29日／曇り
車両規定……非過給4500cc／過給2650cc以下、ストックブロック非過給5878cc以下
参加／決勝出走……85台／33台
優勝スピード……161.331mph(259.636km/h)。２位に28″63差
賞金総額……$1,111,170
ポールシッター……T. スニーヴァ　198.884mph(320.072km/h)　3′01″01＝４周合計
最速ラップ……D. オンガイス　192.678mph(310.084km/h)　46″71　42周目

ルーキー賞……ジェリー・スニーヴァ(６人中)
リード・チェンジ……13回／７人。1－17＝A. アンサー、18－21＝ジョンコック、22－23＝フォイト、24－25＝スナイダー、26＝ヴコヴィッチ、27－51＝フォイト、52－68＝ジョンコック、69－70＝B. アンサー、71－93＝ジョンコック、94－96＝スニーヴァ、97－179＝ジョンコック、180－182＝フォイト、183－184＝ジョンコック、185－200＝フォイト
リリーフ……No.42 Larry Cannon
コーション……５回／22周

コースは初めて完全舗装となった。クォリファイではペンスキー陣営のトム・スニーヴァが200.535mphをマークするも、４周平均198.884mphが公式記録となる。ジャネット・ガスリーは女性最初の決勝出走者となり、26位スタート、29位フィニッシュ。これによりトニー・ハルマンの有名なスタートコール「ジェントルメン、スタート・ユア・エンジンズ」もアレンジされた。129周にわたってリードし優勝目前だったゴードン・ジョンコックが184周でクランクシャフト破損で脱落した結果、A. J. フォイトは自身のコヨーテ・フォイトを駆って前人未踏のインディ４勝目を達成、ゴール直後に彼はコースオーナーのトニー・ハルマンを呼び寄せ、セレモニー・ラップを一緒に回った。ハルマンが亡くなるのは５ヵ月後の10月27日のこと。F１スターのクレイ・レガッツォーニは派手なクラッシュでリタイア。

ビクトリーレーンに乗り入れるフォイト。史上初の４勝目を達成。車はコヨーテ・フォイト

A. J. フォイト(ギルモア・レーシング・チームSpl.)　259.636km/h　オーナー：A. J. Foyt Enterprises　グッドイヤー

第61回●1977年5月29日○200周＝500マイル（804.670km）

Pos.	No	Driver	Driver	Nat.	Car Name	Chassis	Drive	Engine	Cyl.	Dis.	Laps	Time	Speed	Prize Money	Speed	Qfy.
1	14	A. J. フォイト	Foyt, A. J.	USA	Gilmore Racing Team	コヨーテ	R/RWD	フォイト	V8	2.6t	200	3：05′57″70	161.331	259,791	194.563	4
2	8	T. スニーヴァ	Sneva, Tom	USA	Norton Spirit	マクラーレンM24	R/RWD	コスワースDFX	V8	2.6t	200	3：05′25″79	160.918?	109,947	198.884	1
3	21	A. アンサー	Unser, Al	USA	American Racing	パーネリ	R/RWD	コスワースDFX	V8	2.6t	199	走行中		67,232	195.950	3
4	40	W. ダレンバック	Dallenbach, Wally	USA	STP Oil Treatment	ワイルドキャット	R/RWD	DGS	L4	2.6t	199	走行中		41,192	189.563	10
5	60	J. パーソンズ Jr.	Parsons, Johnny	USA	STP Wildcat	ワイルドキャット	R/RWD	DGS	L4	2.6t	193	走行中		33,170	189.255	11
6	24	T. ビゲロウ	Bigelow, Tom	USA	Thermo-King	ワトソン	R/RWD	オッフィー	L4	2.6t	192	走行中		30,466	186.471	22
7	65	L. クンツマン	Kunzman, Lee	USA	City of Syracuse	イーグル74	R/RWD	オッフィー	L4	2.6t	191	走行中		29,129	186.384	24
8	11	R. マクラスキー	McCluskey, Roger	USA	1st. National City Travelers Checks	ライトニング	R/RWD	オッフィー	L4	2.6t	191	走行中		27,256	190.992	18
9	92	S. クリシロフ	Krisiloff, Steve	USA	Dave McIntire Chevrolet	イーグル73	R/RWD	オッフィー	L4	2.6t	191	走行中		26,653	194.691	25
10	36	J. スニーヴァ	Sneva, Jerry	USA	21st Amendment	マクラーレンM16C/D	R/RWD	オッフィー	L4	2.6t	187	走行中		26,617	185.616	16
11	20	G. ジョンコック	Johncock, Gordon	USA	STP Double Oil Filter	ワイルドキャット	R/RWD	DGS	L4	2.6t	184	エンジン		45,014	193.517	5
12	16	B. ピュターボー	Puterbaugh, Bill	USA	Dayton-Walther	イーグル74	R/RWD	オッフィー	L4	2.6t	170	オイルもれ		22,890	186.800	28
13	58	E. ラスマッセン	Rasmussen, Eldon	CDN	Rent-a-Racer, Inc.	ラスカー	R/RWD	フォイト	V8	2.6t	168	リアエンド		21,093	185.119	32
14	42	J. マーラー	Mahler, John	USA	Mergard 20th Century	イーグル72	R/RWD	オッフィー	L4	2.6t	157	走行中		20,668	185.242	31
15	48	P. カーター	Carter, Pancho	USA	Jorgensen	イーグル77	R/RWD	オッフィー	L4	2.6t	156	エンジン		21,679	192.452	8
16	98	G. ベッテンハウゼン	Bettenhausen, Gary	USA	Agajanian/Evel Knievel	キングフィッシュ	R/RWD	オッフィー	L4	2.6t	138	ストール		19,718	185.596	21
17	84	B. ヴコヴィッチII	Vukovich II, Billy	USA	Gilmore Racing Team	コヨーテ	R/RWD	フォイト	V8	2.6t	110	ロッド		19,885	186.393	23
18	6	B. アンサー	Unser, Bobby	USA	Cobre Tire/Clayton Dyno-Tune	ライトニング	R/RWD	オッフィー	L4	2.6t	94	オイルライン		22,130	197.618	2
19	5	M. モズレイ	Mosley, Mike	USA	Sugaripe Prune	ライトニング	R/RWD	オッフィー	L4	2.6t	91	エンジン		19,154	190.069	9
20	25	D. オンガイス	Ongais, Danny	USA	Interscope Racing	パーネリ	R/RWD	コスワースDFX	V8	2.6t	90	パワー低下		21,257	193.040	7
21	72	B. ジョンズ	Johns, Bubby	USA	Bruce Cogle Ford	イーグル74	R/RWD	オッフィー	L4	2.6t	78	バルブ		17,388	184.938	33
22	29	C. ハクル	Hucul, Cliff	CDN	Team Canada	マクラーレン	R/RWD	オッフィー	L4	2.6t	72	リアエンド		17,747	187.198	27
23	73	J. マクエリース	McElreath, Jim	USA	Carrillo Rods	イーグル	R/RWD	AMC	V8	3.4t	71	ウエストゲート		22,434	187.715	20
24	18	G. スナイダー	Snider, George	USA	Melvin Simon Greenwood Center	ワイルドキャット	R/RWD	DGS	L4	2.6t	65	バルブ		16,650	188.976	13
25	78	B. オリヴェロ	Olivero, Bobby	USA	Alex Foods	ライトニング	R/RWD	オッフィー	L4	2.6t	57	ブースト圧		17,245	188.452	14
26	9	M. アンドレッティ	Andretti, Mario	USA	CAM 2 Motor Oil	マクラーレンM24	R/RWD	コスワースDFX	V8	2.6t	47	ヘッダー		17,468	193.351	6
27	10	L. ルビー	Ruby, Lloyd	USA	1st. National City Travelers Checks	ライトニング	R/RWD	オッフィー	L4	2.6t	34	アクシデント		16,619	190.840	19
28	86	A. ロクアスト	Loquasto, Al	USA	Frostie Root Beer	マクラーレン	R/RWD	オッフィー	L4	2.6t	28	エンジン		17,448	187.647	15
29	27	J. ガスリー	Guthrie, Janet	USA	Bryant Heating & Cooling	ライトニング	R/RWD	オッフィー	L4	2.6t	27	エンジン		16,556	188.403	26
30	38	C. レガッツォーニ	Regazzoni, Clay	CH	Theodore Racing Hong Kong	マクラーレンM16C	R/RWD	オッフィー	L4	2.6t	25	燃料タンク		15,643	186.047	29
31	17	D. サイモン	Simon, Dick	USA	Bryant Heating & Cooling	ヴォルステッド	R/RWD	オッフィー	L4	2.6t	24	エンジン		16,458	185.615	30
32	97	S. キンザー	Kinser, Sheldon	USA	Genesee Beer	キングフィッシュ	R/RWD	オッフィー	L4	2.6t	14	エンジン		15,101	189.076	12
33	2	J. ラザフォード	Rutherford, Johnny	USA	1st. National City Travelers Checks	マクラーレンM24	R/RWD	コスワースDFX	V8	2.6t	12	ギアボックス		19,472	197.325	17
ns	64	J. サルダナ	Saldana, Joe	USA	McCord Auto Supply		R/RWD	オッフィー	L4	2.6t	—	DNQ		—	184.596	—
ns	77	S. ウォルサー	Walther, Salt	USA	Dayton-Walther		R/RWD	オッフィー	L4	2.6t	—	DNQ		—	184.594	—
ns	85	V. シュパン	Schuppan, Vern	AUS	Wildcat Racing Asso.	ワイルドキャットMk 1	R/RWD	オッフィー	L4	2.6t	—	DNQ		—	184.578	—
ns	26	Ja. マクエリース	McElreath, James	USA	McElreath		R/RWD	オッフィー	L4	2.6t	—	DNQ		—	182.260	—
ns	56	J. ハーチュビス	Hurtubise, Jim	USA	Moran Electric of Indy	マラード	F/RWD	オッフィー	L4	2.6t	—	DNQ		—	176.887	—
ns	19	S. ゲルハウゼン	Gelhausen, Spike	USA	P. V. Corporation		R/RWD	オッフィー	L4	2.6t	—	予選でアクシデント		—		—
ns	69	J. グラント	Grant, Jerry	USA	Team 69		R/RWD	オッフィー	L4	2.6t	—	予選でアクシデント		—		—
ns	80	L. ディクソン	Dickson, Larry	USA	WKYG Radio Station/Polak		R/RWD	オッフィー	L4	2.6t	—	予選でアクシデント		—		—

1978 第62回

開催日／天候	1978年５月28日／晴れ
車両規定	非過給4500cc／過給2650cc以下、ストックブロック非過給5878cc以下
参加／決勝出走	92台／33台
優勝スピード	161.363mph(259.688km/h)。２位に８″09差
賞金総額	$1,139,684
ポールシッター	T. スニーヴァ　202.156mph(325.338km/h)　2′58″08＝４周合計
最速ラップ	M. アンドレッティ　193.924mph(312.090km/h)　46″41　75周目
ルーキー賞	リック・メアーズ＆ラリー・ライス(５人中)
リード・チェンジ	10回／４人。1－11＝オンガイス、12＝スニーヴァ、13－25＝オンガイス、26－30＝クリシロフ、31＝スニーヴァ、32－75＝オンガイス、76－107＝A. アンサー、108－110＝オンガイス、111－179＝A. アンサー、180＝スニーヴァ、181－200＝A. アンサー
コーション	６回／23周
ペナルティ	No.7はM. ヒスによりクォリファイ、アンドレッティに交代して最後尾スタート。 No.20ジョンコックはピット違反により１周ペナルティ、No.40クリシロフはイエローライト違反により１周ペナルティ

前年に続いてトム・スニーヴァがポールシッター、今回はペンスキー製オリジナル・シャシーPC6を駆り、４周すべてが200mphオーバーだった。１列目のもう二人、ダニー・オンガイスと新人リック・メアーズも200mphの壁をクリア。前半戦はオンガイスと５位スタートのアル・アンサー(ローラ・コスワース)による先陣争いが繰り広げられ、アンサーはスニーヴァの攻撃をかわしてリードを守り切った。こうして弟アンサーはインディ３勝目を挙げた。DFXエンジンとしてもインディ500初勝利。彼は同年のシリーズ中500マイル戦のみで３勝を挙げ、これに気を良くしたチームオーナーのジム・ホール(以前は自身レーサー兼エンジニアとしてシャパラル・スポーツカーで知られた)は、翌年以降「シャパラル」製インディカーを送り込むことになる。ジャネット・ガスリーは９位完走を果たした。

初のインディ女性ドライバー、ジャネット・ガスリー。1977～79年と決勝進出、1978年は９位

アル・アンサー(1stナショナル・シティ・トラヴェラーズ・シャパラルSpl.)　259.688km/h　オーナー：Chaparral Racing Ltd.　グッドイヤー

第62回●1978年 5 月28日○200周＝500マイル（804.670km）

Pos.	No	Driver	Driver	Nat.	Car Name	Chassis	Drive	Engine	Cyl.	Dis.	Laps	Time	Speed	Prize Money	Speed	Qfy.
1	2	A. アンサー	Unser, Al	USA	1st. National City Travelers Checks	ローラ T500	R/RWD	コスワース DFX	V8	2.6t	200	3：05′54″99	161.363	290,364	196.474	5
2	1	T. スニーヴァ	Sneva, Tom	USA	Norton Spirit	ペンスキーPC 6	R/RWD	コスワース DFX	V8	2.6t	200	3：06′03″	161.244	112,704	202.156	1
3	20	G. ジョンコック	Johncock, Gordon	USA	North American Van Lines	ワイルドキャット	R/RWD	DGS	L4	2.6t	199	走行中		61,769	195.833	6
4	40	S. クリシロフ	Krisiloff, Steve	USA	Foreman Industries	ワイルドキャット	R/RWD	DGS	L4	2.6t	198	走行中		39,504	191.255	13
5	6	W. ダレンバック	Dallenbach, Wally	USA	Sugaripe Prune	マクラーレン M24	R/RWD	コスワース DFX	V8	2.6t	195	燃料切れ		35,632	195.228	7
6	48	B. アンサー	Unser, Bobby	USA	ARCO Graphite	イーグル78	R/RWD	コスワース DFX	V8	2.6t	195	走行中		29,478	194.658	19
7	14	A. J. フォイト	Foyt, A. J.	USA	Gilmore Racing/Citicorp	コヨーテ	R/RWD	フォイト	V8	2.6t	191	走行中		29,628	200.122	20
8	84	G. スナイダー	Snider, George	USA	Gilmore Racing/Citicorp	コヨーテ	R/RWD	フォイト	V8	2.6t	191	走行中		25,818	192.627	23
9	51	J. ガスリー	Guthrie, Janet	USA	Texaco Star	ワイルドキャット	R/RWD	DGS	L4	2.6t	190	走行中		24,115	190.325	15
10	16	J. パーソンズ Jr.	Parsons, Johnny	USA	1st. National City Travelers Checks	ライトニング	R/RWD	オッフィー	L4	2.6t	186	走行中		26,129	194.280	8
11	35	L. ライス	Rice, Larry	USA	Bryant Heating/WIBC	ライトニング	R/RWD	オッフィー	L4	2.6t	186	エンジン		24,276	187.393	30
12	7	M. アンドレッティ	Andretti, Mario	USA	The Gould Charge	ペンスキーPC 6	R/RWD	コスワース DFX	V8	2.6t	185	走行中		23,252	194.647	33
13	4	J. ラザフォード	Rutherford, Johnny	USA	1st. National City Travelers Checks	マクラーレン M24B	R/RWD	コスワース DFX	V8	2.6t	180	走行中		31,805	197.098	4
14	88	J. カール	Karl, Jerry	USA	Machinists Union	マクラーレン M16C/D	R/RWD	オッフィー	L4	2.6t	176	走行中		20,930	187.549	28
15	69	J. サルダナ	Saldana, Joe	USA	Mr. Wize Buys Carpet Shop	イーグル	R/RWD	オッフィー	L4	2.6t	173	走行中		20,691	190.809	24
16	98	G. ベッテンハウゼン	Bettenhausen, Gary	USA	Oberdorfer	キングフィッシュ	R/RWD	オッフィー	L4	2.6t	147	ピストン		20,130	187.324	31
17	78	M. モズレイ	Mosley, Mike	USA	Alex XLNT Foods	ライトニング	R/RWD	オッフィー	L4	2.6t	146	ギア		20,247	188.719	25
18	25	D. オンガイス	Ongais, Danny	USA	Interscope Racing	パーネリ VPJ 6 B	R/RWD	コスワース DFX	V8	2.6t	145	ピストン		33,242	200.122	2
19	17	D. サイモン	Simon, Dick	USA	La Machine	ヴォルステッド	R/RWD	オッフィー	L4	2.6t	138	ホイールベアリング		18,516	192.967	10
20	26	J. マクエリース	McElreath, Jim	USA	Circle City Coal	イーグル	R/RWD	オッフィー	L4	2.6t	132	エンジン		19,119	188.058	26
21	43	T. ビゲロウ	Bigelow, Tom	USA	Armstrong Mould	ワイルドキャット	R/RWD	DGS	L4	2.6t	107	コンロッド		18,000	189.115	18
22	80	L. ディクソン	Dickson, Larry	USA	Polak/Stay-On Car Glaze	ペンスキーPC 5	R/RWD	コスワース DFX	V8	2.6t	104	油圧低下		22,659	193.434	9
23	71	R. メアーズ	Mears, Rick	USA	CAM 2 Motor Oil	ペンスキーPC 6	R/RWD	コスワース DFX	V8	2.6t	103	エンジン		22,396	200.078	3
24	8	P. カーター	Carter, Pancho	USA	Budweiser	ライトニング	R/RWD	コスワース DFX	V8	2.6t	92	ヘッダー		20,262	196.829	21
25	11	R. マクラスキー	McCluskey, Roger	USA	National Engineering Co.	イーグル	R/RWD	AMC	V8	3.4t	82	クラッチ		18,707	192.256	11
26	39	J. マーラー	Mahler, John	USA	Tibon	イーグル	R/RWD	オッフィー	L4	2.6t	58	タイミングギア		16,330	189.773	17
27	22	T. バグレイ	Bagley, Tom	USA	Kent Oil	ワトソン	R/RWD	オッフィー	L4	2.6t	25	オーバーヒート		16,281	190.941	14
28	77	S. ウォルサー	Walther, Salt	USA	Dayton-Walther	マクラーレン M24	R/RWD	コスワース DFX	V8	2.6t	24	ミッション		16,560	193.226	22
29	19	S. ゲルハウゼン	Gelhausen, Spike	USA	Hubler Chevy/WIRE Radio	イーグル	R/RWD	オッフィー	L4	2.6t	23	アクシデント		15,968	190.325	16
30	47	P. スレシー	Threshie, Phil	USA	Circle City Chevy/Tutweiler Cadillac	ライトニング	R/RWD	オッフィー	L4	2.6t	22	油圧低下		15,705	187.520	29
31	30	J. スニーヴァ	Sneva, Jerry	USA	Smock Material Handling	マクラーレン M16B	R/RWD	オッフィー	L4	2.6t	18	リアエンド		18,120	187.266	32
32	24	S. キンザー	Kinser, Sheldon	USA	Thermo-King	ワトソン	R/RWD	オッフィー	L4	2.6t	15	オーバーヒート		15,813	192.051	12
33	29	C. ハクル	Hucul, Cliff	CDN	Wendy's Hamburgers	マクラーレン M16E	R/RWD	オッフィー	L4	2.6t	4	オイルライン		15,534	187.803	27
ns	34	G. マクレー	McRae, Graham	NZ	Dayton-Walther	マクラーレン M16C	R/RWD	オッフィー	L4	2.6t	—	DNQ		—	186.964	—
ns	42	B. ハーキー	Harkey, Bob	USA	Mergard	イーグル	R/RWD	オッフィー	L4	2.6t	—	DNQ		—	186.133	—
ns	86	A. ロクアスト	Loquasto, Al	USA	American Rust Proofing	マクラーレン M16C	R/RWD	オッフィー	L4	2.6t	—	DNQ		—	185.624	—
ns	85	L. キャノン	Cannon, Larry	USA	That's My Race Car	ワイルドキャット	R/RWD	DGS	L4	2.6t	—	DNQ		—	180.027	—
ns	97	R. レイジャー	Rager, Roger	USA	Dairy Queen	ドラゴン	R/RWD	オッフィー	L4	2.6t	—	予選でアクシデント		—	—	—

1979 第63回

開催日／天候……1979年５月27日／晴れ
車両規定……非過給4500cc／過給2650cc以下、ストックブロック非過給5878cc／過給3430cc(209.3ci)以下
参加／決勝出走……103台／35台
優勝スピード……158.899mph(255.723km/h)。２位に45″69差
賞金総額……$1,267,541
ポールシッター……R. メアーズ　193.736mph(311.787km/h)　3′05″82＝４周合計
最速ラップ……M. モズレイ　193.216mph(310.950km/h)　46″58　184周目
ルーキー賞……ハウディ・ホームズ(１人中)
リード・チェンジ……８回／４人。1－24＝A. アンサー、25－27＝メアーズ、28＝フォイト、29－69＝A. アンサー、70－73＝B. アンサー、74－76＝メアーズ、77－96＝A. アンサー、97－181＝B. アンサー、182－200＝メアーズ
コーション……６回／32周

レース前半の主役はアンサー兄弟。インディ史上、真の意味で初の「グラウンドエフェクト・マシーン」としてジョン・バーナード設計のシャパラル２Kが初登場し、これを操るアル・アンサーは３位からスタートしてリードを続けたが、104周でトランスミッションが壊れた。首位を引き継いだ兄ボビー・アンサーは残り20周を切ったところでトップギアが壊れてスローダウン。これにより、前年ルーキー賞を獲得したリック・メアーズがポール・スタートのペンスキー・コスワースを駆って、４度優勝のA. J. フォイトを45秒後方に退けて(最終ラップにエンジンが壊れて惰性フィニッシュ)、堂々と初優勝を遂げた。USACから造反独立したチーム団体によるCARTシリーズ戦がこの年から始まり、それにインディ500は含まれなかったが、多くのCARTドライバーは得点対象外のインディ500にも出場した。

ペンスキー・チームはF１挑戦後インディカーに専念。その新鋭メアーズのピット作業

リック・メアーズ(ザ・グールド・チャージ)　255.723km/h　オーナー：Penske Racing, Inc.　グッドイヤー

第63回●1979年5月27日○200周＝500マイル(804.670km)

Pos.	No	Driver	Driver	Nat.	Car Name	Chassis	Drive	Engine	Cyl.	Dis.	Laps	Time	Speed	Prize Money	Speed	Qfy.
1	9	R. メアーズ	Mears, Rick	USA	The Gould Charge	ペンスキーPC6	R/RWD	コスワースDFX	V8	2.6t	200	3:08′47″97	158.889	270,401	193.736	1
2	14	A. J. フォイト	Foyt, A. J.	USA	Gilmore Racing Team	パーネリVPJ6C	R/RWD	コスワースDFX	V8	2.6t	200	3:09′33″66	158.260	107,291	189.613	6
3	36	M. モズレイ	Mosley, Mike	USA	Theodore Racing	イーグル78A	R/RWD	コスワースDFX	V8	2.6t	200	3:09′30″00?	158.228	65,031	186.278	12
4	25	D. オンガイス	Ongais, Danny	USA	Interscope Racing	パーネリVPJ6B	R/RWD	コスワースDFX	V8	2.6t	199	走行中	158.086	41,197	188.009	27
5	12	B. アンサー	Unser, Bobby	USA	Norton Spirit	ペンスキーPC7	R/RWD	コスワースDFX	V8	2.6t	199	走行中	158.023	62,319	189.913	4
6	3	G. ジョンコック	Johncock, Gordon	USA	North American Van Lines	ペンスキーPC6	R/RWD	コスワースDFX	V8	2.6t	197	走行中	156.449	34,815	189.753	5
7	46	H. ホームズ	Holmes, Howdy	USA	Armstrong Mould/Jiffy Mix	ワイルドキャット	R/RWD	コスワースDFX	L4	2.6t	195	走行中	154.619	38,503	185.864	13
8	22	B. ヴコヴィッチII	Vukovich, Billy	USA	Hubler/WNDE/Themo-King	ワトソン	R/RWD	オッフィー	L4	2.6t	194	走行中	153.253	31,305	187.042	34
9	11	T. バグレイ	Bagley, Tom	USA	Dairy Queen/Kent Oil	ペンスキーPC6	R/RWD	コスワースDFX	V8	2.6t	193	走行中	153.233	26,927	185.514	15
10	19	S. ゲルハウゼン	Gelhausen, Spike	USA	Sta-On Car Glaze/WIRE	ワイルドキャット	R/RWD	コスワースDFX	V8	2.6t	192	走行中	152.453	26,366	185.061	31
11	7	S. クリシロフ	Krisiloff, Steve	USA	Frosty Acres/Winston Sales	ライトニング	R/RWD	オッフィー	L4	2.6t	192	走行中	152.425	25,713	186.287	28
12	77	S. ウォルサー	Walther, Salt	USA	Dayton-Walther	ペンスキーPC6	R/RWD	コスワースDFX	V8	2.6t	191	走行中	151.640	24,739	184.162	16
13	72	R. マクラスキー	McCluskey, Roger	USA	National Engineering Co.	マクラーレンM24	R/RWD	コスワースDFX	V8	2.6t	191	走行中	151.616	26,392	183.908	25
14	44	T. ビゲロウ	Bigelow, Tom	USA	Armstrong Mould	ローラT500B	R/RWD	コスワースDFX	V8	2.6t	190	走行中	150.813	25,817	185.147	30
15	1	T. スニーヴァ	Sneva, Tom	USA	Sugaripe Prune	マクラーレンM24	R/RWD	コスワースDFX	V8	2.6t	188	アクシデント		30,578	192.998	2
16	69	J. サルダナ	Saldana, Joe	USA	KBHL/Spirit of Nebraska	イーグル73	R/RWD	オッフィー	L4	2.6t	186	走行中	147.463	24,467	188.778	26
17	97	P. スレシー	Threshie, Phil	USA	Guiffre Brothers Crane	キング	R/RWD	シヴォレー	V8	5.7t	172	走行中	136.319	24,634	185.854	29
18	4	J. ラザフォード	Rutherford, Johnny	USA	Budweiser	マクラーレンM24B	R/RWD	コスワースDFX	V8	2.6t	168	走行中	133.411	30,729	188.137	8
19	31	L. ライス	Rice, Larry	USA	S&M Electric	ライトニング	R/RWD	オッフィー	L4	2.6t	142	アクシデント		21,053	184.219	23
20	10	P. カーター	Carter, Pancho	USA	Alex XLNT Foods	ライトニング	R/RWD	オッフィー	L4	2.6t	129	ホイールベアリング		21,656	185.806	17
21	34	V. シュパン	Schuppan, Vern	AUS	Wysard Motor Co.	ワイルドキャット	R/RWD	DGS	L4	2.6t	111	ミッション		20,537	184.341	22
22	2	A. アンサー	Unser, Al	USA	Pennzoil	シャパラル2K	R/RWD	コスワースDFX	V8	2.6t	104	ミッション		39,646	192.503	3
23	50	E. ラスマッセン	Rasmussen, Eldon	CDN	Vans By Bivouac/WFMS	アンタレス	R/RWD	オッフィー	L4	2.6t	89	ヘッダー		19,433	183.927	33
24	80	L. ディクソン	Dickson, Larry	USA	Russ Polak	ペンスキーPC5	R/RWD	コスワースDFX	V8	2.6t	86	燃料ポンプ		19,149	184.181	24
25	92	J. マーラー	Mahler, John	USA	Intercomp/Sports Magazine	イーグル	R/RWD	オッフィー	L4	2.6t	66	燃料ポンプ		18,894	184.322	32
26	17	D. サイモン	Simon, Dick	USA	Sanyo	ヴォルステッド	R/RWD	オッフィー	L4	2.6t	57	クラッチ		19,267	185.071	20
27	6	W. ダレンバック	Dallenbach, Wally	USA	Foreman Industries	ペンスキーPC6	R/RWD	コスワースDFX	V8	2.6t	43	ホイール外れ		19,768	188.285	7
28	24	S. キンザー	Kinser, Sheldon	USA	Genesee Beer	ワトソン	R/RWD	オッフィー	L4	2.6t	40	ピストン		18,297	186.674	10
29	29	C. ハクル	Hucul, Cliff	CDN	Hucul Racing	マクラーレンM16	R/RWD	オッフィー	L4	2.6t	22	エンジン		21,605	186.200	18
30	89	L. クンツマン	Kunzman, Lee	USA	Vetter Windjammer	パーネリVPJ6C	R/RWD	コスワースDFX	V8	2.6t	18	オイルポンプ		18,042	186.403	11
31	73	J. スニーヴァ	Sneva, Jerry	USA	National Engineering Co.	スピリット	R/RWD	AMC	V8	3.4t	16	ターボ		18,357	184.379	21
32	15	J. パーソンズ Jr.	Parsons, Johnny	USA	Hopkins	ライトニング	R/RWD	オッフィー	L4	2.6t	16	ピストン		18,900	187.813	9
33	59	G. スナイダー	Snider, George	USA	KBHL/Spirit of Nebraska	ライトニング	R/RWD	オッフィー	L4	2.6t	7	バルブ		18,921	185.319	35
34	45	J. ガスリー	Guthrie, Janet	USA	Texaco Star	ローラT500	R/RWD	コスワースDFX	V8	2.6t	3	ピストン		18,121	185.720	14
35	23	J. マクエリース	McElreath, Jim	USA	AMAX Coal	ペンスキーPC6	R/RWD	コスワースDFX	V8	2.6t	0	バルブ		18,671	185.883	19
ns	68	B. アルサップ	Alsup, Bill	USA	CAM2	ペンスキー	R/RWD	コスワースDFX	V8	2.6t	—	DNQ/失格		—	187.774	—
ns	30	Da. カーター	Carter, Dana	USA	Mollymate		R/RWD	オッフィー	L4	2.6t	—	DNQ		—	183.889	—
ns	38	J. カール	Karl, Jerry	USA	Tonco Trailer		R/RWD	オッフィー	L4	2.6t	—	DNQ		—	183.486	—
ns	39	A. ロクアスト	Loquasto, Al	USA	American Rust Proofing		R/RWD	オッフィー	L4	2.6t	—	DNQ		—	183.355	—
ns	20	J. マーティン	Martin, John	USA	Scientific Drilling Controls		R/RWD	オッフィー	L4	2.6t	—	DNQ		—	182.163	—
ns	43	T. ビゲロウ	Bigelow, Tom	USA	Armstrong Mould Inc.		R/RWD	コスワースDFX	V8	2.6t	—	DNQ		—	181.928	—
ns	51	H. ヘイウッド	Haywood, Hurley	USA	Hopkins		R/RWD	オッフィー	L4	2.6t	—	DNQ		—	181.534	—
ns	95	L. キャノン	Cannon, Larry	USA	Cannon		R/RWD	オッフィー	L4	2.6t	—	DNQ		—	180.932	—
ns	81	D. ファーガソン	Ferguson, Dick	USA	Aero Electronics		R/RWD	オッフィー	L4	2.6t	—	DNQ		—	171.111	—
ns	75	T. ギブソン	Gibson, Todd	USA	Gibson Racing Team		R/RWD	オッフィー	L4	2.6t	—	予選でアクシデント		—		—
ns	83	B. エンジェルハート	Engelhart, Billy	USA	Wildcat		R/RWD	オッフィー	L4	2.6t	—	予選でアクシデント		—		—
ns	16	T. フランツ	Frantz, Tom	USA	Nitro Express		R/RWD	オッフィー	L4	2.6t	—	予選でスピン		—		—
ns	28	Bi. スコット	Scott, Billy	USA	Wheel Center Racer		R/RWD	オッフィー	L4	2.6t	—	完了せず		—		—

1980 第64回

開催日／天候……1980年５月25日／晴れ
車両規定……非過給4500cc／過給2650cc以下、ストックブロック非過給5878cc／過給3430cc以下
参加／決勝出走……99台／33台
優勝スピード……142.862mph(229.914km/h)。２位に29″92差
賞金総額……$1,490,335
ポールシッター……J. ラザフォード　192.256mph(309.405km/h)　3′07″25＝４周合計
最速ラップ……J. ラザフォード　190.074mph(305.894km/h)　47″35　149周目
ルーキー賞……ティム・リッチモンド(10人中)
リード・チェンジ……21回／10人。1－15＝ラザフォード、16－17＝レイジャー、18＝スナイダー、19－24＝ジョンコック、25－30＝B. アンサー、31－35＝ジョンコック、36－39＝カーター、40－46＝ラザフォード、47－56＝アンドレッティ、57＝カーター、58－72＝ラザフォード、73＝リッチモンド、74－84＝スニーヴァ、85－103＝B. アンサー、104－113＝ラザフォード、114－116＝メアーズ、117＝B. アンサー、118－142＝ラザフォード、143－147＝スニーヴァ、148－171＝ラザフォード、172－178＝メアーズ、179－200＝ラザフォード
コーション……13回／65周
ペナルティ……No.10カーターはイエロー下でペースカーを抜いたため１周ペナルティ

ジョニー・ラザフォードがレースを制圧した。マシーンは前年快走しながらもトラブルに見舞われたシャパラル２K。彼はマクラーレンのインディカー撤退でシートを失っていたが、アル・アンサーが去ったホール／シャパラルに新天地を得た。ルーキーのティム・リッチモンドはプラクティスでクラッシュするまでポール・コンテンダーとして注目される存在で、決勝レースでも最終ラップに燃料切れに見舞われるまで好走を見せていた(ルーキー賞獲得)。自身インディ３勝目を挙げたラザフォードは、クールダウン・ラップ中に、コースサイドに停車していたリッチモンドを手招きし、シャパラルのサイドポッドに乗せてスタンド前まで戻るという粋な計らいを見せた。２位には予選でマシーンを壊して最後列スタートとなったトム・スニーヴァが追い上げて入るが、彼にとってこれは３度目の２位。

チェッカー後、優勝車シャパラルは停車していた新鋭リッチモンドを脇に乗せて帰還

ジョニー・ラザフォード(ペンヅォイルSpl.)　229.914km/h　オーナー：Chaparral Racing Ltd.　グッドイヤー

第64回●1980年 5 月25日○200周＝500マイル(804.670km)

Pos.	No	Driver	Driver	Nat.	Car Name	Chassis	Drive	Engine	Cyl.	Dis.	Laps	Time	Speed	Prize Money	Speed	Qfy.
1	4	J. ラザフォード	Rutherford, Johnny	USA	Pennzoil	シャパラル 2K	R/RWD	コスワースDFX	V8	2.6t	200	3：29′59″56	142.862	318,820	192.526	1
2	9	T. スニーヴァ	Sneva, Tom	USA	Bon Jour Action Jeans	マクラーレン M24	R/RWD	コスワースDFX	V8	2.6t	200	3：30′29″	142.524	128,945	185.290	33
3	46	G. ベッテンハウゼン	Bettenhausen, Gary	USA	Armstrong Mould	ワイルドキャット Mk.2	R/RWD	DGS	L4	2.6t	200	3：30′32″	142.485	86,945	182.463	32
4	20	G. ジョンコック	Johncock, Gordon	USA	North American Van Lines	ペンスキーPC6	R/RWD	コスワースDFX	V8	2.6t	200	3：30′33″	142.482	56,495	186.075	17
5	1	R. メアーズ	Mears, Rick	USA	The Gould Charge	ペンスキーPC9	R/RWD	コスワースDFX	V8	2.6t	199	走行中		45,505	187.490	6
6	10	P. カーター	Carter, Pancho	USA	Alex XLNT Foods	ペンスキーPC7	R/RWD	コスワースDFX	V8	2.6t	199	走行中		39,175	186.480	8
7	25	D. オンガイス	Ongais, Danny	USA	Interscope/Panasonic	パーネリ VPJ6B	R/RWD	コスワースDFX	V8	2.6t	199	走行中		37,414	186.606	16
8	43	T. ビゲロウ	Bigelow, Tom	USA	Armstrong Mould/Jiffy Mix	ローラ T500B	R/RWD	コスワースDFX	V8	2.6t	198	走行中		44,707	182.547	31
9	21	T. リッチモンド	Richmond, Tim	USA	UNO/Q95 Starcruiser	ペンスキーPC7	R/RWD	コスワースDFX	V8	2.6t	197	燃料切れ		43,447	188.334	19
10	44	G. レフラー	Leffler, Greg	USA	Starcraft R.V.	ローラ T500B	R/RWD	コスワースDFX	V8	2.6t	197	走行中		39,047	183.748	23
11	29	B. エンジェルハート	Engelhart, Billy	USA	Master Lock	マクラーレン M24	R/RWD	コスワースDFX	V8	2.6t	193	走行中		32,303	184.237	22
12	2	B. ヴコヴィッチII	Vukovich, Billy	USA	Hubler Chevrolet/WFMS	ワトソン	R/RWD	オッフィー	L4	2.6t	192	走行中		31,087	182.741	30
13	96	D. ウィティントン	Whittington, Don	USA	Sun System	ペンスキーPC7	R/RWD	コスワースDFX	V8	2.6t	178	走行中		30,928	183.927	18
14	14	A. J. フォイト	Foyt, A. J.	USA	Gilmore Racing Team	パーネリ VPJ6C	R/RWD	コスワースDFX	V8	2.6t	173	バルブ		29,512	185.500	12
15	16	G. スナイダー	Snider, George	USA	Gilmore Racing Team	パーネリ VPJ6C	R/RWD	コスワースDFX	V8	2.6t	169	エンジン		30,351	185.385	21
16	18	D. ファイアストン	Firestone, Dennis	AUS	Scientific Drilling Controls	ペンスキーPC6	R/RWD	コスワースDFX	V8	2.6t	137	ミッション		28,776	183.702	24
17	7	J. スニーヴァ	Sneva, Jerry	USA	Hugger's Beverage Holders	ローラ T500	R/RWD	コスワースDFX	V8	2.6t	130	アクシデント		30,271	187.852	5
18	99	H. ヘイウッド	Haywood, Hurley	USA	Sta-On Car Glaze/KISS 99/Guarantee Auto	ライトニング	R/RWD	シヴォレー	V6	3.4t	126	ターボ		28,273	183.561	25
19	11	B. アンサー	Unser, Bobby	USA	Norton Spirit	ペンスキーPC9	R/RWD	コスワースDFX	V8	2.6t	126	イグニッション		37,432	189.994	3
20	12	M. アンドレッティ	Andretti, Mario	USA	Essex	ペンスキーPC9	R/RWD	コスワースDFX	V8	2.6t	71	エンジン		33,611	191.012	2
21	38	J. カール	Karl, Jerry	USA	Tonco Trailor	マクラーレン M16B	R/RWD	シヴォレー	V8	5.8t	64	クラッチ		26,747	183.011	28
22	8	D. サイモン	Simon, Dick	USA	Vermont American/Silhouette Spas/Regal 8 Inns	ヴォルステッド	R/RWD	オッフィー	L4	2.6t	58	ホイール外れ		26,411	182.788	29
23	66	R. レイジャー	Rager, Roger	USA	Advance Clean Sweep/Carpenter Bus	ワイルドキャット	R/RWD	シヴォレー	V8	5.9t	55	アクシデント		26,503	186.374	10
24	23	J. マクエリース	McElreath, Jim	USA	McElreath	ペンスキーPC6	R/RWD	コスワースDFX	V8	2.6t	54	アクシデント		26,323	186.249	11
25	70	G. スマイリー	Smiley, Gordon	USA	Valvoline/Diamond Head Ranch	フェニックス	R/RWD	コスワースDFX	V8	2.6t	47	ターボ		26,771	186.948	20
26	15	J. パーソンズ Jr.	Parsons, Johnny	USA	Wynn's	ライトニング	R/RWD	オッフィー	L4	2.6t	44	ピストン		26,597	187.412	7
27	5	A. アンサー	Unser, Al	USA	Longhorn Racing	ロングホーン LR01	R/RWD	コスワースDFX	V8	2.6t	33	シリンダー		25,151	186.442	9
28	40	T. バグレイ	Bagley, Tom	USA	Kent Oil	ワイルドキャット PR001	R/RWD	コスワースDFX	V8	2.6t	29	ポンプ		25,983	185.405	13
29	35	S. ゲルハウゼン	Gelhausen, Spike	USA	Winston Sales	ペンスキーPC7	R/RWD	コスワースDFX	V8	2.6t	20	アクシデント		26,143	188.344	4
30	94	B. ウィティントン	Whittington, Bill	USA	Sun System	パーネリ VPJ6C	R/RWD	コスワースDFX	V8	2.6t	9	アクシデント		24,361	183.262	27
31	26	D. ファーガソン	Ferguson, Dick	USA	AMS Oil	ペンスキーPC6	R/RWD	コスワースDFX	V8	2.6t	9	アクシデント		26,647	182.880	15
32	48	M. モズレイ	Mosley, Mike	USA	Theodore Racing	イーグル80	R/RWD	シヴォレー	V8	5.8t	5	ガスケット		24,591	183.449	26
33	95	L. キャノン	Cannon, Larry	USA	Kraco Car Stereo	ワイルドキャット	R/RWD	DGS	L4	2.6t	2	カムシャフト		25,063	183.253	14
ns	37	J. マーティン	Martin, John	USA	the Enterprises	ワイルドキャット	R/RWD	オッフィー	L4	2.6t	—	DNQ		—	181.956	—
ns	41	B. アルサップ	Alsup, Bill	USA	Polaroid Time Zero	ペンスキーPC7	R/RWD	コスワースDFX	V8	2.6t	—	DNQ		—	181.919	—
ns	76	S. ウォルサー	Walther, Salt	USA	Dayton-Walther	ペンスキーPC6	R/RWD	コスワースDFX	V8	2.6t	—	DNQ		—	181.726	—
ns	34	P. ハルズマー	Halsmer, Pete	USA	Wysard Motor Co.	ワイルドキャット	R/RWD	オッフィー	L4	2.6t	—	DNQ		—	181.351	—
ns	24	S. キンザー	Kinser, Sheldon	USA	Genesee Beer Wagon	ワトソン	R/RWD	コスワースDFX	V8	2.6t	—	DNQ		—	181.196	—
ns	47	P. カリヴァ	Caliva, Phil	USA	Nicolosi/London Pride	ローラ	R/RWD	コスワースDFX	V8	2.6t	—	DNQ		—	178.873	—
ns	32	T. ベッテンハウゼン Jr	Bettenhausen Jr., Tony	USA	Vita-Fresh Juice	イーグル	R/RWD	オッフィー	L4	2.6t	—	DNQ		—	176.410	—
ns	82	R. ミュザー	Muther, Rick	USA		ペンスキーPC6	R/RWD	コスワースDFX	V8	2.6t	—	予選でスピン		—		—

1981 第65回

開催日／天候……1981年５月24日／曇り
車両規定……非過給4500cc／過給2650cc以下、ストックブロック非過給5878cc／過給3430cc以下
参加／決勝出走……105台／33台
優勝スピード……139.184mph(223.994km/h)。２位に5″18差
賞金総額……$1,593,218
ポールシッター……B. アンサー　200.546mph(322.747km/h)　2′59″51＝４周合計
最速ラップ……G. ジョンコック　196.937mph(316.939km/h)　45″70　159周目
ルーキー賞……ホセーレ・ガルヅァ(10人中)
リード・チェンジ……24回／９人。1－21＝B. アンサー、22－24＝ラザフォード、25＝スニーヴァ、26－32＝B. アンサー、33－56＝スニーヴァ、57＝メアーズ、58＝スマイリー、59＝B. アンサー、60－63＝オンガイス、64－91＝ジョンコック、92－95＝B. アンサー、96＝ジョンコック、97－98＝アンドレッティ、99－104＝ガルツァ、105－112＝ジョンコック、113－118＝B. アンサー、119－122＝ジョンコック、123－125＝アンドレッティ、126－132＝ガルツァ、133－140＝ジョンコック、141＝B. アンサー、142－148＝アンドレッティ、149－178＝B. アンサー、179－181＝ジョンコック、182－200＝B. アンサー
コーション……11回／69周
ペナルティ……No.40は当初No.8としてW. ダレンバックによりクォリファイ、No.84は当初No.29としてG. スナイダーによりクォリファイ。いずれもドライバー交代して最後尾スタート

138日間、誰が勝ったのかが分からなかった。レース当日、最初にチェッカーを受け、勝者として称えられたのはボビー・アンサー(ペンスキー・コスワース)だった。しかしマーシャル陣から抗議が出され、翌日の表彰式での公式発表ではマリオ・アンドレッティ(ワイルドキャット・コスワース)が勝者とされた。レース後半149周目のイエロー・フラッグ下でピットアウトしてコースに戻る際にアンサーは11台を追い抜いていたことが判明したためだ。しかし動画を再チェックした結果、アンドレッティも同様に追い抜きをしていたため(台数こそ少ないものの)、事態は紛糾、仲裁委員会はアンサーの抗議を受け入れ、順位復活、４ヵ月後の秋になって罰金を払った後ようやくアンサーの３勝目が決まった。また、リック・メアーズのピット火災やダニー・オンガイスの壮絶な事故があった。

バラバラに大破したインタースコープ。オンガイスは奇跡的に生存し、後にカムバックする

ボビー・アンサー(ノートン・スピリットSpl.)　223.994km/h　オーナー：Penske Racing, Inc.　グッドイヤー

第65回●1981年5月24日○200周＝500マイル(804.670km)

Pos.	No	Driver	Driver	Nat.	Car Name	Chassis	Drive	Engine	Cyl.	Dis.	Laps	Time	Speed	Prize Money	Speed	Qfy.
1	3	B. アンサー	Unser, Bobby	USA	Norton Spirit	ペンスキーPC9B	R/RWD	コスワースDFX	V8	2.6t	200	3:35′41″78	139.184	299,124	200.545	1
2	40	M. アンドレッティ	Andretti, Mario	USA	STP Oil Treatment	ワイルドキャットMk Ⅷ	R/RWD	コスワースDFX	V8	2.6t	200	3:35′46″96	139.029	128,974	193.040	32
3	33	V. シュパン	Schuppan, Vern	AUS	Red Roof Inns	マクラーレンM24B	R/RWD	コスワースDFX	V8	2.6t	199	走行中		87,974	186.548	18
4	32	K. コーガン	Cogan, Kevin	USA	Jerry O'Connell Racing	フェニックス	R/RWD	コスワースDFX	V8	2.6t	197	走行中		59,024	189.444	12
5	50	G. ブラバム	Brabham, Geoff	AUS	Psachie/Garza/Esso	ペンスキーPC9	R/RWD	コスワースDFX	V8	2.6t	197	走行中		55,684	187.990	15
6	81	S. キンザー	Kinser, Sheldon	USA	Sergio Valente Jeans	ロングホーンLR01	R/RWD	コスワースDFX	V8	2.6t	195	走行中		44,754	189.454	23
7	16	T. ベッテンハウゼンJr.	Bettenhausen Jr., Tony	USA	Provimi Veal	マクラーレンM24B	R/RWD	コスワースDFX	V8	2.6t	195	走行中		44,064	187.013	16
8	53	S. クリシロフ	Krisiloff, Steve	USA	Psachie/Garza/Esso	ペンスキーPC7	R/RWD	コスワースDFX	V8	2.6t	194	走行中		39,986	186.722	17
9	20	G. ジョンコック	Johncock, Gordon	USA	STP Oil Treatment	ワイルドキャットMk Ⅷ	R/RWD	コスワースDFX	V8	2.6t	194	エンジン		62,501	195.429	4
10	4	D. ファイアストン	Firestone, Dennis	AUS	Rhoades Aircraft Sales	ワイルドキャットMk Ⅷ	R/RWD	コスワースDFX	V8	2.6t	193	エンジン		36,376	187.784	28
11	7	B. アルサップ	Alsup, Bill	USA	AB Dick Pacemaker	ペンスキーPC9B	R/RWD	コスワースDFX	V8	2.6t	193	走行中		35,632	193.154	7
12	74	M. チャンドラー	Chandler, Michael	USA	National Engineering Co.	ペンスキーPC7	R/RWD	コスワースDFX	V8	2.6t	192	走行中		34,116	187.568	25
13	14	A. J. フォイト	Foyt, A. J.	USA	Valvoline-Gilmore	コヨーテ	R/RWD	コスワースDFX	V8	2.6t	191	走行中		35,795	196.078	3
14	84	T. リッチモンド	Richmond, Tim	USA	UNO/WTTV/Guarantee Auto	パーネリ	R/RWD	コスワースDFX	V8	2.6t	191	走行中		33,612	189.255	33
15	38	J. カール	Karl, Jerry	USA	Tonco Trailer	マクラーレンM16E	R/RWD	シヴォレー	V8	5.8	189	走行中		35,480	186.008	31
16	37	S. ブレイトン	Brayton, Scott	USA	Forsythe Industries	ペンスキーPC6	R/RWD	コスワースDFX	V8	2.6t	173	エンジン		32,176	187.774	29
17	88	A. アンサー	Unser, Al	USA	Valvoline-Longhorn	ロングホーンLR02	R/RWD	コスワースDFX	V8	2.6t	166	走行中		31,600	192.719	9
18	31	L. ディクソン	Dickson, Larry	USA	Machinists Union	ペンスキーPC7	R/RWD	コスワースDFX	V8	2.6t	165	ピストン		30,652	186.278	19
19	35	Bo. ラヅィア	Lazier, Bob	USA	Montgomery Ward Auto Club	ペンスキーPC7	R/RWD	コスワースDFX	V8	2.6t	154	エンジン		33,732	189.424	13
20	56	T. ビゲロウ	Bigelow, Tom	USA	Genesee Beer	ペンスキーPC7	R/RWD	シヴォレー	V8	5.8	152	エンジン		30,140	188.294	14
21	90	B. ウィティントン	Whittington, Bill	USA	Kraco Car Stereo	マーチ81C	R/RWD	コスワースDFX	V8	2.6t	146	ストール		31,243	197.098	27
22	60	G. スマイリー	Smiley, Gordon	USA	Intermedics	ワイルドキャットMk Ⅷ	R/RWD	コスワースDFX	V8	2.6t	141	アクシデント		29,240	192.988	8
23	55	J. ガルヅァ	Garza, Josele	MEX	Psachie/Garza/Esso	ペンスキーPC9	R/RWD	コスワースDFX	V8	2.6t	138	アクシデント		40,282	195.101	6
24	79	P. ハルズマー	Halsmer, Pete	USA	Hubler Chevrolet/KISS 99/Colonial Bread	ペンスキーPC7	R/RWD	コスワースDFX	V8	2.6t	123	アクシデント		30,702	181.919	24
25	2	T. スニーヴァ	Sneva, Tom	USA	Blue Poly	マーチ81C	R/RWD	コスワースDFX	V8	2.6t	96	クラッチ		38,000	200.691	20
26	8	G. ベッテンハウゼン	Bettenhausen, Gary	USA	Hopkins	ライトニング	R/RWD	コスワースDFX	V8	2.6t	69	ロッド		27,976	190.870	11
27	25	D. オンガイス	Ongais, Danny	USA	Interscope Racing	インタースコープ	R/RWD	コスワースDFX	V8	2.6t	64	アクシデント		30,380	197.694	21
28	5	P. カーター	Carter, Pancho	USA	Alex Foods	ペンスキーPC7	R/RWD	コスワースDFX	V8	2.6t	63	コンプレッション		27,712	191.022	10
29	51	T. クラウスラー	Klausler, Tom	USA	IDS Idea	シュキーDB4	R/RWD	シヴォレー	V8	3.4t	60	ギアボックス		27,972	186.732	30
30	6	R. メアーズ	Mears, Rick	USA	The Gould Charge	ペンスキーPC9B	R/RWD	コスワースDFX	V8	2.6t	58	ピット火災		28,560	194.018	22
31	91	D. ウィティントン	Whittington, Don	USA	Whittington Brothers	マーチ81C	R/RWD	コスワースDFX	V8	2.6t	32	アクシデント		28,743	187.237	26
32	1	J. ラザフォード	Rutherford, Johnny	USA	Pennzoil	シャパラル2K	R/RWD	コスワースDFX	V8	2.6t	25	燃料ポンプ		29,620	195.387	5
33	48	M. モズレイ	Mosley, Mike	USA	Pepsi Challenger	イーグル8100	R/RWD	シヴォレー	V8	5.8	16	ラジエター		31,392	197.141	2
ns	17	J. スニーヴァ	Sneva, Jerry	USA	Escort Rader Detector	ヴォルステッド	R/RWD	オッフィー	L4	2.6t	—	DNQ/失格		—	187.784	—
ns	28	H. ジョンソン	Johnson, Herm	USA	Menard Lumber	ライトニング	R/RWD	シヴォレー	V8	3.4t	—	DNQ/失格		—	185.874	—
ns	29	B. エンジェルハート	Engelhart, Billy	USA	Beaudion Racing	マクラーレン	R/RWD	コスワースDFX	V8	2.6t	—	DNQ/失格		—	185.759	—
ns	64	S. チャシー	Chassey, Steve	USA	Jet Engineering Eagle	イーグル	R/RWD	シヴォレー	V8	3.4t	—	DNQ		—	185.672	—
ns	43	T. バグレイ	Bagley, Tom	USA	Armstrong Mould Inc.	アームストロング	R/RWD	シヴォレー			—	DNQ		—	185.615	—
ns	99	L. キャノン	Cannon, Larry	USA	Kraco Car Stereo	ペンスキー	R/RWD	コスワースDFX	V8	2.6t	—	DNQ		—	185.624	—
ns	98	Ro. メアーズ	Mears, Roger	USA	Guiffre Brothers	キング	R/RWD	シヴォレー	V8	3.4t	—	DNQ		—	184.890	—
ns	12	J. パーソンズJr.	Parsons, Johnny	USA		マーチ	R/RWD	コスワースDFX	V8	2.6t	—	DNQ		—	183.805	—
ns	57	J. マーティン	Martin, John	USA	Metro Bldg. Racing Team	マクラーレン	R/RWD	オッフィー	L4	2.6t	—	DNQ		—	177.655	—
ns	86	J. ビュイック	Buick, Jim	USA	Buick Eagle	イーグル	R/RWD	シヴォレー	V8	3.4t	—	DNQ		—	175.140	—
ns	89	P. クルーガー	Krueger, Phil	USA	Joe Hunt Magneto	イーグル	R/RWD	シヴォレー	V8	3.4t	—	予選でアクシデント		—	—	—

1982 第66回

開催日／天候……1982年5月30日／曇り
車両規定……非過給4500cc／過給2650cc以下、ストックブロック非過給5878cc／過給3430cc以下
参加／決勝出走……109台／33台
優勝スピード……162.029mph（260.760km/h）。2位に0″16差
賞金総額……$2,064,473
ポールシッター……R. メアーズ　207.004mph（333.140km/h）　2′53″91＝4周合計
最速ラップ……R. メアーズ　200.535mph（322.729km/h）　44″88　122周目
ルーキー賞……ジム・ヒックマン（9人中）
リード・チェンジ……16回／6人。1－22＝フォイト、23＝ジョンコック、24－25＝D. ウィティントン、26＝オンガイス、27－35＝フォイト、36－41＝メアーズ、42－59＝スニーヴァ、60－63＝メアーズ、64＝フォイト、65－94＝メアーズ、95－108＝ジョンコック、109－127＝メアーズ、128＝ジョンコック、129－141＝メアーズ、142－154＝スニーヴァ、155－159＝メアーズ、160－200＝ジョンコック
コーション……7回／35周
ペナルティ……No.52レバークとNo.94 B. ウィティントンはイエロー下での追い抜きにより2周ペナルティ

いざスタートという時、1列目中央に陣取った若手ケヴィン・コーガンのペンスキー・コスワースはハーフシャフトが突然壊れ、大きく右に逸れ、そこにいたA. J. フォイトを弾き飛ばすと、今度はマリオ・アンドレッティの進路に侵入した。フォイトとアンドレッティはTVインタビューに答えて、若手ドライバーに対する不満をぶちまけた。そしてレース最後の燃料補給の際、ゴードン・ジョンコックは少量で勝負に出、この日の最速ランナー、リック・メアーズは満タンにした。残り14周、ジョンコックの背後からメアーズが猛然と迫る。そして最終ラップに入るストレートで両者は並ぶが、ワイルドキャット・コスワースを駆るジョンコックはターン1でトップを死守、僅か0.16秒差で9年ぶりの勝利を手中にした。これはここまでのインディ500僅差フィニッシュ記録となる（1992年まで保持する）。

僅差フィニッシュ。ジョンコックとメアーズ（右端）は0.16秒差。残り1周の攻防は鳥肌ものだった

ゴードン・ジョンコック（STPオイルトリートメントSpl.）　260.760km/h　オーナー：Patrick Racing Team　グッドイヤー

第66回●1982年 5 月30日○200周＝500マイル(804.670km)

Pos.	No	Driver	Driver	Nat.	Car Name	Chassis	Drive	Engine	Cyl.	Dis.	Laps	Time	Speed	Prize Money	Speed	Qfy.
1	20	G. ジョンコック	Johncock, Gordon	USA	STP Oil Treatment	ワイルドキャット Mk Ⅷ	R/RWD	コスワース DFX	V8	2.6t	200	3:05′09″14	162.029	290,609	201.884	5
2	1	R. メアーズ	Mears, Rick	USA	The Gould Charge	ペンスキーPC10	R/RWD	コスワース DFX	V8	2.6t	200	3:05′09″30	162.026	215,859	207.004	1
3	3	P. カーター	Carter, Pancho	USA	Alex Foods	マーチ82C	R/RWD	コスワース DFX	V8	2.6t	199	3:05′50″96	160.614	103,559	198.950	10
4	7	T. スニーヴァ	Sneva, Tom	USA	Texaco Star	マーチ82C	R/RWD	コスワース DFX	V8	2.6t	197	エンジン		88,309	201.027	7
5	10	A. アンサー	Unser, Al	USA	Longhorn Racing	ロングホーン LR03	R/RWD	コスワース DFX	V8	2.6t	197	3:05′42″78	159.116	60,326	195.567	16
6	91	D. ウィティントン	Whittington, Don	USA	The Simoniz Finish	マーチ81C	R/RWD	コスワース DFX	V8	2.6t	196	3:06′02″38	158.031	57,159	200.725	8
7	42	J. ヒックマン	Hickman, Jim	USA	Stroh's March	マーチ82C	R/RWD	コスワース DFX	V8	2.6t	189	3:05′42″25	152.662	59,209	196.217	24
8	5	J. ラザフォード	Rutherford, Johnny	USA	Pennzoil	シャパラル 2K	R/RWD	コスワース DFX	V8	2.6t	187	エンジン		50,329	197.066	12
9	28	H. ジョンソン	Johnson, Herm	USA	Menard Cashway Lumber	イーグル81	R/RWD	シヴォレー	V8	5.8t	186	3:05′26″92	150.446	53,454	195.929	14
10	30	H. ホームズ	Holmes, Howdy	USA	Domino's Pizza	マーチ82C	R/RWD	コスワース DFX	V8	2.6t	186	3:05′32″63	150.369	48,679	194.468	18
11	19	B. レイハル	Rahal, Bobby	USA	Red Roof Inns	マーチ82C	R/RWD	コスワース DFX	V8	2.6t	174	エンジン		47,989	194.700	17
12	8	G. ベッテンハウゼン	Bettenhausen, Gary	USA	Kraco Car Stereos	ライトニング	R/RWD	コスワース DFX	V8	2.6t	158	エンジン		49,679	195.673	30
13	52	H. レバーク	Rebaque, Hector	MEX	Carta Blanca	マーチ82C	R/RWD	コスワース DFX	V8	2.6t	150	ピット火災		55,116	195.684	15
14	53	D. サリヴァン	Sullivan, Danny	USA	Forsythe-Brown Racing	マーチ82C	R/RWD	コスワース DFX	V8	2.6t	148	アクシデント		46,889	196.292	13
15	12	C. ガナッシ	Ganassi, Chip	USA	First Commercial Corp.	ワイルドキャット Mk Ⅷ	R/RWD	コスワース DFX	V8	2.6t	147	エンジン		45,819	197.704	11
16	94	B. ウィティントン	Whittington, Bill	USA	Whittington/Warner W. Hodgdon	マーチ81C	R/RWD	コスワース DFX	V8	2.6t	121	エンジン		43,779	201.658	6
17	68	M. チャンドラー	Chandler, Michael	USA	Freeman Gurney Eagle	イーグル81	R/RWD	シヴォレー	V8	5.8t	104	ギアボックス		48,269	198.042	22
18	27	T. ビゲロウ	Bigelow, Tom	USA	H.B.K. Racing	イーグル81	R/RWD	シヴォレー	V8	5.8t	96	エンジン		44,289	194.784	31
19	14	A. J. フォイト	Foyt, A. J.	USA	Valvolne/Gilmore	マーチ82C	R/RWD	コスワース DFX	V8	2.6t	95	ミッション		71,239	203.332	3
20	34	J. パーソンズ Jr	Parsons, Johnny	USA	Silhouette Spas/WIFE/Tombstone Pizza	マーチ82C	R/RWD	コスワース DFX	V8	2.6t	92	アクシデント		42,919	195.929	25
21	35	G. スナイダー	Snider, George	USA	Cobre Tire/Intermedics	マーチ82C	R/RWD	コスワース DFX	V8	2.6t	87	ミッション		41,529	195.493	26
22	25	D. オンガイス	Ongais, Danny	USA	Interscope Racing	インタースコープ03	R/RWD	コスワース DFX	V8	2.6t	62	アクシデント		41,319	199.948	9
23	69	J. スニーヴァ	Sneva, Jerry	USA	Great American Spirit	マーチ81C	R/RWD	コスワース DFX	V8	2.6t	61	アクシデント		40,839	195.270	28
24	39	C. フィリップ	Fillip, Chet	USA	Circle Bar Truck Corral	イーグル	R/RWD	コスワース DFX	V8	2.6t	60	ボディ・ダメージ		40,539	194.879	29
25	66	P. ハルズマー	Halsmer, Pete	USA	Colonial Bread/Pay Less	イーグル	R/RWD	シヴォレー	V8	3.4t	38	ミッション		41,269	194.295	32
26	16	T. ベッテンハウゼン Jr	Bettenhausen Jr., Tony	USA	Provimi Veal	マーチ82C	R/RWD	コスワース DFX	V8	2.6t	37	アクシデント		40,429	195.429	27
27	75	D. ファイアストン	Firestone, Dennis	AUS	B.C.V. Racing	イーグル	R/RWD	シヴォレー	V8	5.8t	37	リアエンド		41,319	197.217	21
28	21	G. ブラバム	Brabham, Geoff	AUS	Pentax Super	マーチ82C	R/RWD	コスワース DFX	V8	2.6t	12	エンジン		42,139	198.906	20
29	55	J. ガルザァ	Garza, Josele	MEX	Schlitz Gusto	マーチ82C	R/RWD	コスワース DFX	V8	2.6t	1	エンジン		40,489	194.500	33
30	4	K. コーガン	Cogan, Kevin	USA	The Norton Spirit	ペンスキーPC10	R/RWD	コスワース DFX	V8	2.6t	0	アクシデント		44,769	204.082	2
31	40	M. アンドレッティ	Andretti, Mario	USA	STP Oil Treatment	ワイルドキャット Mk Ⅷ B	R/RWD	コスワース DFX	V8	2.6t	0	アクシデント		44,279	203.172	4
32	31	Ro. メアーズ	Mears, Roger	USA	Machinist's Union	ペンスキーPC9B	R/RWD	コスワース DFX	V8	2.6t	0	アクシデント		41,719	194.154	19
33	95	Da. ウィティントン	Whittington, Dale	USA	Whittington/Warner W. Hodgdon	マーチ82C	R/RWD	コスワース DFX	V8	2.6t	0	アクシデント		40,356	197.694	23
ns	49	C. ミード	Mead, Chip	USA	Jamieson Racing	イーグル	R/RWD	コスワース DFX	V8	2.6t	—	DNQ		—	193.819	—
ns	2	B. アルサップ	Alsup, Bill	USA	A. B. Dick Pacemaker	ペンスキーPC	R/RWD	コスワース DFX	V8	2.6t	—	DNQ		—	193.123	—
ns	35T	G. スマイリー	Smiley, Gordon	USA	Intermedics Innovator	マーチ	R/RWD	コスワース DFX	V8	2.6t	—	予選でアクシデント		—	—	—

1983 第67回

開催日／天候 …… 1983年5月29日／晴れ
車両規定 …… 非過給4500cc／過給2650cc以下、ストックブロック非過給5878cc／過給3430cc以下
参加／決勝出走 …… 93台／33台
優勝スピード …… 162.117mph(260.901km/h)。2位に11″174差
賞金総額 …… $2,409,444
ポールシッター …… T. ファビ　207.395mph(333.769km/h)　2′53″58＝4周合計
最速ラップ …… T. ファビ　197.507mph(317.856km/h)　45″568　3周目
ルーキー賞 …… テオ・ファビ(6人中)

リード・チェンジ …… 16回／6人。1－23＝ファビ、24＝モズレイ、25－26＝メアーズ、27－35＝A. アンサー、36－46＝スニーヴァ、47－52＝A. アンサー、53－66＝レイハル、67－73＝スニーヴァ、74＝レイハル、75－80＝A. アンサー、81－89＝スニーヴァ、90－108＝A. アンサー、109－143＝スニーヴァ、144－146＝A. アンサー、147－172＝スニーヴァ、173－190＝A. アンサー、191－200＝スニーヴァ
コーション …… 5回／34周
ペナルティ …… No.3／16／66／1／90／94／22(2回)はピット作業違反により1周ペナルティ、No.19アンサーJr.とNo.94ウィティントンはイエロー下での追い抜きにより2周ペナルティ

テオ・ファビ、アル・アンサーJr.、トム・スニーヴァにとっては忘れられないレースとなった。イタリア人ファビは1950年以来のルーキー・ポールを207.395mphというコース・レコードで奪って見せた。しかし決勝では序盤23周をリードしながらも48周目に燃料ホースがまだ繋がっている時にピットを離れようとしたため脱落、ルーキー賞獲得がせめてもの慰め。レース終盤のイエロー解除時、ルーキーのアンサーJr.は前方を行く父親アル・アンサーとスニーヴァを一気にパスすると、インディ4勝目を目指す父親のみ先行させ、スニーヴァ駆るマーチ・コスワースのブロッキングに回った。しかしそれは失敗に終わる。スニーヴァは残り10周というところでアンサー父子を見事にパスし初優勝、万年2位から脱した。アル・アンサー親子は二世代同一大会出走の初めての例となる。

アンサー家とアンドレッティ家が集合。左からアルJr.とアル、マリオとマイケル

トム・スニーヴァ(テクサコ・スターSpl.)　260.901km/h　オーナー：Bignotti-Cotter, Inc.　グッドイヤー

第67回●1983年5月29日○200周＝500マイル(804.670km)

Pos.	No	Driver	Driver	Nat.	Car Name	Chassis	Drive	Engine	Cyl.	Dis.	Laps	Time	Speed	Prize Money	Speed	Qfy.
1	5	T. スニーヴァ	Sneva, Tom	USA	Texaco Star	マーチ83C	R/RWD	コスワースDFX	V8	2.6t	200	3:05′03″06	162.117	385,886	203.687	4
2	7	A. アンサー	Unser, Al	USA	Hertz Penske	ペンスキーPC11	R/RWD	コスワースDFX	V8	2.6t	200	3:05′14″	161.954	179,086	201.954	7
3	2	R. メアーズ	Mears, Rick	USA	Pennzoil Penske	ペンスキーPC11	R/RWD	コスワースDFX	V8	2.6t	200	3:05′24″	161.799	135,086	204.301	3
4	12	G. ブラバム	Brabham, Geoff	AUS	UNO/British Sterling	ペンスキーPC10	R/RWD	コスワースDFX	V8	2.6t	199	走行中		108,286	198.301	26
5	16	K. コーガン	Cogan, Kevin	USA	Ceasar's Palace/Master Mechanic	マーチ83C	R/RWD	コスワースDFX	V8	2.6t	198	走行中		73,856	201.528	22
6	30	H. ホームズ	Holmes, Howdy	USA	Domino's Pizza	マーチ83C	R/RWD	コスワースDFX	V8	2.6t	198	走行中		71,696	199.295	12
7	21	P. カーター	Carter, Pancho	USA	Alex Foods Pinata	マーチ82C	R/RWD	コスワースDFX	V8	2.6t	197	走行中		77,491	198.207	14
8	60	C. ガナッシ	Ganassi, Chip	USA	Sea Ray Boats	ワイルドキャットMk IX	R/RWD	コスワースDFX	V8	2.6t	195	走行中		60,580	197.608	16
9	37	S. ブレイトン	Brayton, Scott	USA	SME Cement	マーチ83C	R/RWD	コスワースDFX	V8	2.6t	195	走行中		57,085	196.713	29
10	19	A. アンサー Jr.	Unser Jr., Al	USA	Coors Light Silver Bullet	イーグル81(GR4)	R/RWD	コスワースDFX	V8	2.6t	192	燃料切れ		59,110	202.146	5
11	56	S. チャシー	Chassey, Steve	USA	Genesee Beer Wagon/Sizzler/WLHM	イーグル	R/RWD	シヴォレー	V8	5.8t	192	走行中		60,982	195.108	19
12	72	C. ナイフェル	Kneifel, Chris	USA	Primus/C.F.I.	プリマスLR03	R/RWD	コスワースDFX	V8	2.6t	191	走行中		53,690	198.625	25
13	18	M. モズレイ	Mosley, Mike	USA	Kraco Car Stereo	マーチ83C	R/RWD	コスワースDFX	V8	2.6t	169	アクシデント		61,484	205.372	2
14	20	G. ジョンコック	Johncock, Gordon	USA	STP Oil Treatment	ワイルドキャットMk IX	R/RWD	コスワースDFX	V8	2.6t	163	ギアボックス		53,442	199.748	10
15	22	D. サイモン	Simon, Dick	USA	Vermont American	マーチ83C	R/RWD	コスワースDFX	V8	2.6t	161	走行中		56,758	192.993	20
16	29	M. チャンドラー	Chandler, Michael	USA	Agajanian/Mike Curb	ラトルスネイク	R/RWD	コスワースDFX	V8	2.6t	153	ミッション		50,610	194.934	30
17	10	T. ベッテンハウゼン Jr.	Bettenhausen Jr., Tony	USA	Provimi Veal	マーチ83C	R/RWD	コスワースDFX	V8	2.6t	152	ハーフシャフト		49,998	199.893	9
18	94	B. ウィティントン	Whittington, Bill	USA	Whittington Brothers	マーチ81/82C	R/RWD	コスワースDFX	V8	2.6t	144	ギアボックス		49,922	197.755	15
19	34	D. デイリー	Daly, Derek	IRL	Wysard Motor Co.	マーチ83C	R/RWD	コスワースDFX	V8	2.6t	126	エンジン		48,882	197.658	28
20	4	B. レイハル	Rahal, Bobby	USA	Red Roof Inns	マーチ83C	R/RWD	コスワースDFX	V8	2.6t	110	ラジエター		53,378	202.005	6
21	25	D. オンガイス	Ongais, Danny	USA	Interscope Racing	マーチ83C	R/RWD	コスワースDFX	V8	2.6t	101	異常振動		48,588	202.320	21
22	66	J. パーソンズ Jr.	Parsons, Johnny	USA	Colonial Bread/Arciero	ペンスキーPC10B	R/RWD	コスワースDFX	V8	2.6t	80	スピン		47,478	199.984	23
23	3	M. アンドレッティ	Andretti, Mario	USA	Budweiser/Electrolux	ローラT700	R/RWD	コスワースDFX	V8	2.6t	79	アクシデント		47,082	199.404	11
24	90	D. ファイアストン	Firestone, Dennis	USA	Simpson Sports	マーチ82C	R/RWD	コスワースDFX	V8	2.6t	77	エンジン		49,222	190.888	33
25	55	J. ガルヴァ	Garza, Josele	MEX	Machinists Union/Silhouette	ペンスキーPC10	R/RWD	コスワースDFX	V8	2.6t	64	ピストン		59,898	195.671	18
26	33	T. ファビ	Fabi, Teo	I	Skoal Bandit	マーチ83C	R/RWD	コスワースDFX	V8	2.6t	47	ガスケット		84,960	207.395	1
27	91	D. ウィティントン	Whittington, Don	USA	The Simoniz Finish	マーチ81/82C	R/RWD	コスワースDFX	V8	2.6t	44	電気系統		45,858	198.597	27
28	9	Ro. メアーズ	Mears, Roger	USA	Machinists Union	ペンスキーPC10	R/RWD	コスワースDFX	V8	2.6t	43	アクシデント		45,642	200.108	8
29	43	S. クリシロフ	Krisiloff, Steve	USA	Armstrong Mould	ローラT700	R/RWD	コスワースDFX	V8	2.6t	42	Uジョイント		45,462	191.192	31
30	35	P. ベダード	Bedard, Patrick	USA	Escort Rader Warning	マーチ83C	R/RWD	コスワースDFX	V8	2.6t	25	アクシデント		45,818	195.941	17
31	14	A. J. フォイト	Foyt, A. J.	USA	Valvoline-Gilmore	マーチ83C	R/RWD	コスワースDFX	V8	2.6t	24	ギアシフト		44,888	199.557	24
32	1	G. スナイダー	Snider, George	USA	Calumet Farms	マーチ83C	R/RWD	コスワースDFX	V8	2.6t	22	イグニッション		45,138	198.544	13
33	38	C. フィリップ	Fillip, Chet	USA	Circle Bar Truck Corral	イーグル	R/RWD	コスワースDFX	V8	2.6t	11	黒旗		50,102	183.146	32
ns	92	J. マーラー	Mahler, John	USA	Intercomp Racing	ライオン	R/RWD	シヴォレー	V8	5.8	——	DNQ		——	180.022	——

1984 第68回

開催日／天候……1984年５月27日／曇り
車両規定……非過給4500cc／過給2650cc以下、ストックブロック非過給5878cc／過給3430cc以下
参加／決勝出走……117台／33台
優勝スピード……163.612mph（263.307km/h）。２位に２周差
賞金総額……$2,790,900
ポールシッター……T. スニーヴァ　210.029mph（338.008km/h）　2′51″405＝４周合計
最速ラップ……G. ジョンコック　204.815mph（329.617km/h）　43″942　52周目
ルーキー賞……マイケル・アンドレッティ＆ロベルト・グェレーロ（５人中）

リード・チェンジ……16回／６人。1－24＝メアーズ、25＝スニーヴァ、26－47＝M. アンドレッティ、48－49＝スニーヴァ、50－53＝M. アンドレッティ、54－59＝メアーズ、60＝スニーヴァ、61－63＝M. アンドレッティ、64－70＝ファビ、71－73＝オンガイス、74－80＝ファビ、81－82＝スニーヴァ、83－86＝アンサーJr.、87－109＝スニーヴァ、110－141＝メアーズ、142－143＝スニーヴァ、144－200＝メアーズ
コーション……５回／39周
ペナルティ……No.28ジョンソンはピット違反により１周ペナルティ

前年の覇者トム・スニーヴァが210.029mphでPPを奪うが、レースではリック・メアーズとトップを争っている最中の168周目にハーフシャフトが壊れた。メアーズのマーチ・コスワースは３位からのスタートでこの後レースを制圧し、他車を２周以上引き離して勝った。エマーソン・フィッティパルディ（F１王者２度のブラジル人）とマイケル・アンドレッティ（マリオの長男）がスピードウェイ・デビューを果たす。フィッティパルディのレースは37周しか続かず、アンドレッティは５位でフィニッシュ。同じルーキーではロベルト・グェレーロ（コロンビア人、２位）とアル・ホルバート（４位）が最上位だった。グェレーロとマイケルがルーキー賞を分けることに。ジャーナリストからレーサーに転向したパトリック・ベダードは凄まじい事故に見舞われたが軽傷。エントリー117台は最多記録となる。

メアーズが早くも２勝目。黄色いペンヅォイル・カラーがビクトリーレーンを満たす

リック・メアーズ（ペンヅォイルZ-7 Spl.）　263.307km/h　オーナー：Penske Cars Ltd.　グッドイヤー

第68回●1984年５月27日○200周＝500マイル(804.670km)

Pos.	No	Driver	Driver	Nat.	Car Name	Chassis	Drive	Engine	Cyl.	Dis.	Laps	Time	Speed	Prize Money	Speed	Qfy.
1	6	R. メアーズ	Mears, Rick	USA	Pennzoil Z-7	マーチ84C	R/RWD	コスワースDFX	V8	2.6t	200	3:03′21″66	163.612	434,061	207.847	3
2	9	R. グェレーロ	Guerrero, Roberto	COL	Master Mechanic Tools	マーチ84C	R/RWD	コスワースDFX	V8	2.6t	198	走行中		171,666	205.707	7
3	2	A. アンサー	Unser, Al	USA	Miller High Life	マーチ84C	R/RWD	コスワースDFX	V8	2.6t	198	走行中		117,416	204.441	10
4	21	A. ホルバート	Holbert, Al	USA	CRC Chemical	マーチ84C	R/RWD	コスワースDFX	V8	2.6t	198	走行中		106,261	203.016	16
5	99	Mi. アンドレッティ	Andretti, Michael	USA	Electrolux/Kraco	マーチ84C	R/RWD	コスワースDFX	V8	2.6t	198	走行中		119,231	207.805	4
6	14	A. J. フォイト	Foyt, A. J.	USA	Gilmore/Foyt	マーチ84C	R/RWD	コスワースDFX	V8	2.6t	197	走行中		79,276	203.860	12
7	5	B. レイハル	Rahal, Bobby	USA	7-Eleven/Red Roof Inns	マーチ84C	R/RWD	コスワースDFX	V8	2.6t	197	走行中		74,996	202.203	18
8	28	H. ジョンソン	Johnson, Herm	USA	3M/Menard Cashway	マーチ84C	R/RWD	コスワースDFX	V8	2.6t	194	走行中		73,560	204.618	9
9	25	D. オンガイス	Ongais, Danny	USA	Interscope Racing	マーチ84C	R/RWD	コスワースDFX	V8	2.6t	193	走行中		68,085	203.978	11
10	55	J. ガルザァ	Garza, Josele	MEX	Schaefer/Machinist's Union	マーチ84C	R/RWD	コスワースDFX	V8	2.6t	193	走行中		66,910	200.615	24
11	4	G. スナイダー	Snider, George	USA	Calumet Farms	マーチ84C	R/RWD	コスワースDFX	V8	2.6t	193	走行中		69,357	201.860	31
12	50	D. ファイアストン	Firestone, Dennis	USA	Hoosier Transportation	マーチ82C	R/RWD	コスワースDFX	V8	2.6t	186	走行中		62,765	201.217	32
13	41	H. ホームズ	Holmes, Howdy	USA	Jiffy Mixes	マーチ84C	R/RWD	コスワースDFX	V8	2.6t	185	走行中		85,209	207.977	2
14	77	T. グロイ	Gloy, Tom	USA	Simoniz Finish	マーチ84C	R/RWD	コスワースDFX	V8	2.6t	179	エンジン		62,467	203.758	13
15	73	C. ナイフェル	Kneifel, Chris	USA	Spa*erobics/Living Well	プリマス84	R/RWD	コスワースDFX	V8	2.6t	175	ミッション		61,683	199.831	33
16	1	T. スニーヴァ	Sneva, Tom	USA	Texaco Star	マーチ84C	R/RWD	コスワースDFX	V8	2.6t	168	CVジョイント		112,935	210.029	1
17	3	M. アンドレッティ	Andretti, Mario	USA	Budweiser Lola	ローラT800	R/RWD	コスワースDFX	V8	2.6t	153	ノーズコーン		72,323	207.467	6
18	37	S. ブレイトン	Brayton, Scott	USA	Buick Dealers of America	マーチ84C	R/RWD	ビュイック	V6	3.4t	150	ミッション		64,397	203.637	26
19	10	P. カーター	Carter, Pancho	USA	American Dream	マーチ84C	R/RWD	コスワースDFX	V8	2.6t	141	エンジン		59,057	201.820	21
20	98	K. コーガン	Cogan, Kevin	USA	Dubonnet/Curb Racing	イーグル84	R/RWD	ポンティアック	V8	5.8	137	ホイール		65,853	203.622	27
21	7	A. アンサー Jr.	Unser Jr., Al	USA	Coors Light Silver Bullet	マーチ84C	R/RWD	コスワースDFX	V8	2.6t	131	冷却ポンプ		67,985	203.404	15
22	84	J. ラザフォード	Rutherford, Johnny	USA	Gilmore/Greer/Foyt	マーチ84C	R/RWD	コスワースDFX	V8	2.6t	116	エンジン		56,453	202.062	30
23	22	D. サイモン	Simon, Dick	USA	Break Free	マーチ84C	R/RWD	コスワースDFX	V8	2.6t	112	走行中		64,057	201.834	20
24	33	T. ファビ	Fabi, Teo	I	Skoal Bandit	マーチ84C	R/RWD	コスワースDFX	V8	2.6t	104	燃料システム		71,197	203.600	14
25	20	G. ジョンコック	Johncock, Gordon	USA	STP Oil Treatment	マーチ84C	R/RWD	コスワースDFX	V8	2.6t	103	アクシデント		61,373	207.545	5
26	16	T. ベッテンハウゼン Jr.	Bettenhausen Jr., Tony	USA	Provimi Veal	マーチ84C	R/RWD	コスワースDFX	V8	2.6t	86	ピストン		55,585	202.813	17
27	61	D. デイリー	Daly, Derek	IRL	Provimi Veal	マーチ84C	R/RWD	コスワースDFX	V8	2.6t	76	ハンドリング		55,333	202.443	29
28	40	C. ガナッシ	Ganassi, Chip	USA	Old Milwaukee	マーチ84C	R/RWD	コスワースDFX	V8	2.6t	61	エンジン		54,617	201.612	22
29	30	D. サリヴァン	Sullivan, Danny	USA	Domino's Pizza	ローラT800	R/RWD	コスワースDFX	V8	2.6t	57	アクシデント		57,937	203.567	28
30	35	P. ベダード	Bedard, Patrick	USA	Escort Rader Warning	マーチ84C	R/RWD	ビュイック	V6	3.4t	55	アクシデント		56,793	201.915	19
31	57	S. ゲルハウゼン	Gelhausen, Spike	USA	Little Kings	マーチ83C	R/RWD	コスワースDFX	V8	2.6t	45	スピン		54,185	200.478	25
32	47	E. フィッティパルディ	Fittipaldi, Emerson	BR	W.I.T. Promotions	マーチ84C	R/RWD	コスワースDFX	V8	2.6t	37	油圧低下		53,800	201.078	23
33	18	G. ブラバム	Brabham, Geoff	AUS	Kraco Car Stereo	マーチ84C	R/RWD	コスワースDFX	V8	2.6t	1	燃料ライン		54,077	204.931	8
ns	76	J. ヴィルヌーヴ Sr.	Villeneuve Sr., Jacques	CDN	Canadian Tire	マーチ83C	R/RWD	コスワースDFX	V8	2.6t	——	DNQ/撤退		——	200.013	——
ns	65	S. チャシー	Chassey, Steve	USA	Genessee Beer Wagon	マーチ83C	R/RWD	シヴォレー	V8		——	予選前にアクシデント		——	——	——

1985 第69回

開催日／天候……1985年５月26日／晴れ
車両規定……過給2650cc以下、ストックブロック過給3430cc以下。非過給エンジンは自然消滅
参加／決勝出走……70台／33台
優勝スピード……152.982mph（246.200km/h）。２位に2″477差
賞金総額……$3,252,042
ポールシッター……P. カーター　212.583mph（342.118km/h）　2′49″346＝４周合計
最速ラップ……R. メアーズ　204.937mph（329.813km/h）　43″916　14周目
ルーキー賞……アリー・ルイェンダイク（６人中）

リード・チェンジ……12回／５人。1－14＝レイハル、15＝ブレイトン、16－48＝M. アンドレッティ、49－51＝フィッティパルディ、52－57＝サリヴァン、58－73＝M. アンドレッティ、74＝フィッティパルディ、75－104＝M. アンドレッティ、105－109＝フィッティパルディ、110－119＝M. アンドレッティ、120－121＝フィッティパルディ、122－139＝M. アンドレッティ、140－200＝サリヴァン
コーション……８回／41周
ペナルティ……No.11アンサーとNo.23ボエセルはホース乗り越えにより１周ペナルティ、No.33ホームズとNo.34クロフォードはイエロー下での追い抜きにより１周ペナルティ

ダニー・サリヴァンが360度スピンを克服して勝利を遂げる。120周目のターン１出口で、彼のマーチ・コスワースはマリオ・アンドレッティを抜こうとしてリアが滑りスピン、タイヤ・スモークを挙げながらもウォールにぶつからず何事もなかったかのようにレースに復帰した。そのすぐ脇にいたアンドレッティも見事な回避を決め、すり抜けてトップに。それによりイエローとなると、両車はピットでタイヤ交換、すぐさまレースに戻る。そして140周目の先ほどと同じターン１で、サリヴァンは再度アンドレッティのインを突き、今度は見事に決め、勝利に向かってひた走った。こうして彼の“スピン＆ウィン”は、インディの伝説となった。予選１～２位を占めたパンチョ・カーターとスコット・ブレイトンはビュイック・エンジンのパワーの賜物だったが、その信頼性は乏しく、序盤戦で両者とも消えた。

サリヴァンが360度スピンを決めて優勝、マリオ・アンドレッティは見事回避するも２位

ダニー・サリヴァン（ミラー・アメリカンSpl.）　246.200km/h　オーナー：Penske Cars　グッドイヤー

第69回●1985年5月26日○200周＝500マイル(804.670km)

Pos.	No	Driver	Driver	Nat.	Car Name	Chassis	Drive	Engine	Cyl.	Dis.	Laps	Time	Speed	Prize Money	Speed	Qfy.
1	5	D. サリヴァン	Sullivan, Danny	USA	Miller American	マーチ85C	R/RWD	コスワースDFX	V8	2.6t	200	3：16′06″069	152.982	517,663	210.298	8
2	3	M. アンドレッティ	Andretti, Mario	USA	Beatrice Foods	ローラT900	R/RWD	コスワースDFX	V8	2.6t	200	3：16′08″546	152.950	290,363	211.576	4
3	9	R. グェレーロ	Guerrero, Roberto	COL	Master Mechanics/True Value	マーチ85C	R/RWD	コスワースDFX	V8	2.6t	200	3：16′17″659	152.832	157,113	208.062	16
4	11	A. アンサー	Unser, Al	USA	Hertz	マーチ85C	R/RWD	コスワースDFX	V8	2.6t	199	3：16′10″606	152.159	102,533	210.523	7
5	76	J. パーソンズ Jr.	Parsons, Johnny	USA	Canadian Tire	マーチ85C	R/RWD	コスワースDFX	V8	2.6t	198	3：16′15″350	151.333	98,863	205.778	26
6	21	J. ラザフォード	Rutherford, Johnny	USA	Vermont American	マーチ85C	R/RWD	コスワースDFX	V8	2.6t	198	3：16′15″761	151.328	119,583	208.254	30
7	61	A. ルイェンダイク	Luyendyk, Arie	NL	Dutch Treat/Provimi Veal	ローラT900	R/RWD	コスワースDFX	V8	2.6t	198	3：16′23″430	151.229	99,233	206.004	20
8	99	Mi. アンドレッティ	Andretti, Michael	USA	Electrolux/Kraco	マーチ85C	R/RWD	コスワースDFX	V8	2.6t	196	3：16′13″575	149.827	76,813	208.185	15
9	98	E. ピム	Pimm, Ed	USA	Skoal Bandit	イーグル85	R/RWD	コスワースDFX	V8	2.6t	195	3：16′20″985	148.969	79,463	205.724	22
10	33	H. ホームズ	Holmes, Howdy	USA	Jiffy Mixes	ローラT900	R/RWD	コスワースDFX	V8	2.6t	194	3：16′15″372	148.276	88,088	206.372	19
11	18	K. コーガン	Cogan, Kevin	USA	Kraco/Wolff Sun Systems	マーチ85C	R/RWD	コスワースDFX	V8	2.6t	191	3：16′24″601	145.868	73,663	206.368	32
12	29	D. デイリー	Daly, Derek	IRL	Kapsreiter Bier	ローラT900	R/RWD	コスワースDFX	V8	2.6t	189	3：16′30″370	144.270	77,963	207.548	31
13	40	E. フィッティパルディ	Fittipaldi, Emerson	BR	7-Eleven	マーチ85C	R/RWD	コスワースDFX	V8	2.6t	188	燃料ライン		78,163	211.322	5
14	12	B. ウィティントン	Whittington, Bill	USA	Arciero Wines	マーチ85C	R/RWD	コスワースDFX	V8	2.6t	183	アクシデント		69,333	209.006	12
15	43	J. ポール Jr.	Paul Jr., John	USA	STS/Indianapolis Heliport	マーチ85C	R/RWD	コスワースDFX	V8	2.6t	164	アクシデント		68,563	206.340	24
16	34	J. クロフォード	Crawford, Jim	GB	Wysard/Canadian Tire	ローラT900	R/RWD	コスワースDFX	V8	2.6t	142	電気系統		72,383	205.525	27
17	25	D. オンガイス	Ongais, Danny	USA	Inrerscope Racing	マーチ85C	R/RWD	コスワースDFX	V8	2.6t	141	エンジン		64,913	207.220	17
18	23	R. ボエセル	Boesel, Raul	BR	Break Free	マーチ85C	R/RWD	コスワースDFX	V8	2.6t	134	ラジエター		83,633	206.498	23
19	7	G. ブラバム	Brabham, Geoff	AUS	Coors Light Silver Bullet	マーチ85C	R/RWD	コスワースDFX	V8	2.6t	130	エンジン		66,871	210.074	9
20	2	T. スニーヴァ	Sneva, Tom	USA	Skoal Bandit	イーグル85	R/RWD	コスワースDFX	V8	2.6t	123	アクシデント		63,163	208.927	13
21	1	R. メアーズ	Mears, Rick	USA	Pennzoil Z-7	マーチ85C	R/RWD	コスワースDFX	V8	2.6t	122	リンケージ		67,333	209.796	10
22	84	C.ガナッシ	Ganassi, Chip	USA	Calumet Farms	マーチ85C	R/RWD	コスワースDFX	V8	2.6t	121	燃料ライン		57,833	206.104	25
23	60	R. ヴォグラー	Vogler, Rich	USA	Byrd's Kentucky Fried Chicken	マーチ85C	R/RWD	コスワースDFX	V8	2.6t	119	アクシデント		71,183	205.653	33
24	20	D. ウィティントン	Whittington, Don	USA	STP Oil Treatment	マーチ85C	R/RWD	コスワースDFX	V8	2.6t	97	エンジン		60,683	210.991	6
25	30	A. アンサー Jr.	Unser Jr., Al	USA	Domino's Pizza	ローラT900	R/RWD	コスワースDFX	V8	2.6t	91	エンジン		60,133	209.215	11
26	22	D. サイモン	Simon, Dick	USA	Break Free	マーチ85C	R/RWD	コスワースDFX	V8	2.6t	86	油圧低下		64,833	208.536	14
27	10	B. レイハル	Rahal, Bobby	USA	Budweiser	マーチ85C	R/RWD	コスワースDFX	V8	2.6t	84	ウエストゲート		83,463	211.818	3
28	14	A. J. フォイト	Foyt, A. J.	USA	Copenhagen-Gilmore	マーチ85C	R/RWD	コスワースDFX	V8	2.6t	62	フロント・ウイング		53,863	205.782	21
29	97	T. ベッテンハウゼン Jr.	Bettenhausen Jr., Tony	USA	Skoal Bandit	ローラT900	R/RWD	コスワースDFX	V8	2.6t	31	ベアリング		63,613	204.824	29
30	37	S. ブレイトン	Brayton, Scott	USA	Hardee's 37	マーチ85C	R/RWD	ビュイック	V6	3.4t	19	ターボ		86,863	212.354	2
31	55	J. ガルツァ	Garza, Josele	MEX	Schaefer/Machinists	マーチ85C	R/RWD	コスワースDFX	V8	2.6t	15	エンジン		59,083	206.677	18
32	44	G. スナイダー	Snider, George	USA	A. J. Foyt Chevrolet	マーチ85C	R/RWD	シヴォレー	V6	3.4t	13	エンジン		53,263	205.455	28
33	6	P. カーター	Carter, Pancho	USA	Valvoline Buick	マーチ85C	R/RWD	ビュイック	V6	3.4t	6	オイルポンプ		121,533	212.583	1
ns	59	P. ハルズマー	Halsmer, Pete	USA	Scott Lad Foods	マーチ85C	R/RWD	コスワースDFX	V8	2.6t	—	DNQ		—	204.634	—
ns	71	M. ロー	Roe, Michael	IRL	Living Well/WTTV	ローラT900	R/RWD	コスワースDFX	V8	2.6t	—	DNQ		—	204.507	—
ns	56	S. チャシー	Chassey, Steve	USA	Genesee Beer	マーチ85C	R/RWD	シヴォレー	V8	5.8	—	DNQ		—	204.443	—
ns	38	C. フィリップ	Fillip, Chet	USA	Circle Bar Corral	ローラT900	R/RWD	コスワースDFX	V8	2.6t	—	DNQ		—	203.661	—

1986 第70回

開催日／天候 …… 1986年５月31日／25日予定が雨のため延期。晴れ
車両規定 …… 過給2650cc以下、ストックブロック過給3430cc以下
参加／決勝出走 …… 68台／33台
優勝スピード …… 170.722mph（274.750km/h）。２位に1″441差
賞金総額 …… $4,001,467
ポールシッター …… R. メアーズ　216.828mph（348.950km/h）　2′46″030＝４周合計
最速ラップ …… B. レイハル　209.152mph（336.597km/h）　43″031　200周目
ルーキー賞 …… ランディ・レイニア（４人中）
リード・チェンジ …… 19回／7人。1－42＝Mi. アンドレッティ、43＝コーガン、44－47＝アンサーJr.、48＝フィッティパルディ、49－74＝メアーズ、75＝レイハル、76－77＝コーガン、78－79＝アンサーJr.、80－82＝Mi. アンドレッティ、83－101＝レイハル、102＝メアーズ、103－135＝レイハル、136－165＝メアーズ、166＝レイハル、167＝メアーズ、168＝グェレーロ、169－186＝メアーズ、187＝レイハル、188－197＝コーガン、198－200＝レイハル
コーション …… ６回／29周
ペナルティ …… No.9モレノはイエロー下での追い抜きにより２周ペナルティ

２日間にわたる雨と米国内37年ぶりのTV生中継の段取りにより、インディ500の決勝開催は翌週末へと延期となった。トム・スニーヴァがペース・ラップ中にターン２でクラッシュするハプニングで始まる。優勝争いでは終盤ケヴィン・コーガンが、アリー・ルイェンダイクがターン４で壁にコンタクトして最後のイエローが出る時点までは勝ちそうだった。そのままイエロー・フィニッシュかと思いきや、そうはならず、再開された最後のシュートアウト２周を制したのはロードレース出身のボビー・レイハル。その最終ラップは209.152mphの最速記録としてその後も長く残った。500マイルの所要時間３時間を初めて切って勝ったレイハルは、その栄光を、末期癌に侵されていたチーム・オーナーのジム・トルーマンとビクトリー・サークルで分かち合った。トルーマンはその11日後に亡くなった。

レイハルが接戦を制して優勝、末期癌のチームオーナーにぎりぎり恩返しできた

ボビー・レイハル（バドワイザーSpl.）　274.750km/h　オーナー：Truesports　グッドイヤー

第70回●1986年 5 月31日○200周＝500マイル（804.670km）

Pos.	No	Driver	Driver	Nat.	Car Name	Chassis	Drive	Engine	Cyl.	Dis.	Laps	Time	Speed	Prize Money	Speed	Qfy.
1	3	B. レイハル	Rahal, Bobby	USA	Budweiser	マーチ86C	R/RWD	コスワースDFX	V8	2.6t	200	2:55′43″48	170.722	581,063	213.550	4
2	7	K. コーガン	Cogan, Kevin	USA	7-Eleven	マーチ86C	R/RWD	コスワースDFX	V8	2.6t	200	2:55′44″	170.698	253,363	211.422	6
3	4	R. メアーズ	Mears, Rick	USA	Pennzoil Z-7	マーチ86C	R/RWD	コスワースDFX	V8	2.6t	200	2:55′45″	170.691	332,263	216.828	1
4	5	R. グェレーロ	Guerrero, Roberto	COL	True Value	マーチ86C	R/RWD	コスワースDFX	V8	2.6t	200	2:55′54″	170.551	139,513	211.576	8
5	30	A. アンサー Jr.	Unser Jr., Al	USA	Domino's Pizza	ローラ T86/00	R/RWD	コスワースDFX	V8	2.6t	199	走行中		113,463	211.533	9
6	18	Mi. アンドレッティ	Andretti, Michael	USA	Kraco/STP/Lean Machine	マーチ86C	R/RWD	コスワースDFX	V8	2.6t	199	走行中		171,763	214.522	3
7	20	E. フィッティパルディ	Fittipaldi, Emerson	BR	Marlboro	マーチ86C	R/RWD	コスワースDFX	V8	2.6t	199	走行中		104,563	210.237	11
8	21	J. ラザフォード	Rutherford, Johnny	USA	Vermont American	マーチ86C	R/RWD	コスワースDFX	V8	2.6t	198	走行中		97,513	210.220	12
9	1	D. サリヴァン	Sullivan, Danny	USA	Miller American	マーチ86C	R/RWD	コスワースDFX	V8	2.6t	197	走行中		134,088	215.382	2
10	12	R. レイニア	Lanier, Randy	USA	Arciero Racing	マーチ86C	R/RWD	コスワースDFX	V8	2.6t	195	走行中		103,438	209.964	13
11	24	G. ベッテンハウゼン	Bettenhausen, Gary	USA	Vita Fresh Orange Juice/Timex	マーチ86C	R/RWD	コスワースDFX	V8	2.6t	193	走行中		108,913	209.756	29
12	8	G. ブラバム	Brabham, Geoff	AUS	Valvoline Spirit	ローラ T86/00	R/RWD	コスワースDFX	V8	2.6t	193	走行中		94,613	207.082	20
13	22	R. ボエセル	Boesel, Raul	BR	Duracell Copper Top	ローラ T86/00	R/RWD	コスワースDFX	V8	2.6t	192	走行中		90,063	211.202	22
14	23	D. サイモン	Simon, Dick	USA	Duracell Copper Top	ローラ T86/00	R/RWD	コスワースDFX	V8	2.6t	189	走行中		93,463	204.978	33
15	61	A. ルイエンダイク	Luyendyk, Arie	NL	MCI/Race For Life	ローラ T86/00	R/RWD	コスワースDFX	V8	2.6t	188	アクシデント		86,013	207.811	19
16	15	P. カーター	Carter, Pancho	USA	Coors Light	ローラ T86/00	R/RWD	コスワースDFX	V8	2.6t	179	ホイールベアリング		84,713	209.635	14
17	66	E. ピム	Pimm, Ed	USA	Skoal/Pace Electronics	マーチ86C	R/RWD	コスワースDFX	V8	2.6t	168	イグニッション		83,863	210.874	10
18	55	J. ガルヅァ	Garza, Josele	MEX	Schaefer/Machinists	マーチ86C	R/RWD	コスワースDFX	V8	2.6t	167	走行中		88,363	208.939	17
19	9	R. モレノ	Moreno, Roberto	BR	Valvoline Spirit II	ローラ T86/00	R/RWD	コスワースDFX	V8	2.6t	158	エンジン		82,301	209.469	32
20	81	J. ヴィルヌーヴ Sr.	Villeneuve Sr., Jacques	CDN	Living Well/Labatts	マーチ86C	R/RWD	コスワースDFX	V8	2.6t	154	メイン・ベアリング		81,613	209.397	15
21	59	C. ガナッシ	Ganassi, Chip	USA	Bryant Heating & Cooling	マーチ86C	R/RWD	コスワースDFX	V8	2.6t	151	エンジン		81,163	207.590	25
22	11	A. アンサー	Unser, Al	USA	Hertz	ペンスキーPC15	R/RWD	イルモアｰシヴォレー	V8	2.6t	149	異常振動		81,563	212.295	5
23	25	D. オンガイス	Ongais, Danny	USA	GM Goodwrench	マーチ86C	R/RWD	ビュイック	V6	3.4t	136	イグニッション		79,713	209.158	16
24	14	A. J. フォイト	Foyt, A. J.	USA	Copenhagen/Gilmore	マーチ86C	R/RWD	コスワースDFX	V8	2.6t	135	ブレーキ、アクシデント		97,713	213.212	21
25	6	R. ヴォグラー	Vogler, Rich	USA	Byrd's Kentucky Fried Chicken/Vermont American	マーチ86C	R/RWD	コスワースDFX	V8	2.6t	132	アクシデント		90,563	208.089	27
26	84	G. スナイダー	Snider, George	USA	Copenhagen/Gilmore	マーチ86C	R/RWD	コスワースDFX	V8	2.6t	110	イグニッション		80,163	209.025	31
27	95	J. パーソンズ Jr.	Parsons, Johnny	USA	Pizza Hut/Machinists	マーチ86C	R/RWD	コスワースDFX	V8	2.6t	100	CVジョイント		78,013	207.894	28
28	16	T. ベッテンハウゼン Jr.	Bettenhausen Jr., Tony	USA	Bettenhausen & Associates	マーチ86C	R/RWD	コスワースDFX	V8	2.6t	77	バルブ		77,713	208.933	18
29	31	J. クロフォード	Crawford, Jim	GB	American Sunroofs Inc.	マーチ86C	R/RWD	ビュイック	V6	3.4t	70	ヘッド・ガスケット		95,263	208.911	26
30	71	S. ブレイトン	Brayton, Scott	USA	Hardee's/Living Well/WTTV	マーチ86C	R/RWD	ビュイック	V6	3.4t	69	エンジン		78,263	208.079	23
31	42	P. クルーガー	Krueger, Phil	USA	Squirt/Moran Electric	マーチ85C	R/RWD	コスワースDFX	V8	2.6t	67	エンジン		82,413	207.948	24
32	2	M. アンドレッティ	Andretti, Mario	USA	Newman-Haas Racing	ローラ T86/00	R/RWD	コスワースDFX	V8	2.6t	19	イグニッション		77,013	212.300	30
33	33	T. スニーヴァ	Sneva, Tom	USA	Skoal Bandit	マーチ86C	R/RWD	コスワースDFX	V8	2.6t	0	アクシデント		76,963	211.878	7
ns	36	D. ファイアストン	Firestone, Dennis	AUS	Pace Electronics	ローラ T86/00	R/RWD	コスワースDFX	V8	2.6t	——	カーブデイでアクシデント		——	207.471	——

1987 第71回

開催日／天候 …… 1987年５月24日／晴れ
車両規定 …… 過給2650cc以下、ストックブロック過給3430cc以下
参加／決勝出走 …… 76台／33台
優勝スピード …… 162.175mph(260.995km/h)。２位に4″496差
賞金総額 …… $4,480,391
ポールシッター …… M. アンドレッティ　215.390mph(346.636km/h)　2′47″139＝４周合計
最速ラップ …… R. グェレーロ　205.011mph(329.932km/h)　43″900　57周目
ルーキー賞 …… ファブリツィオ・バルバッツァ(６人中)
リード・チェンジ …… 10回／４人。1－27＝M. アンドレッティ、28＝グェレーロ、29－60＝M. アンドレッティ、61－64＝サリヴァン、65－80＝M. アンドレッティ、81＝グェレーロ、82－96＝M. アンドレッティ、97＝グェレーロ、98－177＝M. アンドレッティ、178－182＝グェレーロ、183－200＝A. アンサー
コーション …… 10回／55周
ペナルティ …… No.20フィッティパルディは最後の調整走行であるカーブデイでの事故後、非クォリファイ車に乗り換え最後尾スタート。No.91ブレイトンとNo.2ジョンコックはイエロー下での追い抜きにより２周ペナルティ

練習中にクラッシュ負傷したダニー・オンガイスに代わりアル・アンサーはぎりぎりになってロジャー・ペンスキー・チームのマーチで参戦することになった。その車は展示されていたもので、優勢なシヴォレー・エンジンのスペア不足により旧型コスワースが載っていた。レースはマリオ・アンドレッティ(ローラ・シヴォレー)がトップを悠々とクルージング、通算170周もトップ走行、自身２度目の勝利に向けて快走していたが、180周してエンジン・パワーを失った。次にリードを奪ったロベルト・グェレーロ(マーチ・コスワース)はピットロードでクラッチ・トラブルに見舞われてストール、こうして残り18周となってアンサーが首位の座を引き継ぎ、彼自身A. J. フォイトと並ぶ４度目の勝利を手中にした。47歳360日の最年長ウィナー記録。ルーキーのファブリツィオ・バルバッツァが３位。

先頭がスタート直後の勝者アル・アンサー。他車(No.55ガルツァ)のスピンを危うく避けた

アル・アンサー(カミンズ／ホルセット・ターボSpl.)　260.995km/h　オーナー：Penske Racing　グッドイヤー

第71回●1987年5月24日○200周＝500マイル(804.670km)

Pos.	No	Driver	Driver	Nat.	Car Name	Chassis	Drive	Engine	Cyl.	Dis.	Laps	Time	Speed	Prize Money	Speed	Qfy.
1	25	A. アンサー	Unser, Al	USA	Cummins/Holset Turbo	マーチ86C	R/RWD	コスワースDFX	V8	2.6t	200	3:04′59″14	162.175	526,763	207.423	20
2	4	R. グェレーロ	Guerrero, Roberto	COL	True Value/STP	マーチ87C	R/RWD	コスワースDFX	V8	2.6t	200	3:05′03″	162.109	305,013	210.680	5
3	12	F. バルバッツァ	Barbazza, Fabrizio	I	Arciero Winery	マーチ87C	R/RWD	コスワースDFX	V8	2.6t	198	走行中		204,663	208.680	17
4	30	A. アンサー Jr.	Unser Jr., Al	USA	Domino's Pizza	マーチ87C	R/RWD	コスワースDFX	V8	2.6t	196	走行中		142,963	206.752	22
5	56	G. ベッテンハウゼン	Bettenhausen, Gary	USA	Genesee Beer Wagon	マーチ86C	R/RWD	コスワースDFX	V8	2.6t	195	走行中		132,213	204.504	15
6	22	D. サイモン	Simon, Dick	USA	Soundesign	ローラT87/00	R/RWD	コスワースDFX	V8	2.6t	193	走行中		131,813	208.960	6
7	41	S. フォクス	Fox, Stan	USA	Kerker Exhaust/Skoal Classic	マーチ86C	R/RWD	コスワースDFX	V8	2.6t	192	走行中		111,263	204.518	26
8	11	J. マクファーソン	MacPherson, Jeff	USA	McHoward Leasing	マーチ87C	R/RWD	ホンダ(ジャッド)	V8	2.6t	182	走行中		117,313	205.688	12
9	5	M. アンドレッティ	Andretti, Mario	USA	Hanna Auto Wash	ローラT87/00	R/RWD	シヴォレー	V8	2.6t	180	イグニッション		368,063	215.390	1
10	16	T. ベッテンハウゼン Jr.	Bettenhausen Jr., Tony	USA	Nationwise/Payless	マーチ86C	R/RWD	コスワースDFX	V8	2.6t	171	エンジン		105,838	203.892	27
11	21	J. ラザフォード	Rutherford, Johnny	USA	Vermont American	マーチ87C	R/RWD	コスワースDFX	V8	2.6t	171	走行中		104,313	208.296	8
12	91	S. ブレイトン	Brayton, Scott	USA	Amway/Autostyle	マーチ87C	R/RWD	コスワースDFX	V8	2.6t	167	エンジン		103,063	205.647	13
13	3	D. サリヴァン	Sullivan, Danny	USA	Miller American	マーチ86C	R/RWD	シヴォレー	V8	2.6t	160	エンジン		120,713	210.271	16
14	33	T. スニーヴァ	Sneva, Tom	USA	Skoal Bandit	マーチ86C	R/RWD	ビュイック	V6	3.4t	143	アクシデント		103,313	207.254	21
15	77	D. デイリー	Daly, Derek	IRL	Scheid Tire/Superior Training/Metrolink	マーチ87C	R/RWD	ビュイック	V6	3.4t	133	エンジン		100,763	207.522	19
16	20	E. フィッティパルディ	Fittipaldi, Emerson	BR	Marlboro	マーチ87C	R/RWD	シヴォレー	V8	2.6t	131	パワー低下		98,263	205.584	33
17	55	J. ガルツァ	Garza, Josele	MEX	Bryant Heating & Cooling/Schaefer	マーチ87C	R/RWD	コスワースDFX	V8	2.6t	129	走行中		103,350	205.692	25
18	71	A. ルイエンダイク	Luyendyk, Arie	NL	Living Well/Provimi Veal/WTTV	マーチ87C	R/RWD	コスワースDFX	V8	2.6t	125	走行中		97,113	208.339	7
19	14	A. J. フォイト	Foyt, A. J.	USA	Copenhagen/Gilmore	ローラT87/00	R/RWD	コスワースDFX	V8	2.6t	117	オイル・シール		102,963	210.935	4
20	81	R. ヴォグラー	Vogler, Rich	USA	Byrd's Kentucky Fried Chicken/Living Well	マーチ87C	R/RWD	ビュイック	V6	3.4t	109	ロッカーアーム		98,263	205.887	11
21	98	E. ピム	Pimm, Ed	USA	Skoal Classic	マーチ86C	R/RWD	コスワースDFX	V8	2.6t	109	ブースト低下		95,513	203.284	30
22	2	G. ジョンコック	Johncock, Gordon	USA	STP Oil Treatment	マーチ86C	R/RWD	ビュイック	V6	3.4t	76	バルブ		94,913	207.990	18
23	8	R. メアーズ	Mears, Rick	USA	Pennzoil Z-7	マーチ86C	R/RWD	シヴォレー	V8	2.6t	75	コイル・ワイヤー		112,463	211.467	3
24	15	G. ブラバム	Brabham, Geoff	AUS	Team Valvoline	マーチ87C	R/RWD	ホンダ(ジャッド)	V8	2.6t	71	油圧低下		92,963	205.503	14
25	87	S. チャシー	Chassey, Steve	USA	United Oil/Life of Indiana	マーチ87C	R/RWD	コスワースDFX	V8	2.6t	68	エンジン		97,913	202.488	32
26	1	B. レイハル	Rahal, Bobby	USA	Budweiser	ローラT87/00	R/RWD	コスワースDFX	V8	2.6t	57	イグニッション		123,013	213.316	2
27	29	P. カーター	Carter, Pancho	USA	Hardee's	マーチ87C	R/RWD	コスワースDFX	V8	2.6t	45	バルブ		93,263	205.154	29
28	44	D. ジョーンズ	Jones, Davy	USA	Skoal Classic/Gilmore/UNO	マーチ86C	R/RWD	コスワースDFX	V8	2.6t	34	エンジン		115,463	208.117	28
29	18	Mi. アンドレッティ	Andretti, Michael	USA	Kraco/STP	マーチ87C	R/RWD	コスワースDFX	V8	2.6t	28	CVジョイント		91,113	206.129	9
30	23	L. ハイムラス Jr.	Heimrath Jr., Ludwig	CDN	MacKenzie Financial/Tim Horton Doughnuts	ローラT87/00	R/RWD	コスワースDFX	V8	2.6t	25	ホイール外れ		111,513	207.591	10
31	7	K. コーガン	Cogan, Kevin	USA	Marlboro	マーチ87C	R/RWD	シヴォレー	V8	2.6t	21	オイル・ポンプ		90,763	205.999	24
32	24	R. ルイス	Lewis, Randy	USA	Toshiba/Altos/Oracle	マーチ87C	R/RWD	コスワースDFX	V8	2.6t	8	ギアボックス		90,763	206.209	23
33	84	G. スナイダー	Snider, George	USA	Calumet/Copenhagen	マーチ86C	R/RWD	シヴォレー	V6	3.4t	0	燃料もれ		92,713	203.192	31
ns	59	S. スウィンデル	Swindell, Sammy	USA	Center Line	マーチ86C	R/RWD	ポンティアック			—	DNQ		—	201.840	—
ns	17	D. ドブソン	Dobson, Dominic	USA	L. A. Gear	マーチ86C	R/RWD	コスワースDFX	V8	2.6t	—	DNQ		—	201.240	—
ns	76T	R. モラン	Moran, Rocky	USA	Walthers	マーチ86C	R/RWD	コスワースDFX	V8	2.6t	—	DNQ		—	199.157	—
ns	97	R. ミアスキーウィッツ	Miaskiewicz, Rick	USA	Pizza Hut/WENS	マーチ86C	R/RWD	コスワースDFX	V8	2.6t	—	DNQ		—	196.192	—
ns	2T	J. クロフォード	Crawford, Jim	GB	Am Racing Series	マーチ86C	R/RWD	ビュイック			—	予選でアクシデント		—	—	—
ns	10T	P. クルーガー	Krueger, Phil	USA	Reynor Garage Door	ローラT86/00	R/RWD	コスワースDFX	V8	2.6t	—	予選でアクシデント		—	—	—

1988 第72回

開催日／天候 ……… 1988年5月29日／晴れ
車両規定 ……… 過給2650cc以下、ストックブロック過給3430cc以下
参加／決勝出走 ……… 92台／33台
優勝スピード ……… 144.809mph(233.047km/h)。コーション下で終了
賞金総額 ……… $5,025,399
ポールシッター ……… R. メアーズ　219.198mph(352.764km/h)　2′44″235＝4周合計
最速ラップ ……… R. メアーズ　209.517mph(337.184km/h)　42″956　166周目
ルーキー賞 ……… ビル・ヴコヴィッチⅢ(5人中)
リード・チェンジ ……… 9回／4人。1－30＝サリヴァン、31－33＝A. アンサー、34－94＝サリヴァン、95－101＝クロフォード、102－103＝メアーズ、104＝クロフォード、105－112＝A. アンサー、113－121＝メアーズ、122＝A. アンサー、123－200＝メアーズ
コーション ……… 14回／68周
ペナルティ ……… No.35チャシーはイエロー下での追い抜きにより2周ペナルティ

リック・メアーズはペンスキーPC17シャシーを使って自身4度目のPPを獲得、これでレックス・メイズとA. J. フォイトが持つ記録に並んだ。予選2～3位もダニー・サリヴァンとアル・アンサーが占めたから、1列目は全車ペンスキー勢。レース前半はサリヴァンが快走したが、フロント・ウイングがぐらつきだし、最後はウォールの餌食となる。これによりトップに浮上したメアーズは誰から脅かされることもなく優勝、自身3勝目を挙げた。200周レースのうちペンスキー勢は192周をリードする圧倒的強さだった。リードラップにいたのはエマーソン・フィッティパルディだけ。上位3車は新しいシヴォレーV8エンジンを搭載、コスワースDFXの連勝が止まった。史上最初の3世代ドライバーの登場(ビル・ヴコヴィッチⅢはルーキー賞獲得)とポルシェV8ターボエンジン車の参戦も注目点だった。

スタート直後、ターン1に向かう33台。中央のリーダーボードに刻々とカーナンバーが表示される

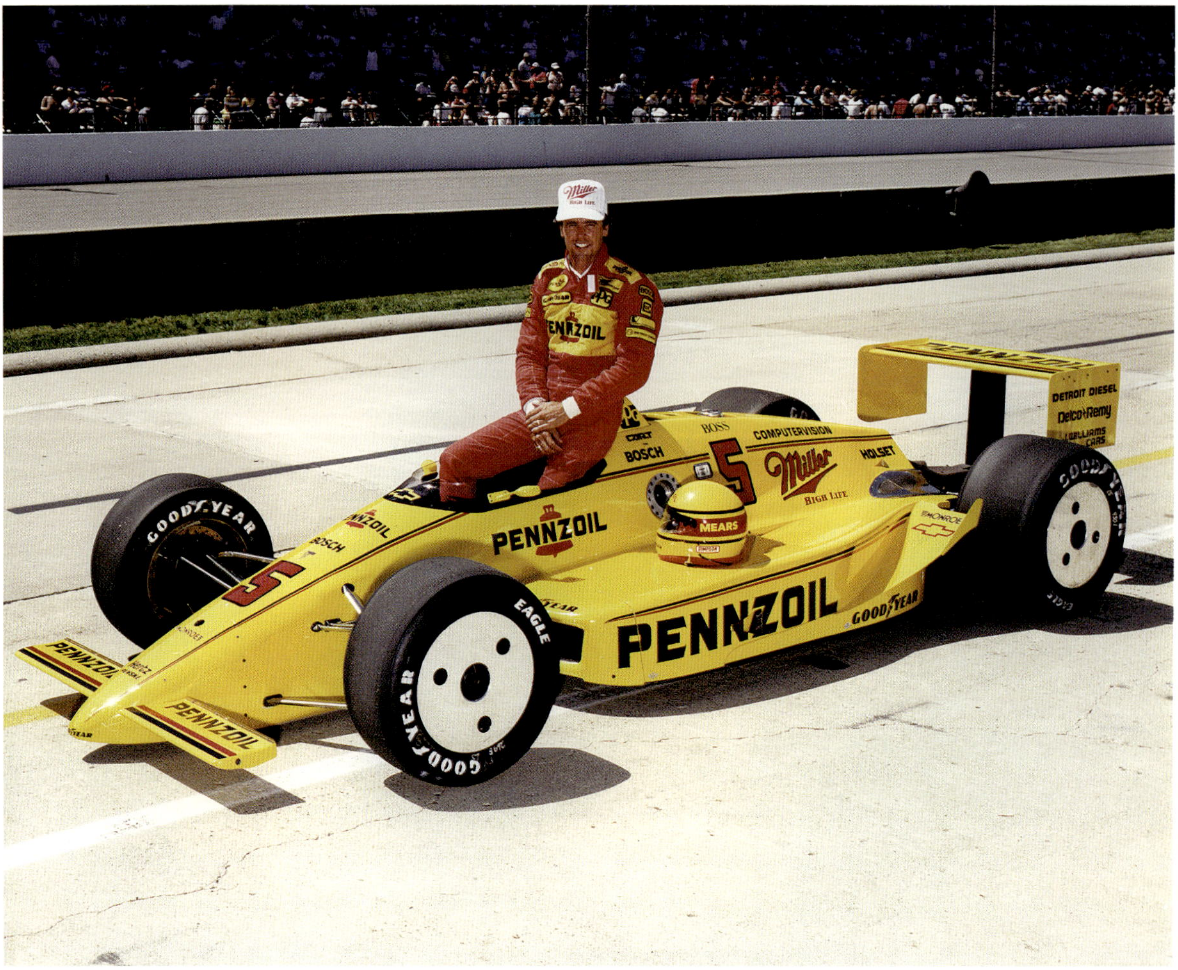

リック・メアーズ(ペンヅォイルZ-7 Spl.)　233.047km/h　オーナー：Penske Racing　グッドイヤー

第72回●1988年5月29日○200周＝500マイル(804.670km)

Pos.	No	Driver	Driver	Nat.	Car Name	Chassis	Drive	Engine	Cyl.	Dis.	Laps	Time	Speed	Prize Money	Speed	Qfy.
1	5	R. メアーズ	Mears, Rick	USA	Pennzoil Z-7	ペンスキーPC17	R/RWD	シヴォレー	V8	2.6t	200	3:27′10″204	144.809	809,853	219.198	1
2	20	E. フィッティパルディ	Fittipaldi, Emerson	BR	Marlboro	マーチ88C	R/RWD	シヴォレー	V8	2.6t	200	3:27′17″280	144.726	337,603	212.512	8
3	1	A. アンサー	Unser, Al	USA	Hertz	ペンスキーPC17	R/RWD	シヴォレー	V8	2.6t	199	3:27′11″268	144.072	228,903	215.270	3
4	18	Mi. アンドレッティ	Andretti, Michael	USA	Kraco	マーチ88C	R/RWD	コスワースDFX	V8	2.6t	199	3:27′12″176	144.062	192,953	210.183	10
5	4	B. レイハル	Rahal, Bobby	USA	Budweiser	ローラT88/00	R/RWD	ジャッド	V8	2.6t	199	3:27′12″257	144.061	151,553	208.526	19
6	15	J. クロフォード	Crawford, Jim	GB	Mac Tools/King/Protofab	ローラT87/00	R/RWD	ビュイック	V6	3.4t	198	3:27′10″671	143.355	170,503	210.564	18
7	30	R. ボエセル	Boesel, Raul	BR	Domino's Pizza	ローラT88/00	R/RWD	コスワースDFX	V8	2.6t	198	3:27′15″844	143.295	148,403	211.058	20
8	97	P. クルーガー	Krueger, Phil	USA	CNC Systems/Taylor Dist.	マーチ86C	R/RWD	コスワースDFX	V8	2.6t	196	3:27′17″841	141.825	131,053	208.212	15
9	22	D. サイモン	Simon, Dick	USA	Uniden/Soundesign	ローラT88/00	R/RWD	コスワースDFX	V8	2.6t	196	3:27′18″969	141.812	127,428	207.555	16
10	7	A. ルイェンダイク	Luyendyk, Arie	NL	Provimi Veal	ローラT88/00	R/RWD	コスワースDFX	V8	2.6t	196	3:27′19″666	141.804	123,028	213.611	6
11	11	K. コーガン	Cogan, Kevin	USA	Shaefer/Playboy Fashions	マーチ88C	R/RWD	コスワースDFX	V8	2.6t	195	3:27′20″631	141.070	141,078	209.552	13
12	21	H. ホームズ	Holmes, Howdy	USA	Jiffy Mixes	マーチ88C	R/RWD	コスワースDFX	V8	2.6t	192	3:27′18″332	138.925	123,728	206.970	33
13	3	A. アンサー Jr.	Unser Jr., Al	USA	Team Valvoline/Strohs	マーチ88C	R/RWD	シヴォレー	V8	2.6t	180	3:27′12″253	130.306	111,753	214.186	5
14	56	B. ヴコヴィッチⅢ	Vukovich Ⅲ, Bill	USA	Genesee Beer/EZ Wider	マーチ88C	R/RWD	コスワースDFX	V8	2.6t	179	3:27′13″883	129.565	125,603	208.545	23
15	24	R. ルイス	Lewis, Randy	USA	Toshiba/Oracle/Altos	ローラT88/00	R/RWD	コスワースDFX	V8	2.6t	175	3:27′15″124	126.657	115,478	209.774	11
16	48	R. モラン	Moran, Rocky	USA	Skoal/Trench Shoring	マーチ86C	R/RWD	コスワースDFX	V8	2.6t	159	エンジン		107,228	207.181	28
17	29	R. ヴォグラー	Vogler, Rich	USA	Byrd's/Pepsi/Bryant	マーチ87C	R/RWD	コスワースDFX	V8	2.6t	159	アクシデント		106,053	207.126	32
18	92	D. ドブソン	Dobson, Dominic	USA	Moore Industries/Columbia Helicopters	ローラT87/00	R/RWD	コスワースDFX	V8	2.6t	145	冷却水もれ		107,753	210.096	21
19	23	T. パームロス	Palmroth, Tero	SF	Bronson/Neste/Editor	ローラT87/00	R/RWD	コスワースDFX	V8	2.6t	144	エンジン		103,728	208.001	25
20	6	M. アンドレッティ	Andretti, Mario	USA	Amoco/Kmart	ローラT87/00	R/RWD	シヴォレー	V8	2.6t	118	電気系統		130,828	214.692	4
21	98	J. アンドレッティ	Andretti, John	USA	Skoal Bandit	ローラT88/00	R/RWD	コスワースDFX	V8	2.6t	114	エンジン		106,703	207.894	27
22	17	J. ラザフォード	Rutherford, Johnny	USA	Mac Tools/King/Protofab	ローラT87/00	R/RWD	ビュイック	V6	3.4t	107	アクシデント		102,303	208.442	30
23	9	D. サリヴァン	Sullivan, Danny	USA	Miller High Life	ペンスキーPC17	R/RWD	シヴォレー	V8	2.6t	101	アクシデント		214,378	216.214	2
24	35	S. チャシー	Chassey, Steve	USA	Kasale Recycling	マーチ87C	R/RWD	コスワースDFX	V8	2.6t	73	アクシデント		99,128	207.951	26
25	71	L. ハイムラス Jr.	Heimrath Jr., Ludwig	CDN	MacKenzie Funds	ローラT88/00	R/RWD	コスワースDFX	V8	2.6t	59	アクシデント		100,253	207.215	31
26	14	A. J. フォイト	Foyt, A. J.	USA	Copenhagen-Gilmore	ローラT87/00	R/RWD	コスワースDFX	V8	2.6t	54	アクシデント		98,853	209.696	22
27	81	T. スニーヴァ	Sneva, Tom	USA	Pizza Hut/WRTV	ローラT88/00	R/RWD	ジャッド	V8	2.6t	32	アクシデント		97,328	208.659	14
28	8	T. ファビ	Fabi, Teo	I	Quaker State/Porsche	マーチ88C	R/RWD	ポルシェ	V8	2.6t	30	アクシデント		101,878	207.244	17
29	10	D. デイリー	Daly, Derek	IRL	Raynor Garage Doors	ローラT88/00	R/RWD	コスワースDFX	V8	2.6t	18	ギアボックス		97,503	212.295	9
30	84	S. フォクス	Fox, Stan	USA	Copenhagen/Calumet Farms	マーチ86C	R/RWD	シヴォレー	V6	3.4t	2	ハーフシャフト		113,703	208.578	29
31	91	S. ブレイトン	Brayton, Scott	USA	Amway Spirit/Lifecycle	ローラT88/00	R/RWD	ビュイック	V6	3.4t	0	アクシデント		96,078	212.624	7
32	2	R. グェレーロ	Guerrero, Roberto	COL	STP/Dianetics	ローラT88/00	R/RWD	コスワースDFX	V8	2.6t	0	アクシデント		100,828	209.633	12
33	16	T. ベッテンハウゼン Jr.	Bettenhausen Jr., Tony	USA	Hardee's/Sony	ローラT87/00	R/RWD	コスワースDFX	V8	2.6t	0	アクシデント		95,753	208.342	24
ns	60	G. ジョンコック	Johncock, Gordon	USA	David Anderson	マーチ87C	R/RWD	コスワースDFX	V8	2.6t	—	DNQ		—	206.653	—
ns	55	S. アチソン	Atchison, Scott	USA	Otter Pops	マーチ86C	R/RWD	コスワースDFX	V8	2.6t	—	DNQ		—	205.142	—
ns	27	E. ピム	Pimm, Ed	USA	L.A. Drywall	マーチ87C	R/RWD	コスワースDFX	V8	2.6t	—	予選でアクシデント		—	—	—
ns	28	P. カーター	Carter, Pancho	USA	Hardees	マーチ88C	R/RWD	ビュイック	V6	3.4t	—	予選でアクシデント		—	—	—

1989 第73回

開催日／天候	1989年５月28日／晴れ
車両規定	過給2650cc以下、ストックブロック過給3430cc以下
参加／決勝出走	107台／33台
優勝スピード	167.581mph(269.695km/h)。コーション下で終了
賞金総額	$5,723,725
ポールシッター	R. メアーズ　223.885mph(360.227km/h)　2′40″797＝４周合計
最速ラップ	E. フィッティパルディ　222.469mph(358.028km/h)　40″455　85周目
ルーキー賞	バーナード・ジョルダイン＆スコット・プルエット(４人中)
リード・チェンジ	15回／５人。1－34＝フィッティパルディ、35＝M. アンドレッティ、36＝ボエセル、37－87＝フィッティパルディ、88－92＝Mi. アンドレッティ、93－112＝フィッティパルディ、113－123＝Mi. アンドレッティ、124－129＝フィッティパルディ、130－139＝Mi. アンドレッティ、140－153＝フィッティパルディ、154－162＝Mi. アンドレッティ、163＝フィッティパルディ、164－165＝アンサーJr.、166－195＝フィッティパルディ、196－198＝アンサーJr.、199－200＝フィッティパルディ
コーション	７回／43周
ペナルティ	No.81ヴコヴィッチはイエロー下での追い抜きにより２周ペナルティ

リック・メアーズは２年連続PPを奪うものの、レースは前年のようなチーム・ペンスキーの独壇場とはならず、興奮に満ちた展開となった。パトリック・レーシングは最新ペンスキー・シャシーのPC18を獲得することに成功し、これをドライブしたエマーソン・フィッティパルディはアドバンテージを得て、レース中８回・計158周のリードを奪った。終盤196周目の攻防でアル・アンサーJr.(ローラ)に一旦は先行を許すが、周回遅れが密集する198周目ターン３で両者のタイヤが接触、アンサーJr.はスピン→クラッシュ。車から降りたアンサーJr.はコース脇に仁王立ちしフィッティパルディが来るのを待ち、怒っているように見えたが、ブラジリアンが通り過ぎる際、サムアップをしてみせたのだった。ブラジル人のインディ500制覇はこれが初。優勝賞金が100万ドルを突破した。

フィッティパルディと接触したアンサーJr.は後ろ向きとなりウォールに激しくクラッシュ

エマーソン・フィッティパルディ(マールボロSpl.)　269.695km/h　オーナー：Patrick Racing　グッドイヤー

第73回●1989年５月28日○200周＝500マイル(804.670km)

Pos.	No	Driver	Driver	Nat.	Car Name	Chassis	Drive	Engine	Cyl.	Dis.	Laps	Time	Speed	Prize Money	Speed	Qfy.
1	20	E. フィッティパルディ	Fittipaldi, Emerson	BR	Marlboro	ペンスキーPC18	R/RWD	シヴォレー	V8	2.6t	200	2:59′01″049	167.581	1,001,604	222.329	3
2	2	A. アンサー Jr.	Unser Jr., Al	USA	Valvoline	ローラ T89/00	R/RWD	シヴォレー	V8	2.6t	198	アクシデント		390,453	218.642	8
3	30	R. ボエセル	Boesel, Raul	BR	Domino's Pizza	ローラ T89/00	R/RWD	ジャッド	V8	2.6t	194	2:59′09″196	162.431	306,603	218.228	9
4	5	M. アンドレッティ	Andretti, Mario	USA	Kmart/Havoline	ローラ T89/00	R/RWD	シヴォレー	V8	2.6t	193	2:59′03″989	161.672	193,853	220.486	5
5	14	A. J. フォイト	Foyt, A. J.	USA	Copenhagen/Gilmore	ローラ T89/00	R/RWD	コスワースDFX	V8	2.6t	193	2:59′08″577	161.603	177,403	217.136	10
6	22	S. ブレイトン	Brayton, Scott	USA	Amway/Speedway/Uniden	ローラ T89/00	R/RWD	ビュイック	V6	3.4t	193	2:59′11″809	161.554	190,903	220.459	6
7	50	D. ジョーンズ	Jones, Davy	USA	Euromotorsports/UNO	ローラ T88/00	R/RWD	コスワースDFX	V8	2.6t	192	2:59′11″238	160.726	151,328	214.279	31
8	29	R. ヴォグラー	Vogler, Rich	USA	Byrd's/Bryant/Saturday Evening Post	マーチ88C	R/RWD	コスワースDFX	V8	2.6t	192	2:59′16″682	160.644	153,203	213.239	33
9	69	B. ジョルダイン	Jourdain, Bernard	MEX	Corona-Monarch	ローラ T89/00	R/RWD	コスワースDFX	V8	2.6t	191	2:59′02″113	160.024	150,153	213.105	20
10	3	S. プルエット	Pruett, Scott	USA	Budweiser	ローラ T89/00	R/RWD	ジャッド	V8	2.6t	190	2:59′10″128	159.068	141,053	213.955	17
11	65	J. ジョーンズ	Jones, John	CDN	Labatt's	ローラ T89/00	R/RWD	コスワースDFX	V8	2.6t	189	2:59′33″292	157.890	134,103	214.028	25
12	81	B. ヴコヴィッチⅢ	Vukovich Ⅲ, Bill	USA	Hemelgarn/Consani/Sierra	ローラ T88/00	R/RWD	ジャッド	V8	2.6t	186	2:59′06″895	155.766	147,203	216.698	30
13	71	L. ハイムラス Jr.	Heimrath Jr., Ludwig	CDN	MacKenzie Funds	ローラ T88/00	R/RWD	ジャッド	V8	2.6t	185	2:59′01″438	155.007	123,803	213.879	18
14	33	R. モラン	Moran, Rocky	USA	Skoal Classic	マーチ86C	R/RWD	コスワースDFX	V8	2.6t	181	2:59′03″437	151.627	122,503	214.212	28
15	10	D. デイリー	Daly, Derek	IRL	Raynor Garage Door	ローラ T89/00	R/RWD	ジャッド	V8	2.6t	167	2:59′07″619	139.845	125,103	214.237	24
16	56	T. パームロス	Palmroth, Tero	SF	Neste/Rotator/Nanso	ローラ T88/00	R/RWD	コスワースDFX	V8	2.6t	165	スピンドル		122,803	214.203	16
17	6	Mi. アンドレッティ	Andretti, Michael	USA	Kmart/Havoline	ローラ T89/00	R/RWD	シヴォレー	V8	2.6t	163	エンジン		164,353	218.774	21
18	86	D. ドブソン	Dobson, Dominic	USA	Texaco Havoline Star	ローラ T88/00	R/RWD	コスワースDFX	V8	2.6t	161	エンジン		113,003	213.590	29
19	15	J. クロフォード	Crawford, Jim	GB	Mac Tools/Planters	ローラ T87/00	R/RWD	ビュイック	V6	3.4t	135	ドライブトレーン		119,403	221.450	4
20	12	D. テイズ	Theys, Didier	B	Arciero MacPherson	ペンスキーPC17	R/RWD	コスワースDFX	V8	2.6t	131	エンジン		111,503	213.120	19
21	9	A. ルイェンダイク	Luyendyk, Arie	NL	Provimi/Dutch Boy	ローラ T89/00	R/RWD	コスワースDFS	V8	2.6t	123	エンジン		110,203	214.883	15
22	24	P. カーター	Carter, Pancho	USA	Hardee's	ローラ T89/00	R/RWD	コスワースDFX	V8	2.6t	121	電気系統		108,503	214.067	32
23	4	R. メアーズ	Mears, Rick	USA	Pennzoil Z-7	ペンスキーPC18	R/RWD	シヴォレー	V8	2.6t	113	エンジン		267,903	223.885	1
24	25	A. アンサー	Unser, Al	USA	Marlboro	ペンスキーPC18	R/RWD	シヴォレー	V8	2.6t	68	クラッチ		132,903	223.471	2
25	70	J. アンドレッティ	Andretti, John	USA	Tuneup Masters/Granatelli/STP	ローラ T88/00	R/RWD	ビュイック	V6	3.4t	61	エンジン		104,503	215.611	12
26	18	B. レイハル	Rahal, Bobby	USA	Kraco	ローラ T89/00	R/RWD	コスワースDFS	V8	2.6t	58	バルブ		103,703	219.530	7
27	7	T. スニーヴァ	Sneva, Tom	USA	STP/Granatelli	ローラ T88/00	R/RWD	ビュイック	V6	3.4t	55	ピット火災		106,003	218.396	22
28	1	D. サリヴァン	Sullivan, Danny	USA	Miller High Life	ペンスキーPC18	R/RWD	シヴォレー	V8	2.6t	41	リア・アクスル		125,903	216.027	26
29	28	R. ルイス	Lewis, Randy	USA	Toshiba-Oracle	ローラ T89/00	R/RWD	コスワースDFX	V8	2.6t	24	ホイールベアリング		101,903	216.494	11
30	8	T. ファビ	Fabi, Teo	I	Quaker State/Porsche	マーチ89P	R/RWD	ポルシェ	V8	2.6t	23	イグニッション		113,753	215.564	13
31	91	G. ジョンコック	Johncock, Gordon	USA	STP/Pizza Hut/WRTV	ローラ T88/00	R/RWD	ビュイック	V6	3.4t	19	エンジン		103,703	215.072	23
32	11	K. コーガン	Cogan, Kevin	USA	Schaefer/Playboy Fashions	マーチ88C	R/RWD	コスワースDFX	V8	2.6t	2	アクシデント		102,503	214.569	27
33	99	G. ベッテンハウゼン	Bettenhausen, Gary	USA	ATEC Environmental	ローラ T87/00	R/RWD	ビュイック	V6	3.4t	0	バルブ		101,903	215.230	14
ns	98	J. ラザフォード	Rutherford, Johnny	USA	Menards	ローラ T89/00	R/RWD	コスワース	V8	2.6t	—	DNQ		—	213.097	—
ns	77	P. クルーガー	Krueger, Phil	USA	US Engineering/Dynamic Special		R/RWD	コスワース	V8	2.6t	—	DNQ		—	212.458	—
ns	97	J. ポール Jr.	Paul Jr., John	USA	Kasale Recycling		R/RWD	コスワース	V8	2.6t	—	DNQ		—	211.969	—

1990 第74回

開催日／天候……1990年５月27日／晴れ
車両規定……過給2650cc以下、ストックブロック過給3430cc以下
参加／決勝出走……97台／33台
優勝スピード……185.981mph（299.307km/h）。２位に10″878差
賞金総額……$6,319,803
ポールシッター……E. フィッティパルディ　225.301mph（362.586km/h）　2′39″786 ＝４周合計
最速ラップ……E. フィッティパルディ＆A. ルイェンダイク　222.574mph（358.197km/h）　40″436　91周目＆162周目
ルーキー賞……エディー・チーヴァー（３人中）
リード・チェンジ……６回／３人。1－92＝フィッティパルディ、93－94＝ルイェンダイク、95－117＝フィッティパルディ、118－122＝レイハル、123－135＝フィッティパルディ、136－167＝レイハル、168－200＝ルイェンダイク
コーション……４回／28周

トニー・ハルマンの孫であるトニー・ジョージ30歳がIMS代表の座に就くと、インディが変わり始めた。チーム・ペンスキーに移籍したエマーソン・フィッティパルディは225.301mphでポール・スタートから最初の92周をリードしたが、タイヤのブリスターが悪化して後退。その後は、ボビー・レイハルとの先陣争いを制したアリー・ルイェンダイク（ともにローラ・シヴォレー）が168周目には主導権を譲った。レース中のコーションが短めの４回だけだったのも奏功して、ルイェンダイクは500マイルを２時間41分18秒404＝185.981mphで走り切り、史上最速ウィナーとなる（この記録は2013年に破られるまで23年間残る）。オランダ人がインディ500を制覇するのも初。アルファロメオ・エンジンがマーチ・シャシーに搭載されて登場したが、アル・アンサーのドライブでも13位。

オランダの伏兵ウィナー、ルイェンダイク。そしてボーグ - ウォーナー・トロフィー

アリー・ルイェンダイク（ドミノ・ピザSpl.）　299.307km/h　オーナー：Doug Shierson Racing　グッドイヤー

第74回●1990年5月27日○200周＝500マイル(804.670km)

Pos.	No	Driver	Driver	Nat.	Car Name	Chassis	Drive	Engine	Cyl.	Dis.	Laps	Time	Speed	Prize Money	Speed	Qfy.
1	30	A. ルイェンダイク	Luyendyk, Arie	NL	Domino's Pizza	ローラ T90/00	R/RWD	シヴォレー	V8	2.6t	200	2:41′18″404	185.981	1,090,940	223.304	3
2	18	B. レイハル	Rahal, Bobby	USA	STP/Kraco	ローラ T90/00	R/RWD	シヴォレー	V8	2.6t	200	2:41′29″282	185.772	488,566	222.694	4
3	1	E. フィッティパルディ	Fittipaldi, Emerson	BR	Marlboro	ペンスキー－90	R/RWD	シヴォレー	V8	2.6t	200	2:42′00″123	185.183	592,874	225.301	1
4	5	A. アンサー Jr.	Unser Jr., Al	USA	Team Valvoline	ローラ T90/00	R/RWD	シヴォレー	V8	2.6t	199	2:41′54″374	184.366	227,691	220.920	7
5	2	R. メアーズ	Mears, Rick	USA	Pennzoil Z-7	ペンスキー－90	R/RWD	シヴォレー	V8	2.6t	198	2:41′49″945	183.523	201,610	224.215	2
6	14	A. J. フォイト	Foyt, A. J.	USA	Copenhagen	ローラ T90/00	R/RWD	シヴォレー	V8	2.6t	194	2:41′22″389	180.327	184,804	220.425	8
7	22	S. ブレイトン	Brayton, Scott	USA	Amway/Speedway	ローラ T90/00	R/RWD	コスワースDFS	V8	2.6t	194	2:42′04″271	179.551	201,448	215.028	26
8	25	E. チーヴァー	Cheever, Eddie	USA	Target Stores	ペンスキー－PC18	R/RWD	シヴォレー	V8	2.6t	193	2:41′56″288	178.772	172,786	217.926	14
9	11	K. コーガン	Cogan, Kevin	USA	Tuneup Masters	ペンスキー－PC18	R/RWD	ビュイック	V6	3.4t	191	2:41′27″334	177.448	150,472	217.738	15
10	28	S. グッドイヤー	Goodyear, Scott	CDN	MacKenzie/O'Donnell	ローラ T89/00	R/RWD	ジャッド	V8	2.6t	191	2:41′39″130	177.232	146,970	213.622	21
11	70	D. テイズ	Theys, Didier	B	Tuneup Masters	ペンスキー－PC18	R/RWD	ビュイック	V6	3.4t	190	2:41′26″539	176.354	142,384	214.033	20
12	23	T. パームロス	Palmroth, Tero	SF	Hoechst/Celanese/Neste	ローラ T90/00	R/RWD	コスワースDFS	V8	2.6t	188	2:41′59″814	174.077	138,756	217.423	16
13	40	A. アンサー	Unser, Al	USA	Miller High Life	マーチ90CA	R/RWD	アルファロメオ	V8	2.6t	186	2:41′25″010	172.844	136,387	212.087	30
14	12	R. ルイス	Lewis, Randy	USA	AMP/Oracle	ペンスキー－PC17	R/RWD	ビュイック	V6	3.4t	186	2:41′45″735	172.475	134,275	213.412	12
15	15	J. クロフォード	Crawford, Jim	GB	Glidden Paints	ローラ T89/00	R/RWD	ビュイック	V6	3.4t	183	2:42′03″988	169.375	130,022	212.200	29
16	93	J. ポール Jr.	Paul Jr., John	USA	ATEC Environmental	ローラ T89/00	R/RWD	ビュイック	V6	3.4t	176	2:41′29″428	163.477	150,276	214.411	32
17	39	D. ホール	Hall, Dean	USA	Insight	ローラ T90/00	R/RWD	コスワースDFS	V8	2.6t	165	サスペンション		134,306	216.975	24
18	4	T. ファビ	Fabi, Teo	I	Foster's/Quaker State	マーチ90P	R/RWD	ポルシェ	V8	2.6t	162	ミッション		156,060	220.022	23
19	21	G. ブラバム	Brabham, Geoff	AUS	Mac Tools Distributors	ローラ T89/00	R/RWD	ジャッド	V8	2.6t	161	2:41′24″902	149.641	131,688	216.580	19
20	3	Mi. アンドレッティ	Andretti, Michael	USA	Kmart/Havoline	ローラ T90/00	R/RWD	シヴォレー	V8	2.6t	146	異常振動		130,942	222.055	5
21	41	J. アンドレッティ	Andretti, John	USA	Foster's/Quaker State	マーチ90P	R/RWD	ポルシェ	V8	2.6t	136	スピン		118,320	219.484	10
22	86	D. ドブソン	Dobson, Dominic	USA	Texaco Havoline Star	ローラ T90/00	R/RWD	コスワースDFS	V8	2.6t	129	エンジン		116,823	219.230	11
23	20	R. グェレーロ	Guerrero, Roberto	COL	Miller Genuine Draft	マーチ90CA	R/RWD	アルファロメオ	V8	2.6t	118	サスペンション		115,129	212.652	28
24	81	B. ヴコヴィッチⅢ	Vukovich Ⅲ, Bill	USA	Hemelgarn	ローラ T88/00	R/RWD	ビュイック	V6	3.4t	102	エンジン		119,503	211.389	31
25	56	R. モラン	Moran, Rocky	USA	Glidden Paints	ローラ T89/00	R/RWD	ビュイック	V6	3.4t	88	エンジン		124,580	211.076	33
26	16	T. ベッテンハウゼン Jr.	Bettenhausen Jr., Tony	USA	AMAX	ローラ T89/00	R/RWD	ビュイック	V6	3.4t	76	エンジン		112,083	218.368	13
27	6	M. アンドレッティ	Andretti, Mario	USA	Kmart/Havoline	ローラ T90/00	R/RWD	シヴォレー	V8	2.6t	60	エンジン		111,209	222.025	6
28	19	R. ボエセル	Boesel, Raul	BR	Budweiser	ローラ T89/00	R/RWD	ジャッド	V8	2.6t	60	エンジン		110,461	217.381	17
29	29	P. カーター	Carter, Pancho	USA	Hardee's/Machinists	ローラ T90/00	R/RWD	コスワースDFS	V8	2.6t	59	アクシデント		110,837	213.156	22
30	9	T. スニーヴァ	Sneva, Tom	USA	RCA	ペンスキー－PC18	R/RWD	ビュイック	V6	3.4t	48	CVジョイント		110,338	216.142	25
31	51	G. ベッテンハウゼン	Bettenhausen, Gary	USA	Glidden Paints	ローラ T89/00	R/RWD	ビュイック	V6	3.4t	39	ホイールベアリング		109,464	217.264	18
32	7	D. サリヴァン	Sullivan, Danny	USA	Marlboro	ペンスキー－90	R/RWD	シヴォレー	V8	2.6t	19	アクシデント		109,778	220.310	9
33	97	S. フォクス	Fox, Stan	USA	Miyano/CNC Systems	ローラ T87/00	R/RWD	ビュイック	V6	3.4t	10	ギアボックス		108,021	213.812	27
ns	77	S. ウォルサー	Walther, Salt	USA	Walther Motorsports	ペンスキー－88	R/RWD	コスワースDFS	V8	2.6t	—	DNQ		—	210.558	—
ns	98	Je. アンドレッティ	Andretti, Jeff	USA	Amoco		R/RWD	コスワースDFS	V8	2.6t	—	DNQ		—	210.268	—
ns	91T	B. ラヴィア	Lazier, Buddy	USA	Hemelgarn Racing	ローラ T88/00	R/RWD	ジャッド	V8	2.6t	—	DNQ		—	209.418	—
ns	17T	J. ラザフォード	Rutherford, Johnny	USA	Stoops	ローラ T89/00	R/RWD	コスワースDFS	V8	2.6t	—	DNQ		—	204.801	—
ns	50	M. グロッフ	Groff, Mike	USA	Euromotorsports	ローラ T90/00	R/RWD	コスワースDFS	V8	2.6t	—	DNQ		—	203.643	—
ns	8	R. ヴォグラー	Vogler, Rich	USA	Byrds/Bryant	ペンスキー－PC17	R/RWD	ビュイック	V6	3.4t	—	予選でアクシデント		—	—	—

1991 第75回

開催日／天候……1991年5月26日／曇り
車両規定……過給2650cc以下、ストックブロック過給3430cc以下
参加／決勝出走……88台／33台
優勝スピード……176.457mph(283.979km/h)。2位に3″149差
賞金総額……$7,004,150
ポールシッター……R. メアーズ　224.113mph(360.674km/h)　2′40″633＝4周合計
最速ラップ……A. ルイェンダイク　222.178mph(357.560km/h)　40″508　109周目
ルーキー賞……ジェフ・アンドレッティ(5人中)

リード・チェンジ……18回／6人。1－11＝メアーズ、12－33＝M. アンドレッティ、34－54＝Mi. アンドレッティ、55＝アンサーJr.、56－79＝Mi. アンドレッティ、80－82＝アンサーJr.、83－108＝Mi. アンドレッティ、109－112＝フィッティパルディ、113＝レイハル、114－138＝フィッティパルディ、139－140＝メアーズ、141－153＝フィッティパルディ、154－165＝Mi. アンドレッティ、166－169＝フィッティパルディ、170＝メアーズ、171－183＝Mi. アンドレッティ、184－186＝メアーズ、187＝Mi. アンドレッティ、188－200＝メアーズ
コーション……7回／35周

グリッド1列目はリック・メアーズ、A. J. フォイト、マリオ・アンドレッティとスターの揃い踏み。メアーズはプラクティス中に自身初めてブリックヤードでのクラッシュを経験するが新記録6度目のポール獲得、フォイトは前年ロード・アメリカでの重傷事故からの復帰と今回限りでの引退をほのめかし、アンドレッティは二人の息子(マイケルとジェフ)と甥(ジョン)と併せて計4人が決勝進出、と話題豊富。また、500史上初の黒人(アフリカン - アメリカン)選手ウィリー T. リブズと初のアジア人(日本人)選手ヒロ松下の参戦も話題に。レース前半はマイケル・アンドレッティが主導権を握ったが、残り13周でメアーズがターン1でアウト側からアンドレッティからトップを奪い勝負を決めた。75回大会(ダイアモンド・アニバーサリー)において、メアーズはフォイトとアル・アンサーと並ぶ4勝目を挙げた。

日本人初のインディ500出走者、ヒロ松下。1989年Fアトランティック西部王者から進級

リック・メアーズ(マールボロSpl.)　283.979km/h　オーナー：Penske Racing　グッドイヤー

第75回●1991年5月26日○200周＝500マイル（804.670km）

Pos.	No	Driver	Driver	Nat.	Car Name	Chassis	Drive	Engine	Cyl.	Dis.	Laps	Time	Speed	Prize Money	Speed	Qfy.
1	3	R. メアーズ	Mears, Rick	USA	Marlboro	ペンスキーPC20	R/RWD	シヴォレー	V8	2.6t	200	2:50′00″791	176.457	1,219,704	224.113	1
2	10	Mi. アンドレッティ	Andretti, Michael	USA	Kmart/Havoline	ローラT91/00	R/RWD	シヴォレー	V8	2.6t	200	2:50′03″940	176.402	607,753	220.943	5
3	1	A. ルイェンダイク	Luyendyk, Arie	NL	RCA/UNO/Granatelli	ローラT91/00	R/RWD	シヴォレー	V8	2.6t	199	2:50′07″209	175.464	317,053	223.881	14
4	2	A. アンサーJr.	Unser Jr., Al	USA	Valvoline	ローラT91/00	R/RWD	シヴォレー	V8	2.6t	198	2:50′11″010	174.518	223,916	219.823	6
5	4	J. アンドレッティ	Andretti, John	USA	Pennzoil Z-7	ローラT91/00	R/RWD	シヴォレー	V8	2.6t	197	2:50′04″774	173.742	205,153	219.059	7
6	92	G. ジョンコック	Johncock, Gordon	USA	Jack's Tool Rental/Bryant	ローラT90/00	R/RWD	コスワースDFS	V8	2.6t	188	2:50′34″521	165.323	275,690	213.812	33
7	6	M. アンドレッティ	Andretti, Mario	USA	Kmart/Havoline	ローラT91/00	R/RWD	シヴォレー	V8	2.6t	187	エンジン		203,478	221.818	3
8	91	S. フォクス	Fox, Stan	USA	Byrd's Cafeteria/Bryant	ローラT91/00	R/RWD	ビュイック	V6	3.4t	185	2:50′27″942	162.789	201,090	219.501	17
9	16	T. ベッテンハウゼンJr.	Bettenhausen Jr., Tony	USA	AMAX Coal	ペンスキー90	R/RWD	シヴォレー	V8	2.6t	180	2:50′40″689	158.192	170,016	218.188	20
10	20	D. サリヴァン	Sullivan, Danny	USA	Miller Genuine Draft/Patrick	ローラT91/00	R/RWD	アルファロメオ	V8	2.6t	173	エンジン		194,403	218.343	9
11	5	E. フィッティパルディ	Fittipaldi, Emerson	BR	Marlboro	ペンスキーPC20	R/RWD	シヴォレー	V8	2.6t	171	エンジン		183,728	223.064	15
12	19	S. プルエット	Pruett, Scott	USA	Budweiser/TrueSports	トルースポーツ91C	R/RWD	ジャッド	V8	2.6t	166	エンジン		159,191	214.814	27
13	66	D. ドブソン	Dobson, Dominic	USA	Coors/Kroger/Burus	ローラT89/00	R/RWD	ジャッド	V8	2.6t	164	2:50′44″079	144.083	159,190	215.326	30
14	39	R. ルイス	Lewis, Randy	USA	AMP/Orbit/Jenn-Air/Epson	ローラT90/00	R/RWD	コスワースDFS	V8	2.6t	159	2:50′39″558	139.752	150,490	214.565	31
15	86	Je. アンドレッティ	Andretti, Jeff	USA	Texaco Havoline Star	ローラT91/00	R/RWD	コスワースDFS	V8	2.6t	150	エンジン		167,490	217.632	11
16	7	ヒロ松下	Matsushita, Hiro	J	Panasonic	ローラT91/00	R/RWD	ビュイック	V6	3.4t	149	2:50′44″231	130.903	145,891	218.141	24
17	22	S. ブレイトン	Brayton, Scott	USA	Amway/Hoechst Celanese	ローラT91/00	R/RWD	シヴォレー	V8	2.6t	146	エンジン		172,191	218.627	19
18	48	B. ジョルダイン	Jourdain, Bernard	MEX	Monarch/Foyt/Deutz	ローラT90/00	R/RWD	ビュイック	V6	3.4t	141	ギアボックス		140,190	216.683	21
19	18	B. レイハル	Rahal, Bobby	USA	STP/Kraco	ローラT91/00	R/RWD	シヴォレー	V8	2.6t	130	エンジン		153,741	221.401	4
20	21	G. ブラバム	Brabham, Geoff	AUS	Mac Tools	トルースポーツ91C	R/RWD	ジャッド	V8	2.6t	109	電気系統		136,491	214.859	22
21	12	P. カーター	Carter, Pancho	USA	Arciero/Alfa LAVAL	ローラT89/00	R/RWD	ビュイック	V6	3.4t	94	エンジン		139,703	214.012	32
22	51	G. ベッテンハウゼン	Bettenhausen, Gary	USA	Glidden Paints	ローラT91/00	R/RWD	ビュイック	V6	3.4t	89	ラジエター		177,890	224.408	13
23	23	T. パームロス	Palmroth, Tero	SF	Neste/Rotator	ローラT90/00	R/RWD	コスワースDFS	V8	2.6t	77	エンジン/火災		131,990	215.648	26
24	50	M. グロッフ	Groff, Mike	USA	Fendi/Hawaiian Tropic	ローラT91/00	R/RWD	コスワースDFS	V8	2.6t	68	水もれ		133,290	219.015	18
25	93	J. ポールJr.	Paul Jr., John	USA	ATEC Environmental	ローラT90/00	R/RWD	ビュイック	V6	3.4t	53	オイルもれ		130,690	217.952	25
26	26	J. クロフォード	Crawford, Jim	GB	Quaker State	ローラT91/00	R/RWD	ビュイック	V6	3.4t	40	エンジン		133,690	218.947	8
27	15	S. グッドイヤー	Goodyear, Scott	CDN	MacKenzie Financial	ローラT91/00	R/RWD	ジャッド	V8	2.6t	38	エンジン		127,791	218.751	12
28	14	A. J. フォイト	Foyt, A. J.	USA	Foyt/Gilmore/Copenhagen	ローラT91/00	R/RWD	シヴォレー	V8	2.6t	25	サスペンション		153,591	222.443	2
29	9	K. コーガン	Cogan, Kevin	USA	Glidden Paints	ローラT91/00	R/RWD	ビュイック	V6	3.4t	24	アクシデント		127,391	222.844	16
30	40	R. グェレーロ	Guerrero, Roberto	COL	Sharp's/Patrick	ローラT91/00	R/RWD	アルファロメオ	V8	2.6t	23	アクシデント		125,203	214.027	28
31	8	E. チーヴァー	Cheever, Eddie	USA	Target/Scotch Video	ローラT91/00	R/RWD	シヴォレー	V8	2.6t	17	電気系統		125,591	218.122	10
32	17	W. T. リブズ	Ribbs, Willy T.	USA	McDonalds/Cosby	ローラT90/00	R/RWD	ビュイック	V6	3.4t	5	エンジン		147,791	217.358	29
33	71	B. ラヅィア	Lazier, Buddy	USA	Vail Beaver Creek	ローラT90/00	R/RWD	ビュイック	V6	3.4t	1	アクシデント		162,690	218.692	23
ns	11	J. パーソンズJr.	Parsons, Johnny	USA	Leader Cards	ローラT90/00	R/RWD	コスワースDFS	V8	2.6t	—	DNQ		—	213.802	—
ns	9T	T. スニーヴァ	Sneva, Tom	USA	Glidden Paint	ローラT89/00	R/RWD	ビュイック	V6	3.4t	—	DNQ		—	213.189	—

1992 第76回

開催日／天候	1992年５月24日／曇り
車両規定	過給2650cc以下、ストックブロック過給3430cc以下
参加／決勝出走	95台／33台
優勝スピード	134.477mph(216.419km/h)。２位に0″043差
賞金総額	$7,527,450
ポールシッター	R. グェレーロ　232.482mph(374.143km/h)　2′34″851＝４周合計
最速ラップ	Mi. アンドレッティ　229.118mph(368.729km/h)　39″281　166周目
ルーキー賞	リン・St. ジェイムズ(７人中)
リード・チェンジ	18回／６人。1－6＝Mi. アンドレッティ、７＝M. アンドレッティ、8－13＝Mi. アンドレッティ、14－20＝チーヴァー、21－46＝Mi. アンドレッティ、47＝チーヴァー、48＝ルイェンダイク、49－87＝Mi. アンドレッティ、88＝チーヴァー、89－107＝Mi. アンドレッティ、108－109＝アンサーJr.、110－115＝Mi. アンドレッティ、116＝アンサーJr.、117－140＝Mi. アンドレッティ、141－151＝アンサーJr.、152－173＝Mi. アンドレッティ、174－177＝A. アンサー、178－189＝Mi. アンドレッティ、190－200＝アンサーJr.
コーション	13回／85周
ペナルティ	No.68ドブソンはイエロー下での追い抜きにより１周ペナルティ

プラクティスで死亡事故発生、Ｆ１世界王座に就くこと３度のネルソン・ピケは足に重傷を負った。決勝日は強風で気温14度と寒く、PPスタートのロベルト・グェレーロはパレード・ラップ中にスピンしてインフィールドの壁に突っ込む。事故続きのため、200周のうち85周がコーション。160周にわたってトップを走っていたマイケル・アンドレッティは193周目に車のトラブルによってまたもチャンスを逃した。これによりアンサーJr.(少数派ガルマー製シャシー)とスコット・グッドイヤー(最後尾スタート)の一騎打ちとなり、0.043秒という史上最僅差で、前者の初優勝がなる。A. J. フォイトにとっては結果的に今回が自身最後のインディ500出走となるが、1958年以来35年連続出走となり、57歳128日は最年長出走記録ともなる。リン St. ジェイムズがルーキー賞を獲得するが、女性としては初のこと。

アンサーJr.とグッドイヤーは0.043秒差でチェッカー。低気温でグリップ不足、事故が多発した

アル・アンサーJr.(ヴァルヴォリンSpl.)　216.419km/h　オーナー：Galles／Kraco Racing　グッドイヤー

第76回●1992年5月24日○200周＝500マイル(804.670km)

Pos.	No	Driver	Driver	Nat.	Car Name	Chassis	Drive	Engine	Cyl.	Dis.	Laps	Time	Speed	Prize Money	Speed	Qfy.
1	3	A. アンサー Jr.	Unser Jr., Al	USA	Valvoline	ガルマーG92	R/RWD	シヴォレー	V8	2.6t	200	3:43′05″148	134.477	1,244,184	222.989	12
2	15	S. グッドイヤー	Goodyear, Scott	CDN	MacKenzie Financial	ローラT92/00	R/RWD	シヴォレー	V8	2.6t	200	3:43′05″191	134.476	609,333	221.801	33
3	27	A. アンサー	Unser, Al	USA	Menard-Conseco	ローラT92/00	R/RWD	ビュイック	V6	3.4t	200	3:43′15″383	134.375	368,533	223.744	22
4	9	E. チーヴァー	Cheever, Eddie	USA	Target-Scotch Video	ローラT92/00	R/RWD	コスワースXB	V8	2.6t	200	3:43′15″428	134.374	271,103	229.639	2
5	18	D. サリヴァン	Sullivan, Danny	USA	Molson/Kraco/STP	ガルマーG92	R/RWD	シヴォレー	V8	2.6t	199	3:43′10″530	133.751	211,803	224.838	8
6	12	B. レイハル	Rahal, Bobby	USA	Miller Genuine Draft	ローラT92/00	R/RWD	シヴォレー	V8	2.6t	199	3:43′13″639	133.720	237,703	224.158	10
7	11	R. ボエセル	Boesel, Raul	BR	Panasonic	ローラT92/00	R/RWD	シヴォレー	V8	2.6t	198	3:43′19″235	132.993	191,503	222.434	25
8	8	J. アンドレッティ	Andretti, John	USA	Pennzoil	ローラT92/00	R/RWD	シヴォレー	V8	2.6t	195	3:43′14″748	131.002	186,203	222.644	14
9	14	A. J. フォイト	Foyt, A. J.	USA	Copenhagen	ローラT92/00	R/RWD	シヴォレー	V8	2.6t	195	3:43′28″436	130.888	189,883	222.798	23
10	93	J. ポール Jr.	Paul Jr., John	USA	D. B. Mann Development	ローラT90/00	R/RWD	ビュイック	V6	3.4t	194	3:43′28″214	130.219	171,403	220.244	18
11	90	L. St. ジェイムズ	St. James, Lyn	USA	Agency Rent-A-Car/JC Penny	ローラT91/00	R/RWD	シヴォレー	V8	2.6t	193	3:43′31″355	129.517	187,953	220.150	27
12	68	D. ドブソン	Dobson, Dominic	USA	Burns/Tobacco Free America	ローラT91/00	R/RWD	シヴォレー	V8	2.6t	193	3:43′45″499	129.381	179,983	220.359	29
13	1	Mi. アンドレッティ	Andretti, Michael	USA	Kmart/Texaco Havoline	ローラT92/00	R/RWD	コスワースXB	V8	2.6t	189	燃圧低下		295,383	228.169	6
14	21	B. ラヅィア	Lazier, Buddy	USA	Leader Cards	ローラT91/00	R/RWD	ビュイック	V6	3.4t	139	エンジン		164,283	222.688	24
15	6	A. ルイェンダイク	Luyendyk, Arie	NL	Target/Scotch Video	ローラT92/00	R/RWD	コスワースXB	V8	2.6t	135	アクシデント		166,953	229.127	4
16	31	T. プラッパス	Prappas, Ted	USA	PIG/Say No To Drugs	ローラT91/00	R/RWD	シヴォレー	V8	2.6t	135	ギアボックス		163,253	219.173	32
17	51	G. ベッテンハウゼン	Bettenhausen, Gary	USA	Glidden Paints	ローラT92/00	R/RWD	ビュイック	V6	3.4t	112	アクシデント		150,803	228.932	5
18	48	Je. アンドレッティ	Andretti, Jeff	USA	Gillette/Carlo	ローラT91/00	R/RWD	シヴォレー	V8	2.6t	109	アクシデント		153,703	219.306	20
19	39	B. ボナー	Bonner, Brian	USA	Applebee's	ローラT91/00	R/RWD	ビュイック	V6	3.4t	97	アクシデント		156,953	220.845	26
20	7	P. トレイシー	Tracy, Paul	CDN	Mobil 1	ペンスキーPC20	R/RWD	シヴォレー	V8	2.6t	96	エンジン		160,053	219.751	19
21	47	J. ヴァッサー	Vasser, Jimmy	USA	Kodalux	ローラT91/00	R/RWD	シヴォレー	V8	2.6t	94	アクシデント		170,853	222.313	28
22	22	S. ブレイトン	Brayton, Scott	USA	Amway/Northwest Airlines	ローラT92/00	R/RWD	ビュイック	V6	3.4t	93	エンジン		173,683	226.142	7
23	2	M. アンドレッティ	Andretti, Mario	USA	Kmart/Texaco Havoline	ローラT92/00	R/RWD	コスワースXB	V8	2.6t	78	アクシデント		156,633	229.503	3
24	5	E. フィッティパルディ	Fittipaldi, Emerson	BR	Marlboro	ペンスキーPC21	R/RWD	シヴォレー	V8	2.6t	75	アクシデント		138,703	223.607	11
25	26	J. クロフォード	Crawford, Jim	GB	Quaker State	ローラT92/00	R/RWD	ビュイック	V6	3.4t	74	アクシデント		167,503	228.859	21
26	4	R. メアーズ	Mears, Rick	USA	Marlboro	ペンスキーPC21	R/RWD	シヴォレー	V8	2.6t	74	アクシデント		136,403	224.594	9
27	91	S. フォクス	Fox, Stan	USA	Jonathan Byrd's Cafeteria	ローラT91/00	R/RWD	ビュイック	V6	3.4t	63	アクシデント		136,683	222.867	13
28	44	P. ガシュ	Gache, Phillipe	F	Rhone-Poulenc Rorer	ローラT91/00	R/RWD	シヴォレー	V8	2.6t	61	アクシデント		136,128	221.496	16
29	92	G. ジョンコック	Johncock, Gordon	USA	STP/Jacks Tool Rental	ローラT91/00	R/RWD	ビュイック	V6	3.4t	60	エンジン		136,003	219.288	31
30	10	S. プルエット	Pruett, Scott	USA	Budweiser	トルースポーツ92C	R/RWD	シヴォレー	V8	2.6t	52	エンジン		143,503	220.464	17
31	59	T. スニーヴァ	Sneva, Tom	USA	Glidden Paints	ローラT91/00	R/RWD	ビュイック	V6	3.4t	10	アクシデント		139,778	219.737	30
32	19	E. バシェラール	Bachelart, Eric	B	Royal Oak Charcoal	ローラT90/00	R/RWD	シヴォレー	V8	2.6t	4	エンジン		144,228	221.549	15
33	36	R. グェレーロ	Guerrero, Roberto	COL	Quaker State	ローラT92/00	R/RWD	ビュイック	V6	3.4t	—	アクシデント		286,378	232.482	1
ns	88	桃田健史	Momota, Kenji	J	CAPCOM/TEAMKAR	ローラT91/00	R/RWD	シヴォレー	V8	2.6t	—	DNQ		—	218.967	—
ns	17	J. ラザフォード	Rutherford, Johnny	USA	UNO Racing	ローラT91/00	R/RWD	シヴォレー	V8	2.6t	—	DNQ		—	217.150	—

1993 第77回

開催日／天候……1993年5月30日／曇り
車両規定……過給2650cc以下、ストックブロック過給3430cc以下
参加／決勝出走……102台／33台
優勝スピード……157.207mph(253.000km/h)。2位に2″862差
賞金総額……$7,671,300
ポールシッター……A. ルイェンダイク　223.967mph(360.439km/h)　2′40″738＝4周合計
最速ラップ……E. フィッティパルディ　214.867mph(345.794km/h)　41″898 198周目
ルーキー賞……ナイジェル・マンセル(5人中)
リード・チェンジ……23回／12人。1－17＝ボエセル、18＝グレゴワール、19－22＝コーガン、23－31＝A. アンサー、32－46＝M. アンドレッティ、47－57＝ルイェンダイク、58－63＝A. アンサー、64－65＝J. アンドレッティ、66－67＝ゴードン、68－69＝グッドイヤー、70－91＝マンセル、92－128＝M. アンドレッティ、129－130＝マンセル、131－132＝ルイェンダイク、133＝M. アンドレッティ、134＝ルイェンダイク、135－151＝アンサーJr.、152－168＝M. アンドレッティ、169－171＝グッドイヤー、172＝M. アンドレッティ、173＝ボエセル、174＝M. アンドレッティ、175－184＝マンセル、185－200＝フィッティパルディ
コーション……8回／49周

1992年現役F1チャンピオンであるイギリス人ナイジェル・マンセルがインディカー転向を表明し快走するに及んで主役となった。マンセルは、この年F1GPに初参戦するマイケル・アンドレッティに代わってニューマン－ハース・ローラのシートに収まり、マリオ・アンドレッティのチームメイトとなった。オーバル経験の乏しさを克服して終始トップ争いの中を走り、185周目の再スタート後に抜かれ192周目に壁をこするまでは勝ちそうな勢いで、僅差の3位フィニッシュとルーキー賞獲得で初挑戦を終えた。レースで勝ったのはエマーソン・フィッティパルディ(2勝目)、2位アリー・ルイェンダイクだったにもかかわらず、ファンの目はマンセルに注がれっぱなしだった。大会期間中にA. J. フォイトとリック・メアーズが正式に引退表明を行なった。前年重傷を負ったネルソン・ピケはこれが復帰戦だがリタイアに終わる。

F1チャンピオン、マンセルの挑戦で世界中が大注目。勝てそうな展開だったが惜しくも3位

エマーソン・フィッティパルディ(マールボロSpl.)　253.000km/h　オーナー：Penske Racing　グッドイヤー

第77回●1993年 5 月30日○200周＝500マイル(804.670km)

Pos.	No	Driver	Driver	Nat.	Car Name	Chassis	Drive	Engine	Cyl.	Dis.	Laps	Time	Speed	Prize Money	Speed	Qfy.
1	4	E. フィッティパルディ	Fittipaldi, Emerson	BR	Marlboro	ペンスキーPC22	R/RWD	シヴォレー	V8	2.6t	200	3：10′49″860	157.207	1,155,304	220.150	9
2	10	A. ルイェンダイク	Luyendyk, Arie	NL	Target/Scotch Video	ローラ T93/00	R/RWD	コスワースXB	V8	2.6t	200	3：10′52″722	157.168	681,303	223.967	1
3	5	N. マンセル	Mansell, Nigel	GB	Kmart/Texaco Havoline	ローラ T93/00	R/RWD	コスワースXB	V8	2.6t	200	3：10′54″097	157.149	391,203	220.255	8
4	9	R. ボエセル	Boesel, Raul	BR	Duracell/Mobil 1/Sadia	ローラ T93/00	R/RWD	コスワースXB	V8	2.6t	200	3：10′54″642	157.142	317,903	222.379	3
5	6	M. アンドレッティ	Andretti, Mario	USA	Kmart/Texaco Havoline	ローラ T93/00	R/RWD	コスワースXB	V8	2.6t	200	3：10′55″278	157.133	313,953	223.414	2
6	22	S. ブレイトン	Brayton, Scott	USA	Amway/Byrd's Cafeteria	ローラ T93/00	R/RWD	コスワースXB	V8	2.6t	200	3：10′56″400	157.117	248,253	219.673	11
7	2	S. グッドイヤー	Goodyear, Scott	CDN	MacKenzie Financial	ローラ T93/00	R/RWD	コスワースXB	V8	2.6t	200	3：10′57″777	157.099	234,953	222.344	4
8	3	A. アンサー Jr.	Unser Jr., Al	USA	Valvoline	ローラ T93/00	R/RWD	シヴォレー	V8	2.6t	200	3：10′59″824	157.070	243,253	221.773	5
9	8	T. ファビ	Fabi, Teo	I	Pennzoil	ローラ T93/00	R/RWD	シヴォレー	V8	2.6t	200	3：11′07″301	156.968	206,703	220.514	17
10	84	J. アンドレッティ	Andretti, John	USA	Copenhagen/Marmon Group	ローラ T92/00	R/RWD	コスワースXB	V8	2.6t	200	3：11′07″590	156.964	228,303	221.746	24
11	16	S. ヨハンソン	Johansson, Stefan	S	AMAX Energy & Metals	ペンスキーPC22	R/RWD	シヴォレー	V8	2.6t	199	3：11′04″706	156.219	186,020	220.824	6
12	80	A. アンサー	Unser, Al	USA	Budweiser King	ローラ T93/00	R/RWD	シヴォレー	V8	2.6t	199	3：11′23″543	155.962	194,870	217.453	23
13	18	J. ヴァッサー	Vasser, Jimmy	USA	Kodalux/STP	ローラ T92/00	R/RWD	コスワースXB	V8	2.6t	198	3：11′06″639	155.407	188,003	218.967	19
14	11	K. コーガン	Cogan, Kevin	USA	Conseco	ローラ T93/00	R/RWD	シヴォレー	V8	2.6t	198	3：11′26″867	155.134	180,603	217.230	14
15	50	D. ジョーンズ	Jones, Davy	USA	Agip/Andrea Moda/Marcelo	ローラ T92/00	R/RWD	シヴォレー	V8	2.6t	197	3：11′11″746	154.554	166,003	218.416	28
16	59	E. チーヴァー	Cheever, Eddie	USA	Glidden/Menard/Quorum	ローラ T92/00	R/RWD	ビュイック	V6	3.4t	197	3：11′20″121	154.441	184,403	217.599	33
17	51	G. ベッテンハウゼン	Bettenhausen, Gary	USA	Glidden Paints	ローラ T93/00	R/RWD	メナード	V6	3.4t	197	3：11′20″515	154.436	155,053	220.380	18
18	15	ヒロ松下	Matsushita, Hiro	J	Panasonic	ローラ T93/00	R/RWD	コスワースXB	V8	2.6t	197	3：11′26″142	154.360	157,503	219.949	26
19	36	S. グレゴワール	Gregoire, Stephan	F	Formula Project/Maalox	ローラ T92/00	R/RWD	ビュイック	V6	3.4t	195	3：11′01″830	153.117	189,603	220.851	15
20	76	T. ベッテンハウゼン Jr.	Bettenhausen Jr., Tony	USA	AMAX Energy & Metals	ペンスキーPC22	R/RWD	シヴォレー	V8	2.6t	195	3：11′11″488	152.988	151,069	218.034	22
21	75	W. T. リブズ	Ribbs, Willy T.	USA	Cosby/Service Merchandise	ローラ T92/00	R/RWD	コスワースXB	V8	2.6t	194	3：11′25″798	152.014	146,653	217.711	30
22	92	D. テイズ	Theys, Didier	B	Kinko's/Delta Faucet	ローラ T92/00	R/RWD	ビュイック	V6	3.4t	193	3：11′28″398	151.196	176,053	217.752	32
23	66	D. ドブソン	Dobson, Dominic	USA	Coors Light/Indy Parks	ガルマーG92B	R/RWD	シヴォレー	V8	2.6t	193	3：11′39″968	151.044	146,203	218.776	27
24	60	J. クロフォード	Crawford, Jim	GB	Budweiser King	ローラ T93/00	R/RWD	シヴォレー	V8	2.6t	192	3：11′25″502	150.451	148,270	217.612	31
25	90	L. St. ジェイムズ	St. James, Lyn	USA	JCPenny/Nike/American Woman	ローラ T92/00	R/RWD	コスワースXB	V8	2.6t	176	ストール		146,403	218.042	21
26	27	G. ブラバム	Brabham, Geoff	AUS	Glidden/Menard	ローラ T93/00	R/RWD	メナード	V6	3.4t	174	エンジン		139,203	217.80?	29
27	41	R. ゴードン	Gordon, Robby	USA	Copenhagen/Foyt	ローラ T93/00	R/RWD	コスワースXB	V8	2.6t	165	ギアボックス		155,453	220.085	25
28	40	R. グェレーロ	Guerrero, Roberto	COL	Budweiser King	ローラ T93/00	R/RWD	シヴォレー	V8	2.6t	125	アクシデント		137,303	219.645	10
29	21	Je. アンドレッティ	Andretti, Jeff	USA	Interstate Batt./Gillette/Taesa	ローラ T92/00	R/RWD	ビュイック	V6	3.4t	124	アクシデント		154,370	220.572	16
30	12	P. トレイシー	Tracy, Paul	CDN	Marlboro	ペンスキーPC22	R/RWD	シヴォレー	V8	2.6t	94	アクシデント		136,003	220.298	7
31	91	S. フォクス	Fox, Stan	USA	Delta Faucet-Jacks Tool Rental	ローラ T91/00	R/RWD	ビュイック	V6	3.4t	64	エンジン		136,703	218.765	20
32	77	N. ピケ	Piquet, Nelson	BR	ARISCO/STP	ローラ T93/00	R/RWD	メナード	V6	3.4t	38	エンジン		137,219	217.949	13
33	7	D. サリヴァン	Sullivan, Danny	USA	Molson	ローラ T93/00	R/RWD	シヴォレー	V8	2.6t	29	アクシデント		137,203	219.428	12
ns	25	M. スミス	Smith, Mark	USA	Craftsman	ペンスキーPC21	R/RWD	シヴォレー	V8	2.6t	—	DNQ		—	217.150	—
ns	1	B. レイハル	Rahal, Bobby	USA	Miller Draft	レイハル-ホーガン92	R/RWD	シヴォレー	V8	2.6t	—	DNQ		—	217.140	—
ns	45	S. プルニット	Pruett, Scott	USA	Performance	ローラ T91/00	R/RWD	シヴォレー	V8	2.6t	—	DNQ		—	216.794	—
ns	29	O. グルイヤール	Grouillard, Olivier	F	Marlboro	ローラ T92/00	R/RWD	シヴォレー	V8	2.6t	—	DNQ		—	216.560	—

1994 第78回

開催日／天候	1994年5月29日／晴れ
車両規定	過給2650cc以下、ストックブロック過給3430cc以下
参加／決勝出走	109台／33台
優勝スピード	160.872mph(258.898km/h)。2位に8″600差
賞金総額	$7,864,800
ポールシッター	A. アンサーJr. 228.011mph(366.947km/h) 2′37″887＝4周合計
最速ラップ	E. フィッティパルディ 220.680mph(355.149km/h) 40″783 121周目
ルーキー賞	ジャック・ヴィルヌーヴ(9人中)
リード・チェンジ	10回／3人。1－23＝アンサーJr.、24－61＝フィッティパルディ、62－63＝ヴィルヌーヴ、64－124＝フィッティパルディ、125－129＝ヴィルヌーヴ、130－133＝フィッティパルディ、134－138＝アンサーJr.、139－164＝フィッティパルディ、165－168＝アンサーJr.、169－184＝フィッティパルディ、185－200＝アンサーJr.
コーション	7回／43周
ペナルティ	No.40はD. ジョーンズにより29位でクォリファイ、グッドイヤーに交代して最後尾スタート。No.6 Mi. アンドレッティはイエロー下での追い抜きにより1周ペナルティ

レース史上最も極秘のプロジェクトをチーム・ペンスキーは実行した。規則の盲点と言うべき3.4リッターOHVエンジンを採用したのだ。メルセデスベンツがエンジン・ビルダーのイルモアと共作したV8を搭載したPC23を駆ってエマーソン・フィッティパルディとアル・アンサーJr.が完全に支配した。レース前半185周のうち145周にわたってリードしたフィッティパルディは、チームメイトをも周回遅れにしようとしたターン4で姿勢を乱してクラッシュ。これによりアンサーJr.が自身2勝目を挙げた。一方、ホンダ・エンジン初のインディ挑戦はレイハル－ホーガン・レーシングの2台とも予選不通過となり、急遽ペンスキー・イルモアに乗り換えて予選突破、ボビー・レイハルは決勝3位に食い込む。新鋭ジャック・ヴィルヌーヴが2位でルーキー賞獲得。松田秀士が日本人として2人目の決勝進出。

3台目が日本人2人目の松田秀士。目前のグロッフとドブソンのスピンを間一髪でかわす

アル・アンサーJr.(マールボロ・ペンスキー) 258.898km/h オーナー：Penske Racing, Inc. グッドイヤー

第78回●1994年 5 月29日○200周＝500マイル（804.670km）

Pos.	No	Driver	Driver	Nat.	Car Name	Chassis	Drive	Engine	Cyl.	Dis.	Laps	Time	Speed	Prize Money	Speed	Qfy.
1	31	A. アンサー Jr.	Unser Jr., Al	USA	Marlboro Penske	ペンスキーPC23	R/RWD	メルセデスベンツ	V8	3.4t	200	3:06′29″006	160.872	1,373,813	228.011	1
2	12	J. ヴィルヌーヴ	Villeneuve, Jacques	CDN	Player's,Ltd.	レイナード94I	R/RWD	コスワースXB	V8	2.6t	200	3:06′37″606	160.749	622,713	226.259	4
3	4	B. レイハル	Rahal, Bobby	USA	Miller Genuine Draft	ペンスキーPC22	R/RWD	イルモア	V8	2.6t	199	3:06′34″301	159.992	411,163	224.094	28
4	18	J. ヴァッサー	Vasser, Jimmy	USA	Conseco/STP	レイナード94I	R/RWD	コスワースXB	V8	2.6t	199	3:06′36″145	159.966	295,163	222.262	16
5	9	R. ゴードン	Gordon, Robby	USA	Valvoline/Cummins	ローラT94/00	R/RWD	コスワースXB	V8	2.6t	199	3:06′36″455	159.961	227,563	221.293	19
6	8	Mi. アンドレッティ	Andretti, Michael	USA	Target/Scotch Video	レイナード94I	R/RWD	コスワースXB	V8	2.6t	198	3:06′33″498	159.200	245,563	226.205	5
7	11	T. ファビ	Fabi, Teo	I	Pennzoil	レイナード94I	R/RWD	イルモア	V8	2.6t	198	3:06′40″098	159.106	216,563	223.394	24
8	27	E. チーヴァー	Cheever, Eddie	USA	Quaker State	ローラT93/00	R/RWD	メナード	V6	3.4t	197	3:06′32″827	158.405	238,563	223.163	11
9	14	B. ハータ	Herta, Bryan	USA	A. J. Foyt/Copenhagen	ローラT94/00	R/RWD	コスワースXB	V8	2.6t	197	3:06′35″786	158.363	212,213	220.992	22
10	33	J. アンドレッティ	Andretti, John	USA	Byrd's Cafeteria/Bryant	ローラT94/00	R/RWD	コスワースXB	V8	2.6t	196	3:06′35″053	157.570	191,750	223.263	10
11	88	M. グージェルミン	Gugelmin, Mauricio	BR	Hollywood	レイナード94I	R/RWD	コスワースXB	V8	2.6t	196	3:06′44″192	157.441	182,063	223.104	29
12	19	B. ティル	Till, Brian	USA	The MiJack Car	ローラT93/00	R/RWD	コスワースXB	V8	2.6t	194	3:06′43″025	155.851	180,763	221.107	21
13	91	S. フォクス	Fox, Stan	USA	Delta Faucet-Jacks Tools	レイナード94I	R/RWD	コスワースXB	V8	2.6t	193	アクシデント		186,313	222.867	13
14	22	ヒロ松下	Matsushita, Hiro	J	Panasonic/Duskin	ローラT94/00	R/RWD	コスワースXB	V8	2.6t	193	3:06′39″297	155.099	177,013	221.382	18
15	16	S. ヨハンソン	Johansson, Stefan	S	Alumax Aluminum	ペンスキーPC22	R/RWD	イルモア	V8	2.6t	192	3:06′38″668	154.304	164,113	221.518	27
16	71	S. シャープ	Sharp, Scott	USA	PacWest	ローラT94/00	R/RWD	コスワースXB	V8	2.6t	186	3:06′30″170	149.596	161,663	222.019	17
17	2	E. フィッティパルディ	Fittipaldi, Emerson	BR	Marlboro Penske	ペンスキーPC23	R/RWD	メルセデスベンツ	V8	3.4t	184	アクシデント		298,163	227.303	3
18	28	A. ルイェンダイク	Luyendyk, Arie	NL	Indy Regency Racing	ローラT94/00	R/RWD	イルモア	V8	2.6t	179	エンジン		161,412	223.673	8
19	90	L. St. ジェイムズ	St. James, Lyn	USA	Spirit of American Woman/JC Penny	ローラT94/00	R/RWD	コスワースXB	V8	2.6t	170	3:06′41″737	136.586	161,212	224.154	6
20	59	S. ブレイトン	Brayton, Scott	USA	Glidden Paints	ローラT93/00	R/RWD	メナード	V6	3.4t	116	エンジン		177,112	223.652	23
21	5	R. ボエセル	Boesel, Raul	BR	Duracell Charger	ローラT94/00	R/RWD	コスワースXB	V8	2.6t	100	冷却ポンプ		173,112	227.618	2
22	1	N. マンセル	Mansell, Nigel	GB	Kmart/Texaco/Havoline	ローラT94/00	R/RWD	コスワースXB	V8	2.6t	92	アクシデント		153,312	224.041	7
23	3	P. トレイシー	Tracy, Paul	CDN	Marlboro Penske	ペンスキーPC23	R/RWD	メルセデスベンツ	V8	3.4t	92	ターボ		151,612	222.710	25
24	99	松田秀士	Matsuda, Hideshi	J	Beck Motorsports	ローラT93/00	R/RWD	コスワースXB	V8	2.6t	90	アクシデント		150,362	222.545	14
25	45	J. ポール Jr.	Paul Jr., John	USA	Pro Formance Team Losi	ローラT93/00	R/RWD	イルモア	V8	2.6t	89	アクシデント		168,812	222.500	30
26	79	D. ヴィトロ	Vitolo, Dennis	USA	Hooligans/Carlo	ローラT93/00	R/RWD	コスワースXB	V8	2.6t	89	アクシデント		143,862	222.439	15
27	25	M. グレコ	Greco, Marco	BR	International Sports, Ltd.	ローラT94/00	R/RWD	コスワースXB	V8	2.6t	53	電気系統		171,762	221.216	32
28	7	A. フェルナンデス	Fernandez, Adrian	MEX	Tecate/Quaker State	レイナード94I	R/RWD	イルモア	V8	2.6t	30	サスペンション		146,612	222.657	26
29	17	D. ドブソン	Dobson, Dominic	USA	Columbia Helicopters	ローラT94/00	R/RWD	コスワースXB	V8	2.6t	29	アクシデント		139,912	222.970	12
30	40	S. グッドイヤー	Goodyear, Scott	CDN	Budweiser	ローラT94/00	R/RWD	コスワースXB	V8	2.6t	29	スロットル		159,312	223.817	33
31	10	M. グロッフ	Groff, Mike	USA	Motorola	ペンスキーPC22	R/RWD	イルモア	V8	2.6t	28	アクシデント		138,812	221.355	31
32	6	M. アンドレッティ	Andretti, Mario	USA	Kmart/Texaco/Havoline	ローラT94/00	R/RWD	コスワースXB	V8	2.6t	23	燃料系統		138,512	223.503	9
33	21	R. グェレーロ	Guerrero, Roberto	COL	Interstate Batteries	ローラT92/00	R/RWD	ビュイック	V6	3.4t	20	アクシデント		143,912	221.278	20
ns	15	M. スミス	Smith, Mark	USA	Walker Racing/Craftsman	ローラT94/00	R/RWD	コスワースXB	V8	2.6t	—	DNQ		—	220.683	—
ns	4	B. レイハル	Rahal, Bobby	USA	Miller Draft	ローラT94/00	R/RWD	ホンダ	V8	2.6t	—	DNQ		—	220.178	—
ns	10	M. グロッフ	Groff, Mike	USA	Motorola	ローラT94/00	R/RWD	ホンダ	V8	2.6t	—	DNQ		—	218.808	—

1995 第79回

開催日／天候……1995年５月28日／晴れ
車両規定……過給2650cc以下、ストックブロック過給3430cc以下
参加／決勝出走……104台／33台
優勝スピード……153.616mph(247.220km/h)。２位に2″481差
賞金総額……$8,058,550
ポールシッター……S. ブレイトン　231.604mph(372.730km/h)　2′35″438＝４周合計
最速ラップ……S. グッドイヤー　224.009mph(360.507km/h)　40″177　179周目
ルーキー賞……クリスチャン・フィッティパルディ(６人中)
リード・チェンジ……23回／10人。1－9＝グッドイヤー、10－16＝ルイェンダイク、17－32＝Mi.アンドレッティ、33－35＝グッドイヤー、36－38＝ヴィルヌーヴ、39－66＝Mi. アンドレッティ、67＝グッドイヤー、68－76＝グージェルミン、77＝Mi. アンドレッティ、78－81＝グッドイヤー、82－116＝グージェルミン、117－120＝グッドイヤー、121－138＝グージェルミン、139＝グッドイヤー、140－155＝ヴァッサー、156－162＝ヴィルヌーヴ、163－165＝プルエット、166＝ゴードン、167－170＝ヴァッサー、171－175＝プルエット、176－195＝グッドイヤー、196－200＝ヴィルヌーヴ
コーション……９回／58周
ペナルティ……No.27ヴィルヌーヴはイエロー下での追い抜きにより２周ペナルティ、No.24グッドイヤーはペースカー下での追い抜き後３周にわたって黒旗無視により196周目以降の周回無効

前年に続いてペンスキー勢が人々を驚かせたが、今度は「予選落ち」という屈辱的事態によってだった。英国製レイナードがシェアを増す。スタートではスタン・フォクスが重傷を負う事故が発生。参戦２年目のジャック・ヴィルヌーヴが36周目にペースカーを追い越したことに対して２周減算ペナルティが科されたが(その後、コーションとピットストップのタイミングで取り戻す)、その同じマーシャルが最後のイエロー解除196周目にジャンプスタートをしたとしてリーダーのスコット・グッドイヤー(ホンダ・エンジン)に黒旗を出したせいで、何とヴィルヌーヴが優勝した。カナダ人が優勝するのはこれが初めて。元Ｆ１のクリスチャン・フィッティパルディ(エマーソンの甥)が２位でルーキー賞獲得。ヒロ松下は自己最高の10位。ファイアストン・タイヤが21年ぶりに復帰した。

スタート直後のチーヴァーとの事故でフォクスは宙を舞い重傷を負う。手前No.25は松下

ジャック・ヴィルヌーヴ(プレイヤーズLTD／チーム・グリーン)　247.220km/h　オーナー：Team Green　グッドイヤー

第79回●1995年 5 月28日○200周＝500マイル(804.670km)

Pos.	No	Driver	Driver	Nat.	Car Name	Chassis	Drive	Engine	Cyl.	Dis.	Laps	Time	Speed	Prize Money	Speed	Qfy.
1	27	J. ヴィルヌーヴ	Villeneuve, Jacques	CDN	Player's LTD/Team Green	レイナード95I	R/RWD	コスワースXB	V8	2.6t	200	3：15′17″561	153.616	1,312,019	228.397	5
2	15	C. フィッティパルディ	Fittipaldi, Christian	BR	Marlboro Chapeco	レイナード95I	R/RWD	コスワースXB	V8	2.6t	200	3：15′20″042	153.583	594,668	226.375	27
3	9	B. レイハル	Rahal, Bobby	USA	Miller Genuine Draft	ローラT95/00	R/RWD	メルセデスベンツ	V8	2.6t	200	3：15′20″527	153.577	373,267	227.081	21
4	7	E. サラヴァール	Salazar, Eliseo	RCH	Cristal/Mobil 1/Copec	ローラT95/00	R/RWD	コスワースXB	V8	2.6t	200	3：15′22″329	153.553	302,417	225.023	24
5	5	R. ゴードン	Gordon, Robby	USA	Valvoline/Cummins	レイナード95I	R/RWD	コスワースXB	V8	2.6t	200	3：15′32″466	153.420	247,917	227.531	7
6	18	M. グージェルミン	Gugelmin, Mauricio	BR	Hollywood/PacWest	レイナード95I	R/RWD	コスワースXB	V8	2.6t	200	3：15′34″638	153.392	284,667	227.923	6
7	40	A. ルイェンダイク	Luyendyk, Arie	NL	Glidden/Quaker State	ローラT95/00	R/RWD	メナード	V6	3.4t	200	3：15′59″520	153.067	247,417	231.031	2
8	33	T. ファビ	Fabi, Teo	I	ABB/Indeck	レイナード95I	R/RWD	コスワースXB	V8	2.6t	199	3：15′26″235	152.734	206,853	225.911	15
9	17	D. サリヴァン	Sullivan, Danny	USA	VISA Bank of America/PacWest	レイナード95I	R/RWD	コスワースXB	V8	2.6t	199	3：15′39″156	152.566	193,453	225.496	18
10	25	ヒロ松下	Matsushita, Hiro	J	Panasonic Duskin YKK	レイナード95I	R/RWD	コスワースXB	V8	2.6t	199	3：15′43″003	152.516	196,053	226.867	10
11	34	A. ヴァンペドリ	Zampedri, Alessandro	I	The Mi-Jack Car	ローラT94/00	R/RWD	コスワースXB	V8	2.6t	198	3：15′32″310	151.888	199,153	225.753	17
12	21	R. グェレーロ	Guerrero, Roberto	COL	Upper Deck/General Components	レイナード94I	R/RWD	メルセデスベンツ	V8	2.6t	198	3：15′34″016	151.866	181,203	226.402	13
13	4	B. ハータ	Herta, Bryan	USA	Target/Scotch Video	レイナード95I	R/RWD	コスワースXB	V8	2.6t	198	3：15′42″980	151.750	175,903	225.551	33
14	24	S. グッドイヤー	Goodyear, Scott	CDN	LCI/Motorola/CNN	レイナード95I	R/RWD	ホンダ	V8	2.6t	195	3：11′43″248	149.257	246,403	230.759	3
15	54	松田秀士	Matsuda, Hideshi	J	Beck Motorsports/Taisan/Zunne Group	ローラT94/00	R/RWD	コスワースXB	V8	2.6t	194	3：15′40″023	148.722	200,503	227.818	20
16	16	S. ヨハンソン	Johansson, Stefan	S	Team Alumax	レイナード95I	R/RWD	コスワースXB	V8	2.6t	192	3：15′40″013	147.189	182,703	225.547	31
17	60	S. ブレイトン	Brayton, Scott	USA	Quaker State/Glidden	ローラT95/00	R/RWD	メナード	V6	3.4t	190	3：15′58″581	145.426	306,503	231.604	1
18	31	A. リベイロ	Ribeiro, Andre	BR	LCI International	レイナード95I	R/RWD	ホンダ	V8	2.6t	187	3：15′27″507	143.509	176,753	226.495	12
19	20	S. プルエット	Pruett, Scott	USA	Firestone Patrick Racing	ローラT95/00	R/RWD	コスワースXB	V8	2.6t	184	アクシデント		164,953	227.403	8
20	11	R. ボエセル	Boesel, Raul	BR	The Duracell Charger	ローラT95/00	R/RWD	メルセデスベンツ	V8	2.6t	184	エンジン		169,053	226.028	22
21	10	A. フェルナンデス	Fernandez, Adrian	MEX	Tecate Beer/Quaker State/Galles	ローラT95/00	R/RWD	メルセデスベンツ	V8	2.6t	176	エンジン		183,903	227.803	25
22	12	J. ヴァッサー	Vasser, Jimmy	USA	Target/STP	レイナード95I	R/RWD	コスワースXB	V8	2.6t	170	アクシデント		162,003	227.350	9
23	77	D. ジョーンズ	Jones, Davy	USA	Jonathan Byrd's Cafeteria/Bryant H.&C.	ローラT95/00	R/RWD	コスワースXB	V8	2.6t	161	アクシデント		182,303	225.135	32
24	3	P. トレイシー	Tracy, Paul	CDN	Kmart/Budweiser/Newman/Haas Racing	ローラT95/00	R/RWD	コスワースXB	V8	2.6t	136	電気系統		149,703	225.795	16
25	6	Mi. アンドレッティ	Andretti, Michael	USA	Kmart/Texaco Havoline/Newman/Haas	ローラT95/00	R/RWD	コスワースXB	V8	2.6t	77	サスペンション		192,053	229.294	4
26	41	S. シャープ	Sharp, Scott	USA	AJ Foyt/Copenhagen Racing	ローラT95/00	R/RWD	コスワースXB	V8	2.6t	74	アクシデント		158,003	225.711	30
27	80	B. ラヴィア	Lazier, Buddy	USA	Glidden/Quaker State	ローラT95/00	R/RWD	メナード	V6	3.4t	45	燃料		145,903	226.017	23
28	19	E. バシュラール	Bachelart, Eric	B	The AGFA Car	ローラT94/00	R/RWD	コスワースXB	V8	2.6t	6	メカニカル		155,003	226.875	26
29	8	G. ド・フェラン	de Ferran, Gil	BR	Pennzoil Special/Hall Racing	レイナード95I	R/RWD	メルセデスベンツ	V8	2.6t	1	アクシデント		149,453	225.437	19
30	91	S. フォクス	Fox, Stan	USA	Delta Faucet/Bowling/Hemelgarn	レイナード95I	R/RWD	コスワースXB	V8	2.6t	0	アクシデント		143,603	226.588	11
31	14	E. チーヴァー	Cheever, Eddie	USA	AJ Foyt/Copenhagen Racing	ローラT95/00	R/RWD	コスワースXB	V8	2.6t	0	アクシデント		144,103	226.314	14
32	90	L. St. ジェイムズ	St. James, Lyn	USA	Whitlock Auto Supply	ローラT95/00	R/RWD	コスワースXB	V8	2.6t	0	アクシデント		157,803	225.346	28
33	22	C. グェレーロ	Guerrero, Carlos	MEX	Herdez-Viva Mexico!	ローラT95/00	R/RWD	コスワースXB	V8	2.6t	0	アクシデント		172,853	225.831	29
ns	9 T	E. フィッティパルディ	Fittipaldi, Emerson	BR	Penske Racing	ローラT95/00	R/RWD	メルセデスベンツ	V8	2.6t	—	DNQ		—	224.907	—
ns	92	F. フレオン	Freon, Franck	F	Autosport Racing	ローラT92/00	R/RWD	メナード	V6	3.4t	—	DNQ		—	224.432	—
ns	11T	A. アンサー Jr.	Unser Jr., Al	USA	Penske Racing	ローラT95/00	R/RWD	メルセデスベンツ	V8	2.6t	—	DNQ		—	224.101	—
ns	55	M. グレコ	Greco, Marco	BR	Brastemp Lola	ローラT95/00	R/RWD	メルセデスベンツ	V8	2.6t	—	DNQ		—	waved off	—
ns	95	D. ハミルトン	Hamilton, Davey	USA	Delta Faucet/Reebok Skywalker/Alfa Lava	レイナード94I	R/RWD	コスワースXB	V8	2.6t	—	DNQ		—	waved off	—
ns	44	J. ウォード	Ward, Jeff	USA	Arizona Executive Air	ローラT94/00	R/RWD	コスワースXB	V8	2.6t	—	DNQ		—	waved off	—
ns	64	J. パーソンズ Jr.	Parsons, Johnny	USA	Project Indy/VanDyne Phos/Marcelo Group/No Touch	レイナード94I	R/RWD	コスワースXB	V8	2.6t	—	DNQ		—	waved off	—

1996 第80回

開催日／天候……1996年５月26日／曇り
車両規定……過給2650cc以下、ストックブロック過給3430cc以下
参加／決勝出走……77台／33台
優勝スピード……147.956mph(238.112km/h)。２位に0″695差
賞金総額……$7,969,100
ポールシッター……T. スチュワート　233.718mph(376.132km/h)　2′34″440＝４周合計
最速ラップ……E. チーヴァー　236.103mph(379.970km/h)　38″119　78周目
ルーキー賞……トニー・スチュワート(17人中)

リード・チェンジ……15回／5人。1－31＝スチュワート、32－37＝グェレーロ、38－41＝ラヴィア、42－54＝スチュワート、55－70＝グェレーロ、71－86＝ジョーンズ、87－97＝ラヴィア、98－120＝ジョーンズ、121－133＝ラヴィア、134－158＝グェレーロ、159－160＝ジョーンズ、161－167＝ラヴィア、168－169＝ジョーンズ、170－189＝ヴァンペドリ、190－192＝ジョーンズ、193－200＝ラヴィア
コーション……10回／59周
ペナルティ……No.32はブレイトンにより１位でクォリファイ、その事故死後、オンガイスに交代して最後尾スタート

トニー・ジョージが新たにIRLシリーズを設立し、その中心にインディ500を据えた。IRL参加選手以外には８名分しかインディ出場枠がないという事態となった。CARTは全く同じ日にミシガンにて別の500マイルレース(US500)を開催する。17人ものルーキーがひしめく中、伏兵バディ・ラヴィアがシーズン前半に痛めた背中を庇いながら優勝する。僅差の２位デイヴィー・ジョーンズは３週間後のル・マン24時間で優勝。パワフルなメナードＶ６パワーを得て２年連続ポールシッターを決めていたスコット・ブレイトンはプラクティス中に事故死、ベテランのダニー・オンガイスがその代走として最後尾スタートから７位。松田秀士は８位完走で日本人最上位記録を更新。PPのトニー・スチュワートがルーキー賞。予選２日目にアリー・ルイェンダイクが４周236.986mph、一周ベスト237.498mphを記録した。

ポールシッターを決めていたブレイトンはレース９日前の練習走行中に事故死

バディ・ラヴィア(ヘメルガーン・レーシング‐デルタ・フォーセット‐モンタナSpl.)　238.112km/h
オーナー：Hemelgarn Racing Inc.　ファイアストン

第80回●1996年 5 月26日○200周＝500マイル（804.670km）

Pos.	No	Driver	Driver	Nat.	Car Name	Chassis	Drive	Engine	Cyl.	Dis.	Laps	Time	Speed	Prize Money	Speed	Qfy.
1	91	B. ラヅィア	Lazier, Buddy	USA	Hemelgarn Racing-Delta Faucet-Montana	レイナード95I	R/RWD	コスワースXB	V8	2.6t	200	3：22′45″753	147.956	1,367,854	231.468	5
2	70	D. ジョーンズ	Jones, Davy	USA	Delco Electronics High Tech Team Galles	ローラT95/00	R/RWD	メルセデスベンツ	V8	3.4t	200	3：22′46″448	147.948	632,503	232.882	2
3	4	R. ハーン	Hearn, Richie	USA	Della Penna Motorsports Ralph's Food 4 Less Fuji Films	レイナード95I	R/RWD	コスワースXB	V8	2.6t	200	3：22′52″733	147.871	375,203	226.521	15
4	8	A. ヴァンペドリ	Zampedri, Alessandro	I	Mi-Jack/AGIP/Xcel	ローラT95/00	R/RWD	コスワースXB	V8	2.6t	199	アクシデント		270,853	229.595	7
5	21	R. ゲェレーロ	Guerrero, Roberto	COL	WavePhore/Pennzoil	レイナード95I	R/RWD	コスワースXB	V8	2.6t	198	アクシデント		315,503	231.373	6
6	7	E. サラヅァール	Salazar, Eliseo	RCH	Cristal/Copec Mobil	ローラT95/00	R/RWD	コスワースXB	V8	2.6t	197	アクシデント		226,653	232.684	3
7	32	D. オンガイス	Ongais, Danny	USA	Glidden Menards	ローラT95/00	R/RWD	メナード	V6	3.4t	197	3：22′52″255	145.659	228,253	233.718	33
8	52	松田秀士	Matsuda, Hideshi	J	Team Taisan/Beck Motorsports	ローラT94/00	R/RWD	コスワースXB	V8	2.6t	197	3：22′55″569	145.619	233,953	226.856	30
9	54	R. ブール	Buhl, Robbie	USA	Original Coors/Beck Motorsports	ローラT94/00	R/RWD	コスワースXB	V8	2.6t	197	3：22′55″931	145.615	195,403	226.3217	23
10	11	S. シャープ	Sharp, Scott	USA	Conseco/A. J. Foyt Racing	ローラT95/00	R/RWD	コスワースXB	V8	2.6t	194	アクシデント		202,053	231.201	21
11	3	E. チーヴァー	Cheever, Eddie	USA	Quaker State Menards	ローラT95/00	R/RWD	メナード	V6	3.4t	189	走行中		206,103	231.781	4
12	14	D. ハミルトン	Hamilton, Davey	USA	A. J. Foyt Copenhagen Racing	ローラT95/00	R/RWD	コスワースXB	V8	2.6t	181	3：22′55″808	133.790	184,003	228.887	10
13	22	M. ジョルダイン Jr.	Jourdain Jr., Michel	MEX	Herdez Quaker State/Viva Mexico!	ローラT95/00	R/RWD	コスワースXB	V8	2.6t	177	3：22′47″941	130.918	193,653	229.380	8
14	45	L. St. ジェイムズ	St. James, Lyn	USA	Spirit of San Antonio	ローラT94/00	R/RWD	コスワースXB	V8	2.6t	153	アクシデント		182,603	224.594	18
15	44	S. ハリントン	Harrington, Scott	USA	Gold Eagle/Mechanics Laundry/Harrington/LP	レイナード95I	R/RWD	コスワースXB	V8	2.6t	150	アクシデント		190,753	222.185	32
16	5	A. ルイェンダイク	Luyendyk, Arie	NL	Jonathan Byrd's Cafeteria/Bryant Heating and Cooling	レイナード95I	R/RWD	コスワースXB	V8	2.6t	149	ダメージ		216,503	236.986	20
17	12	B. カルキンズ	Calkins, Buzz	USA	Bradley Food Marts/Hoosier Lottery	レイナード95I	R/RWD	コスワースXB	V8	2.6t	148	ブレーキ		173,553	229.013	9
18	27	Ji. ガスリー	Guthrie, Jim	USA	Team Blueprint Racing	ローラT93/00	R/RWD	メナード	V6	3.4t	144	エンジン		168,453	222.394	19
19	30	M. ディズモア	Dismore, Mark	USA	Quaker State Menards	ローラT95/00	R/RWD	メナード	V6	3.4t	129	エンジン		161,253	227.260	14
20	60	M. グロッフ	Groff, Mike	USA	Vlvoline Cummins Craftsman	レイナード95I	R/RWD	コスワースXB	V8	2.6t	122	タイヤ		158,503	228.704	11
21	34	F. ヴェレス	Velez, Fermin	E	Scandia/Xcel/Royal Purple	ローラT95/00	R/RWD	コスワースXB	V8	2.6t	107	エンジン火災		176,653	222.487	28
22	43	J. ゴセク	Gosek, Joe	USA	Scandia/Fanatics Only/Xcel	ローラT94/00	R/RWD	コスワースXB	V8	2.6t	106	ラジエター		169,653	222.793	31
23	10	B. マーフィー	Murphey, Brad	USA	Hemelgarn Racing-Delta Faucet	レイナード94I	R/RWD	コスワースXB	V8	2.6t	91	サスペンション		177,853	226.053	26
24	20	T. スチュワート	Stewart, Tony	USA	Menards/Glidden/Quaker State	ローラT95/00	R/RWD	メナード	V6	3.4t	82	エンジン		222,053	233.100	1
25	90	R. ガードナー	Gardner, Racin	USA	Team Scandia/Slick Gardner Enterprises	ローラT94/00	R/RWD	コスワースXB	V8	2.6t	76	サスペンション		149,853	224.453	25
26	41	M. グレコ	Greco, Marco	BR	A. J. Foyt Enterprises	ローラT94/00	R/RWD	コスワースXB	V8	2.6t	64	エンジン		153,303	228.840	22
27	9	S. グレゴワール	Gregoire, Stephan	F	Hemelgarn Racing/Delta Faucet	レイナード95I	R/RWD	コスワースXB	V8	2.6t	59	コイル火災		147,103	227.556	13
28	16	J. パーソンズ Jr.	Parsons, Johnny	USA	Team Blueprint Racing	ローラT93/00	R/RWD	メナード	V6	3.4t	48	ラジエター		161,203	223.843	27
29	75	J. オコネル	O'Connell, Johnny	USA	Mechanics Laundry/Cunningham	レイナード95I	R/RWD	コスワースXB	V8	2.6t	47	燃料系統		145,553	222.361	29
30	33	M. アルボレート	Alboreto, Michele	I	Rio Hotel & Casino/Perry Ellis/Royal Purple	レイナード95I	R/RWD	コスワースXB	V8	2.6t	43	ギアボックス		144,953	228.229	12
31	18	J. ポール Jr.	Paul Jr., John	USA	V-Line/Earl's Performance Products/Crowne Plaza/Keco	ローラT93/00	R/RWD	メナード	V6	3.4t	10	イグニッション		144,203	224.757	17
32	96	P. デュラント	Durant, Paul	USA	ABF Motorsports/Sunrise Rentals	ローラT92/00	R/RWD	ビュイック	V6	3.4t	9	エンジン		149,153	225.404	24
33	64	Jo. アンサー	Unser, Johnny	USA	Ruger-Titanium/Project Indy	レイナード95I	R/RWD	コスワースXB	V8	2.6t	0	トランスミッション		143,953	226.115	16
ns	32	S. ブレイトン	Brayton, Scott	USA	Glidden Menards	ローラT95/00	R/RWD	メナード	V6	3.4t	—	練習中アクシデント		—	233.718	—
ns	99	B. ボート	Boat, Billy	USA	Pagan Racing	レイナード94I	R/RWD	コスワースXB	V8	2.6t	—	DNQ		—	221.824	—
ns	77	T. カールソン	Carlson, Tyce	USA	Brickell Racing Group	ローラT93/00	R/RWD	メナード	V6	3.4t	—	DNQ		—	221.201	—

1997 第81回

開催日／天候……1997年5月27日／曇り。当初予定の25日は雨、26日は15周で雨のため中断
車両規定……市販ベースの非過給4000cc(244.1ci)以下
参加／決勝出走……64台／35台
優勝スピード……145.827mph(234.685km/h)。2位に0″570差
賞金総額……$8,587,450
ポールシッター……A. ルイェンダイク　218.263mph(351.259km/h)　2′44″939＝4周合計
最速ラップ……T. スチュワート　215.626mph(347.016km/h)　41″739　105周目

ルーキー賞……ジェフ・ウォード(13人中)
リード・チェンジ……16回／7人。1-50＝スチュワート、51＝ボート、52-62＝スチュワート、63-78＝ルイェンダイク、79＝スチュワート、80-82＝ラヅィア、83-109＝ルイェンダイク、110-111＝スチュワート、112-115＝ラヅィア、116-131＝ブール、132-140＝ルイェンダイク、141＝グッドイヤー、142-166＝ウォード、167-168＝ルイェンダイク、169-192＝ウォード、193＝グッドイヤー、194-200＝ルイェンダイク
コーション……14回／58周

IRLシリーズも2年目となり、市販ベースの4リッターNAエンジン(多数のオールズモビル・オーロラと少数ニッサン・インフィニティ)と専門シャシー(ダッラーラとGフォースが主流)使用が義務化された。結果、CARTシリーズとの接点は完全に絶たれた。雨によってレースは2度延期され、火曜日の決勝を見届けた観客はとても少なかった。レース前半50周をリードしたのはトニー・スチュワートだったが、その後リードを奪ったアリー・ルイェンダイクが僚友スコット・グッドイヤーを引き連れてトレドウェイ・レーシングに1-2フィニッシュをもたらすが、同陣営にとってはこれが唯一のインディ勝利となった。かつて2輪モトクロス界のスターだったジェフ・ウォードが、フォーミュラカーのベテランたるエディー・チーヴァーが興した新チームからルーキーとして参戦し、健闘3位フィニッシュ。

ルイェンダイク2勝目の表彰。CARTスター選手不在でインディ500の将来は不透明であった

アリー・ルイェンダイク(ウェイヴフォン／スプリントPCS／ミラー・ライト／プロヴィミSpl.)　234.685km/h
オーナー：Treadway Racing LLC　ファイアストン

第81回●1997年5月26&27日○200周＝500マイル(804.670km)

Pos.	No	Driver	Driver	Nat.	Car Name	Chassis	Drive	Engine	Cyl.	Dis.	Laps	Time	Speed	Prize Money	Speed	Qfy.
1	5	A. ルイェンダイク	Luyendyk, Arie	NL	Wavephone/Sprint PCS/Miller Lite/Provimi	Gフォース GF01	R/RWD	オールズモビル	V8	4.0	200	3:25′43″388	145.827	1,568,150	218.263	1
2	6	S. グッドイヤー	Goodyear, Scott	CDN	Nortel/Sprint PCS/Quebecor Printing	Gフォース GF01	R/RWD	オールズモビル	V8	4.0	200	3:25′43″958	145.820	513,303	215.811	5
3	52	J. ウォード	Ward, Jeff	USA	FirstPlus Team Cheever	Gフォース GF01	R/RWD	オールズモビル	V8	4.0	200	3:25′47″469	145.779	414,250	214.517	7
4	91	B. ラヅィア	Lazier, Buddy	USA	Delta Faucet-Montana	ダッラーラ IR7	R/RWD	オールズモビル	V8	4.0	200	3:25′53″718	145.705	279,250	214.286	10
5	2	T. スチュワート	Stewart, Tony	USA	Glidden/Menards	Gフォース GF01	R/RWD	オールズモビル	V8	4.0	200	3:26′12″001	145.490	345,050	218.021	2
6	14	D. ハミルトン	Hamilton, Davey	USA	A. J. Foyt Power Team Racing	Gフォース GF01	R/RWD	オールズモビル	V8	4.0	199	走行中		214,000	214.484	8
7	11	B. ボート	Boat, Billy	USA	Conseco A. J. Foyt Racing	ダッラーラ IR7	R/RWD	オールズモビル	V8	4.0	199	走行中		269,700	215.544	22
8	3	R. ブール	Buhl, Robbie	USA	Quaker State/Menards	Gフォース GF01	R/RWD	オールズモビル	V8	4.0	199	走行中		235,200	216.102	4
9	30	R. グロッフ	Groff, Robbie	USA	Alfa-Laval/Team Losi	Gフォース GF01	R/RWD	オールズモビル	V8	4.0	197	走行中		222,350	207.792	21
10	33	F. ヴェレス	Velez, Fermin	E	Old Navy Scandia Royal Purple Alta Xcel	ダッラーラ IR7	R/RWD	オールズモビル	V8	4.0	195	走行中		216,400	206.512	29
11	12	B. カルキンズ	Calkins, Buzz	USA	Bradley Food Marts	Gフォース GF01	R/RWD	オールズモビル	V8	4.0	188	ハーフシャフト		201,000	209.564	16
12	10	M. グロッフ	Groff, Mike	USA	Jonathan Byrd's Cafeteria/VisionAire/Bryant	Gフォース GF01	R/RWD	オールズモビル	V8	4.0	188	走行中		197,300	208.537	18
13	90	L. St. ジェイムズ	St. James, Lyn	USA	LifetimeTV-Cinergy-Delta Faucet	ダッラーラ IR7	R/RWD	ニッサン	V8	4.0	186	アクシデント		188,000	210.145	34
14	44	St. キンザー	Kinser, Steve	USA	SRS/One Call/Menards/Quaker State/St. Elmo's	ダッラーラ IR7	R/RWD	オールズモビル	V8	4.0	185	アクシデント		193,250	210.793	20
15	54	D. ヴィトロ	Vitolo, Dennis	USA	SmithKline Beechman/Kroger	ダッラーラ IR7	R/RWD	ニッサン	V8	4.0	173	走行中		210,000	207.626	28
16	22	M. グレコ	Greco, Marco	BR	Side Play Int'l Sport Scandia Alta Xcel	ダッラーラ IR7	R/RWD	オールズモビル	V8	4.0	166	ギアボックス		193,000	210.322	27
17	8	V. ソスピーリ	Sospiri, Vincenzo	I	Old Navy Scandia Royal Purple Alta Xcel	ダッラーラ IR7	R/RWD	オールズモビル	V8	4.0	163	走行中		196,250	216.822	3
18	9	Jo. アンサー	Unser, Johnny	USA	Delta Faucet-Montana-Cinergy	ダッラーラ IR7	R/RWD	ニッサン	V8	4.0	158	油圧低下		158,000	209.344	35
19	18	T. カールソン	Carlson, Tyce	USA	Klipsch Tnemec Overhead Door Pyle V-Line Earl's	ダッラーラ IR7	R/RWD	オールズモビル	V8	4.0	156	アクシデント		173,250	210.852	26
20	40	Dr. J. ミラー	Miller, Dr. Jack	USA	AMS/Crest Racing/Trane/Spot-On	ダッラーラ IR7	R/RWD	ニッサン	V8	4.0	131	アクシデント		171,250	209.250	17
21	1	P. デュラント	Durant, Paul	USA	Conseco A. J. Foyt Racing	Gフォース GF01	R/RWD	オールズモビル	V8	4.0	111	アクシデント		178,000	209.149	33
22	50	B. ロー	Roe, Billy	USA	Sega/Progressive Elect./KECO/U.J.T.	ダッラーラ IR7	R/RWD	オールズモビル	V8	4.0	110	アクシデント		150,250	212.752	24
23	51	E. チーヴァー	Cheever, Eddie	USA	FirstPlus Team Cheever	Gフォース GF01	R/RWD	オールズモビル	V8	4.0	84	タイミングチェーン		176,000	214.073	11
24	7	E. サラヅァール	Salazar, Eliseo	RCH	Copec/Cristal	ダッラーラ IR7	R/RWD	オールズモビル	V8	4.0	70	アクシデント		164,000	214.320	9
25	97	G. レイ	Ray, Greg	USA	Tobacco Free Kids	ダッラーラ IR7	R/RWD	オールズモビル	V8	4.0	48	冷却ポンプ		171,250	213.760	30
26	27	Ji. ガスリー	Guthrie, Jim	USA	Jacuzzi/Armour Golf/ERTL	ダッラーラ IR7	R/RWD	オールズモビル	V8	4.0	43	エンジン		164,500	215.207	6
27	21	R. グェレーロ	Guerrero, Roberto	COL	Pennzoil	ダッラーラ IR7	R/RWD	ニッサン	V8	4.0	25	ステアリング		160,000	207.371	19
28	28	M. ディズモア	Dismore, Mark	USA	*1	ダッラーラ IR7	R/RWD	オールズモビル	V8	4.0	24	アクシデント		159,000	212.423	25
29	42	R. ゴードン	Gordon, Robby	USA	Coors Light	Gフォース GF01	R/RWD	オールズモビル	V8	4.0	19	火災		139,500	213.211	12
30	72	C. ブルボナス	Bourbonnais, Claude	CDN	Jacuzzi/Armour Golf/ERTL	ダッラーラ IR7	R/RWD	オールズモビル	V8	4.0	9	エンジン		152,250	210.523	32
31	77	S. グレゴワール	Gregoire, Stephan	F	Estridge-Miller Eads	Gフォース GF01	R/RWD	オールズモビル	V8	4.0	0	アクシデント		158,000	213.126	13
32	17	A. ジャフォーネ	Giaffone, Affonso	BR	General Motors Brazil	ダッラーラ IR7	R/RWD	オールズモビル	V8	4.0	0	アクシデント		158,250	212.974	14
33	4	K. ブラック	Brack, Kenny	S	Monsoon	Gフォース GF01	R/RWD	オールズモビル	V8	4.0	0	アクシデント		202,250	211.221	15
34	16	S. シュミット	Schmidt, Sam	USA	HOPE Prepaid Fuel Card	ダッラーラ IR7	R/RWD	オールズモビル	V8	4.0	0	エンジン		150,250	215.141	23
35	34	A. ヴァンペドリ	Zampedri, Alessandro	I	Mi-Jack Scandia Royal Purple	ダッラーラ IR7	R/RWD	オールズモビル	V8	4.0	0	オイルもれ		145,000	211.757	31
ns	36	S. ハリントン	Harrington, Scott	USA	Johansson Motorsports	Gフォース GF01	R/RWD	オールズモビル	V8	4.0	—	DNQ		—		—

*1 Kelley Automctive/Mechanics Laundry/Bombardier Grainger

1998 第82回

開催日／天候 1998年５月24日／曇り
車両規定 市販ベースの非過給4000cc以下
参加／決勝出走 73台／33台
優勝スピード 145.155mph（233.604km/h）。２位に 3″191差
賞金総額 $8,709,150
ポールシッター B. ボート　223.503mph（359.692km/h）　2′41″503＝４周合計
最速ラップ T. スチュワート　214.746mph（345.599km/h）　41″910　19周目
ルーキー賞 スティーヴ・ナップ（８人中）

リード・チェンジ 23回／10人。1－12＝ボート、13－20＝レイ、21＝スチュワート、22－31＝レイ、32－46＝ブラック、47－50＝カルキンズ、51－61＝ラヅィア、62－67＝ブラック、68－84＝チーヴァー、85＝ルイェンダイク、86－87＝ブラック、88－93＝ラヅィア、94－97＝チーヴァー、98－113＝ポールJr.、114－116＝ハミルトン、117－122＝チーヴァー、123＝ラヅィア、124－146＝ポールJr.、147－149＝ルイェンダイク、150－153＝チーヴァー、154＝ラヅィア、155－176＝チーヴァー、177＝ラヅィア、178－200＝チーヴァー
コーション 12回／61周

昔ながらのダート・オーバル出身のエースで、NASCARストックカーへ転向しつつあるトニー・スチュワートにとっては、今回がインディ500で勝つ最後のチャンスだった。しかし当時IRLチャンピオンであるスチュワートはたった22周しただけでエンジンが壊れてしまう。レース前半をリードしたのはA. J. フォイトのチームから参戦するビリー・ボートだったが、これまた長続きせず。レース後半に入って同一周回にいるのは、元Ｆ１のエディー・チーヴァーと1996年覇者バディ・ラヅィアと新人スティーヴ・ナップの３人のみ。チーヴァーは自分とルーキーのロビー・アンサーの２台体制で参戦、チーヴァー自身が177周目の最後のピットストップ以後は独走で勝利し、ボビー・アンサーの息子でありアル・アンサーSr.の甥にあたるロビー・アンサーは５位。イエロー・コーションが12回も出され、遅い展開となった。

CARTとは別のIRL規定のNAマシーンは低音で疾走。スチュワートをブラックが追う

エディー・チーヴァー（レイチェルズ・ポテトチップスSpl.）　233.604km/h　オーナー：Team Cheever　グッドイヤー

第82回●1998年 5 月24日○200周＝500マイル（804.670km）

Pos.	No	Driver	Driver	Nat.	Car Name	Chassis	Drive	Engine	Cyl.	Dis.	Laps	Time	Speed	Prize Money	Speed	Qfy.
1	51	E. チーヴァー	Cheever, Eddie	USA	Rachel's Potato Chips	ダッラーラ IR7	R/RWD	オールズモビル	V8	4.0	200	3：26′40″524	145.155	1,433,000	217.334	17
2	91	B. ラヴィア	Lazier, Buddy	USA	Delta Faucet/Coors Light	ダッラーラ IR7	R/RWD	オールズモビル	V8	4.0	200	3：26′43″715	145.118	483,200	218.288	11
3	55	S. ナップ	Knapp, Steve	USA	Primadonna Resorts/Miller Milling	G フォース GF01	R/RWD	オールズモビル	V8	4.0	200	3：26′47″273	145.076	338,750	216.445	23
4	6	D. ハミルトン	Hamilton, Davey	USA	Reebok	G フォース GF01	R/RWD	オールズモビル	V8	4.0	199	3：26′46″253		301,650	219.748	8
5	52	R. アンサー	Unser, Robby	USA	Team Cheever	ダッラーラ IR7	R/RWD	オールズモビル	V8	4.0	198	3：26′43″604		209,400	216.534	21
6	14	K. ブラック	Brack, Kenny	S	A. J. Foyt Power Team	ダッラーラ IR7	R/RWD	オールズモビル	V8	4.0	198	3：26′44″758		310,750	220.982	3
7	81	J. ポール Jr.	Paul Jr., John	USA	Team Pelfrey	ダッラーラ IR7	R/RWD	オールズモビル	V8	4.0	197	3：26′46″752		216,350	217.351	16
8	17	A. ミチナー	Michner, Andy	USA	Konica	ダッラーラ IR7	R/RWD	オールズモビル	V8	4.0	197	3：26′53″272		182,050	216.922	19
9	44	J. J. イェレイ	Yeley, J. J.	USA	One Call Communications/Quaker State/Menards	ダッラーラ IR7	R/RWD	オールズモビル	V8	4.0	197	3：26′53″896		198,550	218.044	13
10	12	B. カルキンズ	Calkins, Buzz	USA	International Star Registry/Bradley Food Marts	G フォース GF01	R/RWD	オールズモビル	V8	4.0	195	3：26′56″743		248,500	217.197	18
11	7	J. カイト	Kite, Jimmy	USA	Royal Purple Synthetic/"Synerlec"	ダッラーラ IR7	R/RWD	オールズモビル	V8	4.0	195	3：27′01″880		287,300	219.290	26
12	18	J. ヒュイット	Hewitt, Jack	USA	Parker Machinery	G フォース GF01	R/RWD	オールズモビル	V8	4.0	195	3：27′08″284		265,800	216.450	22
13	35	J. ウォード	Ward, Jeff	USA	Team Tabasco/Superflo/Prolong	G フォース GF01	R/RWD	オールズモビル	V8	4.0	194	3：27′02″148		242,050	219.086	27
14	16	M. グレコ	Greco, Marco	BR	International Sports Ltd.	G フォース GF01	R/RWD	オールズモビル	V8	4.0	183	エンジン		167,800	217.953	14
15	10	M. グロッフ	Groff, Mike	USA	VisionAire/Bryant Heating & Cooling	G フォース GF01	R/RWD	オールズモビル	V8	4.0	183	3：27′07″214		237,600	216.704	32
16	8	S. シャープ	Sharp, Scott	USA	Delphi Automotive Systems	ダッラーラ IR7	R/RWD	オールズモビル	V8	4.0	181	ギアボックス		234,800	219.910	7
17	77	S. グレゴワール	Gregoire, Stephan	F	Blue Star/Tokheim/Estridge/Miller-Eads	G フォース GF01	R/RWD	オールズモビル	V8	4.0	172	走行中		225,300	217.036	31
18	97	G. レイ	Ray, Greg	USA	Texas Motor Speedway/TNN/True Value/Dixie Chopper	ダッラーラ IR7	R/RWD	オールズモビル	V8	4.0	167	ギアボックス		175,400	221.125	2
19	30	R. ボエセル	Boesel, Raul	BR	Beloit/Fast Rod/Team Losi/TransWorld Diversified	G フォース GF01	R/RWD	オールズモビル	V8	4.0	164	3：27′01″970		221,300	217.303	30
20	5	A. ルイェンダイク	Luyendyk, Arie	NL	Sprint PCS/Radio Shack/Qualcomm	G フォース GF01	R/RWD	オールズモビル	V8	4.0	151	ギアボックス		242,100	218.935	28
21	40	Dr. J. ミラー	Miller, Dr. Jack	USA	Crest Racing	ダッラーラ IR7	R/RWD	ニッサン	V8	4.0	128	3：27′10″410		159,800	217.800	15
22	21	R. グェレーロ	Guerrero, Roberto	COL	Pagan Racing	ダッラーラ IR7	R/RWD	オールズモビル	V8	4.0	125	3：27′04″406		165,300	218.900	9
23	11	B. ボート	Boat, Billy	USA	Conseco	ダッラーラ IR7	R/RWD	オールズモビル	V8	4.0	111	駆動系統		364,200	223.503	1
24	4	S. グッドイヤー	Goodyear, Scott	CDN	Pennzoil	G フォース GF01	R/RWD	オールズモビル	V8	4.0	100	クラッチ		253,300	218.357	10
25	9	Jo. アンサー	Unser, Johnny	USA	Hemelgarn Racing	ダッラーラ IR7	R/RWD	オールズモビル	V8	4.0	98	エンジン		136,300	216.316	25
26	99	S. シュミット	Schmidt, Sam	USA	Best Western Gold Crown Racing	ダッラーラ IR7	R/RWD	オールズモビル	V8	4.0	48	アクシデント		215,300	219.982	6
27	28	M. ディズモア	Dismore, Mark	USA	Kelley Automotive	ダッラーラ IR7	R/RWD	オールズモビル	V8	4.0	48	アクシデント		209,300	218.096	12
28	19	S. ワトルズ	Wattles, Stan	USA	Metro Racing Systems/NCLD	R&S Mk V	R/RWD	オールズモビル	V8	4.0	48	アクシデント		138,550	217.477	29
29	53	Ji. ガスリー	Guthrie, Jim	USA	Delco Remy	G フォース GF01	R/RWD	オールズモビル	V8	4.0	48	アクシデント		133,300	216.604	20
30	33	B. ロー	Roe, Billy	USA	Royal Purple/ProLink	ダッラーラ IR7	R/RWD	オールズモビル	V8	4.0	48	アクシデント		137,300	217.835	33
31	3	R. ブール	Buhl, Robbie	USA	John Manville/Menards	ダッラーラ IR7	R/RWD	オールズモビル	V8	4.0	44	エンジン		222,300	220.236	5
32	98	D. ビーチラー	Beechler, Donnie	USA	Cahill Auto Racing	G フォース GF01	R/RWD	オールズモビル	V8	4.0	34	エンジン		132,300	216.357	24
33	1	T. スチュワート	Stewart, Tony	USA	Glidden/Menards	ダッラーラ IR7	R/RWD	オールズモビル	V8	4.0	22	エンジン		220,250	220.386	4
ns	15	E. サラヴァール	Salazar, Eliseo	RCH	Reebok	R&S Mk V	R/RWD	オールズモビル	V8	4.0	—	DNQ		—	216.264	—
ns	90	L. St. ジェイムズ	St.James, Lyn	USA	Lifetime TV for Women	G フォース GF01	R/RWD	ニッサン	V8	4.0	—	DNQ		—	215.643	—
ns	27	C. ブルボナス	Bourbonnais, Claude	CDN	Blueprint Racing Inc.	ダッラーラ IR7	R/RWD	オールズモビル	V8	4.0	—	DNQ		—	215.005	—

1999 第83回

開催日／天候……1999年5月30日／晴れ
車両規定……市販ベースの非過給4000cc以下
参加／決勝出走……51台／33台
優勝スピード……153.176mph(246.512km/h)。2位に6″562差
賞金総額……$8,984,150
ポールシッター……A. ルイェンダイク　225.179mph(362.390km/h)　2′39″873＝4周合計
最速ラップ……G. レイ　218.882mph(352.256km/h)　41″118　101周目

ルーキー賞……ロビー・マギー(4人中)
リード・チェンジ……17回／7人。1－32＝ルイェンダイク、33＝レイ、34－37＝シュミット、38－44＝ルイェンダイク、45－59＝レイ、60－64＝ブラック、65－69＝ルイェンダイク、70－82＝ブラック、83－95＝レイ、96－98＝ブラック、99－117＝ルイェンダイク、118－120＝レイ、121－124＝チーヴァー、125－150＝ブラック、151－153＝ウォード、154－170＝ブラック、171－198＝ゴードン、199－200＝ブラック
コーション……8回／42周

スピードウェイ内にF1用ロードコースが建造中の状況下、インディ500はいつもどおりの雰囲気で進んだ。コースレコード・ホルダーのアリー・ルイェンダイク(Gフォース・オールズ)はポールを勝ち取り、自身3勝目を挙げて引退するつもりで臨んだ。そして前半63周にわたってリードしたが、118周目のターン3で周回遅れのタイス・カールソンと絡んでリタイアとなってしまう。この後はチーム・メナードのロビー・ゴードンとA. J. フォイトのチームから参戦するケニー・ブラック(ダッラーラ)の一騎打ちとなるが、終盤イエローが出なかったため残り2周というところでガス欠に陥った首位ゴードンがピットに飛び込むと、ブラックがレースを制した。スウェーデン人初ウィナーの誕生だ。松田秀士は4周遅れの10位フィニッシュとなるが、途中ガス欠で貴重な数周をロスしたのが惜しまれる。

優勝したブラックとオーナーのフォイト(右)。フォイトは常にUSAC/IRL側に在った

ケニー・ブラック(A. J. フォイト・パワーチームSpl.)　246.512km/h　オーナー：A. J. Foyt Enterprises　グッドイヤー

第83回●1999年 5 月30日○200周＝500マイル(804.670km)

Pos.	No	Driver	Driver	Nat.	Car Name	Chassis	Drive	Engine	Cyl.	Dis.	Laps	Time	Speed	Prize Money	Speed	Qfy.
1	14	K. ブラック	Brack, Kenny	S	A. J. Foyt PowerTeam Racing	ダッラーラ IR7	R/RWD	オールズモビル	V8	4.0	200	3：15′51″182	153.176	1,465,190	222.659	8
2	21	J. ウォード	Ward, Jeff	USA	Yahoo/Merchant Online	ダッラーラ IR7	R/RWD	オールズモビル	V8	4.0	200	3：15′57″744	153.091	583,150	221.363	14
3	11	B. ボート	Boat, Billy	USA	A. J. Foyt Racing	ダッラーラ IR7	R/RWD	オールズモビル	V8	4.0	200	3：16′16″008	153.853	435,200	223.469	3
4	32	R. ゴードン	Gordon, Robby	USA	Glidden/Menards	ダッラーラ IR7	R/RWD	オールズモビル	V8	4.0	200	3：17′11″959	152.180	253,270	223.066	4
5	55	R. マギー	McGehee, Robby	USA	Energizer Advanced Formula	ダッラーラ IR7	R/RWD	オールズモビル	V8	4.0	199	3：15′53″059		247,750	220.139	27
6	84	R. ブール	Buhl, Robbie	USA	A. J. Foyt Racing	ダッラーラ IR7	R/RWD	オールズモビル	V8	4.0	199	3：15′53″103		257,500	220.115	32
7	91	B. ラツィア	Lazier, Buddy	USA	Delta Faucet/Coors Light/Tae-Bo	ダッラーラ IR7	R/RWD	オールズモビル	V8	4.0	198	3：16′10″803		285,100	220.721	22
8	81	R. アンサー	Unser, Robby	USA	PetroMoly	ダッラーラ IR7	R/RWD	オールズモビル	V8	4.0	197	3：15′53″774		195,500	221.304	17
9	22	T. スチュワート	Stewart, Tony	USA	The Home Depot	ダッラーラ IR7	R/RWD	オールズモビル	V8	4.0	196	3：16′16″064		186,670	220.653	24
10	54	松田秀士	Matsuda, Hideshi	J	Mini Juke	ダッラーラ IR7	R/RWD	オールズモビル	V8	4.0	196	3：16′16″414		186,000	222.065	10
11	9	D. ハミルトン	Hamilton, Davey	USA	Galles Racing Spinal Conquest	ダッラーラ IR7	R/RWD	オールズモビル	V8	4.0	196	3：16′25″522		220,500	221.866	11
12	3	R. ボエセル	Boesel, Raul	BR	Brant Racing	R&S Mk V	R/RWD	オールズモビル	V8	4.0	195	3：16′18″321		248,600	220.101	33
13	42	J. ホランスワース Jr.	Hollansworth Jr., John	USA	pcsave.com/Lycos	ダッラーラ IR7	R/RWD	オールズモビル	V8	4.0	192	3：15′57″710		265,400	221.698	12
14	20	T. カールソン	Carlson, Tyce	USA	Pennzoil/Damon's/Bluegreen	ダッラーラ IR7	R/RWD	オールズモビル	V8	4.0	190	3：15′57″513		247,000	221.322	15
15	96	J. シュレーダー	Schroeder, Jaret	USA	Purity Farmes	G フォース GF01	R/RWD	ニッサン	V8	4.0	175	エンジン		176,250	220.747	21
16	28	M. ディズモア	Dismore, Mark	USA	MCI WorldCom	ダッラーラ IR7	R/RWD	オールズモビル	V8	4.0	168	アクシデント		235,300	222.963	5
17	19	S. ワトルズ	Wattles, Stan	USA	Metro Racing Systems/NCLD	ダッラーラ IR7	R/RWD	オールズモビル	V8	4.0	147	3：16′14″487		158,000	220.833	20
18	51	E. チーヴァー	Cheever, Eddie	USA	The Children's Beverage Group	ダッラーラ IR7	R/RWD	ニッサン	V8	4.0	139	エンジン		246,800	221.315	16
19	12	B. カルキンズ	Calkins, Buzz	USA	Bradley Food Marts/Sav-O-Mat	G フォース GF01	R/RWD	オールズモビル	V8	4.0	133	3：16′33″408		228,000	220.297	26
20	33	R. モレノ	Moreno, Roberto	BR	Warner Bros.	G フォース GF01	R/RWD	オールズモビル	V8	4.0	122	ミッション		225,670	220.705	23
21	2	G. レイ	Ray, Greg	USA	Glidden/Menards	ダッラーラ IR7	R/RWD	オールズモビル	V8	4.0	120	アクシデント		204,900	225.073	2
22	5	A. ルイェンダイク	Luyendyk, Arie	NL	Sprint PCS/Meijer	G フォース GF01	R/RWD	オールズモビル	V8	4.0	117	アクシデント		382,350	225.179	1
23	52	W. アイクマンズ	Eyckmans, Wim	B	EGP/Beaulieu of America	ダッラーラ IR7	R/RWD	オールズモビル	V8	4.0	113	タイミング・チェーン		145,250	220.092	29
24	30	J. カイト	Kite, Jimmy	USA	Alfa Laval/Team Losi/Fast Rod/Haas CNC	G フォース GF01	R/RWD	オールズモビル	V8	4.0	111	エンジン		228,000	220.097	28
25	50	R. グェレーロ	Guerrero, Roberto	COL	Cobb Racing	G フォース GF01	R/RWD	ニッサン	V8	4.0	105	エンジン		217,000	220.479	25
26	35	S. ナップ	Knapp, Steve	USA	Delco Remy-Thermo Tech-Microphonics/Prolong	G フォース GF01	R/RWD	オールズモビル	V8	4.0	104	ハンドリング		216,000	221.502	13
27	4	S. グッドイヤー	Goodyear, Scott	CDN	Pennzoil	G フォース GF01	R/RWD	オールズモビル	V8	4.0	101	エンジン		217,500	222.387	9
28	8	S. シャープ	Sharp, Scott	USA	Delphi Automotive Systems	ダッラーラ IR7	R/RWD	オールズモビル	V8	4.0	83	ミッション		221,500	222.771	6
29	98	D. ビーチラー	Beechler, Donnie	USA	Big Daddy's BBQ	ダッラーラ IR7	R/RWD	オールズモビル	V8	4.0	74	エンジン		143,000	221.228	19
30	99	S. シュミット	Schmidt, Sam	USA	Unistar Auto Insurance	G フォース GF01	R/RWD	オールズモビル	V8	4.0	62	アクシデント		213,800	222.734	7
31	17	Dr. J. ミラー	Miller, Dr. Jack	USA	Dean's Milk Chug	ダッラーラ IR7	R/RWD	オールズモビル	V8	4.0	29	クラッチ		146,000	220.276	31
32	92	Jo. アンサー	Unser, Johnny	USA	Tae-Bo/Homier Tool/Delta Faucet	ダッラーラ IR7	R/RWD	オールズモビル	V8	4.0	10	ブレーキ		161,000	221.197	30
33	6	E. サラヴァール	Salazar, Eliseo	RCH	FUBU Nienhouse Racing	G フォース GF01	R/RWD	オールズモビル	V8	4.0	7	アクシデント		141,000	221.265	18
ns	66	S. ハリントン	Harrington, Scott	USA	Harrington Motorsports	ダッラーラ IR7	R/RWD		V8	4.0	—	DNQ		—		—
ns	7	S. グレゴワール	Gregoire, Stephan	F	Mexmil/Tokheim	G フォース GF01	R/RWD	オールズモビル	V8	4.0	—	DNQ		—		—
ns	15	J. ラツィア	Lazier, Jaques	USA	Tivoli Hotel	G フォース GF01	R/RWD		V8	4.0	—	DNQ		—		—
ns	90	L. St. ジェイムズ	St.James, Lyn	USA			R/RWD		V8	4.0	—	DNQ		—		—

2000 第84回

開催日／天候……2000年５月28日／曇り
車両規定……市販ベースの非過給3500cc(213.6ci)以下
参加／決勝出走……94台／33台
優勝スピード……167.607mph(269.737km/h)。２位に7″184差
賞金総額……$9,473,505
ポールシッター……G. レイ　223.471mph(359.641km/h)　2′41″095＝４周合計
最速ラップ……B. ラヴィア　218.494mph(351.631km/h)　41″191　198周目
ルーキー賞……フアン・パブロ・モントーヤ(７人中)
リード・チェンジ……６回／４人。1－26＝レイ、27－29＝モントーヤ、30＝ヴァッサー、31－32＝マギー、33－175＝モントーヤ、176－179＝ヴァッサー、180－200＝モントーヤ
コーション……７回／39周

エンジン排気量が3.5リッターNA化された。1996年にインディカー界がIRLとCARTに分裂してから、両シリーズ間でのチーム交流はなかったが、1996～99年CART王者を輩出したチップ・ガナッシ・レーシングがインディ500への本格参戦を敢行し、Gフォース・オールズモビルで圧勝してしまう事態に。まずレースはIRL育ちのグレッグ・レイがポール・スタートから序盤26周をリードするが、抵抗はそこまで。以後174周のうち172周はガナッシ陣営のフアン・パブロ・モントーヤとジミー・ヴァッサーがリードし続けた。とりわけモントーヤはブリックヤードを走り始めるやすぐさまペースを掴み、余裕を持っての勝利だった。コロンビア人のインディ500優勝は初めて。ルーキーの勝利も1966年グレアム・ヒル以来となる快挙、当然のことながらルーキー賞も獲得した。

予選１位のグレッグ・レイ(左)と同４位ロビー・ゴードン。ゴードンはオフロード界でも有名

フアン・パブロ・モントーヤ(ターゲットSpl.)　269.737km/h　オーナー：Target／Chip Ganassi Racing　ファイアストン

第84回●2000年5月28日○200周＝500マイル(804.670km)

Pos.	No	Driver	Driver	Nat.	Car Name	Chassis	Drive	Engine	Cyl.	Dis.	Laps	Time	Speed	Prize Money	Speed	Qfy.
1	9	J. P. モントーヤ	Montoya, Juan Pablo	COL	Target	Gフォース GF05	R/RWD	オールズモビル	V8	3.5	200	2:58′59″431	167.607	1,235,690	223.372	2
2	91	B. ラヅィア	Lazier, Buddy	USA	Delta Faucet/Coors Light/Tae-Bo	ダッラーラ IR0	R/RWD	オールズモビル	V8	3.5	200	2:59′06″615	167.495	574,600	220.482	16
3	11	E. サラヅァール	Salazar, Eliseo	RCH	Rio A. J. Foyt Racing	Gフォース GF05	R/RWD	オールズモビル	V8	3.5	200	2:59′15″133	167.362	474,900	223.231	3
4	14	J. ウォード	Ward, Jeff	USA	Harrah's A. J. Foyt Racing	Gフォース GF05	R/RWD	オールズモビル	V8	3.5	200	2:59′17″844	167.320	361,000	222.639	6
5	51	E. チーヴァー	Cheever, Eddie	USA	#51 Excite@Home Indy Race Car	ダッラーラ IR0	R/RWD	ニッサン	V8	3.5	200	2:59′18″157	167.315	364,500	221.270	10
6	32	R. ゴードン	Gordon, Robby	USA	Turtle Wax/Burger King/Moen/Johns Manville/Menards	ダッラーラ IR0	R/RWD	オールズモビル	V8	3.5	200	2:59′18″505	167.309	216,355	222.885	4
7	10	J. ヴァッサー	Vasser, Jimmy	USA	Target	Gフォース GF05	R/RWD	オールズモビル	V8	3.5	199	走行中		207,505	221.976	7
8	7	S. グレゴワール	Gregoire, Stephan	F	Mexmil/Tokheim/Viking Air Tools	Gフォース GF05	R/RWD	オールズモビル	V8	3.5	199	走行中		306,900	219.970	20
9	4	S. グッドイヤー	Goodyear, Scott	CDN	Pennzoil	ダッラーラ IR0	R/RWD	オールズモビル	V8	3.5	199	走行中		348,800	220.629	13
10	8	S. シャープ	Sharp, Scott	USA	Delphi Automotive Systems/MCI WorldCom	ダッラーラ IR0	R/RWD	オールズモビル	V8	3.5	198	走行中		313,000	222.810	5
11	28	M. ディズモア	Dismore, Mark	USA	On Star/GM BuyPower/Bryan Heating & Cooling	ダッラーラ IR0	R/RWD	オールズモビル	V8	3.5	198	走行中		294,500	220.970	11
12	98	D. ビーチラー	Beechler, Donnie	USA	Cahill Racing	ダッラーラ IR0	R/RWD	オールズモビル	V8	3.5	198	走行中		283,000	220.482	15
13	33	J. ラヅィア	Lazier, Jaques	USA	Miles of Hope	Gフォース GF05	R/RWD	オールズモビル	V8	3.5	198	走行中		290,250	220.675	26
14	6	J. シュレーダー	Schroeder, Jaret	USA	Kroger	ダッラーラ IR0	R/RWD	オールズモビル	V8	3.5	198	走行中		279,000	219.322	29
15	41	B. ボート	Boat, Billy	USA	Harrah's A. J. Foyt Racing	Gフォース GF05	R/RWD	オールズモビル	V8	3.5	198	走行中		211,000	218.872	31
16	55	R. ボエセル	Boesel, Raul	BR	EPSON	Gフォース GF05	R/RWD	オールズモビル	V8	3.5	197	走行中		213,000	222.113	24
17	50	J. レフラー	Leffler, Jason	USA	UnitedAuto Group	Gフォース GF05	R/RWD	オールズモビル	V8	3.5	197	走行中		170,905	220.417	17
18	12	B. カルキンズ	Calkins, Buzz	USA	Team CAN	ダッラーラ IR0	R/RWD	オールズモビル	V8	3.5	194	走行中		169,000	219.862	22
19	23	S. ナップ	Knapp, Steve	USA	Team Purex	Gフォース GF05	R/RWD	ニッサン	V8	3.5	193	走行中		167,000	220.290	27
20	16	D. ハミルトン	Hamilton, Davey	USA	FreeInternet.com	Gフォース GF05	R/RWD	オールズモビル	V8	3.5	188	走行中		166,500	219.878	28
21	5	R. マギー	McGehee, Robby	USA	Meijer/Energizer Advanced Formula/Mall.com	Gフォース GF05	R/RWD	オールズモビル	V8	3.5	187	走行中		281,400	220.661	12
22	22	Jo. アンサー	Unser, Johnny	USA	Delco Remy/Microdigicom/Homier Tools	Gフォース GF05	R/RWD	オールズモビル	V8	3.5	186	走行中		161,000	219.066	30
23	92	S. ワトルズ	Wattles, Stan	USA	Hemelgarn/Metro Racing	ダッラーラ IR0	R/RWD	オールズモビル	V8	3.5	172	エンジン		159,000	221.508	8
24	18	S. ホーニッシュ Jr.	Hornish Jr., Sam	USA	*1	ダッラーラ IR0	R/RWD	オールズモビル	V8	3.5	153	アクシデント		268,250	220.496	14
25	88	A. ダーレ	Dare, Airton	BR	USA Credit.com/FreeInternet.com	Gフォース GF05	R/RWD	オールズモビル	V8	3.5	126	エンジン		262,250	219.970	21
26	24	R. ブール	Buhl, Robbie	USA	Team Purex	Gフォース GF05	R/RWD	オールズモビル	V8	3.5	99	エンジン		258,500	221.357	9
27	75	R. ハーン	Hearn, Richie	USA	Indy Racing League Special	ダッラーラ IR0	R/RWD	オールズモビル	V8	3.5	97	電気系統		155,000	219.816	23
28	48	A. ヒレンバーグ	Hillenburg, Andy	USA	The SUMAR Special By Irwindale Speedway	ダッラーラ IR0	R/RWD	オールズモビル	V8	3.5	91	ホイールベアリング		154,250	218.285	33
29	3	A. アンサー Jr.	Unser Jr., Al	USA	Starz Encore Superpak	Gフォース GF05	R/RWD	オールズモビル	V8	3.5	89	オーバーヒート		256,000	220.293	18
30	27	J. カイト	Kite, Jimmy	USA	Big Daddy's BBQ/Founders Bank/ZMAX	Gフォース GF05	R/RWD	オールズモビル	V8	3.5	74	エンジン		164,000	220.718	25
31	15	S. フィッシャー	Fisher, Sarah	USA	Cummins	ダッラーラ IR0	R/RWD	オールズモビル	V8	3.5	71	アクシデント		165,750	220.237	19
32	90	L. St. ジェイムズ	St. James, Lyn	USA	Yellow Freight System	Gフォース GF05	R/RWD	オールズモビル	V8	3.5	69	アクシデント		152,000	218.826	32
33	1	G. レイ	Ray, Greg	USA	Team Conseco/Quaker State/Moen/Menards	ダッラーラ IR0	R/RWD	オールズモビル	V8	3.5	67	アクシデント		388,700	223.471	1

*1 Uniden/Hornish Bros.Trucking/Advantage Powder Coating

2001 第85回

開催日／天候……2001年５月27日／晴れ。一時雨で中断
車両規定……市販ベースの非過給3500cc以下
参加／決勝出走……93台／33台
優勝スピード……141.574mph(227.841km/h)。２位に1″7373差
賞金総額……$9,608,325
ポールシッター……S. シャープ　226.037mph(363.770km/h)　2′39″2658＝４周合計
最速ラップ……S. ホーニッシュ Jr. 219.830mph(353.781km/h)　40″9407　130周目
ルーキー賞……エリオ・カストロネヴェス(６人中)
リード・チェンジ……13回／８人。1－22＝ゴードン、23－45＝レイ、46＝スチュワート、47＝ルイェンダイク、48－52＝Mi. アンドレッティ、53－74＝ディズモア、75－80＝レイ、81－84＝Mi. アンドレッティ、85－91＝ディズモア、92－102＝レイ、103－109＝Mi. アンドレッティ、110－136＝ド・フェラン、137－148＝スチュワート、149－200＝カストロネヴェス
コーション……８回／56周

前年の流れを受けて、CART系トップチームのインディ500参戦がさらに加速する。チップ・ガナッシは４台、ペンスキーは２台、グリーンは１台を送り込んできた。ただし前年の覇者モントーヤはＦ１GP参戦に伴い、インディカーからは卒業。「IRL vs. CART」は予選だけ見ればIRL勢が上位４位までを占めたが、決勝レースでは形勢逆転。ポールシッターのスコット・シャープがスタート直後のターン１でクラッシュしたのを機に、一転CARTスターたちが席巻する展開に。チーム・ペンスキーのブラジル人エリオ・カストロネヴェスは、チームメイトであり当時のCART王者ジル・ド・フェランを抑えてルーキーで勝利する。以下、マイケル・アンドレッティ、ジミー・ヴァッサー、ブルノ・ジュンケイラとCART系チームが６位までを独占した。ネイティブアメリカン(コリー・ウィセリル)の出走も初。

小柄なサラ・フィッシャー嬢はIRL戦で優勝争いも展開、500には９回参戦した後、チームオーナーとして活動

エリオ・カストロネヴェス(マールボロ・チーム・ペンスキー)　227.841km/h　オーナー：Penske Racing　ファイアストン

第85回●2001年5月27日○200周＝500マイル（804.670km）

Pos.	No	Driver	Driver	Nat.	Car Name	Chassis	Drive	Engine	Cyl.	Dis.	Laps	Time	Speed	Prize Money	Speed	Qfy.
1	68	H. カストロネヴェス	Castroneves, Helio	BR	Marlboro Team Penske	ダッラーラ IR0	R/RWD	オールズモビル	V8	3.5	200	3：31′54″1800	141.574	1,270,475	224.142	11
2	66	G. ド・フェラン	de Ferran, Gil	BR	Marlboro Team Penske	ダッラーラ IR0	R/RWD	オールズモビル	V8	3.5	200	3：31′55″9173	141.555	482,775	224.406	5
3	39	Mi. アンドレッティ	Andretti, Michael	USA	Motorola/Archipelago	ダッラーラ IR0	R/RWD	オールズモビル	V8	3.5	200	3：31′59″9159	141.510	346,225	223.441	21
4	44	J. ヴァッサー	Vasser, Jimmy	USA	Target	Gフォース GF05	R/RWD	オールズモビル	V8	3.5	200	3：32′08″1648	141.419	233,325	223.455	12
5	50	B. ジュンケイラ	Junqueira, Bruno	BR	Target	Gフォース GF05	R/RWD	オールズモビル	V8	3.5	200	3：32′21″4361	141.271	255,825	224.208	20
6	33	T. スチュワート	Stewart, Tony	USA	Target	Gフォース GF05	R/RWD	オールズモビル	V8	3.5	200	3：32′31″7411	141.157	218,850	224.248	7
7	14	E. サラツァール	Salazar, Eliseo	RCH	Harrah's	ダッラーラ IR0	R/RWD	オールズモビル	V8	3.5	199	3：32′03″0201		356,300	223.740	28
8	88	A. ダーレ	Dare, Airton	BR	1-800-BAR NONE	Gフォース GF05	R/RWD	オールズモビル	V8	3.5	199	3：32′18″9955		320,325	222.236	30
9	98	B. ボート	Boat, Billy	USA	CURB Records	ダッラーラ IR0	R/RWD	オールズモビル	V8	3.5	199	3：32′20″7936		337,325	221.528	32
10	21	F. ジャフォーネ	Giaffone, Felipe	BR	Hollywood	Gフォース GF05	R/RWD	オールズモビル	V8	3.5	199	3：32′31″1217		211,575	221.879	33
11	10	R. マギー	McGehee, Robby	USA	Cure Autism Now	ダッラーラ IR0	R/RWD	オールズモビル	V8	3.5	199	3：32′32″9379		290,825	222.607	14
12	12	B. カルキンズ	Calkins, Buzz	USA	Bradley Food Marts/Sav-O-Mat	ダッラーラ IR0	R/RWD	オールズモビル	V8	3.5	198	3：32′05″0806		286,025	222.467	24
13	5	A. ルイェンダイク	Luyendyk, Arie	NL	Meijer	Gフォース GF05	R/RWD	オールズモビル	V8	3.5	198	3：32′23″9547		182,275	224.257	6
14	4	S. ホーニッシュ Jr.	Hornish Jr., Sam	USA	Pennzoil	ダッラーラ IR0	R/RWD	オールズモビル	V8	3.5	196	3：32′01″3870		308,825	223.333	13
15	24	R. ブール	Buhl, Robbie	USA	Team Purex	Gフォース GF05	R/RWD	ニッサン	V8	3.5	196	3：32′11″5681		300,325	224.213	9
16	28	M. ディズモア	Dismore, Mark	USA	Delphi Automotive Systems/Bryant Heating & Cooling	ダッラーラ IR0	R/RWD	オールズモビル	V8	3.5	195	3：31′57″6411		287,375	224.964	4
17	2	G. レイ	Ray, Greg	USA	John Manville/Menards	ダッラーラ IR0	R/RWD	オールズモビル	V8	3.5	192	3：31′58″4768		335,325	225.194	2
18	91	B. ラヅィア	Lazier, Buddy	USA	Tae-Bo/Coors Light/Life Fitness/Delta Faucet	ダッラーラ IR0	R/RWD	オールズモビル	V8	3.5	192	3：32′28″6410		262,325	224.190	10
19	16	C. ウィセリル	Witherill, Cory	USA	Radio Shack	Gフォース GF05	R/RWD	オールズモビル	V8	3.5	187	3：31′57″6086		159,575	221.621	31
20	9	J. シュレーダー	Schroeder, Jaret	USA	Purity Products	ダッラーラ IR0	R/RWD	オールズモビル	V8	3.5	187	3：32′29″4429		256,325	222.786	23
21	41	R. ゴードン	Gordon, Robby	USA	Team Conseco	ダッラーラ IR0	R/RWD	オールズモビル	V8	3.5	184	走行中		173,225	224.994	3
22	77	J. ラヅィア	Lazier, Jaques	USA	Classmates.com/Jonathan Byrd's Cafeteria	Gフォース GF05	R/RWD	オールズモビル	V8	3.5	183	3：32′07″6527		161,325	222.145	17
23	99	D. ハミルトン	Hamilton, Davey	USA	Sam Schmidt Motorsports Racing	ダッラーラ IR0	R/RWD	オールズモビル	V8	3.5	182	エンジン		280,325	221.696	26
24	35	J. ウォード	Ward, Jeff	USA	Aerosmith/Menards	Gフォース GF05	R/RWD	オールズモビル	V8	3.5	168	3：31′58″4278		248,325	224.222	8
25	84	D. ビーチラー	Beechler, Donnie	USA	Harrah's	ダッラーラ IR0	R/RWD	オールズモビル	V8	3.5	160	オイルもれ		172,325	224.449	27
26	51	E. チーヴァー	Cheever, Eddie	USA	#51 Excite@Home Indy Race Car	ダッラーラ IR0	R/RWD	ニッサン	V8	3.5	108	電気系統		247,325	222.152	25
27	6	J. ハーブ	Herb, Jon	USA	Epson	ダッラーラ IR0	R/RWD	オールズモビル	V8	3.5	104	アクシデント		245,575	222.015	18
28	36	S. グレゴワール	Gregoire, Stephan	F	Delco Remy/Menards	Gフォース GF05	R/RWD	オールズモビル	V8	3.5	86	オイルもれ		154,325	222.888	29
29	49	N. ミナシアン	Minassian, Nicolas	F	Target	Gフォース GF05	R/RWD	オールズモビル	V8	3.5	74	ギアボックス		149,575	223.006	22
30	3	A. アンサー Jr.	Unser Jr., Al	USA	Starz SuperPak/Budweiser	Gフォース GF05	R/RWD	オールズモビル	V8	3.5	16	アクシデント		255,825	221.615	19
31	15	S. フィッシャー	Fisher, Sarah	USA	Kroger	ダッラーラ IR0	R/RWD	オールズモビル	V8	3.5	7	アクシデント		247,325	222.548	15
32	52	S. グッドイヤー	Goodyear, Scott	CDN	Thermos Grill2GO	ダッラーラ IR0	R/RWD	ニッサン	V8	3.5	7	アクシデント		143,325	222.529	16
33	8	S. シャープ	Sharp, Scott	USA	Delphi Automotive Systems	ダッラーラ IR0	R/RWD	オールズモビル	V8	3.5	0	アクシデント		427,325	226.037	1
ns	55	服部茂章	Hattori, Shigeaki	J		ダッラーラ IR0	R/RWD	オールズモビル	V8	3.5	—	DNQ		—	221.467	—
ns	32	D. アンドレ	Andre, Didier	F		Gフォース GF05	R/RWD	オールズモビル	V8	3.5	—	DNQ		—	220.985	—
ns	60	T. カールソン	Carlson, Tyce	USA		ダッラーラ IR0	R/RWD	オールズモビル	V8	3.5	—	DNQ		—	220.480	—
ns	7	R. グェレーロ	Guerrero, Roberto	COL		ダッラーラ IR0	R/RWD	オールズモビル	V8	3.5	—	DNQ		—	220.054	—
ns	37	M. ギドレイ	Gidley, Memo	MEX		ダッラーラ IR0	R/RWD	オールズモビル	V8	3.5	—	DNQ		—	221.198	—
ns	30	J. カイト	Kite, Jimmy	USA		Gフォース GF05	R/RWD	オールズモビル	V8	3.5	—	DNQ		—	221.048	—

2002 第86回

開催日／天候……2002年５月26日／晴れ
車両規定……市販ベースの非過給3500cc以下
参加／決勝出走……89台／33台
優勝スピード……166.499mph（267.954km/h）。コーション下で終了
賞金総額……$10,026,580
ポールシッター……B. ジュンケイラ　231.342mph（372.308km/h）　2′35″6136＝４周合計
最速ラップ……T. シェクター　226.499mph（364.514km/h）　39″7353　20周目
ルーキー賞……トーマス・シェクター＆アレックス・バロン（９人中）

リード・チェンジ……19回／９人。1－32＝ジュンケイラ、33－63＝シェクター、64－66＝カナーン、67＝シャープ、68＝ド・フェラン、69＝アンサーJr.、70－89＝カナーン、90－91＝ジャフォーネ、92－120＝シェクター、121－124＝ド・フェラン、125－126＝シャープ、127－129＝ジャフォーネ、130－131＝バロン、132－149＝シェクター、150－157＝ド・フェラン、158－160＝ジャフォーネ、161－165＝バロン、166－172＝シェクター、173－176＝ジャフォーネ、177－200＝カストロネヴェス
コーション……５回／35周

一体誰が勝ったのか物議をかもす事態となる。ルーキーながら長くトップを快走していたトーマス・シェクター（ダッラーラ・ニッサン）が173周目ターン４でウォールに当たってリタイアすると、首位エリオ・カストロネヴェスにポール・トレイシーがじわじわ接近する展開となった。そして199周目ターン３で遂に抜きにかかった時、直前のターン２で後続車のクラッシュが発生、果たしてその時、追い越し禁止を意味するコーションランプは灯っていたのだろうか？　IMSのボスであるトニー・ジョージは６週間の調査の後、カストロネヴェスの２連覇を表明した。賞金総額は1000万ドルを突破した。この年ダリオ・フランキッティとトニー・カナーンがインディ・デビューを果たした。前年予選不通過だった服部茂章が初の決勝進出、日本人としては３年ぶりの参戦となった。

新人シェクターは少数派ニッサン・インフィニティ・エンジンで終盤までトップ争いを展開

エリオ・カストロネヴェス（マールボロ・チーム・ペンスキー）　267.954km/h　オーナー：Marlboro Team Penske　ファイアストン

第86回●2002年 5 月26日○200周＝500マイル（804.670km）

Pos.	No	Driver	Driver	Nat.	Car Name	Chassis	Drive	Engine	Cyl.	Dis.	Laps	Time	Speed	Prize Money	Speed	Qfy.
1	3	H. カストロネヴェス	Castroneves, Helio	BR	Marlboro Team Penske	ダッラーラ IR0	R/RWD	シヴォレー	V8	3.5	200	3：00′10″8714	166.499	1,606,215	229.052	13
2	26	P. トレイシー	Tracy, Paul	CDN	Team Green 7-Eleven	ダッラーラ IR0	R/RWD	シヴォレー	V8	3.5	200	3：00′10″9090	166.484	489,315	228.006	29
3	21	F. ジャフォーネ	Giaffone, Felipe	BR	Hollywood Mo Nunn Racing	Gフォース GF05	R/RWD	シヴォレー	V8	3.5	200	3：00′10″9999	166.482	480,315	230.326	4
4	44	A. バロン	Barron, Alex	USA	Rayovac Blair Racing	ダッラーラ IR0	R/RWD	シヴォレー	V8	3.5	200	3：00′12″2751	166.477	412,115	228.580	26
5	51	E. チーヴァー	Cheever, Eddie	USA	Red Bull Cheever Racing Infiniti	ダッラーラ IR0	R/RWD	ニッサン	V8	3.5	200	3：00′13″3763	166.461	348,515	229.786	6
6	20	R. ハーン	Hearn, Richie	USA	Grill 2 Go Sam Schmidt Motorsports Indy Car	ダッラーラ IR0	R/RWD	シヴォレー	V8	3.5	200	3：00′14″0736	166.450	330,815	227.233	22
7	39	Mi. アンドレッティ	Andretti, Michael	USA	Motorola/Archipelago	ダッラーラ IR0	R/RWD	シヴォレー	V8	3.5	200	3：00′14″4609	166.444	218,715	228.713	25
8	31	R. ゴードン	Gordon, Robby	USA	Menards/Childress/Cingular	ダッラーラ IR0	R/RWD	シヴォレー	V8	3.5	200	3：00′16″9920	166.405	204,000	229.127	11
9	9	J. ウォード	Ward, Jeff	USA	Target Chip Ganassi Racing G Force	Gフォース GF05	R/RWD	シヴォレー	V8	3.5	200	3：00′18″4368	166.383	308,815	228.557	15
10	6	G. ド・フェラン	de Ferran, Gil	BR	Marlboro Team Penske	ダッラーラ IR0	R/RWD	シヴォレー	V8	3.5	200	3：00′39″4139	166.061	293,165	228.671	14
11	22	K. ブラック	Brack, Kenny	S	Target Chip Ganassi Racing G Force	Gフォース GF05	R/RWD	シヴォレー	V8	3.5	200	3：00′43″6909	165.995	188,315	227.240	21
12	7	A. アンサー Jr.	Unser Jr., Al	USA	Corteco/Bryant	ダッラーラ IR0	R/RWD	シヴォレー	V8	3.5	199	走行中		288,765	229.058	12
13	14	A. ダーレ	Dare, Airton	BR	Harrah's/A. J. Foyt Racing	ダッラーラ IR0	R/RWD	シヴォレー	V8	3.5	199	走行中		281,815	227.760	30
14	55	A. ルイェンダイク	Luyendyk, Arie	NL	Meijer	Gフォース GF05	R/RWD	シヴォレー	V8	3.5	199	走行中		338,815	228.848	24
15	91	B. ラヴィア	Lazier, Buddy	USA	Coors Light/Life Fitness/Tae-Bo/Delta Faucet	ダッラーラ IR0	R/RWD	シヴォレー	V8	3.5	198	アクシデント		277,615	227.495	20
16	24	R. ブール	Buhl, Robbie	USA	Team Purex/Aventis/Dreyer & Reinbold Racing	Gフォース GF05	R/RWD	ニッサン	V8	3.5	198	走行中		288,315	231.033	2
17	30	G. マック	Mack, George	USA	310 Racing	Gフォース GF05	R/RWD	シヴォレー	V8	3.5	198	走行中		283,565	227.150	32
18	98	B. ボート	Boat, Billy	USA	CURB Records	ダッラーラ IR0	R/RWD	シヴォレー	V8	3.5	198	走行中		286,315	226.589	23
19	27	D. フランキッティ	Franchitti, Dario	GB	Team Green 7-Eleven	ダッラーラ IR0	R/RWD	シヴォレー	V8	3.5	197	走行中		153,565	228.177	28
20	12	服部茂章	Hattori, Shigeaki	J	EPSON	ダッラーラ IR0	R/RWD	ニッサン	V8	3.5	197	走行中		161,565	228.192	27
21	2	R. ボエセル	Boesel, Raul	BR	Menards/John Manville	ダッラーラ IR0	R/RWD	シヴォレー	V8	3.5	197	走行中		268,315	230.613	3
22	34	L. レドン	Redon, Laurent	F	Mi-Jack	ダッラーラ IR0	R/RWD	ニッサン	V8	3.5	196	アクシデント		256,565	228.106	16
23	53	M. パピス	Papis, Max	I	Red Bull Cheever Racing Infiniti	ダッラーラ IR0	R/RWD	ニッサン	V8	3.5	196	走行中		153,565	227.941	18
24	23	S. フィッシャー	Fisher, Sarah	USA	Team Allegra/Dreyer & Reinbold Racing	Gフォース GF05	R/RWD	ニッサン	V8	3.5	196	走行中		163,315	229.439	9
25	4	S. ホーニッシュ Jr.	Hornish Jr., Sam	USA	Pennzoil Panther Dallara	ダッラーラ IR0	R/RWD	シヴォレー	V8	3.5	186	走行中		253,815	229.585	7
26	52	T. シェクター	Scheckter, Tomas	ZA	Red Bull Cheever Racing Infiniti	ダッラーラ IR0	R/RWD	ニッサン	V8	3.5	172	アクシデント		294,815	229.210	10
27	8	S. シャープ	Sharp, Scott	USA	Delphi	ダッラーラ IR0	R/RWD	シヴォレー	V8	3.5	137	エンジン		255,665	229.486	8
28	17	T. カナーン	Kanaan, Tony	BR	Hollywood Mo Nunn Racing	Gフォース GF05	R/RWD	シヴォレー	V8	3.5	89	アクシデント		167,665	230.253	5
29	5	R. トレドウェイ	Treadway, Rick	USA	Sprint/Kyocera Wireless/Airlink Enterprises	Gフォース GF05	R/RWD	シヴォレー	V8	3.5	88	アクシデント		147,565	228.039	17
30	19	J. ヴァッサー	Vasser, Jimmy	USA	Treadway & Associates	ダッラーラ IR0	R/RWD	シヴォレー	V8	3.5	87	ギアボックス		151,315	227.743	19
31	33	B. ジュンケイラ	Junqueira, Bruno	BR	Target Chip Ganassi Racing G Force	Gフォース GF05	R/RWD	シヴォレー	V8	3.5	87	ギアボックス		282,715	231.342	1
32	99	M. ディズモア	Dismore, Mark	USA	Grill 2 Go Sam Schmidt	ダッラーラ IR0	R/RWD	シヴォレー	V8	3.5	58	ハンドリング		145,315	227.096	33
33	11	G. レイ	Ray, Greg	USA	A. J. Foyt Racing/Harrah's	ダッラーラ IR0	R/RWD	シヴォレー	V8	3.5	28	アクシデント		427,325	227.155	31
ns	81	B. ロー	Roe, Billy	USA	American Dream Mortgage	Gフォース GF05	R/RWD	シヴォレー	V8	3.5	—	DNQ		—	212.283	—
ns	15	O. セルヴィア	Servia, Oriol	E	Walker Racing	ダッラーラ IR0	R/RWD	シヴォレー	V8	3.5	—	DNQ		—	waved off	—
ns	99	A. ラッツァロ	Lazzaro, Anthony	USA	Grill 2 Go Sam Schmidt		R/RWD		V8	3.5	—	DNQ		—	waved off	—
ns	10	R. マギー	McGehee, Robby	USA	Cahill Racing/Scottrade	ダッラーラ IR0	R/RWD	シヴォレー	V8	3.5	—	DNQ		—	waved off	—

2003 第87回

開催日／天候 ……… 2003年５月25日／晴れ
車両規定 ……… 市販ベースの非過給3500cc以下
決勝出走 ……… 33台
優勝スピード ……… 156.291mph(251.525km/h)。２位に0″2990差
賞金総額 ……… $10,139,830
ポールシッター ……… H. カストロネヴェス　231.725mph(372.924km/h)　2′35″3564＝４周合計
最速ラップ ……… T. カナーン　229.187mph(368.840km/h)　39″2692　100周目
ルーキー賞 ……… 高木虎之介(９人中)
リード・チェンジ … 14回／８人。1－16＝カストロネヴェス、17－31＝ディクソン、32－49＝Mi. アンドレッティ、50＝カナーン、51－57＝シェクター、58－67＝Mi. アンドレッティ、68－94＝シェクター、95－99＝カストロネヴェス、100＝ヴァッサー、101－128＝シェクター、129－165＝カストロネヴェス、166＝カナーン、167＝シェクター、168－169＝高木、170－200＝ド・フェラン
コーション ……… ９回／49周

A. J. フォイトの孫であるA. J. フォイトⅣがインディ500デビュー、19歳の最年少記録となる。170周目、３連覇を目指すエリオ・カストロネヴェスがターン２でそのフォイトⅣを周回遅れにしようとした際に判断を誤り、勢いを失った隙に、チームメイトのジル・ド・フェランが追い抜き、リードを奪った。この年限りで引退するド・フェランにとっては最初で唯一の500勝利となる。Gフォース・シャシーはこれで３連勝。この年CARTからIRLに転向したトヨタ・エンジンにとってはホンダよりも早く日本製エンジンによる初優勝を遂げる。F１経験者の高木虎之介は168〜169周目のラップリーダーとなり、僅差の５位フィニッシュ、日本人として初めてルーキー賞を獲得した。10位にロジャー安川、14位に中野信治、30位に服部茂章と４名もの日本人が決勝を走った。マイケル・アンドレッティは引退を表明。

初出場でトップ争いまでした高木虎之介はウィナーから僅か２秒差の５位、ルーキー賞を獲得

ジル・ド・フェラン(マールボロ・チーム・ペンスキー)　251.525km/h　オーナー：Marlboro Team Penske　ファイアストン

第87回●2003年5月25日○200周＝500マイル（804.670km）

Pos.	No	Driver	Driver	Nat.	Car Name	Chassis	Drive	Engine	Cyl.	Dis.	Laps	Time	Speed	Prize Money	Speed	Qfy.
1	6	G. ド・フェラン	de Ferran, Gil	BR	Marlboro Team Penske	パノスGフォースGF09	R/RWD	トヨタ	V8	3.5	200	3:11′56″9891	156.291	1,353,265	228.633	10
2	3	H. カストロネヴェス	Castroneves, Helio	BR	Marlboro Team Penske	ダッラーラIR3	R/RWD	トヨタ	V8	3.5	200	3:11′57″2881	156.287	739,665	231.725	1
3	11	T. カナーン	Kanaan, Tony	BR	Team 7-Eleven	ダッラーラIR3	R/RWD	ホンダ	V8	3.5	200	3:11′58″2366	156.274	486,465	231.006	2
4	10	T. シェクター	Scheckter, Tomas	ZA	Target Chip Ganassi Racing	パノスGフォースGF09	R/RWD	トヨタ	V8	3.5	200	3:11′58″6736	156.268	448,415	227.769	12
5	12	高木虎之介	Takagi, Toranosuke	J	Pioneer Mo Nunn Racing	パノスGフォースGF09	R/RWD	トヨタ	V8	3.5	200	3:11′58″9497	156.264	363,515	229.358	7
6	20	A. バロン	Barron, Alex	USA	Meijer Mo Nunn Racing	パノスGフォースGF09	R/RWD	トヨタ	V8	3.5	200	3:12′02″9928	156.209	297,265	227.274	25
7	32	T. レナ	Renna, Tony	USA	Cure Autism Now/HomeMed	ダッラーラIR3	R/RWD	トヨタ	V8	3.5	200	3:12′04″4773	156.189	206,315	228.765	8
8	13	G. レイ	Ray, Greg	USA	TrimSpa	パノスGフォースGF09	R/RWD	ホンダ	V8	3.5	200	3:12′08″5557	156.134	299,065	227.288	14
9	31	A. アンサー Jr.	Unser Jr., Al	USA	Corteco	ダッラーラIR3	R/RWD	トヨタ	V8	3.5	200	3:12′14″4052	156.055	296,565	226.285	17
10	55	ロジャー安川	Yasukawa, Roger	USA	Panasonic ARTA	ダッラーラIR3	R/RWD	ホンダ	V8	3.5	199	3:12′11″0007	155.320	288,815	228.577	11
11	52	B. ライス	Rice, Buddy	USA	Red Bull Cheever Racing	ダッラーラIR3	R/RWD	シヴォレー	V8	3.5	199	3:12′11″2669		323,315	226.213	19
12	22	V. メイラ	Meira, Vitor	BR	Metabolife/Johns Manville/Menards	ダッラーラIR3	R/RWD	シヴォレー	V8	3.5	199	3:12′14″5914		192,315	227.158	26
13	18	J. カイト	Kite, Jimmy	USA	Danny Hecker's Auto Connection	ダッラーラIR3	R/RWD	シヴォレー	V8	3.5	197	3:12′17″8900		273,565	224.195	32
14	54	中野信治	Nakano, Shinji	J	Beard Papa's	ダッラーラIR3	R/RWD	ホンダ	V8	3.5	196	3:12′15″3935		269,315	227.222	15
15	4	S. ホーニッシュ Jr.	Hornish Jr., Sam	USA	Pennzoil Panther	ダッラーラIR3	R/RWD	シヴォレー	V8	3.5	195	エンジン		271,065	226.225	18
16	15	K. ブラック	Brack, Kenny	S	Rahal/Letterman/Miller Life/Pioneer	ダッラーラIR3	R/RWD	ホンダ	V8	3.5	195	3:12′17″3375		271,065	229.509	6
17	9	S. ディクソン	Dixon, Scott	NZ	Target Chip Ganassi Racing	パノスGフォースGF09	R/RWD	トヨタ	V8	3.5	191	アクシデント		304,315	230.099	4
18	14	A. J. フォイトⅣ	Foyt Ⅳ, A. J.	USA	Conseco/A. J. Foyt Racing	ダッラーラIR3	R/RWD	トヨタ	V8	3.5	189	3:12′28″5792		264,315	224.177	23
19	26	D. フェルドン	Wheldon, Dan	GB	Klein Tools/Jim Beam	ダッラーラIR3	R/RWD	ホンダ	V8	3.5	186	アクシデント		161,815	229.958	5
20	8	S. シャープ	Sharp, Scott	USA	Delphi	ダッラーラIR3	R/RWD	トヨタ	V8	3.5	181	アクシデント		257,815	228.755	9
21	91	B. ラヴィア	Lazier, Buddy	USA	Victory Brand/Delta Faucet/Life Fitness	ダッラーラIR3	R/RWD	シヴォレー	V8	3.5	171	エンジン		276,065	224.910	21
22	27	R. ゴードン	Gordon, Robby	USA	Archipelago/Motorola	ダッラーラIR3	R/RWD	ホンダ	V8	3.5	169	ギアボックス		256,250	230.205	3
23	24	R. ブール	Buhl, Robbie	USA	Purex/Aventis/Dreyer & Reinbold	ダッラーラIR3	R/RWD	シヴォレー	V8	3.5	147	エンジン		252,065	224.369	22
24	41	A. ダーレ	Dare, Airton	BR	Conseco/A. J. Foyt Racing	パノスGフォースGF09	R/RWD	トヨタ	V8	3.5	125	アクシデント		166,065	223.609	33
25	44	R. マギー	McGehee, Robby	USA	Pedigo Chevrolet Panther Racing	ダッラーラIR3	R/RWD	シヴォレー	V8	3.5	125	ステアリング		151,565	224.493	31
26	19	J. ヴァッサー	Vasser, Jimmy	USA	Argent Rahal/Letterman Racing	ダッラーラIR3	R/RWD	ホンダ	V8	3.5	102	ギアボックス		161,265	226.873	27
27	7	Mi. アンドレッティ	Andretti, Michael	USA	Team 7-Eleven	ダッラーラIR3	R/RWD	ホンダ	V8	3.5	94	スロットル		259,415	227.739	13
28	99	R. ハーン	Hearn, Richie	USA	Contour Hardening/Curb Agajanian/SSM	パノスGフォースGF09	R/RWD	トヨタ	V8	3.5	61	アクシデント		142,565	225.863	28
29	2	J. ラヴィア	Lazier, Jaques	USA	Menards/Johns Manville	ダッラーラIR3	R/RWD	シヴォレー	V8	3.5	61	アクシデント		240,315	225.975	20
30	5	服部茂章	Hattori, Shigeaki	J	EPSON/A. J. Foyt Racing	ダッラーラIR3	R/RWD	トヨタ	V8	3.5	19	燃料システム		240,065	224.589	30
31	23	S. フィッシャー	Fisher, Sarah	USA	AOL/GMAC/Raybestos/DRR	ダッラーラIR3	R/RWD	シヴォレー	V8	3.5	14	エンジン		244,065	224.170	24
32	98	B. ボート	Boat, Billy	USA	Pedigo Chevrolet Panther Racing	ダッラーラ	R/RWD	シヴォレー	V8	3.5	7	エンジン		139,065	225.598	29
33	21	F. ジャフォーネ	Giaffone, Felipe	BR	Hollywood Mo Nunn Racing	パノスGフォースGF09	R/RWD	トヨタ	V8	3.5	6	電気系統		242,815	227.210	16

2004 第88回

開催日／天候 …… 2004年５月30日／曇り。一時雨で中断
車両規定 …… 非過給3000cc（183.1ci）以下
決勝出走 …… 33台
優勝スピード …… 138.518mph（222.923km/h）。コーション下で終了
賞金総額 …… $10,250,580
ポールシッター …… B. ライス　222.024mph（357.312km/h）　2′42″1445＝４周合計
最速ラップ …… V. メイラ　218.401mph（351.481km/h）　41″0286　173周目
ルーキー賞 …… 松浦孝亮（８人中）

リード・チェンジ …… 17回／９人。1－12＝ライス、13－15＝バロン、16＝ハータ、17－33＝フェルドン、34－49＝ライス、50－58＝ホーニッシュ、59－97＝ライス、98－103＝フェルドン、104－116＝カナーン、117－119＝フェルドン、120－133＝カナーン、134＝フランキッティ、135－150＝ジュンケイラ、151＝カナーン、152－166＝ライス、167－168＝ハータ、169－171＝フェルナンデス、172－180＝ライス
コーション …… ８回／56周
リリーフ …… No.70 Jaques Lazier

2003年以来、エンジン対決はシヴォレー、トヨタ、ホンダで競われた。ホンダはIRL参戦２年目で努力が実り、レイハル－レターマン・レーシング車でポールを獲ったバディ・ライスが勝利した。ホンダはアンドレッティ・グリーン車に乗ったダン・フェルドンとダリオ・フランキッティとともに１列目を独占した。前年最終戦テキサスで重傷を負ったケニー・ブラックに代わってそのシートを得たライスの今回の勝利は、チームオーナーに転じた1986年覇者ボビー・レイハルにとってオーナーとしてのインディ500初勝利でもある。雨のため途中赤旗が出、２時間中断後の再レースは天候を見極めながら最後のピットストップをいつするかを探る戦いとなり、174周でまたしても強烈な嵐の到来により20周早くチェッカー終了となった。10位ロジャー安川に次いで松浦孝亮が11位でルーキー賞を獲得。

優勝したライスとレイハルはホンダに念願のインディ500初優勝をもたらす

バディ・ライス（レイハル－レターマン・アージェント／パイオニア）　222.923km/h　オーナー：Rahal Letterman Racing　ファイアストン

第88回●2004年５月30日○180周＝450マイル（724.203km）

Pos.	No	Driver	Driver	Nat.	Car Name	Chassis	Drive	Engine	Cyl.	Dis.	Laps	Time	Speed	Prize Money	Speed	Qfy.
1	15	B. ライス	Rice, Buddy	USA	Rahal-Letterman Argent/Pioneer	パノスＧフォースGF09	R/RWD	ホンダ	V8	3.0	180	3：14′55″2395	138.518	1,761,740	222.024	1
2	11	T. カナーン	Kanaan, Tony	BR	Team 7-Eleven	ダッラーラIR3	R/RWD	ホンダ	V8	3.0	180	3：14′55″3954	138.516	659,240	221.200	5
3	26	D. フェルドン	Wheldon, Dan	GB	Klein Tools/Jim Beam	ダッラーラIR3	R/RWD	ホンダ	V8	3.0	180	3：14′57″5272	138.491	533,040	221.524	2
4	7	B. ハータ	Herta, Bryan	USA	XM Satellite Radio	ダッラーラIR3	R/RWD	ホンダ	V8	3.0	180	3：14′57″6892	138.489	366,440	219.871	23
5	36	B. ジュンケイラ	Junqueira, Bruno	BR	PacifiCare/Secure Horizons	パノスＧフォースGF09	R/RWD	ホンダ	V8	3.0	180	3：14′58″9181	138.474	296,240	221.379	4
6	17	V. メイラ	Meira, Vitor	BR	Rahal-Letterman Team Centrix	パノスＧフォースGF09	R/RWD	ホンダ	V8	3.0	180	3：14′59″8530	138.463	301,240	220.958	7
7	5	A. フェルナンデス	Fernandez, Adrian	MEX	Quaker State Telmex Tecate	パノスＧフォースGF09	R/RWD	ホンダ	V8	3.0	180	3：15′00″2396	138.459	294,740	220.999	6
8	1	S. ディクソン	Dixon, Scott	NZ	Target Chip Ganassi Racing	パノスＧフォースGF09	R/RWD	トヨタ	V8	3.0	180	3：15′02″5903	138.431	283,740	219.319	13
9	3	H. カストロネヴェス	Castroneves, Helio	BR	Marlboro Team Penske	ダッラーラIR3	R/RWD	トヨタ	V8	3.0	180	3：15′04″0474	138.414	311,990	220.882	8
10	16	ロジャー安川	Yasukawa, Roger	USA	Rahal-Letterman Racing Sammy	パノスＧフォースGF09	R/RWD	ホンダ	V8	3.0	180	3：15′04″5234	138.401	261,740	220.030	12
11	55	松浦孝亮	Matsuura, Kosuke	J	Panasonic ARTA	パノスＧフォースGF09	R/RWD	ホンダ	V8	3.0	180	3：15′06″3554	138.386	294,740	220.740	9
12	51	A. バロン	Barron, Alex	USA	Red Bull	ダッラーラIR3	R/RWD	シヴォレー	V8	3.0	180	3：15′11″5117	138.325	269,240	218.836	24
13	8	S. シャープ	Sharp, Scott	USA	Delphi	ダッラーラIR3	R/RWD	トヨタ	V8	3.0	180	3：15′12″9176	138.309	253,990	215.635	20
14	27	D. フランキッティ	Franchitti, Dario	GB	Arca/Ex	ダッラーラIR3	R/RWD	ホンダ	V8	3.0	180	3：15′13″8878	138.297	255,740	221.471	3
15	24	F. ジャフォーネ	Giaffone, Felipe	BR	Team Purex	ダッラーラIR3	R/RWD	シヴォレー	V8	3.0	179	3：14′55″7809	137.742	249,490	216.259	25
16	21	J. シモンズ	Simmons, Jeff	USA	Pioneer	ダッラーラIR3	R/RWD	トヨタ	V8	3.0	179	3：14′55″9145	137.740	224,990	214.783	29
17	20	A. アンサー Jr.	Unser Jr., Al	USA	Patrick Racing	ダッラーラIR3	R/RWD	シヴォレー	V8	3.0	179	3：14′56″0153	137.739	220,740	217.966	17
18	4	T. シェクター	Scheckter, Tomas	ZA	Pennzoil	ダッラーラIR3	R/RWD	シヴォレー	V8	3.0	179	3：15′10″0172	137.575	234,240	220.417	10
19	12	高木虎之介	Takagi, Toranosuke	J	Pioneer	ダッラーラIR3	R/RWD	トヨタ	V8	3.0	179	3：15′15″0744	137.515	230,740	214.364	26
20	33	R. ハーン	Hearn, Richie	USA	Lucas Oil Products	パノスＧフォースGF09	R/RWD	トヨタ	V8	3.0	178	3：15′07″8865	136.831	207,740	213.715	30
21	39	S. フィッシャー	Fisher, Sarah	USA	Bryant Heating & Cooling/Cure Antism Now	ダッラーラIR3	R/RWD	トヨタ	V8	3.0	177	3：15′07″0426	136.072	208,740	215.771	19
22	18	R. マギー	McGehee, Robby	USA	Burger King Angus Steak Burger	ダッラーラIR3	R/RWD	シヴォレー	V8	3.0	177	3：15′10″6261	136.030	202,740	211.631	33
23	91	B. ラツィア	Lazier, Buddy	USA	LifeFitness DRR/Hemelgarn	ダッラーラIR3	R/RWD	シヴォレー	V8	3.0	164	燃料システム		212,240	215.110	28
24	25	M. ロス	Roth, Marty	USA	Roth Racing	ダッラーラIR3	R/RWD	トヨタ	V8	3.0	128	アクシデント		203,990	211.974	32
25	10	D. マニング	Manning, Darren	GB	Target Chip Ganassi Racing	パノスＧフォースGF09	R/RWD	トヨタ	V8	3.0	104	アクシデント		227,490	219.271	15
26	6	S. ホーニッシュ Jr.	Hornish Jr., Sam	USA	Marlboro Team Penske	ダッラーラIR3	R/RWD	トヨタ	V8	3.0	104	アクシデント		223,240	220.180	11
27	13	G. レイ	Ray, Greg	USA	Access Motorsports	パノスＧフォースGF09	R/RWD	ホンダ	V8	3.0	98	アクシデント		239,735	216.641	27
28	98	P. J. ジョーンズ	Jones, P. J.	USA	CURB Records	ダッラーラIR3	R/RWD	シヴォレー	V8	3.0	92	アクシデント		195,490	213.355	31
29	70	R. ゴードン	Gordon, Robby	USA	Meijer/Coca-Cola	ダッラーラIR3	R/RWD	シヴォレー	V8	3.0	88	メカニカル		192,420	216.397	18
30	2	M. テイラー	Taylor, Mark	GB	Menards/Johns Manville Racing	ダッラーラIR3	R/RWD	シヴォレー	V8	3.0	62	アクシデント		211,990	219.282	14
31	52	E. カーペンター	Carpenter, Ed	USA	Red Bull	ダッラーラIR3	R/RWD	シヴォレー	V8	3.0	62	アクシデント		212,485	218.590	16
32	41	L. フォイト	Foyt, Larry	USA	A. J. Foyt Racing	パノスＧフォースGF09	R/RWD	トヨタ	V8	3.0	54	アクシデント		192,485	213.277	22
33	14	A. J. フォイトⅣ	Foyt Ⅳ, A. J.	USA	Conseco/A. J. Foyt Racing	ダッラーラIR3	R/RWD	トヨタ	V8	3.0	26	ハンドリング		215,735	214.256	21

2005 第89回

開催日／天候……2005年5月29日／晴れ
車両規定……非過給3000cc以下
決勝出走……33台
優勝スピード……157.603mph(253.637km/h)。コーション下で終了
賞金総額……$10,304,815
ポールシッター……T. カナーン　227.566mph(366.231km/h)　2′38″1961＝4周合計
最速ラップ……T. カナーン　228.102mph(367.094km/h)　39″4560　167周目
ルーキー賞……ダニカ・パトリック(6人中)
リード・チェンジ……27回／7人。1－2＝ホーニッシュ、3＝カナーン、4－7＝ホーニッシュ、8－25＝カナーン、26＝フランキッティ、27－37＝カナーン、38－54＝ホーニッシュ、55＝フランキッティ、56＝パトリック、57－58＝ジュンケイラ、59－97＝ホーニッシュ、98－100＝カナーン、101－111＝ホーニッシュ、112－115＝カナーン、116－119＝ホーニッシュ、120－122＝カナーン、123＝フランキッティ、124－135＝カナーン、136－143＝フランキッティ、144－145＝カナーン、146－149＝フランキッティ、150－161＝フェルドン、162－164＝メイラ、165－171＝フェルドン、172－185＝パトリック、186－189＝フェルドン、190－193＝パトリック、194－200＝フェルドン
コーション……8回／46周

ルーキーのダニカ・パトリック23歳が一夜にしてヒロインとなった。彼女は4位スタートから好走を続け、56周目には史上初の女性リーダーとなり、190周目のリスタート時にダン・フェルドンを抜いて再度トップに立った時は、そのまま優勝しそうな雰囲気となり、観客も大騒ぎ。しかしフェルドンは5周後にトップを奪い返し、16位スタートながら初優勝を飾る。イギリス人の勝利は1966年グレアム・ヒル以来。パトリックはその後順位を落とし4.5秒差の4位でレースを終えるが、155周目ターン4での5台が絡む事故に巻き込まれていたことを思えば、それでも素晴らしい結果で、ルーキー賞も獲得。これ以降、女性ドライバーのインディ参戦が活発化する。ポールシッターはトニー・カナーン。7人により27回リード・チェンジがあるスリリングな展開。エンジン3メーカーの対決はこの年まで。

初優勝も夢ではなかったダニカ・パトリック嬢。残り7周という時点ではトップ走行

ダン・フェルドン(クライン・ツールズ／ジム・ビームSpl.)　253.637km/h　オーナー：Andretti Green Racing　ファイアストン

第89回●2005年５月29日○200周＝500マイル(804.670km)

Pos.	No	Driver	Driver	Nat.	Car Name	Chassis	Drive	Engine	Cyl.	Dis.	Laps	Time	Speed	Prize Money	Speed	Qfy.
1	26	D. フェルドン	Wheldon, Dan	GB	Klein Tools/Jim Beam	ダッラーラ IR3	R/RWD	ホンダ	V8	3.0	200	3:10′21″0769	157.603	1,537,805	224.308	16
2	17	V. メイラ	Meira, Vitor	BR	Rahal Letterman Menards Johns Manville	パノス PZ09C	R/RWD	ホンダ	V8	3.0	200	3:10′21″2071	157.602	656,955	226.848	7
3	7	B. ハータ	Herta, Bryan	USA	XM Satellite Radio	ダッラーラ IR3	R/RWD	ホンダ	V8	3.0	200	3:10′21″2830	157.601	457,505	223.972	18
4	16	D. パトリック	Patrick, Danica	USA	Rahal Letterman Racing Argent Pioneer	パノス PZ09C	R/RWD	ホンダ	V8	3.0	200	3:10′25″6284	157.541	378,855	227.004	4
5	95	B. ラヴィア	Lazier, Buddy	USA	Panther/Jonathan Byrd's/ESPN 950 AM	ダッラーラ IR3	R/RWD	シヴォレー	V8	3.0	200	3:10′25″8816	157.537	288,805	226.353	9
6	27	D. フランキッティ	Franchitti, Dario	GB	ArcaEx	ダッラーラ IR3	R/RWD	ホンダ	V8	3.0	200	3:10′26″2219	157.532	309,055	226.873	6
7	8	S. シャープ	Sharp, Scott	USA	Delphi	パノス PZ09C	R/RWD	ホンダ	V8	3.0	200	3:10′26″6564	157.526	295,305	227.126	3
8	11	T. カナーン	Kanaan, Tony	BR	Team 7-Eleven	ダッラーラ IR3	R/RWD	ホンダ	V8	3.0	200	3:10′27″4296	157.516	467,105	227.566	1
9	3	H. カストロネヴェス	Castroneves, Helio	BR	Marlboro Team Penske	ダッラーラ IR3	R/RWD	トヨタ	V8	3.0	200	3:10′28″8456	157.496	277,805	226.927	5
10	33	R. ブリスコー	Briscoe, Ryan	AUS	Target Chip Ganassi Racing	パノス PZ09C	R/RWD	トヨタ	V8	3.0	199	3:10′27″8261		273,555	224.080	24
11	20	E. カーペンター	Carpenter, Ed	USA	Vision Racing	ダッラーラ IR3	R/RWD	トヨタ	V8	3.0	199	3:10′31″6192		258,305	221.439	26
12	37	S. ブルダイ	Bourdais, Sebastien	F	Newman Haas Racing Team Centrix	パノス PZ09C	R/RWD	ホンダ	V8	3.0	198	アクシデント		234,555	224.955	15
13	51	A. バロン	Barron, Alex	USA	Red Bull Cheever Racing	ダッラーラ IR3	R/RWD	トヨタ	V8	3.0	197	3:10′30″0548		254,805	221.053	22
14	5	A. フェルナンデス	Fernandez, Adrian	MEX	Investment Properties of America	パノス PZ09C	R/RWD	ホンダ	V8	3.0	197	3:10′34″4013		226,305	225.120	14
15	48	F. ジャフォーネ	Giaffone, Felipe	BR	A. J. Foyt Racing	パノス PZ09C	R/RWD	トヨタ	V8	3.0	194	3:10′30″6052		247,305	217.645	33
16	21	J. ラヴィア	Lazier, Jaques	USA	Playa Del Racing	パノス PZ09C	R/RWD	トヨタ	V8	3.0	189	3:10′30″9216		219,305	221.228	27
17	55	松浦孝亮	Matsuura, Kosuke	J	Panasonic ARTA	パノス PZ09C	R/RWD	ホンダ	V8	3.0	186	アクシデント		236,305	226.397	8
18	24	ロジャー安川	Yasukawa, Roger	USA	Dreyer & Reinbold Racing	ダッラーラ IR3	R/RWD	ホンダ	V8	3.0	167	ガレージ		233,305	224.131	17
19	2	T. エンゲ	Enge, Tomas	CS	ROCKSTAR Panther Racing	ダッラーラ IR3	R/RWD	シヴォレー	V8	3.0	155	アクシデント		232,055	226.107	10
20	4	T. シェクター	Scheckter, Tomas	ZA	Pennzoil Panther	ダッラーラ IR3	R/RWD	シヴォレー	V8	3.0	154	アクシデント		257,305	226.031	11
21	83	P. カーペンティア	Carpentier, Patrick	CDN	Red Bull Cheever Racing	ダッラーラ IR3	R/RWD	トヨタ	V8	3.0	153	メカニカル		231,055	222.803	25
22	44	J. バックナム	Bucknum, Jeff	USA	Investment Properties of America	ダッラーラ IR3	R/RWD	ホンダ	V8	3.0	150	アクシデント		222,555	221.521	21
23	6	S. ホーニッシュ Jr.	Hornish Jr., Sam	USA	Marlboro Team Penske	ダッラーラ IR3	R/RWD	トヨタ	V8	3.0	146	アクシデント		391,455	227.273	2
24	9	S. ディクソン	Dixon, Scott	NZ	Target Chip Ganassi Racing	パノス PZ09C	R/RWD	トヨタ	V8	3.0	113	アクシデント		225,805	225.215	13
25	70	R. ハーン	Hearn, Richie	USA	Meijer/Coca-Cola Racing Special	パノス PZ09C	R/RWD	シヴォレー	V8	3.0	112	アクシデント		202,305	222.707	20
26	15	K. ブラック	Brack, Kenny	S	Rahal Letterman Racing Argent Pioneer	パノス PZ09C	R/RWD	ホンダ	V8	3.0	92	メカニカル		275,805	227.598	23
27	22	J. ウォード	Ward, Jeff	USA	Vision Racing	ダッラーラ IR3	R/RWD	トヨタ	V8	3.0	92	ハンドリング		194,805	218.714	31
28	14	A. J. フォイトⅣ	Foyt Ⅳ, A. J.	USA	A. J. Foyt Racing	ダッラーラ IR3	R/RWD	トヨタ	V8	3.0	84	ハンドリング		218,805	220.442	28
29	10	D. マニング	Manning, Darren	GB	Target Chip Ganassi Racing	パノス PZ09C	R/RWD	トヨタ	V8	3.0	82	メカニカル		212,805	223.943	19
30	36	B. ジュンケイラ	Junqueira, Bruno	BR	Newman Haas Racing Team Centrix	パノス PZ09C	R/RWD	ホンダ	V8	3.0	76	アクシデント		192,205	225.704	12
31	25	M. ロス	Roth, Marty	USA	Roth Racing/PDM Racing	ダッラーラ IR3	R/RWD	シヴォレー	V8	3.0	47	ハンドリング		195,305	219.497	29
32	91	J. カイト	Kite, Jimmy	USA	Ethanol Hemelgarn Racing	ダッラーラ IR3	R/RWD	トヨタ	V8	3.0	47	ハンドリング		210,305	218.565	32
33	41	L. フォイト	Foyt, Larry	USA	ABC Supply Co.	ダッラーラ IR3	R/RWD	トヨタ	V8	3.0	14	アクシデント		189,305	219.396	30
ns	98	A. ルイェンダイク Jr.	Luyendyk Jr., Arie	NL	CURB/Agajanian/Beck Motorsports	ダッラーラ IR3	R/RWD	シヴォレー	V8	3.0	—	DNQ		—	215.039	—

2006 第90回

開催日／天候……2006年5月28日／晴れ
車両規定……非過給3000cc以下
決勝出走……33台
優勝スピード……157.085mph（252.803km/h）。2位に0″0635差
賞金総額……＄10,518,565+26,000
ポールシッター……S. ホーニッシュJr.　228.985mph（368.515km/h）　2′37″2155＝4周合計
最速ラップ……S. ディクソン　221.251mph（356.068km/h）　40″6777　41周目
ルーキー賞……マルコ・アンドレッティ（5人中）
リード・チェンジ……14回／7人。1－9＝カストロネヴェス、10－34＝フェルドン、35－37＝ホーニッシュ、38＝カナーン、39－107＝フェルドン、108－110＝ディクソン、111－124＝フェルドン、125－127＝ディクソン、128－129＝フェルドン、130－144＝ホーニッシュ、145－182＝フェルドン、183－193＝カナーン、194－197＝Mi. アンドレッティ、198－199＝Ma. アンドレッティ、200＝ホーニッシュ
コーション……5回／44周

ポールを獲得したサム・ホーニッシュJr.が最後フィニッシュ・ライン寸前でルーキーのマルコ・アンドレッティをかわし、1992年に次ぐ僅差フィニッシュ（0.0635秒差）。最終ラップにおける首位交代は、実は今回が初の出来事。194周目までトップを走ったマイケル・アンドレッティ（引退を撤回してカムバック）が198周目に息子マルコ19歳を先行させた際に、間髪入れずにマルコに追随したホーニッシュは、199周目ターン3でこの三世代目を抜き損ねて一瞬差が開いたが、そこから怒濤の追い上げを見せた。マルコはルーキー賞で我慢、アンドレッティ家としては親子3代でルーキー賞を獲得したことになる。前年の勝者ダン・フェルドンはチップ・ガナッシ陣営へと移籍して連覇を目指し、実際レース前半148周まで優位に戦ったところで後退。ホンダは以後2011年まで全車に対してエンジンを独占供給。

ホワイトハウスでジョージ W. ブッシュ大統領と握手するペンスキー。中央が優勝者ホーニッシュ

サム・ホーニッシュJr.（マールボロ・チーム・ペンスキー）　252.803km/h　オーナー：Marlboro Team Penske　ファイアストン

第90回●2006年5月28日○200周＝500マイル（804.670km）

Pos.	No	Driver	Driver	Nat.	Car Name	Chassis	Drive	Engine	Cyl.	Dis.	Laps	Time	Speed	Prize Money	Speed	Qfy.
1	6	S. ホーニッシュ Jr.	Hornish Jr., Sam	USA	Marlboro Team Penske	ダッラーラ IR3	R/RWD	ホンダ	V8	3.0	200	3：10′58″7590	157.085	1,744,855	228.985	1
2	26	Ma. アンドレッティ	Andretti, Marco	USA	NYSE Group	ダッラーラ IR3	R/RWD	ホンダ	V8	3.0	200	3：10′58″8225	157.084	688,505	224.918	9
3	1	Mi. アンドレッティ	Andretti, Michael	USA	Jim Beam/Vonage	ダッラーラ IR3	R/RWD	ホンダ	V8	3.0	200	3：10′59″7677	157.071	455,105	224.508	13
4	10	D. フェルドン	Wheldon, Dan	GB	Target Chip Ganassi Racing	ダッラーラ IR3	R/RWD	ホンダ	V8	3.0	200	3：11′00″0282	157.068	571,405	227.338	3
5	11	T. カナーン	Kanaan, Tony	BR	Team 7-Eleven	ダッラーラ IR3	R/RWD	ホンダ	V8	3.0	200	3：11′00″4046	157.063	340,405	226.776	5
6	9	S. ディクソン	Dixon, Scott	NZ	Target Chip Ganassi Racing	ダッラーラ IR3	R/RWD	ホンダ	V8	3.0	200	3：11′01″8156	157.043	361,005	226.921	4
7	27	D. フランキッティ	Franchitti, Dario	GB	Klein Tools/Canadian Club	ダッラーラ IR3	R/RWD	ホンダ	V8	3.0	200	3：11′04″3839	157.008	307,905	223.345	17
8	16	D. パトリック	Patrick, Danica	USA	Rahal Letterman Racing Team Argent	パノス PZ09C	R/RWD	ホンダ	V8	3.0	200	3：11′04″4853	157.007	285,805	224.674	10
9	8	S. シャープ	Sharp, Scott	USA	Delphi	ダッラーラ IR3	R/RWD	ホンダ	V8	3.0	200	3：11′09″8842	156.933	283,805	225.321	8
10	4	V. メイラ	Meira, Vitor	BR	Harrah's Panther	ダッラーラ IR3	R/RWD	ホンダ	V8	3.0	200	3：11′16″7144	156.839	267,705	226.156	6
11	20	E. カーペンター	Carpenter, Ed	USA	Vision Racing	ダッラーラ IR3	R/RWD	ホンダ	V8	3.0	199	3：11′03″5831	156.234	264,805	224.548	12
12	5	B. ラヅィア	Lazier, Buddy	USA	Dreyer & Reinbold Racing	ダッラーラ IR3	R/RWD	ホンダ	V8	3.0	199	3：11′07″7077	156.178	274,805	220.922	25
13	51	E. チーヴァー	Cheever, Eddie	USA	Cheever Racing	ダッラーラ IR3	R/RWD	ホンダ	V8	3.0	198	3：11′08″6562	155.380	255,805	222.028	19
14	52	M. パピス	Papis, Max	I	Cheever Racing	ダッラーラ IR3	R/RWD	ホンダ	V8	3.0	197	3：11′16″3574	154.492	229,305	222.058	18
15	55	松浦孝亮	Matsuura, Kosuke	J	Panasonic ARTA	ダッラーラ IR3	R/RWD	ホンダ	V8	3.0	196	3：11′38″7806	153.408	247,805	225.503	7
16	12	ロジャー安川	Yasukawa, Roger	USA	Playa Del Racing	パノス PZ09C	R/RWD	ホンダ	V8	3.0	194	3：11′17″9312	152.118	228,805	218.793	28
17	21	J. ラヅィア	Lazier, Jaques	USA	Playa Del Racing	パノス PZ09C	R/RWD	ホンダ	V8	3.0	193	3：11′10″6765	151.430	219,305	221.151	24
18	88	A. ダーレ	Dare, Airton	BR	OCTANE Motors/Sanitec/SSM	パノス PZ09C	R/RWD	ホンダ	V8	3.0	193	3：11′25″0742	151.240	216,805	218.170	29
19	98	P. J. ジョーンズ	Jones, P. J.	USA	CURB Records	パノス PZ09C	R/RWD	ホンダ	V8	3.0	189	3：11′17″2082	148.207	214,305	215.816	32
20	7	B. ハータ	Herta, Bryan	USA	XM Satellite Radio	ダッラーラ IR3	R/RWD	ホンダ	V8	3.0	188	3：11′03″5352	147.598	234,805	224.179	16
21	14	F. ジャフォーネ	Giaffone, Felipe	BR	ABC Supply Co./A. J. Foyt Racing	ダッラーラ IR3	R/RWD	ホンダ	V8	3.0	177	DNF		227,305	221.542	21
22	90	T. ベル	Bell, Townsend	USA	Rock & Republic	ダッラーラ IR3	R/RWD	ホンダ	V8	3.0	161	サスペンション		204,555	224.374	15
23	17	J. シモンズ	Simmons, Jeff	USA	Rahal Letterman Racing Team Ethanol	パノス PZ09C	R/RWD	ホンダ	V8	3.0	152	アクシデント		222,305	220.347	26
24	31	A. アンサー Jr.	Unser Jr., Al	USA	A1 Team USA Geico Dreyer & Reinbold	ダッラーラ IR3	R/RWD	ホンダ	V8	3.0	145	アクシデント		200,305	219.388	27
25	3	H. カストロネヴェス	Castroneves, Helio	BR	Marlboro Team Penske	ダッラーラ IR3	R/RWD	ホンダ	V8	3.0	109	アクシデント		290,355	228.008	2
26	15	B. ライス	Rice, Buddy	USA	Rahal Letterman Racing Team Argent	パノス PZ09C	R/RWD	ホンダ	V8	3.0	108	アクシデント		224,805	224.393	14
27	2	T. シェクター	Scheckter, Tomas	ZA	Vision Racing	ダッラーラ IR3	R/RWD	ホンダ	V8	3.0	65	アクシデント		215,305	224.659	11
28	61	A. ルイェンダイク Jr.	Luyendyk Jr., Arie	NL	CheapCaribbean.com/Blue Star Jets	パノス PZ09C	R/RWD	ホンダ	V8	3.0	54	ハンドリング		196,055	216.352	31
29	97	S. グレゴワール	Gregoire, Stephan	F	Effen Vodka Team Leader Special	パノス PZ09C	R/RWD	ホンダ	V8	3.0	49	ハンドリング		193,305	217.428	30
30	41	L. フォイト	Foyt, Larry	USA	A. J. Foyt Racing	ダッラーラ IR3	R/RWD	ホンダ	V8	3.0	43	ハンドリング		192,305	221.332	23
31	18	T. メデイロス	Medeiros, Thiago	BR	PDM Racing	パノス PZ09C	R/RWD	ホンダ	V8	3.0	24	電気系統		227,555	215.729	33
32	92	J. バックナム	Bucknum, Jeff	USA	Life Fitness	ダッラーラ IR3	R/RWD	ホンダ	V8	3.0	1	アクシデント		193,805	221.461	22
33	91	P. J. チェソン	Chesson, P. J.	USA	Carmelo Hemelgarn Racing	ダッラーラ IR3	R/RWD	ホンダ	V8	3.0	1	アクシデント		211,555	221.576	20

2007 第91回

開催日／天候……2007年５月27日／曇り一時雨。雨で終了
車両規定……非過給3500cc（213.6ci）以下
決勝出走……33台
優勝スピード……151.774mph（244.256km/h）。コーション下で終了
賞金総額……$10,668,815
ポールシッター……H. カストロネヴェス　225.817mph（363.416km/h）　2′39″4214＝４周合計
最速ラップ……T. カナーン　223.420mph（359.559km/h）　40″2829　18周目
ルーキー賞……フィル・ギーブラー（２人中）

リード・チェンジ……23回／９人。1－2＝カナーン、３＝カストロネヴェス、4－13＝カナーン、14－17＝カストロネヴェス、18－26＝カナーン、27－40＝カストロネヴェス、41－46＝Ma. アンドレッティ、47－53＝ディクソン、54－68＝カナーン、69－71＝ディクソン、72－73＝ホーニッシュ、74－88＝フランキッティ、89＝ディクソン、90＝Mi. アンドレッティ、91－100＝カナーン、101＝シモンズ、102－107＝Ma. アンドレッティ、108－116＝カナーン、117＝Ma. アンドレッティ、118－136＝カナーン、137－143＝フランキッティ、144－145＝J. ラヴィア、146－154＝カナーン、155－166＝フランキッティ
コーション……11回／55周

イタリアの家系ながら英国スコットランド出身のダリオ・フランキッティは、今回優勝することによって同郷のヒーローであるジム・クラークと共にボーグ‐ウォーナー・トロフィーに自らの顔を刻むこととなった。レースはトニー・カナーンが初優勝しそうな展開だったが、113周目には雨が落ちてきて３時間の中断となる。再開後はフランキッティが先行し、終盤バックストレッチでマルコ・アンドレッティが裏返しになる多重事故が発生したことによるイエローが長引く166周目、再度の大雨襲来で終了。フランキッティは雨による短縮の恩恵を受ける形となり、ピット内で勝利を祝った。２位以下は、スコット・ディクソン、エリオ・カストロネヴェス、サム・ホーニッシュJr.ら強豪ぞろい。カナーンはターン４でスピンしながらピットロードに飛び込むなど、勝機を逸し、12位で終わる。

フランキッティと夫人（当時。女優アシュレイ・ジャッド）、その後ろはマイケル・アンドレッティ

ダリオ・フランキッティ（カナディアンクラブSpl.）　244.256km/h　オーナー：Andretti Green Racing　ファイアストン

第91回●2007年５月27日○166周＝415マイル(667.876km)

Pos.	No	Driver	Driver	Nat.	Car Name	Chassis	Drive	Engine	Cyl.	Dis.	Laps	Time	Speed	Prize Money	Speed	Qfy.
1	27	D. フランキッティ	Franchitti, Dario	GB	Canadian Club	ダッラーラ IR3	R/RWD	ホンダ	V8	3.5	166	2：44′03″5608	151.774	1,645,233	225.191	3
2	9	S. ディクソン	Dixon, Scott	NZ	Target Chip Ganassi Racing	ダッラーラ IR3	R/RWD	ホンダ	V8	3.5	166	2：44′03″9218	151.769	719,067	225.122	4
3	3	H. カストロネヴェス	Castroneves, Helio	BR	Team Penske	ダッラーラ IR3	R/RWD	ホンダ	V8	3.5	166	2：44′05″4093	151.746	646,303	225.817	1
4	6	S. ホーニッシュ Jr.	Hornish Jr., Sam	USA	Team Penske	ダッラーラ IR3	R/RWD	ホンダ	V8	3.5	166	2：44′08″1932	151.703	360,389	225.109	5
5	12	R. ブリスコー	Briscoe, Ryan	AUS	Symantec Luczo Dragon Racing	ダッラーラ IR3	R/RWD	ホンダ	V8	3.5	166	2：44′08″7717	151.649	302,305	224.410	7
6	8	S. シャープ	Sharp, Scott	USA	Patron Sharp Rahal Letterman Racing	ダッラーラ IR3	R/RWD	ホンダ	V8	3.5	166	2：44′12″9078	151.630	368,305	223.875	12
7	2	T. シェクター	Scheckter, Tomas	ZA	Vision Racing	ダッラーラ IR3	R/RWD	ホンダ	V8	3.5	166	2：44′14″9431	151.599	304,105	222.877	10
8	7	D. パトリック	Patrick, Danica	USA	Motorola	ダッラーラ IR3	R/RWD	ホンダ	V8	3.5	166	2：44′15″7397	151.537	298,005	224.076	8
9	02	D. ハミルトン	Hamilton, Davey	USA	HP Vision Racing	ダッラーラ IR3	R/RWD	ホンダ	V8	3.5	166	2：44′18″9724	151.502	268,905	222.327	20
10	4	V. メイラ	Meira, Vitor	BR	Delphi Panther	ダッラーラ IR3	R/RWD	ホンダ	V8	3.5	166	2：44′21″2599	151.471	280,305	222.333	19
11	17	J. シモンズ	Simmons, Jeff	USA	Rahal Letterman Racing Team Ethanol	ダッラーラ IR3	R/RWD	ホンダ	V8	3.5	166	2：44′23″2727	151.445	278,347	223.693	13
12	11	T. カナーン	Kanaan, Tony	BR	Team 7-Eleven	ダッラーラ IR3	R/RWD	ホンダ	V8	3.5	166	2：44′24″9947	151.235	414,319	225.757	2
13	39	Mi. アンドレッティ	Andretti, Michael	USA	Motorola/Jim Beam	ダッラーラ IR3	R/RWD	ホンダ	V8	3.5	166	2：44′38″6843	150.489	238,247	222.789	11
14	22	A. J. フォイトⅣ	Foyt Ⅳ, A. J.	USA	Vision Racing	ダッラーラ IR3	R/RWD	ホンダ	V8	3.5	165	2：44′27″8224		252,305	222.413	18
15	98	A. バロン	Barron, Alex	USA	Lenovo/CURB Records	ダッラーラ IR3	R/RWD	ホンダ	V8	3.5	165	2：44′28″8636	150.473	249,305	220.471	26
16	55	松浦孝亮	Matsuura, Kosuke	J	Panasonic Panther	ダッラーラ IR3	R/RWD	ホンダ	V8	3.5	165	2：44′40″8210	150.291	245,305	222.595	17
17	20	E. カーペンター	Carpenter, Ed	USA	Hitachi Power Tools/Vision Racing	ダッラーラ IR3	R/RWD	ホンダ	V8	3.5	164	アクシデント		246,305	223.495	14
18	5	S. フィッシャー	Fisher, Sarah	USA	Dreyer & Reinbold Racing	ダッラーラ IR3	R/RWD	ホンダ	V8	3.5	164	2：44′06″9906	149.894	238,305	221.960	21
19	99	B. ラヴィア	Lazier, Buddy	USA	Sam Schmidt Motorsports	ダッラーラ IR3	R/RWD	ホンダ	V8	3.5	164	2：44′17″0575	149.740	216,805	221.380	22
20	14	D. マニング	Manning, Darren	GB	ABC Supply Co./A. J. Foyt Racing	ダッラーラ IR3	R/RWD	ホンダ	V8	3.5	164	2：44′30″2736	149.540	232,305	223.471	15
21	24	ロジャー安川	Yasukawa, Roger	USA	Wellman Corbier/DRR	ダッラーラ IR3	R/RWD	ホンダ	V8	3.5	164	2：44′31″9057	149.515	234,305	222.654	23
22	10	D. フェルドン	Wheldon, Dan	GB	Target Chip Ganassi Racing	ダッラーラ IR3	R/RWD	ホンダ	V8	3.5	163	アクシデント		231,805	224.641	6
23	91	R. ハーン	Hearn, Richie	USA	Hemelgarn/Racing Professionals	ダッラーラ IR3	R/RWD	ホンダ	V8	3.5	163	2：44′36″2422	148.538	224,305	219.860	32
24	26	Ma. アンドレッティ	Andretti, Marco	USA	NYSE Group	ダッラーラ IR3	R/RWD	ホンダ	V8	3.5	162	アクシデント		229,351	223.299	9
25	15	B. ライス	Rice, Buddy	USA	A1 Team USA/DRR	ダッラーラ IR3	R/RWD	ホンダ	V8	3.5	162	アクシデント		222,805	222.826	16
26	50	A. アンサー Jr.	Unser Jr., Al	USA	A. J. Foyt Racing	ダッラーラ IR3	R/RWD	ホンダ	V8	3.5	161	2：44′34″7436	146.738	205,805	220.876	25
27	21	J. ラヴィア	Lazier, Jaques	USA	Indiana Ice/Venture Logistics	パノス PZ09C	R/RWD	ホンダ	V8	3.5	155	アクシデント		207,389	219.409	28
28	25	M. ロス	Roth, Marty	USA	Roth Racing	ダッラーラ IR3	R/RWD	ホンダ	V8	3.5	148	アクシデント		216,305	218.922	30
29	31	P. ギーブラー	Giebler, Phil	USA	Ethos Fuel Reformulator	パノス PZ09C	R/RWD	ホンダ	V8	3.5	106	アクシデント		230,305	219.637	33
30	33	J. アンドレッティ	Andretti, John	USA	Camping World Panther	ダッラーラ IR3	R/RWD	ホンダ	V8	3.5	95	アクシデント		204,305	221.756	24
31	23	M. デュノ	Duno, Milka	YV	CITGO Racing	ダッラーラ IR3	R/RWD	ホンダ	V8	3.5	65	アクシデント		213,555	219.228	29
32	19	J. ハーブ	Herb, Jon	USA	Racing Professionals	ダッラーラ IR3	R/RWD	ホンダ	V8	3.5	51	アクシデント		193,305	220.108	27
33	77	R. モレノ	Moreno, Roberto	BR	Chastain Motorsports Z-Line Designs Miller Eads	パノス PZ09C	R/RWD	ホンダ	V8	3.5	36	アクシデント		224,805	220.299	31
ns	18	J. カイト	Kite, Jimmy	USA			R/RWD	ホンダ	V8	3.5	―	DNQ		―	214.528	―

2008 第92回

開催日／天候 ―― 2008年５月25日／曇り一時晴れ
車両規定 ―― 非過給3500cc以下
決勝出走 ―― 33台
優勝スピード ―― 143.567mph(231.048km/h)。２位に1″7498差
賞金総額 ―― $14,406,580
ポールシッター ―― S. ディクソン　226.366mph(364.300km/h)　2′39″0348＝４周合計
最速ラップ ―― Ma. アンドレッティ　224.037mph(360.552km/h)　40″1720　161周目

ルーキー賞 ―― ライアン・ハンター・レイ(11人中)
リード・チェンジ ―― 18回／９人。1－2＝ディクソン、3－9＝フェルドン、10－11＝ジュンケイラ、12－19＝ライス、20－35＝フェルドン、36－74＝ディクソン、75－79＝フェルドン、80－91＝ディクソン、92－93＝フェルドン、94－105＝カナーン、106－121＝ディクソン、122－135＝Ma. アンドレッティ、136－138＝モラエズ、139＝Ma. アンドレッティ、140－155＝ディクソン、156－158＝カーペンター、159＝ディクソン、160－171＝メイラ、172－200＝ディクソン
コーション ―― ８回／60周

チップ・ガナッシは自らドライバーとしてインディ500での勝利に近づくことはなかったが、89年にはパット・パトリックとの共同オーナーとして勝利を分け合い、00年モントーヤ、そしてこの年、スコット・ディクソンの快走により、チーム・オーナーとして３勝目を挙げた。ポール・スタートのディクソンは115周に亘ってトップを走り、パンサー・レーシングのヴィトール・メイラを1.7秒差で降し、６度目の挑戦にして初優勝。ニュージーランド国籍の選手が優勝するのは初。ガナッシのもう一台を駆ったダン・フェルドンも30周に亘ってリードした。レース中盤10周に亘ってリードしたトニー・カナーンはここまでの７回出走すべてでトップを走ることとなったが、105周目の事故で消えた。初出場の武藤英紀は７位。この年春、CART系シリーズの消滅によりインディカーはIRLに一本化された。

優勝者がブリック(煉瓦)にキスするのも今やお馴染みの光景。ディクソンも実践する

スコット・ディクソン(ターゲット・チップ・ガナッシ・レーシング)　231.048km/h　オーナー：Target Chip Ganassi Racing　ファイアストン

第92回●2008年 5 月25日○200周＝500マイル（804.670km）

Pos.	No	Driver	Driver	Nat.	Car Name	Chassis	Drive	Engine	Cyl.	Dis.	Laps	Time	Speed	Prize Money	Speed	Qfy.
1	9	S. ディクソン	Dixon, Scott	NZ	Target Chip Ganassi Racing	ダッラーラ IR3	R/RWD	ホンダ	V8	3.5	200	3:28′57″6792	143.567	2,988,065	226.366	1
2	4	V. メイラ	Meira, Vitor	BR	Delphi National Guard	ダッラーラ IR3	R/RWD	ホンダ	V8	3.5	200	3:28′59″4290	143.547	1,273,215	224.346	8
3	26	Ma. アンドレッティ	Andretti, Marco	USA	Team Indiana Jones presented by Blockbuster	ダッラーラ IR3	R/RWD	ホンダ	V8	3.5	200	3:28′59″9919	143.541	782,065	224.417	7
4	3	H. カストロネヴェス	Castroneves, Helio	BR	Team Penske	ダッラーラ IR3	R/RWD	ホンダ	V8	3.5	200	3:29′03″9411	143.496	482,815	225.733	4
5	20	E. カーペンター	Carpenter, Ed	USA	Menards/Vision Racing	ダッラーラ IR3	R/RWD	ホンダ	V8	3.5	200	3:29′04″2297	143.492	399,665	223.835	10
6	17	R. ハンター－レイ	Hunter-Reay, Ryan	USA	Rahal Letterman Racing Team Ethanol	ダッラーラ IR3	R/RWD	ホンダ	V8	3.5	200	3:29′04″6686	143.487	328,065	221.579	20
7	27	武藤英紀	Mutoh, Hideki	J	Formula Dream	ダッラーラ IR3	R/RWD	ホンダ	V8	3.5	200	3:29′05″5560	143.477	307,115	223.887	9
8	15	B. ライス	Rice, Buddy	USA	Dreyer & Reinbold Racing	ダッラーラ IR3	R/RWD	ホンダ	V8	3.5	200	3:29′06″5590	143.466	311,415	222.101	17
9	14	D. マニング	Manning, Darren	GB	ABC Supply Co./A. J. Foyt Racing	ダッラーラ IR3	R/RWD	ホンダ	V8	3.5	200	3:29′06″8811	143.462	301,815	222.430	14
10	99	T. ベル	Bell, Townsend	USA	Dreyer & Reinbold William Rast Racing	ダッラーラ IR3	R/RWD	ホンダ	V8	3.5	200	3:29′07″1359	143.459	275,315	222.539	12
11	5	O. セルヴィア	Servia, Oriol	E	Angie's List Special	ダッラーラ IR3	R/RWD	ホンダ	V8	3.5	200	3:29′20″1758	143.310	302,065	220.767	25
12	10	D. フェルドン	Wheldon, Dan	GB	Target Chip Ganassi Racing	ダッラーラ IR3	R/RWD	ホンダ	V8	3.5	200	3:29′28″3882	143.216	366,815	226.110	2
13	8	W. パワー	Power, Will	AUS	Aussie Vineyards-Team Australia	ダッラーラ IR3	R/RWD	ホンダ	V8	3.5	200	3:29′29″3458	143.206	300,565	221.136	23
14	22	D. ハミルトン	Hamilton, Davey	USA	Hewlett-Packard/KR Vision Racing	ダッラーラ IR3	R/RWD	ホンダ	V8	3.5	200	3:29′29″6876	143.202	270,315	222.017	18
15	36	E. ベルノルディ	Bernoldi, Enrique	BR	Sangari Conquest Racing	ダッラーラ IR3	R/RWD	ホンダ	V8	3.5	200	3:29′29″7867	143.201	300,565	219.422	29
16	24	J. アンドレッティ	Andretti, John	USA	Roth Racing	ダッラーラ IR3	R/RWD	ホンダ	V8	3.5	199	3:29′04″7546	142.769	300,315	221.550	21
17	91	B. ラヴィア	Lazier, Buddy	USA	Hemelgarn Johnson	ダッラーラ IR3	R/RWD	ホンダ	V8	3.5	195	3:29′05″7550	139.888	327,015	219.015	32
18	19	M. モラエズ	Moraes, Mario	BR	Sonny's Bar-B-Q	ダッラーラ IR3	R/RWD	ホンダ	V8	3.5	194	3:29′04″2172	139.188	303,415	219.716	28
19	23	M. デュノ	Duno, Milka	YV	CITGO/Dreyer & Reinbold Racing	ダッラーラ IR3	R/RWD	ホンダ	V8	3.5	185	3:29′33″1451	132.425	300,315	220.305	27
20	18	B. ジュンケイラ	Junqueira, Bruno	BR	Z-Line Designs	ダッラーラ IR3	R/RWD	ホンダ	V8	3.5	184	3:29′31″7579	131.724	301,215	222.330	15
21	2	A. J. フォイトⅣ	Foyt Ⅳ, A. J.	USA	Lilly Diabetes/Vision Racing	ダッラーラ IR3	R/RWD	ホンダ	V8	3.5	180	3:29′10″1305	129.082	311,815	219.184	31
22	7	D. パトリック	Patrick, Danica	USA	Motorola	ダッラーラ IR3	R/RWD	ホンダ	V8	3.5	171	アクシデント		301,915	225.197	5
23	6	R. ブリスコー	Briscoe, Ryan	AUS	Team Penske	ダッラーラ IR3	R/RWD	ホンダ	V8	3.5	171	アクシデント		312,315	226.080	3
24	12	T. シェクター	Scheckter, Tomas	ZA	Symantec Luczo Dragon Racing	ダッラーラ IR3	R/RWD	ホンダ	V8	3.5	156	メカニカル		270,315	223.496	11
25	16	A. ロイド	Lloyd, Alex	GB	Rahal Letterman with Chip Ganassi	ダッラーラ IR3	R/RWD	ホンダ	V8	3.5	151	アクシデント		272,065	221.788	19
26	33	E. J. ヴィソ	Viso, EJ	YV	PDVSA HVM Racing	ダッラーラ IR3	R/RWD	ホンダ	V8	3.5	139	メカニカル		301,565	220.346	26
27	02	J. ウィルソン	Wilson, Justin	GB	McDonald's Racing Team	ダッラーラ IR3	R/RWD	ホンダ	V8	3.5	132	アクシデント		302,065	222.267	16
28	41	J. シモンズ	Simmons, Jeff	USA	ABC Supply Co./Foyt Racing	ダッラーラ IR3	R/RWD	ホンダ	V8	3.5	112	アクシデント		270,000	221.103	24
29	11	T. カナーン	Kanaan, Tony	BR	Team 7-Eleven	ダッラーラ IR3	R/RWD	ホンダ	V8	3.5	105	アクシデント		331,215	224.794	6
30	67	S. フィッシャー	Fisher, Sarah	USA	Sarah Fisher Racing	ダッラーラ IR3	R/RWD	ホンダ	V8	3.5	103	アクシデント		277,215	221.246	22
31	34	J. カマラ	Camara, Jaime	BR	Sangari	ダッラーラ IR3	R/RWD	ホンダ	V8	3.5	79	アクシデント		300,565	219.345	30
32	25	M. ロス	Roth, Marty	USA	Roth Racing	ダッラーラ IR3	R/RWD	ホンダ	V8	3.5	59	アクシデント		300,315	218.965	33
33	06	G. レイハル	Rahal, Graham	USA	Hole in the Wall Camps	ダッラーラ IR3	R/RWD	ホンダ	V8	3.5	36	アクシデント		312,065	222.531	13
ns	96	M. ドミンゲス	Dominguez, Mario	MEX	Pacific Coast Motorsports	ダッラーラ IR3	R/RWD	ホンダ	V8	3.5	—	DNQ		—	218.620	—
ns	98	ロジャー安川	Yasukawa, Roger	USA	CURB/Ahajanian/Beck Motorsports	ダッラーラ IR3	R/RWD	ホンダ	V8	3.5	—	DNQ		—	218.476	—

2009 第93回

開催日／天候……2009年５月24日／曇り
車両規定……非過給3500cc以下
決勝出走……33台
優勝スピード……150.318mph（241.913km/h）。２位に1″9819差
賞金総額……$14,315,315
ポールシッター……H. カストロネヴェス　224.864mph（361.883km/h）　2′40″0967＝４周合計
最速ラップ……D. フランキッティ　222.044mph（357.344km/h）40″5325　187周目
ルーキー賞……アレックス・タグリアーニ（５人中）
リード・チェンジ……６回／４人。1－7＝カストロネヴェス、8－52＝フランキッティ、53－63＝ブリスコー、64－85＝ディクソン、86－90＝フランキッティ、91－141＝ディクソン、142－200＝カストロネヴェス
コーション……８回／61周

インディカー・チームの双璧、ペンスキーとガナッシの両陣営、４人のドライバーが交互にリーダーを務めた。ガナッシ陣営の前年優勝者スコット・ディクソンが最多73周にわたってリードするも、142周目にリードを奪ったエリオ・カストロネヴェスがそのまま逃げ切り、追いすがるパンサー・レーシングのダン・フェルドンを1.98秒差で降した。今回のレースは、ピットロード上でのトラブルに有力選手の多くが巻き込まれたが、カストロネヴェスだけはそれに巻き込まれることなく、その結果、７年ぶり自身３度目の優勝となった。彼の、レース優勝後の金網フェンス登りは有名だが、今回が15勝目となったロジャー・ペンスキー代表を含む大勢のチームクルーが一緒にフェンスに張り付き、グランドスタンドに陣取ったファンから喝采を浴びた。ダニカ・パトリックは自己最高の３位に食い込む。

ピットで引火したメイラ車。1965～2006年まではメタノール燃料だったので炎が見えなかった

エリオ・カストロネヴェス（チーム・ペンスキー）　241.913km/h　オーナー：Team Penske　ファイアストン

第93回●2009年 5 月24日○200周＝500マイル(804.670km)

Pos.	No	Driver	Driver	Nat.	Car Name	Chassis	Drive	Engine	Cyl.	Dis.	Laps	Time	Speed	Prize Money	Speed	Qfy.
1	3	H. カストロネヴェス	Castroneves, Helio	BR	Team Penske	ダッラーラ IR3	R/RWD	ホンダ	V8	3.5	200	3：19′34″6427	150.318	3,048,005	224.864	1
2	4	D. フェルドン	Wheldon, Dan	GB	National Guard Panther Racing	ダッラーラ IR3	R/RWD	ホンダ	V8	3.5	200	3：19′36″6246	150.293	1,258,805	222.777	18
3	7	D. パトリック	Patrick, Danica	USA	Boost Mobile/Motorola	ダッラーラ IR3	R/RWD	ホンダ	V8	3.5	200	3：19′36″9777	150.288	763,305	222.882	10
4	8	T. ベル	Bell, Townsend	USA	Herbalife-KV Racing Technology	ダッラーラ IR3	R/RWD	ホンダ	V8	3.5	200	3：19′37″3470	150.284	465,305	221.195	24
5	12	W. パワー	Power, Will	AUS	Team Verizon Wireless	ダッラーラ IR3	R/RWD	ホンダ	V8	3.5	200	3：19′38″2643	150.272	345,305	223.028	9
6	9	S. ディクソン	Dixon, Scott	NZ	Target Chip Ganassi Racing	ダッラーラ IR3	R/RWD	ホンダ	V8	3.5	200	3：19′38″9415	150.264	374,155	223.867	5
7	10	D. フランキッティ	Franchitti, Dario	GB	Target Chip Ganassi Racing	ダッラーラ IR3	R/RWD	ホンダ	V8	3.5	200	3：19′39″5586	150.256	386,305	224.010	3
8	20	E. カーペンター	Carpenter, Ed	USA	Menards/Vision Racing	ダッラーラ IR3	R/RWD	ホンダ	V8	3.5	200	3：19′40″1523	150.249	302,805	222.780	17
9	15	P. トレイシー	Tracy, Paul	CDN	GEICO/KV Racing Technology	ダッラーラ IR3	R/RWD	ホンダ	V8	3.5	200	3：19′41″1607	150.236	271,805	223.111	13
10	27	武藤英紀	Mutoh, Hideki	J	Formula Dream	ダッラーラ IR3	R/RWD	ホンダ	V8	3.5	200	3：19′41″9739	150.226	301,805	222.805	16
11	36	A. タグリアーニ	Tagliani, Alex	CDN	All Sport Conquest Racing	ダッラーラ IR3	R/RWD	ホンダ	V8	3.5	200	3：19′45″1778	150.186	295,305	221.115	33
12	19	T. シェクター	Scheckter, Tomas	ZA	MOVA-VIE	ダッラーラ IR3	R/RWD	ホンダ	V8	3.5	200	3：19′45″6301	150.180	280,305	221.496	26
13	99	A. ロイド	Lloyd, Alex	GB	HER CGR/SSM Racing	ダッラーラ IR3	R/RWD	ホンダ	V8	3.5	200	3：19′45″8371	150.177	270,305	222.622	11
14	16	S. シャープ	Sharp, Scott	USA	Tequila Patron Panther Racing	ダッラーラ IR3	R/RWD	ホンダ	V8	3.5	200	3：19′46″0686	150.174	270,305	222.162	20
15	6	R. ブリスコー	Briscoe, Ryan	AUS	Team Penske	ダッラーラ IR3	R/RWD	ホンダ	V8	3.5	200	3：19′47″3122	150.159	349,755	224.083	2
16	41	A. J. フォイトⅣ	Foyt Ⅳ, A. J.	USA	ABC Supply/Foyt-Greer Racing	ダッラーラ IR3	R/RWD	ホンダ	V8	3.5	200	3：19′50″1294	150.123	271,805	222.586	19
17	67	S. フィッシャー	Fisher, Sarah	USA	Dollar General/Sarah Fisher Racing	ダッラーラ IR3	R/RWD	ホンダ	V8	3.5	200	3：19′50″6201	150.117	270,305	222.082	21
18	24	M. コンウェイ	Conway, Mike	GB	Dreyer & Reinbold Racing	ダッラーラ IR3	R/RWD	ホンダ	V8	3.5	200	3：19′50″9915	150.113	300,555	221.417	27
19	43	J. アンドレッティ	Andretti, John	USA	Window World	ダッラーラ IR3	R/RWD	ホンダ	V8	3.5	200	3：19′52″7295	150.091	276,805	221.316	28
20	23	M. デュノ	Duno, Milka	YV	CITGO/Dreyer & Reinbold Racing	ダッラーラ IR3	R/RWD	ホンダ	V8	3.5	199	3：19′52″9271	149.338	301,805	221.106	30
21	14	V. メイラ	Meira, Vitor	BR	ABC Supply Co. A. J. Foyt Racing	ダッラーラ IR3	R/RWD	ホンダ	V8	3.5	173	アクシデント		300,305	223.054	14
22	2	R. マトス	Matos, Raphael	BR	US Air Force Luczo Dragon	ダッラーラ IR3	R/RWD	ホンダ	V8	3.5	173	アクシデント		308,305	223.429	12
23	18	J. ウィルソン	Wilson, Justin	GB	Z-Line Designs	ダッラーラ IR3	R/RWD	ホンダ	V8	3.5	160	アクシデント		300,305	222.903	15
24	13	E. J. ヴィソ	Viso, EJ	YV	PDVSA HVM Racing	ダッラーラ IR3	R/RWD	ホンダ	V8	3.5	139	メカニカル		300,305	221.164	29
25	00	N. フィリップ	Philippe, Nelson	F	i drive green HVM Racing	ダッラーラ IR3	R/RWD	ホンダ	V8	3.5	130	アクシデント		270,555	220.754	31
26	17	O. セルヴィア	Servia, Oriol	E	The Rahal Letterman DAFCA Special	ダッラーラ IR3	R/RWD	ホンダ	V8	3.5	98	メカニカル		271,805	220.984	25
27	11	T. カナーン	Kanaan, Tony	BR	Team 7-Eleven	ダッラーラ IR3	R/RWD	ホンダ	V8	3.5	97	アクシデント		303,305	223.612	6
28	06	R. ドゥールンボス	Doornbos, Robert	NL	Newman/Haas/Lanigan Racing	ダッラーラ IR3	R/RWD	ホンダ	V8	3.5	85	アクシデント		305,555	221.692	23
29	44	D. ハミルトン	Hamilton, Davey	USA	Hewlett Packard	ダッラーラ IR3	R/RWD	ホンダ	V8	3.5	79	アクシデント		271,805	221.956	22
30	26	Ma. アンドレッティ	Andretti, Marco	USA	Team Venom Energy	ダッラーラ IR3	R/RWD	ホンダ	V8	3.5	56	ハンドリング		315,305	223.114	8
31	02	G. レイハル	Rahal, Graham	USA	McDonald's Racing Team	ダッラーラ IR3	R/RWD	ホンダ	V8	3.5	55	アクシデント		305,805	223.954	4
32	21	R. ハンター-レイ	Hunter-Reay, Ryan	USA	IZOD/WilliamsRast/Vision Racing	ダッラーラ IR3	R/RWD	ホンダ	V8	3.5	19	アクシデント		353,305	220.597	32
33	5	M. モラエズ	Moraes, Mario	BR	Azul Tequila-Votorantium-KV Racing	ダッラーラ IR3	R/RWD	ホンダ	V8	3.5	0	アクシデント		301,805	223.331	7
ns	36	B. ジュンケイラ	Junqueira, Bruno	BR	All Sport Conquest Racing	ダッラーラ IR3	R/RWD	ホンダ	V8	3.5	―	タグリアーニに交代		―	221.115	―
ns	91	B. ラヅィア	Lazier, Buddy	USA	Hemelgarn Racing	ダッラーラ IR3	R/RWD	ホンダ	V8	3.5	―	DNQ		―	216.487	―
ns	98	S. バレット	Barrett, Stanton	USA	Team 3G	ダッラーラ IR3	R/RWD	ホンダ	V8	3.5	―	DNQ		―	217.998	―

2010 第94回

開催日／天候 …… 2010年5月30日／晴れ
車両規定 …… 非過給3500cc以下
決勝出走 …… 33台
優勝スピード …… 161.623mph(260.106km/h)。コーション下で終了
賞金総額 …… $13,592,815
ポールシッター …… H. カストロネヴェス　227.970mph(366.881km/h)　2′37″9154＝4周合計
最速ラップ …… W. パワー　225.090mph(362.246km/h)　39″9840　15周目

ルーキー賞 …… シモーナ・デ・シルヴェストロ(6人中)
リード・チェンジ …… 13回／8人。1－30＝フランキッティ、31－35＝パワー、36＝フランキッティ、37－38＝ブリスコー、39－108＝フランキッティ、109－113＝シェクター、114－142＝フランキッティ、143＝Ma. アンドレッティ、144－146＝ブリスコー、147－162＝フランキッティ、163－177＝コンウェイ、178－188＝ウィルソン、189－191＝カストロネヴェス、192－200＝フランキッティ
コーション …… 9回／44周

新しいクォリファイング・フォーマットが導入され、カストロネヴェスが自身4度目のポールを決めた。リック・メアーズの6回に次ぐ記録だ。しかし彼はレースではその地位を長くは保てず、1周目にしてダリオ・フランキッティが先行してそのままレースを支配し(155周リード)、燃費が心配事となるまでその状態が続く。199周目には何台もの車が燃料切れに陥り、その中にはターン3でスローダウンしたライアン・ハンター－レイも含まれた。マイク・コンウェイはそのハンター－レイの左後輪に乗り上げ、フェンスにまで吹き飛ばされてしまう。コンウェイは負傷して、コース上には破片が散乱、すぐにコーションが出され、レースはそのまま終了、フランキッティが2勝目を挙げることとなった。ダン・フェルドンは2年連続2位。佐藤琢磨が初出場。シモーナ・デ・シルヴェストロ嬢がルーキー賞。

レース終盤コンウェイを襲った大事故。ハンター－レイに激突して宙を舞うが、軽傷で済んだ

ダリオ・フランキッティ(ターゲット・チップ・ガナッシ・レーシング)　260.106km/h　オーナー：Target Chip Ganassi Racing　ファイアストン

第94回●2010年 5 月30日○200周＝500マイル(804.670km)

Pos.	No	Driver	Driver	Nat.	Car Name	Chassis	Drive	Engine	Cyl.	Dis.	Laps	Time	Speed	Prize Money	Speed	Qfy.
1	10	D. フランキッティ	Franchitti, Dario	GB	Target Chip Ganassi Racing	ダッラーラ IR3	R/RWD	ホンダ	V8	3.5	200	3:05′37″0131	161.623	2,752,055	226.990	3
2	4	D. フェルドン	Wheldon, Dan	GB	National Guard Panther Racing	ダッラーラ IR3	R/RWD	ホンダ	V8	3.5	200	3:05′37″1667	161.621	1,010,305	224.464	18
3	26	Ma. アンドレッティ	Andretti, Marco	USA	Team Venom Energy	ダッラーラ IR3	R/RWD	ホンダ	V8	3.5	200	3:05′58″0006	161.319	630,505	224.575	16
4	19	A. ロイド	Lloyd, Alex	GB	Boy Scouts of America	ダッラーラ IR3	R/RWD	ホンダ	V8	3.5	200	3:05′58″0007	161.319	425,305	224.783	26
5	9	S. ディクソン	Dixon, Scott	NZ	Target Chip Ganassi Racing	ダッラーラ IR3	R/RWD	ホンダ	V8	3.5	200	3:05′58″5053	161.312	377,805	226.233	6
6	7	D. パトリック	Patrick, Danica	USA	Team GoDaddy.com	ダッラーラ IR3	R/RWD	ホンダ	V8	3.5	200	3:05′58″7691	161.308	307,305	224.217	23
7	22	J. ウィルソン	Wilson, Justin	GB	Team Z-Line Designs/DRR	ダッラーラ IR3	R/RWD	ホンダ	V8	3.5	200	3:06′02″9892	161.247	312,255	225.050	11
8	12	W. パワー	Power, Will	AUS	Verizon Team Penske	ダッラーラ IR3	R/RWD	ホンダ	V8	3.5	200	3:06′07″2605	161.185	385,805	227.578	2
9	3	H. カストロネヴェス	Castroneves, Helio	BR	Team Penske	ダッラーラ IR3	R/RWD	ホンダ	V8	3.5	200	3:06′10″0268	161.146	545,655	227.970	1
10	77	A. タグリアーニ	Tagliani, Alex	CDN	Bowers & Wilkins/Honda Edmonton Indy	ダッラーラ IR3	R/RWD	ホンダ	V8	3.5	200	3:06′11″2613	161.128	302,805	226.390	5
11	11	T. カナーン	Kanaan, Tony	BR	Team 7-Eleven	ダッラーラ IR3	R/RWD	ホンダ	V8	3.5	200	3:06′36″6088	160.763	308,555	224.072	33
12	30	G. レイハル	Rahal, Graham	USA	The Quick Trim/RLR Special	ダッラーラ IR3	R/RWD	ホンダ	V8	3.5	200	3:06′36″9870	160.758	251,805	225.519	7
13	34	M. ロマンチーニ	Romancini, Mario	GB	Conquest Racing	ダッラーラ IR3	R/RWD	ホンダ	V8	3.5	200	3:06′38″6875	160.733	305,555	224.641	27
14	78	S. デ・シルヴェストロ	de Silvestro, Simona	CH	Team Stargate Worlds/HVM	ダッラーラ IR3	R/RWD	ホンダ	V8	3.5	200	3:06′38″6876	160.733	327,055	224.228	22
15	23	T. シェクター	Scheckter, Tomas	ZA	MonaVie/DRR	ダッラーラ IR3	R/RWD	ホンダ	V8	3.5	199	3:05′38″7686		262,555	224.261	20
16	99	T. ベル	Bell, Townsend	USA	Herbalife Ganassi/Schmidt Team	ダッラーラ IR3	R/RWD	ホンダ	V8	3.5	199	3:06′11″8268		251,805	225.097	10
17	20	E. カーペンター	Carpenter, Ed	USA	Panther/Vision/Fuzzy's Vodka	ダッラーラ IR3	R/RWD	ホンダ	V8	3.5	199	3:06′38″5137		250,305	224.507	8
18	37	R. ハンター-レイ	Hunter-Reay, Ryan	USA	Team IZOD	ダッラーラ IR3	R/RWD	ホンダ	V8	3.5	198	アクシデント		302,305	224.547	17
19	24	M. コンウェイ	Conway, Mike	GB	Dad's Root Beer/DRR	ダッラーラ IR3	R/RWD	ホンダ	V8	3.5	198	アクシデント		307,055	224.583	15
20	5	佐藤琢磨	Sato, Takuma	J	Lotus-KV Racing Technology	ダッラーラ IR3	R/RWD	ホンダ	V8	3.5	198	3:06′14″4668		302,055	224.178	31
21	25	A. ベアトリス	Beatriz, Ana	BR	Ipiranga/DRR	ダッラーラ IR3	R/RWD	ホンダ	V8	3.5	196	アクシデント		250,305	224.243	21
22	36	B. バグエット	Baguete, Bertrand	B	Conquest Racing RACB	ダッラーラ IR3	R/RWD	ホンダ	V8	3.5	183	3:05′50″9723		300,555	224.189	24
23	29	S. サーヴェドラ	Saavedra, Sebastian	COL	William Rast/Bryan Herta Autosport	ダッラーラ IR3	R/RWD	ホンダ	V8	3.5	159	アクシデント		255,555	223.634	32
24	6	R. ブリスコー	Briscoe, Ryan	AUS	Team Penske	ダッラーラ IR3	R/RWD	ホンダ	V8	3.5	147	アクシデント		307,305	226.554	4
25	8	E. J. ヴィソ	Viso, EJ	YV	PDVSA-Jet Aviation-KV Racing Technology	ダッラーラ IR3	R/RWD	ホンダ	V8	3.5	139	アクシデント		301,805	224.380	19
26	67	S. フィッシャー	Fisher, Sarah	USA	Dollar General/Sarah Fisher Racing	ダッラーラ IR3	R/RWD	ホンダ	V8	3.5	125	アクシデント		250,305	224.434	29
27	14	V. メイラ	Meira, Vitor	BR	ABC Supply Co. A. J. Foyt Racing	ダッラーラ IR3	R/RWD	ホンダ	V8	3.5	105	アクシデント		300,305	224.388	30
28	06	武藤英紀	Mutoh, Hideki	J	Formula Dream/Panasonic	ダッラーラ IR3	R/RWD	ホンダ	V8	3.5	76	ハンドリング		315,305	223.487	9
29	2	R. マトス	Matos, Raphael	BR	HP de Ferran Dragon Racing	ダッラーラ IR3	R/RWD	ホンダ	V8	3.5	72	アクシデント		300,305	225.028	12
30	43	J. アンドレッティ	Andretti, John	USA	Team Window World	ダッラーラ IR3	R/RWD	ホンダ	V8	3.5	62	アクシデント		251,805	224.518	28
31	32	M. モラエズ	Moraes, Mario	BR	GEICO-Curb Records/KV Racing Technology	ダッラーラ IR3	R/RWD	ホンダ	V8	3.5	17	アクシデント		301,805	224.888	13
32	33	B. ジュンケイラ	Junqueira, Bruno	BR	Bowers & Wilkins/TorcUP	ダッラーラ IR3	R/RWD	ホンダ	V8	3.5	7	アクシデント		261,805	225.662	25
33	21	D. ハミルトン	Hamilton, Davey	USA	HP de Ferran Dragon Racing	ダッラーラ IR3	R/RWD	ホンダ	V8	3.5	0	アクシデント		255,305	224.852	14
ns	66	J. ハワード	Howard, Jay	GB		ダッラーラ IR3	R/RWD	ホンダ	V8	3.5	—	DNQ		—	223.964	—
ns	41	A. J. フォイトⅣ	Foyt Ⅳ, A. J.	USA		ダッラーラ IR3	R/RWD	ホンダ	V8	3.5	—	DNQ		—	223.929	—
ns	15	P. トレイシー	Tracy, Paul	CDN		ダッラーラ IR3	R/RWD	ホンダ	V8	3.5	—	DNQ		—	223.856	—
ns	18	M. デュノ	Duno, Milka	YV		ダッラーラ IR3	R/RWD	ホンダ	V8	3.5	—	DNQ		—	222.408	—
ns	41	J. ラヅィア	Lazier, Jaques	USA		ダッラーラ IR3	R/RWD	ホンダ	V8	3.5	—	DNQ		—	223.360	—

2011　第95回

開催日／天候……2011年５月29日／晴れ
車両規定……非過給3500cc以下
決勝出走……33台
優勝スピード……170.265mph(274.014km/h)。コーション下で終了
賞金総額……$13,509,485
ポールシッター……A. タグリアーニ　227.472mph(366.080km/h)　2′38″2613＝４周合計
最速ラップ……D. フランキッティ　224.667mph(361.566km/h)　40″0593　169周目
ルーキー賞……J. R. ヒルデブランド(５人中)
リード・チェンジ……23回／10人。1－7＝ディクソン、8－26＝タグリアーニ、27－33＝ディクソン、34＝タグリアーニ、35－60＝ディクソン、61＝フランキッティ、62－64＝カーペンター、65－72＝フランキッティ、73－98＝ディクソン、99＝フランキッティ、100－103＝ヒルデブランド、104－112＝フランキッティ、113－128＝セルヴィア、129－137＝フランキッティ、138＝ヒルデブランド、139－140＝バゲット、141－163＝フランキッティ、164－165＝セルヴィア、166－171＝レイハル、172－178＝ディクソン、179－188＝パトリック、189－197＝バゲット、198－199＝ヒルデブランド、200＝フェルドン
コーション……７回／40周

第１回大会開催からちょうど100年となる記念大会は、まるで小説のような波乱のエンディングとなった。残り10周というところで上位陣の燃費が厳しくなり、目まぐるしく順位が入れ替わる。そして残り２周というところで首位に立ったルーキーのJ. R. ヒルデブランドが、最終ラップの最終ターンでスロー走行する周回遅れのせいでラインを踏み外してアウト側ウォールにヒット、一輪を失い壊れたマシーンで惰性のままフィニッシュ・ラインを越えようとするその傍らを、残り２周時点では５位にすぎなかったダン・フェルドンが擦り抜けて自身２度目のインディ500優勝を遂げた。フィニッシュ寸前数100mだけリードして勝つというラッキーこの上ないものだったが、当のフェルドンはこの４ヵ月後、インディカー・シリーズ最終戦ラスヴェガスで多重事故に巻き込まれて即死してしまう。

万歳するフェルドン。レギュラーシートを失い、スポット参戦での快挙。しかしその後の運命は過酷……

ダン・フェルドン(ウィリアム・ラスト－カーブ／ビッグマシーンSpl.)　274.014km/h　オーナー：Bryan Herta Autosport with Curb／Agajanian　ファイアストン

第95回●2011年5月29日○200周＝500マイル(804.670km)

Pos.	No	Driver	Driver	Nat.	Car Name	Chassis	Drive	Engine	Cyl.	Dis.	Laps	Time	Speed	Prize Money	Speed	Qfy.
1	98	D. フェルドン	Wheldon, Dan	GB	William Rast-Curb/Big Machine	ダッラーラ IR3	R/RWD	ホンダ	V8	3.5	200	2：56′11″7267	170.265	2,567,255	226.490	6
2	4	J. R. ヒルデブランド	Hildebrand, J. R.	USA	National Guard	ダッラーラ IR3	R/RWD	ホンダ	V8	3.5	200	2：56′13″8353	170.232	1,064,895	225.579	12
3	38	G. レイハル	Rahal, Graham	USA	Service Central	ダッラーラ IR3	R/RWD	ホンダ	V8	3.5	200	2：56′17″3216	170.175	646,945	224.380	29
4	82	T. カナーン	Kanaan, Tony	BR	GEICO	ダッラーラ IR3	R/RWD	ホンダ	V8	3.5	200	2：56′19″2137	170.145	438,745	224.417	22
5	9	S. ディクソン	Dixon, Scott	NZ	Target	ダッラーラ IR3	R/RWD	ホンダ	V8	3.5	200	2：56′21″2701	170.112	519,345	227.340	2
6	2	O. セルヴィア	Servia, Oriol	E	CDW/Telemundo	ダッラーラ IR3	R/RWD	ホンダ	V8	3.5	200	2：56′21″2702	170.112	364,845	227.168	3
7	30	B. バゲット	Baguete, Bertrand	B	The RACB/Aspria RLL Special	ダッラーラ IR3	R/RWD	ホンダ	V8	3.5	200	2：56′35″6898	169.880	256,255	225.285	14
8	07	T. シェクター	Scheckter, Tomas	ZA	Team REDLINE Xtreme-Circle K	ダッラーラ IR3	R/RWD	ホンダ	V8	3.5	200	2：56′36″0566	169.875	253,805	224.433	21
9	26	Ma. アンドレッティ	Andretti, Marco	USA	Team Venom	ダッラーラ IR3	R/RWD	ホンダ	V8	3.5	200	2：56′37″1978	169.856	311,245	224.628	27
10	7	D. パトリック	Patrick, Danica	USA	Team GoDaddy	ダッラーラ IR3	R/RWD	ホンダ	V8	3.5	200	2：56′38″1750	169.841	321,745	224.861	25
11	67	E. カーペンター	Carpenter, Ed	USA	Dollar General	ダッラーラ IR3	R/RWD	ホンダ	V8	3.5	200	2：56′38″7642	169.831	251,655	225.121	8
12	10	D. フランキッティ	Franchitti, Dario	GB	Target	ダッラーラ IR3	R/RWD	ホンダ	V8	3.5	200	2：57′08″1434	169.362	369,695	226.379	9
13	83	C. キンボール	Kimball, Charlie	USA	Levemir and Novolog FlexPen	ダッラーラ IR3	R/RWD	ホンダ	V8	3.5	199	2：56′12″7986	169.397	251,555	224.499	28
14	12	W. パワー	Power, Will	AUS	Verizon	ダッラーラ IR3	R/RWD	ホンダ	V8	3.5	199	2：56′18″6499	169.303	318,745	226.773	5
15	14	V. メイラ	Meira, Vitor	BR	ABC Supply Co.	ダッラーラ IR3	R/RWD	ホンダ	V8	3.5	199	2：56′34″7384	169.046	306,745	225.590	11
16	22	J. ウィルソン	Wilson, Justin	GB	Z-Line Designs	ダッラーラ IR3	R/RWD	ホンダ	V8	3.5	199	2：56′51″8797	168.773	309,995	224.511	19
17	3	H. カストロネヴェス	Castroneves, Helio	BR	Shell V-Power/Pennzoil Ultra	ダッラーラ IR3	R/RWD	ホンダ	V8	3.5	199	2：57′02″4166	168.606	320,245	225.216	16
18	44	B. ライス	Rice, Buddy	USA	Fuzzy's Vodka	ダッラーラ IR3	R/RWD	ホンダ	V8	3.5	198	2：56′25″3816	168.345	252,805	225.786	7
19	19	A. ロイド	Lloyd, Alex	GB	Boy Scout of America	ダッラーラ IR3	R/RWD	ホンダ	V8	3.5	198	2：56′50″9426	167.940	254,805	223.957	30
20	36	P. マン	Mann, Pippa	GB	Conquest Racing	ダッラーラ IR3	R/RWD	ホンダ	V8	3.5	198	2：57′06″4233	167.695	251,555	223.936	31
21	24	A. ベアトリス	Beatriz, Ana	BR	Team Ipiranga	ダッラーラ IR3	R/RWD	ホンダ	V8	3.5	197	2：56′15″5855	167.650	306,745	223.879	32
22	43	J. アンドレッティ	Andretti, John	USA	Team Window World	ダッラーラ IR3	R/RWD	ホンダ	V8	3.5	197	2：56′23″2984	167.528	251,305	224.981	17
23	41	R. ハンター-レイ	Hunter-Reay, Ryan	USA	ABC Supply/DHL/Sun Drop	ダッラーラ IR3	R/RWD	ホンダ	V8	3.5	197	2：56′49″8161	167.109	252,805	224.691	33
24	11	D. ハミルトン	Hamilton, Davey	USA	HP	ダッラーラ IR3	R/RWD	ホンダ	V8	3.5	193	2：56′31″6924	163.996	251,305	225.250	15
25	23	P. トレイシー	Tracy, Paul	CDN	WIX Filters	ダッラーラ IR3	R/RWD	ホンダ	V8	3.5	175	2：56′32″9508	148.684	252,805	224.939	24
26	99	T. ベル	Bell, Townsend	USA	Herbalife Schmidt Pelfrey Racing	ダッラーラ IR3	R/RWD	ホンダ	V8	3.5	157	アクシデント		252,805	226.887	4
27	6	R. ブリスコー	Briscoe, Ryan	AUS	IZOD	ダッラーラ IR3	R/RWD	ホンダ	V8	3.5	157	アクシデント		356,745	224.639	26
28	77	A. タグリアーニ	Tagliani,Alex	CDN	Bowers & Wilkins	ダッラーラ IR3	R/RWD	ホンダ	V8	3.5	147	アクシデント		492,245	227.472	1
29	06	J. ヒンチクリフ	Hinchcliffe, James	CDN	Sprott	ダッラーラ IR3	R/RWD	ホンダ	V8	3.5	99	アクシデント		256,305	225.572	13
30	88	J. ハワード	Howard, Jay	GB	Service Central	ダッラーラ IR3	R/RWD	ホンダ	V8	3.5	60	アクシデント		251,555	224.483	20
31	78	S. デ・シルヴェストロ	de Silvestro, Simona	CH	Nuclear Clean Air Energy	ダッラーラ IR3	R/RWD	ホンダ	V8	3.5	44	ハンドリング		311,745	224.392	23
32	59	E. J. ヴィソ	Viso, EJ	YV	PDVSA	ダッラーラ IR3	R/RWD	ホンダ	V8	3.5	27	アクシデント		306,745	224.732	18
33	5	佐藤琢磨	Sato, Takuma	J	Monavie-Panasonic	ダッラーラ IR3	R/RWD	ホンダ	V8	3.5	20	アクシデント		310,245	225.736	10
ns	41	B. ジュンケイラ	Junqueira, Bruno	BR		ダッラーラ IR3	R/RWD	ホンダ	V8	3.5	—	ハンター-レイに交代		—	224.691	—
ns	17	R. マトス	Matos, Raphael	BR		ダッラーラ IR3	R/RWD	ホンダ	V8	3.5	—	DNQ		—	222.593	—
ns	27	M. コンウェイ	Conway, Mike	GB		ダッラーラ IR3	R/RWD	ホンダ	V8	3.5	—	DNQ		—	223.449	—
ns	18	J. ジェイクス	Jakes, James	GB		ダッラーラ IR3	R/RWD	ホンダ	V8	3.5	—	DNQ		—	221.804	—
ns	34	S. サーヴェドラ	Saavedra, Sebastian	COL		ダッラーラ IR3	R/RWD	ホンダ	V8	3.5	—	DNQ		—	222.284	—
ns	8	H-P. タン	Tung, Ho-Pin	CN		ダッラーラ IR3	R/RWD	ホンダ	V8	3.5	—	予選でアクシデント		—	—	—

2012 第96回

開催日／天候……2012年５月27日／晴れ
車両規定……過給2200cc（134.25ci）以下
決勝出走……33台
優勝スピード……167.734mph（269.941km/h）。コーション下で終了
賞金総額……$13,285,815
ポールシッター……R. ブリスコー　226.484mph（364.490km/h）　2′38″9514＝４周合計
最速ラップ……Ma. アンドレッティ　220.172mph（354.332km/h）　40″8771　59周目
ルーキー賞……ルーベンス・バリケッロ（８人中）
リード・チェンジ……34回／10人。１＝ヒンチクリフ、2－4＝ブリスコー、5－6＝ヒンチクリフ、7－15＝ブリスコー、16－17＝ヒンチクリフ、18－19＝ブリスコー、20－21＝Ma. アンドレッティ、22＝ブリスコー、23－44＝Ma. アンドレッティ、45－46＝タグリアーニ、47＝ディクソン、48－49＝キンボール、50－73＝Ma. アンドレッティ、74－78＝ディクソン、79＝キンボール、80－90＝Ma. アンドレッティ、91－118＝ディクソン、119－123＝佐藤、124－125＝バリケッロ、126－146＝佐藤、147＝ディクソン、148－152＝佐藤、153－159＝フランキッティ、160＝ディクソン、161－162＝フランキッティ、163－171＝ディクソン、172－173＝フランキッティ、174－176＝ディクソン、177＝フランキッティ、178＝ディクソン、179－186＝フランキッティ、187－193＝カナーン、194＝フランキッティ、195－198＝ディクソン、199－200＝フランキッティ
コーション……８回／39周

２年連続で最終ラップの攻防に沸く。それも日本人が初めて関係してのもの。最終ラップのターン１で佐藤琢磨が首位ダリオ・フランキッティのイン側に並びかけたところでスピン、ウォールにクラッシュ。これによりイエロー・チェッカーとなり、フランキッティのインディ３勝目が決まった。レース終盤はフランキッティとそのチームメイトであるスコット・ディクソン、トニー・カナーンという故ダン・フェルドンの親友たち３名に佐藤が食らいつく形で推移、佐藤が大胆な追い抜きを繰り返して上位進出し、興奮が最高潮となったところで、佐藤がクラッシュし、フランキッティ、ディクソン、カナーンが３台並んでゆっくりとチェッカードフラッグを受けた。この年からは新世代ダッラーラDW12・2.2リッターターボ（エンジンはホンダまたはシヴォレー）による新時代へと突入。首位交代は34回に及んだ。

琢磨クラッシュ！　最終ラップのフランキッティへのアタックで失敗、ウォールの餌食となる

ダリオ・フランキッティ（ターゲット・チップ・ガナッシ・レーシング）　269.941km/h　オーナー：Target Chip Ganassi Racing　ファイアストン

第96回●2012年５月27日○200周＝500マイル（804.670km）

Pos.	No	Driver	Driver	Nat.	Car Name	Chassis	Drive	Engine	Cyl.	Dis.	Laps	Time	Speed	Prize Money	Speed	Qfy.
1	50	D. フランキッティ	Franchitti, Dario	GB	Target Chip Ganassi Racing	ダッラーラDW12	R/RWD	ホンダ	V6	2.2t	200	2：58′51″2532	167.734	2,474,280	223.582	16
2	9	S. ディクソン	Dixon, Scott	NZ	Target Chip Ganassi Racing	ダッラーラDW12	R/RWD	ホンダ	V6	2.2t	200	2：58′51″2827	167.734	1,102,280	223.684	15
3	11	T. カナーン	Kanaan, Tony	BR	GEICO/Mouser Electronics KV Racing Technology	ダッラーラDW12	R/RWD	シヴォレー	V6	2.2t	200	2：58′51″3209	167.733	636,580	224.751	8
4	22	O. セルヴィア	Servia, Oriol	E	Panther/Dreyer & Reinbold Racing	ダッラーラDW12	R/RWD	シヴォレー	V6	2.2t	200	2：58′54″1698	167.689	443,430	222.393	27
5	2	R. ブリスコー	Briscoe, Ryan	AUS	IZOD Team Penske	ダッラーラDW12	R/RWD	シヴォレー	V6	2.2t	200	2：58′54″9253	167.677	489,930	226.484	1
6	27	J. ヒンチクリフ	Hinchcliffe, James	CDN	Team GoDaddy.com	ダッラーラDW12	R/RWD	シヴォレー	V6	2.2t	200	2：58′55″3494	167.670	357,680	226.481	2
7	18	J. ウィルソン	Wilson, Justin	GB	Sonny's BBQ	ダッラーラDW12	R/RWD	ホンダ	V6	2.2t	200	2：58′55″4962	167.668	303,430	222.929	21
8	83	C. キンボール	Kimball, Charlie	USA	NovoLog FlexPen	ダッラーラDW12	R/RWD	ホンダ	V6	2.2t	200	2：58′55″8588	167.662	277,655	223.868	14
9	99	T. ベル	Bell, Townsend	USA	BraunAbility-Scmidt-Pelfrey Motorsports	ダッラーラDW12	R/RWD	ホンダ	V6	2.2t	200	2：58′56″8700	167.647	251,305	223.134	20
10	3	H. カストロネヴェス	Castroneves, Helio	BR	Shell-V-Power/Pennzoil Ultra Team Penske	ダッラーラDW12	R/RWD	シヴォレー	V6	2.2t	200	2：58′58″8884	167.615	308,930	225.172	6
11	8	R. バリケッロ	Barrichello, Rubens	BR	BMC/Embrase KV Racing Technology	ダッラーラDW12	R/RWD	シヴォレー	V6	2.2t	200	2：58′59″1772	167.611	331,080	224.264	10
12	98	A. タグリアーニ	Tagliani,Alex	CDN	Team Barracuda-BHA	ダッラーラDW12	R/RWD	ホンダ	V6	2.2t	200	2：58′59″5075	167.605	252,205	224.000	11
13	38	G. レイハル	Rahal, Graham	USA	Service Central	ダッラーラDW12	R/RWD	ホンダ	V6	2.2t	200	2：59′00″0071	167.598	306,680	223.959	12
14	4	J. R. ヒルデブランド	Hildebrand, J. R.	USA	National Guard Panther Racing	ダッラーラDW12	R/RWD	シヴォレー	V6	2.2t	200	2：59′02″5955	167.557	306,680	223.422	18
15	19	J. ジェイクス	Jakes, James	GB	Boy Scouts of America	ダッラーラDW12	R/RWD	ホンダ	V6	2.2t	200	2：59′04″7026	167.524	252,555	223.482	17
16	77	S. パジェノー	Pagenaud, Simon	F	Schmidt Hamilton HP Motorsports	ダッラーラDW12	R/RWD	ホンダ	V6	2.2t	200	2：59′05″3914	167.514	303,680	222.891	23
17	15	佐藤琢磨	Sato, Takuma	J	Rahal Letterman Lanigan Racing	ダッラーラDW12	R/RWD	ホンダ	V6	2.2t	199	アクシデント		301,755	223.392	19
18	5	E. J. ヴィソ	Viso, E. J.	YV	CITGO/PDVSA KV Racing Technology	ダッラーラDW12	R/RWD	シヴォレー	V6	2.2t	199	2：59′06″8680	166.653	303,430	224.422	9
19	30	M. ジョルダイン Jr.	Jourdain Jr., Michel	MEX	Office Depot/RLL Racing	ダッラーラDW12	R/RWD	ホンダ	V6	2.2t	199	2：59′08″0305	166.635	253,305	222.893	22
20	7	S. ブルダイ	Bourdais, Sebastien	F	Dragon Racing	ダッラーラDW12	R/RWD	シヴォレー	V6	2.2t	199	2：59′11″5043	166.581	252,805	223.760	25
21	20	E. カーペンター	Carpenter, Ed	USA	Fuzzy's Vodka Ed Carpenter Racing	ダッラーラDW12	R/RWD	シヴォレー	V6	2.2t	199	2：59′14″5629	166.534	304,930	222.324	28
22	6	K. レグ	Legge, Katherine	GB	TrueCar Dragon Racing	ダッラーラDW12	R/RWD	シヴォレー	V6	2.2t	199	2：59′16″8413	166.499	303,680	221.624	30
23	25	A. ベアトリス	Beatriz, Ana	BR	Team Ipiranga	ダッラーラDW12	R/RWD	シヴォレー	V6	2.2t	190	2：59′09″4912	159.077	252,805	223.920	13
24	26	Ma. アンドレッティ	Andretti, Marco	USA	Team RC Cola	ダッラーラDW12	R/RWD	シヴォレー	V6	2.2t	187	アクシデント		368,480	225.456	4
25	67	J. ニューガーデン	Newgarden, Josef	USA	Sarah Fisher Hartman/Dollar General	ダッラーラDW12	R/RWD	ホンダ	V6	2.2t	161	メカニカル		257,805	224.037	7
26	17	S. サーヴェドラ	Saavedra, Sebastian	COL	Team AFS	ダッラーラDW12	R/RWD	シヴォレー	V6	2.2t	143	電気系統		256,305	222.811	24
27	28	R. ハンター－レイ	Hunter-Reay, Ryan	USA	Team DHL/Sun Drop Citrus Soda	ダッラーラDW12	R/RWD	シヴォレー	V6	2.2t	123	サスペンション		346,680	226.240	3
28	12	W. パワー	Power, Will	AUS	Verizon Team Penske	ダッラーラDW12	R/RWD	シヴォレー	V6	2.2t	79	アクシデント		310,430	225.422	5
29	14	M. コンウェイ	Conway, Mike	GB	ABC Supply Co./A. J. Foyt Racing	ダッラーラDW12	R/RWD	ホンダ	V6	2.2t	78	アクシデント		305,430	222.319	29
30	39	B. クラウソン	Clauson, Bryan	USA	Sarah Fisher Hartman/Curb Agajanian	ダッラーラDW12	R/RWD	ホンダ	V6	2.2t	46	メカニカル		258,055	214.455	31
31	41	W. カニンガム	Cunningham, Wade	NZ	Ecat/ABC Supply	ダッラーラDW12	R/RWD	ホンダ	V6	2.2t	42	電気系統		251,555	223.258	26
32	78	S. デ・シルヴェストロ	de Silvestro, Simona	CH	Nuclear Clean Air Energy Lotus HVM Racing	ダッラーラDW12	R/RWD	ロータス	V6	2.2t	10	ハンドリング		303,430	214.393	32
33	64	J. アレジ	Alesi, Jean	F	Lotus-FP Journe-Fan Force United	ダッラーラDW12	R/RWD	ロータス	V6	2.2t	9	ハンドリング		251,555	210.094	33

2013 第97回

開催日／天候……2013年５月26日／曇り
車両規定……過給2200cc以下
決勝出走……33台
優勝スピード……187.433mph（301.643km/h）。コーション下で終了
賞金総額……$12,020,065
ポールシッター……E. カーペンター　228.762mph（368.156km/h）　2′37″3689＝４周合計
最速ラップ……J. ウィルソン　226.940mph（365.224km/h）　39″6580　185周目
ルーキー賞……カルロス・ムニョス（４人中）
リード・チェンジ……68回／14人。1－8＝カーペンター、９＝カナーン、10－12＝カーペンター、13－14＝カナーン、15－16＝Ma. アンドレッティ、17－20＝カナーン、21－22＝Ma. アンドレッティ、23＝カナーン、24－26＝Ma. アンドレッティ、27－28＝カナーン、29＝Ma. アンドレッティ、30＝ハンター‐レイ、31－32＝パワー、33－37＝ジェイクス、38－42＝カーペンター、43＝Ma. アンドレッティ、44－50＝カーペンター、51－53＝Ma. アンドレッティ、54－58＝カーペンター、59－60＝ハンター‐レイ、61＝Ma. アンドレッティ、62－63＝ハンター‐レイ、64－72＝カーペンター、73－74＝カナーン、75－88＝パワー、89＝カナーン、90＝ヴィソ、91－92＝ムニョス、93－97＝カナーン、98－111＝アルメンディンガー、112＝カナーン、113－114＝Ma. アンドレッティ、115－120＝カナーン、121＝ハンター‐レイ、122＝ムニョス、123＝タグリアーニ、124＝ベル、125＝ヒンチクリフ、126－130＝Ma. アンドレッティ、131＝ハンター‐レイ、132－135＝ヴィソ、136＝ハンター‐レイ、137－142＝アルメンディンガー、143－144＝ハンター‐レイ、145＝カストロネヴェス、146－150＝Ma. アンドレッティ、151＝ハンター‐レイ、152－154＝ムニョス、155＝ディクソン、156－157＝ヒンチクリフ、158－164＝ハンター‐レイ、165－167＝アルメンディンガー、168＝Ma. アンドレッティ、169＝ハンター‐レイ、170＝Ma. アンドレッティ、171＝ハンター‐レイ、172－173＝Ma. アンドレッティ、174＝カナーン、175＝Ma. アンドレッティ、176－177＝カナーン、178＝ムニョス、179＝Ma.アンドレッティ、180－184＝ムニョス、185－188＝ヒンチクリフ、189＝カナーン、190＝ハンター‐レイ、191－192＝カナーン、193－197＝ハンター‐レイ、198－200＝カナーン
コーション……５回／21周

常に優勝候補に挙げられながらも過去11大会勝てずにいたブラジル人トニー・カナーンが12回目のトライで遂に初優勝を達成した。残り３周での再スタート直後のターン１で、カナーンはライアン・ハンター‐レイを抜いてトップ。その直後、前年の覇者ダリオ・フランキッティがスピン→クラッシュしてイエローに。レースはカナーン、ルーキーのカルロス・ムニョス（ルーキー賞）、ハンター‐レイの順で終了した。平均時速187.433mph（301.643km/h）はアリー・ルイェンダイクが23年間保持してきたものを破る最速記録。最少コーションラップ21周、スタート後133周コーションなしというのも新記録で、それゆえ高速走行が維持された。リード・チェンジ68回（14人ものドライバーによる）も従来の回数の倍となる新記録。シヴォレー・エンジンの優勝は2002年以来11年ぶりのこととなった。

勝利のミルクを浴びるカナーン。毎年トップを走りつつ勝機を逸し続けた陽気なブラジル人

トニー・カナーン（ハイドロキシカットKVレーシングテクノロジー）　301.643km/h　オーナー：KV Racing Technology　ファイアストン

第97回●2013年５月26日○200周＝500マイル（804.670km）

Pos.	No	Driver	Driver	Nat.	Car Name	Chassis	Drive	Engine	Cyl.	Dis.	Laps	Time	Speed	Prize Money	Speed	Qfy.
1	11	T. カナーン	Kanaan, Tony	BR	Hydroxycut KV Racing Technology-SH Racing	ダッラーラ DW12	R/RWD	シヴォレー	V6	2.2t	200	2：40′03″4181	187.433	2,353,355	226.949	12
2	26	C. ムニョス	Munoz, Carlos	COL	Unistraw	ダッラーラ DW12	R/RWD	シヴォレー	V6	2.2t	200	2：40′03″5340	187.431	964,205	228.342	2
3	1	R. ハンター－レイ	Hunter-Reay, Ryan	USA	DHL	ダッラーラ DW12	R/RWD	シヴォレー	V6	2.2t	200	2：40′03″6661	187.428	583,005	227.904	7
4	25	Ma. アンドレッティ	Andretti, Marco	USA	RC Cola	ダッラーラ DW12	R/RWD	シヴォレー	V6	2.2t	200	2：40′03″7815	187.426	469,755	228.261	3
5	19	J. ウィルソン	Wilson, Justin	GB	Dale Coyne Racing	ダッラーラ DW12	R/RWD	ホンダ	V6	2.2t	200	2：40′04″2319	187.417	337,805	226.370	14
6	3	H. カストロネヴェス	Castroneves, Helio	BR	Shell V-Power/Pennzoil Ultra Team Penske	ダッラーラ DW12	R/RWD	シヴォレー	V6	2.2t	200	2：40′06″4267	187.375	313,755	227.762	8
7	2	A. J. アルメンディンガー	Allmendinger, A. J.	USA	IZOD Team Penske	ダッラーラ DW12	R/RWD	シヴォレー	V6	2.2t	200	2：40′07″4288	187.355	261,155	228.099	5
8	77	S. パジェノー	Pagenaud, Simon	F	Schmidt Hamilton HP Motorsports	ダッラーラ DW12	R/RWD	ホンダ	V6	2.2t	200	2：40′07″6790	187.350	262,805	225.674	21
9	83	C. キンボール	Kimball, Charlie	USA	NovoLog FlexPen	ダッラーラ DW12	R/RWD	ホンダ	V6	2.2t	200	2：40′09″1045	187.322	269,305	225.880	19
10	20	E. カーペンター	Carpenter, Ed	USA	Fuzzy's Vodka Ed Carpenter Racing	ダッラーラ DW12	R/RWD	シヴォレー	V6	2.2t	200	2：40′10″2606	187.300	405,955	228.762	1
11	22	O. セルヴィア	Servia, Oriol	E	Panther DDR	ダッラーラ DW12	R/RWD	シヴォレー	V6	2.2t	200	2：40′11″2814	187.280	271,305	226.814	13
12	8	R. ブリスコー	Briscoe, Ryan	AUS	NTT DATA	ダッラーラ DW12	R/RWD	ホンダ	V6	2.2t	200	2：40′12″3397	187.259	230,555	225.265	23
13	14	佐藤琢磨	Sato, Takuma	J	ABC Supply Co./A. J. Foyt Racing	ダッラーラ DW12	R/RWD	ホンダ	V6	2.2t	200	2：40′13″6783	187.233	264,805	225.892	18
14	9	S. ディクソン	Dixon, Scott	NZ	Target Chip Ganassi Racing	ダッラーラ DW12	R/RWD	ホンダ	V6	2.2t	200	2：40′14″8039	187.211	268,005	226.158	16
15	18	A. ベアトリス	Beatriz, Ana	BR	Ipiranga	ダッラーラ DW12	R/RWD	ホンダ	V6	2.2t	200	2：40′15″6838	187.194	262,805	224.184	29
16	55	T. ヴォーティエ	Vautier, Tristan	F	Lucas Oil/Schmidt Peterson Motorsports	ダッラーラ DW12	R/RWD	ホンダ	V6	2.2t	200	2：40′18″7226	187.135	227,305	224.873	28
17	78	S. デ・シルヴェストロ	de Silvestro, Simona	CH	Nuclear Entergy Areva KVRT	ダッラーラ DW12	R/RWD	シヴォレー	V6	2.2t	200	2：40′19″1382	187.127	262,805	225.226	24
18	5	E. J. ヴィソ	Viso, EJ	YV	Team Venezuela PDVSA Citgo	ダッラーラ DW12	R/RWD	シヴォレー	V6	2.2t	200	2：40′21″2237	187.086	276,555	228.150	4
19	12	W. パワー	Power, Will	AUS	Verizon Team Penske	ダッラーラ DW12	R/RWD	シヴォレー	V6	2.2t	200	2：40′25″9584	186.994	273,255	228.087	6
20	16	J. ジェイクス	Jakes, James	GB	Acorn Stairrifts	ダッラーラ DW12	R/RWD	ホンダ	V6	2.2t	199	2：40′19″6906	186.181	227,555	225.809	20
21	27	J. ヒンチクリフ	Hinchcliffe, James	CDN	GoDaddy	ダッラーラ DW12	R/RWD	シヴォレー	V6	2.2t	199	2：40′20″2555	186.170	267,955	227.070	9
22	41	C. デイリー	Daly, Conor	USA	ABC Supply Co./A. J. Foyt Racing	ダッラーラ DW12	R/RWD	ホンダ	V6	2.2t	198	2：40′21″5132	185.210	227,305	223.582	31
23	10	D. フランキッティ	Franchitti, Dario	GB	Target Chip Ganassi Racing	ダッラーラ DW12	R/RWD	ホンダ	V6	2.2t	197	アクシデント		277,805	226.069	17
24	98	A. タグリアーニ	Tagliani,Alex	CDN	Barracuda Racing	ダッラーラ DW12	R/RWD	ホンダ	V6	2.2t	196	2：40′27″1770	183.231	263,255	227.386	11
25	15	G. レイハル	Rahal, Graham	USA	Midas/Big O Tires	ダッラーラ DW12	R/RWD	ホンダ	V6	2.2t	193	アクシデント		262,805	225.007	26
26	81	K. レグ	Legge, Katherine	GB	Angie's List Schmidt Peterson Pelfrey	ダッラーラ DW12	R/RWD	ホンダ	V6	2.2t	193	2：40′23″8072	180.490	225,305	223.176	33
27	60	T. ベル	Bell, Townsend	USA	Sunoco "Turbo" Panther Racing	ダッラーラ DW12	R/RWD	シヴォレー	V6	2.2t	192	2：40′17″0341	179.681	237,255	225.643	22
28	21	J. ニューガーデン	Newgarden, Josef	USA	Sarah Fisher Hartman/Century 21	ダッラーラ DW12	R/RWD	ホンダ	V6	2.2t	191	2：40′20″7393	178.676	264,305	225.731	25
29	7	S. ブルダイ	Bourdais, Sebastien	F	Dragon Racing	ダッラーラ DW12	R/RWD	シヴォレー	V6	2.2t	178	アクシデント		262,805	226.196	15
30	63	P. マン	Mann, Pippa	GB	Cyclops Gear.com	ダッラーラ DW12	R/RWD	ホンダ	V6	2.2t	46	アクシデント		225,305	224.005	30
31	91	B. ラヴィア	Lazier, Buddy	USA	Spirit of Oklahoma	ダッラーラ DW12	R/RWD	シヴォレー	V6	2.2t	44	メカニカル		230,305	223.442	32
32	6	S. サーヴェドラ	Saavedra, Sebastian	COL	Dragon Racing	ダッラーラ DW12	R/RWD	シヴォレー	V6	2.2t	34	アクシデント		225,305	224.929	27
33	4	J. R. ヒルデブランド	Hildebrand, J. R.	USA	National Guard Panther Racing	ダッラーラ DW12	R/RWD	シヴォレー	V6	2.2t	3	アクシデント		264,305	227.441	10
ns	17	M. ジョルダイン Jr.	Jourdain Jr., Michel	MEX	Office Depot	ダッラーラ DW12	R/RWD	ホンダ	V6	2.2t	――	DNQ		――	218.329	――

2014 第98回

開催日／天候 ……… 2014年５月25日／晴れ
車両規定 ……… 過給2200cc以下
決勝出走 ……… 33台
優勝スピード ……… 186.563mph（300.243km/h）。２位に0″0600差
賞金総額 ……… $14,231,760
ポールシッター ……… E. カーペンター　231.067mph（371.865km/h）　2′35″7992＝４周合計
最速ラップ ……… J. P. モントーヤ　225.191mph（362.409km/h）　39″9661　182周目
ルーキー賞 ……… カート・ブッシュ（７人中）
リード・チェンジ … 34回／11人。1－9＝ヒンチクリフ、10－28＝カーペンター、29＝ヒンチクリフ、30＝パワー、31＝カナーン、32＝アレシン、33－36＝ヒンチクリフ、37－57＝パワー、58－61＝Ma. アンドレッティ、62＝カストロネヴェス、63＝ディクソン、64－66＝モントーヤ、67－91＝カストロネヴェス、92－93＝カーペンター、94＝ディクソン、95－99＝モントーヤ、100－107＝ハンター‐レイ、108－117＝カストロネヴェス、118－123＝ハンター‐レイ、124＝ディクソン、125－132＝モントーヤ、133－138＝ハンター‐レイ、139－153＝Ma. アンドレッティ、154－157＝カーペンター、158－162＝ハンター‐レイ、163＝カーペンター、164－170＝ハンター‐レイ、171－173＝タグリアーニ、174－181＝ハンター‐レイ、182＝Ma. アンドレッティ、183－184＝ハンター‐レイ、185＝カストロネヴェス、186－195＝ハンター‐レイ、196＝カストロネヴェス、197－200＝ハンター‐レイ
コーション ……… ５回／21周

アンドレッティ・オートスポーツ所属のライアン・ハンター‐レイとペンスキー所属のエリオ・カストロネヴェスが、191周目タウンゼンド・ベル事故による赤旗中断後、残り５周でレース再開から抜きつ抜かれつの大接戦を展開、残り１周というメインストレートで右から抜いたハンター‐レイが0.0600秒の僅差（インディ史上２番目）でカストロネヴェスを退け、アメリカ人としては2006年サム・ホーニッシュJr.以来となる自身初優勝を達成。レースは149周目までイエローコーションが一切出ない高速バトルとなり、優勝スピードは前年に続いて平均300km/h超えとなった。生粋のNASCARストックカー・ドライバーであるカート・ブッシュがペンスキー陣営から参戦、意外な奮闘６位完走でルーキー賞を獲得した。ポールシッターは２年連続でエド・カーペンターが手中にする。

手前より２位カストロネヴェス、パジェノー、３位マルコ・アンドレッティの併走

ライアン・ハンター‐レイ（DHL Spl.）　300.243km/h　オーナー：Andretti Autosport　ファイアストン

第98回●2014年 5 月25日○200周＝500マイル（804.670km）

Pos.	No	Driver	Driver	Nat.	Car Name	Chassis	Drive	Engine	Cyl.	Dis.	Laps	Time	Speed	Prize Money	Speed	Qfy.
1	28	R. ハンター－レイ	Hunter-Reay, Ryan	USA	DHL	ダッラーラ DW12	R/RWD	ホンダ	V6	2.2t	200	2：40′48″2305	186.563	2,491,194	229.719	19
2	3	H. カストロネヴェス	Castroneves, Helio	BR	Pennzoil Ultra Platinum Team Penske	ダッラーラ DW12	R/RWD	シヴォレー	V6	2.2t	200	2：40′48″2905	186.562	785,194	230.649	4
3	25	Ma. アンドレッティ	Andretti, Marco	USA	Snapple	ダッラーラ DW12	R/RWD	ホンダ	V6	2.2t	200	2：40′48″5476	186.557	585,194	230.544	6
4	34	C. ムニョス	Munoz, Carlos	COL	Cinsay AndrettiTV.com HVM	ダッラーラ DW12	R/RWD	ホンダ	V6	2.2t	200	2：40′49″0100	186.548	449,194	230.146	7
5	2	J. P. モントーヤ	Montoya, Juan Pablo	COL	Verizon Team Penske	ダッラーラ DW12	R/RWD	シヴォレー	V6	2.2t	200	2：40′49″5538	186.537	441,944	231.007	10
6	26	K. ブッシュ	Busch, Kurt	USA	Suretone	ダッラーラ DW12	R/RWD	ホンダ	V6	2.2t	200	2：40′50″4971	186.519	423,889	230.782	12
7	11	S. ブルダイ	Bourdais, Sebastien	F	Hydroxycut/Mistic KVSH Racing	ダッラーラ DW12	R/RWD	シヴォレー	V6	2.2t	200	2：40′50″8881	186.511	384,194	229.847	17
8	12	W. パワー	Power, Will	AUS	Verizon Team Penske	ダッラーラ DW12	R/RWD	シヴォレー	V6	2.2t	200	2：40′51″0812	186.508	442,194	230.697	3
9	22	S. カラム	Karam, Sage	USA	Comfort Revolution/Brantley Gilbert	ダッラーラ DW12	R/RWD	シヴォレー	V6	2.2t	200	2：40′51″5153	186.499	270,305	228.436	31
10	21	J. R. ヒルデブランド	Hildebrand, J. R.	USA	Preferred Freezer/Ed Carpenter Racing	ダッラーラ DW12	R/RWD	シヴォレー	V6	2.2t	200	2：40′51″7009	186.496	366,194	228.726	9
11	16	O. セルヴィア	Servia, Oriol	E	Rahal Letterman Lanigan Racing	ダッラーラ DW12	R/RWD	ホンダ	V6	2.2t	200	2：40′52″3382	186.483	247,305	229.752	18
12	77	S. パジェノー	Pagenaud, Simon	F	Schmidt Peterson Hamilton Motorsports	ダッラーラ DW12	R/RWD	ホンダ	V6	2.2t	200	2：40′52″7982	186.474	374,444	230.614	5
13	68	A. タグリアーニ	Tagliani, Alex	CDN	SFHR/RW Motorsports	ダッラーラ DW12	R/RWD	ホンダ	V6	2.2t	200	2：40′55″8484	186.416	368,694	229.148	24
14	5	J. ヴィルヌーヴ	Villeneuve, Jacques	CDN	Schmidt Peterson Motorsports	ダッラーラ DW12	R/RWD	ホンダ	V6	2.2t	200	2：40′56″4075	186.405	354,194	228.949	27
15	17	S. サーヴェドラ	Saavedra, Sebastian	COL	KV AFS Racing	ダッラーラ DW12	R/RWD	シヴォレー	V6	2.2t	200	2：40′56″8241	186.397	349,194	228.088	32
16	33	J. デイヴィソン	Davison, James	AUS	KVRT/Always Evolving Racing	ダッラーラ DW12	R/RWD	シヴォレー	V6	2.2t	200	2：40′57″3348	186.387	341,194	228.865	28
17	18	C. フエルタス	Huertas, Carlos	COL	Dale Coyne Racing	ダッラーラ DW12	R/RWD	ホンダ	V6	2.2t	200	2：41′00″3846	186.328	339,694	229.251	21
18	8	R. ブリスコー	Briscoe, Ryan	AUS	NTT Data Chip Ganassi Racing	ダッラーラ DW12	R/RWD	シヴォレー	V6	2.2t	200	2：41′01″5448	186.306	344,444	228.713	30
19	14	佐藤琢磨	Sato, Takuma	J	ABC Supply/A. J. Foyt Racing	ダッラーラ DW12	R/RWD	ホンダ	V6	2.2t	200	2：41′02″0255	186.296	342,444	229.201	23
20	98	J. ホークスワース	Hawksworth, Jack	GB	Integrity Energee Drink	ダッラーラ DW12	R/RWD	ホンダ	V6	2.2t	200	2：41′02″0696	186.295	346,194	230.506	13
21	7	M. アレシン	Aleshin, Mikhail	RUS	SMP Racing	ダッラーラ DW12	R/RWD	ホンダ	V6	2.2t	198	2：40′59″4894	184.482	340,194	230.049	15
22	19	J. ウィルソン	Wilson, Justin	GB	Dale Coyne Racing	ダッラーラ DW12	R/RWD	ホンダ	V6	2.2t	198	2：41′02″8285	184.418	339,194	230.256	14
23	41	M. プラウマン	Plowman, Martin	GB	ABC Supply/A. J. Foyt Racing	ダッラーラ DW12	R/RWD	ホンダ	V6	2.2t	196	2：41′05″9235	182.497	225,805	228.814	29
24	63	P. マン	Mann, Pippa	GB	Dale Coyne Racing	ダッラーラ DW12	R/RWD	ホンダ	V6	2.2t	193	2：41′03″1805	179.754	226,805	229.223	22
25	6	T. ベル	Bell, Townsend	USA	Robert Graham KV Racing Technology	ダッラーラ DW12	R/RWD	シヴォレー	V6	2.2t	190	アクシデント		226,805	229.009	25
26	10	T. カナーン	Kanaan, Tony	BR	Target Chip Ganassi Racing	ダッラーラ DW12	R/RWD	シヴォレー	V6	2.2t	177	走行中	170.531	343,194	229.922	16
27	20	E. カーペンター	Carpenter, Ed	USA	Fuzzy's Vodka/Ed Carpenter Racing	ダッラーラ DW12	R/RWD	シヴォレー	V6	2.2t	175	アクシデント		463,694	231.067	1
28	27	J. ヒンチクリフ	Hinchcliffe, James	CDN	United Fiber & Data	ダッラーラ DW12	R/RWD	ホンダ	V6	2.2t	175	アクシデント		376,194	230.839	2
29	9	S. ディクソン	Dixon, Scott	NZ	Target Chip Ganassi Racing	ダッラーラ DW12	R/RWD	シヴォレー	V6	2.2t	167	アクシデント		390,694	230.928	11
30	67	J. ニューガーデン	Newgarden, Josef	USA	Hartman Oil/Sarah Fisher Hartman Racing	ダッラーラ DW12	R/RWD	ホンダ	V6	2.2t	156	アクシデント		344,194	229.893	8
31	83	C. キンボール	Kimball, Charlie	USA	Novo Nordisk Ganassi Racing	ダッラーラ DW12	R/RWD	シヴォレー	V6	2.2t	149	アクシデント		341,194	228.953	26
32	91	B. ラヴィア	Lazier, Buddy	USA	Wynn Institute for Vision Research	ダッラーラ DW12	R/RWD	シヴォレー	V6	2.2t	87	メカニカル		225,305	227.920	33
33	15	G. レイハル	Rahal, Graham	USA	National Guard	ダッラーラ DW12	R/RWD	ホンダ	V6	2.2t	44	電気系統		341,194	229.628	20

2015 第99回

開催日／天候 …… 2015年５月24日／晴れ
車両規定 …… 過給2200cc以下
決勝出走 …… 33台
優勝スピード …… 161.341mph（259.653km/h）。２位に0″1046差
賞金総額 …… $14,231,760
ポールシッター …… S. ディクソン　226.760mph（364.934km/h）　2′38″7579＝４周合計
最速ラップ …… C. キンボール　226.712mph（364.857km/h）　38″6979　102周目
ルーキー賞 …… ガビー・チャヴェス（２人中）
リード・チェンジ …… 37回／10人。1－18＝ディクソン、19－20＝カナーン、21＝ディクソン、22－25＝カナーン、26－34＝ディクソン、35－36＝パジェノー、37－38＝パワー、39－40＝モントーヤ、41－66＝ディクソン、67－70＝パジェノー、71＝ディクソン、72＝パジェノー、73－74＝カナーン、75＝ディクソン、76－97＝カナーン、98－99＝パジェノー、100－101＝カストロネヴェス、102－123＝パジェノー、124＝パワー、125＝パジェノー、126－127＝ディクソン、128＝パジェノー、129－148＝ディクソン、149－150＝パジェノー、151－152＝キンボール、153－154＝タグリアーニ、155－162＝キンボール、163－164＝ディクソン、165－166＝モントーヤ、167－169＝ディクソン、170－172＝ムニョス、173－174＝ウィルソン、175－186＝パワー、187＝ディクソン、188－191＝パワー、192＝モントーヤ、193－196＝パワー、197－200＝モントーヤ
コーション …… ６回／47周

コロンビアのファン・パブロ・モントーヤが長い寄り道（F１とNASCARストックカー）の後、インディ500フィールドに戻り、自身15年ぶり２度目のインディ500優勝を果たした。前半はポールシッターのスコット・ディクソンやシモン・パジェノーとの三つ巴で競われ、終盤はパジェノーに代わってウィル・パワーが加わる展開に。残り４周でモントーヤがトップに立つと後続を振り切り逃げ切った。パワー、チャーリー・キンボール、ディクソンらが２～４位で続く。この年からシヴォレーとホンダ両陣営には別々のエアロキットが導入された。プラクティス中シヴォレー勢３車が大きな事故に見舞われた。中でもジェイムズ・ヒンチクリフ車は大破、サスペンションがカウルを貫通してコクピット内の足に刺さる事態となるが、セーフティクルーの迅速な救出活動により、翌年にはカムバックを果たす。

モントーヤとカストロネヴェスの僅差フィニッシュをチェッカードフラッグ視線で

ファン・パブロ・モントーヤ（ヴェライヴォン・チーム・ペンスキー）　259.653km/h　オーナー：Team Penske　ファイアストン

第99回●2015年 5 月24日○200周＝500マイル（804.670km）

Pos.	No	Driver	Driver	Nat.	Car Name	Chassis	Drive	Engine	Cyl.	Dis.	Laps	Time	Speed	Prize Money	Speed	Qfy.
1	2	J. P. モントーヤ	Montoya, Juan Pablo	COL	Verizon Team Penske	ダッラーラ DW12	R/RWD	シヴォレー	V6	2.2t	200	3：05′56″5286	161.341	2,449,055	224.657	15
2	1	W. パワー	Power, Will	AUS	Verizon Team Penske	ダッラーラ DW12	R/RWD	シヴォレー	V6	2.2t	200	3：05′56″6332	161.339	792,555	226.350	2
3	83	C. キンボール	Kimball, Charlie	USA	Novo Nordisk Chip Ganassi Racing	ダッラーラ DW12	R/RWD	シヴォレー	V6	2.2t	200	3：05′57″3236	161.329	564,055	224.743	14
4	9	S. ディクソン	Dixon, Scott	NZ	Target Chip Ganassi Racing	ダッラーラ DW12	R/RWD	シヴォレー	V6	2.2t	200	3：05′57″5578	161.326	615,805	226.760	1
5	15	G. レイハル	Rahal, Graham	USA	Steak'n Shake	ダッラーラ DW12	R/RWD	ホンダ	V6	2.2t	200	3：05′58″8408	161.307	439,555	224.290	17
6	27	Ma. アンドレッティ	Andretti, Marco	USA	Snapple	ダッラーラ DW12	R/RWD	ホンダ	V6	2.2t	200	3：05′59″0674	161.304	412,055	225.189	8
7	3	H. カストロネヴェス	Castroneves, Helio	BR	Shell V-Power Nitro+ Team Penske	ダッラーラ DW12	R/RWD	シヴォレー	V6	2.2t	200	3：05′59″3107	161.300	482,555	225.502	5
8	6	J. R. ヒルデブランド	Hildebrand, J. R.	USA	Preferred Freezer CFH Racing	ダッラーラ DW12	R/RWD	シヴォレー	V6	2.2t	200	3：06′00″0917	161.289	246,805	225.099	10
9	21	J. ニューガーデン	Newgarden, Josef	USA	Century 21 CFH Racing	ダッラーラ DW12	R/RWD	シヴォレー	V6	2.2t	200	3：06′00″5567	161.282	382,055	225.187	9
10	22	S. パジェノー	Pagenaud, Simon	F	Avaya Team Penske	ダッラーラ DW12	R/RWD	シヴォレー	V6	2.2t	200	3：06′00″7434	161.280	307,805	226.145	3
11	11	S. ブルダイ	Bourdais, Sebastien	F	Hydroxycut-HAUS Vaporizer KVSH	ダッラーラ DW12	R/RWD	シヴォレー	V6	2.2t	200	3：06′01″8353	161.264	378,555	225.193	7
12	5	R. ブリスコー	Briscoe, Ryan	AUS	Arrow/Lucas Oil Schmidt Peterson	ダッラーラ DW12	R/RWD	ホンダ	V6	2.2t	200	3：06′02″1973	161.259	368,805	223.519	31
13	14	佐藤琢磨	Sato, Takuma	J	ABC Supply AJ Foyt Racing	ダッラーラ DW12	R/RWD	ホンダ	V6	2.2t	200	3：06′02″6964	161.251	364,055	223.226	24
14	24	T. ベル	Bell, Townsend	USA	The Robert Graham Special	ダッラーラ DW12	R/RWD	シヴォレー	V6	2.2t	200	3：06′05″0291	161.218	218,555	223.447	23
15	28	R. ハンター-レイ	Hunter-Reay, Ryan	USA	DHL	ダッラーラ DW12	R/RWD	ホンダ	V6	2.2t	200	3：06′06″1767	161.201	355,555	224.573	16
16	98	G. チャヴェス	Chaves, Gabby	COL	Bowers & Wilkins/Curb	ダッラーラ DW12	R/RWD	ホンダ	V6	2.2t	200	3：06′06″6302	161.195	399,055	222.916	26
17	48	A. タグリアーニ	Tagliani, Alex	CDN	Alfe Heat Treating Special	ダッラーラ DW12	R/RWD	ホンダ	V6	2.2t	200	3：06′07″7427	161.178	203,305	223.722	20
18	7	J. ジェイクス	Jakes, James	GB	Schmidt Peterson Motorsports	ダッラーラ DW12	R/RWD	シヴォレー	V6	2.2t	200	3：06′08″5717	161.167	347,555	223.790	19
19	29	S. デ・シルヴェストロ	de Silvestro, Simona	CH	TE Connectivity	ダッラーラ DW12	R/RWD	ホンダ	V6	2.2t	200	3：06′09″2614	161.157	200,305	223.838	18
20	26	C. ムニョス	Munoz, Carlos	COL	AbndrettiTV Cinsay	ダッラーラ DW12	R/RWD	ホンダ	V6	2.2t	200	3：06′36″3632	160.766	345,555	225.042	11
21	25	J. ウィルソン	Wilson, Justin	GB	Andretti Autosport	ダッラーラ DW12	R/RWD	ホンダ	V6	2.2t	199	3：06′01″4009	160.464	211,305	225.279	6
22	63	P. マン	Mann, Pippa	GB	Dale Coyne Racing	ダッラーラ DW12	R/RWD	ホンダ	V6	2.2t	197	3：06′23″0005	158.544	206,805	223.104	25
23	17	S. サーヴェドラ	Saavedra, Sebastian	COL	AFS Chip Ganassi Racing	ダッラーラ DW12	R/RWD	シヴォレー	V6	2.2t	175	アクシデント		200,305	222.898	27
24	41	J. ホークスワース	Hawksworth, Jack	GB	ABC Supply AJ Foyt Racing	ダッラーラ DW12	R/RWD	ホンダ	V6	2.2t	175	アクシデント		205,055	223.738	28
25	4	S. コレッティ	Coletti, Stefano	MC	KV Racing Technology	ダッラーラ DW12	R/RWD	シヴォレー	V6	2.2t	175	アクシデント		344,555	222.001	29
26	10	T. カナーン	Kanaan, Tony	BR	NTT Data Chip Ganassi Racing	ダッラーラ DW12	R/RWD	シヴォレー	V6	2.2t	151	アクシデント		375,555	225.503	4
27	19	J. デイヴィソン	Davison, James	AUS	Dale Coyne Racing	ダッラーラ DW12	R/RWD	ホンダ	V6	2.2t	116	メカニカル		344,055	by Vautier	33
28	18	T. ヴォーティエ	Vautier, Tristan	F	Dale Coyne Racing	ダッラーラ DW12	R/RWD	ホンダ	V6	2.2t	116	メカニカル		344,055	223.747	32
29	32	O. セルヴィア	Servia, Oriol	E	Rahal Letterman Lanigan Racing	ダッラーラ DW12	R/RWD	ホンダ	V6	2.2t	112	アクシデント		201,805	224.777	13
30	20	E. カーペンター	Carpenter, Ed	USA	Fuzzy's Vodka CFH Racing	ダッラーラ DW12	R/RWD	シヴォレー	V6	2.2t	112	アクシデント		344,055	224.883	12
31	88	B. クラウソン	Clauson, Bryan	USA	Jonathan Byrd's/Cancer Centers of America	ダッラーラ DW12	R/RWD	シヴォレー	V6	2.2t	61	アクシデント		200,305	221.358	30
32	8	S. カラム	Karam, Sage	USA	Comfort Revolution/Big Machine Records	ダッラーラ DW12	R/RWD	シヴォレー	V6	2.2t	0	アクシデント		344,055	223.595	21
33	43	C. デイリー	Daly, Conor	USA	FUELED by BACON Special	ダッラーラ DW12	R/RWD	ホンダ	V6	2.2t	0	メカニカル		201,805	223.482	22
ns	5	J. ヒンチクリフ	Hinchcliffe, James	CDN	Arrow/Lucas Oil Schmidt Peterson	ダッラーラ DW12	R/RWD	ホンダ	V6	2.2t	—	負傷。ブリスコーに交代		—	223.519	—
ns	18	C. フエルタス	Huertas, Carlos	COL	Dale Coyne Racing	ダッラーラ DW12	R/RWD	ホンダ	V6	2.2t	—	DNQ		—	224.233	—
ns	91	B. ラヅィア	Lazier, Buddy	USA	Lazier Partners Racing	ダッラーラ DW12	R/RWD	シヴォレー	V6	2.2t	—	DNQ		—	220.153	—

2016 第100回

開催日／天候……2016年５月29日／晴れ
車両規定……過給2200cc以下
決勝出走……33台
優勝スピード……166.634mph(268.171km/h)。２位に4″4975差
賞金総額……$13,273,253
ポールシッター……J. ヒンチクリフ　230.760mph(371.371km/h)　2′36″0063＝４周合計
最速ラップ……A. ロッシ　225.288mph(362.565km/h)　39″9488　106周目
ルーキー賞……アレクサンダー・ロッシ(５人中)
リード・チェンジ……46回／13人。1－2＝ハンター－レイ、３＝ヒンチクリフ、４＝ハンター－レイ、５＝ヒンチクリフ、6－8＝ハンター－レイ、９＝ヒンチクリフ、10＝ハンター－レイ、11＝ヒンチクリフ、12－13＝ハンター－レイ、14－16＝ヒンチクリフ、17＝ハンター－レイ、18－23＝ヒンチクリフ、24－27＝ハンター－レイ、28－29＝ニューガーデン、30＝ムニョス、31－32＝カラム、33－41＝ハンター－レイ、42－48＝ベル、49－56＝ハンター－レイ、57＝ベル、58＝ハンター－レイ、59－60＝ヒンチクリフ、61－66＝ハンター－レイ、67－74＝パワー、75－77＝ヒンチクリフ、78－80＝ハンター－レイ、81－84＝ヒンチクリフ、85－87＝ハンター－レイ、88－91＝ヒンチクリフ、92－96＝カストロネヴェス、97－99＝クラウソン、100－103＝カストロネヴェス、104－108＝ハンター－レイ、109＝カナーン、110－112＝ハンター－レイ、113－116＝ベル、117－121＝タグリアーニ、122＝ロッシ、123－128＝タグリアーニ、129－137＝ロッシ、138－148＝カストロネヴェス、149－153＝ムニョス、154－157＝カストロネヴェス、158－160＝カナーン、161＝ヒンチクリフ、162－163＝カナーン、164－167－ヒルデブランド、168－178＝カナーン、179－181＝ニューガーデン、182－183＝カナーン、184－190＝ニューガーデン、191＝ムニョス、192－193＝ニューガーデン、194－196＝ムニョス、197－200＝ロッシ
コーション……６回／54周

記念すべき第100回大会のスタート。全車ダッラーラで、エンジンはシヴォレーとホンダの競争

記念すべき第100回大会は、地元アメリカ出身の24歳ルーキー、アレクサンダー・ロッシの優勝という意外な展開となる。彼は前年までＦ１GPスポット参戦などヨーロッパ中心に戦っていたが、アンドレッティ・ハータ・オートスポーツからホンダ・エンジンでインディ初参戦、全くノーマークでの快挙、番狂わせだった。レース残り10周というところで上位陣は燃料が持たずに次々とピットインするが、その間、給油タイミングの関係もあってずっと燃費走行を敢行していたロッシが、ぎりぎり燃料を持たせて走り切り、栄冠を摑んだのだった。最終ラップ突入時15秒あった２位との差はチェッカー時点で4.5秒差にまで縮まり、その直後にガス欠状態に陥り停止、自力ではビクトリーレーンまで辿り着けなかった。２～３位にもカルロス・ムニョス、ジョゼフ・ニューガーデンと若手伏兵が連なった。

アレクサンダー・ロッシ(NAPAオートパーツ／カーブSpl.)　268.171km/h　オーナー：Andretti Herta Autosport　ファイアストン

第100回●2016年5月29日○200周＝500マイル（804.670km）

Pos.	No	Driver	Driver	Nat.	Car Name	Chassis	Drive	Engine	Cyl.	Dis.	Laps	Time	Speed	Prize Money	Speed	Qfy.
1	98	A. ロッシ	Rossi, Alexander	USA	NAPA Auto Parts/Curb	ダッラーラDW12	R/RWD	ホンダ	V6	2.2t	200	3:00′02″0872	166.634	2,548,743	228.473	11
2	26	C. ムニョス	Munoz, Carlos	COL	United Fiber & Data	ダッラーラDW12	R/RWD	ホンダ	V6	2.2t	200	3:00′06″5847	166.565	788,743	230.287	5
3	21	J. ニューガーデン	Newgarden, Josef	USA	Preferred Freezer	ダッラーラDW12	R/RWD	シヴォレー	V6	2.2t	200	3:00′07″0176	166.558	574,243	230.700	2
4	10	T. カナーン	Kanaan, Tony	BR	NTT Data	ダッラーラDW12	R/RWD	シヴォレー	V6	2.2t	200	3:00′12″5835	166.473	445,743	227.430	18
5	42	C. キンボール	Kimball, Charlie	USA	Tresiba	ダッラーラDW12	R/RWD	シヴォレー	V6	2.2t	200	3:00′12″6090	166.472	423,243	227.822	16
6	6	J. R. ヒルデブランド	Hildebrand, J. R.	USA	Preferred Freezer Fuzzy's Vodka	ダッラーラDW12	R/RWD	シヴォレー	V6	2.2t	200	3:00′13″4331	166.460	257,305	227.876	15
7	5	J. ヒンチクリフ	Hinchcliffe, James	CDN	Arrow Schmidt Peterson Motorsports	ダッラーラDW12	R/RWD	ホンダ	V6	2.2t	200	3:00′14″8616	166.438	502,993	230.760	1
8	9	S. ディクソン	Dixon, Scott	NZ	Target Chip Ganassi Racing	ダッラーラDW12	R/RWD	シヴォレー	V6	2.2t	200	3:00′17″2479	166.401	384,493	227.991	13
9	11	S. ブルダイ	Bourdais, Sebastien	F	Team Hydroxycut-KVSH	ダッラーラDW12	R/RWD	シヴォレー	V6	2.2t	200	3:00′23″1485	166.310	371,743	227.428	19
10	12	W. パワー	Power, Will	AUS	Verizon Team Penske	ダッラーラDW12	R/RWD	シヴォレー	V6	2.2t	200	3:00′23″6043	166.303	390,243	229.669	6
11	3	H. カストロネヴェス	Castroneves, Helio	BR	Pennzoil Team Penske	ダッラーラDW12	R/RWD	シヴォレー	V6	2.2t	200	3:00′24″1887	166.294	451,243	229.115	9
12	77	O. セルヴィア	Servia, Oriol	E	Lucas Oil Special	ダッラーラDW12	R/RWD	ホンダ	V6	2.2t	200	3:00′25″9012	166.268	220,305	229.060	10
13	27	Ma. アンドレッティ	Andretti, Marco	USA	Snapple	ダッラーラDW12	R/RWD	ホンダ	V6	2.2t	200	3:00′27″0572	166.250	354,243	227.969	14
14	15	G. レイハル	Rahal, Graham	USA	Steak'n Shake	ダッラーラDW12	R/RWD	ホンダ	V6	2.2t	200	3:00′30″3366	166.200	354,493	225.847	26
15	8	M. チルトン	Chilton, Max	GB	Galagher Chip Ganassi Racing	ダッラーラDW12	R/RWD	シヴォレー	V6	2.2t	200	3:00′30″8461	166.192	346,743	226.686	22
16	41	J. ホークスワース	Hawksworth, Jack	GB	ABC Supply AJ Foyt Racing	ダッラーラDW12	R/RWD	ホンダ	V6	2.2t	200	3:00′34″2620	166.140	336,243	224.596	31
17	35	A. タグリアーニ	Tagliani, Alex	CDN	Alfe Heat Treating Special	ダッラーラDW12	R/RWD	ホンダ	V6	2.2t	200	3:00′34″2865	166.139	215,805	no speed	33
18	63	P. マン	Mann, Pippa	GB	Susan G. Komen	ダッラーラDW12	R/RWD	ホンダ	V6	2.2t	199	3:00′08″8301	165.698	205,305	226.006	25
19	22	S. パジェノー	Pagenaud, Simon	F	Menards Team Penske	ダッラーラDW12	R/RWD	シヴォレー	V6	2.2t	199	3:00′09″4050	165.689	341,243	229.139	8
20	19	G. チャヴェス	Chaves, Gabby	COL	Boy Scouts of America	ダッラーラDW12	R/RWD	ホンダ	V6	2.2t	199	3:00′15″7404	165.592	336,243	227.192	21
21	29	T. ベル	Bell, Townsend	USA	California Pizza Kitchen/Robert Graham	ダッラーラDW12	R/RWD	ホンダ	V6	2.2t	199	3:00′15″7506	165.592	221,305	230.481	4
22	61	M. ブラバム	Brabham, Matthew	AUS	PIRTEK Team Murray	ダッラーラDW12	R/RWD	シヴォレー	V6	2.2t	199	3:00′16″5632	165.579	202,805	225.727	27
23	88	B. クラウソン	Clauson, Bryan	USA	Cancer Treatment Centers of America	ダッラーラDW12	R/RWD	ホンダ	V6	2.2t	198	3:00′09″1259	164.861	201,805	225.266	28
24	28	R. ハンター-レイ	Hunter-Reay, Ryan	USA	DHL	ダッラーラDW12	R/RWD	ホンダ	V6	2.2t	198	3:00′53″4216	164.188	419,243	230.648	3
25	16	S. ピゴット	Pigot, Spencer	USA	RLL/Mi-Jack Manitowoc	ダッラーラDW12	R/RWD	ホンダ	V6	2.2t	195	3:00′33″5314	161.997	200,805	224.847	29
26	14	佐藤琢磨	Sato, Takuma	J	ABC Supply AJ Foyt Racing	ダッラーラDW12	R/RWD	ホンダ	V6	2.2t	163	アクシデント		338,243	228.029	12
27	7	M. アレシン	Aleshin, Mikhail	RUS	SMP Racing Schmidt Peterson	ダッラーラDW12	R/RWD	ホンダ	V6	2.2t	126	アクシデント		359,243	229.562	7
28	25	S. ウィルソン	Wilson, Stefan	GB	Driven2SaveLives-KVRT	ダッラーラDW12	R/RWD	シヴォレー	V6	2.2t	119	電気系統		200,805	224.602	30
29	18	C. デイリー	Daly, Conor	USA	Shirts for America	ダッラーラDW12	R/RWD	ホンダ	V6	2.2t	115	アクシデント		336,243	226.312	24
30	4	B. ラヅィア	Lazier, Buddy	USA	Lazier/Burns Racing	ダッラーラDW12	R/RWD	シヴォレー	V6	2.2t	100	メカニカル		200,305	222.154	32
31	20	E. カーペンター	Carpenter, Ed	USA	Ed Carpenter Racing	ダッラーラDW12	R/RWD	シヴォレー	V6	2.2t	98	メカニカル		200,305	227.226	20
32	24	S. カラム	Karam, Sage	USA	Gas Monkey Energy	ダッラーラDW12	R/RWD	シヴォレー	V6	2.2t	93	アクシデント		203,305	226.436	23
33	2	J. P. モントーヤ	Montoya, Juan Pablo	COL	Verizon Team Penske	ダッラーラDW12	R/RWD	シヴォレー	V6	2.2t	63	アクシデント		339,493	227.684	17

2017 第101回

開催日／天候……2017年５月28日／晴れ・曇り
車両規定……過給2200cc以下
参加／決勝出走……33台／33台
優勝スピード……155.395mph（250.083km/h）。２位に0″2011差
賞金総額……$13,178,359
ポールシッター……S. ディクソン　232.164mph（373.631km/h）　2′35″0630＝４周合計
最速ラップ……佐藤琢磨　226.190mph（364.017km/h）　39″7896　150周目
ルーキー賞……フェルナンド・アロンソ（４人中）
リード・チェンジ……35回／15人。1－5＝ディクソン、6－27＝カナーン、28－29＝カーペンター、30＝ヒルデブランド、31＝モントーヤ、32－34＝カーペンター、35－36＝ロッシ、37－42＝アロンソ、43－47＝ロッシ、48－60＝アロンソ、61－64＝ロッシ、65－75＝佐藤、76－78＝ロッシ、79－81＝ハンター・レイ、82－83＝パワー、84－86＝チルトン、87－89＝ハンター・レイ、90－93＝ロッシ、94－95＝ハンター・レイ、96－103＝カストロネヴェス、104＝ハンター・レイ、105－109＝ロッシ、110－112＝ハンター・レイ、113－114＝レイハル、115－129＝ハンター・レイ、130－134＝アロンソ、135＝ハンター・レイ、136－138＝アロンソ、139－142＝チルトン、143－147＝キンボール、148－165＝チルトン、166－167＝デイヴィソン、168＝ヒルデブランド、169－193＝チルトン、194＝カストロネヴェス、195－200＝佐藤
コーション……11回／50周

佐藤琢磨が終盤のスリリングな大逆転の末、残り６周というところでトップを奪い、４勝目を狙うエリオ・カストロネヴェスを0.2011秒差で退けて初優勝、５年前の無念を晴らした。日本人のインディ500制覇はもちろん初めてであり、アジア人としても初、歴史的快挙となった。アンドレッティ・オートスポーツとしては３連覇。現役Ｆ１ドライバー（2005&06年世界チャンピオン）であるスペイン人フェルナンド・アロンソのインディ500初挑戦が事前には一番の話題であり、佐藤と同じアンドレッティ陣営からの参戦、驚くべき順応性を見せてトップ争いを展開、180周目にエンジン・トラブルでリタイアするまでは優勝の可能性さえあった。彼は３位エド・ジョーンズを抑えてルーキー賞獲得。ホンダ・エンジンとしてはインディ12勝目となり、オッフェンハウザー27勝に次ぎ、ミラーと並ぶに至った。

Ｆ１王者アロンソのインディ初挑戦が話題に。27周にわたってトップを走り「さすが」と唸らせる

佐藤琢磨（アンドレッティ・オートスポーツ）　250.083km/h　オーナー：Andretti Autosport　ファイアストン

第101回●2017年５月28日○200周＝500マイル（804.670km）

Pos.	No	Driver	Driver	Nat.	Car Name	Chassis	Drive	Engine	Cyl.	Dis.	Laps	Time	Speed	Prize Money	Speed	Qfy.
1	26	佐藤琢磨	Sato, Takuma	J	Andretti Autosport	ダッラーラ DW12	R/RWD	ホンダ	V6	2.2t	200	3:13′03″3584	155.395	2,458,129	231.365	4
2	3	H. カストロネヴェス	Castroneves, Helio	BR	Shell Fuel Rewards Team Penske	ダッラーラ DW12	R/RWD	シヴォレー	V6	2.2t	200	3:13′03″5595	155.393	770,629	229.515	19
3	19	E. ジョーンズ	Jones, Ed	UAE	Boy Scouts of America	ダッラーラ DW12	R/RWD	ホンダ	V6	2.2t	200	3:13′03″8862	155.388	535,629	230.578	11
4	8	M. チルトン	Chilton, Max	GB	Gallgher	ダッラーラ DW12	R/RWD	ホンダ	V6	2.2t	200	3:13′04″4949	155.380	484,129	230.068	15
5	10	T. カナーン	Kanaan, Tony	BR	NTT Data	ダッラーラ DW12	R/RWD	ホンダ	V6	2.2t	200	3:13′05″0056	155.373	438,129	230.828	7
6	22	J. P. モントーヤ	Montoya, Juan Pablo	COL	Fitgerald Glider Kits Team Penske	ダッラーラ DW12	R/RWD	シヴォレー	V6	2.2t	200	3:13′05″0738	155.372	255,805	229.565	18
7	98	A. ロッシ	Rossi, Alexander	USA	NAPA Auto Parts/Curb	ダッラーラ DW12	R/RWD	ホンダ	V6	2.2t	200	3:13′05″7806	155.363	420,629	231.487	3
8	27	Ma. アンドレッティ	Andretti, Marco	USA	United Fiber & Data	ダッラーラ DW12	R/RWD	ホンダ	V6	2.2t	200	3:13′05″8994	155.361	384,629	230.474	8
9	88	G. チャヴェス	Chaves, Gabby	COL	Harding Racing	ダッラーラ DW12	R/RWD	シヴォレー	V6	2.2t	200	3:13′07″1895	155.344	235,305	226.921	25
10	14	C. ムニョス	Munoz, Carlos	COL	ABC Supply AJ Foyt Racing	ダッラーラ DW12	R/RWD	シヴォレー	V6	2.2t	200	3:13′07″8903	155.335	364,129	227.921	24
11	20	E. カーペンター	Carpenter, Ed	USA	Fuzzy's Vodka	ダッラーラ DW12	R/RWD	シヴォレー	V6	2.2t	200	3:13′07″9812	155.333	395,129	231.664	2
12	15	G. レイハル	Rahal, Graham	USA	Steak'n Shake	ダッラーラ DW12	R/RWD	ホンダ	V6	2.2t	200	3:13′08″3894	155.328	361,129	230.253	14
13	7	M. アレシン	Aleshin, Mikhail	RUS	SMP Racing Schmidt Peterson Motorsports	ダッラーラ DW12	R/RWD	ホンダ	V6	2.2t	200	3:13′09″0577	155.319	355,629	230.271	13
14	1	S. パジェノー	Pagenaud, Simon	F	Menards Team Penske	ダッラーラ DW12	R/RWD	シヴォレー	V6	2.2t	200	3:13′09″4097	155.314	349,129	228.093	23
15	17	S. サーヴェドラ	Saavedra, Sebastian	COL	AFS	ダッラーラ DW12	R/RWD	シヴォレー	V6	2.2t	200	3:13′16″0252	155.226	210,305	221.142	31
16	21	J. R. ヒルデブランド	Hildebrand, J. R.	USA	Preferred Freezer Service	ダッラーラ DW12	R/RWD	シヴォレー	V6	2.2t	200	3:13′36″5775	154.951	345,129	230.889	6
17	63	P. マン	Mann, Pippa	GB	Susan G. Komen	ダッラーラ DW12	R/RWD	ホンダ	V6	2.2t	199	3:13′16″4513	154.444	200,305	225.008	28
18	11	S. ピゴット	Pigot, Spencer	USA	Juncos Racing	ダッラーラ DW12	R/RWD	シヴォレー	V6	2.2t	194	3:13′36″6375	150.302	200,305	224.052	29
19	2	J. ニューガーデン	Newgarden, Josef	USA	hum by Verizon Team Penske	ダッラーラ DW12	R/RWD	シヴォレー	V6	2.2t	186	3:13′30″4525	144.180	334,129	228.501	22
20	18	J. デイヴィソン	Davison, James	AUS	GEICO	ダッラーラ DW12	R/RWD	ホンダ	V6	2.2t	183	アクシデント		355,129	no speed	33
21	16	O. セルヴィア	Servia, Oriol	E	Manitowoc	ダッラーラ DW12	R/RWD	ホンダ	V6	2.2t	183	アクシデント		200,305	230.309	12
22	5	J. ヒンチクリフ	Hinchcliffe, James	CDN	Arrow Schmidt Peterson Motorsports	ダッラーラ DW12	R/RWD	ホンダ	V6	2.2t	183	アクシデント		349,129	229.860	17
23	12	W. パワー	Power, Will	AUS	Verizon Team Penske	ダッラーラ DW12	R/RWD	シヴォレー	V6	2.2t	183	アクシデント		388,129	230.200	9
24	29	F. アロンソ	Alonso, Fernando	E	McLaren-Honda-Andretti	ダッラーラ DW12	R/RWD	ホンダ	V6	2.2t	179	メカニカル		305,805	231.300	5
25	83	C. キンボール	Kimball, Charlie	USA	Tresiba	ダッラーラ DW12	R/RWD	ホンダ	V6	2.2t	166	メカニカル		339,129	229.956	16
26	40	Z. ヴィーチ	Veach, Zach	USA	Indy Women in Tech Championship	ダッラーラ DW12	R/RWD	シヴォレー	V6	2.2t	155	メカニカル		200,805	221.081	32
27	28	R. ハンター-レイ	Hunter-Reay, Ryan	USA	DHL	ダッラーラ DW12	R/RWD	ホンダ	V6	2.2t	136	メカニカル		351,629	231.442	10
28	24	S. カラム	Karam, Sage	USA	DRR-Mecum Auctions	ダッラーラ DW12	R/RWD	シヴォレー	V6	2.2t	125	メカニカル		202,805	229.380	21
29	44	B. ラツィア	Lazier, Buddy	USA	Lazier Racing-Stalkit-Tivoli Lodge	ダッラーラ DW12	R/RWD	シヴォレー	V6	2.2t	118	アクシデント		200,305	223.417	30
30	4	C. デイリー	Daly, Conor	USA	ABC Supply AJ Foyt Racing	ダッラーラ DW12	R/RWD	シヴォレー	V6	2.2t	65	アクシデント		334,129	226.439	26
31	50	J. ハーヴェイ	Harvey, Jack	GB	Michael Shank Racing with Andretti Autosport	ダッラーラ DW12	R/RWD	ホンダ	V6	2.2t	65	アクシデント		205,805	225.742	27
32	9	S. ディクソン	Dixon, Scott	NZ	Camping World	ダッラーラ DW12	R/RWD	ホンダ	V6	2.2t	52	アクシデント		446,629	232.164	1
33	77	J. ハワード	Howard, Jay	GB	Lucas Oil/Team One Cure	ダッラーラ DW12	R/RWD	ホンダ	V6	2.2t	45	アクシデント		200,305	229.414	20

a history of
American Auto Racing
アメリカン・オートレーシング概史

フージアに吹いた風

インディアナポリス・モーター・スピードウェイ。Indianapolis Motor Speedway、略してIMS。1909年完成だから、100年以上の歴史を持つ。現存するレース専用コースとしては世界最古のものとなる。

アメリカ北東部・五大湖の畔にインディアナ州はある。州の別名はフージア。人口648万人(2010年)。自動車の街デトロイトを擁するミシガン州とも隣接している。そのインディアナ州の州都がインディアナポリス。その北西部にコースは存在する。

20世紀初頭、インディアナポリスの実業家カールG.フィッシャーは、生まれたばかりの自動車産業に大きな可能性を感じていた。自身、ロングアイランドで行なわれた《ヴァンダービルト・カップ》や1905年フランスで開催の《ゴードン・ベネット・カップ》(いずれも後述)を目の当たりにし、アメリカにも常設レースコースが必要だとの確信を持つに至る。そして地元実業家仲間に話を持ち掛けた。プレストOライト社(アセチレン・ヘッドライト製造)を共同経営するジェイムズA.アリソン、ナショナル・モーターズ社のアーサーC.ニュービー、ホイーラー・シェブラー・キャブレター社のフランクH.ホイーラーらの賛同と資金援助を得て、4人は1909年2月8日にIMSを設立する。初代代表にはフィッシャーが就いた。

平坦な土地1025エイカーがまず確保された。そこに一周2.5マイル(4.023km)の長方形のトラックを作ることにする。ヨーロッパにはないコース形状。メインストレッチとバックストレッチはどちらも5/8マイル(1.006km)、4つのターンはいずれも1/4マイル(0.402km)、その合間にショート・シュート(short chute)と呼ぶ短い1/8マイル(0.201km)のストレートを挟む。それぞれのターンには9度12分のバンク(傾斜)が付けられた。

当初は7月4日の独立記念日に合わせて4輪レースを催すはずだったが、工事が遅れ、実際には8月19日へと延期になってしまう。それに先駆けて、6月5日には空中で気球レースが催され、8月14日には2輪レースが組まれた。そして8月16日からは4輪の試走が始まるが、3日目には路面の荒れが目立つようになった。そして300マイル・レースの235マイルが終わるところで終了される事態に。事故も多発し、死傷者も出た。

路面は砕いた石にタールを被せたものだったが、その失敗に気付いたフィッシャーはすぐに次の手を打つ。2.5マイル・コースのすべてを煉瓦(その数320万個)で埋めることにしたのだ。同年12月17～18日の再開に向けて、たった63日間で作業を完了させた。煉瓦(brick)を敷き詰めたレース専用コースなど、他にどこにもない。「ブリックヤード」という綽名はこの時に出来た。

「ザ・500マイル」誕生

1910年には新しい路面で数多くのレースが無事に行なわれたが、回数を重ねるごとに観客数が落ち始めた。同じようなレース大会を繰り返していたら観客は飽きてしまう。創設メンバーは協議のうえ、1911年からは一年に一度、5月30日のメモリアル・デイ(戦没者追悼記念日)に世界のどこにもないビッグレースを開催しようと決める。当初は1000マイル・レースや24時間レースも考慮された。しかし夜間照明を必要としない昼間のレースに限定すると、日没時刻から逆算して500マイル・レースという結論に至った。大会名は「International Sweepstakes」、賞金総ざらい競争、という意味だ。実はずっと後年まで、これが正式名称だった。初回の参加車両はエンジン排気量が600ci(9832cc)以内というもの。AAA(American Automobile Association)競技団の認可も得られた。

記念すべき第1回大会には、8万人の観客が集まり、5つのスタンドからはみ出さんばかりの盛況だった。回を重ねるごとにインディ500の評判は高まり、スタンドの増設、諸設備の充実、安全性の改善等が図られていく。2018年現在では固定観客席の数は25万席。

基本的にその500マイルを一人で走る。初期は、長時間に及ぶためにリリーフ(ドライバー交代)もOKだった。ただし記録上は正ドライバーのみ記される。また、インディに限らず欧州のGPレースでも初期はメカニックの同乗が当たり前だった。ラリー競技のナビゲータにも似るが、初期のレーシングカーは走行中に目視でチェックしないといけない要素が多く、また後方車両との差を確

インディのコース俯瞰図。一周2.5マイルの長方形。スタート位置は上方。1936年の撮影

かめたり、ライディング・メカニックを必要としたのだ。

インディ500の決勝出走台数は基本33台と決まっている。この特別な一戦に出ようと、一時期は50〜70台もの参加があったが、２週間に及ぶ複雑な予選(クォリファイ)システムを勝ち進まないと決勝レースには出られない。近年はシリーズ戦参加者の事前登録が必要なため、レギュラー選手25名＋α、ぎりぎり33台の参加があるかどうかという状況だ。

第３回大会が行なわれた1913年には、メイン・スタンドの前、最終ターン寄りのピット後方に特徴的な建物が完成した。日本の五重の塔のような造りのパゴダ(仏塔)だ。インディの歴史を扱った洋書には、どれもjapanese-styleのpagodaと書かれている。どうやらインディの創設者カール・フィッシャーの発案らしい。当時アメリカでは一部に日本建築が新鮮なものとして受けていたようだ。

フィッシャーはIMSの成功を確認すると、20年代半ばには新たな事業に取り掛かる。ハイウェイ建設、そしてフロリダ州マイアミの土地開発。今でこそ保養地として有名なマイアミだが、当時は未開拓地だった。

IMSのコース・オーナーも、フィッシャー、エディー・リッケンバッカー、トニー・ハルマン(とその一族)へと代わって現在に至る。90年代からはトニー・ハルマンの孫にあたるトニー・ジョージ(ハルマンの娘がレーシングドライバーのエルマー・ジョージに嫁いで生まれた長男)が長く代表を務めたが、現在はその座を退き、ハルマン・グループの別の人間が次いでいる。２代目オーナーのリッケンバッカーは、第一次世界大戦の際、アメリカ一の撃墜王として有名になった人物で、27年にIMSを買い取り、それまで以上に進化させた。自身の名前を冠した高級車を作ったり、イースタン航空の代表の座に就いたり、立志伝中の人物と言える。

それは19世紀末に始まった

ガソリン・エンジンは、19世紀末に誕生した。1885年、ほぼ同時にドイツのゴットリープ・ダイムラーとカール・ベンツが全く別々にガソリン・エンジン搭載の自動車を発明したのだ。ちなみに蒸気機関による鉄道は19世紀前半に始まっていた。

自力で動く自動車は完成した。しかし、それを広く人々に知らしめ、欲しい人に売るためには、別の大きなステップがいる。21世紀の今であれば、インターネットやツイッターであっという間に世界中に拡散させられるが、19世紀末の世界にそれは不可能だ。

その当時、世界中で文化の発祥地となっていたのはフランス、それもパリ周辺だった。進取の気性に富んだ人々、新し物好きが大勢いた。財力のある貴族もいた。そうした人々が、隣国ドイツで発明されたガソリン・エンジンおよび自動車に飛び付かないわけがない。

フランスのパナールやプジョーがガソリン・エンジンの製造ライセンスを買い、自らも自動車を製作販売することによって、ようやく20世紀初頭、ヨーロッパ大陸の西側諸国に自動車なるものが広まっていく。自動車の発明はドイツだが、広めたのはフランスと言える。

史上最初のモータースポーツ・イベントは1894年７月22日のパリ〜ルーアン・ランとされる。126kmの距離を走破するもので、21台が参加し17台が完走した。ガソリン車以外にも、蒸気、電気を動力とするものが混在し、レースというよりは信頼性テストだった。主催者はル・プティ・ジュルナルという新聞社。コースはすべて一般公道を閉鎖しての未舗装路。ド・ディオン・ブートン伯爵の蒸気エンジン車が６時間48分(平均18.53km/h)で最初にゴールし、ガソリン・エンジンのプジョー車が２〜３位に連なった。しかし蒸気エンジン車は途中の度重なる水補給等で減点され、審査の結果、２番目にゴールしたプジョーと優勝を分け合うことに。

翌1895年６月11〜13日のパリ〜ボルドー往復が、速さ優先の「レース」としては初となる。結果はエミール・ルヴァッソール(パナール)が48時間48分で1178kmを走破、平均時速24.14km/hで優勝した。エンジンはダイムラー製ガソリン・エンジンだった。２〜４位にもプジョー、５位もベンツと、上位はガソリン・エンジン車に占められた。

大西洋を挟んだアメリカ初の自動車レースは《パリ〜ボルドー》と同じ年に行なわれている。1895年11月28日のシカゴ〜エヴァンストン・レース。シカゴ・タイムズ・ヘラルド紙が主催。雪降る公道85.3kmを10時間余、11km/hで走ったフランク・ドゥーリエのガソリン車が優勝、賞金2000ドルを獲得した。彼もドイツから遅れること数年でアメリカ初のガソリン車を作り上げていた。

アメリカ初の自動車レースがインディ500というわけではない。インディの開設は1909年なので、それまでの14年間、比較的大規模な自動車レースは別の形でアメリカ各地で行なわれていた。ただしそれらは、公道を閉鎖したものであったり、ダート・オーバルの競馬場であったり、イベント用の広場であったりした。

パリを起点に諸都市までを競う都市間公道レースは、その後も賑わったが、1903年の《パリ〜マドリード》で遂に恐れていたことが起きた。重大な事故が頻発し、ドライバーや観客から多くの死傷者が出たのだ。レースは途中で取りやめとなり、これ以後、いわゆる都市間レースは禁じられることになる。その後、公道を走るモータースポーツとしては、安全を考慮しつつラリー競技として存在する。レースは、一定の閉鎖した場所に設けられた周回路を走るものとされた。「サーキット」レースという考え方がここに芽生える。

ちなみに、フランスのル・マタン紙とアメリカのニューヨーク・タイムズ紙が共催した1908年開催の大陸間横断自動車冒険競走《ニューヨーク〜パリ》の際には、出走6台中3台の競技車が途中でなぜか日本を経由してウラジオストックに向かったという歴史的事実が記録されている。さぞや明治の人々は驚いたことだろう。このレースをモチーフにしたアメリカのコメディ映画『グレートレース』(1965年／ブレイク・エドワーズ監督)もご覧あれ。

国際レース、ゴードン・ベネット・カップ

自動車による世界最初の国際レースは、アメリカの新聞ニューヨーク・ヘラルド紙の社主ジェイムズ・ゴードン・ベネットJr.の発案で始まった。同社が提供する巨大カップを賭けて、一年に一度、国別対抗戦を行なおうというものだ。車もドライバーも同一国でなければならず、参加は一ヵ国につき3台まで。国別にカラーリングを決めるなど、後の国際レースの基本となるアイディアがいくつかすでに盛り込まれていた。アメリカ代表はウィントン車が多く務めた。優勝国が翌年の開催地を受け持つ仕組みで、1900年の第1回はフランスのパリ〜リヨン間569kmで競われた。しかし蓋を開けてみれば出走5台／完走2台という有様で、さらに02年大会優勝者がイギリスと判定されたはいいが、当時イギリス国内では自動車の高速走行は困難な環境であり、03年大会は隣国アイルランドで行なわれた。

21世紀の今でこそ、イギリスはモータースポーツ産業の中心地だが、1880年頃は実は正反対だった。赤旗条例なるものが存在し、自動車が公道を走る時は必ず赤旗を持った人が先行して人々の注意を喚起しなければならなかった。この条例は1896年まで続き、おかげで撤廃後もイギリスの自動車の発展は大きく遅れてしまう。このため英国本土では公道レースなどもってのほか、アイルランドやマン島に渡ってレースをした。

唯一の救いが、1907年、英国南部サレー州ウェイブリッジに完成したブルックランズ・モーターコースの存在。H. F. ロック・キングが私財を投じて建設した世界初の常設コース。外周がバンク・コースで一周4.4km、インフィールドも利用できる本格的なもので、その誕生は奇跡的だった。その開幕戦では、外遊中だった大倉喜七郎(大倉財閥の二代目)が大排気量FIATで参戦し、2位に食い込んだ。このブルックランズは第二次世界大戦までの間、イギリス随一のコースとして愛用されるが、いつしか参加車はブルックランズ専用マシーンと化し、航空機用エンジンを載せてみたり、奇形化が進んでしまう。そういった時期に例えばベントレーがフランスの《ル・マン24時間》に遠征して優勝したりすると、一躍イギリス中のヒーローとなるのだった。モータースポーツ界でイギリスが本格的に台頭してくるのは1950年代も後半になってからのことだ。

さて《ゴードン・ベネット・カップ》は、その後ドイツとフランスが開催したものの、いずれも盛況とはいいがたかった。そして05年優勝国のフランスが、この規則自体に不満ありとして、ACF(オートモビル・クラブ・ド・フランス)は翌06年、《ゴードン・ベネット・カップ》を催さず、代わりに独自規定の《ACFグランプリ》を初開催する。大賞を意味するグランプリ(GP)という語句が国際レースに使われた最初であり、このGPレースが1950年以降世界選手権化されて、現在も人気のF1GP戦に繋がることになる。

ちなみに、第1回《ACFグランプリ》は1906年6月26〜27日、フランス西部ル・マンに設けられた一周103kmコースを2日間で12周1238kmする形で行なわれ、ハンガリー人フェレンク・シスが操ったルノー4気筒12.8リッターが所要時間12時間14分7秒、平均時速101.2km/hで優勝した。出走32台で完走11台だった。同じ06年にはイタリアのシシリー島を走る《タルガ・フローリオ》も初開催されている。初期の車は市販車もレーシングカーも明確な区別はなく、排気量と重量で定められた「GPフォーミュラ」に則って余分な部品を取り外せば即席レーシングカーが完成した。

GPレースはその後、しばらくは一年に一度、フランスで行なわれる《ACFグランプリ》が大舞台だった。フランス車が当然強く、1912〜13年とプジョーを駆って連覇したジョルジュ・ボワロが国民的英雄となるが、14年にはドイツのメルセデスがチーム力でプジョーを圧倒する。初期インディ500に彼らも遠征したことがある。欧米の交流はすでにあったのだ。

しかし、そこで第一次世界大戦が勃発する。1919年、ヨーロッパに再び平和が訪れると、ドイツは敗戦国となっていた。ボワロも空中戦の末に戦死した。

GPレース開催はフランスだけでなく、イタリア(1922

年から新設モンヅァで)、ベルギー(25年からスパ-フランコルシャンで)、モナコ(29年からモンテカルロで)等で恒久的に開催されるようになっていく。スポーツカーによる《ル・マン24時間》は23年から、公道レースとして生き残って有名になるイタリアの《ミッレ・ミリア》は27年からの開催だ。

ヴァンダービルト・カップと
アメリカン・グランド・プライズ

1904年1月、鉄道業で大金持ちとなっていた実業家W. K. ヴァンダービルトJr.はアメリカの新興自動車統轄団体であるAAA(American Automobile Association)に対して前述《ゴードン・ベネット・カップ》に類したレースの提案をし、大カップ提供を申し出る。最大の相違点は最初の2大会をアメリカで開催するというものだった(結果的に、全大会アメリカでの開催となる)。04～10年はニューヨーク州ロングアイランド、11年はジョージア州サヴァンナ、12年はウィスコンシン州ミルウォーキー、14年と16年はカリフォルニア州サンタモニカ、15年はサンフランシスコの、いずれもロード・コースが舞台。レース距離は450～480km前後。地元アメリカのみならずヨーロッパから選手や車も参戦して賑わったが、ロングアイランドを例に採れば、一大会25万人もの観客が集い、距離1マイル当たり僅か16人の警官で観客整理するとあって、しばしば観客を巻き込む重大事故が発生した。

一方、アメリカにはもうひとつ有力な自動車統轄団体ACA(Automobile Club of America)があり、《ヴァンダービルト・カップ》の成功を横目に、対抗するレースとして《アメリカン・グランド・プライズ》を1908年から始める。近年用いられるアメリカGP(United States Grand Prix)とほぼ同義だが、固有名詞としては別物と解釈する。こちらはヨーロッパのGP車両規則に準じているのが特徴で、11月26日、ジョージア州サヴァンナの曲がりくねったロード・コースで競われた。優勝はルイ・ワグナー(FIAT。フィアットの前身)で647kmを6時間10分31秒で走破、平均104.8km/h。優勝賞金はヴァンダービルトの2倍だった。3位もFIAT、2位と4位がベンツとヨーロッパ車が活躍した。当時のアメリカ製レーシングカーとしてはマーサーとスタッツが有名だった。《アメリカン・グランド・プライズ》は12年以降《ヴァンダービルト・カップ》との同時開催となり、どちらかと言えば《ヴァンダービルト・カップ》の方が前座クラスとなっていった。

ロード・コースでのレースは、安全性管理の難しさや、未舗装路面が多いために埃だらけで視界が悪く、選手にも観客にも不評だったり、観戦料が徴収できないなどの運営上の問題があり、次第に短距離クローズド・サーキットの方が好まれるようになっていく。

そのようなタイミングで第一次世界大戦が勃発し、すべてのレース活動は一切中止され、戦後平和が訪れた後は、インディ500やボード・トラック(後述)のようなオーバル・コースのレースが主流となっていくのだった。ロード・コースでのレースはアメリカに関して言えば、この時点で一旦消滅したと言っていい。主催団体のACAも自然消滅し、通称トリプルエーことAAAが残り、自動車ユーザー・サービスとレース統轄業務を引き受けることに。1904年パリにて創設された自動車国際機関たるAIACR (Association Internationale des Automobile Clubs Reconnus。国際自動車公認クラブ協会。戦後FIAへと進化)のアメリカ代表となったのだ。

その後《ヴァンダービルト・カップ》は36～37年にニューヨーク州ルーズヴェルト・レースウェイで束の間復活し、欧米対決に沸くが、それも第二次世界大戦が迫りくる状況下では長続きしなかった。

アメリカ独特のダート・オーバル

後にインディ500を頂点に据えることになるAAA公認のチャンピオンシップ戦は1909年に開始されたことになっている。年間約10戦ほどが選定され、最多得点者が年間チャンピオンの座に就くというものだ。それ以前にも、ポイント制ではなく、年末に関係者の協議によって王者が決められていたので、初年度に関しては異説もある。

しかし実際には広大なアメリカ大陸では各地で自動車競走が無秩序に行なわれ、それぞれの地域にスターが生まれ、AAA(全米)チャンピオンになることの価値が現在ほど高くはなかった。後年、昔の得点集計を精査してみたらチャンピオンが違っていた、という恥ずかしい事態も起こってしまう。現在では「インディカー」と言えば通じるが、70年代末までは「インディカー」とは呼ばず「チャンピオンシップ・カー」(略した場合はチャンプカー)と呼んでいた。ふつうヨーロッパや日本なら「○○チャンピオンシップ」の○○の部分がカテゴリー名となるものだが、アメリカでは「チャンピオンシップ」と言えば唯一無二の(後の)インディカーそのものを指していたことになる。

話を20世紀初頭に戻して。AAA公認ではない自動車競走として、地方巡業興行、いわゆるバーンストーミングをする団体もあった。分かりやすく言えば、サーカス一座のようなものだ。地方地方を回って、自分たち一座の自動車競走を見せ、客から観戦料を徴収し、生活する。数日間あるいは数週間滞在すると、また別の場所に移動していくパターン。スター選手がいて、悪役がいて、最後にスター選手が大逆転勝利を収めて拍手喝采、というのがお約束。複数の自動車が猛スピードで競走するのを見ること自体が珍しいので、“やらせ”見せ物でも、初めて競走を見る人たちには受けたのだ。また、ある地域のスター選手と別の地域のスター選手とを対決させる“マッチ・レース”も盛んに行なわれた。この手の興行レースを巧みに運営し、自らスター選手として活躍したのがバーニー・オルドフィールドだった。アメリカ・レース界の「最初のスーパースター」と言って良い。またアメリカに自動車を広めた張本人ヘンリー・フォードが若き頃に作った排気量19リッターの怪物マシーン「フォード999」を駆って強豪ウィントンとしばしば対決して名を挙げたのもオルドフィールドだ。これら非公認レースの常連にはＡＡＡ競技ライセンスが発給されないこともあった。

インディ500初期のスター選手であるラルフ・デパルマにしても、生涯優勝が2000勝以上と語り継がれているが、当時2000大会以上もレースが開催されていたとも思えず、マッチ・レース等との数まで入れての話なのか、サーカスにありがちな大袈裟なハッタリなのか、定かではない。しかし、この如何わしさこそが、黎明期の楽しさ・面白さでもある。

古今、ダート・オーバル、ペイブド(舗装)・オーバルのレースの様子は、日本ではほとんど取り上げられない。しかし現在でもUSAC中心に全米各地のコースで毎週末行なわれ、近年は日本製エンジンも愛用されている。70年代までは、これらを舞台としたミジェットカー、スプリントカーといったフロント・エンジンの原始的オープン・ホイールで戦績を挙げて、憧れのインディカーへと進級するのがセオリーだった。

昔からダート・オーバルのレースには生活が掛かっている職業レーサーや賞金稼ぎが集い、食うか食われるかの厳しい世界だった。実際に腕や足や命を失う者は後を絶たなかった。

近年のインディカーはオーバル・コースでの開催比率が下がり、ダート路も走らないので、「インディ・ライツ」(86年開始)のようなカテゴリーからインディカーを目指す者が多い。

30年代以降、ボード・トラック(後述)が消滅した後は、インディ以外のシリーズ戦のほとんどはダート・オーバルで競われた。マシーンは当然、ダート・オーバルで戦闘力を発揮するように作られた。年に一度の大舞台「インディ500」にも、基本的に同一車両で参戦した。

しかし戦後、次第にコースの舗装化が進み、舗装路用に特製したマシーンが登場し、それらの速さが顕著になると、マシーンの特化が進行する。50年代前半に、エンジンを傾けて搭載し車体を低くした舗装路専用の「ロードスター」が登場すると、従来のものは「ダートカー」と呼ばれるようになる。間もなくダートカーはブリックヤードから姿を消した。

チャンピオンシップを争うダートカーの下のクラスとして「ミジェットカー」が誕生したのは1930年代と昔のこと。その名前のとおり、ダートカーよりは2回りも小型の入門カテゴリーだ。両者の参加層が増大すると、その中間に位置する「スプリントカー」が生まれる。これは「ダートカー」の弟分で、レース距離がチャンピオンシップ戦よりも短めなことから命名された。エンジンはオッフィーやアメリカンＶ８が多用された。

さらに80年代には、巨大なウイング付き《アウトロー・スプリント》がダート・オーバル専門で広まる。自らアウトローと名乗ってしまうところが憎い。

ヨーロッパとアメリカの決定的な違い

ヨーロッパの歴史は長い。度重なる戦さの果てに、栄えた国もあれば滅びた国もある。そして貴族が文化を紡いできた。20世紀初頭、自動車の出現に際して、真っ先にそれに反応したのが貴族や富裕層だったのも当然のことだ。ある者は個人的興味として、ある者は商売として、自動車の将来に注目した。

初期のプリミティブな自動車なら、財力の無いエンジニアでも技術と情熱があれば手造りすることが可能だった。しかしそれを量産して売りさばくためには組織やパトロンの存在が不可欠だ。いずれにせよ先見の明と財力ある有力者の支援がなければ事は進まなかった。つまり、自動車レースが始まっても、当初それに関わった参加する側も観戦する側もごく一部の限られた人々だった。自動車競走に興味を持ち、その場まで見に出かけられるのは富裕層である特権階級の人たちだった。サーキットに集い交歓することで上流階級の社交場という趣もあった。一般庶民には無縁だった。

それに比べてアメリカの歴史は短い。スペインの探検家コロンブスがアメリカ大陸を発見したのが15世紀末。以後、ヨーロッパから大西洋を渡った人々がアメリカの植民を開始し、西へ西へと開拓を進めていく。アメリカ合衆国の誕生は1776年、18世紀も後半のことだ。2018年の現在からみても、建国からまだ250年も経っていない。ヨーロッパのような何百年もの家柄を誇る貴族もいない中、移民たちはリスクを犯しながらも一攫千金を夢見て、アメリカの歴史を築き始めた。

19世紀末に自動車が発明された時も、アメリカは開拓と成長の真只中にあった。そしてヘンリー・フォードは自動車の大量生産を思い付き、巨大工場でオートメーションを実行する。1908年に誕生したT型フォードは一切の無駄を省いた簡素な車だったが、大量生産の結果、破格の安さ(850ドル)で市販された。一般庶民でも頑張れば手が届いた。何よりも、広大なアメリカを開拓し移動するのに、自動車は便利な乗り物だった。27年までの間に実に1500万台ものT型フォードが製造販売される。当然、フォードのやり方を見習って、GMや他社も自動車を量産するようになっていく。ひとたび自動車の魅力を知った者は、財を成すうちに次第に高級車をも欲するようになる。交通網が完備されると、広大なアメリカ大陸を快適に移動するには大型でゆったりした車が格好だった。

自動車の数が増えれば、道路整備やら土地開発やら観光事業やら付随したビジネスも同時に成長する。第一次世界大戦が終わって「狂騒の1920年代」を迎える頃には、自動車は一般市民にとって違和感のない存在となっていた。こと自動車の大衆化という点では、アメリカはヨーロッパよりずっと早かった。自動車は特権階級のステータスシンボルではなかった。競馬や野球を見て楽しむのと同じく、自動車競走も娯楽として楽しむ習慣が早くから芽生えた。インディアナポリスやダート・オーバルやボード・トラックでの公認レース以外にも、前述のようにバーンストーミングの一座が地元にやってくることもあった。

ヨーロッパ(や日本)は「モータースポーツ」という言い方をするが、アメリカでは近年まで「オートレーシング」と呼ぶのが一般的で、モータースポーツと呼ぶ機会は少なかった。おそらく「ホースレーシング」(競馬)の対比語として使われ始めたのだろう。スリルとスピードを味わう見世物でありエンターテインメントなのだから、スポーツというよりは興行なのだ。観戦する客側からしてみれば、猛スピードで疾走するレーシングカーの姿を目で追いながら(コース全体を見渡したい)、ストレス発散、日常のモヤモヤを忘れる場がサーキット(アメリカ流に言えばスピードウェイ)なのだった。

また、フォーミュラカーという語句もアメリカでは70年代頃まで使われることが滅多になかった。インディカーも昔はチャンピオンシップ・カーと呼ばれ、車両形態から区分けする呼び名は「オープン・ホイール」だ。車輪が外に剝き出しとなっているので、オープン・ホイール。同じように車輪が剝き出しで屋根なしの一人乗り競走自動車がヨーロッパでは規則を意味する「フォーミュラ」カーとして縛り付けられるように存在するのに対して、アメリカでは「オープン・ホイール」と開放的な名称を持つ。発想が逆なのが分かる。

常に最新技術を盛り込みたがるＦ１を頂点とするヨーロッパのフォーミュラカーも確かに魅力的だが、スリル満点の競走でファンを楽しませるためには必ずしも最新技術を盛り込まなくても良しとするアメリカのオープン・ホイーラーはそもそも別物なのだ。この基本的な考え方の違いを理解せずに、ただ技術部分だけを比較してＦ１の方がインディカーより優れていると論じるのは近視眼的すぎる。偶然同じような形をしているが、もともと違う環境で違う精神の競走に用いる道具であることを心得ておきたい。

ボード・トラックの繁栄

1920年代のアメリカは“ロアリング・トウェンティーズ”(狂騒の20年代)と呼ばれる。第一次世界大戦によって抑圧されていた欲望や熱気がその終結により一気に爆発し、浮かれた気分の人々は享楽的な日常を送るようになった。ジャズエイジとも言われ、映画やスポーツといった文化的な愉しみが巷に溢れ、野球ならベーブ・ルース、大西洋単独横断飛行のリンドバーグといったヒーローが続々と生まれた。

後に「世紀の悪法」と言われることとなる禁酒法もこの時期に施行されている。飲みすぎは身体に悪いからアルコール類を作ったり売ったりしてはいけないという法

ボード・トラック。1920年代カリフォルニアにあったカルヴァー・シティはバンク角35度

律で、当初は一部の社会運動だったものが様々な経緯で法制化されるに至ってしまう。しかし浮かれた市民は「もぐり酒場」で飲酒するスリルに喜びを感じるようになる。表立って酒類の販売ができないとなると、裏の世界が活性化する。20年代のアメリカはギャングたちが闊歩する時代でもあった。中でもシカゴのアル・カポネは特に有名だ。

オートレーシング界にもこの時代を象徴するモノがある。ボード・トラックだ。board track、つまり木製の板張りコースを指す。もちろん形状はバンク付きのオーバル。もともとは自転車競技用のコースとして存在していた。その関係者だった人物が、そのまま大きく作ればオートバイや自動車のレース場としても活用できるのではないかと考えた。

クルマも走れる最初のボード・トラックは1910年カリフォルニア州プラヤ・デル・レイに1マイル・コース(20度バンク)として完成した(12年に火災で焼失)。15〜16年にかけてはイリノイ州シカゴ、ワシントン州タコマ、アイオワ州デモイン、ニューヨーク州シープスヘッド・ベイ、オハイオ州シンシナティ、ペンシルヴァニア州ユニオンタウンといった具合に、全米へと広がっていった。第一次世界大戦後はそれ以外の場所にも同様のボード・トラックが誕生する。それらは20年代末に忽然と姿を消すこととなるのだが、この約15年間に存在したボード・トラックの総数は全米で20ほどになる。それら個々の歴史は非常に魅力的だ。

ダート路面は埃に悩まされ、コンクリートやアスファルト舗装は未熟だった。それに対してボード・トラックは路面がスムーズで、何より安く早く出来上がった。興行する側からすればバンク角度を自慢することとなり、最終的には52度というコースまで誕生した。スリル満点ではあるが、悲惨な事故も起こった。そして欠点は腐食と火に弱いこと。元々10年も存続させようとは思っていなかった。娯楽は短期で遷り行くもの、20年代のアメリカはそんな時代だった。

ボード・トラックはインディアナポリスよりも高速で走れた。シリーズ戦全体も盛況となり、デューゼンバーグやミラーがそれ用のスマートなマシーンを投入した。スーパーチャージャー装着、あるいは前輪駆動車の開発等、技術の進歩は凄まじく、排気量が3リッターから2リッターさらには1.5リッターと減らされても、スピードは上昇する一方。しかし、次第に抜くのが難しく高速パレード化し、ドライビング・スキル不要ではないか、という声も大きくなる。結局ダート路の方がメンテナンスしやすかったり、舗装技術の進歩もあって、次第にボード・トラックのメリットが薄らいでいった。

トミー・ミルトン、ジミー・マーフィー、ピーター・デパオロ、フランク・ロックハートらがこの時代のスター・レーサーだった。

デュージー、ミラー、そしてオッフィー

1920年代インディの主役マシーンはいずれもアメリカ製のデューゼンバーグとミラーが代表的。

ドイツからの移民であるデューゼンバーグ兄弟(フレッドとオーギー)は、メイソン社で修業を積んだ後、10年代後半には自らの名前を冠した自動車、マリン及び航空エンジンを手掛け始める。レーシングカーは13年型プジョーの影響を強く受けていた。1921年には大西洋を越えてフランスGPに遠征し、ル・マンの過酷なコースにてジミー・マーフィーの勇猛果敢な走りで優勝する番狂わせとなる。ヨーロッパ勢の態度も含め、非常にドラマチックな一戦だった。ヨーロッパのGPレースでアメリカ車とアメリカ人が勝つのは初めてのことであり、その46年後にダン・ガーニー駆るイーグルがベルギーGPで優勝するまで、この一例しかなかった。

レーストラックでは“デュージー”と呼ばれて親しまれたが、デューゼンバーグ兄弟が目指したのはレーシングカーよりもむしろ超高級乗用車で、その宣伝としてのレース活動だった。しかし経営的に苦しくなり、27年にはコード社に売却、戦線から消えて行く。

対するミラーはハリー・ミラーの独創性豊かな発想により量産コンストラクターとして戦果を挙げた。21年フランスGPで優勝したマーフィーが、その車をデューゼンバーグ社から買い取り、エンジンをミラー製に乗せ換

1921年フランスGP。米車デューゼンバーグと米人マーフィーが勝利する歴史的快挙

えて翌22年インディ500を制したというのも興味深い。ミラーのもとにはフレッド・オッフェンハウザー、デイル・ドレイク、レオ・グーセンら愛弟子と言うべきエンジニアがいて、ミラー社が33年に破産(ハリー・ミラー自身は43年に死去)した後も、その志を継ぐオッフェンハウザー４気筒エンジンが長く活躍を続けることとなる。その愛称"オッフィー"の製作販売権利を長く保有していたのはメイヤー・ドレイク・エンジニアリングだが、このメイヤーは1920〜30年代にミラー・エンジンを用いてインディ500で３勝を挙げたルイス・メイヤーその人。オッフィー・エンジンはインディ500だけでなく、スプリントカーやミジェットカーなど、アメリカン・オーバルには欠かせぬ名機として長く愛用され続けた。そして、このミラーからオッフィーに繋がる路線は70年代末のDGS製４気筒を以て終焉を迎える。

大恐慌、そして第二次世界大戦勃発

高性能化したマシーンは高価格化をも意味していた。これを憂えたインディ関係者は30年から量産エンジンを奨励する廉価路線を打ち出す。いわゆる「ジャンク・フォーミュラ」時代の始まりだ。

1929年10月24日、ニューヨーク;ウォール街の株式市場が大暴落、世界中が大混乱に陥った。長期不況に陥り、世の中には失業者が溢れた。この大恐慌のせいでインディカーも廉価路線を採ったと後年語られることが多いが、実際には大恐慌発生以前に車両規則変更は決まっていた。いずれにせよレース界も不況と無縁ではいられなかった。レース参戦どころかレース開催もままならない状況に陥ったのだ。

インディ500ではスーパーチャージャーが禁止され、市販車ベースの大排気量エンジン車が増加、ライディング・メカニックが復活した。

35〜36年インディでは若手レックス・メイズが予選１位となるが、そのライディング・メカニックは日系二世のチック・ヒラシマだった。本名は平島タケオ(漢字不詳)。小柄で優秀なメカニックで、戦後はスパークスやオッフィーなどでメカとして活躍、複数のインディ500優勝車にクルーとして関わった。しかし戦時中は日本人強制収容所での生活を余儀なくされ、苦労も味わっている。カリフォルニアのマンザナー収容所には、ヒラシマの他、後にGMでコーヴェットのデザインを担当するラリー・シノダ(p.96写真、後列右から３人目)らも収容されていた。

日本人の話で言えば、若くしてアメリカ北西部シアトルに渡って自動車事業に従事した藤本軍次は、21年にレーシングカーを携えて日本へ帰国し、大正時代に自動車競走を広めようと尽力した人物だ。後に36年、多摩川スピードウェイを建設する。戦後はイースタン交通を興してタクシー業で成功、自身70代となった60年代半ばまで、東京サーキット建設を目指したり(八王子に東京サマーランドとして開業)、自製「ロードスター」で新設富士スピードウェイを走ったりした。インディ500を最初に「知った」日本人といって良いだろう。

30年代にはAAAチャンピオンシップ戦の開催が僅か２〜３戦という年もあった。不況の影響が大きく、シリーズ戦とは名ばかりだった。そして第二次世界大戦の勃発。41年開催を最後にインディ500も46年再開まで中断期を迎える。45年の終戦により、荒廃したブリックヤードの再興が急がれた。オーナーの座はリッケンバッカーから地元実業家トニー・ハルマンへと代わる。仲介したのはインディ３勝を達成していたウィルバー・ショウ。そしてIMSは新たな出発を遂げる。

50年代に入ると、ダート兼用カーから"ロードスター"へと時代が変わる。ウエストコースト、LA近郊のコンストラクターたちが一気に台頭した。カーティス-クラフト、ワトソン、エパーリー、それらで修業を積んだ後に独立した弟子たち。彼らが60年代までインディカー界を牽引する。

その間、AAAは55年、世界的に多発したレースでの大惨事を鑑み、レースの統轄権を放棄する。代わってUSAC(US Auto Club)が誕生、インディカーやその下部カテゴリーを統轄することとなる。さらに、FIA傘下のアメリカ代表がAAAだったのを受ける形で、USACはストックカーのNASCARやロード・レースのSCCAらとも協議のうえ、アメリカ代表組織としてACCUS(アメリカ自動車競技委員会。アッカスと発音)を設立、それぞれの団体が構成員となることで体制を整える。

Ｆ１界との交流。日本の夜明け

ヨーロッパのごく一部の選手がインディ500に挑むことはあっても、基本的にヨーロッパのGPレースとアメリカのインディ500は長い間、別個の道を歩んでいた。インディ・ドライバーから見れば、賞金も少なく、オーバルもなくスピードも出せないGPレースなど興味の対象外だったろう。

戦後スイスに本拠を置くことになった新設FIA(国際自動車連盟)の発案により1950年からＦ１規定車両による世界選手権制度が始まった時、フランス／イタリア／モナコ／イギリス／スイス／ベルギーの各GPに加えてインディ500も含まれたことは、そうしないと「ヨーロッパ選手権」でしかないことによる配慮からであって、形式的なものにすぎなかった。レース形態もマシーンも全くの別物だが、非過給エンジンの排気量が4.5リッター以下という部分だけが共通していた。欧米双方のトップ・フォーミュラだからという理由で、便宜的に世界選手権を形成したのだ。1960年までの11年間にわたって、インディ500は世界選手権に含まれ続けたが、この間の両者の交流は数えるほどしかなかった。

1952年インディにイタリアのアルベルト・アスカーリ（52〜53年世界チャンピオンとなる）がフェラーリで挑戦、58年フランスGPに52年インディ・ウィナーのトロイ・ラットマンがマセラーティでスポット参戦した程度。ルドルフ・カラチオラは46年インディのプラクティス中に重傷を負い、ジュゼッペ・ファリーナとフアン・マヌエル・ファンジオはプラクティス走行だけで撤退した。世界チャンピオン級の彼らでもインディ挑戦には躊躇いを見せた。そしてＦ１によるアメリカGPがSCCA主催で59年から始まり、フロリダ州セブリング（59年）、カリフォルニア州リヴァーサイド（60年）を経て、61年以降ニューヨーク州ワトキンズ・グレンで毎年開催されるようになると、インディ500を世界選手権戦に含める意味もなくなり、当然外された。

なお、57〜58年にはインディ500の選抜メンバーがはるばる渡欧し、イタリアのモンヅァでレースをしたことがある。インディがアメリカ以外の国に出てレースするのは初めてのことだった。正式名称は《Race of Two Worlds》。モンヅァのバンク・コースを左回りで使用するもので、ヨーロッパ代表としてフェラーリやマセラーティやジャガーＤタイプ（！）まで入り混じっての異種格闘技。両年とも３ヒート制で競われ、58年優勝者ジム・ラスマンの平均時速は実に268.3km/hに達した。ちなみに翌59年には完成間もないデイトナのハイバンク・コース（最大カント31度。ストックカーのコースとして有名）で唯一インディカー・レースが行なわれ、優勝スピードは何と274.0km/h。今から60年も昔にこのスピードは速すぎる。案の定、最終ラップに３位争い中の一台が大クラッシュし、ドライバーのジョージ・エイミックが惨死したことにより、以後デイトナでのインディカー・レース開催は一度もない。

皮肉なことに、インディ500が世界選手権から外された60年代に入るや、欧米の交流が急激に盛んになっていく。61年インディに59〜60年Ｆ１王者のジャック・ブラバム駆るクーパー・クライマックスが参戦、小型で華奢なミドシップ・カーは予選通過を果たしたばかりか９位完走を遂げる。当時アメリカ出身のＦ１ドライバーだったダン・ガーニーはヨーロッパ製Ｆ１の技術をインディカー界に持ち込めば勝てると踏み、62年大会にロータスのコリン・チャップマン代表を招く。そしてロータスはインディ初挑戦63年に２位となり、３年目の65年には快勝し、その後あっという間に、フロント・エンジンのロードスターは駆逐され、ミドシップに取って代わられた。

ジム・クラーク、グレアム・ヒル、ジャッキー・スチュワートらＦ１スター選手たちも毎年のようにインディ500に挑んだ。開催日が被るモナコGPよりインディを採る者もいた。なおＦ１モナコGPで５勝を挙げることとなるイギリス人グレアム・ヒルは62年と68年のＦ１世界チャンピオンであり、66年インディ500優勝、72年ル・マン24時間優勝を達成した時点で、前人未踏の「世界三大レース制覇」を達成することになった。

このように60年代に入ってヨーロッパの新テクノロジーがインディカー界にも波及し、アメリカ製のイーグル、コヨーテ、ワイルドキャット、ペンスキーを除けば、ロータス、ローラ、マクラーレン、マーチ、レイナードといったイギリスの量産コンストラクター主役の時代が以後長く続くこととなる。今世紀に入ってからはイタリア製ダッラーラの独壇場だ。

東西交流が活発化した60年代には、日本の本田技研創設者・本田宗一郎もインディ500観戦に訪れている。64年のことだ。すでに２輪オートバイの世界では世界制覇を成し遂げていたとはいえ、４輪車は小型スポーツカーのS600しか持たぬ時代、４輪レースの世界最高峰Ｆ１GPに参戦すべくマシーン開発中の只中での訪米だった（Ｆ１実戦デビューは64年８月のドイツGP）。ホンダはＦ１と同時にインディも視野に入れていたということが分かる。

GP世界チャンピオンのアルベルト・アスカーリがフェラーリで52年インディ500に挑戦

ちなみにホンダのＦ１活動は68年末を以て一旦休止されるが、ホンダＦ１チームの監督だった中村良夫の独断で、同年最終戦メキシコGP終了後に３リッター水冷V12のＦ１「RA301」がインディに持ち込まれ、ロニー・バックナムのドライブで試走している。同年インディ500ポールシッターが171mph、ホンダＦ１はメキシコGP仕様そのままながら158mphで走った。突如Ｆ１撤退と宣告された中村監督から本田宗一郎社長への「インディ・アピール」なのではなかったかと推察する向きもある。

翻って日本。66年10月９日、誕生間もない富士スピードウェイで《インディアナポリス・インターナショナル・チャンピオンレース》（通称日本インディ）が急遽開催された。ボリショイサーカスなどの“呼び屋”として名高い神彰（じん・あきら）が招聘したもので、読売新聞が冠スポンサーを引き受け、日本オートクラブが運営した。インディがアメリカ外の異大陸に出向くのは57〜58年のイタリア・モンヅァ以来となる。アメリカ側も日本側も急に進んだ話なので戸惑いの連続で、オーバル用セッティングのまま走らざるを得なかったり、練習走行で壊れる車も続出し、レースとしては不完全燃焼気味だったが、日本にいながらにしてインディカーと関係者を間近で見られたという点では国内レース界に価値ある大会ではあった。

CARTからIRLへ

Ｆ１GP界では70年代半ばに参加チームの集合体FOCA（Formula One Constructors Association）が誕生して力を付け、FIAや各GP主催者とギャランティ等の参加交渉はもとより、各種プロモーション権利や興行権まで掌握するようになっていく。アメリカのインディカー界でも４〜５年の差で似たような動きが起こった。USACのやり方が古臭くて非民主的だとして、参加チームの集合体CART（Championship Auto Racing Teams。カートと発音）が組織され、USACに対して反旗を翻したのだ。78年にUSAC役員ら複数名が墜落事故で世を去っていたことも関係していたかもしれない。

79年は、新しいCARTと従来どおりのUSACの２つの選手権が併存する事態となった。スター選手はほぼ全員CART所属なので盛り上がったが、スターがA. J. フォイトしかいないUSAC選手権はこの年限りで消滅してしまう。80年以降の全米を代表するオープン・ホイールはCARTインディカー・シリーズということになった。オーバル一辺倒だったUSACとは異なり、CARTはロード・コースや市街地コースでも積極的に開催するようになる。アメリカ以外の選手たちにも魅力あるものとなり、国際化が進んだ。日本からの見え方も、インディカー界が一挙に近代化したように感じられた。唯一インディ500一戦のみはUSAC管轄下に置かれ、CARTシリーズ戦には含まれず、一部エンジン規定等がCARTとは異なる形で開催された。

インディカーに挑む日本人選手も現われた。90年CARTデビューのヒロ松下（松下弘幸）は、91年インディ500初の決勝進出。以後、現在までの間に、松田秀士、服部茂章、高木虎之介、中野信治、ロジャー安川（国籍はUSA）、松浦孝亮、武藤英紀、佐藤琢磨がインディ500決勝進出を果たしている。インディ500には出ていないが、服部尚貴、野田秀樹、黒澤琢弥らもシリーズ戦に参戦したことがある。概して、元来Ｆ１やヨーロッパを目指していた者がアメリカ（インディ）に転向するパターンが多く、最初から「インディ優勝」を目指す青少年の出現は、2017年佐藤琢磨優勝を見た世代、つまりこれからということだろう。

国際化したCARTシリーズはヨーロッパや南米やオセアニアの選手たちが主役となり、アメリカ人は減少する一方となった。これを憂いたIMSの若きトニー・ジョージ代表が96年にIRL（Indy Racing League）をぶち上げる。アメリカ人のためのオーバル・レーシング復権を掲げた新シリーズで、初年度はCARTカーをそのまま使っ

２代目コースオーナーのトニー・ハルマンと、その孫トニー・ジョージ。61年のショット

ツインリンクもてぎで開催された08年《インディジャパン300マイル》ではダニカ・パトリック嬢が優勝。エリオ・カストロネヴェス(左)とスコット・ディクソンから祝福される。インディカーでの女性の勝利は執筆時現在までこの一例のみ

たが、翌年からは独自の車両規定を推し進め、CARTとの対立度が増し、両者平行線が続くことに。

IRL誕生後はニッサンがインフィニティ・ブランドでエンジン供給を開始、圧倒的多数を占めるオールズモビル・オーロラ・エンジンを相手に奮闘した。そしてインフィニティが02年一杯で撤退するのと入れ替わるように、それまでCARTチャンプカーで活躍したホンダとトヨタが03年からIRLに転向、強豪ペンスキーと組んだトヨタが03年に日本製エンジンとしてインディ500初優勝を達成し、翌04年にはホンダも勝利する。

実は世紀が変わる頃、CART内部に問題が発生し始めていた。シリーズのリーダーシップが次第にあやふやになり、団体名も度々変更される事態に。すると離脱するチームやメーカーが増え始めた。そして彼らが向かう先はIRLだった。旧CART系の08年シリーズは予定どおりに始まらず、ようやく開催されたロングビーチ戦の結果を反映させるのを条件にIRLシリーズに組み込まれることとなった。つまり、一世を風靡したCARTシリーズはこの時点で消滅したのだった。

ホンダは栃木県にツインリンクもてぎを建設、97年にオープンした。一周1.5マイル(2.4km)のオーバル・トラックを持ち、翌年からインディカー・レースを招聘開催し始める。98～02年はCART戦を、03～11年はIRL戦を行なった。2011年の東日本大震災でコース路面にダメージを受け、同年は急遽併設ロード・コースで開催されたが、それを最後に日本でのインディカーが開催されていないのは何とも残念でならない。

米国ファイアストン・タイヤは宿敵グッドイヤー以上のインディ500勝利数を誇っているが、88年以降日本のブリヂストンの子会社となっている。日本企業はアメリカ市場やインディ500の名誉に気付いているのに、日本のレースファンはアメリカとの関連性に反応できるほどメディアから情報を得ていないのが現状と言える。

インディ500の特殊性

5月に入るやすぐにプラクティス、クォリファイ(予選)が行なわれ、1週目と2週目で次第にグリッドが埋まっていくバンプ・システムはインディ独特のものだ。最後はバンプ合戦となる。そして最終日曜日(元々は日曜日ではないメモリアル・デイ)に決勝レースが行なわれる。決勝一週間前の予選最終日が終わると、金曜日の「カーブ・デイ」(04年以前は木曜日)が決勝前に走れる最後のチャンスとなる。これ以降、決勝日当日のフォーメイション・ラップまで、走る機会は一周もない。これもインディ独特。

ポールシッターが様々な催しに引っ張り出されるのは当然として、最後列11列目で辛うじて予選通過した3人を主賓とするパーティーが恒例行事となっているあたりがインディの面白いところ。日本ではちょっと考えられない発想だ。コース上だけでなく、有名ミュージシャンのコンサートもあり、街上げて様々なアトラクションで盛り上がる。近隣な小規模ダート・オーバルでは前夜祭的にミジェットカー・レースが盛大に催される。5月の一ヵ月間をかけての盛大なお祭りなのだ。

決勝当日は、アメリカ国歌に続いて、「バックホーム・アゲイン・イン・インディアナ」が斉唱され、「ジェントルメン、スタート・ユア・エンジンズ！」というお馴染みスタートコール。女性レーサーが出現してからは、頭の部分が若干アレンジされている。そして無数の風船がフージアの空に舞い上がり、精鋭33台がペースカーに従ってローリングに入る。このペースカーは毎年優勝者にプレゼントされることになっている。GMやフォードが宣伝を兼ねて提供するのだ。ペースカーがピットロードに逸れたところで、いよいよレース開始。300km/h・3時間の火蓋が切って落とされる。

事故が発生したり、コース上にデブリ(debris)と呼ばれるゴミや異物が発見されるとすぐに全周イエロー・コーション(低速走行、追越し不可)となる。このタイミングでピットストップの準備をする者も多い。それまで築いた差は帳消しとなってしまうが、誰も文句は言わない。誰にでも何度もチャンスが訪れることを意味しているからだ。この点も実にアメリカ的。近年ではF1GPでもこの手法を用いるが、元々はインディ等アメリカン・レーシングの流儀だ。

レッドブル・エアレースもインディで開催。２年目の2017年には室屋義秀が優勝を遂げた

NASCARストックカーの一戦、ブリックヤード400。トヨタ・カムリが集団をリードする

ドライバーのヘルメットやシートベルト、耐火スーツの着用なども、ヨーロッパのＦ１よりずっと早くから義務化されている。事故の歴史は安全性追求の歴史でもあった。マシーンの安全性、コース自体の安全性も追求され続けている。オーバル・トラックの常として、コース外側はいきなりウォールになっている。このウォール自体も、近年は緩衝性のセイファー・ウォールが採用されている。かつて全周にわたって煉瓦敷きだったコースも、サーキット用アスファルト舗装の進歩により、次第に舗装化が進み、現在ではコントロール・ライン（スタート＆フィニッシュ・ライン）の３フィート幅で残るのみ。舗装化される際、煉瓦を剝ぎ取ることはせず載せる形で舗装されたので、現在でもコースの数十cm下には、100年以上昔の煉瓦が埋まっていることになる。

決勝日に30〜40万人もの観衆が集まると、ドライバー視線で見える光景も練習走行時や予選時のものとは全く異なるものとなる。ドライバーの興奮度も否が応にも高まる。レースが終わるとその観衆が大きな混乱もなく帰路に就けるシステムがまた驚異的だ。

レースの無いウィークデーはコースを跨ぐ形で存在するゴルフ場での営業もある。インディの歴史が知れるミュージアムもファンに親しまれている。2000年から07年にかけてはインディのコース（新設インフィールド部分と外周一部を流用する一周4.192kmコースを「右回り」）でＦ１アメリカGPが開催された。NASCARストックカーも《ブリックヤード400》として94年からここでレースするのが恒例化している。インディ500を核にして、ビジネスの幅は広がっている。

南部発祥のストックカー・レース

インディカーと並ぶアメリカ独特のレースに「ストックカー」がある。大型市販乗用車の形をした40台ほどのマシーンが一群となって高速バンク・コースを300km/h近いスピードで驀進する様子は、インディカー以上の迫力とも言える。

アメリカ北部及び西部を中心に発展したインディカーに対し、ストックカーは南部の発祥。ジョージア、アラバマ、アーカンソー、サウスカロライナ、ミシシッピ、ルイジアナ、フロリダ、テネシーといった所謂“ディープ・サウス”と呼ばれる諸州。その成り立ちから言ってかなり特殊でありアメリカ的だ。

時は1920年代、アメリカでは禁酒法が施行されていた。そして密造酒ウイスキーを作るのに南部の人里離れたアパラチア山奥は格好の場所だった。

出来上がった密造酒をトラックに積んで、夜な夜な山道を駆け下りて街まで運ぶのは重要な仕事であり、彼らはブートレガーとかムーンシャイナーと呼ばれた。当然、彼らを捕まえようと要所要所にパトカーが見張って待機している。両者が出会うと追いかけっこが始まる。それまで何事もなくゆっくり山道を降りて来たピックアップ・トラックが、ひとたびパトカーのサイレンを聞くや、スロットル一撃、ホイールスピンさせながら全開走行、捕まったら生活できなくなるから、必死で逃げる。車の性能を上げるべく特別なチューニングが施されていた。彼ら密造酒運搬人たちが、いつしか車自慢・腕自慢をするようになる。それがストックカー・レースの起源だ。無法者たちの腕自慢とは何ともアメリカらしい。外観は市販車そのままだが、走るととてつもなく速い、これがストックカーの原則。

30〜40年代は南部諸州で彼らの残党たちが集まってはレースをしていた。しかしレースが始まるや主催者が金を持って姿をくらますプロモーターもどきもあった。

そのカオス状態をまとめたのがビル・フランスだ。1947年末にNASCAR(National Association for Stock Car Auto Racing)を設立する。広大なアメリカ大陸にはNASCAR以外にもストックカー・レースを運営する団体はいくつもあるが、秩序だって数十年かけて全米規模にまで拡大させた点においてNASCARは絶対的存在と言える。

元々はデイトナの砂浜での腕自慢。砂浜の脇に伸びた一般公道の直線路を突っ走り、ヘアピン状に左折して砂浜を激走、再度左折して舗装路という、一周の半分が砂地で半分が舗装路という、何ともユニークなコースだった。59年にそのデイトナ・ビーチ脇に一周2.5マイルのハイバンク・オーバルが誕生した(最大バンク角31度)。王者リー・ペティが61年大会でバンクを飛び越えて大破負傷して引退する実写シーンは映画『レッドライン7000』(64年／ハワード・ホークス監督)にも収納されている。その61年デイトナ500に日系人が参戦していることはほとんど知られていない。ジョージ・テットこと渕上テツオ。フォードを駆って51位。地元ローカル・レースにモディファイドで参戦時はボディに芸者を描いていた。

ストックカー・レースの開催地は基本、観客席から全周が見渡せる舗装オーバル・コースのみだが、デイトナ／シャーロット／タラデガのような一周２マイル以上の超高速スーパースピードウェイもあれば、一周１km(８分の５マイル)未満のショート・オーバルもあり、戦い方は自ずと変わって来る。高速コースではドラフティング(スリップストリーム)をいかに巧みに使うかの頭脳戦となる。闇雲に速く走っても勝てない。80年代、TV放映で全米にファンが広がり、毎週開催という中毒性もある。ディズニー／ピクサーのアニメ映画『カーズ』(2006年／ジョン・ラセター監督)には実話も込められていて、全米でいかにメジャーな存在なのかも知れる。

最上級クラスは「カップ」カー部門と呼ばれる。昔ながらのOHVエンジン、5.8リッター・アメリカンＶ８は実に800馬力。車重1540kgを300km/hで疾走させる。年間36戦のシリーズ戦はバンク・コースが当たり前だが、年に１～２戦だけロード・コースでも開催される。これがシリーズ全体の中のアクセントとなっていて面白い。90年代末に日本の鈴鹿サーキットとツインリンクもてぎで選手権外の特別レースが開催されたこともある。それを機に福山英朗が02～03年と本場に渡米、スポット参戦する機会もあった。

今世紀に入って日本のトヨタが米車オンリーだったNASCARに参戦し始めた。まず04年にトラック部門、そして07年にカップ部門に進出。16～17年にはマニュファクチャラーズ・チャンピオンの座に就いた。今年参戦しているのはシヴォレー・カマロ、フォード・フュージョン、トヨタ・カムリを模したマシーン群だ。

ロード・レースの再興

ごく初期を除けば、アメリカの自動車レースはオーバル・コースが中心だった。それは迫力満点でスリルに満ち、アメリカ人の性にも合っていた。ヨーロッパ風の、右に左に曲がりながら加減速を繰り返す、地形を生かしたロード・コースでのレースは根付かないままだった。それに変化が訪れたのは、第二次世界大戦後のことだ。ヨーロッパの戦場から引き上げてきた軍人兵士がジャガーやMGといった軽快なスポーツカーを持ち帰った。アメリカ製大型セダンしか知らなかったアメリカ人にしてみれば、目から鱗が落ちる想いだったろう。

1948年、ニューヨーク州ワトキンズ・グレンの一部公道ロード・コースで行なわれたスポーツカー・レースは成功裏に終わる。前後してロード・レースを運営するSCCA(Sports Car Club of America)が組織された。52年にはフロリダ州セブリング(元々は飛行場)で12時間耐久レースが催され、53年以降FIA制定の世界スポーツカー選手権が始まると、そのセブリングもアメリカを代表する一戦として組み込まれた。

富豪スポーツマンのブリッグズ・カニンガムは自製マシーンを擁して《ル・マン24時間》に挑戦し始める。50年代後半には、西部のカリフォルニア州にリヴァーサイドやラグナ・セカといった大規模で個性的なロード・コースが誕生、一気に熱が高まる。

SCCAはもともとアマチュア・レース(賞金なし)専門の団体であり、参加層も比較的富裕層で賞金不要だったが、インディカーを仕切るUSACが50年代末にプロ向けスポーツカー・レース(賞金が出る)を開催したのを機に、SCCAも一部スポーツカー・レースやＦ１GP(59年以降アメリカGPが定着)など、高額賞金を出すことを始めた。するとロード・レース参加者のレベルも上がり、秋に開催されるＦ１GP北米ラウンドに合わせてヨーロッパの一流選手たちが毎年秋は北米で過ごして賞金稼ぎといったスタイルが恒例となっていく。その交流の中で、キャロル・シェルビー、フィル・ヒル、ダン・ガーニー、リッチー・ギンサーといったアメリカの有能なドライバーたちが渡欧して活躍するようにもなる。シヴォレー・コーヴェットやフォード・コブラといった米国製Ｖ８・OHVエンジン搭載の大排気量スポーツカーも登場した。

1960年代は、インディ500自身がそうだったように、アメリカとヨーロッパの交流が一気に進んだ時代だ。アメリカでは50年代から自動車メーカーとしては国内モータースポーツ活動を自粛する協定があったが、海外挑戦はその範疇にあらずとフォードが64年以降ル・マン24時間挑戦を本格化させた。イタリアの名門フェラーリを買収する話が失敗に終わり(フェラーリのフィアットを誘き出すためのブラフだったようだ)、面目丸潰れのフォードが怒りの「打倒フェラーリ」路線をぶち上げたのが真相。実際60年代のアメリカ;デトロイトはパワー全開だった。一方、テキサスの石油王で自らドライバーとしてF1GPにも挑んだジム・ホールが率いるシャパラルは、GMからの後方支援も得て、規模的には小さいながら、革新的な技術アイディアをトライし続け、戦果も挙げ、ファン憧れのマシーンとなっていく。特にエアロダイナミクス関係で他車に影響を与えた。

66年からは、それら排気量無制限2座席スポーツカーがロード・コースで闘ぎ合うCan-Amシリーズ(カナディアン・アメリカン・チャレンジ・カップ)が始まり、前述のように高額賞金目当てにF1ドライバーも多数参戦、米欧日で大人気を博すこととなる。

また、60年代半ばに誕生したフォード・マスタング、シヴォレー・カマロ、ポンティアック・ファイアバードといった5リッターV8の所謂ポニーカーによるTrans-Am(トランザム)シリーズもSCCAのプロ・レースとして始まり、人気を博す。その後5リッター・アメリカンV8を搭載するF5000レース(F1とF2の中間的性能)なども一時期活況を呈した。

70年代に入る頃、SCCAから派生する形で、SCCA以上にプロ化を推し進めたのがIMSA(International Motor Sports Association)だ。80年代に入るとその存在感を増し、純レーシングスポーツカーによるGTP、市販GTカー・ベースに改造を施したGTO/GTU等による《IMSA-GTシリーズ》もまた米欧日のメーカー対決によって80年代後半大いに沸く。その後紆余曲折を経て、2018年の今もIMSA統轄のスポーツカー・レースシリーズがプロトタイプ・カーとGTカーの混走長距離戦としてアメリカのロード・コースの華となっている。伝統ある《デイトナ24時間》と《セブリング12時間》もそれに含まれる。

インディカーの世界でも、CARTが運営するようになった80年代以降、オーバル・コースよりもロード・コースでの開催が急増した。そして、そうなればなるほど、CARTシリーズには含まれない昔ながらのインディ500の個性・孤高さが際立つこととなっていった。

LSRと“ゼロヨン”ドラッグ

インディとは直接関係ないが、LSR(Land Speed Record。陸上スピード記録)も魅力的な世界で、アメリカのレース史を語る上で無視することはできない。その名前のとおり、単純に「速さ」だけを競う。20世紀前半の昔はフロリダ州デイトナ砂浜でのスピード競争が英米対決で湧いた。戦後はユタ州ソルトレイクを舞台に60年代半ばのクレイグ・ブリードラヴとアーフォンズ兄弟の対決が有名だが、この頃から自らの車輪を駆動させるのではなくジェット推進力に頼るようになり、費用も鰻登りとなる。ライバルがいると驚異的に盛り上がり、スピードも急上昇するが、近年はそのような時代ではなくなった。現在の記録は、イギリスのアンディ・グリーンが「スラストSSC」で97年にマークした1227.986km/hで、音速を突破している。記録更新のためには、それに価値を見出す高額スポンサーが付かないと無理。次の記録更

1910年デイトナ・ビーチでボブ・バーマン駆るブリッツェン・ベンツが228km/hの新記録樹立

1928年春、デイトナでの速度記録挑戦に臨むフランク・ロックハートと愛機スタッツ・ブラックホーク。330km/h走行中にタイヤ破裂からクラッシュ。享年25

新はいつになるだろう。

ドラッグ・レース(Drag race)は静止状態から2台が一斉にスタートし、直線路1/4マイル(402.336m)先のゴールにどちらが先に着くか、一対一のトーナメント方式で最後まで勝ち残った者が優勝、という何とも単純明快な「ゼロヨン」競走。速い者は何と4秒以内で走り切ってしまう。アメリカらしさではナンバー1の自動車競走と言えるかもしれない。車輪がむき出しの「トップ・フューエル」と市販車イメージのカウルを被せた「ファニーカー」が花形だ。近年はコースを2つ並べ、計4レーンで競うことまでやっている。

1930年代のアメリカにはすでにチューニングした乗用車(ホットロッド・マシーン)が走り回っていて、適当な場所を見つけては街道レースやドラッグ・レース風のことをしていた。第二次世界大戦後は特にカリフォルニア周辺で流行し、クラブもいくつか設立されたが、警察の規則を無視した街道レースが後を絶たず、遂には1950年、ハイウェイ・パトロール主催のドラッグ・レースが催された。それと前後してNHRA(National Hot Rod Association)がウォリー・パークスによって設立され、無法状態の一掃が図られ、競技として認知されるようになっていく。

通常のサーキット・レースとは全く別種の競技であり、ドラッグ・レース界のヒーローはずっとその世界に留まることが多いが、ハワイ出身でドラッグ・チャンピオンだったダニー・オンガイスが後にインディカーで活躍した。女性でファニーカー王者に就いたシャーリー・マルドウニーや日本人で奮闘した岡崎健滋、近年ではフォース・ファミリーなど、名物選手も少なくない。

自動車は「遊び道具」

アメリカにおけるモータースポーツの門戸は呆れるほど広い。インディやストックカー、あるいはドラッグ・レースのような真正プロの世界もあれば、一般庶民や子供でもすぐに楽しめる競技もある。

遊園地にある「ゴーカート」もアメリカが発祥だし、本格的な「レーシングカート」は1956年にアート・インゲルズが考案して、世界へと広まった。近年のインディカー界はF1ドライバーたちほどではないにしろ、カート・レース出身者が増加している。

カリフォルニア州メキシコ半島で70年代に大人気を博したオフロード・バギーもアメリカ的なレース。広大な土地ゆえの産物と言える。インディカーで後に活躍するリック・メアーズやロビー・ゴードンはオフロード出身だ。80年代にはスタジアム内の特設コースをジャンプしながら疾走するピックアップ・レースが豪快さで人気を集めた。名物男ミッキー・トンプソンの発案。2輪スタジアム・クロスの4輪版と思えば良い。3リッター300馬力を誇るトヨタやニッサンが米車を相手に奮闘した。

コロラド州のパイクスピーク・ヒルクライムは1916年初開催という伝統のローカル・イベント。標高1440mから4300mまで高度差2800mを一台ずつ、距離20km・10分余で駆け上る豪快さが好評。インディで有名なアンサー家の「庭」でもある。

今世紀に入ってからは、日本発祥の「ドリフト」もウエストコーストを中心に大盛況だ。もちろん、古典的なヒストリックカー・レースにも根強い支持者がいる。アメリカは日本ほどの湿気がないので、50年前、80年前の車も、錆びずに綺麗に残存しうる。

下り坂を手製の、動力なし(よって、モータースポーツとは言えないが)自動車もどきで駆け下る「ソープボックス(石鹼箱)ダービー」は、元々子供たちのお遊びだったが、車輪が付いた競走ということでは、やる方も見る方も底抜けに楽しい。この「ノリ」がアメリカン。

沼地で競う泥だらけの「スワンプ・バギー」レースもアメリカの大らかさの表われと言える。

「フィギュア8」は一周400mほどのダート・コースの内側に8の字状に交差するよう別コースを設定し、そこをポンコツ車が走り回るもの。トップを快走していても、交差地点で他車とぶつかる危険性が高い。スポーツでは決してない。さらにポンコツ車を2台3台連結させ、最後尾車にも人が乗って8の字コースでレースするトレインカー・レースのバカバカしさ!!

極めつけはデモリション・ダービーか。広場に廃車寸前のポンコツ車が集合し、合図とともにブツケ合い、最後まで動いていたものが優勝という、何ともシンプルで「おバカ」な競技。前部搭載のエンジンを庇ってバックしながら後部からぶつけ合うその様子も可笑しい。日本人には思いつかない「自動車を使った遊び」の数々。

誰が勝つのかどの車が速いのかと、真面目にレース展開を見届ける観戦法ももちろんあるが、そんなに肩ひじ張らず、屋外サーキット特有の開放的な雰囲気の中で、ビールを飲みながら雰囲気を楽しむのも大いに結構。アメリカン・レースの懐はとにかく深い。

そしてその中でも、誰もが知っていて、誰もが憧れる存在、それが《インディ500》なのだ。

世界レース年表

	インディ500関連	アメリカ（インディ以外）
1894		
1895		シカゴ〜エヴァンストン・レース
1896		ダート路の競馬場で初レース
1897		
1898		
1899		
1900		
1901		
1902		
1903		デイトナ砂浜で競技会
1904		ヴァンダービルト・カップ初開催（16年まで）
1905		
1906		陸上スピード記録200km/h突破（スタンレー蒸気車）
1907		
1908		アメリカン・グランド・プライズ初開催（16年まで）
1909	インディアナポリス・コース完成	
1910		
1911	第１回インディ500開催	
1912		
1913		
1914		
1915		ボード・トラック誕生
1916		
1917	第一次世界大戦により中止。18年まで	
1918		
1919		
1920		
1921		アメリカ人アメリカ車フランスGPで初優勝
1922		
1923		
1924		
1925	優勝スピード100mph突破（５時間を切る）	
1926		
1927		
1928		
1929		
1930	ジャンク・フォーミュラ時代	
1931		
1932		
1933		
1934		
1935	同乗メカのチック・ヒラシマ、PPスタート	
1936		ヴァンダービルト・カップ復活。欧米対決。37年まで
1937		
1938		
1939		
1940		
1941		
1942	第二次世界大戦による中断（45年まで）	
1943		
1944		SCCA設立
1945		
1946	戦後初のインディ500開催	
1947		
1948		NASCAR統轄ストックカー・レース開始
1949		
1950	インディ500が世界選手権戦に加わる（60年まで）	公道レース「カレラ・パナメリカーナ・メヒコ」（54年まで）
1951		NHRA統轄ドラッグ・レース開始。セブリング12時間初開催
1952		
1953		
1954		
1955	AAAが競技統轄放棄、USACが引き継ぐ	

ヨーロッパ	日本	
パリ〜ルーアン間トライアル		1894
パリ〜ボルドー往復レース		1895
		1896
		1897
		1898
陸上スピード記録100km/h突破（フランスで電気自動車）		1899
初の国際レース、ゴードン・ベネット・トロフィー		1900
		1901
		1902
パリ〜マドリードで重大事故。都市間レース中止		1903
		1904
		1905
第1回ACFグランプリ（フランス）開催		1906
ブルックランズ・サーキット（イギリス）完成	大倉喜七郎がブルックランズ開幕戦で2位	1907
ニューヨーク〜パリ・レース		1908
		1909
		1910
モンテカルロ・ラリー初開催		1911
		1912
		1913
		1914
第一次世界大戦による中断（19年まで）	目黒競馬場で自動車レース初開催	1915
		1916
		1917
		1918
		1919
		1920
		1921
	洲崎にて自動車レース開催。日本自動車競走倶楽部発足	1922
ル・マン24時間レース開始。ミッレ・ミリア開始		1923
スパ24時間レース開始		1924
		1925
		1926
陸上スピード記録300km/h突破（H. シグレイヴのサンビームがデイトナで）		1927
		1928
モナコGP開始		1929
		1930
		1931
陸上スピード記録400km/h突破（M. キャンベルのブルーバードがデイトナで）		1932
		1933
GP規定改訂、750kgフォーミュラ開始。ドイツ勢の覇権（39年まで）		1934
		1935
	多摩川スピードウェイ開設（4輪は38年まで）	1936
陸上スピード記録500km/h突破（G. アイストンのサンダーボルトがボンネヴィルで）		1937
GP規定改訂、3リッター・フォーミュラ開始		1938
		1939
第二次世界大戦による中断（45年夏まで）		1940
		1941
		1942
		1943
		1944
パリ・ブローニュの森にて戦後初の自動車レース		1945
新設FIAがF1／F2規定を制定		1946
陸上スピード記録600km/h突破（J. コップのレイルトンSpl.がボンネヴィルで）		1947
		1948
復活ル・マン24時間で初出場フェラーリが優勝		1949
世界選手権F1GP開始。ドライバー対象		1950
		1951
	船橋競馬場内オートレース場で4輪レース初開催	1952
世界スポーツカー選手権開始		1953
F1規定2.5リッター化。メルセデスベンツが復帰即優勝		1954
ル・マン24時間で観客80名以上が死亡する惨事。スイスでレース開催禁止に	浅間火山レース（2輪）	1955

	インディ500関連	アメリカ(インディ以外)
1956		ACCUS誕生
1957	イタリア(モンヅァ)に遠征、58年も	
1958		
1959		Ｆ１アメリカGP開始。デイトナ・スピードウェイ完成
1960		
1961	ヨーロッパ製ミドシップ車初挑戦	フィル・ヒルがアメリカ人初のＦ１チャンピオン
1962		
1963		
1964	大事故による初のレース中断	
1965	ミドシップ車初優勝。優勝スピード150mph突破	陸上速度記録、C. ブリードラヴがジェットエンジン車で966.574km/h
1966	スタート直後に16台衝突	デイトナ24時間開始。Can-Amシリーズ開始
1967	ガスタービン・エンジン車が終盤まで独走	アメリカ人アメリカ車GP戦で46年ぶり優勝
1968	ターボチャージド・エンジン車が初優勝	
1969		SCCAからIMSA分離独立
1970		陸上速度記録、G. ガベリッチがロケット車で1001.667km/h
1971		
1972		
1973		
1974		
1975		ロングビーチ市街地でレース初開催
1976	雨のため102周で終了、最短記録	
1977	A. J. フォイトが前人未踏４勝目。女性初出走	
1978		マリオ・アンドレッティがアメリカ人２人目のＦ１チャンピオン
1979	CARTシリーズ開始。USACシリーズ消滅	
1980		
1981		
1982		アメリカでＦ１GP戦３戦開催
1983	日本でのテレビ生中継開始	
1984		
1985		
1986		
1987	アル・アンサーSr.が４勝目	
1988		IMSA-GTPでニッサンが初タイトル
1989		
1990		
1991	リック・メアーズが４勝目。日本人(松下弘幸)初の決勝進出	
1992	１～２位差0.043秒、僅差記録	
1993		
1994	ホンダ、インディ500初挑戦で予選落ち	インディでNASCARストックカー初開催
1995		
1996	IRLシリーズ開始	鈴鹿でNASCARストックカー特別戦初開催
1997		
1998	ツインリンクもてぎでCART戦初開催	
1999		
2000		インディでＦ１アメリカGP初開催(07年まで)
2001		
2002		
2003	日本製エンジン(トヨタ)初優勝	
2004	ホンダ・エンジン車初優勝	
2005	女性(D. パトリック)が初めてトップ走行	
2006	初の最終周トップ交代	
2007	旧CART系シリーズ終焉、IRLに統一	NASCARのカップ部門にトヨタが参戦開始
2008		
2009		
2010		
2011		
2012	最終周に佐藤琢磨がトップ狙いクラッシュ	
2013	優勝スピード187.433mph、現時点での最速記録	
2014		
2015		
2016		
2017	佐藤琢磨が日本人として初優勝	
2018		

ヨーロッパ	日本	
		1956
J. M. ファンジオが5度目の世界チャンピオン	豪州ラリーに日本車(クラウン)初参戦	1957
F1GPにコンストラクター選手権追加	豪州ラリーでダットサンがクラス優勝	1958
ミドシップF1(クーパー)がフロント・エンジン車を駆逐	ホンダがマン島TT初挑戦(2輪)	1959
		1960
F1規定1.5リッター化	ホンダがマン島TTで3種目制覇(2輪)	1961
	鈴鹿サーキット開設	1962
	鈴鹿で4輪「第1回日本グランプリ」開催	1963
F1GPに日本車ホンダ初参戦(68年まで)	「第2回日本GP」でメーカー対決激化。新興JAFが統轄開始	1964
F1メキシコGPでホンダが初優勝	船橋サーキット開設(67年まで)	1965
F1規定3リッター化。ル・マン24時間でフォード初優勝	富士スピードウェイ開設。日本インディ開催。鈴鹿1000km初開催	1966
フォード・コスワースDFVエンジン、F1デビュー即優勝	富士24時間初開催	1967
ジム・クラーク事故死	富士で日本Can-Am開催(69年も)	1968
ハイウイング事故多発により禁止	フォーミュラカーによるJAF-GPと秋に移行した日本GP	1969
	日産/トヨタが日本GP不出場表明。筑波サーキット開設	1970
	富士GCシリーズ開始	1971
		1972
WRC(世界ラリー選手権)開始。ル・マン24時間に日本車シグマ初参戦	全日本フォーミュラ選手権開始。秋にオイルショック発生	1973
オイルショックによる中止やレース短縮が相次ぐ	富士GCレースで死傷事故発生。30度バンク廃止	1974
		1975
6輪F1ティレルP34登場	日本(富士)にてF1GP戦初開催(77年まで)	1976
F1GPに1.5リッターターボエンジン(ルノー)初登場		1977
F1界にグラウンドエフェクト時代到来		1978
F1GPでターボエンジン車が初優勝。ダカール・ラリー初開催	日本でF3選手権シリーズ開始	1979
FISA対FOCAでF1分裂騒動		1980
		1981
	WECジャパン、富士にて初開催(88年まで)、グループC時代到来	1982
F1GPにホンダがV6ターボで復帰、エンジン・サプライヤーとして		1983
		1984
	全日本ツーリングカー選手権開始、グループA車両導入	1985
ホンダ・エンジン車F1コンストラクター王者に		1986
F1GPに日本人(中嶋悟)初のレギュラー参戦	日本(鈴鹿)にてF1GP戦10年ぶり開催。全日本F2がF3000へ	1987
		1988
F1規定3.5リッター化。ターボ禁止	WSPC(旧WEC)鈴鹿にて初開催	1989
F1GPで日本人(鈴木亜久里)初の表彰台	オートポリス、TIサーキット英田が開設	1990
ル・マン24時間で日本車(マツダ・ロータリー)初優勝		1991
世界スポーツカー選手権消滅。ホンダの第2期F1活動中止		1992
	十勝スピードウェイ開設。全日本GT選手権開始	1993
アイルトン・セナ事故死	TI英田でF1パシフィックGP開催(95年も)。十勝24時間初開催	1994
ル・マン24時間で日本人(関谷正徳)初優勝		1995
	全日本F3000がフォーミュラ・ニッポンに進化	1996
陸上速度記録、A. グリーンがスラストSSCで1227.986km/h、音速突破	ツインリンクもてぎ開設	1997
	JTCC(全日本ツーリングカー選手権)閉幕	1998
		1999
		2000
		2001
F1GPにトヨタがデビュー(09年まで)		2002
		2003
ミハエル・シューマッハーが7度目の世界チャンピオン。中国でF1GP初開催		2004
WTCC(世界ツーリングカー選手権)開始(17年まで)	JGTC(全日本GT選手権)がスーパーGTに進化	2005
ル・マン24時間でディーゼル車(アウディR10TDI)初優勝		2006
		2007
F1GPで06年以降BARチームを引き継いだホンダが撤退		2008
		2009
		2010
	ツインリンクもてぎでのインディカー開催終了	2011
WEC(世界耐久選手権)復活		2012
	フォーミュラ・ニッポンがスーパーフォーミュラに進化	2013
F1新規定、エネルギー回生+ターボ。WECでトヨタがチャンピオン。FE開始		2014
F1でホンダが第4期活動、マクラーレンにPU供給(17年まで)		2015
		2016
	鈴鹿1000km最終大会	2017
	富士24時間、50年ぶりに復活	2018

歴代シリーズ年間ランキング

【AAA時代】

	Pos.	Driver		Nat.	Pts.
▼1909	1	ジョージ・ロバートソン	Robertson, George	USA	1480
	2	ルイ・シヴォレー	Chevrolet, Louis	USA	1300
	3	ジョー・ニクレント	Nikrent, Joe	USA	1110
	4	ボブ・バーマン	Burman, Bob	USA	1100
	5	バート・ディングレイ	Dingley, Bert	USA	1030
▼1910	1	レイ・ハロウン	Harroun, Ray	USA	1240
	2	ジョー・ドウソン	Dawson, Joe	USA	1095
	3	アル・リヴィングストン	Livingston, Al		1020
	4	ジョニー・エイトケン	Aitken, Johnny	USA	720
	5	ハリー・グラント	Grant, Harry	USA	700
▼1911	1	ラルフ・マルフォード	Mulford, Ralph	USA	1545
	2	チャールズ・マーツ	Merz, Charles	USA	1080
	3	デイヴィド・ブルース－ブラウン	Bruce-Brown, David	USA	1070
	4	レイ・ハロウン	Harroun, Ray	USA	1000
	5	ヒューイ・ヒューズ	Hughes, Hughie	GB	870
▼1912	1	ラルフ・デパルマ	DePalma, Ralph	USA	2000
	2	テディ・テツラフ	Tetzlaff, Teddy	USA	1900
	3	ジョー・ドウソン	Dawson, Joe	USA	1000
	4	ヒューイ・ヒューズ	Hughes, Hughie	GB	930
	5	ラルフ・マルフォード	Mulford, Ralph	USA	870
▼1913	1	アール・クーパー	Cooper, Earl	USA	2610
	2	ジュル・グー	Goux, Jules	F	1000
	3	ラルフ・マルフォード	Mulford, Ralph	USA	770
	4	ラルフ・デパルマ	DePalma, Ralph	USA	715
	5	スペンサー・ウィシャート	Wishart, Spencer	USA	690
▼1914	1	ラルフ・デパルマ	DePalma, Ralph	USA	2045
	2	エディー・パレン	Pullen, Eddie	USA	1720
	3	バーニー・オルドフィールド	Oldfield, Barney	USA	1035
	4	ルネ・トーマ	Thomas, Rene	F	1000
	5	エディー・リッケンバッカー	Rickenbacker, Eddie	USA	715
▼1915	1	アール・クーパー	Cooper, Earl	USA	3780
	2	ダリオ・レスタ	Resta, Dario	GB	3320
	3	ジル・アンダーソン	Anderson, Gil	USA	2590
	4	エディー・オドネル	O'Donnell, Eddie	USA	2285
	5	エディー・リッケンバッカー	Rickenbacker, Eddie	USA	1765
▼1916	1	ダリオ・レスタ	Resta, Dario	GB	4100
	2	ジョニー・エイトケン	Aitken, Johnny	USA	3440
	3	エディー・リッケンバッカー	Rickenbacker, Eddie	USA	2910
	4	ラルフ・デパルマ	DePalma, Ralph	USA	1790
	5	アール・クーパー	Cooper, Earl	USA	1405
▼1917	1	アール・クーパー	Cooper, Earl	USA	1095
	2	ルイ・シヴォレー	Chevrolet, Louis	USA	1041
	3	ラルフ・マルフォード	Mulford, Ralph	USA	868
	4	エディー・ハーン	Hearne, Eddie	USA	787
	5	トミー・ミルトン	Milton, Tommy	USA	771
▼1918	1	ラルフ・マルフォード	Mulford, Ralph	USA	500
	2	ルイ・シヴォレー	Chevrolet, Louis	USA	495
	3	エディー・ハーン	Hearne, Eddie	USA	370
	4	ラルフ・デパルマ	DePalma, Ralph	USA	330
	5	クリフ・デュラント	Durant, Cliff	USA	230
▼1919	1	ハウディ・ウィルコクス	Wilcox, Howdy	USA	1110
	2	エディー・ハーン	Hearne, Eddie	USA	1070
	3	ガストン・シヴォレー	Chevrolet, Gaston	USA	990
	4	ロスコー・サーレズ	Sarles, Roscoe	USA	960
	5	トミー・ミルトン	Milton, Tommy	USA	905
▼1920	1	ガストン・シヴォレー	Chevrolet, Gaston	USA	1030
	2	トミー・ミルトン	Milton, Tommy	USA	930
	3	ジミー・マーフィー	Murphy, Jimmy	USA	885
	4	ラルフ・デパルマ	DePalma, Ralph	USA	605
	5	ロスコー・サーレズ	Sarles, Roscoe	USA	540
▼1921	1	トミー・ミルトン	Milton, Tommy	USA	2230
	2	ロスコー・サーレズ	Sarles, Roscoe	USA	1980
	3	エディー・ハーン	Hearne, Eddie	USA	1399
	4	ジミー・マーフィー	Murphy, Jimmy	USA	1215
	5	ジョー・トーマス	Thomas, Joe	USA	715
▼1922	1	ジミー・マーフィー	Murphy, Jimmy	USA	3420
	2	トミー・ミルトン	Milton, Tommy	USA	1910
	3	ハリー・ハーツ	Hartz, Harry	USA	1788
	4	フランク・エリオット	Elliott, Frank	USA	875
	5	ベネット・ヒル	Hill, Bennett	USA	459
▼1923	1	エディー・ハーン	Hearne, Eddie	USA	1882
	2	ジミー・マーフィー	Murphy, Jimmy	USA	1350
	3	ベネット・ヒル	Hill, Bennett	USA	955
	4	ハリー・ハーツ	Hartz, Harry	USA	820
	5	トミー・ミルトン	Milton, Tommy	USA	810
▼1924	1	ジミー・マーフィー	Murphy, Jimmy	USA	1595
	2	アール・クーパー	Cooper, Earl	USA	1240
	3	ベネット・ヒル	Hill, Bennett	USA	1214
	4	トミー・ミルトン	Milton, Tommy	USA	1101
	5	フレッド・コマー	Comer, Fred	USA	725
▼1925	1	ピーター・デパオロ	DePaolo, Peter	USA	3250
	2	トミー・ミルトン	Milton, Tommy	USA	1735
	3	ハリー・ハーツ	Hartz, Harry	USA	1640
	4	ボブ・マクドノー	McDonogh, Bob	USA	1510
	5	アール・クーパー	Cooper, Earl	USA	935
▼1926	1	ハリー・ハーツ	Hartz, Harry	USA	2954
	2	フランク・ロックハート	Lockhart, Frank	USA	1830
	3	ピーター・デパオロ	DePaolo, Peter	USA	1500
	4	ベネット・ヒル	Hill, Bennett	USA	1043
	5	フランク・エリオット	Elliott, Frank	USA	742
▼1927	1	ピーター・デパオロ	DePaolo, Peter	USA	1440
	2	フランク・ロックハート	Lockhart, Frank	USA	1040
	3	ジョージ・サウダーズ	Souders, George	USA	1000
	4	レオン・デュレイ	Duray, Leon	USA	630
	5	ハリー・ハーツ	Hartz, Harry	USA	595
▼1928	1	ルイ・メイヤー	Meyer, Louis	USA	1596
	2	レイ・キーチ	Keech, Ray	USA	915
	3	ルー・ムーア	Moore, Lou	USA	406
	4	ジョージ・サウダーズ	Souders, George	USA	270
	5	ボブ・マクドノー	McDonogh, Bob	USA	248
▼1929	1	ルイ・メイヤー	Meyer, Louis	USA	1330
	2	レイ・キーチ	Keech, Ray	USA	1000
	3	ウィルバー・ショウ	Shaw, Wilbur	USA	260
	4	フレッド・フレーム	Frame, Fred	USA	231
	5	クリフ・ウッドバリー	Woodbury, Cliff	USA	200
▼1930	1	ビリー・アーノルド	Arnold, Billy	USA	1027.5
	2	ショーティ・キャントロン	Cantlon, Shorty	USA	653
	3	ビル・カミングズ	Cummings, Bill	USA	650.4
	4	ラス・スノウバーガー	Snowberger, Russ	USA	489.5
	5	ディーコン・リッツ	Litz, Deacon	USA	464.6
	6	ウィルバー・ショウ	Shaw, Wilbur	USA	394.9
▼1931	1	ルイス・シュナイダー	Schneider, Louis	USA	712.5
	2	フレッド・フレーム	Frame, Fred	USA	540
	3	ラルフ・ヘプバーン	Hepburn, Ralph	USA	362
	4	ラス・スノウバーガー	Snowberger, Russ	USA	330
	5	ジミー・グリーソン	Gleason, Jimmy	USA	299
▼1932	1	ボブ・カレイ	Carey, Bob	USA	815
	2	フレッド・フレーム	Frame, Fred	USA	710
	3	ハワード・ウィルコクスⅡ	Wilcox Ⅱ, Howard	USA	610
	4	ラス・スノウバーガー	Snowberger, Russ	USA	440
	5	ビル・カミングズ	Cummings, Bill	USA	430
▼1933	1	ルイ・メイヤー	Meyer, Louis	USA	610
	2	ルー・ムーア	Moore, Lou	USA	530
	3	ウィルバー・ショウ	Shaw, Wilbur	USA	450
	4	チェット・ガードナー	Gardner, Chet	USA	430
	5	スタッビー・スタブルフィールド	Stubblefield, Stubby	USA	325.2
▼1934	1	ビル・カミングズ	Cummings, Bill	USA	681.72
	2	マウリ・ローズ	Rose, Mauri	USA	530
	3	ラス・スノウバーガー	Snowberger, Russ	USA	300
	4	アル・ミラー	Miller, Al	USA	300
	5	ケリー・ペティロ	Petillo, Kelly	USA	300
▼1935	1	ケリー・ペティロ	Petillo, Kelly	USA	890
	2	ビル・カミングズ	Cummings, Bill	USA	630
	3	ウィルバー・ショウ	Shaw, Wilbur	USA	550
	4	フロイド・ロバーツ	Roberts, Floyd	USA	510
	5	ビリー・ウィン	Winn, Billy	USA	408.75
▼1936	1	マウリ・ローズ	Rose, Mauri	USA	1020
	2	ルイ・メイヤー	Meyer, Louis	USA	1000
	3	テッド・ホーン	Horn, Ted	USA	825
	4	ドク・マッケンヴィー	Mackenzie, Doc	USA	614
	5	タヅィオ・ヌヴォラーリ	Nuvolari, Tazio	I	600
▼1937	1	ウィルバー・ショウ	Shaw, Wilbur	USA	1135
	2	テッド・ホーン	Horn, Ted	USA	750
	3	ベルント・ローゼマイヤー	Rosemeyer, Bernd	D	600
	4	ラルフ・ヘプバーン	Hepburn, Ralph	USA	598.125
	5	ルイ・メイヤー	Meyer, Louis	USA	550
▼1938	1	フロイド・ロバーツ	Roberts, Floyd	USA	1000
	2	ウィルバー・ショウ	Shaw, Wilbur	USA	825
	3	チェット・ミラー	Miller, Chet	USA	675
	4	テッド・ホーン	Horn, Ted	USA	660
	5	チェット・ガードナー	Gardner, Chet	USA	450
▼1939	1	ウィルバー・ショウ	Shaw, Wilbur	USA	1000
	2	ジミー・スナイダー	Snyder, Jimmy	USA	825
	3	テッド・ホーン	Horn, Ted	USA	685
	4	ベイブ・スタップ	Stapp, Babe	USA	675
	5	クリフ・バージェル	Bergere, Cliff	USA	675
▼1940	1	レックス・メイズ	Mays, Rex	USA	1225
	2	ウィルバー・ショウ	Shaw, Wilbur	USA	1000
	3	マウリ・ローズ	Rose, Mauri	USA	675
	4	テッド・ホーン	Horn, Ted	USA	625
	5	ジョエル・ソーン	Thorne, Joel	USA	450
▼1941	1	レックス・メイズ	Mays, Rex	USA	1225
	2	ラルフ・ヘプバーン	Hepburn, Ralph	USA	550

	Pos.	Driver		Nat.	Pts.
	3	クリフ・バージェル	Bergere, Cliff	USA	450
	4	フロイド・デイヴィズ	Davis, Floyd	USA	450
	5	チェット・ミラー	Miller, Chet	USA	430
▼1946	1	テッド・ホーン	Horn, Ted	USA	1360
	2	エミル・アンドレス	Andres, Emil	USA	1260
	3	ジョージ・ロブソン	Robson, George	USA	1220
	4	ジミー・ジャクソン	Jackson, Jimmy	USA	800
	5	レックス・メイズ	Mays, Rex	USA	620
▼1947	1	テッド・ホーン	Horn, Ted	USA	1920
	2	ビル・ホランド	Holland, Bill	USA	1610
	3	マウリ・ローズ	Rose, Mauri	USA	1000
	4	チャールズ・ヴァン・アッカー	van Acker, Charles	USA	770
	5	レックス・メイズ	Mays, Rex	USA	765.7
▼1948	1	テッド・ホーン	Horn, Ted	USA	1890
	2	マイロン・フォア	Fohr, Myron	USA	1159
	3	マウリ・ローズ	Rose, Mauri	USA	1000
	4	ビル・シェフラー	Sheffler, Bill	USA	924.8
	5	デューク・ネイロン	Nalon, Duke	USA	910
▼1949	1	ジョニー・パーソンズ	Parsons, Johnnie	USA	2280
	2	マイロン・フォア	Fohr, Myron	USA	1790
	3	ビル・ホランド	Holland, Bill	USA	1420
	4	ウォルト・ブラウン	Brown, Walt	USA	1281
	5	ジョージ・コナー	Connor, George	USA	1200
▼1950	1	ヘンリー・バンクス	Banks, Henry	USA	1390
	2	ウォルト・フォークナー	Faulkner, Walt	USA	1317
	3	ジョニー・パーソンズ	Parsons, Johnnie	USA	1313
	4	セシル・グリーン	Green, Cecil	USA	1190
	5	トニー・ベッテンハウゼン	Bettenhausen, Tony	USA	1027.5
▼1951	1	トニー・ベッテンハウゼン	Bettenhausen, Tony	USA	2556
	2	ヘンリー・バンクス	Banks, Henry	USA	1856.6
	3	ウォルト・フォークナー	Faulkner, Walt	USA	1513.6
	4	ジャック・マグラス	McGrath, Jack	USA	1460.4
	5	マイク・ナヅァルク	Nazaruk, Mike	USA	1143
▼1952	1	チャック・スティーヴンソン	Stevenson, Chuck	USA	1440
	2	トロイ・ラットマン	Ruttman, Troy	USA	1410
	3	サム・ハンクス	Hanks, Sam	USA	1390
	4	デュアヌ・カーター	Carter, Duane	USA	1250.4
	5	ジャック・マグラス	McGrath, Jack	USA	1200
▼1953	1	サム・ハンクス	Hanks, Sam	USA	1659.5
	2	ジャック・マグラス	McGrath, Jack	USA	1250
	3	ビル・ヴコヴィッチ	Vukovich, Bill	USA	1000
	4	マヌエル・アユロ	Ayulo, Manuel	USA	960
	5	ポール・ルッソ	Russo, Paul	USA	855
▼1954	1	ジミー・ブライアン	Bryan, Jimmy	USA	2630
	2	マヌエル・アユロ	Ayulo, Manuel	USA	1290
	3	ジャック・マグラス	McGrath, Jack	USA	1220
	4	ジミー・リース	Reece, Jimmy	USA	1000
	4	ビル・ヴコヴィッチ	Vukovich, Bill	USA	1000
▼1955	1	ボブ・スウェイカート	Sweikert, Bob	USA	2290
	2	ジミー・ブライアン	Bryan, Jimmy	USA	1480
	3	ジョニー・トムソン	Thomson, Johnny	USA	1380
	4	トニー・ベッテンハウゼン	Bettenhausen, Tony	USA	1060
	5	アンディ・リンデン	Linden, Andy	USA	1047.8

【USAC時代】

	Pos.	Driver		Nat.	Pts.
▼1956	1	ジミー・ブライアン	Bryan, Jimmy	USA	1860
	2	パット・フレハーティ	Flaherty, Pat	USA	1500
	3	ドン・フリーランド	Freeland, Don	USA	1280
	4	ジョージ・エイミック	Amick, George	USA	1050
	5	ジミー・リース	Reece, Jimmy	USA	1040
▼1957	1	ジミー・ブライアン	Bryan, Jimmy	USA	1650
	2	ジム・ラスマン	Rathmann, Jim	USA	1470
	3	ジョージ・エイミック	Amick, George	USA	1400
	4	パット・オコーナー	O'Connor, Pat	USA	1250
	5	ジャド・ラーソン	Larson, Jud	USA	1170
▼1958	1	トニー・ベッテンハウゼン	Bettenhausen, Tony	USA	1830
	2	ジョージ・エイミック	Amick, George	USA	1640
	3	ジョニー・トムソン	Thomson, Johnny	USA	1520
	4	ジャド・ラーソン	Larson, Jud	USA	1250
	5	ロジャー・ウォード	Ward, Rodger	USA	1160
▼1959	1	ロジャー・ウォード	Ward, Rodger	USA	2400
	2	トニー・ベッテンハウゼン	Bettenhausen, Tony	USA	1430
	3	ジョニー・トムソン	Thomson, Johnny	USA	1400
	4	ジム・ラスマン	Rathmann, Jim	USA	1154.8
	5	A. J. フォイト	Foyt, A. J.	USA	910.2
▼1960	1	A. J. フォイト	Foyt, A. J.	USA	1680
	2	ロジャー・ウォード	Ward, Rodger	USA	1390
	3	ドン・ブランソン	Branson, Don	USA	1220
	4	ジム・ラスマン	Rathmann, Jim	USA	1000
	5	トニー・ベッテンハウゼン	Bettenhausen, Tony	USA	940
▼1961	1	A. J. フォイト	Foyt, A. J.	USA	2150
	2	エディー・ザックス	Sachs, Eddie	USA	1760
	3	ロジャー・ウォード	Ward, Rodger	USA	1680
	4	ショーティ・テンプルマン	Templeman, Shorty	USA	1190

	Pos.	Driver		Nat.	Pts.
	5	アル・ケラー	Keller, Al	USA	1000
▼1962	1	ロジャー・ウォード	Ward, Rodger	USA	2460
	2	A. J. フォイト	Foyt, A. J.	USA	1950
	3	パーネリ・ジョーンズ	Jones, Parnelli	USA	1760
	4	ドン・ブランソン	Branson, Don	USA	1700
	5	ボビー・マーシュマン	Marshman, Bobby	USA	1581
▼1963	1	A. J. フォイト	Foyt, A. J.	USA	2950
	2	ロジャー・ウォード	Ward, Rodger	USA	2210
	3	ジム・マクエリース	McElreath, Jim	USA	1655
	4	パーネリ・ジョーンズ	Jones, Parnelli	USA	1540
	5	ドン・ブランソン	Branson, Don	USA	1352
▼1964	1	A. J. フォイト	Foyt, A. J.	USA	2900
	2	ロジャー・ウォード	Ward, Rodger	USA	2128
	3	ロイド・ルビー	Ruby, Lloyd	USA	1752
	4	ドン・ブランソン	Branson, Don	USA	1700
	5	バド・ティンゲルスタッド	Tingelstad, Bud	USA	1640
▼1965	1	マリオ・アンドレッティ	Andretti, Mario	USA	3110
	2	A. J. フォイト	Foyt, A. J.	USA	2500
	3	ジム・マクエリース	McElreath, Jim	USA	2035
	4	ドン・ブランソン	Branson, Don	USA	1875
	5	ゴードン・ジョンコック	Johncock, Gordon	USA	1540
	6	ジョー・レオナード	Leonard, Joe	USA	1415
▼1966	1	マリオ・アンドレッティ	Andretti, Mario	USA	3070
	2	ジム・マクエリース	McElreath, Jim	USA	2430
	3	ゴードン・ジョンコック	Johncock, Gordon	USA	2050
	4	ジョー・レオナード	Leonard, Joe	USA	1275
	5	アル・アンサー	Unser, Al	USA	1260
▼1967	1	A. J. フォイト	Foyt, A. J.	USA	3440
	2	マリオ・アンドレッティ	Andretti, Mario	USA	3360
	3	ボビー・アンサー	Unser, Bobby	USA	3020
	4	ゴードン・ジョンコック	Johncock, Gordon	USA	2690
	5	アル・アンサー	Unser, Al	USA	2505
▼1968	1	ボビー・アンサー	Unser, Bobby	USA	4330
	2	マリオ・アンドレッティ	Andretti, Mario	USA	4319
	3	アル・アンサー	Unser, Al	USA	2895
	4	ロイド・ルビー	Ruby, Lloyd	USA	2799
	5	ビリー・ヴコヴィッチ	Vukovich Jr., Billy	USA	2410
▼1969	1	マリオ・アンドレッティ	Andretti, Mario	USA	5025
	2	アル・アンサー	Unser, Al	USA	2630
	3	ボビー・アンサー	Unser, Bobby	USA	2585
	4	ダン・ガーニー	Gurney, Dan	USA	2280
	5	ゴードン・ジョンコック	Johncock, Gordon	USA	2070
▼1970	1	アル・アンサー	Unser, Al	USA	5130
	2	ボビー・アンサー	Unser, Bobby	USA	2260
	3	ジム・マクエリース	McElreath, Jim	USA	2060
	4	マイク・モズレイ	Mosley, Mike	USA	1900
	5	マリオ・アンドレッティ	Andretti, Mario	USA	1890
▼1971	1	ジョー・レオナード	Leonard, Joe	USA	3015
	2	A. J. フォイト	Foyt, A. J.	USA	2320
	3	ビリー・ヴコヴィッチ	Vukovich Jr., Billy	USA	2250
	4	アル・アンサー	Unser, Al	USA	2200
	5	ロイド・ルビー	Ruby, Lloyd	USA	1830
▼1972	1	ジョー・レオナード	Leonard, Joe	USA	3460
	2	ビリー・ヴコヴィッチ	Vukovich Jr., Billy	USA	2200
	3	ロジャー・マクラスキー	McCluskey, Roger	USA	1970
	4	アル・アンサー	Unser, Al	USA	1800
	5	マーク・ダナヒュー	Donohue, Mark	USA	1720
▼1973	1	ロジャー・マクラスキー	McCluskey, Roger	USA	3075
	2	ウォリー・ダレンバック	Dallenbach, Wally	USA	2620
	3	ジョニー・ラザフォード	Rutherford, Johnny	USA	2595
	4	ビリー・ヴコヴィッチ	Vukovich Jr., Billy	USA	2440
	5	マリオ・アンドレッティ	Andretti, Mario	USA	2400
▼1974	1	ボビー・アンサー	Unser, Bobby	USA	4870
	2	ジョニー・ラザフォード	Rutherford, Johnny	USA	3650
	3	ゴードン・ジョンコック	Johncock, Gordon	USA	3050
	4	アル・アンサー	Unser, Al	USA	2430
	5	ジミー・カルサーズ	Caruthers, Jimmy	USA	2065
▼1975	1	A. J. フォイト	Foyt, A. J.	USA	4920
	2	ジョニー・ラザフォード	Rutherford, Johnny	USA	2900
	3	ボビー・アンサー	Unser, Bobby	USA	2489
	4	ウォリー・ダレンバック	Dallenbach, Wally	USA	2305
	5	ビリー・ヴコヴィッチ	Vukovich Jr., Billy	USA	2080
▼1976	1	ゴードン・ジョンコック	Johncock, Gordon	USA	4240
	2	ジョニー・ラザフォード	Rutherford, Johnny	USA	4220
	3	ウォリー・ダレンバック	Dallenbach, Wally	USA	3105
	4	アル・アンサー	Unser, Al	USA	3020
	5	マイク・モズレイ	Mosley, Mike	USA	2120
▼1977	1	トム・スニーヴァ	Sneva, Tom	USA	3965
	2	アル・アンサー	Unser, Al	USA	3030
	3	A. J. フォイト	Foyt, A. J.	USA	2840
	3	ジョニー・ラザフォード	Rutherford, Johnny	USA	2840
	5	ゴードン・ジョンコック	Johncock, Gordon	USA	2830
▼1978	1	トム・スニーヴァ	Sneva, Tom	USA	4153
	2	アル・アンサー	Unser, Al	USA	4031
	3	ゴードン・ジョンコック	Johncock, Gordon	USA	3548

	Pos.	Driver		Nat.	Pts.
	4	ジョニー・ラザフォード	Rutherford, Johnny	USA	3067
	5	A. J. フォイト	Foyt, A. J.	USA	3024
▼1979	1	A. J. フォイト	Foyt, A. J.	USA	3320
	2	ビリー・ヴコヴィッチ	Vukovich Jr., Billy	USA	1770
	3	トム・ビゲロウ	Bigelow, Tom	USA	1305
	4	ラリー・ディクソン	Dickson, Larry	USA	1225
	5	ゲイリー・ベッテンハウゼン	Bettenhausen, Gary	USA	1008

【CART時代】 (2004年以降Champ Car)

	Pos.	Driver		Nat.	Pts.
▼1979	1	リック・メアーズ	Mears, Rick	USA	4060
	2	ボビー・アンサー	Unser, Bobby	USA	3780
	3	ゴードン・ジョンコック	Johncock, Gordon	USA	2211
	4	ジョニー・ラザフォード	Rutherford, Johnny	USA	2163
	5	アル・アンサー	Unser, Al	USA	2085
	6	ダニー・オンガイス	Ongais, Danny	USA	1443
	7	トム・スニーヴァ	Sneva, Tom	USA	1360
	8	トム・バグレイ	Bagley, Tom	USA	1208
	9	ウォリー・ダレンバック	Dallenbach, Wally	USA	1149
	10	マイク・モズレイ	Mosley, Mike	USA	1121
▼1980	1	ジョニー・ラザフォード	Rutherford, Johnny	USA	4723
	2	ボビー・アンサー	Unser, Bobby	USA	3714
	3	トム・スニーヴァ	Sneva, Tom	USA	2930
	4	リック・メアーズ	Mears, Rick	USA	2866
	5	パンチョ・カーター	Carter, Pancho	USA	1855
	6	ゴードン・ジョンコック	Johncock, Gordon	USA	1572
	7	ビル・アルサップ	Alsup, Bill	USA	1214
	8	アル・アンサー	Unser, Al	USA	1153
	9	ゲイリー・ベッテンハウゼン	Bettenhausen, Gary	USA	1057
	10	ヴァーン・シュパン	Schuppan, Vern	AUS	806
▼1981	1	リック・メアーズ	Mears, Rick	USA	304
	2	ビル・アルサップ	Alsup, Bill	USA	177
	3	パンチョ・カーター	Carter, Pancho	USA	168
	4	ゴードン・ジョンコック	Johncock, Gordon	USA	142
	5	ジョニー・ラザフォード	Rutherford, Johnny	USA	120
	6	トニー・ベッテンハウゼンJr.	Bettenhausen Jr., Tony	USA	107
	7	ボビー・アンサー	Unser, Bobby	USA	99
	8	トム・スニーヴァ	Sneva, Tom	USA	96
	9	ボブ・ラヅィア	Lazier, Bob	USA	92
	10	アル・アンサー	Unser, Al	USA	90
▼1982	1	リック・メアーズ	Mears, Rick	USA	294
	2	ボビー・レイハル	Rahal, Bobby	USA	242
	3	マリオ・アンドレッティ	Andretti, Mario	USA	188
	4	ゴードン・ジョンコック	Johncock, Gordon	USA	186
	5	トム・スニーヴァ	Sneva, Tom	USA	144
	6	ケヴィン・コーガン	Cogan, Kevin	USA	136
	7	アル・アンサー	Unser, Al	USA	125
	8	ジェフ・ブラバム	Brabham, Geoff	AUS	110
	9	ロジャー・メアーズ	Mears, Roger	USA	103
	10	トニー・ベッテンハウゼンJr.	Bettenhausen Jr., Tony	USA	80
▼1983	1	アル・アンサー	Unser, Al	USA	151
	2	テオ・ファビ	Fabi, Teo	I	146
	3	マリオ・アンドレッティ	Andretti, Mario	USA	133
	4	トム・スニーヴァ	Sneva, Tom	USA	96
	5	ボビー・レイハル	Rahal, Bobby	USA	94
	6	リック・メアーズ	Mears, Rick	USA	92
	7	アル・アンサーJr.	Unser Jr., Al	USA	89
	8	ジョン・ポールJr.	Paul Jr., John	USA	84
	9	チップ・ガナッシ	Ganassi, Chip	USA	56
	10	パンチョ・カーター	Carter, Pancho	USA	53
▼1984	1	マリオ・アンドレッティ	Andretti, Mario	USA	176
	2	トム・スニーヴァ	Sneva, Tom	USA	163
	3	ボビー・レイハル	Rahal, Bobby	USA	137
	4	ダニー・サリヴァン	Sullivan, Danny	USA	110
	5	リック・メアーズ	Mears, Rick	USA	110
	6	アル・アンサーJr.	Unser Jr., Al	USA	103
	7	マイケル・アンドレッティ	Andretti, Michael	USA	102
	8	ジェフ・ブラバム	Brabham, Geoff	AUS	87
	9	アル・アンサー	Unser, Al	USA	76
	10	ダニー・オンガイス	Ongais, Danny	USA	53
▼1985	1	アル・アンサー	Unser, Al	USA	151
	2	アル・アンサーJr.	Unser Jr., Al	USA	150
	3	ボビー・レイハル	Rahal, Bobby	USA	134
	4	ダニー・サリヴァン	Sullivan, Danny	USA	126
	5	マリオ・アンドレッティ	Andretti, Mario	USA	114
	6	エマーソン・フィッティパルディ	Fittipaldi, Emerson	BR	104
	7	トム・スニーヴァ	Sneva, Tom	USA	66
	8	ジャック・ヴィルヌーヴ(Sr.)	Villeneuve (Sr.), Jacques	CDN	54
	9	マイケル・アンドレッティ	Andretti, Michael	USA	53
	10	リック・メアーズ	Mears, Rick	USA	51
▼1986	1	ボビー・レイハル	Rahal, Bobby	USA	179
	2	マイケル・アンドレッティ	Andretti, Michael	USA	171
	3	ダニー・サリヴァン	Sullivan, Danny	USA	147
	4	アル・アンサーJr.	Unser Jr., Al	USA	137
	5	マリオ・アンドレッティ	Andretti, Mario	USA	136

	Pos.	Driver		Nat.	Pts.
	6	ケヴィン・コーガン	Cogan, Kevin	USA	115
	7	エマーソン・フィッティパルディ	Fittipaldi, Emerson	BR	103
	8	リック・メアーズ	Mears, Rick	USA	89
	9	ロベルト・ゲレーロ	Guerrero, Roberto	COL	87
	10	トム・スニーヴァ	Sneva, Tom	USA	87
▼1987	1	ボビー・レイハル	Rahal, Bobby	USA	188
	2	マイケル・アンドレッティ	Andretti, Michael	USA	158
	3	アル・アンサーJr.	Unser Jr., Al	USA	107
	4	ロベルト・ゲレーロ	Guerrero, Roberto	COL	106
	5	リック・メアーズ	Mears, Rick	USA	102
	6	マリオ・アンドレッティ	Andretti, Mario	USA	100
	7	アリー・ルイェンダイク	Luyendyk, Arie	NL	98
	8	ジェフ・ブラバム	Brabham, Geoff	AUS	90
	9	ダニー・サリヴァン	Sullivan, Danny	USA	87
	10	エマーソン・フィッティパルディ	Fittipaldi, Emerson	BR	78
▼1988	1	ダニー・サリヴァン	Sullivan, Danny	USA	182
	2	アル・アンサーJr.	Unser Jr., Al	USA	149
	3	ボビー・レイハル	Rahal, Bobby	USA	136
	4	リック・メアーズ	Mears, Rick	USA	129
	5	マリオ・アンドレッティ	Andretti, Mario	USA	126
	6	マイケル・アンドレッティ	Andretti, Michael	USA	119
	7	エマーソン・フィッティパルディ	Fittipaldi, Emerson	BR	105
	8	ラウル・ボエセル	Boesel, Raul	BR	89
	9	デレック・デイリー	Daly, Derek	IRL	53
	10	テオ・ファビ	Fabi, Teo	I	44
▼1989	1	エマーソン・フィッティパルディ	Fittipaldi, Emerson	BR	196
	2	リック・メアーズ	Mears, Rick	USA	186
	3	マイケル・アンドレッティ	Andretti, Michael	USA	150
	4	テオ・ファビ	Fabi, Teo	I	141
	5	アル・アンサーJr.	Unser Jr., Al	USA	136
	6	マリオ・アンドレッティ	Andretti, Mario	USA	110
	7	ダニー・サリヴァン	Sullivan, Danny	USA	107
	8	スコット・プルエット	Pruett, Scott	USA	101
	9	ボビー・レイハル	Rahal, Bobby	USA	88
	10	アリー・ルイェンダイク	Luyendyk, Arie	NL	75
▼1990	1	アル・アンサーJr.	Unser Jr., Al	USA	210
	2	マイケル・アンドレッティ	Andretti, Michael	USA	181
	3	リック・メアーズ	Mears, Rick	USA	168
	4	ボビー・レイハル	Rahal, Bobby	USA	153
	5	エマーソン・フィッティパルディ	Fittipaldi, Emerson	BR	144
	6	ダニー・サリヴァン	Sullivan, Danny	USA	139
	7	マリオ・アンドレッティ	Andretti, Mario	USA	136
	8	アリー・ルイェンダイク	Luyendyk, Arie	NL	90
	9	エディー・チーヴァー	Cheever, Eddie	USA	80
	10	ジョン・アンドレッティ	Andretti, John	USA	80
	31	松下弘幸	Matsushita, Hiro	J	1
▼1991	1	マイケル・アンドレッティ	Andretti, Michael	USA	234
	2	ボビー・レイハル	Rahal, Bobby	USA	200
	3	アル・アンサーJr.	Unser Jr., Al	USA	197
	4	リック・メアーズ	Mears, Rick	USA	144
	5	エマーソン・フィッティパルディ	Fittipaldi, Emerson	BR	140
	6	アリー・ルイェンダイク	Luyendyk, Arie	NL	134
	7	マリオ・アンドレッティ	Andretti, Mario	USA	132
	8	ジョン・アンドレッティ	Andretti, John	USA	105
	9	エディー・チーヴァー	Cheever, Eddie	USA	91
	10	スコット・プルエット	Pruett, Scott	USA	67
	23	松下弘幸	Matsushita, Hiro	J	6
▼1992	1	ボビー・レイハル	Rahal, Bobby	USA	196
	2	マイケル・アンドレッティ	Andretti, Michael	USA	192
	3	アル・アンサーJr.	Unser Jr., Al	USA	169
	4	エマーソン・フィッティパルディ	Fittipaldi, Emerson	BR	151
	5	スコット・グッドイヤー	Goodyear, Scott	CDN	108
	6	マリオ・アンドレッティ	Andretti, Mario	USA	105
	7	ダニー・サリヴァン	Sullivan, Danny	USA	99
	8	ジョン・アンドレッティ	Andretti, John	USA	94
	9	ラウル・ボエセル	Boesel, Raul	BR	80
	10	エディー・チーヴァー	Cheever, Eddie	USA	80
	27	松下弘幸	Matsushita, Hiro	J	3
▼1993	1	ナイジェル・マンセル	Mansell, Nigel	GB	191
	2	エマーソン・フィッティパルディ	Fittipaldi, Emerson	BR	183
	3	ポール・トレイシー	Tracy, Paul	CDN	157
	4	ボビー・レイハル	Rahal, Bobby	USA	133
	5	ラウル・ボエセル	Boesel, Raul	BR	132
	6	マリオ・アンドレッティ	Andretti, Mario	USA	117
	7	アル・アンサーJr.	Unser Jr., Al	USA	100
	8	アリー・ルイェンダイク	Luyendyk, Arie	NL	90
	9	スコット・グッドイヤー	Goodyear, Scott	CDN	86
	10	ロビー・ゴードン	Gordon, Robby	USA	84
	26	松下弘幸	Matsushita, Hiro	J	7
▼1994	1	アル・アンサーJr.	Unser Jr., Al	USA	225
	2	エマーソン・フィッティパルディ	Fittipaldi, Emerson	BR	178
	3	ポール・トレイシー	Tracy, Paul	CDN	152
	4	マイケル・アンドレッティ	Andretti, Michael	USA	118
	5	ロビー・ゴードン	Gordon, Robby	USA	104
	6	ジャック・ヴィルヌーヴ	Villeneuve, Jacques	CDN	94

	Pos.	Driver		Nat.	Pts.
	7	ラウル・ボエセル	Boesel, Raul	BR	90
	8	ナイジェル・マンセル	Mansell, Nigel	GB	88
	9	テオ・ファビ	Fabi, Teo	I	79
	10	ボビー・レイハル	Rahal, Bobby	USA	59
	26	松下弘幸	Matsushita, Hiro	J	8
▼1995	1	ジャック・ヴィルヌーヴ	Villeneuve, Jacques	CDN	172
	2	アル・アンサーJr.	Unser Jr., Al	USA	161
	3	ボビー・レイハル	Rahal, Bobby	USA	128
	4	マイケル・アンドレッティ	Andretti, Michael	USA	123
	5	ロビー・ゴードン	Gordon, Robby	USA	121
	6	ポール・トレイシー	Tracy, Paul	CDN	115
	7	スコット・プルエット	Pruett, Scott	USA	112
	8	ジミー・ヴァッサー	Vasser, Jimmy	USA	92
	9	テオ・ファビ	Fabi, Teo	I	83
	10	マウリシオ・グージェルミン	Gugelmin, Mauricio	BR	80
	28	松下弘幸	Matsushita, Hiro	J	5
▼1996	1	ジミー・ヴァッサー	Vasser, Jimmy	USA	154
	2	マイケル・アンドレッティ	Andretti, Michael	USA	132
	3	アレックス・ヴァナルディ	Zanardi, Alex	I	132
	4	アル・アンサーJr.	Unser Jr., Al	USA	125
	5	クリスチャン・フィッティパルディ	Fittipaldi, Christian	BR	110
	6	ジル・ド・フェラン	de Ferran, Gil	BR	104
	7	ボビー・レイハル	Rahal, Bobby	USA	102
	8	ブライアン・ハータ	Herta, Bryan	USA	86
	9	グレッグ・ムーア	Moore, Greg	CDN	84
	10	スコット・プルエット	Pruett, Scott	USA	82
	28	松下弘幸	Matsushita, Hiro	J	3
▼1997	1	アレックス・ヴァナルディ	Zanardi, Alex	I	195
	2	ジル・ド・フェラン	de Ferran, Gil	BR	162
	3	ジミー・ヴァッサー	Vasser, Jimmy	USA	144
	4	マウリシオ・グージェルミン	Gugelmin, Mauricio	BR	132
	5	ポール・トレイシー	Tracy, Paul	CDN	121
	6	マーク・ブランデル	Blundell, Mark	GB	115
	7	グレッグ・ムーア	Moore, Greg	CDN	111
	8	マイケル・アンドレッティ	Andretti, Michael	USA	108
	9	スコット・プルエット	Pruett, Scott	USA	102
	10	ラウル・ボエセル	Boesel, Raul	BR	91
	27	松下弘幸	Matsushita, Hiro	J	4
▼1998	1	アレックス・ヴァナルディ	Zanardi, Alex	I	285
	2	ジミー・ヴァッサー	Vasser, Jimmy	USA	169
	3	ダリオ・フランキッティ	Franchitti, Dario	GB	160
	4	アドリアン・フェルナンデス	Fernandez, Adrian	MEX	154
	5	グレッグ・ムーア	Moore, Greg	CDN	140
	6	スコット・プルエット	Pruett, Scott	USA	121
	7	マイケル・アンドレッティ	Andretti, Michael	USA	112
	8	ブライアン・ハータ	Herta, Bryan	USA	97
	9	トニー・カナーン	Kanaan, Tony	BR	92
	10	ボビー・レイハル	Rahal, Bobby	USA	82
▼1999	1	フアン・パブロ・モントーヤ	Montoya, Juan Pablo	COL	212
	2	ダリオ・フランキッティ	Franchitti, Dario	GB	212
	3	ポール・トレイシー	Tracy, Paul	CDN	161
	4	マイケル・アンドレッティ	Andretti, Michael	USA	151
	5	マックス・パピス	Papis, Max	I	150
	6	アドリアン・フェルナンデス	Fernandez, Adrian	MEX	140
	7	クリスチャン・フィッティパルディ	Fittipaldi, Christian	BR	121
	8	ジル・ド・フェラン	de Ferran, Gil	BR	108
	9	ジミー・ヴァッサー	Vasser, Jimmy	USA	104
	10	グレッグ・ムーア	Moore, Greg	CDN	97
▼2000	1	ジル・ド・フェラン	de Ferran, Gil	BR	168
	2	アドリアン・フェルナンデス	Fernandez, Adrian	MEX	158
	3	ロベルト・モレノ	Moreno, Roberto	BR	147
	4	ケニー・ブラック	Brack, Kenny	S	135
	5	ポール・トレイシー	Tracy, Paul	CDN	134
	6	ジミー・ヴァッサー	Vasser, Jimmy	USA	131
	7	エリオ・カストロネヴェス	Castroneves, Helio	BR	129
	8	マイケル・アンドレッティ	Andretti, Michael	USA	127
	9	フアン・パブロ・モントーヤ	Montoya, Juan Pablo	COL	126
	10	クリスティアーノ・ダ・マッタ	da Matta, Cristiano	BR	112
	24	中野信治	Nakano, Shinji	J	12
	29	黒澤琢弥	Kurosawa, Takuya	J	1
▼2001	1	ジル・ド・フェラン	de Ferran, Gil	BR	199
	2	ケニー・ブラック	Brack, Kenny	S	163
	3	マイケル・アンドレッティ	Andretti, Michael	USA	147
	4	エリオ・カストロネヴェス	Castroneves, Helio	BR	141
	5	クリスティアーノ・ダ・マッタ	da Matta, Cristiano	BR	140
	6	マックス・パピス	Papis, Max	I	107
	7	ダリオ・フランキッティ	Franchitti, Dario	GB	105
	8	スコット・ディクソン	Dixon, Scott	NZ	98
	9	トニー・カナーン	Kanaan, Tony	BR	93
	10	パトリック・カーペンティア	Carpentier, Patrick	CDN	91
	21	高木虎之介	Takagi, Toranosuke	J	29
	26	中野信治	Nakano, Shinji	J	11
▼2002	1	クリスティアーノ・ダ・マッタ	da Matta, Cristiano	BR	237
	2	ブルノ・ジュンケイラ	Junqueira, Bruno	BR	164
	3	パトリック・カーペンティア	Carpentier, Patrick	CDN	157

	Pos.	Driver		Nat.	Pts.
	4	ダリオ・フランキッティ	Franchitti, Dario	GB	148
	5	クリスチャン・フィッティパルディ	Fittipaldi, Christian	BR	122
	6	ケニー・ブラック	Brack, Kenny	S	114
	6	ジミー・ヴァッサー	Vasser, Jimmy	USA	114
	8	アレックス・タグリアーニ	Tagliani, Alex	CDN	111
	9	マイケル・アンドレッティ	Andretti, Michael	USA	110
	10	ミシェル・ジョルダインJr.	Jourdain Jr., Michel	MEX	105
	15	高木虎之介	Takagi, Toranosuke	J	53
	17	中野信治	Nakano, Shinji	J	43
▼2003	1	ポール・トレイシー	Tracy, Paul	CDN	226
	2	ブルノ・ジュンケイラ	Junqueira, Bruno	BR	199
	3	ミシェル・ジョルダインJr.	Jourdain Jr., Michel	MEX	195
	4	セバスチャナン・ブルダイ	Bourdais, Sebastien	F	159
	5	パトリック・カーペンティア	Carpentier, Patrick	CDN	146
	6	マリオ・ドミンゲス	Dominguez, Mario	MEX	118
	7	オリオル・セルヴィア	Servia, Oriol	E	108
	8	アドリアン・フェルナンデス	Fernandez, Adrian	MEX	105
	9	ダレン・マニング	Manning, Darren	GB	103
	10	アレックス・タグリアーニ	Tagliani, Alex	CDN	97
▼2004	1	セバスチャナン・ブルダイ	Bourdais, Sebastien	F	369
	2	ブルノ・ジュンケイラ	Junqueira, Bruno	BR	341
	3	パトリック・カーペンティア	Carpentier, Patrick	CDN	266
	4	ポール・トレイシー	Tracy, Paul	CDN	254
	5	マリオ・ドミンゲス	Dominguez, Mario	MEX	244
	6	A. J. アルメンディンガー	Allmendinger, A. J.	USA	229
	7	アレックス・タグリアーニ	Tagliani, Alex	CDN	218
	8	ジミー・ヴァッサー	Vasser, Jimmy	USA	201
	9	ライアン・ハンター・レイ	Hunter-Reay, Ryan	USA	199
	10	オリオル・セルヴィア	Servia, Oriol	E	199
▼2005	1	セバスチャナン・ブルダイ	Bourdais, Sebastien	F	348
	2	オリオル・セルヴィア	Servia, Oriol	E	288
	3	ジャスティン・ウィルソン	Wilson, Justin	GB	265
	4	ポール・トレイシー	Tracy, Paul	CDN	246
	5	A. J. アルメンディンガー	Allmendinger, A. J.	USA	227
	6	ジミー・ヴァッサー	Vasser, Jimmy	USA	217
	7	アレックス・タグリアーニ	Tagliani, Alex	CDN	207
	8	ティモ・グロック	Glock, Timo	D	202
	9	マリオ・ドミンゲス	Dominguez, Mario	MEX	198
	10	アンドリュー・レンジャー	Ranger, Andrew	CDN	140
▼2006	1	セバスチャナン・ブルダイ	Bourdais, Sebastien	F	387
	2	ジャスティン・ウィルソン	Wilson, Justin	GB	298
	3	A. J. アルメンディンガー	Allmendinger, A. J.	USA	285
	4	ネルソン・フィリップ	Philippe, Nelson	F	231
	5	ブルノ・ジュンケイラ	Junqueira, Bruno	BR	219
	6	ウィル・パワー	Power, Will	AUS	213
	7	ポール・トレイシー	Tracy, Paul	CDN	209
	8	アレックス・タグリアーニ	Tagliani, Alex	CDN	205
	9	マリオ・ドミンゲス	Dominguez, Mario	MEX	202
	10	アンドリュー・レンジャー	Ranger, Andrew	CDN	200
▼2007	1	セバスチャナン・ブルダイ	Bourdais, Sebastien	F	364
	2	ジャスティン・ウィルソン	Wilson, Justin	GB	281
	3	ロバート・ドゥールンボス	Doornbos, Robert	NL	268
	4	ウィル・パワー	Power, Will	AUS	262
	5	グレアム・レイハル	Rahal, Graham	USA	243
	6	オリオル・セルヴィア	Servia, Oriol	E	237
	7	ブルノ・ジュンケイラ	Junqueira, Bruno	BR	233
	8	シモン・パジェノー	Pagenaud, Simon	F	232
	9	ニール・ヤニ	Jani, Neel	CH	231
	10	アレックス・タグリアーニ	Tagliani, Alex	CDN	205

【IRL時代】 (2011年以降Indycar)

	Pos.	Driver		Nat.	Pts.
▼1996	1	バズ・カルキンズ	Calkins, Buzz	USA	246
	1	スコット・シャープ	Sharp, Scott	USA	246
	3	ロビー・ブール	Buhl, Robbie	USA	240
	4	リッチー・ハーン	Hearn, Richie	USA	237
	5	ロベルト・グェレーロ	Guerrero, Roberto	COL	237
	6	マイク・グロッフ	Groff, Mike	USA	228
	7	アリー・ルイェンダイク	Luyendyk, Arie	NL	225
	8	トニー・スチュワート	Stewart, Tony	USA	204
	9	デイヴィー・ハミルトン	Hamilton, Davey	USA	192
	10	ジョニー・オコネル	O'Connell, Johnny	USA	192
	11	ミケーレ・アルボレート	Alboreto, Michele	I	189
	12	リン St. ジェイムズ	St. James, Lyn	USA	186
	13	ステファン・グレゴワール	Gregoire, Stephan	F	165
	14	バディ・ラヴィア	Lazier, Buddy	USA	159
	15	ジョン・ポールJr.	Paul Jr., John	USA	153
	30	松田秀士	Matsuda, Hideshi	J	27
▼1996 -97	1	トニー・スチュワート	Stewart, Tony	USA	278
	2	デイヴィ・ハミルトン	Hamilton, Davey	USA	272
	3	マルコ・グレコ	Greco, Marco	BR	230
	4	エディー・チーヴァー	Cheever, Eddie	USA	230
	5	スコット・グッドイヤー	Goodyear, Scott	CDN	226
	6	アリー・ルイェンダイク	Luyendyk, Arie	NL	223
	7	ロベルト・グェレーロ	Guerrero, Roberto	COL	221

	Pos.	Driver		Nat.	Pts.
	8	バディ・ラヴィア	Lazier, Buddy	USA	209
	9	エリセオ・サラヴァール	Salazar, Eliseo	RCH	208
	10	バズ・カルキンズ	Calkins, Buzz	USA	204
	11	ステファン・グレゴワール	Gregoire, Stephan	F	192
	12	ジム・ガスリー	Guthrie, Jim	USA	186
	13	ロビー・ブール	Buhl, Robbie	USA	170
	14	マイク・グロッフ	Groff, Mike	USA	169
	15	ジョン・ポールJr.	Paul Jr., John	USA	163
▼1998	1	ケニー・ブラック	Brack, Kenny	S	332
	2	デイヴィー・ハミルトン	Hamilton, Davey	USA	292
	3	トニー・スチュワート	Stewart, Tony	USA	289
	4	スコット・シャープ	Sharp, Scott	USA	272
	5	バディ・ラヴィア	Lazier, Buddy	USA	262
	6	ジェフ・ウォード	Ward, Jeff	USA	252
	7	スコット・グッドイヤー	Goodyear, Scott	CDN	244
	8	アリー・ルイェンダイク	Luyendyk, Arie	NL	227
	9	エディー・チーヴァー	Cheever, Eddie	USA	222
	10	マルコ・グレコ	Greco, Marco	BR	219
	11	ジョン・ポールJr.	Paul Jr., John	USA	216
	12	ステファン・グレゴワール	Gregoire, Stephan	F	201
	13	ビリー・ボート	Boat, Billy	USA	194
	14	サム・シュミット	Schmidt, Sam	USA	186
	15	マーク・ディズモア	Dismore, Mark	USA	180
▼1999	1	グレッグ・レイ	Ray, Greg	USA	293
	2	ケニー・ブラック	Brack, Kenny	S	256
	3	マーク・ディズモア	Dismore, Mark	USA	240
	4	デイヴィー・ハミルトン	Hamilton, Davey	USA	237
	5	サム・シュミット	Schmidt, Sam	USA	233
	6	バディ・ラヴィア	Lazier, Buddy	USA	224
	7	エディー・チーヴァー	Cheever, Eddie	USA	222
	8	スコット・シャープ	Sharp, Scott	USA	220
	9	スコット・グッドイヤー	Goodyear, Scott	CDN	217
	10	ロビー・アンサー	Unser, Robby	USA	209
	11	ジェフ・ウォード	Ward, Jeff	USA	206
	12	ビリー・ボート	Boat, Billy	USA	204
	13	バズ・カルキンズ	Calkins, Buzz	USA	201
	14	スコット・ハリントン	Harrington, Scott	USA	165
	15	ステファン・グレゴワール	Gregoire, Stephan	F	162
	34	松田秀士	Matsuda, Hideshi	J	20
▼2000	1	バディ・ラヴィア	Lazier, Buddy	USA	290
	2	スコット・グッドイヤー	Goodyear, Scott	CDN	272
	3	エディー・チーヴァー	Cheever, Eddie	USA	257
	4	エリセオ・サラヴァール	Salazar, Eliseo	RCH	210
	5	マーク・ディズモア	Dismore, Mark	USA	202
	6	ドニー・ビーチラー	Beechler, Donnie	USA	202
	7	スコット・シャープ	Sharp, Scott	USA	196
	8	ロビー・ブール	Buhl, Robbie	USA	190
	9	アル・アンサーJr.	Unser Jr., Al	USA	188
	10	ビリー・ボート	Boat, Billy	USA	181
	11	ジェフ・ウォード	Ward, Jeff	USA	176
	12	ロビー・マギー	McGehee, Robby	USA	174
	13	グレッグ・レイ	Ray, Greg	USA	172
	14	ステファン・グレゴワール	Gregoire, Stephan	F	171
	15	バズ・カルキンズ	Calkins, Buzz	USA	145
	22	服部茂章	Hattori, Shigeaki	J	109
▼2001	1	サム・ホーニッシュJr.	Hornish Jr., Sam	USA	503
	2	バディ・ラヴィア	Lazier, Buddy	USA	398
	3	スコット・シャープ	Sharp, Scott	USA	355
	4	ビリー・ボート	Boat, Billy	USA	313
	5	エリセオ・サラヴァール	Salazar, Eliseo	RCH	308
	6	フェリーペ・ジャフォーネ	Giaffone, Felipe	BR	304
	7	アル・アンサーJr.	Unser Jr., Al	USA	287
	8	エディー・チーヴァー	Cheever, Eddie	USA	261
	9	バズ・カルキンズ	Calkins, Buzz	USA	242
	10	アイルトン・ダーレ	Dare, Airton	BR	239
	11	ジェフ・ウォード	Ward, Jeff	USA	238
	12	ロビー・ブール	Buhl, Robbie	USA	237
	13	服部茂章	Hattori, Shigeaki	J	215
	14	マーク・ディズモア	Dismore, Mark	USA	205
	15	ドニー・ビーチラー	Beechler, Donnie	USA	204
▼2002	1	サム・ホーニッシュJr.	Hornish Jr., Sam	USA	531
	2	エリオ・カストロネヴェス	Castroneves, Helio	BR	511
	3	ジル・ド・フェラン	de Ferran, Gil	BR	443
	4	フェリーペ・ジャフォーネ	Giaffone, Felipe	BR	432
	5	アレックス・バロン	Barron, Alex	USA	366
	6	スコット・シャープ	Sharp, Scott	USA	332
	7	アル・アンサーJr.	Unser Jr., Al	USA	311
	8	バディ・ラヴィア	Lazier, Buddy	USA	305
	9	アイルトン・ダーレ	Dare, Airton	BR	304
	10	エディー・チーヴァー	Cheever, Eddie	USA	280
	11	ジェフ・ウォード	Ward, Jeff	USA	268
	12	ローレン・レドン	Redon, Laurent	F	229
	13	ビリー・ボート	Boat, Billy	USA	225
	14	トーマス・シェクター	Scheckter, Tomas	ZA	210
	15	リッチー・ハーン	Hearn, Richie	USA	204
	27	服部茂章	Hattori, Shigeaki	J	78
	32	野田英樹	Noda, Hideki	J	54
▼2003	1	スコット・ディクソン	Dixon, Scott	NZ	507
	2	ジル・ド・フェラン	de Ferran, Gil	BR	489
	3	エリオ・カストロネヴェス	Castroneves, Helio	BR	484
	4	トニー・カナーン	Kanaan, Tony	BR	476
	5	サム・ホーニッシュJr.	Hornish Jr., Sam	USA	461
	6	アル・アンサーJr.	Unser Jr., Al	USA	374
	7	トーマス・シェクター	Scheckter, Tomas	ZA	356
	8	スコット・シャープ	Sharp, Scott	USA	351
	9	ケニー・ブラック	Brack, Kenny	S	342
	10	高木虎之介	Takagi, Tora	J	317
	11	ダン・フェルドン	Wheldon, Dan	GB	312
	12	ロジャー安川	Yasukawa, Roger	USA	301
	13	ブライアン・ハータ	Herta, Bryan	USA	277
	14	ロビー・ブール	Buhl, Robbie	USA	261
	15	グレッグ・レイ	Ray, Greg	USA	253
	26	服部茂章	Hattori, Shigeaki	J	43
	29	中野信治	Nakano, Shinji	J	35
▼2004	1	トニー・カナーン	Kanaan, Tony	BR	618
	2	ダン・フェルドン	Wheldon, Dan	GB	533
	3	バディ・ライス	Rice, Buddy	USA	485
	4	エリオ・カストロネヴェス	Castroneves, Helio	BR	446
	5	アドリアン・フェルナンデス	Fernandez, Adrian	MEX	445
	6	ダリオ・フランキッティ	Franchitti, Dario	GB	409
	7	サム・ホーニッシュJr.	Hornish Jr., Sam	USA	387
	8	ヴィトール・メイラ	Meira, Vitor	BR	376
	9	ブライアン・ハータ	Herta, Bryan	USA	362
	10	スコット・ディクソン	Dixon, Scott	NZ	355
	11	ダレン・マニング	Manning, Darren	GB	323
	12	アレックス・バロン	Barron, Alex	USA	310
	13	スコット・シャープ	Sharp, Scott	USA	282
	14	松浦孝亮	Matsuura, Kosuke	J	280
	15	高木虎之介	Takagi, Tora	J	263
	26	ロジャー安川	Yasukawa, Roger	USA	39
▼2005	1	ダン・フェルドン	Wheldon, Dan	GB	628
	2	トニー・カナーン	Kanaan, Tony	BR	548
	3	サム・ホーニッシュJr.	Hornish Jr., Sam	USA	512
	4	ダリオ・フランキッティ	Franchitti, Dario	GB	498
	5	スコット・シャープ	Sharp, Scott	USA	444
	6	エリオ・カストロネヴェス	Castroneves, Helio	BR	440
	7	ヴィトール・メイラ	Meira, Vitor	BR	422
	8	ブライアン・ハータ	Herta, Bryan	USA	397
	9	トーマス・シェクター	Scheckter, Tomas	ZA	390
	10	パトリック・カーペンティア	Carpentier, Patrick	CDN	376
	11	アレックス・バロン	Barron, Alex	USA	329
	12	ダニカ・パトリック	Patrick, Danica	USA	325
	13	スコット・ディクソン	Dixon, Scott	NZ	321
	14	松浦孝亮	Matsuura, Kosuke	J	320
	15	バディ・ライス	Rice, Buddy	USA	295
▼2006	1	サム・ホーニッシュJr.	Hornish Jr., Sam	USA	475
	2	ダン・フェルドン	Wheldon, Dan	GB	475
	3	エリオ・カストロネヴェス	Castroneves, Helio	BR	473
	4	スコット・ディクソン	Dixon, Scott	NZ	460
	5	ヴィトール・メイラ	Meira, Vitor	BR	411
	6	トニー・カナーン	Kanaan, Tony	BR	384
	7	マルコ・アンドレッティ	Andretti, Marco	USA	325
	8	ダリオ・フランキッティ	Franchitti, Dario	GB	311
	9	ダニカ・パトリック	Patrick, Danica	USA	302
	10	トーマス・シェクター	Scheckter, Tomas	ZA	298
	11	ブライアン・ハータ	Herta, Bryan	USA	289
	12	スコット・シャープ	Sharp, Scott	USA	287
	13	松浦孝亮	Matsuura, Kosuke	J	273
	14	エド・カーペンター	Carpenter, Ed	USA	252
	15	バディ・ライス	Rice, Buddy	USA	234
	28	ロジャー安川	Yasukawa, Roger	USA	14
▼2007	1	ダリオ・フランキッティ	Franchitti, Dario	GB	637
	2	スコット・ディクソン	Dixon, Scott	NZ	624
	3	トニー・カナーン	Kanaan, Tony	BR	576
	4	ダン・フェルドン	Wheldon, Dan	GB	466
	5	サム・ホーニッシュJr.	Hornish Jr., Sam	USA	465
	6	エリオ・カストロネヴェス	Castroneves, Helio	BR	446
	7	ダニカ・パトリック	Patrick, Danica	USA	424
	8	スコット・シャープ	Sharp, Scott	USA	412
	9	バディ・ライス	Rice, Buddy	USA	360
	10	トーマス・シェクター	Scheckter, Tomas	ZA	357
	11	マルコ・アンドレッティ	Andretti, Marco	USA	350
	12	ヴィトール・メイラ	Meira, Vitor	BR	334
	13	ダレン・マニング	Manning, Darren	GB	332
	14	A. J. フォイトⅣ	Foyt Ⅳ, A. J.	USA	315
	15	エド・カーペンター	Carpenter, Ed	USA	309
	16	松浦孝亮	Matsuura, Kosuke	J	303
	25	武藤英紀	Mutoh, Hideki	J	24
	30	ロジャー安川	Yasukawa, Roger	USA	12
▼2008	1	スコット・ディクソン	Dixon, Scott	NZ	646

	Pos.	Driver		Nat.	Pts.
	2	エリオ・カストロネヴェス	Castroneves, Helio	BR	629
	3	トニー・カナーン	Kanaan, Tony	BR	513
	4	ダン・フェルドン	Wheldon, Dan	GB	492
	5	ライアン・ブリスコー	Briscoe, Ryan	AUS	447
	6	ダニカ・パトリック	Patrick, Danica	USA	379
	7	マルコ・アンドレッティ	Andretti, Marco	USA	363
	8	ライアン・ハンター-レイ	Hunter-Reay, Ryan	USA	360
	9	オリオル・セルヴィア	Servia, Oriol	E	358
	10	武藤英紀	Mutoh, Hideki	J	346
	11	ジャスティン・ウィルソン	Wilson, Justin	GB	340
	12	ウィル・パワー	Power, Will	AUS	331
	13	ヴィトール・メイラ	Meira, Vitor	BR	324
	14	ダレン・マニング	Manning, Darren	GB	323
	15	エド・カーペンター	Carpenter, Ed	USA	320
	36	ロジャー安川	Yasukawa, Roger	USA	16
▼2009	1	ダリオ・フランキッティ	Franchitti, Dario	GB	616
	2	スコット・ディクソン	Dixon, Scott	NZ	605
	3	ライアン・ブリスコー	Briscoe, Ryan	AUS	604
	4	エリオ・カストロネヴェス	Castroneves, Helio	BR	433
	5	ダニカ・パトリック	Patrick, Danica	USA	393
	6	トニー・カナーン	Kanaan, Tony	BR	386
	7	グレアム・レイハル	Rahal, Graham	USA	385
	8	マルコ・アンドレッティ	Andretti, Marco	USA	380
	9	ジャスティン・ウィルソン	Wilson, Justin	GB	354
	10	ダン・フェルドン	Wheldon, Dan	GB	354
	11	武藤英紀	Mutoh, Hideki	J	353
	12	エド・カーペンター	Carpenter, Ed	USA	321
	13	ラファエル・マトス	Matos, Raphael	BR	312
	14	マリオ・モラエズ	Moraes, Mario	BR	304
	15	ライアン・ハンター-レイ	Hunter-Reay, Ryan	USA	298
	36	松浦孝亮	Matsuura, Kosuke	J	13
	39	ロジャー安川	Yasukawa, Roger	USA	12
▼2010	1	ダリオ・フランキッティ	Franchitti, Dario	GB	602
	2	ウィル・パワー	Power, Will	AUS	597
	3	スコット・ディクソン	Dixon, Scott	NZ	547
	4	エリオ・カストロネヴェス	Castroneves, Helio	BR	531
	5	ライアン・ブリスコー	Briscoe, Ryan	AUS	482
	6	トニー・カナーン	Kanaan, Tony	BR	453
	7	ライアン・ハンター-レイ	Hunter-Reay, Ryan	USA	445
	8	マルコ・アンドレッティ	Andretti, Marco	USA	392
	9	ダン・フェルドン	Wheldon, Dan	GB	388
	10	ダニカ・パトリック	Patrick, Danica	USA	367
	11	ジャスティン・ウィルソン	Wilson, Justin	GB	361
	12	ヴィトール・メイラ	Meira, Vitor	BR	310
	13	アレックス・タグリアーニ	Tagliani, Alex	CDN	302
	14	ラファエル・マトス	Matos, Raphael	BR	290
	15	マリオ・モラエズ	Moraes, Mario	BR	287
	18	武藤英紀	Mutoh, Hideki	J	250
	21	佐藤琢磨	Sato, Takuma	J	214
	40	ロジャー安川	Yasukawa, Roger	USA	12
▼2011	1	ダリオ・フランキッティ	Franchitti, Dario	GB	573
	2	ウィル・パワー	Power, Will	AUS	555
	3	スコット・ディクソン	Dixon, Scott	NZ	518
	4	オリオル・セルヴィア	Servia, Oriol	E	425
	5	トニー・カナーン	Kanaan, Tony	BR	367
	6	ライアン・ブリスコー	Briscoe, Ryan	AUS	364
	7	ライアン・ハンター-レイ	Hunter-Reay, Ryan	USA	347
	8	マルコ・アンドレッティ	Andretti, Marco	USA	337
	9	グレアム・レイハル	Rahal, Graham	USA	320
	10	ダニカ・パトリック	Patrick, Danica	USA	314
	11	エリオ・カストロネヴェス	Castroneves, Helio	BR	312
	12	ジェイムズ・ヒンチクリフ	Hinchcliffe, James	CDN	302
	13	佐藤琢磨	Sato, Takuma	J	297
	14	J. R. ヒルデブランド	Hildebrand, J. R.	USA	296
	15	アレックス・タグリアーニ	Tagliani, Alex	CDN	296
	43	武藤英紀	Mutoh, Hideki	J	12
▼2012	1	ライアン・ハンター-レイ	Hunter-Reay, Ryan	USA	468
	2	ウィル・パワー	Power, Will	AUS	465
	3	スコット・ディクソン	Dixon, Scott	NZ	435
	4	エリオ・カストロネヴェス	Castroneves, Helio	BR	431
	5	シモン・パジェノー	Pagenaud, Simon	F	387
	6	ライアン・ブリスコー	Briscoe, Ryan	AUS	370
	7	ダリオ・フランキッティ	Franchitti, Dario	GB	363
	8	ジェイムズ・ヒンチクリフ	Hinchcliffe, James	CDN	358
	9	トニー・カナーン	Kanaan, Tony	BR	351
	10	グレアム・レイハル	Rahal, Graham	USA	333
	11	J. R. ヒルデブランド	Hildebrand, J. R.	USA	294
	12	ルーベンス・バリケッロ	Barrichello, Rubens	BR	289
	13	オリオル・セルヴィア	Servia, Oriol	E	287
	14	佐藤琢磨	Sato, Takuma	J	281
	15	ジャスティン・ウィルソン	Wilson, Justin	GB	278
▼2013	1	スコット・ディクソン	Dixon, Scott	NZ	577
	2	エリオ・カストロネヴェス	Castroneves, Helio	BR	550
	3	シモン・パジェノー	Pagenaud, Simon	F	508
	4	ウィル・パワー	Power, Will	AUS	498

	Pos.	Driver		Nat.	Pts.
	5	マルコ・アンドレッティ	Andretti, Marco	USA	484
	6	ジャスティン・ウィルソン	Wilson, Justin	GB	472
	7	ライアン・ハンター-レイ	Hunter-Reay, Ryan	USA	469
	8	ジェイムズ・ヒンチクリフ	Hinchcliffe, James	CDN	449
	9	チャーリー・キンボール	Kimball, Charlie	USA	427
	10	ダリオ・フランキッティ	Franchitti, Dario	GB	418
	11	トニー・カナーン	Kanaan, Tony	BR	397
	12	セバスチャナン・ブルダイ	Bourdais, Sebastien	F	370
	13	シモーナ・デ・シルヴェストロ	de Silvestro, Simona	CH	362
	14	ジョゼフ・ニューガーデン	Newgarden, Josef	USA	348
	15	E. J. ヴィソ	Viso, E. J.	YV	340
	17	佐藤琢磨	Sato, Takuma	J	322
▼2014	1	ウィル・パワー	Power, Will	AUS	671
	2	エリオ・カストロネヴェス	Castroneves, Helio	BR	609
	3	スコット・ディクソン	Dixon, Scott	NZ	604
	4	ファン・パブロ・モントーヤ	Montoya, Juan Pablo	COL	586
	5	シモン・パジェノー	Pagenaud, Simon	F	585
	6	ライアン・ハンター-レイ	Hunter-Reay, Ryan	USA	563
	7	トニー・カナーン	Kanaan, Tony	BR	544
	8	カルロス・ムニョス	Munoz, Carlos	COL	483
	9	マルコ・アンドレッティ	Andretti, Marco	USA	463
	10	セバスチャナン・ブルダイ	Bourdais, Sebastien	F	461
	11	ライアン・ブリスコー	Briscoe, Ryan	AUS	461
	12	ジェイムズ・ヒンチクリフ	Hinchcliffe, James	CDN	456
	13	ジョゼフ・ニューガーデン	Newgarden, Josef	USA	406
	14	チャーリー・キンボール	Kimball, Charlie	USA	402
	15	ジャスティン・ウィルソン	Wilson, Justin	GB	395
	18	佐藤琢磨	Sato, Takuma	J	350
▼2015	1	スコット・ディクソン	Dixon, Scott	NZ	556
	2	ファン・パブロ・モントーヤ	Montoya, Juan Pablo	COL	556
	3	ウィル・パワー	Power, Will	AUS	493
	4	グレアム・レイハル	Rahal, Graham	USA	490
	5	エリオ・カストロネヴェス	Castroneves, Helio	BR	453
	6	ライアン・ハンター-レイ	Hunter-Reay, Ryan	USA	436
	7	ジョゼフ・ニューガーデン	Newgarden, Josef	USA	431
	8	トニー・カナーン	Kanaan, Tony	BR	431
	9	マルコ・アンドレッティ	Andretti, Marco	USA	429
	10	セバスチャナン・ブルダイ	Bourdais, Sebastien	F	406
	11	シモン・パジェノー	Pagenaud, Simon	F	384
	12	チャーリー・キンボール	Kimball, Charlie	USA	372
	13	カルロス・ムニョス	Munoz, Carlos	COL	349
	14	佐藤琢磨	Sato, Takuma	J	323
	15	ガビー・チャヴェス	Chaves, Gabby	COL	281
▼2016	1	シモン・パジェノー	Pagenaud, Simon	F	659
	2	ウィル・パワー	Power, Will	AUS	532
	3	エリオ・カストロネヴェス	Castroneves, Helio	BR	504
	4	ジョゼフ・ニューガーデン	Newgarden, Josef	USA	502
	5	グレアム・レイハル	Rahal, Graham	USA	484
	6	スコット・ディクソン	Dixon, Scott	NZ	477
	7	トニー・カナーン	Kanaan, Tony	BR	461
	8	ファン・パブロ・モントーヤ	Montoya, Juan Pablo	COL	433
	9	チャーリー・キンボール	Kimball, Charlie	USA	433
	10	カルロス・ムニョス	Munoz, Carlos	COL	432
	11	アレクサンダー・ロッシ	Rossi, Alexander	USA	430
	12	ライアン・ハンター-レイ	Hunter-Reay, Ryan	USA	428
	13	ジェイムズ・ヒンチクリフ	Hinchcliffe, James	CDN	416
	14	セバスチャナン・ブルダイ	Bourdais, Sebastien	F	404
	15	ミカイル・アレシン	Aleshin, Mikhail	RUS	347
	17	佐藤琢磨	Sato, Takuma	J	320
▼2017	1	ジョゼフ・ニューガーデン	Newgarden, Josef	USA	642
	2	シモン・パジェノー	Pagenaud, Simon	F	629
	3	スコット・ディクソン	Dixon, Scott	NZ	621
	4	エリオ・カストロネヴェス	Castroneves, Helio	BR	598
	5	ウィル・パワー	Power, Will	AUS	562
	6	グレアム・レイハル	Rahal, Graham	USA	522
	7	アレクサンダー・ロッシ	Rossi, Alexander	USA	494
	8	佐藤琢磨	Sato, Takuma	J	441
	9	ライアン・ハンター-レイ	Hunter-Reay, Ryan	USA	421
	10	トニー・カナーン	Kanaan, Tony	BR	403
	11	マックス・チルトン	Chilton, Max	GB	396
	12	マルコ・アンドレッティ	Andretti, Marco	USA	388
	13	ジェイムズ・ヒンチクリフ	Hinchcliffe, James	CDN	376
	14	エド・ジョーンズ	Jones, Ed	UAE	354
	15	J. R. ヒルデブランド	Hildebrand, J. R.	USA	347

1911-2017年　インディ500出走全ドライバー一覧

	Name	Nat.	First		Last	Start	Best	Life
A	Ader, Walt	USA	1950		←	1	22	1912-1982
	Agabashian, Fred	USA	1947	–	1957	11	4	1913-1989
	Aitken, Johnny	USA	1911	–	1916	2	15	1885-1918
	Alboreto, Michele	I	1996		←	1	30	1956-2001
	Aleshin, Mikhail	RUS	2014	–	2017	3	13	1987-
	Alesi, Jean	F	2012		←	1	33	1964-
	Allen, Leslie	USA	1930		←	1	9	1892-1946
	Alley, Tom	USA	1915	–	1922	5	5	1889-1953
	Allison, Bobby	USA	1973	–	1975	2	25	1937-
	Allison, Donnie	USA	1970	–	1971	2	4	1939-
	Allmendinger, A. J.	USA	2013		←	1	7	1981-
	Alonso, Fernando	E	2017		←	1	24	1981-
	Alsup, Bill	USA	1981		←	1	11	1938-
	Amick, George	USA	1958		←	1	2	1924-1959
	Amick, Red	USA	1959	–	1960	2	11	1929-1995
	Anderson, Gil	USA	1911	–	1916	6	3	1879-1935
	Anderson, Les	USA	1947	–	1948	2	11	1910-1949
	Andres, Emil	USA	1936	–	1949	9	4	1911-1999
	Andretti, Jeff	USA	1991	–	1993	3	15	1964-
	Andretti, John	USA	1988	–	2011	12	5	1963-
	Andretti, Marco	USA	2006	–	2017	12	2	1987-
	Andretti, Mario	USA	1965	–	1994	29	1	1940-
	Andretti, Michael	USA	1984	–	2007	16	2	1962-
	Andrews, Keith	USA	1955	–	1956	2	20	1920-1957
	Ansterberg, Ernie	USA	1924		←	1	22	1891-1924
	Ardinger, Herb	USA	1934	–	1947	6	4	1910-1973
	Armi, Frank	USA	1954		←	1	19	1918-1992
	Arnold, Billy	USA	1928	–	1932	5	1	1905-1976
	Arnold, Chuck	USA	1959		←	1	15	1926-1997
	Ascari, Alberto	I	1952		←	1	31	1918-1955
	Aspen, Al	USA	1931	–	1932	2	14	1893-1959
	Ates, Sonny	USA	1969		←	1	17	1935-2010
	Ayulo, Manuel	USA	1949	–	1954	4	13	1921-1955
B	Babcock, George C.	USA	1915		←	1	17	1876-1921
	Bablot, Paul	F	1919		←	1	21	1873-1932
	Bachelart, Eric	B	1992	–	1995	2	28	1961-
	Bagley, Tom	USA	1978	–	1980	3	9	1939-
	Baguette, Bertrand	B	2010	–	2011	2	7	1986-
	Bailey, George	USA	1934	–	1939	5	12	1900-1940
	Baker, Cannonball	USA	1922		←	1	11	1882-1960
	Ball, Bobby	USA	1951	–	1952	2	5	1925-1954
	Banks, Henry	USA	1938	–	1952	6	6	1913-1994
	Barbazza, Fabrizio	I	1987		←	1	3	1963-
	Barrichello, Rubens	BR	2012		←	1	11	1972-
	Barringer, George	USA	1934	–	1946	6	6	1906-1946
	Barron, Alex	USA	2002	–	2007	5	4	1970-
	Basle, Charles	USA	1911		←	1	34	1885-1962
	Batten, Norman	USA	1926	–	1928	3	5	1893-1928
	Baumann, Dutch	USA	1927		←	1	20	1896-1930
	Beardsley, Ralph	USA	1911		←	1	20	1888-1920
	Beatriz, Ana	BR	2010	–	2013	4	15	1985-
	Bedard, Patrick	USA	1983	–	1984	2	30	1941-
	Beechler, Donnie	USA	1998	–	2001	4	12	1961-
	Belcher, Fred	USA	1911		←	1	9	1881-1957
	Bell, Townsend	USA	2006	–	2016	10	4	1975-
	Belt, Clarence W.	USA	1928		←	1	27	1890-1969
	Bergere, Cliff	USA	1927	–	1947	16	3	1896-1980
	Bernoldi, Enrique	BR	2008		←	1	15	1978-
	Bettenhausen, Gary	USA	1968	–	1993	21	3	1941-2014
	Bettenhausen, Tony	USA	1946	–	1960	14	2	1916-1961
	Bettenhausen Jr., Tony	USA	1981	–	1993	11	7	1951-2000
	Bigelow, Charles	USA	1911		←	1	15	1872-1958
	Bigelow, Tom	USA	1974	–	1982	9	6	1939-
	Billman, Mark	USA	1933		←	1	30	1905-1933
	Bisch, Art	USA	1958		←	1	33	1926-1958
	Boat, Billy	USA	1997	–	2003	7	3	1966-
	Boesel, Raul	BR	1985	–	2002	13	3	1957-
	Boillot, Andre	F	1919	–	1921	3	15	1891-1932
	Boillot, Georges	F	1914		←	1	14	1884-1916
	Boling, John	USA	1920	–	1931	2	11	1895-1962
	Bonner, Brian	USA	1992		←	1	19	1959-
	Bordino, Pietro	I	1925		←	1	10	1887-1928
	Borzachini, Baconin	I	1930		←	1	36	1898-1933
	Bost, Paul	USA	1931	–	1933	3	31	1904-1987
	Bourbonnais, Claude	CDN	1997		←	1	30	1965-
	Bourdais, Sebastien	F	2005	–	2016	6	7	1979-
	Boyd, Johnny	USA	1955	–	1966	12	3	1926-2003
	Boyer, Joe	USA	1919	–	1924	5	*12	1889-1924
	Brabham, Geoff	AUS	1981	–	1993	10	4	1952-
	Brabham, Jack	AUS	1961	–	1970	4	9	1926-2014
	Brabham, Matthew	AUS	2016		←	1	22	1994-
	Brack, Kenny	S	1997	–	2005	6	1	1966-
	Bragg, Caleb	USA	1911	–	1914	3	15	1885-1943
	Branson, Don	USA	1959	–	1966	8	4	1920-1966
	Brayton, Scott	USA	1981	–	1995	14	6	1959-1996
	Brett, Riley J.	USA	1921		←	1	15	1895-1982
	Briscoe, Ryan	AUS	2005	–	2015	10	5	1981-
	Brisko, Frank	USA	1929	–	1941	12	9	1900-1990
	Brock, S. F.	USA	1914		←	1	30	c1880-1918
	Brown, W. W.	USA	1919		←	1	32	1886-1958
	Brown, Walt	USA	1947	–	1951	3	7	1911-1951
	Bruce-Brown, David	USA	1911	–	1912	2	3	1889-1912
	Bryan, Jimmy	USA	1952	–	1960	9	1	1926-1960
	Bucknum, Jeff	USA	2005	–	2006	2	22	1966-
	Bucknum, Ronnie	USA	1968	–	1970	3	15	1936-1992
	Buhl, Robbie	USA	1996	–	2003	8	6	1963-
	Burman, Bob	USA	1911	–	1915	5	6	1884-1916
	Burton, Claude	USA	1930		←	1	11	1903-1974
	Busch, Kurt	USA	2014		←	1	6	1978-
	Butcher, Harry	USA	1930	–	1931	2	14	1894-1942
C	Caccia, Joe	USA	1930		←	1	25	1899-1931
	Calkins, Buzz	USA	1996	–	2001	6	10	1971-
	Camara, Jaime	BR	2008		←	1	31	1980-
	Campbell, Ray	USA	1932	–	1933	2	30	?
	Cannon, Larry	USA	1974	–	1980	3	17	1937-1995
	Cantlon, Shorty	USA	1930	–	1947	11	2	1904-1947
	Cantrell, Bill	USA	1948	–	1949	2	16	1908-1986
	Carey, Bob	USA	1932		←	1	4	1904-1933
	Carlson, Billy	USA	1914	–	1915	2	9	1889-1915
	Carlson, Tyce	USA	1997	–	1999	2	14	1970-
	Carpenter, Ed	USA	2004	–	2017	14	5	1981-
	Carpentier, Patrick	CDN	2005		←	1	21	1971-
	Carter, Duane	USA	1948	–	1963	11	4	1913-1993
	Carter, Pancho	USA	1974	–	1991	17	3	1950-
	Caruthers, Jimmy	USA	1972	–	1975	4	9	1945-1975
	Castroneves, Helio	BR	2001	–	2017	17	1	1975-
	Chandler, Michael	USA	1981	–	1983	3	12	1958-
	Chandler, William	USA	1914	–	1916	2	9	1890-1924
	Chassagne, Jean	F	1914	–	1921	3	7	1881-1947
	Chassey, Steve	USA	1983	–	1988	3	11	1945-
	Chaves, Gabby	COL	2015	–	2017	3	9	1993-
	Cheesbourg, Bill	USA	1957	–	1965	6	10	1927-1995
	Cheever, Eddie	USA	1990	–	2006	14	1	1958-
	Chesson, P. J.	USA	2006		←	1	33	1978-
	Chevrolet, Arthur	USA	1911	–	1916	2	18	1884-1946
	Chevrolet, Gaston	USA	1919	–	1920	2	1	1892-1920
	Chevrolet, Louis	USA	1915	–	1920	4	7	1878-1941
	Chilton, Max	GB	2016	–	2017	2	4	1991-
	Chiron, Louis	MC	1929		←	1	7	1899-1979
	Chitwood, Joie	USA	1940	–	1950	7	5	1912-1988
	Christiaens, Josef	B	1914	–	1916	2	4	1882-1919
	Christie, Bob	USA	1956	–	1963	8	10	1924-2009
	Clark, George	USA	1913		←	1	10	1890-1978
	Clark, Jim	GB	1963	–	1967	5	1	1936-1968
	Clauson, Bryan	USA	2012	–	2016	3	23	1989-2016
	Cobe, Harry	USA	1911		←	1	10	1885-1966
	Cogan, Kevin	USA	1981	–	1993	12	2	1956-
	Cole, Hal	USA	1946	–	1949	3	6	1912-1970
	Coletti, Stefano	MC	2015		←	1	25	1989-
	Comer, Fred	USA	1924	–	1928	4	4	1893-1928
	Congdon, Gary	USA	1966		←	1	25	1937-1967
	Connor, George	USA	1935	–	1952	14	3	1906-2001
	Conway, Mike	GB	2009	–	2012	3	18	1983-
	Cooper, Earl	USA	1914	–	1926	7	2	1886-1965
	Cooper, Joe	USA	1915		←	1	15	1888-1915
	Corum, Lora L.	USA	1922	–	1933	6	1	1899-1949
	Cotey, Al	USA	1927		←	1	21	1888-1974
	Cox, Charles C.	USA	1915		←	1	24	1886-1915
	Crawford, Charles	USA	1934		←	1	13	1897-1958
	Crawford, Jim	GB	1985	–	1993	8	6	1948-2002
	Crawford, Ray	USA	1955	–	1959	3	23	1915-1996
	Crawford, Wesley	USA	1929	–	1933	3	15	? -1961
	Crockett, Larry	USA	1954		←	1	9	1926-1955
	Cross, Art	USA	1952	–	1955	4	2	1918-2005

	Name	Nat.	First		Last	Start	Best	Life
	Crowe, Allen	USA	1962	-	1963	2	27	1928-1963
	Cucinotta, Letterio	I	1930		←	1	12	? -1987
	Cummings, Bill	USA	1930	-	1938	9	1	1906-1939
	Cunningham, Wade	NZ	2012		←	1	31	1984-
	Curtner, Jack	USA	1922		←	1	14	1893-1959
D	D'Alene, Wilbur	USA	1916	-	1922	3	2	1884-1966
	Dallenbach, Wally	USA	1967	-	1979	13	4	1936-
	Daly, Conor	USA	2013	-	2017	4	22	1991-
	Daly, Derek	IRL	1983	-	1989	6	12	1953-
	Dare, Airton	BR	2000	-	2006	5	8	1978-
	Davies, Jimmy	USA	1950	-	1955	4	3	1929-1966
	Davis, Don	USA	1961	-	1962	2	4	1933-1962
	Davis, Floyd	USA	1937	-	1941	4	1	1905-1977
	Davison, James	AUS	2014	-	2017	3	16	1986-
	Dawson, Joe	USA	1911	-	1914	3	1	1889-1946
	Daywalt, Jimmy	USA	1953	-	1962	8	6	1924-1966
	de Alzaga, Martin	F	1923		←	1	24	1901-1982
	de Cystria, Prince	F	1923		←	1	9	1898-1943
	de Ferran, Gil	BR	1995	-	2003	4	1	1967-
	de Silvestro, Simona	CH	2010	-	2015	5	14	1988-
	de Viscaya, Pierre	F	1923		←	1	12	1894-1933
	Decker, Rick	USA	1929	-	1934	4	23	1903-1966
	Delaney, Ernest	USA	1911		←	1	23	1889- ?
	Denver, Bill	USA	1930		←	1	22	1901-1933
	DePalma, John	USA	1915		←	1	21	1885-1957
	DePalma, Ralph	USA	1911	-	1925	10	1	1882-1956
	DePaolo, Peter	USA	1922	-	1930	7	1	1898-1980
	DeVigne, Jules	F	1916		←	1	16	1873-1935
	DeVore, Billy	USA	1937	-	1948	7	7	1910-1985
	DeVore, Earl	USA	1925	-	1928	3	2	1889-1928
	Dickson, Larry	USA	1966	-	1981	8	9	1938-
	Dingley, Bert	USA	1912		←	1	13	1885-1966
	Dinsmore, Duke	USA	1946	-	1956	6	10	1913-1985
	Disbrow, Louis	USA	1911	-	1914	4	8	1876-1939
	Dismore, Mark	USA	1996	-	2002	7	11	1956-
	Dixon, Scott	NZ	2003	-	2017	15	1	1980-
	Dobson, Dominic	USA	1988	-	1994	7	12	1957-
	Donohue, Mark	USA	1969	-	1973	5	1	1937-1975
	Doornbos, Robert	NL	2009		←	1	28	1981-
	Douglas Hawkes, Wallace	GB	1922	-	1926	2	13	1893-1974
	Duff, John	GB	1926		←	1	9	1895-1958
	Duman, Ronnie	USA	1964	-	1968	5	6	1929-1968
	Duncan, Len	USA	1954		←	1	31	1911-1998
	Duno, Milka	YV	2007	-	2009	3	19	1969-
	Durant, Cliff	USA	1919	-	1928	6	7	1890-1937
	Durant, Louis	USA	1946		←	1	6	1910-1972
	Durant, Paul	USA	1996	-	1997	2	21	1959-
	Duray, Arthur	F	1914		←	1	2	1882-1954
	Duray, Leon	USA	1922	-	1931	8	6	1894-1956
E	Edmunds, Don	USA	1957		←	1	19	1930-
	Eldridge, E. A. D.	GB	1926		←	1	19	1897-1935
	Elisian, Ed	USA	1954	-	1958	5	18	1926-1959
	Ellingboe, Jules	USA	1921	-	1927	6	11	1892-1948
	Elliott, Frank	USA	1922	-	1927	6	6	1890-1959
	Ellis, Fred	USA	1911		←	1	38	1881-1954
	Endicott, Bill	USA	1911	-	1913	3	5	1876-1944
	Endicott, Harry	USA	1911	-	1913	2	16	1881-1913
	Enge, Tomas	CS	2005		←	1	19	1976-
	Engelhart, Billy	USA	1980		←	1	11	1942-
	Evans, Dave	USA	1927	-	1934	6	5	1898-1974
	Evans, Robert	USA	1913		←	1	13	1890- ?
	Eyckmans, Wim	B	1999		←	1	23	1973-
F	Fabi, Teo	I	1983	-	1995	8	7	1955-
	Fahrnow, Dusty	USA	1934		←	1	24	1903-1981
	Fankhouser, Milt	USA	1947		←	1	30	1915-1970
	Farmer, Frank	USA	1929	-	1931	3	14	1901-1932
	Faulkner, Walt	USA	1950	-	1955	4	5	1918-1956
	Fengler, Harlan	USA	1923		←	1	16	1903-1981
	Ferguson, Dick	USA	1980		←	1	31	1949-2010
	Fernandez, Adrian	MEX	1994	-	2005	4	7	1963-
	Fetterman, I. P.	USA	1922		←	1	7	1887-1924
	Fillip, Chet	USA	1982	-	1983	2	24	1957-
	Firestone, Dennis	AUS	1980	-	1984	5	10	1944-
	Fisher, Sarah	USA	2000	-	2010	9	17	1980-
	Fittipaldi, Christian	BR	1995		←	1	2	1971-
	Fittipaldi, Emerson	BR	1984	-	1994	11	1	1946-
	Flaherty, Pat	USA	1950	-	1959	5	1	1926-2002
	Fohr, Myron	USA	1949	-	1950	2	4	1912-1994
	Follmer, George	USA	1969	-	1971	3	15	1934-

	Name	Nat.	First		Last	Start	Best	Life
	Fonder, George	USA	1949	-	1952	2	15	1917-1958
	Fontaine, Louis	USA	1921		←	1	21	1882-1960
	Forberg, Carl	USA	1951		←	1	7	1911-2000
	Force, Gene	USA	1951	-	1960	2	11	1916-1983
	Ford, Percy	USA	1921		←	1	3	1888-1962
	Foster, Billy	CDN	1965	-	1966	2	17	1937-1967
	Fowler, Ken	USA	1937	-	1947	2	15	1907-1981
	Fox, Frank	USA	1911		←	1	22	1877-1931
	Fox, Malcolm	USA	1932	-	1933	2	20	1906-
	Fox, Stan	USA	1987	-	1995	8	7	1952-2000
	Foyt, A. J.	USA	1958	-	1992	35	1	1935-
	Foyt Ⅳ, A. J.	USA	2003	-	2009	6	14	1984-
	Foyt, Larry	USA	2004	-	2006	3	30	1977-
	Frame, Fred	USA	1927	-	1936	8	1	1894-1962
	Franchi, Aldo	USA	1916		←	1	21	1882- ?
	Franchitti, Dario	GB	2002	-	2013	10	1	1973-
	Frayer, Lee	USA	1911	-	1912	2	13	1874-1938
	Free, Roland	USA	1930	-	1947	2	17	1900-1980
	Freeland, Don	USA	1953	-	1960	8	3	1925-2007
	Friedrich, Ernest	D	1914		←	1	15	1886-1954
G	Gache, Phillipe	F	1992		←	1	28	1962-
	Ganassi, Chip	USA	1982	-	1986	5	8	1958-
	Gardner, Chet	USA	1930	-	1938	7	4	1898-1938
	Gardner, Racin	USA	1996		←	1	25	1972-
	Gardner, Speed	USA	1929	-	1931	3	6	1895-1972
	Garrett, Billy	USA	1956	-	1958	2	16	1933-1999
	Garza, Josele	MEX	1981	-	1987	7	10	1962-
	Gaudino, Juan	RA	1932		←	1	26	1893-1975
	Gelhausen, Spike	USA	1976	-	1984	5	10	1954-
	George, Elmer	USA	1957	-	1963	3	17	1928-1976
	Giaffone, Affonso	BR	1997		←	1	32	1968-
	Giaffone, Felipe	BR	2001	-	2006	6	3	1975-
	Giebler, Phil	USA	2007		←	1	29	1980-
	Gilhooley, Ray	USA	1914		←	1	27	1887-1973
	Gleason, Jimmy	USA	1928	-	1931	4	3	1898-1931
	Glenn Howard, Charles	USA	1922		←	1	18	1897-1946
	Gloy, Tom	USA	1984		←	1	14	1947-
	Goldsmith, Paul	USA	1958	-	1963	6	3	1925-
	Goodyear, Scott	CDN	1990	-	2001	11	2	1959-
	Gordon, Al	USA	1932	-	1935	3	22	1902-1936
	Gordon, Robby	USA	1993	-	2004	10	4	1969-
	Gosek, Joe	USA	1996		←	1	22	1956-
	Goux, Jules	F	1913	-	1922	5	1	1885-1965
	Grant, Harry	USA	1911	-	1915	4	7	1877-1915
	Grant, Jerry	USA	1965	-	1976	10	7	1935-2012
	Greco, Marco	BR	1994	-	1998	4	14	1963-
	Green, Cecil	USA	1950	-	1951	2	4	1919-1951
	Gregoire, Stephan	F	1993	-	2006	7	8	1969-
	Gregory, Masten	USA	1965		←	1	23	1932-1985
	Greiner, Arthur	USA	1911		←	1	40	1884-1916
	Griffith, Cliff	USA	1951	-	1961	4	9	1916-1996
	Grim, Bobby	USA	1959	-	1968	9	10	1924-1995
	Groff, Mike	USA	1991	-	1998	5	12	1961-
	Groff, Robbie	USA	1997		←	1	9	1966-
	Guerrero, Carlos	MEX	1995		←	1	33	1957-
	Guerrero, Roberto	COL	1984	-	1999	15	2	1958-
	Gugelmin, Mauricio	BR	1994	-	1995	2	6	1963-
	Gulotta, Tony	USA	1926	-	1939	13	3	1903-1981
	Gurney, Dan	USA	1962	-	1970	9	2	1931-2018
	Guthrie, Janet	USA	1977	-	1979	3	9	1938-
	Guthrie, Jim	USA	1996	-	1998	3	18	1961-
	Guyot, Albert	F	1913	-	1926	5	3	1881-1947
H	Haibe, Ora	USA	1916	-	1924	5	5	1887-1970
	Hall, Dean	USA	1990		←	1	17	1957-
	Hall, Howard	USA	1911		←	1	17	1885- ?
	Hall, Ira	USA	1928	-	1939	5	7	1892-1987
	Hall, Norm	USA	1961	-	1964	2	10	1926-1992
	Halsmer, Pete	USA	1981	-	1982	2	24	1944-
	Hamilton, Davey	USA	1996	-	2011	11	4	1962-
	Hanks, Sam	USA	1940	-	1957	13	1	1914-1994
	Hansen, Mel	USA	1939	-	1948	6	8	1911-1963
	Hansgen, Walt	USA	1964	-	1965	2	13	1919-1966
	Harder, Fred	USA	1924		←	1	17	1892-1956
	Harkey, Bob	USA	1964	-	1976	6	8	1930-2016
	Harrington, Scott	USA	1996		←	1	15	1963-
	Harroun, Ray	USA	1911		←	1	1	1879-1968
	Hartley, Gene	USA	1950	-	1962	10	10	1926-1993
	Hartz, Harry	USA	1922	-	1927	6	2	1894-1974
	Harvey, Jack	GB	2017		←	1	31	1993-

	Name	Nat.	First		Last	Start	Best	Life
	Hattori, Shigeaki	J	2002	-	2003	2	20	1963-
	Haupt, Willie	USA	1913	-	1920	4	9	1885-1966
	Haustein, Gene	USA	1931	-	1934	3	15	1907-1984
	Hawksworth, Jack	GB	2014	-	2016	3	16	1991-
	Haywood, Hurley	USA	1980		←	1	18	1948-
	Hearn, Richie	USA	1996	-	2007	7	3	1971-
	Hearne, Eddie	USA	1911	-	1927	9	2	1887-1955
	Heimrath Jr., Ludwig	CDN	1987	-	1989	3	13	1956-
	Hellings, Mack	USA	1948	-	1951	4	5	1915-1951
	Henderson, Pete	USA	1916	-	1920	2	6	1895-1940
	Hepburn, Ralph	USA	1925	-	1946	15	2	1896-1948
	Herb, Jon	USA	2001	-	2007	2	27	1974-
	Herman, Al	USA	1955	-	1960	5	7	1927-1960
	Herr, Don	USA	1913		←	1	26	1889-1953
	Herta, Bryan	USA	1994	-	2006	5	3	1970-
	Hewitt, Jack	USA	1998		←	1	12	1951-
	Hickey, Denny	USA	1919		←	1	9	1889- ?
	Hickman, Jim	USA	1982		←	1	7	1943-1982
	Hildebrand, J. R.	USA	2011	-	2017	7	2	1988-
	Hill, Bennett	USA	1920	-	1933	8	5	1893-1977
	Hill, George	USA	1915		←	1	23	1886-1967
	Hill, Graham	GB	1966	-	1968	3	1	1929-1975
	Hill, Jim	USA	1927		←	1	12	1890- ?
	Hillenburg, Andy	USA	2000		←	1	28	1963-
	Hinchcliffe, James	CDN	2011	-	2017	6	6	1986-
	Hinnershitz, Tommy	USA	1940	-	1948	3	9	1912-1999
	Hiss, Mike	USA	1972	-	1975	4	7	1941-
	Hitke, Kurt	USA	1919		←	1	23	1889-1979
	Hobbs, David	GB	1971	-	1976	4	5	1939-
	Holbert, Al	USA	1984		←	1	4	1946-1988
	Holland, Bill	USA	1947	-	1953	5	1	1907-1984
	Hollansworth Jr., John	USA	1999		←	1	13	1963-
	Holmes, Howdy	USA	1979	-	1988	6	6	1947-
	Holmes, Jackie	USA	1949	-	1950	2	22	1920-1995
	Homeir, Bill	USA	1954	-	1960	2	13	1918-2001
	Horan, Joe	USA	1912		←	1	8	1878-1961
	Horn, Ted	USA	1935	-	1948	10	2	1910-1948
	Hornish Jr., Sam	USA	2000	-	2007	8	1	1979-
	Householder, Ronney	USA	1937	-	1938	2	12	1908-1972
	Houser, Norm	USA	1949		←	1	10	1915-1996
	Houser, Thane	USA	1926		←	1	13	1891-1967
	Howard, Jay	GB	2011	-	2017	2	30	1981-
	Howard, Ray	USA	1919	-	1920	2	13	?
	Howie, George	USA	1931		←	1	11	1899-1979
	Hoyt, Jerry	USA	1950	-	1955	4	21	1929-1955
	Hucul, Cliff	CDN	1977	-	1979	3	22	1948-
	Huertas, Carlos	COL	2014		←	1	17	1991-
	Huff, Joe	USA	1930	-	1932	3	10	1906-1971
	Hughes, Hughie	GB	1911	-	1912	2	3	1885-1916
	Hulme, Denis	NZ	1967	-	1971	4	4	1936-1992
	Hulse, Chuck	USA	1962	-	1967	4	7	1927-
	Hunt, Bill	USA	1924		←	1	14	1890-1950
	Hunter-Reay, Ryan	USA	2008	-	2017	10	1	1980-
	Hurtubise, Jim	USA	1960	-	1974	10	13	1932-1989
I	Insinger, Harris	USA	1935		←	1	14	1909-1935
J	Jackson, Jimmy	USA	1946	-	1950	5	2	1910-1984
	Jagersberger, Joe	USA	1911		←	1	31	1884-1952
	Jakes, James	GB	2012	-	2015	3	15	1987-
	James, Joe	USA	1951	-	1952	2	13	1925-1952
	Jenkins, Johnny	USA	1912	-	1913	2	7	1875-1945
	Johansson, Stefan	S	1993	-	1995	3	11	1956-
	Johncock, Gordon	USA	1965	-	1992	24	1	1936-
	Johns, Bobby	USA	1965	-	1977	3	7	1934-
	Johnson, Art	USA	1916		←	1	8	1888-1949
	Johnson, Eddie	USA	1952	-	1966	13	6	1919-1974
	Johnson, Herm	USA	1982	-	1984	2	8	1953-
	Johnson, Luther	USA	1931	-	1933	3	10	1903-1978
	Jones, Ben	USA	1926		←	1	18	1903-1938
	Jones, Davy	USA	1987	-	1996	5	2	1964-
	Jones, Ed	UAE	2017		←	1	3	1995-
	Jones, Herbert	USA	1925		←	1	19	1904-1926
	Jones, John	CDN	1989		←	1	11	1965-
	Jones, M. C.	USA	1925		←	1	21	1894-1932
	Jones, P. J.	USA	2004	-	2006	2	19	1969-
	Jones, Parnelli	USA	1961	-	1967	7	1	1933-
	Jones, Will	USA	1911		←	1	28	1889-1972
	Jourdain Jr., Michel	MEX	1996	-	2012	2	13	1976-
	Jourdain, Bernard	MEX	1989	-	1991	2	9	1950-
	Junqueira, Bruno	BR	2001	-	2010	6	5	1976-

	Name	Nat.	First		Last	Start	Best	Life
K	Kanaan, Tony	BR	2002	-	2017	16	1	1974-
	Karam, Sage	USA	2014	-	2017	4	9	1995-
	Karl, Jerry	USA	1973	-	1981	6	13	1941-2008
	Karnatz, Bert	USA	1929		←	1	25	1905-1934
	Keech, Ray	USA	1928	-	1929	2	1	1900-1929
	Keene, Charles	USA	1914		←	1	8	?
	Keller, Al	USA	1955	-	1961	6	5	1920-1961
	Keneally, Mel	USA	1930		←	1	15	1903-1985
	Kenyon, Mel	USA	1966	-	1973	8	3	1933-
	Kimball, Charlie	USA	2011	-	2017	7	3	1985-
	Kinser, Sheldon	USA	1975	-	1981	6	6	1942-1988
	Kinser, Steve	USA	1997		←	1	14	1955-
	Kirkpatrick, Charles	USA	1919		←	1	20	1894-1975
	Kite, Jimmy	USA	1998	-	2005	5	11	1976-
	Kladis, Danny	USA	1946		←	1	21	1917-2009
	Klausler, Tom	USA	1981		←	1	29	1945-
	Klein, Art	USA	1914	-	1922	5	18	1889-1955
	Knapp, Steve	USA	1998	-	2000	3	3	1964-
	Kneifel, Chris	USA	1983	-	1984	2	12	1961-
	Knepper, Arnie	USA	1965	-	1969	5	18	1930-1992
	Knight, Harry	USA	1911	-	1912	2	23	1889-1913
	Knipper, Billy	USA	1911	-	1914	3	13	1882-1968
	Kohlert, Henry	USA	1928		←	1	13	1892-1939
	Kreiger, Johnny	USA	1932		←	1	35	1901-1976
	Kreis, Peter	USA	1925	-	1933	6	8	1900-1934
	Krisiloff, Steve	USA	1971	-	1983	11	4	1946-
	Krueger, Phil	USA	1986	-	1988	2	8	1951-
	Kunzman, Lee	USA	1972	-	1979	4	7	1944-
L	Lanier, Randy	USA	1986		←	1	10	1954-
	Larson, Jud	USA	1958	-	1959	2	8	1923-1966
	Lautenschlager, Christian	D	1923		←	1	23	1877-1954
	Lazier, Bob	USA	1981		←	1	19	1938-
	Lazier, Buddy	USA	1991	-	2017	20	1	1967-
	Lazier, Jaques	USA	2000	-	2007	6	13	1971-
	LeBegue, Rene	F	1940		←	1	10	1914- ?
	Lecklider, Fred	USA	1926	-	1927	2	23	1895-1964
	LeCocq, Louis	USA	1919		←	1	18	1892-1919
	Leffler, Greg	USA	1980		←	1	10	1951-
	Leffler, Jason	USA	2000		←	1	17	1975-2013
	Legge, Katherine	GB	2012	-	2013	2	22	1980-
	Leonard, Joe	USA	1965	-	1973	9	3	1932-2017
	Levrett, Bayliss	USA	1949	-	1950	2	24	1913-2002
	Lewis, Dave	USA	1916	-	1927	4	2	1881-1928
	Lewis, Randy	USA	1987	-	1991	5	14	1945-
	Liesaw, Billy	USA	1912	-	1913	2	14	1875-1941
	Lindau, Bill	USA	1929		←	1	19	1903-1989
	Linden, Andy	USA	1951	-	1957	7	4	1922-1987
	Litz, Deacon	USA	1928	-	1941	12	4	1897-1967
	Lloyd, Alex	GB	2008	-	2011	4	4	1984-
	Lockhart, Frank	USA	1926	-	1927	2	1	1903-1928
	Loquasto, Al	USA	1976	-	1977	2	25	1940-1991
	Luyendyk, Arie	NL	1985	-	2002	17	1	1953-
	Luyendyk Jr., Arie	NL	2006		←	1	28	1981-
	Lynch, George	USA	1949		←	1	32	1918-1997
	Lytle, Herbert	USA	1911		←	1	32	1874-1932
M	MacDonald, Dave	USA	1964		←	1	29	1936-1964
	Mack, George	USA	2002		←	1	17	1971-
	MacKenzie, Doc	USA	1932	-	1936	5	3	1906-1936
	Mackey, Bill	USA	1951		←	1	19	1927-1951
	MacPherson, Jeff	USA	1987		←	1	8	1956-
	Magill, Mike	USA	1957	-	1959	3	17	1920-2006
	Mahler, John	USA	1972	-	1979	4	14	1936-
	Mais, John A.	USA	1915		←	1	22	1888-1961
	Malloy, Jim	USA	1968	-	1971	4	4	1932-1972
	Malone, Art	USA	1963	-	1964	2	11	1936-2013
	Mann, Pippa	GB	2011	-	2017	6	17	1983-
	Manning, Darren	GB	2004	-	2008	4	9	1975-
	Mansell, Nigel	GB	1993	-	1994	2	3	1953-
	Mantz, Johnny	USA	1948	-	1949	2	7	1918-1972
	Marchese, Carl	USA	1929		←	1	4	1905-1984
	Marquette, Mel	USA	1911	-	1912	2	19	1884-1961
	Marshall, Cy	USA	1930	-	1947	2	8	1902-1974
	Marshman, Bobby	USA	1961	-	1964	4	5	1936-1964
	Martin, John	USA	1972	-	1976	5	8	1939-
	Mason, George	USA	1914		←	1	23	1890- ?
	Mathouser, Bob	USA	1964		←	1	22	1926-1980
	Matos, Raphael	BR	2009	-	2010	2	22	1981-
	Matson, Joe	USA	1912		←	1	14	1881-1937
	Matsuda, Hideshi	J	1994	-	1999	4	8	1954-

	Name	Nat.	First		Last	Start	Best	Life
	Matsushita, Hiro	J	1991	-	1995	4	10	1961-
	Matsuura, Kosuke	J	2004	-	2007	4	11	1979-
	Mauro, Johnny	USA	1948		←	1	8	1910-2003
	Mays, Rex	USA	1934	-	1949	12	2	1913-1949
	McCarver, Jack	USA	1926		←	1	25	1896-1959
	McCluskey, Roger	USA	1961	-	1979	18	3	1930-1993
	McCoy, Ernie	USA	1953	-	1954	2	8	1921-2001
	McCoy, J. J.	USA	1919		←	1	30	1886- ?
	McCoy, Larry	USA	1975	-	1976	2	26	1942-1979
	McDonald, J. C.	USA	1930		←	1	18	1903- ?
	McDonough, Bob	USA	1924	-	1932	5	6	1889-1945
	McDougall, Bon	USA	1926		←	1	26	1901-1970
	McDowell, Johnny	USA	1949	-	1952	4	18	1915-1952
	McElreath, Jim	USA	1962	-	1980	15	3	1928-2017
	McGehee, Robby	USA	1999	-	2004	5	5	1973-
	McGrath, Jack	USA	1948	-	1955	8	3	1919-1955
	McGurk, Frank	USA	1936		←	1	26	1915-1982
	McQuinn, Harry	USA	1934	-	1948	10	7	1905-1986
	McRae, Graham	NZ	1973		←	1	16	1940-
	McWithey, Jim	USA	1959	-	1960	2	16	1927-2009
	Mears, Rick	USA	1978	-	1992	15	1	1951-
	Mears, Roger	USA	1982	-	1983	2	28	1947-
	Medeiros, Thiago	BR	2006		←	1	31	1982-
	Meira, Vitor	BR	2003	-	2011	9	2	1977-
	Melcher, Al	USA	1927		←	1	15	1884-1944
	Merz, Charlie	USA	1911	-	1916	4	3	1888-1952
	Meyer, Louis	USA	1928	-	1939	12	1	1904-1995
	Meyer, Zeke	USA	1930	-	1936	4	6	1892-1962
	Michner, Andy	USA	1998		←	1	8	1968-
	Miller, Al	USA	1932	-	1947	11	6	1907-1967
	Miller(Krulak), Al	USA	1963	-	1967	4	4	1921-1978
	Miller, Chet	USA	1930	-	1952	16	3	1902-1953
	Miller, Dr. Jack	USA	1997	-	1999	3	20	1961-
	Miller, Eddie	USA	1921		←	1	4	1895-1965
	Milton, Tommy	USA	1919	-	1927	8	1	1893-1962
	Minassian, Nicolas	F	2001		←	1	29	1973-
	Montoya, Juan Pablo	COL	2000	-	2017	5	1	1975-
	Moore, Lou	USA	1928	-	1936	9	2	1904-1956
	Moraes, Mario	BR	2008	-	2010	3	18	1988-
	Moran, Charles	USA	1930		←	1	27	1906-1978
	Moran, Rocky	USA	1988	-	1990	3	14	1950-
	Moreno, Roberto	BR	1986	-	2007	3	19	1959-
	Moriceau, Jules	F	1929		←	1	29	1887-1977
	Morton, Wade	USA	1925	-	1927	2	14	1889-1935
	Mosley, Mike	USA	1968	-	1983	15	3	1946-1984
	Moss, Alfred E.	GB	1924		←	1	16	1896-1972
	Mourre, Antoine	F	1924		←	1	9	?
	Mulford, Ralph	USA	1911	-	1922	10	2	1884-1973
	Munoz, Carlos	COL	2013	-	2017	5	2	1992-
	Murphey, Brad	USA	1996		←	1	23	1955-
	Murphy, Jimmy	USA	1920	-	1924	5	1	1894-1924
	Muther, Rick	USA	1970	-	1974	3	8	1935-1995
	Mutoh, Hideki	J	2008	-	2010	3	7	1982-
N	Nakano, Shinji	J	2003		←	1	14	1971-
	Nalon, Duke	USA	1938	-	1953	10	3	1913-2001
	Nazaruk, Mike	USA	1951	-	1954	3	2	1921-1955
	Nemish, Steve	USA	1926		←	1	21	1896-1975
	Newgarden, Josef	USA	2012	-	2017	6	3	1990-
	Niday, Cal	USA	1953	-	1955	3	10	1914-1988
	Nikrent, Joe	USA	1913		←	1	18	1879-1958
O	O'Connell, Johnny	USA	1996		←	1	29	1962-
	O'Connor, Pat	USA	1954	-	1958	5	8	1928-1958
	O'Donnell, Eddie	USA	1915	-	1920	3	5	1887-1920
	Oldfield, Barney	USA	1914	-	1916	2	5	1878-1946
	Olivero, Bobby	USA	1977		←	1	25	1946-
	Ongais, Danny	USA	1977	-	1996	11	4	1942-
	Opperman, Jan	USA	1974	-	1976	2	16	1939-1997
	Ormsby, Len	USA	1912		←	1	24	1890-1983
	Orr, Tom	USA	1915		←	1	13	1877-1954
P	Pagenaud, Simon	F	2012	-	2017	6	8	1984-
	Palmroth, Tero	SF	1988	-	1991	4	12	1953-
	Papis, Max	I	2002	-	2006	2	14	1969-
	Pardee, Phil	USA	1931		←	1	30	1906-1967
	Parsons, Johnnie	USA	1949	-	1958	10	1	1918-1984
	Parsons, Johnny	USA	1974	-	1996	12	5	1944-
	Patrick, Danica	USA	2005	-	2011	7	3	1982-
	Paul Jr., John	USA	1985	-	1998	7	7	1960-
	Petillo, Kelly	USA	1932	-	1941	9	1	1903-1970
	Petticord, Jack	USA	1927		←	1	32	1900-1940

	Name	Nat.	First		Last	Start	Best	Life
	Philippe, Nelson	F	2009		←	1	25	1986-
	Phillips, Overton	USA	1941		←	1	13	1908-1999
	Pigot, Spencer	USA	2016	-	2017	2	18	1993-
	Pilette, Theodore	B	1913		←	1	5	1883-1921
	Pimm, Ed	USA	1985	-	1987	3	17	1956-
	Piquet, Nelson	BR	1993		←	1	32	1952-
	Pixley, Ray	USA	1936		←	1	6	1907-1936
	Plowman, Martin	GB	2014		←	1	23	1987-
	Pollard, Art	USA	1967	-	1971	5	8	1927-1973
	Porporato, Jean	F	1915	-	1920	2	14	1879-?
	Posey, Sam	USA	1972		←	1	5	1944-
	Power, Will	AUS	2008	-	2017	10	2	1981-
	Prappas, Ted	USA	1992		←	1	16	1955-
	Prentiss, Willard	USA	1933		←	1	13	1897-1959
	Pruett, Scott	USA	1989	-	1995	4	10	1960-
	Puterbaugh, Bill	USA	1975	-	1977	3	7	1936-
	Putnam, Al	USA	1938	-	1946	4	12	1909-1946
Q	Quinn, Francis	USA	1931		←	1	40	1903-1931
R	Rager, Roger	USA	1980		←	1	23	1948-
	Rahal, Bobby	USA	1982	-	1995	13	1	1953-
	Rahal, Graham	USA	2008	-	2017	10	3	1989-
	Rasmussen, Eldon	CDN	1975	-	1979	3	13	1936-
	Rathmann, Dick	USA	1950	-	1963	9	5	1926-2000
	Rathmann, Jim	USA	1949	-	1963	14	1	1928-2011
	Ray, Greg	USA	1997	-	2004	8	8	1966-
	Rebaque, Hector	MEX	1982		←	1	13	1956-
	Redon, Laurent	F	2002		←	1	22	1973-
	Reece, Jimmy	USA	1952	-	1958	6	6	1929-1958
	Regazzoni, Clay	CH	1977		←	1	30	1939-2006
	Renna, Tony	USA	2003		←	1	7	1976-2003
	Resta, Dario	GB	1915	-	1923	3	1	1882-1924
	Revson, Peter	USA	1969	-	1973	5	2	1939-1974
	Ribbs, Willy T.	USA	1991	-	1993	2	21	1956-
	Ribeiro, Andre	BR	1995		←	1	18	1966-
	Rice, Buddy	USA	2003	-	2011	6	1	1976-
	Rice, Larry	USA	1978	-	1979	2	11	1946-2009
	Richmond, Tim	USA	1980	-	1981	2	9	1955-1989
	Rickenbacker, Eddie	USA	1914	-	1916	3	10	1890-1973
	Riganti, Raul	RA	1923	-	1940	3	14	1893-1970
	Rigsby, Jim	USA	1952		←	1	12	1923-1952
	Rindt, Jochen	A	1967	-	1968	2	24	1942-1970
	Roberts, Floyd	USA	1935	-	1939	5	1	1900-1939
	Robson, George	USA	1940	-	1946	3	1	1909-1946
	Robson, Hal	USA	1946	-	1948	3	15	1911-1996
	Rodee, Chuck	USA	1962	-	1965	2	28	1927-1966
	Roe, Billy	USA	1997	-	1998	2	22	1957-
	Romancini, Mario	GB	2010		←	1	13	1987-
	Romcevich, Pete	USA	1947		←	1	12	1906-1952
	Rooney, Tom	USA	1916		←	1	17	1881-1939
	Rose, Ebb	USA	1961	-	1963	3	14	1925-2007
	Rose, Mauri	USA	1933	-	1951	15	1	1906-1981
	Ross, Sam	USA	1928	-	1931	2	15	1901-1980
	Rossi, Alexander	USA	2016	-	2017	2	1	1991-
	Roth, Marty	USA	2004	-	2008	4	24	1958-
	Ruby, Lloyd	USA	1960	-	1977	18	3	1928-2009
	Rupp, Mickey	USA	1965		←	1	6	1936-
	Russo, Eddie	USA	1955	-	1960	3	22	1925-2012
	Russo, Joe	USA	1931	-	1934	4	5	1901-1934
	Russo, Paul	USA	1940	-	1962	14	4	1914-1976
	Rutherford, Johnny	USA	1963	-	1988	24	1	1938-
	Ruttman, Troy	USA	1949	-	1964	12	1	1930-1997
S	Saavedra, Sebastian	COL	2010	-	2017	6	15	1990-
	Sachs, Eddie	USA	1957	-	1964	8	2	1927-1964
	Sailer, Max	D	1923		←	1	8	1882-1964
	Salay, Mike	USA	1948		←	1	30	1909-1973
	Salazar, Eliseo	RCH	1995	-	2001	6	3	1954-
	Saldana, Joe	USA	1978	-	1979	2	15	1944-
	Sall, Bob	USA	1935		←	1	29	1908-1974
	Sarles, Roscoe	USA	1919	-	1922	4	2	1892-1922
	Sato, Takuma	J	2010	-	2017	8	1	1977-
	Saulpaugh, Bryan	USA	1932		←	1	32	1905-1933
	Savage, Swede	USA	1972	-	1973	2	22	1946-1973
	Sawyer, Johnny	USA	1933	-	1934	2	25	1902-1989
	Saylor, Everett	USA	1941		←	1	17	1909-1942
	Scarborough, Carl	USA	1951	-	1953	2	12	1914-1953
	Scheckter, Tomas	ZA	2002	-	2011	10	4	1980-
	Schindler, Bill	USA	1950	-	1952	3	13	1909-1952
	Schmidt, Sam	USA	1997	-	1999	3	26	1964-
	Schneider, Louis	USA	1927	-	1933	6	1	1901-1942

	Name	Nat.	First		Last	Start	Best	Life
	Schrader, Gus	USA	1932		←	1	39	1895-1941
	Schroeder, Jaret	USA	1999	–	2001	3	14	1969-
	Schuppan, Vern	AUS	1976	–	1981	3	3	1943-
	Schurch, Herman	USA	1929	–	1931	2	20	1903-1931
	Scott, Billy	USA	1976		←	1	23	1948-
	Scott, Bob	USA	1952	–	1953	2	29	1928-1954
	Servia, Oriol	E	2008	–	2017	9	4	1974-
	Sessions, Sam	USA	1968	–	1975	7	4	1935-1977
	Seymour, Johnny	USA	1928	–	1936	6	17	1896-1958
	Shafer, Phil	USA	1923	–	1934	8	3	1891-1971
	Shannon, Elmer T.	USA	1919		←	1	13	1892-1961
	Sharp, Scott	USA	1994	–	2009	14	6	1968-
	Shattuc, Dr. W. E.	USA	1925	–	1927	3	9	1894-1962
	Shaw, Wilbur	USA	1927	–	1941	13	1	1902-1954
	Sheffler, Bill	USA	1946	–	1949	3	9	1917-1949
	Shepherd, A. J.	USA	1961		←	1	26	1926-2005
	Shoaff, Benny	USA	1927	–	1928	2	13	1897-1960
	Simmons, Jeff	USA	2004	–	2008	4	11	1976-
	Simon, Dick	USA	1970	–	1988	17	6	1933-
	Simpson, Bill	USA	1974		←	1	13	1940-
	Smiley, Gordon	USA	1980	–	1981	2	22	1946-1982
	Sneva, Jerry	USA	1977	–	1982	5	10	1949-2018
	Sneva, Tom	USA	1974	–	1992	18	1	1948-
	Snider, George	USA	1965	–	1987	22	8	1940-
	Snowberger, Russ	USA	1928	–	1947	15	5	1901-1968
	Snyder, Jimmy	USA	1935	–	1939	5	2	1909-1939
	Sospiri, Vincenzo	I	1997		←	1	17	1966-
	Souders, George	USA	1927	–	1928	2	1	1900-1976
	Spangler, Lester	USA	1933		←	1	26	1906-1933
	Spence, Bill	USA	1929		←	1	32	1906-1929
	St. James, Lyn	USA	1992	–	2000	7	11	1947-
	Stapp, Babe	USA	1927	–	1940	12	5	1904-1980
	Stevens, Myron	USA	1931		←	1	4	1901-1988
	Stevenson, Chuck	USA	1951	–	1965	9	6	1919-1995
	Stewart, Jackie	GB	1966	–	1967	2	6	1939-
	Stewart, Tony	USA	1996	–	2001	5	5	1971-
	Strang, Lewis	USA	1911		←	1	29	1884-1911
	Stubblefield, Stubby	USA	1931	–	1934	4	5	1909-1935
	Sullivan, Danny	USA	1982	–	1995	12	1	1950-
	Sutton, Len	USA	1958	–	1965	7	2	1925-2006
	Swanson, Bob	USA	1937	–	1940	3	6	1912-1940
	Sweikert, Bob	USA	1952	–	1956	5	1	1926-1956
T	Tagliani,Alex	CDN	2009	–	2016	8	10	1973-
	Takagi, Toranosuke	J	2003	–	2004	2	5	1974-
	Taylor, Mark	GB	2004		←	1	30	1977-
	Teague, Marshall	USA	1953	–	1957	2	7	1921-1959
	Templeman, Shorty	USA	1955	–	1962	5	4	1919-1962
	Tetzlaff, Teddy	USA	1911	–	1914	4	2	1883-1929
	Theys, Didier	B	1989	–	1993	3	11	1956-
	Thomas, Joe	USA	1920	–	1922	3	8	1890-1965
	Thomas, Rene	F	1914	–	1921	4	1	1886-1975
	Thomson, Johnny	USA	1953	–	1960	8	3	1922-1960
	Thorne, Joel	USA	1938	–	1941	4	5	1914-1955
	Threshie, Phil	USA	1978	–	1979	2	17	1953-
	Thurman, Arthur	USA	1919		←	1	27	1879-1919
	Till, Brian	USA	1994		←	1	12	1960-
	Tingelstad, Bud	USA	1960	–	1971	10	6	1928-1981
	Toft, Omar	USA	1919		←	1	28	1886-1921
	Tolan, Johnnie	USA	1956	–	1958	3	13	1917-1986
	Tomei, Louis	USA	1935	–	1946	8	10	1910-1955
	Tower, Jack	USA	1911	–	1913	2	19	1888-1985
	Tracy, Paul	CDN	1992	–	2011	7	2	1968-
	Treadway, Rick	USA	2002		←	1	29	1970-
	Trexler, Marion	USA	1930		←	1	34	1891-1968
	Triplett, Ernie	USA	1929	–	1933	5	7	1906-1934
	Trucco, Vincenzo	I	1913		←	1	20	?
	Turner, Jack	USA	1956	–	1962	6	11	1920-2004
	Turner, W. H. Jack	USA	1911		←	1	8	1877-1917
U	Unser, Al	USA	1965	–	1993	27	1	1939-
	Unser Jr., Al	USA	1983	–	2007	19	1	1962-
	Unser, Bobby	USA	1963	–	1981	19	1	1934-
	Unser, Jerry	USA	1958		←	1	31	1932-1959
	Unser, Johnny	USA	1996	–	2000	5	18	1958-
	Unser, Robby	USA	1998	–	1999	2	5	1968-
V	Vail, Ira	USA	1919	–	1925	5	7	1893-1979
	Van Acker, Charles	USA	1947	–	1949	3	11	1912-1998
	Van Raalte, Noel	GB	1915		←	1	10	1888-1940
	Van Ranst, C. W.	USA	1921		←	1	16	1892-1972
	Vasser, Jimmy	USA	1992	–	2003	8	4	1965-

	Name	Nat.	First		Last	Start	Best	Life
	Vautier, Tristan	F	2013	–	2015	2	16	1989-
	Veach, Zach	USA	2017		←	1	26	1994-
	Veith, Bob	USA	1956	–	1968	11	7	1924-2006
	Velez, Fermin	E	1996	–	1997	2	10	1959-2003
	Villeneuve Sr., Jacques	CDN	1986		←	1	20	1953-
	Villeneuve, Jacques	CDN	1994	–	2014	3	1	1971-
	Villoresi, Luigi	I	1946		←	1	7	1909-1997
	Viso, EJ	YV	2008	–	2013	6	18	1985-
	Vitolo, Dennis	USA	1994	–	1997	2	15	1956-
	Vogler, Rich	USA	1985	–	1989	5	8	1950-1990
	Vukovich, Bill	USA	1951	–	1955	5	1	1918-1955
	Vukovich, Billy	USA	1968	–	1980	12	2	1944-
	Vukovich Ⅲ, Bill	USA	1988	–	1990	3	12	1963-1990
W	Wagner, Louis	F	1919		←	1	26	1882-1960
	Walkup, Bruce	USA	1969	–	1970	2	29	1944-
	Wallard, Lee	USA	1948	–	1951	4	1	1910-1963
	Walther, Salt	USA	1972	–	1979	7	9	1947-2012
	Ward, Jeff	USA	1997	–	2005	7	2	1961-
	Ward, Rodger	USA	1951	–	1966	15	1	1921-2004
	Warren, Bentley	USA	1971	–	1975	2	23	1940-
	Wattles, Stan	USA	1998	–	2000	3	17	1961-
	Wearne, Frank	USA	1937	–	1947	7	7	1913-1985
	Weatherly, Clay	USA	1935		←	1	32	1901-1935
	Webb, Spider	USA	1948	–	1954	6	19	1910-1990
	Weiler, Wayne	USA	1960	–	1961	2	15	1934-2005
	Weld, Greg	USA	1970		←	1	32	1944-2008
	Wente, Bob	USA	1964		←	1	9	1933-2000
	Werner, Christian	D	1923		←	1	11	1892-1932
	Weyant, Chuck	USA	1955	–	1959	4	12	1923-2017
	Wheldon, Dan	GB	2003	–	2011	9	1	1978-2011
	White, Johnny	USA	1964		←	1	4	1932-1977
	Whittington, Bill	USA	1980	–	1985	5	14	1949-
	Whittington, Dale	USA	1982		←	1	33	1959-2003
	Whittington, Don	USA	1980	–	1985	5	6	1946-
	Wilburn, Jimmy	USA	1946		←	1	19	1908-1984
	Wilcox, Howdy	USA	1911	–	1923	11	1	1889-1923
	Wilcox Ⅱ, Howdy	USA	1932		←	1	2	1905-1946
	Williams, Carl	USA	1966	–	1972	6	9	1930-1973
	Williams, Doc	USA	1936	–	1948	4	16	1912-1982
	Willman, Tony	USA	1937	–	1941	4	14	1907-1941
	Wilson, Dempsey	USA	1958	–	1963	4	11	1927-1971
	Wilson, Justin	GB	2008	–	2015	8	5	1978-2015
	Wilson, Stefan	GB	2016		←	1	28	1989-
	Wingerter, George	USA	1931		←	1	33	1904-1994
	Winn, Billy	USA	1931	–	1937	4	9	1906-1938
	Winnai, Freddy	USA	1929	–	1936	6	5	1905-1977
	Wishart, Spencer	USA	1911	–	1914	4	2	1889-1914
	Witherill, Cory	USA	2001		←	1	19	1971-
	Wonderlich, Jerry	USA	1922	–	1924	2	6	1889-1937
	Woodbury, Cliff	USA	1926	–	1929	4	3	1894-1984
Y	Yarborough, Cale	USA	1966	–	1972	4	10	1940-
	Yarbrough, Lee Roy	USA	1967	–	1970	3	19	1938-1984
	Yasukawa, Roger	USA	2003	–	2007	5	10	1977-
	Yeley, J. J.	USA	1998		←	1	9	1976-
Z	Zampedri, Alessandro	I	1995	–	1997	3	4	1969-
	Zborowski, Count Louis	F	1923		←	1	20	1895-1924
	Zengel, Len	USA	1912		←	1	6	1887-1963
	Zimmerman, Denny	USA	1971	–	1972	2	8	1940-
	Zuccarelli, Paul	I	1913		←	1	22	1886-1913

以上、決勝出走した正ドライバーのみ。初期において、リリーフ・ドライバーとしてのみ参戦した者もいるが、彼らは含んでいない

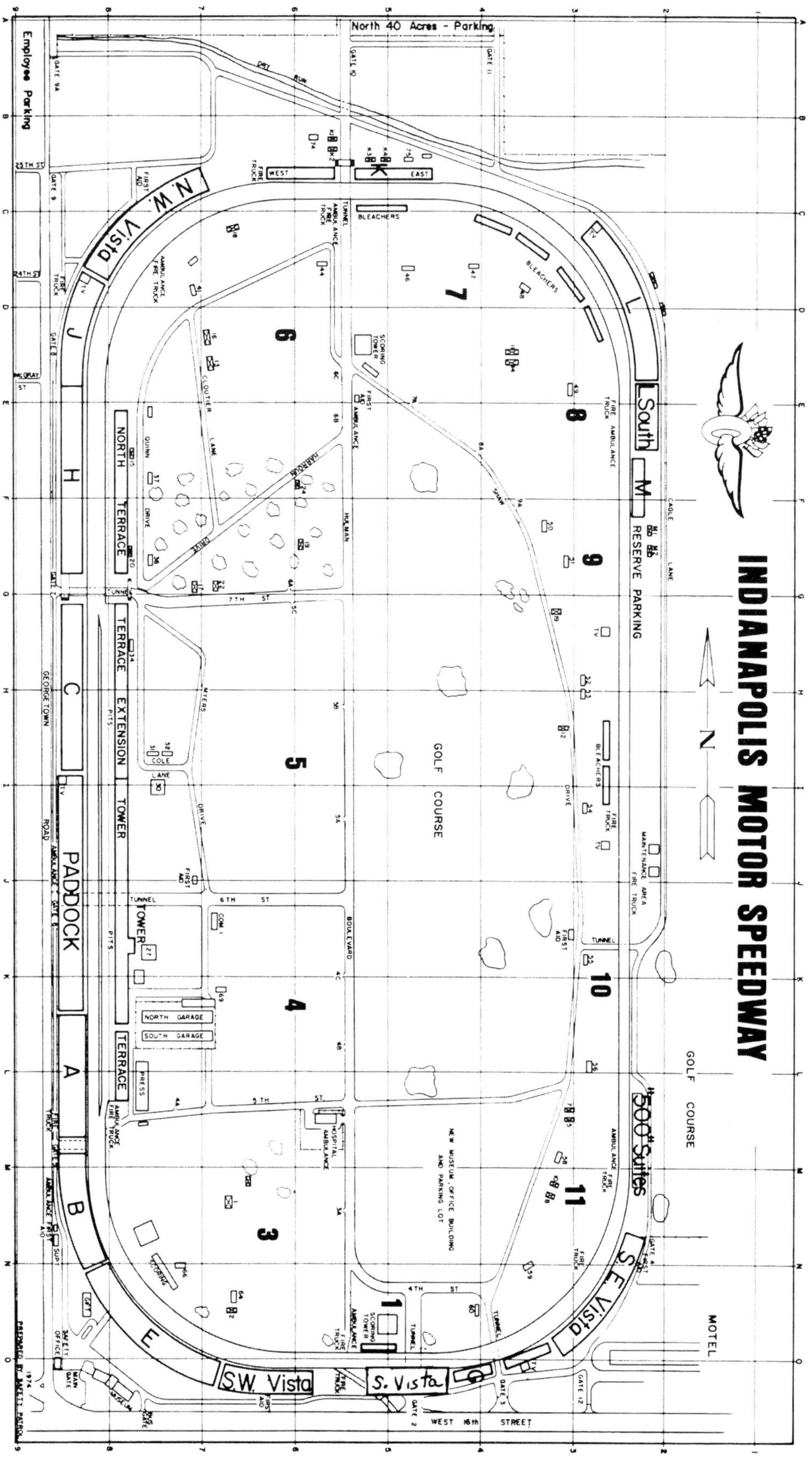

『Illustrated History of THE INDIANAPOLIS 500 1911-1984』より

インディ500関連の死亡事故

年	発生日	事故概要
1909	8月19日	ビリー・ブルク(ドライバー)とハリー・ホルクーム(ライディングメカニック)が「プレスト・オー・ライト・トロフィー」レース中にフロントストレッチで
	8月21日	クロード・ケルム(ジョニー・エイトケンのライディングメカニック)が「ホイーラー・シェブラー・トロフィー」レース中にフロントストレッチで。観客2名も
1910	7月6日	トム・キンケイド(ドライバー)がテスト中にターン2でコースを飛び出す
1911	5月30日	サム・ディクソン(アーサー・グレイナーのライディングメカニック)が「インディ500」レース中に
1913	6月26日	ハリー・マーティン(ドライバー)がテスト中に
1915	10月4日	アルバート・ジョンソン(ドライバー)がテスト中に
1919	5月31日	アーサー・サーマン(ドライバー)が「インディ500」レース中に
	〃	ルイ・ルコック(ドライバー)とロバート・バンディーニ(ライディングメカニック)が「インディ500」レース中に
1923	5月30日	観客1名(16歳)が「インディ500」レース中にバックストレッチでクラッシュしたトム・アレイ車に巻き込まれて
1926	5月27日	ハーバート・ジョーンズ(ドライバー)が「インディ500」クォリファイ中にターン4で
1929	5月30日	ビル・スペンス(ドライバー)が「インディ500」レース中にターン2で
1930	5月30日	ポール・マーシャル(サイ・マーシャルのライディングメカニック)が「インディ500」レース中にターン3で
1931	5月26日	ジョー・カッチア(ドライバー)とクラレンス・グローヴァー(ライディングメカニック)が「インディ500」プラクティス中にターン2で
	5月30日	コース脇の自宅にいた少年(11歳)が「インディ500」レース中にターン4でクラッシュしたビリー・アーノルド車から外れた後輪の直撃を受けて
1932	5月25日	ハリー・コックス(ベニー・ベネフィールのライディングメカニック)が「インディ500」クォリファイ中にターン1で
	5月27日	ミルトン・ジョーンズ(ドライバー)が「インディ500」プラクティス中にターン3で
1933	5月28日	ビル・デンヴァー(ドライバー)とボブ・ハースト(ライディングメカニック)が「インディ500」クォリファイのウォームアップ中に
	5月30日	マーク・ビルマン(ドライバー)が「インディ500」レース中にターン2で
	〃	レスター・スパングラー(ドライバー)とG.L.ジョーダン(ライディングメカニック)が「インディ500」レース中にターン1で
1934	5月25日	ピーター・クライス(ドライバー)とボブ・ハーン(ライディングメカニック)が「インディ500」レース中にターン1を飛び出して
1935	5月21日	ジョニー・ハノン(ドライバー)が「インディ500」プラクティス中にターン3を飛び出して
	〃	スタビー・スタブルフィールド(ドライバー)とレオ・ウィタカー(ライディングメカニック)が「インディ500」クォリファイ中にターン2を飛び出して
	5月30日	クレイ・ウェザリー(ドライバー)が「インディ500」レース中にターン4で
1937	5月28日	アルバート・オパルコ(フランク・マクガークのライディングメカニック)が「インディ500」クォリファイ中に
	〃	ピット周辺にいた観客2名が「インディ500」クォリファイ中に炎上しながらピットインしてきたオヴァートン・フィリップス車に撥ねられて
1938	5月30日	観客1名が「インディ500」レース中にターン2でエミル・アンドレス車から外れたタイヤの直撃を受けて
1939	5月30日	フロイド・ロバーツ(ドライバー)が「インディ500」レース中にターン2出口で多重事故により
	9月20日	ローソン・ハリス(ベイブ・スタップのライディングメカニック)がタイヤ・テスト中にターン1で
1940	5月7日	ジョージ・ベイリー(ドライバー)が「インディ500」プラクティス中に
1947	5月30日	ショーティ・キャントロン(ドライバー)が「インディ500」レース中に
1948	5月16日	ラルフ・ヘプバーン(ドライバー)が「インディ500」プラクティス中にターン3で
1949	5月28日	ジョージ・メツラー(ドライバー)が「インディ500」プラクティス中にターン1で
1953	5月15日	チェット・ミラー(ドライバー)が「インディ500」プラクティス中にターン1で
	5月30日	カール・スカーボロー(ドライバー)が「インディ500」レース中に熱中症で
1955	5月16日	マヌエル・アユロ(ドライバー)が「インディ500」プラクティス中にターン1で
	5月30日	ビル・ヴコヴィッチ(ドライバー)が「インディ500」レース中にバックストレッチで多重事故によりコース外に飛び出して
1957	5月15日	キース・アンドリューズ(ドライバー)が「インディ500」プラクティス中にターン4で
1958	5月30日	パット・オコーナー(ドライバー)が「インディ500」レース中にターン3で多重事故により
1959	5月2日	ジェリー・アンサー(ドライバー)が「インディ500」プラクティス中にターン4で
	5月19日	ボブ・コートナー(ドライバー)が「インディ500」プラクティス中に
1960	5月30日	観客2名が「インディ500」レース直前のパレード・ラップ中、インフィールド内の仮設スタンドの倒壊により
1961	5月12日	トニー・ベッテンハウゼン(ドライバー)が「インディ500」プラクティス中にメインストレッチで
	5月30日	消防士1名が「インディ500」レース中に火災発生車に向かう消防車から落下して
1964	5月30日	デイヴ・マクドナルド(ドライバー)とエディー・ザックス(ドライバー)が「インディ500」レース中にターン4で多重事故により
1966	5月14日	チャック・ロディー(ドライバー)が「インディ500」クォリファイ中にターン1出口で
1968	5月7日	マイク・スペンス(ドライバー)が「インディ500」プラクティス中にターン1で
1972	5月14日	ジム・マロイ(ドライバー)が「インディ500」プラクティス中にターン3で
1973	5月12日	アート・ポラード(ドライバー)が「インディ500」プラクティス中にターン1で
	5月30日	スウィード・サヴェージ(ドライバー)が「インディ500」レース中にターン4出口で
	〃	アーマンド・テラン(グレアム・マクレーのチームクルー)が「インディ500」レース中のピットロードで逆走する消防車に撥ねられて
1982	5月15日	ゴードン・スマイリー(ドライバー)が「インディ500」クォリファイのウォームアップ中にターン3で
1987	5月24日	観客1名が「インディ500」レース中にターン3でトニー・ベッテンハウゼンJr.車から外れたタイヤをロベルト・グェレーロ車が跳ね上げスタンドに飛び込んで
1992	5月15日	ジョヴィー・マルセロ(ドライバー)が「インディ500」プラクティス中にターン1で
1996	5月17日	スコット・ブレイトン(ドライバー)が「インディ500」プラクティス中にターン2で
2003	10月22日	トニー・レナ(ドライバー)がタイヤ・テスト中にターン3で

参考文献

132 of the Most Unusual Cars That Ever Ran at Indianapolis. Lyle Kenyon Engel. Arco Publishing Company. 1970.

500 Miles To Go. Al Bloemker. Frederick Muller Limited. 1962.

American Automobile Racing —an Illustrated History. Albert R. Bochroch. the Viking Press. 1974.

American Auto Racing—the Milestones and Personalities of Speed. J. A. Martin and Thomas F. Saal. McFarland & Company Inc. 2004.

Anatomy & Development of the Indy Car. Tony Sakkis. Motorbooks International. 1994.

Auto Racing Old and New. Herbert Lozier. Fawcett Books. 1953.

Board Track—Guts, Gold & Glory. Dick Wallen. Dick Wallen. 1990.

the Boys of Indy. Phil Berger and Larry Bortstein. Corwin Books. 1977.

Champions of the Indianapolis 500. Bill Libby. Dodd, Mead & Company. 1976.

Daredevils of the Speedway. Ross R. Olney. Grosset & Dunlap. 1966.

Design & Development of the Indy Car. Roger Huntington. H. P. Books. 1981.

the Encyclopaedia of Motor Sport. G. N. Georgano. Ebury Press and Michael Joseph. 1971.

Encyclopedia of Auto Racing Greats. Robert Cutter and Bob Fendell. Prentice-Hall Inc. 1973.

Fabulous Fifties—American Championship Racing. Dick Wallen. Dick Wallen Productions. 1993.

Gentlemen, Start Your Engines. Wilbur Shaw. the Bodley Head. 1956.

the Golden Age of the American Racing Car. 2nd. ed. Griffith Borgeson. Society of Automotive Engineers. 1998.

Great American Race Drivers. Bill Libby. Cowles Book Company Inc. 1970.

the History of the American Speedway Past & Present. Allan E. Brown. Slideways Publications. 1984.

How Much Do You Really Know About The Indianapolis 500? Pat Kennedy. AuthorHouse. 2011.

the Illustrated History of the Indianapolis 500 1911–1994. Jack C. Fox. Carl Hungness Publishing. 1994.

Indianapolis 500—a Century of Excitement. Ralph Kramer. Krause Publications. 2010.

the Indianapolis 500—a complete pictorial history. John & Barbara Devaney. Rand McNally & Company. 1976.

Indianapolis "500"—the World's Most Exciting Auto Race. Lyle Kenyon Engel. Four Winds Press. 1972.

Indianapolis 500 1911–1975. Unique Motor Books. c2002.

Indianapolis 500 Chronicle. Rick Popely and L. Spencer Riggs. Publications International Ltd. 1998.

Indianapolis 500 mile Race 1946–1971. Unique Motor Books. c1999.

Indianapolis 500-mile Race History. Floyd Clymer. 1946.

Indianapolis Motor Speedway—100 Years of Racing. Ralph Kramer. Krause Publications. 2009.

Indianapolis Racing Memories 1961–1969. Dave Friedman. Motorbooks International. 1997.

Indianapolis Roadsters 1952–1964. Joe Scalzo. MBI Publishing Company. 1999.

The Indianapolis Star—the 500 1911 to 1990. Ted E. Daniels. The Indianapolis Star. 1990.

Indy—Seventy-five Years of Racing's Greatest Spectacle. Rich Taylor. St.Martin's Press. 1991.

the Indy 500—an American Institution Under Fire. Ron Dorson. Bond/Parkhurst Books. 1974.

Indy 500—More Than a Race. Tom Carnegie. McGraw-Hill Book Company. 1987.

Indy Cars 1911–1939. Karl Ludvigsen. Iconografix. 2005.

Indy Cars of the 1940s. Karl Ludvigsen. Iconografix. 2004.

Indy Cars of the 1950s. Karl Ludvigsen. Iconografix. 2000.

Indy Cars of the 1960s. Karl Ludvigsen. Iconografix. 2001.

Indy's Wildest Decade. Alex Gabbard. CarTech Auto Books & Manuals. 2004.

Izod Indycar Series 2012 Historical Record Book. Indycar. 2012.

King of the Boards—the Life and Times of Jimmy Murphy. Gary D. Doyle. Gary Doyle. 2002.

Kurtis-Kraft—Master Works of Speed and Style. Gordon Eliot White. MBI Publishing Company. 2001.

the Kurtis-Kraft Story. Ed Hitze. Interstate Printers and Publishers. 1974.

the Marvelous Mechanical Designs of Harry A. Miller. Gordon Eliot White. Iconografix. 2004.

Metal of Honor. BorgWarner. 2016.

Miller. Griffith Borgeson. Motorbooks International. 1993.

the Miller Dynasty. Mark L. Dees. Barnes Publishing Inc. 1981.

Offenhauser—the Legendary Racing Engine and the Men Who Built It. Gordon Eliot White. Motorbooks International. 1996.

Official History of the Indianapolis 500. 2nd. ed. Donald Davidson and Rick Shaffer. Icon Publishing Ltd. 2013.

Racers At Rest—the Checkered Flag 1905–2008. Ebb Rose, Joe Heisler, Fred Chaparro and Jeff Sharpe. Rose Racing Publications. 2008.

the Roadsters of Indianapolis Glory Days 1952–1966. Greg Littleton and Bill Enoch. Sue Breeding. 2004.

Roar From the Sixties—American Championship Racing. Dick Wallen. Dick Wallen Productions. 1997.

Seventies Championship Revolution—American Racing Championships. Dick Wallen. Dick Wallen Productions. 2003.

Speed!—Indy Car Racing. Chet Jezierski. Harry N. Abrams Inc. 1985.

those incredible indy cars. Jean Calvin. sports car press. 1973.

the Watson Years. Gary Wayne. Witness Productions. 2001.

Under the Green. Johnny McDonald. Peebles Press. 1979.

Indianapolis 500 Official Program. (each year since 1986). Indianapolis Motor Speedway.

Indianapolis 500 Media Fact Book. (each year since 1990). IMS Publications.

Indianapolis 500 Record Book. (from 1989 to 2003). Indianapolis Newspapers Inc.

Autocourse Indianapolis Official Yearbook. (2003 and 2004). Hazleton Publishing.

Donald Davidson's Indianapolis 500 Annual. (1974 and 1975). Central Publishing Co.

Indianapolis Race Official Year Book. (from 1946 to 1968). Floyd Clymer.

Indianapolis 500 Yearbook. (from 1969 to 1997). Carl Hungness Publishing.

Indy Review. (from Volume 1=1991 to Volume 11=2001). MBI Publishing.

and others…

※参考文献の書籍は、書名のアルファベット順に掲載

おわりに

「佐藤琢磨もこれでフランク・ロックハートと肩を並べる存在になった」と言ったら、昔から現地に住む90歳の筋金入りインディ・ファンの爺さんはきっと言うだろう。

「いや、それはどうだかね」と。

アメリカにはアメリカのレースがある。歴史がある。伝統がある。秩序がある。ヨーロッパも同様だ。日本だって同様かもしれない。しかしそれらをグローバルに100年単位で俯瞰する習慣が、少なくとも日本のモータースポーツ報道にはこれまで存在しなかった。日本が日本人視点でＦ１GPを何十年語ってもひとりの勝者も生まれないように、日本が日本人視点でインディを何十年見ていてもひとりの勝者も生まれないだろうと、長年思っていた。

それが2017年５月、覆された。日本人・佐藤琢磨がインディで勝ったのだ。

嬉しくて、未明、テレビの生中継が終わらないうちに現地で長年取材をしている旧知の日本人ジャーナリストにメールを送った。しばらくして、興奮気味の返信メールが届いた。

「生きているうちに、こんな場面に立ち会えるとは思わなかった」と。

インディ500の歴史を知れば知るほど、それで勝つことがいかに偉大であるかが分かる。知らなければ、分からない。日本人はアメリカのレースを知らなすぎる。あるいは、勘違いしすぎている。せっかくのツインリンクもてぎのオーバル・コースが閉鎖されたままなのも、何とも残念。４回勝ったA. J. フォイトやアル・アンサーやリック・メアーズの名前を知っているからと言って、分かった気分になっていてはいけない。彼らだけが特筆されるべき存在ではない。

「わずか１勝」でも「０勝」でも、ヒーローはどの時代にもいた。1911年〜2017年の107年・101大会に、一度でも出走した経験がある者は700人弱。ある者は勝利に歓喜し、ある者は悔し涙にくれ、ある者は夢を見ながら死んでいった。そのひとつひとつの尊い積み重ねが、未来に向けての更なる歴史となっていく。

そのことを、日本のレースファンはまだ多くを知らない。教えてくれるはずのメディアが少ない。「歴史的快挙」という単語を一瞬だけ安易に振りかざすのみのメディアよりも一歩先を行こう。だから、インディ500のことをもっと知ろう。アメリカのレースのことをもっと知ろう。

例えばフランク・ロックハートの波乱万丈の人生を今後日本語で記す者が現われた時、それに触発されて、もっと深く正しく歴史を後世に伝えたいと思う者が現われた時、佐藤琢磨が2017年に残した足跡の偉大さが改めて再認識されることになるだろう。

＊　＊

本書に使用した写真はすべて、IMS(Indianapolis Motor Speedway)のメディア向けフォト・アーカイブからのもの。歴史資料に関する取り組み方には敬服するばかりだ。また、インディやアメリカン・レーシングに関する資料や洋書は個人的に40年ほど以前から購入収集してきたが、近年の資料や公式プログラムに関しては天野雅彦、松本浩明の両氏の協力によるところが大きい。改めて感謝したい。

志を持つ皆で協力し合いながら、アメリカン・レースに関する情報を日本にもっと広めたい広めてほしいと強く思う。

林 信次

編集部より

2017年５月、佐藤琢磨選手が日本人初となるインディ500での優勝を成し遂げました。モナコGPやル・マン24時間レースと並び、世界三大レースでの勝利は、まさに快挙といえます。インディ500は、100年以上も歴史のある伝統のレース大会ですが、日本ではその詳細を紹介したものが多くありませんでした。

そこで、長年モータースポーツの歴史考証等に携わられている林信次氏に、佐藤琢磨選手の優勝に至るまでの、インディ500に関する情報を日本の書籍で紹介することを相談したところ、林氏も同様の考えをお持ちでした。長年調査を続けている林氏と協議の末、公式に残されているレース記録とオフィシャル写真を駆使して、第１回からのレース大会から、佐藤琢磨選手が優勝した第101回までの記録を、日本で初めての書籍として企画することとなりました。

読者の皆様には、Ｆ１GPなどとは違った、アメリカン・レースの詳細をご理解いただき、関心と興味をより深めていただければ幸いです。

既存メディアとは異なる名称表記をあえて使用している箇所もありますが、お気づきの点がございましたら、該当する資料とともに弊社編集部までご通知いただけますと幸いです。

三樹書房　編集部

林 信次

1955年（昭和30年）東京杉並生まれ。74年明治大学入学と同時にモータースポーツ専門誌『オートテクニック』の編集アルバイトを開始。81年に『F 1 GP 1950－80 全342戦完全記録』を自費出版。グランプリ出版社員を経てフリーランスに。86年『レーシングオン』誌創刊スタッフ。その後、主宰するGIRO名義で執筆＆編集を2004年まで担当。06年『日本の名レース100選』を創刊。現在は『F 1 速報』誌にコラムを連載中。著書に『サーキット・ヒーロー』（光風社／88年）、『時にはオポジットロック』（ニューズ出版／93年）、『F 1 戦士デビュー伝説』（ベストブック／94年）、『F 1 全史』（1 ～10巻まで／ニューズ出版）、『富士スピードウェイ最初の40年』（三樹書房／05年）等がある。

インディ500

全101レース大会の記録

1911-2017

著　者　林 信次

発行者　小林謙一

発行所　三樹書房

〒101-0051　東京都千代田区神田神保町 1-30

TEL 03（3295）5398　FAX 03（3291）4418

URL　http://www.mikipress.com

印刷・製本　シナノ パブリッシング プレス

Printed in Japan

三樹書房の刊行書

ISBN978-4-89522-667-7

戦前の日本のレース活動について、貴重な写真、資料とともにたどる

日本の自動車レース史

多摩川スピードウェイを中心として　1915-1950

トヨタ博物館 元館長　杉浦孝彦 著

当時の関係者や博物館に保存されていた史料を丹念に分析、貴重な未発表写真や報道資料を収録して当時の様子を解説し、大正11年(1922年)の洲崎でのレースの時代から、わかりやすく時系列で紹介する。これらのレースは、本田宗一郎や太田祐雄など、日本の自動車界に様々な功績を残した先駆者たちの戦いの舞台でもあったのである。

B5判・上製　152頁(カラー折図付き)　定価：本体3,800円+税

ISBN978-4-89522-687-5

戦後トヨタの、モータースポーツ草創期の活動を綴る

トヨタ モータースポーツ前史

トヨペット・レーサー、豪州一周ラリーを中心として
昭和26年(1951年)-昭和36年(1961年)

元トヨタ博物館・モータースポーツ部　松本秀夫 著

終戦後、世界との自動車技術の格差が拡大するなか、トヨタはモータースポーツで技術を向上するべく、1951年にオートレース車両を開発し、また国内メーカーで初めて豪州一周ラリーに参戦した。本書は当時の資料をもとに、その活動を詳しく綴る。

B5判・上製　160頁　定価：本体3,800円+税

日本自動車史　写真・史料集

明治28年(1895年)-昭和3年(1928年)

自動車歴史考証家
佐々木烈 編著

明治28年から昭和3年までの日本の自動車産業に関する写真などを地道な調査で蒐集し、1300点以上を収録した類のない写真・史料集。今後の日本自動車史研究になくてはならない決定版。

B5判／定価：本体4,800円+税

ISBN978-4-89522-591-5

CART

1993-2003　喜怒哀楽の199戦

ISBN978-4-89522-342-3

ARMS CORPORATION 発行

CARTの黄金期といえる1993年～2003年までの全199戦を収録。リザルト、シャシーやエンジン変遷、日本人ドライバーの奮闘記や国内自動車メーカー栄光の軌跡を豊富な写真で紹介。

A4変形判／定価：本体3,800円+税

アルファロメオレーシングストーリー

アルファロメオとエンツォ・フェラーリが築いた黄金時代
1910-1953

平山暉彦 著

日本でも多くのファンを持つアルファロメオのスポーティーなイメージを決定付けた、戦前・戦後期のレース活動について、5年余りの調査を経て日本で初めてまとめられた、アルファロメオのレース史。忠実に再現されたレースマシンのカラーイラストと解説でその活動の様子を年別に紹介。巻末には、本邦初となる詳細なレース結果を掲載。

B5判／定価：本体5,000円+税

ISBN978-4-89522-672-1

メルセデス・ベンツ

宮野滋 著

歴史に残るレーシング活動の軌跡
1894-1955

ISBN978-4-89522-671-4

多くの逸話とともに、今なお根強いファンがいる戦前・戦後期ベンツのレース活動を写真と共に解説する。メルセデス・ベンツ本社が保管する当時の写真から200点以上を厳選して収録し、巻末にはレース結果表も収録して資料も充実。2012年刊行の同書のカバーを人気の「300SLR」の装丁に一新して刊行する新装版。

B5判／定価：本体2,800円+税

全国の最寄りの書店やネットショップ、当社(着払便)からもご注文できます　三樹書房販売部(03-3295-5398)